HERVÉ RYSSEN

# DIE JÜDISCHE MAFIA
## Internationale Raubtiere

# Hervé Ryssen

Hervé Ryssen (Frankreich) ist Historiker und ein umfassender Erforscher der jüdischen Geisteswelt. Er ist Autor von zwölf Büchern und mehreren Videodokumentationen über die Judenfrage. Im Jahr 2005 veröffentlichte er *Planetarische Hoffnungen*, ein Buch, in dem er die religiösen Ursprünge des globalistischen Projekts aufzeigt. *Psychoanalyse des Judentums*, veröffentlicht im Jahr 2006, zeigt, wie das intellektuelle Judentum alle Symptome einer hysterischen Pathologie aufweist. Es handelt sich nicht um eine „göttliche Wahl", sondern um die Manifestation einer Störung, die ihren Ursprung in der Praxis des Inzests hat. Freud hatte sich mit dieser Frage geduldig auseinandergesetzt, indem er sich auf die Beobachtungen in seiner eigenen Gemeinschaft stützte.

Frankreich ist die Heimat einer der größten jüdischen Gemeinden in der Diaspora mit einem sehr intensiven kulturellen und intellektuellen Leben. Hervé Ryssen konnte sein umfangreiches Werk auf der Grundlage zahlreicher internationaler und französischer historischer und zeitgenössischer Quellen entwickeln.

## *DIE JÜDISCHE MAFIA,*
### *Internationale Raubtiere*

La Mafia juive: Les Grands Prédateurs internationaux,
Levallois-Perret, *Baskerville, 2006.*

Übersetzt und herausgegeben von Omnia Veritas Limited

www.omnia-veritas.com

© Omnia Veritas Limited - Hervé Ryssen - 2023

Alle Rechte vorbehalten. Kein Teil dieser Veröffentlichung darf ohne vorherige Genehmigung des Herausgebers in irgendeiner Form vervielfältigt werden. Das Gesetz zum Schutz des geistigen Eigentums verbietet Kopien oder Vervielfältigungen zur gemeinsamen Nutzung. Jede vollständige oder teilweise Wiedergabe oder Vervielfältigung ohne die Zustimmung des Herausgebers, des Autors oder ihrer Rechtsnachfolger ist rechtswidrig und stellt einen Verstoß dar, der nach den Artikeln des Gesetzbuchs für geistiges Eigentum geahndet wird.

**TEIL 1** ............................................................................................... 11

VON JIDDISHLAND NACH BROOKLYN .................................................. 11
1. *Amerikanische Gangster* ............................................................. *11*
   Jiddische Verbindung ......................................................................... 13
   Torah Nostra - Das Verbrechersyndikat ........................................... 21
   Mord eingebaut .................................................................................. 29
   Das Lied des Kanarienvogels ............................................................ 36
   Bugsy Siegel in Hollywood ................................................................ 40
   Faschismus bekämpfen, Israel unterstützen .................................. 46
   Die Wanderungen des Meyer Lansky ............................................... 49
   Die unsichtbare Mafia ....................................................................... 55
2. *Russland unter dem Joch der Oligarchen* .................................. *64*
   Plünderung von Russland ................................................................. 64
   Mafiöse Demokratie .......................................................................... 79
   Es geht nichts über einen guten Krieg ............................................ 85
   Der Sturz der Oligarchen .................................................................. 91
   Die unsichtbare Mafia II .................................................................... 99
3. *Die „russische Mafia" übernimmt die Welt* ............................... *104*
   An der Azurküste ............................................................................... 104
   Von Berlin nach Marbella ................................................................. 108
   Die Organizatsiya in den USA .......................................................... 110
   M&S International - Antwerpen, Vilnius, Bangkok, Bogotá .......... 116
   Internationale Raubtiere und eine Welt ohne Grenzen ............... 123
   Das Streben nach Seriosität ............................................................ 135
   Die Mafia in Israel ............................................................................. 147

**TEIL ZWEI** ......................................................................................... 157

UNTERNEHMEN OHNE GRENZEN ..................................................... 157
1. *Waffen, Drogen und Diamanten* .................................................. *157*
   Die Diamantenindustrie ................................................................... 157
   Paramilitärische Milizen in Kolumbien ........................................... 166
   Haschisch, Kokain, Heroin ............................................................... 172
   Ecstasy-Handel: 100% Kascher ........................................................ 181
   Diamantenhändler und die Wäsche von schmutzigem Geld ....... 188
   Eine lange Tradition ......................................................................... 194
   Entgiftung und Entkriminalisierung ............................................... 199
2. *Die Porno-Mafia* ............................................................................ *206*
   Sexuelle Befreiung ............................................................................ 206
   Die Förderer des Pornokinos .......................................................... 210
   Porno in jedem Haus ........................................................................ 216
   Die Pioniere der Pornografie .......................................................... 220
   Sexshops und Prostitution: die Sefarade Connection .................. 223
3. *Der weiße Sklavenhandel* ............................................................ *233*
   Sexsklaven in Israel ........................................................................... 233
   Zypern und die Schleusung von Migranten .................................. 246
   Das goldene Zeitalter des weißen Sklavenhandels ...................... 249
   Der Lemberg-Prozess ....................................................................... 262

Eros-Zentrum im besiegten Deutschland .......... 266
Eine lange Tradition .......... 271
Die Dialektik der jüdischen Intellektuellen .......... 274
4. *Der schwarze Sklavenhandel* .......... *280*
Der Atlantikhandel I: Die Portugiesen .......... 280
Der atlantische Sklavenhandel II: in den Vereinigten Staaten .......... 287
Auf Martinique und Guadeloupe .......... 290
Die Debatte .......... 292
5. *Christliche Sklaven* .......... *298*
Auf dem Weg nach Amerika .......... 298
Sklaverei im Mittelmeerraum .......... 299
Im Mittelalter und in der Antike .......... 302
6. *Organhandel* .......... *308*
Die Leichen der Palästinenser .......... 310
Frischfleisch aus Moldawien .......... 315
Von Brasilien nach Südafrika .......... 318
Chinesische Anbieter .......... 321
Von der Ukraine nach Aserbaidschan .......... 321
Verkehr in Israel geht weiter .......... 322
Das gelbe Haus im Kosovo .......... 323
Die anklagende Umkehrung .......... 330
Kosmetische Chirurgie .......... 334
Organhandel und jüdische Moral .......... 340

**TEIL DREI** .......... **342**

SCHWINDLER UND MENSCHENHÄNDLER .......... 342
1. *Die großen Betrügereien* .......... *342*
Claude Lipsky, „der Schwindler des Jahrhunderts". .......... 343
Jacques Crozemarie und der ARC-Skandal .......... 347
Der Fall des Sentier .......... 352
Rennpferde und Mechaniker .......... 360
Mehrwertsteuerbetrug .......... 362
Betrug an der Gemeinschaft .......... 363
Samuel Flatto-Sharon .......... 366
In England und den Vereinigten Staaten .......... 370
Unter der Dritten Französischen Republik (1870-1940) .......... 373
2. *Die Menschenhändler* .......... *384*
Monsieur Michel und Monsieur Joseph .......... 384
Shenanigans und Co. .......... 387
Der Goldrausch .......... 391
Die Plünderung der besiegten Länder .......... 397
3. *Antisemitismus* .......... *402*
Antisemitismus im Wandel der Zeit .......... 402
Jüdische Einzigartigkeit .......... 413

**EPILOG** .......... **420**

**ANDERE TITEL** .......... **427**

# TEIL 1

## VON JIDDISHLAND NACH BROOKLYN

Vor dem Zweiten Weltkrieg lebte die große Mehrheit der Juden in Mitteleuropa und Westrussland. Bis zum Ende des 19. Jahrhunderts waren zwei Millionen von ihnen nach Amerika ausgewandert. Eine zweite große Auswanderungswelle fand in den 1970er Jahren statt. Die sowjetischen Juden verließen daraufhin mit Unterstützung der westlichen Regierungen die Sowjetunion, die sie fünfzig Jahre zuvor mit aufgebaut hatten. Nach dem Fall des Kommunismus im Jahr 1991 erlebten wir eine neue massive Abwanderung russischer Juden. Jedes Mal, wenn diese Einwanderungswellen stattfanden, stieg die Kriminalität in der westlichen Welt an.

### 1. Amerikanische Gangster

In den Medien werden die Juden stets als Opfer der Geschichte dargestellt. Die Vorstellung, dass der Jude immer ohne Grund verfolgt wird, ist so alt wie das Judentum selbst. Daher ist es fast selbstverständlich, dass Juden nicht fähig sind, Böses zu tun. Daher mag ein Jude, der sowohl ein Gangster als auch ein Mörder war, auf den ersten Blick überraschend erscheinen.

Joseph Roth, ein berühmter österreichisch-jüdischer Schriftsteller zwischen den beiden Weltkriegen, schrieb zum Beispiel über die Kriminalität der Ostjuden: „Es gibt kaum einen einzigen Straßenräuber. Und kein Mörder oder Räuber, der mordet[1]." Die Realität sieht jedoch ganz anders aus, wenn man sich die Sache etwas genauer ansieht.

Der berühmte Schriftsteller Elie Wiesel, ein „Überlebender der

---

[1] Joseph Roth, *Judíos errantes*, Acantilado 164, Barcelona, 2008, S. 83.

Todeslager", hatte die Gelegenheit, über die Gangster zu recherchieren, die in amerikanischen Städten Terror verbreiteten. In seinen Memoiren schrieb er: „Ich bereite eine Untersuchung über die amerikanische Unterwelt, die Mafia und insbesondere über die Auftragskiller von Murder Incorporated vor. Beim Stöbern in den Archiven verschiedener Zeitungen und Stadtbibliotheken habe ich zu meinem Erstaunen jüdische Namen entdeckt. Richtig, in den 1920er und 1930er Jahren boten jüdische Profikiller dieser kriminellen Gesellschaft ihre Dienste an. Sie erklärten sich bereit, Männer und Frauen zu ermorden, die ihnen nichts angetan hatten und die sie nicht einmal kannten. Es heißt, einige von ihnen rühmten sich, praktizierende Juden zu sein, trugen während ihrer „Arbeit" die Kippa und hielten die Sabbatruhe peinlich genau ein."

Elie Wiesel fuhr fort: „Ich gestehe, dass meine Nachforschungen mich schockiert, schockiert, angewidert zurückgelassen haben. Wie kann es vorstellbar sein, dass ein Jude ein Auftragskiller oder einfach ein Mörder werden kann? Vielleicht habe ich ein zu idealisiertes Bild vom Juden, aber Tatsache ist, dass man meinem Volk in Osteuropa alles Mögliche vorwerfen konnte, nur nicht, dass es am Mord beteiligt war. In meiner Heimat pflegten wir zu sagen: Es gibt Dinge, die ein Jude - egal wer er ist und woher er kommt - niemals tun wird. Er wird sich töten lassen, aber er wird nicht töten. Das mussten sogar unsere Feinde erkennen. Natürlich spreche ich hier nicht von den „Ritualmorden", derer uns fanatische Christen im Laufe der Jahrhunderte oft beschuldigt haben. Ich spreche von echten Verbrechen. Den Juden konnte man Lüge, Betrug, Schmuggel, Diebstahl, Meineid vorwerfen - aber nicht, dass sie Mörder waren... Wir müssen also das Undenkbare zugeben: Wie in allen Dingen werden wir ein Volk wie andere Völker, weder besser noch schlechter, mit seinen Gerechten und seinen Bösen, ein Volk, das zu Gewalt, Hass und Niedertracht ebenso fähig ist wie zu Güte, Opferbereitschaft und Größe[2]."

Man musste jedoch nicht auf das amerikanische Gangsterphänomen der 1930er Jahre warten, um sich bestimmter säkularer Neigungen des jüdischen Volkes bewusst zu werden. In Russland zum Beispiel hatte die bolschewistische Revolution von 1917 eine „Befreiung" eingeleitet, bei der, wie wir bereits in unseren früheren Büchern gesehen haben, sehr viele Juden eine absolut entsetzliche Rolle gespielt haben, sowohl als Doktrinäre als auch als Beamte und Henker[3].

Auch der Amerikaner Rich Cohen hat in seinem 1998

---

[2] Elie Wiesel, *Mémoires, Band I*, Le Seuil, 1994, S. 364, 365.
[3] Zur Rolle der Juden im Kommunismus siehe die Kapitel zu diesem Thema in *Planetarische Hoffnungen* und *Jüdischer Fanatismus*.

erschienenen Buch *Yiddish Connection* auf den Unterschied zwischen dem Medienbild des verfolgten Juden und der prosaischeren Realität hingewiesen: „Kaum jemand hat von jüdischen Gangstern gehört", schrieb er. Ihre Existenz wird sogar in Frage gestellt. Schon die Vorstellung vom jüdischen Gangster widerspricht den grundlegenden Stereotypen, die man über Juden hat... Physisch gesehen sind Juden Büromenschen, die keine Angst einflößen können. „Wie kann man also an die Existenz von jüdischen Gangstern glauben, die zur Gewalt fähig sind?"

Es scheint, dass die Juden nach dem Zweiten Weltkrieg diese Episode freiwillig aus ihrem Gedächtnis gelöscht haben. Rich Cohen erklärte: „Heute, nach weniger als zwei Generationen, ist diese Idee selbst für Juden unvorstellbar. Sie haben das Bild des Holocausts vor Augen: Niemals vergessen. Vergessen Sie nie die Zeit, in der wir Opfer waren. Sie haben das Bild des Gangsters abgelegt - vergessen. Vergessen die Zeit, als wir noch Tiere waren. Wenn ich mit älteren Juden über mein Buch spreche, wechseln sie das Thema. Sie werden blass. Manchmal werden sie wütend. Als ich einem meiner Freunde von dem Buch erzählte, wurde er wütend. Er warnte mich, dass es sich um einen von Selbsthass inspirierten Text handeln würde, ein Buch, das einen schlechten Eindruck von Juden vermitteln würde. „Und Rich Cohen gestand seinerseits: „Ich hätte nichts dagegen, wenn Juden von Zeit zu Zeit einen schlechten Eindruck machen würden. Ich wünschte, unsere Freiheit hätte etwas von dieser Brutalität[4]."

## *Jiddische Verbindung*

In den letzten beiden Jahrzehnten des 19. Jahrhunderts hatten fast zwei Millionen Juden Mitteleuropa und das Russische Reich verlassen und sich in den Vereinigten Staaten niedergelassen. Nach ihrer Ankunft in den Vereinigten Staaten setzten einige von ihnen offensichtlich das fort, was sie in Chisinau und Odessa zu praktizieren gewöhnt waren. Ende des 19. Jahrhunderts, so schrieb Rich Cohen, „war es nicht ungewöhnlich, in einer dunklen Gasse einen alten Mann zu entdecken, einen Einwanderer, dessen Schädel zertrümmert war, dessen Taschen geleert und umgedreht waren, als eine Art Botschaft an die Leichendiebe: Spart euch die Zeit, von dem hier gibt es nichts mehr zu holen." Kriminelle kämpften mit Waffen gegen rivalisierende Banden, aber manchmal auch in echten Schlachten gegen Polizeiregimenter.

---

[4] Rich Cohen, *Yiddish Connection*, 1998, Denoël, 2000, Folio, S. 222

„Das war die Ära des Wilden Westens in New York, als die größten Gangster in Wirklichkeit nichts anderes waren als kleine Straßengangster."

In der ganzen Stadt trieben Taschendiebbanden ihr Unwesen, die von „*Fagins*" organisiert wurden - nach dem Namen der abscheulichen Figur in Charles Dickens' Roman *Oliver Twist*: In London ist der Fagin der Geschichte ein Hehler, der eine Bande junger Burschen rekrutiert, denen er die Kunst und die Art und Weise beibringt, wie man die Brieftaschen und Uhren der Passanten stiehlt. Er stapelt sein Gold und seine Wertsachen in einer Truhe, die unter dem Boden seiner Hütte versteckt ist, und seine Augen funkeln, als er seine unrechtmäßig erworbenen Gewinne betrachtet[5]. Der Historiker Albert Fried zitiert einige dieser New Yorker „*Schwuchteln*": Harry Joblinsky zum Beispiel, der die Arbeit von etwa fünfzehn jungen Taschendieben überwachte, oder Abe Greenthal, der die Sheeny Gang befehligte. Es gab auch die stämmige Fredrika Mandelbaum. Um die Jahrhundertwende, schrieb Albert Fried, schafften es jüdische Kriminelle „regelmäßig auf die Titelseiten der Zeitungen."

Zelig Lefkowitz, der in seiner Jugend ursprünglich ein Dieb und Taschendieb gewesen war, wurde nach einiger Zeit ein „*Schwuler*", d.h. der Anführer einer Diebesbande. Lefkowitz war selbständig tätig. Seine Dienste waren kostenpflichtig: zehn Dollar für das Aufschlitzen einer Wange, fünfundzwanzig Dollar für einen Schuss ins Bein, fünfzig Dollar für das Anbringen einer Bombe und bis zu hundert Dollar für einen Mord. Er wurde 1912 von einem Mitglied einer rivalisierenden Bande[6] getötet.

Die organisierten Banden gingen jedoch anderen, wahrscheinlich lukrativeren Aktivitäten nach. In den frühen 1890er Jahren brach in New York eine Reihe von Bränden aus. Diese Brände waren eigentlich krimineller Natur. Nach einiger Zeit gelang es der Polizei, die verantwortlichen Brandstifter zu verhaften, und achtzehn von ihnen kamen ins Gefängnis, einige sogar lebenslänglich. Ihr Chef hieß Isaac Zucker. Er ordnete die Brände an, die es den Eigentümern ermöglichten, die Versicherungsprämie zu kassieren[7].

Die Gangster machten ihre Gewinne mit Glücksspiel, Prostitution,

---

[5] *Oliver Twist*, 1837. 1948 verlieh der Regisseur David Lean dem Juden Fagin eine charakteristische Physiognomie. Fünfzig Jahre später, im Film von Roman Polanski, ist von der Jüdischkeit der Figur nichts mehr übrig.
[6] Albert Fried, *The Rise and fall of jewish Gangster in America*, 1980, Columbia University Press, 1993, S. 31.
[7] Albert Fried, *The Rise and fall of jewish Gangster in America*, 1980, Columbia University Press, 1993, S. 25, 26.

Raubüberfällen und Einbrüchen und sogar mit Mord auf Befehl. Im April 1911 hatten 400 jüdische Kleiderhändler zahlreiche Überfälle gemeldet und beschlossen, vor Gericht gegen die Anwesenheit von Banden in ihrem Viertel auszusagen.

Der erste, der eine gewisse Berühmtheit erlangte, war ein gewisser Monk Eastman. Zelig Lefkowitz hatte sich ihm in den späten 1890er Jahren angeschlossen und war einer seiner Leutnants geworden. Monk Eastman hieß ursprünglich Edward Osterman. Rich Cohen zeichnete ein interessantes Porträt der Figur: „Monk war monströs, von einer Monstrosität, wie man sie nicht mehr oft sieht - typisch für das 19. Jahrhundert...Sein pockennarbiges Gesicht zeigte die Spuren der Pocken...seine Ohren waren wie Kohlblätter, seine flache Nase auf ihren minimalen Ausdruck reduziert, sein Mund grimmig, kerbenförmig...Für jeden, der ihn plötzlich auf einer Straße der Unterwelt auftauchen sah, muss er den Tod in Person verkörpert haben[8]."

Kriminelle hatten auch mit den Männern der New Yorker Demokratischen Partei zu tun, die seit den 1850er Jahren in der Stadt an der Macht waren und für die sie bei Wahlen die Wahlurnen füllten oder bei der Entscheidungsfindung mitwirkten. Im Gegenzug nutzten die Politiker ihre Kontakte zur Justiz, um die Auswirkungen der Verhaftungen zu verringern.

Diese Delinquenten dienten manchmal auch als Stoßtrupps für die Chefs. Als die Textilarbeiter 1897 zum ersten Mal streikten, „äußerten die Fabrikbesitzer - deutsche Juden aus den wohlhabenden Vierteln, so Rich Cohen - ihre Bedenken gegenüber den Bossen der jüdischen Banden, und einer der Bosse heuerte Monk Eastman an, um die Streikenden wieder zur Arbeit zu zwingen. Kurzum, einige Juden hatten sich auf den Weg gemacht, um die Hilfe ihrer Glaubensbrüder zu suchen[9]."

Um die Jahrhundertwende zählte Monk EastmansBande etwa 75 Mitglieder und kämpfte in der *Lower East Side* in Manhattan mit einer anderen, überwiegend italienischen Gruppe, der *Five Points Gang*, die von Paolo Antonio Vaccarelli, einem ehemaligen sizilianischen Boxer, angeführt wurde, um ihr Revier. Der Kampf zwischen Monk Eastman und der *Five Points Gang* gipfelte 1903 in einer ausgewachsenen Straßenschlacht, die die Polizei kaum eindämmen konnte. Bei hundert Schüssen gab es drei Tote und sieben Verletzte[10].

---

[8] Rich Cohen, *Yiddish Connection*, 1998, Denoël, 2000, Folio, S. 61, 66, 67
[9] Rich Cohen, *Yiddish Connection*, 1998, Denoël, 2000, Folio, S. 135.
[10] Albert Fried, *The Rise and fall of jewish Gangster in America*, 1980, Columbia

Die Herrschaft dieser Banden ging in den 1910er Jahren nach mehreren Verhaftungen, darunter auch die von Monk Eastman selbst, zurück. Monk Eastman wurde 1904 wegen des Todes eines Detektivs zu zehn Jahren Gefängnis verurteilt. Nachdem er den größten Teil seiner Strafe verbüßt hatte, wurde er als Soldat eingezogen und 1917 zum Kampf an die europäische Front geschickt. Nach seiner Rückkehr kehrte er in die *Lower East Side* zurück, wurde aber 1920 vor einem Café fünfmal erschossen. Eine Selbstverständlichkeit.

Monk Eastman hatte die Karriere von Arnold Rothstein gefördert, der der erste große Pate des Gangstertums wurde, der erste Gangsterboss in New York. Anders als die meisten Gangster stammte Arnold Rothstein nicht aus der Unterwelt. Er war der Sohn eines Millionärs. Sein Vater Abraham war ein jüdischer Einwanderer aus Bessarabien, der ein Textilkaufhaus und eine Spinnerei besaß." Abraham hatte eines dieser grimmigen, gequälten Gesichter, die manche Juden haben", schrieb Rich Cohen. Eines Tages stellte Arnold seinem Vater seine zukünftige Frau vor. Aber sie war keine Jüdin. Für fromme Juden ist dies in der Regel ein ernsthaftes Problem, da die exogame Ehe als eine echte Katastrophe für die Gemeinschaft gilt. Selbst heute noch, wenn ein Mitglied einer orthodoxen Familie eine Nichtjüdin heiratet, führt die Familie das *Schiwa-Ritual* durch, das normalerweise für Todesfälle reserviert ist. *Shiva* zu machen bedeutet, die Person in jeder Hinsicht für tot zu erklären. Rich Cohen schrieb: „Der ältere Mann schüttelte den Kopf und erklärte: „Nun, ich hoffe, Sie werden glücklich sein". Nach der Hochzeit, als er seinen Sohn für tot erklärt hatte, als er die Spiegel abdeckte und das *Kaddish* las[11], war dieser Moment ein großer Schritt nach vorn für die Kriminalität in Amerika. Für Rothstein war das der entscheidende Durchbruch."

Arnold Rothstein hatte seine Karriere als Jugendlicher als professioneller Spieler und Glücksspieler bei Craps, Karten und Billard unter der Ägide von Monk Eastman begonnen. Mit Anfang zwanzig war er bereits ein Buchmacher für Pferderennen, Baseballspiele, Boxkämpfe und politische Wahlen. Im Jahr 1909 erwarb er einen eigenen Buchmacher in der Kurstadt Saratoga im Bundesstaat New York, einer Stadt, die dafür bekannt war, dass die Mafia große Investitionen tätigte. Bald darauf wurde die Stadt zu seiner Domäne; alle lokalen Behörden waren korrumpiert worden. In der Welt des Glücksspiels hatte sich sein Ruf in den gesamten Vereinigten Staaten verbreitet. Er hat Boxkämpfe und Baseballspiele manipuliert. Die

---

University Press, 1993, S. 27.
[11] *Kaddisch*: das wichtigste jüdische Gebet, das auch bei Duellen gesprochen wird.

Legende besagt, dass er das Finale der Baseball-Meisterschaft 1919 manipuliert hat, aber er wurde schließlich von den Gerichten freigesprochen.

Er leitete zwar keine Bande, aber er war zur grauen Eminenz der Unterwelt geworden, zu ihrem Organisator. Er schlichtete Streitigkeiten, finanzierte sie mit Geld, Arbeitskräften und Schutz, und wenn es hart auf hart kam, übernahm er die Kosten für Kautionen und Anwälte. In New York, das um 1920 bereits die größte jüdische Stadt der Welt war, hatte Arnold Rothstein ein Glücksspielimperium aufgebaut. Er eröffnete ein luxuriöses Kasino im Zentrum der Stadt, in dem viele der großen New Yorker Vermögen und Persönlichkeiten wie Joseph Seagram, der „kanadische" Whiskybaron (sein Unternehmen fusionierte später mit dem von Samuel Bronfman, dessen Sohn später den Jüdischen Weltkongress leitete), und Harry „Sinclair", der Ölmagnat, regelmäßig zusammenkamen.

Rothstein war auch im Drogenhandel (Opium und Kokain) und in der Pferdezucht tätig. Mit dem Beginn der Alkoholprohibition im Januar 1919 konzentrierte er sich darauf, diesen Untergrundhandel zu übernehmen. Waxey Gordon verwaltete Rothsteins gesamten Spirituosenhandel an der Ostküste. Er importierte große Mengen Whisky über die kanadische Grenze und kaufte zahlreiche Tavernen, Destillerien und Speakeasies auf. Gordon wurde in eine Familie polnisch-jüdischer Einwanderer in der *Lower East Side* von New York geboren. Sein richtiger Name war Irving Wexler. Er war Taschendieb gewesen, bevor er die Tochter eines Rabbiners heiratete und sich in den frühen Jahren der Prohibition in den 1920er Jahren der Bande von Arnold Rothstein anschloss. Waxey Gordon lebte extravagant, in den luxuriösesten Suiten der großen Hotels in Manhattan. Nach dem Tod seines Chefs im Jahr 1928 begann seine Position zu schwinden.

Um seine Konvois vor Angriffen rivalisierender Gangster zu schützen, hatte es Rothstein geschafft, gefürchtete Gangsterbosse in seine Dienste zu holen, die später zu den führenden Figuren des Gangstertums der 1930er Jahre werden sollten: Bugsy Siegel, Meyer Lansky, Lucky Luciano, Frank Costello, Louis „Lepke" Buchalter, Arthur Flegenheimer (Dutch Schultz), Gurrah Shapiro, Legs Diamond.

Arnold Rothsteins Rekruten kamen hauptsächlich aus der *Lower East Side*. Sie waren „Juden und Italiener - aber hauptsächlich Juden", schrieb Rich Cohen. Sie sollten zu den berüchtigtsten Verbrechern des 20. Jahrhunderts werden. Rothstein war also der „Moses der Mafia: Er führte die neue Generation ins gelobte Land, aber er konnte es nicht erreichen[12]." Am 4. November 1928 fand man ihn in einem New Yorker Hotel auf einem blutigen Teppich, sich vor Schmerzen krümmend und mit einer 38er-Kugel im Bauch. Dem Broadway-Chronisten Damon Runyon zufolge war er „in den Schritt geschossen" worden. Er quälte sich zwei Tage lang im Krankenhaus. Der Fall wurde nie aufgeklärt, aber jeder wusste, dass er es versäumt hatte, eine Spielschuld aus einem Pokerspiel zurückzuzahlen, von dem er glaubte, dass es manipuliert worden war[13].

Zu den jüdischen Gangstern, die die amerikanische Verbrecherwelt jener Zeit prägten, gehört Charles „King" Salomon. Ursprünglich aus Russland stammend, leitete er die Bostoner Unterwelt. Zusammen mit Longy Zwillman, Meyer Lansky, Dutch Schultz, Benjamin „Bugsy" Siegel und Lepke Buchalter gehörte er zu den *jüdischen Big Six der* Ostküste. In den frühen 1920er Jahren kontrollierte King Solomon das gesamte Glücksspiel- und Drogengeschäft in Boston und Neuengland. Danach stieg er in den Schmuggel ein. Ihm gehörten auch die wichtigsten Nachtclubs der Stadt. Im Jahr 1922 wurde er wegen Drogenhandels angeklagt, wurde aber dank seiner politischen Unterstützer freigesprochen. Später verbrachte er ein Jahr im Gefängnis, weil er einen Zeugen in einem Prozess wegen Drogenhandels genötigt hatte. Schließlich wurde er 1933 in einem seiner Nachtclubs, dem berühmten *Cotton Club* in Boston, liquidiert. Meyer Lansky hatte sich gerade seines letzten Rivalen entledigt.

Abner „Longy" Zwillmann war in der Zeit der Prohibition ein wichtiger Alkoholhändler und der Kopf der Mafia in New Jersey, einem Staat westlich von New York. Schon in der Schule hatte er den Spitznamen „Longy", weil er der Größte war. Er hatte jeden Polizisten und Richter in New Jersey korrumpiert. Die Polizei eskortierte seine Konvois und bewachte seine Lagerhäuser. Als das FBI ihn 1959 endlich verhaften wollte, wurde er erhängt in seinem Haus in Newark aufgefunden, obwohl er wahrscheinlich zuvor erwürgt worden war. Zwillmann hatte einen Teil seines Vermögens in den Dienst seiner Gemeinschaft gestellt. Er spendete große Geldsummen an jüdische Vereine.

Die Purple Gang war der Kern der jüdischen Mafia in Detroit, an der Grenze zu Kanada. Die Bande betrieb den Alkoholhandel und die

---

[12] Rich Cohen, *Yiddish Connection*, 1998, Denoël, 2000, Folio, S. 73, 71, 80-89
[13] Arnold Rothstein inspirierte den amerikanischen Schriftsteller Francis Scott Fitzgerald zu der Figur des Meyer Wolfsheim in seinem Roman *Der große Gatsby* (1925). Letztere führt Gatsby in den Schmuggel und die New Yorker Unterwelt ein.

Spielhallen, handelte mit Drogen, betrog Versicherungsgesellschaften und führte Entführungen und Auftragsmorde durch. Die zwölf Mitglieder der Purple Gang waren allesamt Juden, wie der jüdische Historiker Robert Rockaway feststellte, der darauf hinwies, dass sie auch an den Morden an unkooperativen Prostituierten beteiligt waren[14]. Der von der Purple Gang geschmuggelte Alkohol stammte aus den Brennereien der in Kanada ansässigen Brüder Sam und Harry Bronfman. Die Familie Bronfman sollte eine glänzende Zukunft haben, denn Samuels Nachkommen sollten weltweit führend im Verkauf von Alkohol werden und Präsidenten des Jüdischen Weltkongresses und Direktoren der Universal Filmstudios werden. Robert Rockaway behauptete, dass die Hälfte der führenden Alkoholschmuggler Juden waren und dass sie die kriminellen Aktivitäten in einigen der größten Städte des Landes kontrollierten[15].

Es gab auch die „Cleveland Four": Moe Dalitz, Sam Tucker, Morris Kleinmann und Louis Rothkopf, die den Spirituosenhandel der Stadt betrieben. Die Polizei von Cleveland hatte 1930 eine schwarze Liste der gefährlichsten Verbrecher erstellt. Von den 74 in den USA geborenen „weißen" Straftätern waren 27 Juden. Die Zahl der Deutschen betrug fünfzehn, die der Italiener dreizehn und die der Iren neun. Unter den im Ausland Geborenen befanden sich dreißig Italiener und zwölf Juden[16].

Dort, wie auch anderswo, leiteten Gangster die Nachtclubs. In New York besaß Dutch Schultz den *Embassy Club*; in Boston gehörte Charles King Solomon das *Coconut Grove*; in Newark besaß Longy Zwillman den *Blue Mirror* und das *Casablanca*. Die Purple Gang aus Detroit betrieb unter anderem *Luigi's Café* und das *Picadilly*.

Arthur Flegenheimer, bekannt als „Dutch Schultz", war der unangefochtene König des Bieres in der Bronx. Er wurde 1902 als Sohn deutsch-jüdischer Eltern geboren. Dutch Schultz war auch dafür bekannt, dass er ein sehr schlechtes Temperament hatte. Er war zynisch und paranoid und litt unter starken Stimmungsschwankungen. Der junge Flegenheimer war im Alter von vierzehn Jahren von seinem Vater verlassen worden. Er begann seine Karriere mit Würfelspielen und Raubüberfällen. Bei einem seiner Streifzüge wurde er in der Bronx

---

[14] Robert Rockaway, *But he was good to his mother: The lives and the crimes of jewish gangsters*, Gefen publishing, 1993, S. 113.
[15] Robert Rockaway,... *Das Leben und die Verbrechen der jüdischen Gangster*, in Jean-François Gayraud, *Le Monde des mafias*, Odile Jacob, 2005, S. 115.
[16] Albert Fried, *The Rise and fall of jewish Gangster in America*, 1980, Columbia University Press, 1993, S. 111.

verhaftet und zur Arbeit auf eine Farm geschickt, von der er entkam, bevor er wieder gefasst wurde. Nach seiner Entlassung aus dem Gefängnis erhielt er den Spitznamen „Dutch Schultz", den Namen eines kürzlich verstorbenen berüchtigten Gangsters. Diese List verbreitete das Gerücht, dass ein einst furchterregender Hahn noch am Leben sei.

Dutch Schultz arbeitete zunächst für Arnold Rothstein, dann für Jack „Legs" Diamond. Im Jahr 1928 machte er sich als *Schwarzbrenner selbstständig* und spezialisierte sich auf Bier. Er zögerte nicht, diejenigen zu quälen, die sich nicht trauten, seine Getränke zu kaufen. Zusammen mit seiner rechten Hand Bo Weinber eröffnete er ein Geschäft in Manhattan und konkurrierte mit seinem ehemaligen Chef Legs Diamond um das Gebiet.

Legs Diamond hatte 1918 wegen Desertion aus der Armee im Gefängnis gesessen. Später wurde er zu einer Berühmtheit des New Yorker Nachtlebens. Er war auch für seine Grausamkeit bekannt: 1930 hatte er einen Lastwagenfahrer entführt und gefoltert, um Informationen über eine Alkohollieferung zu erhalten. Er hatte den Mord an einem Handlanger von Dutch Schultz in Auftrag gegeben, doch eines Tages traf er auf dem Heimweg auf Bo Weinberg, der ihm drei Kugeln in den Kopf jagte. Jack „Legs" Diamond war 34 Jahre alt.

Nach dem Ende der Prohibition, 1933, stieg Schultz in Harlem in das Geschäft mit manipulierten Lotterien ein. Das Verfahren wurde von seinem Buchhalter, Otto Abbadabba Berman, ausgearbeitet. Zur gleichen Zeit kämpfte die „Bronx Legion" von Dutch Schultz gegen Bumpy Johnson, einen schwarzen Gangster, um die Kontrolle über Harlem. Diese Konfrontation bildet die Handlung des Films *Hoodlum* (1997).

Bereits im September 1908 hatte der New Yorker Polizeichef Bigenheim enthüllt, dass die Hälfte aller amerikanischen Gangster Juden waren. Die großen jüdischen Organisationen waren über diese Worte schockiert, aber ihre Beschwerden änderten nichts an der Realität[17]. Ende der 1920er Jahre nahm in Minneapolis die Denunziation des Gangstertums eine antisemitische Wendung. So beschuldigte die *Samstagspresse* im November 1927 in ungewöhnlicher Weise jüdische Gangster, die Richter, den Polizeichef und seine Männer korrumpiert und die Wahlen manipuliert zu haben. Jüdische Gangster wurden beschuldigt, Geschäftsleute zu verprügeln, „unsere" Gesetze zu missachten, „unsere" Beamten zu korrumpieren: 90 % der Verbrechen in der Stadt wurden von jüdischen Gangstern

---

[17] Jacques Derogy, *Israël Connection*, Plon, 1980, S. 193.

begangen[18]. Die Zeitung wurde vor Gericht angeklagt und in erster Instanz verurteilt.

In der Tat dauert es immer einige Zeit, bis die Wahrheit endlich ans Licht kommt. So konnte es sich der jüdische Historiker Robert Rockaway leisten, am 20. April 1990 einen langen Artikel im *Jerusalem Post Magazine zu* schreiben. In der Einleitung schreibt er ausdrücklich: „Wie in vielen anderen Bereichen wussten die Juden, wie sie sich in der Welt des Verbrechens eine beherrschende Stellung verschaffen konnten."

## *Torah Nostra - Das Verbrechersyndikat*

Von all diesen Gangstern war Bugsy Siegel einer der einflussreichsten, aber auch einer der gefährlichsten. Benjamin Siegelbaum entstammt einer Familie jüdischer Einwanderer aus Russland und wurde 1905 in Williamsburg, einem Viertel in Brooklyn, New York, geboren. Bugsy brach die Schule vorzeitig ab und erkannte auf der Straße schnell, dass er mit Gewalt erreichen konnte, was er am meisten schätzte: Macht, Geld und Einfluss. Schon in jungen Jahren begannen er und seine Freunde, Geld von Straßenhändlern zu erpressen. Diejenigen, die glaubten, auf den Schutz einer Bande Minderjähriger verzichten zu können, ließen ihre Wagen mit Petroleum übergießen und zu Asche zerfallen[19].

Eines der ersten Mitglieder von BugsysWilliamsburg-Bande war Meyer Lansky. Sie waren zusammen im selben Viertel aufgewachsen und waren großartige Partner, die sich in den Straßen von Manhattans *Lower East Side niederließen.* Ihre Bande war als „Bugs and Meyer Mob" bekannt. Sie erpressten Geld von Ladenbesitzern, Einwanderern und Kreditihaien, obwohl ihre Hauptspezialität, dank Lanskys Fähigkeiten als Mechaniker, Autodiebstahl war. Später wurden ihre Aktivitäten noch breiter gefächert und reichten von Auftragsmorden über Alkoholschmuggel bis hin zu bewaffneten Raubüberfällen. Bugsy und Meyer Lansky bildeten also ein Duo, das berühmt werden sollte.

Lansky wurde 1902 als Mair Suchowljansky in Grodno, im heutigen Weißrussland, geboren. Seine Familie war 1911 nach New York ausgewandert. In seiner Kindheit profitierte Lansky davon, Craps-Spieler auf der Straße zu beobachten, während er gleichzeitig sein Religionsstudium fortsetzte. 1921 schlug Arnold Rothstein ihm vor,

---

[18] Albert Fried, *The Rise and fall of jewish Gangster in America*, 1980, Columbia University Press, 1993, S. 112, 113.
[19] Don Wolfe, *Le Dossier Dahlia noir*, 2005, Albin Michel, 2006, S. 204.

sein Netzwerk von Schmugglern mit einem sizilianischen Gangster zu verbinden, der ebenfalls berühmt werden sollte: Lucky Luciano, den Siegel und Lansky in der Schule kennen gelernt hatten, und ein Kalabrier namens Frank Costello. Gemeinsam organisierten sie ihre ersten Drogengeschäfte, ihre ersten Betrügereien und Raubüberfälle. Diese enge Zusammenarbeit symbolisiert die neuen Verbindungen zwischen jüdischen und italienischen kriminellen Gruppen. Mit der Prohibition und dem illegalen Alkoholhandel sollten aus Tausenden von Dollar Millionen werden. Lansky überzeugte seine Partner, einen gemeinsamen Fonds zu gründen, um die Behörden zu bestechen und so seine lukrativen Aktivitäten fortzusetzen. Als begnadeter Zahlenjongleur und Buchhalter übernahm Lansky bald die gesamte Buchhaltung für sein Unternehmen.

Meyer Lansky hatte einen kalten, berechnenden Geist und war in der Lage, alle Arten von hinterhältigen und verräterischen Manövern auszuhecken. Später wurde er von der Presse als „Drahtzieher der Mafia" bezeichnet. Viele Jahre lang war er der Schatzmeister des Verbrechersyndikats. Seine erste Frau hingegen landete in einer psychiatrischen Klinik[20].

Als 1933 die Prohibition endete, investierte Lansky im ganzen Land massiv in die Glücksspielindustrie und bestach die Gouverneure der verschiedenen Bundesstaaten großzügig. Er baute ein Glücksspielimperium auf und kontrollierte Hotelkasinos von Las Vegas bis Miami, über New Orleans, Arkansas und Kentucky. Wie Jacques Attali schrieb, wurde Lansky, zusammen mit Schultz, „zu den großen Bossen des amerikanisch-jüdischen Gangstertums[21]."

Bugsy Siegel war ganz anders als sein Partner und Zeitgenosse. Er war ein Verrückter, der für seine Wutanfälle und brutale Gewalt bekannt war. Im Alter von einundzwanzig Jahren zeichnete er sich bereits durch alle möglichen kriminellen Aktivitäten aus - Entführung, Menschenhandel, Raub, Vergewaltigung, Erpressung, Drogenhandel, Alkoholhandel, Mord. Seine Gewaltausbrüche wurden oft mit Anfällen und Explosionen krankhafter Natur verglichen, die ihn in ein mörderisches Monster verwandelten. Diese mörderischen Gewaltausbrüche brachten ihm bald den Spitznamen „Bugs" oder „Bugsy[22]„ ein, den man aber besser nicht in seiner Gegenwart erwähnt,

---

[20] Psychische und genetische Krankheiten sind in der aschkenasischen jüdischen Gemeinschaft weit verbreitet (siehe *Psychoanalyse des Judentums*).
[21] Jacques Attali, *Les Juifs, le monde et l'argent*, Fayard, 2002.
[22] Von „bugs" oder „buggy", was im Anglo-Amerikanischen „verrückt", „crazy" oder „buggy" bedeutet.

denn er war dafür bekannt, diejenigen, die diese Unvorsichtigkeit begingen, mit dem Kolben seines Revolvers fast zu Tode zu prügeln." Er hatte großes Vergnügen und Freude daran, seine Opfer niederzuschlagen oder zu erstechen", schrieb Don Wolfe. Er hatte eine gespaltene Persönlichkeit: „Da war Bugsy, das heroinabhängige, mörderische Monster, und Benny, der gut aussehende junge Mann mit den Starallüren eines Filmstars, der charmant, umgänglich und großzügig sein konnte. Aber es war Bugsy, der Benny als Tarnung für[23] benutzte."

Bugsy Siegel hatte die Kunst, seine Opfer verschwinden zu lassen, von der sizilianischen Tradition übernommen. 1934 beschloss er, seinen alten Freund Bo Weinberg zu töten, der, verfolgt und bedrängt von Staatsanwalt Thomas Dewey, gegen seinen Chef Dutch Schultz aussagen könnte. Er rief ihn an, um mit ihm zu Abend zu essen. Die beiden Männer fuhren in einem Auto herum und hielten schließlich auf einer dunklen, verlassenen Straße an. Dort randalierte Bugsy, schlug Bo mit der Pistole und schlitzte ihm Gesicht und Hals mit einem Messer auf. Die Leichen von Bugsy's Opfern wurden selten gefunden. Es heißt sogar, dass er selbst ihre Eingeweide entfernte, damit die Darmgase die Leichen nicht vom Grund des East River, ihres wässrigen Grabes, aufschwimmen ließen. In den Polizeiakten, die über Bugsy geführt wurden, schätzte das FBI, dass Benjamin Siegel, bevor er sich in Kalifornien niederließ, mindestens dreißig Menschen auf grausame Weise getötet hatte[24]. Eine seiner Lieblingsfolterungen bestand darin, seine Opfer mit Benzin zu übergießen und ihre Schultern mit seinem Feuerzeug anzuzünden. Dann löschte er das Feuer und entzündete es an einer anderen Stelle des Körpers erneut. Der Gefolterte war zutiefst verängstigt und verriet schließlich alles, was Bugsy wissen wollte. Aber das Opfer bekam trotzdem zwei Schüsse in den Kopf ab.

Im Frühjahr 1928, im Alter von dreiundzwanzig Jahren, heiratete Benny Esta Krakower, seine Jugendliebe, und Meyer Lansky war Zeuge der Hochzeit. Zunächst ahnte sie nicht, dass Benny ein Gangster war. Ihr Mann betrieb zusammen mit Meyer Lansky in der *Cannon Street* in der *Lower East Side* eine LKW-Vermietungsfirma. In Wirklichkeit diente die Verleihfirma nur als Fassade für Alkoholschmuggel und Entführungen. Die Bande erhielt ihre Alkohollieferungen per Boot von der Küste New Jerseys. Doch in den Roaring Twenties war der Durst in New York so groß, dass Siegel oft Lieferungen von anderen Händlern stahl, um seine Bestände

---
[23] Don Wolfe, *Le Dossier Dahlia noir*, 2005, Albin Michel, 2006, S. 204, 205.
[24] Don Wolfe, *Le Dossier Dahlia noir*, 2005, Albin Michel, 2006, S. 204, 205.

aufzufüllen. Diese Operationen säten Zwietracht und provozierten einen Krieg zwischen den Banden[25].

Die jüdischen Gangster hatten es mit der gefürchteten sizilianischen Mafia zu tun. Nach einer Reise nach Sizilien im Jahr 1925 hatte Mussolini eine große Kampagne zur Ausrottung der Mafia gestartet. Er schickte einen „eisernen Präfekten", Cesare Mori, der Massenverhaftungen durchführte und manchmal sogar ganze Dörfer umzingelte und belagerte. Zum ersten Mal hat die Mafia einen Rückzieher gemacht. In seiner Rede vor der Abgeordnetenkammer vom 26. Mai 1927 hatte Mussolini klar angekündigt, dass der Kampf gegen die sizilianische Mafia eines der wichtigsten Ziele seiner Regierung sein würde und dass er unerbittlich gegen sie vorgehen würde: „Ihr fragt mich, wann der Kampf gegen die Mafia enden wird? Sie wird enden, wenn es keine Mafiosi mehr gibt. Genauso wie es enden wird, wenn die Erinnerung an die Mafia endgültig aus dem Gedächtnis der Sizilianer verschwunden ist[26]."

Einige Mafiabosse verließen daraufhin das Land. Salvatore Maranzano kam also 1927 auf amerikanischen Boden. Ein Gangster, der ihm begegnete, sagte aus: „Als wir ankamen, war alles sehr dunkel. Wir wurden vor Maranzano geführt: Er sah absolut majestätisch aus, mit zwei Pistolen in seinem Gürtel und umgeben von etwa neunzig bis an die Zähne bewaffneten Männern. Ich hätte gedacht, ich befände mich in der Gegenwart von Pancho Vila[27]."

Maranzano geriet sofort mit Giuseppe Masseria aneinander, einem etablierten Sizilianer, der sich „Joe the boss" nannte. Die Rivalität zwischen den beiden Fraktionen verschärfte sich in den späten 1920er Jahren durch die häufigen Überfälle auf Alkoholkonvois, und 1930 wurde schließlich offen der Krieg erklärt, als Joe Masseria einen Rädelsführer hinrichten ließ, der auf Maranzanos Seite überlief. In der Nacht waren Schüsse zu hören, und am Morgen kamen die Polizisten, um die Toten zu zählen. Nach mehreren Dutzend Toten schien der Konflikt, der seither als Castellammarese-Krieg bekannt ist, unlösbar. Lucky Luciano und Vito Genovese gaben daraufhin den Befehl zur Ermordung ihres eigenen Chefs, Joe Masseria.

Charles Luciano war 1906 aus Sizilien gelandet. Im Jahr 1923 wurde er Joe Masseria vorgestellt, doch die Beziehung zwischen den beiden Männern verschlechterte sich schnell. Masseria misstraute seinem neuen Schützling, in dem er einen potenziellen Rivalen sah.

---

[25] Don Wolfe, *Le Dossier Dahlia noir*, 2005, Albin Michel, 2006, S. 206.
[26] William Reymond, *Mafia S.A.*, Flammarion, 2001, S. 51.
[27] Rich Cohen, *Yiddish Connection*, 1998, Denoël, 2000, Folio, S. 95.

Luciano seinerseits warf Masseria seinen in der Mafia weit verbreiteten Antisemitismus vor, der der Cosa Nostra den Zugang zu den von den jüdischen Banden New Yorks kontrollierten Geschäften verwehrte. Zu dieser Zeit war Luciano bereits mit Meyer Lansky zusammen, und gemeinsam hatten sie die Kontrolle über die Kredithaie, Buchmacher und Versicherungsmakler in den jüdischen Vierteln und Little Italy übernommen.

Zur Warnung wurde Luciano auf offenem Feld zusammengeschlagen. Von da an nannte man ihn Lucky, denn er hatte großes Glück gehabt, lebend herauszukommen. Als Maranzano der Krieg erklärt wurde, nutzte Luciano die Gelegenheit, um mit ihm ein Geschäft zu machen. Am 15. April 1931 lud er *„Joe the Boss"* Masseria zum Mittagessen ein, um im Restaurant Nuova Villa Tammaro in Coney Island, gegenüber von Brooklyn, über Geschäfte zu sprechen. Rich Cohen schrieb: „Vielleicht sprach Masseria über die Juden und wiederholte Charlie einmal mehr, dass man nur seinesgleichen vertrauen kann." Nach dem Mittagessen haben sie gepokert. Gegen drei Uhr entschuldigte sich Luciano, um auf die Toilette zu gehen. Einen Moment später wurde die Eingangstür des Restaurants aufgesprengt und Gangster der schlimmsten Sorte kamen heraus: Bugsy Siegel, Albert Anastasia, Joe Adonis und Red Levine. Sie gingen in den hinteren Teil des Raumes und gaben eine Reihe von Schüssen ab. Als die Polizisten Luciano fragten, wo er während der Schießerei war, antwortete er einfach: „Auf der Toilette, beim Pinkeln." Nachdem er darüber nachgedacht hatte, fügte er hinzu: „Ich brauche immer sehr lange zum Pinkeln."

Maranzano war somit siegreich im Krieg gegen Masseria. Dies war ein Meilenstein in der Geschichte des organisierten Verbrechens. Maranzano war der alleinige Chef der sizilianischen Mafia geworden. Ein paar Wochen später organisierte er ein Treffen. Die italienische Cosa Nostra sollte fortan in fünf Familien unterteilt werden, deren Bosse er benannte: Genovese, Gambino, Bonanno, Colombo und Luchese. Er war jetzt der *capo di tutti capi*, der Chef aller Chefs. Doch Maranzanos Herrschaft war nur von kurzer Dauer, denn die Vereinbarung hielt nicht länger als fünf Monate. Wie Masseria blieb auch Salvatore Maranzano der ethnischen Identität der Mafia treu und weigerte sich, sich mit den jüdischen Gangstern zusammenzuschließen. Seine Vorliebe für Traditionen und sein Antisemitismus passten nicht zu den jungen Mafiosi unter der Führung von Luciano, die sich eher als Amerikaner denn als Sizilianer fühlten.

Maranzano hatte bereits die Erschießung von Luciano, Vito

Genovese, Al Capone und Frank Costello geplant, hatte aber keine Zeit mehr, etwas zu unternehmen. Im September 1931 schickte Luciano, der von der Affäre erfahren hatte, mit dem Einverständnis seiner Partner erneut eine Gruppe jüdischer Gangster aus, um Maranzano auszuschalten. Sein Freund Meyer Lansky hatte eine Gruppe von Attentätern zusammengestellt, zu der auch Abe [Abraham] Levine aus Toledo, Ohio, gehörte. Er war „ein orthodoxer Jude, der sich weigerte, am Sabbat zu morden." Mit ihm kam Bo Weinberg, die rechte Hand von Dutch Schultz. Alle waren Männer, die Lansky wegen ihrer Kaltblütigkeit ausgewählt hatte. Zusammen mit Bugsy Siegel, Martin Goldstein und Abe Reles gaben sie sich als Bundesagenten aus, die für die Unterdrückung des Alkoholhandels zuständig waren, und drangen in Maranzanos Hauptquartier ein: „Bundesagenten, Kontrolle durch das Schatzamt, keine Bewegung! „riefen sie. Sie entwaffneten die Leibwächter und brachten Maranzano in einen verschlossenen Raum mit doppelt gepolsterten Türen. Sie stachen einen nach dem anderen auf ihn ein, und Bugsy versetzte ihm den Gnadenstoß, indem er ihm die Kehle durchschnitt. Die Ermordung Maranzanos markiert den Beginn der Säuberungsaktion. Die Tötung begann am 10. September und endete am Morgen des 11. September. Diese Nacht ging als „Nacht der sizilianischen Vesper" in die Annalen des Verbrechens ein, eine Anspielung auf das Massaker an den Anjou im Jahr 1282 in Palermo[28]. Vierzig Bosse der alten Mafia wurden liquidiert.

Von da an gab es nicht mehr einen *capo di tutti capi*, sondern ein föderales System. Unter Charlie Lucianos Führung würden fünf sizilianische Familien weiterbestehen, mit dem bemerkenswerten Unterschied, dass sie nun eng mit den jüdischen Gangstern zusammenarbeiten konnten.

Die Gründung eines „Syndikats" war zwei Jahre zuvor, im Mai 1929, nach dem Tod von Arnold Rothstein beschlossen worden. Warum ein Vermögen ausgeben, um Richter und Polizisten loszuwerden, wenn sie sich am Ende gegenseitig umbringen? Eine zentrale Macht war dringend notwendig, um den Rachefeldzügen Einhalt zu gebieten. Also organisierten Lansky und Luciano ein Treffen in dem Badeort Atlantic City. Es war das erste „Jalta" der Kriminalität. An dem sechstägigen

---

[28] Die Sizilianische Vesper ist das historische Ereignis des Massakers an den Franzosen auf Sizilien im Jahr 1282, das das Ende der Herrschaft von Karl von Anjou auf der Insel einleitete, der von den Königen von Aragon abgelöst wurde. Einige Autoren sehen darin den historischen Ursprung der Mafia: Der Schlachtruf der Aufständischen wäre demnach „*Morte Alla Francia! Italien Aviva!*" oder „*Morte a i Francesi! Italia Anella!* Diese beiden Ausdrücke sind Akronyme für das Wort „Mafia".

Treffen nahmen alle Verbrecherbosse des amerikanischen Ostens teil: Al Capone aus Chicago mit seinem Finanzberater Jacob Guzik; Joe Bernstein aus Detroit; Moe Dalitz, Lou Rothkopf und Chuck Polizzi aus Cleveland; Boo Boo Hoff und Nig Rozen aus Philadelphia; Weissman und John Lazia aus Kansas City; Longy Zwillmann aus Newark. Aus New York kamen unter anderem Joe Adonis, Waxey Gordon, Lucky Luciano, Frank Costello, Albert Anastasia, Meyer Lansky und Louis „Lepke" Buchalter. Ziel des Treffens war es, die Kriminalitätsbereiche außerhalb der alten sizilianischen Mafiaordnung aufzuteilen und die jeweiligen Gebiete und Gewinne aufzuteilen.

Nach Maranzanos Tod fand 1931 ein neues Treffen im Blackstone Hotel in Chicago statt. Es wurde vereinbart, dass kein einzelner Mafiaboss das gesamte organisierte Verbrechen beherrschen sollte und dass es eine kollegiale Führung geben würde. Im Falle von Rechtsstreitigkeiten wird eher die Zusammenarbeit als die Konfrontation gesucht. Das System würde wie ein Unternehmen funktionieren, mit einem Verwaltungsrat, der über die Politik abstimmt, bevor sie umgesetzt wird. Die Vereinigten Staaten und Kanada würden in vierundzwanzig Territorien unter der Verantwortung der Mitglieder der Kommission aufgeteilt. Darüber hinaus wurde ein System gebündelter Gelder eingerichtet, um Bestechungsgelder an die Behörden zu zahlen und besondere Investitionen zu finanzieren. Es war die Geburtsurkunde des organisierten Verbrechens.

Nach dem Ende der Prohibition bestand die Geschäftsführung aus sieben ständigen Mitgliedern (den „Großen Sieben"): Lucky Luciano, der die Prostitution kontrollierte; Frank Costello (der eine Jüdin geheiratet hatte) kontrollierte das Glücksspiel; Meyer Lansky war der Finanzexperte; Bugsy Siegel leitete die Nachtclub-Schläger und den Alkoholvertrieb; Albert Anastasia kontrollierte die Häfen und die Gewerkschaft der Langarbeiter mit seinem Partner Joe Adonis vom Broadway; Louis „Lepke" Buchalter war für die Erpressung der Textilindustrie, der Gewerkschaft der Teamster, der Bäckereien und der Kinos zuständig.

Gleichzeitig schuf die Kommission eine spezielle Abteilung, die damit beauftragt wurde, Mitglieder, die sich der Nichteinhaltung von Vorschriften schuldig gemacht haben oder als unzuverlässig gelten, nach Abwägung zu exekutieren. Dieses als Murder Incorporated bekannte Team von Auftragskillern, das im gesamten Gebiet operierte, wurde von Louis „Lepke" Buchalter, Anastasia und Bugsy Siegel angeführt. Von nun an musste das Syndikat vor jeder Tötung seine Zustimmung erteilen, und der Rat ernannte die Henker.

Die Polizisten ahnten lange Zeit nichts von der Existenz des Syndikats. Wenn es ihnen gelang, einen gesprächsbereiten Gangster zu verhaften, erhielten sie aufgrund des Schweigegebots, das die Mafia aus Sizilien importiert hatte, kaum Informationen. Vor der Gründung des Federal Bureau of Narcotics im Jahr 1930 gab es nur wenige Menschen in den Strafverfolgungsbehörden und in der Justiz, die etwas von organisierter Kriminalität verstanden. John Edgar Hoover, der das FBI zu dieser Zeit leitete, war nicht an der Mafia interessiert. Er glaubte nicht einmal an ihre Existenz und hielt sie für einen Scherz, den sich die Bürgermeister der Großstädte ausgedacht hatten, um ihre Schwierigkeiten zu rechtfertigen. Als die Ermittler Beweise für die Existenz einer riesigen kriminellen Verschwörung vorlegten, fuhr er fort, die Idee als absurd abzutun und sagte Reportern: „Es gibt keine Mafia in Amerika[29]."

Hoover ignorierte das Problem in den 1930er und 1940er Jahren bis 1957, als Polizeibeamte in einer ländlichen Region des Staates New York eine Razzia auf einem großen, abgelegenen Grundstück durchführten und mehr als sechzig Gangster entdeckten, die sich im Dunkeln trafen und konspirierten[30].

Als sie am Treffpunkt ankamen, schrieb Rich Cohen, hatten die Polizisten „eine Vision, die sie glauben ließ, sie hätten ein Autohaus gefunden[31]." Diese Razzia hat die Sichtweise der Amerikaner auf das organisierte Verbrechen definitiv verändert.

---

[29]In seiner Biografie *Official and Confidential: The Secret Life of J. Edgar Hoover* (1993) behauptet der Journalist Anthony Summers, dass die Mafia über Erpressungsmaterial gegen Hoover verfügte, was Hoover dazu veranlasste, die organisierte Kriminalität nur zögerlich zu verfolgen. Laut Summers besorgten sich die Vertreter des organisierten Verbrechens Meyer Lansky und Frank Costello Fotos von Hoovers angeblichen homosexuellen Aktivitäten mit Tolson (Hoovers Stellvertreter beim FBI) und benutzten sie, um sicherzustellen, dass das FBI seine illegalen Aktivitäten nicht weiter verfolgte. Die meisten Biographen halten die Mafia-Erpressungsgeschichte angesichts der laufenden Ermittlungen des FBI gegen die Mafia jedoch für unwahrscheinlich. Der Biograf Kenneth Ackerman sagt, dass die Anschuldigungen von Summers „von Historikern weitgehend diskreditiert" worden seien. (NdT)
[30]*Apalachin-Treffen*: Das Apalachin-Treffen war ein historisches Gipfeltreffen der amerikanischen Mafia, das am 14. November 1957 im Haus des Mafioso Joseph „Joe the Barber" Barbara in der 625 McFall Road in Apalachin, New York, stattfand. Bei dem Treffen wurden angeblich verschiedene Themen wie Kredithaie, Drogenhandel und Glücksspiel sowie die Aufteilung der illegalen Geschäfte des kürzlich ermordeten Albert Anastasia besprochen. Es wird angenommen, dass etwa 100 Gangster an dem Treffen teilnahmen.
[31] Rich Cohen, *Yiddish Connection*, 1998, Denoël, 2000, Folio, S. 229-233.

## *Mord eingebaut*

Louis Buchalter wurde 1897 in Brooklyn als Sohn deutschjüdischer Eltern geboren. Seine Mutter nannte ihn „Lepkelech", was auf Jiddisch „Kleiner Louis" bedeutet, was seine Freunde zu „Lepke" verkürzten. In seiner Jugend war Lepke Mitglied einer Bande, der Amboy Dukes (in der Amboy Street in Brooklyn), mit der er alle möglichen Raubüberfälle beging. Bis 1919 hatte er bereits zwei Haftstrafen verbüßt. Lepke bildete ein Duo mit Jacob „Gurrah" Shapiro, dessen Lehnsgut in Brooklyn, im Viertel Brownsville, lag. Zu dieser Zeit lag die Macht in Brownsville in den Händen der Brüder Shapiro. Der Älteste, Meyer Shapiro, wurde in der Nachbarschaft geboren. Er war ein schlaksiges Kind, das als Erwachsener fettleibig werden sollte." Alles an ihm war fett: fette Augen, eine fette Nase, fette Ohren, ein fetter Mund", schrieb Rich Cohen. Die Brüder Shapiro betrieben etwa fünfzehn Bordelle in der Unterwelt. Wie die Juden von Odessa, der Stadt, aus der sie stammten, terrorisierten sie die Ladenbesitzer und Geschäftsleute der Umgebung. Im Brooklyn der 1930er Jahre musste sich jeder Laden- oder Restaurantbesitzer, der einen Spielautomaten mieten oder kaufen wollte, an die Shapiros wenden, die nicht nur einen Prozentsatz des Gewinns einnahmen, sondern auch eine Pauschale von fünf Dollar für jeden Automaten verlangten." Was wäre, wenn die Shapiros nicht bezahlt würden, was wäre, wenn du irgendwo anders deine eigene Jukebox, deinen eigenen Zigarettenautomaten oder deinen eigenen Flip-Flop bekämst? Dann könnte etwas Unerfreuliches passieren - Ihr Geschäft könnte abbrennen oder eingebrochen und ausgeraubt werden[32]."

Lepke und Shapiro begleiteten gelegentlich die Alkohollieferungen von Arnold Rothstein. Aber sie hatten andere profitable Aktivitäten. Sie erpressten Geld von kleinen Ladenbesitzern und hatten den *Prêt-à-porter-Markt* in der *Lower East Side* übernommen. Lepke erklärt: „Wie zerbrechlich die Lumpen sind! Welchen Schaden man mit einem Tintenfass anrichten kann. Die Ladenbesitzer verstehen das schnell." Buchalter verwaltete dann die Rentenfonds der Textilarbeiter. Die gleichen Methoden wurden auch bei streikenden Arbeitnehmern angewandt. Sie organisierten kriminelle Banden, um Streiks zu brechen (*die „Schlammer"*), verhinderten, dass Streikende die Arbeit störten, und erhielten dafür von den Fabrikmanagern hohe Geldsummen. Rich Cohen schrieb dazu: „Es sei

---

[32] Rich Cohen, *Yiddish Connection*, 1998, Denoël, 2000, Folio, S. 31, 32

daran erinnert, dass es die Firmenchefs waren, die zuerst auf Gangster zurückgriffen... Im Allgemeinen schlugen die Gangster die Arbeiter mit in Zeitungspapier eingewickelten Eisenstangen, wenn sie Streiks brachen. Sie nannten das *Schlamming* (Schlagen)."

Sie erpressten auch Geld von großen Bäckereien in New York, indem sie ihnen „Schutz" anboten. Diese Erpressungen weiteten sich dann auf andere Branchen aus, wie z. B. Kinos und Speditionen. Buchalter führte diese Tätigkeit mit eiserner Faust aus und setzte sie auch fort, nachdem er ein führendes Mitglied der American Mafia Commission geworden war. Die Erpressung von Gewerkschaften wurde auch von anderen New Yorker Gangstern praktiziert, aber Buchalters Rücksichtslosigkeit gegenüber Nichtzahlern übertraf die seiner Kollegen. Wo andere den Widerspenstigen einfach die Beine brechen würden, tötet Buchalter einfach ohne Vorwarnung. Er ordnete auch Plünderungen und Brandstiftungen an, um seinen Ruf zu festigen.

Dann wandten sich auch die Gewerkschaftsführer an die Gangster, da sie keine andere Möglichkeit hatten, sich zu schützen. Arnold Rothstein war der erste, der sich bereit erklärte, ihnen zu helfen[33]. Anfang der 1930er Jahre kontrollierte Lepke über die Gewerkschaften der Lastwagenfahrer, der Kinobetreiber und der Baumaler bereits tausend Arbeiter.[34]

Buchalters Erpressungserfolge katapultierten ihn an die Spitze der kriminellen Welt. Während der Gründung des Verbrechersyndikats leitete Lepke die Murder Incorporated, die Organisation, die für die Ermordung unzuverlässiger oder schuldiger Mitglieder der Mafia zuständig war. Sie hatten sich darauf geeinigt, den Mord ohne vorherige Genehmigung von Polizisten, Richtern oder anderen wichtigen Persönlichkeiten des öffentlichen Lebens zu verbieten. Den Gangstern war es auch verboten, Menschen zu töten, die nicht der Mafia angehörten, um gründliche Ermittlungen oder eine nationale Mobilisierung gegen das organisierte Verbrechen zu vermeiden. Stattdessen durften sie unter den Mitgliedern des organisierten Verbrechens das Gesetz selbst in die Hand nehmen, vorausgesetzt, das Urteil wurde von der „Kommission" gebilligt. Um diese „schmutzige Arbeit" zentral zu regeln, wurde die „Murder Incorporated" (von der Presse so genannt) geschaffen, eine Art Gegenseitigkeit des Mordes, bei

---

[33] Rich Cohen, *Yiddish Connection*, 1998, Denoël, 2000, Folio, S. 135. Rich Cohen teilte uns ferner mit, dass Sydney Hillman, der Berater von Präsident Franklin Roosevelt und ehemalige Vorsitzende der Textilarbeitergewerkschaft, „in der Vergangenheit mit Lepke zusammengearbeitet hat." (p. 400)

[34] Rich Cohen, *Yiddish Connection*, 1998, Denoël, 2000, Folio, S. 145.

der ein lokaler Chef die Dienste eines Mörders aus einem anderen Ort in Anspruch nehmen und so der Strafverfolgung entgehen konnte. Murder Incorporated war eine Bande von Auftragskillern, wie Don Wolfe schrieb, „bestehend aus jüdischen Kriminellen, die die Drecksarbeit des Verbrechersyndikats erledigten. [35] „Es wird geschätzt, dass die Organisation zwischen 1933 und 1940 für mehr als 700 Morde verantwortlich war, manche sprechen von bis zu 2.000. Am Ende seiner Laufbahn stand Lepke persönlich im Verdacht, Dutzende von Morden begangen zu haben. Hinrichtungen mit Schusswaffen waren leicht zu erkennen, daher wurden Ertränken, Klingenwaffen, Baseballschläger, Klaviersaiten und vor allem Eispickel bevorzugt.

Murder Incorporated wurde von Bugsy Siegel und Albert Anastasia gemeinsam inszeniert. Sie waren diejenigen, die die Ersuchen sammelten und die Ausführungsmodalitäten auswählten. Manchmal heuerten sie *freischaffende* Killer an, doch am häufigsten setzten sie eine Gruppe junger jüdischer und italienischer Gangster ein, die in Brownsville ansässig waren und ein Jahresgehalt erhielten. Die bekanntesten waren Louis Capone, Harry „Happy" Maïone, Frank Abbandando, Vito Gurino, Mendy Weiss, Harry Strauss (genannt „Pittsburgh Phill") und Martin „Bugsy" Goldstein.

Abraham Reles, genannt Abe Reles, oder „Kid Twist", war der Anführer der Gruppe. Er wurde 1907 geboren, seine Eltern stammten aus Galitzia, einer Region in Südpolen. Sein Spitzname „Kid Twist" kam von seinem jugendlichen Gesicht und seiner Fähigkeit, seinen Opfern den Hals umzudrehen. Rich Cohen beschrieb ihn folgendermaßen: „Mit der Zeit wurde Reles eine Führungspersönlichkeit. Obwohl er kaum mehr als einen Meter groß war, hatte er etwas, das ihm Respekt einflößte... Er sprach langsam, mit kehliger Stimme und lispelte. Er hatte einen seltsamen Gang: Auf der Straße sah er aus wie ein Mann, der versucht, seine Schuhe durch Schütteln der Füße nach vorne zu ziehen."

In den ersten Tagen „war die erste Person, die Kid rekrutierte, Martin Goldstein... Er hatte die gleiche kleinmütige, duckmäuserische, knallharte Einstellung wie die Filmstars. Marty war schüchtern, aber Kid entdeckte eine Besonderheit an ihm. Wenn seine Schüchternheit auf die Probe gestellt würde, könnte er in eine psychotische Krise geraten und seinen Verstand verlieren. Deshalb wurde er Bugsy (der Bugsy) genannt - weil er ein bisschen verrückt war, und das war eine Eigenschaft, die man immer bei einigen Gangstern sah[36]."

---

[35] Don Wolfe, *Le Dossier Dahlia noir*, 2005, Albin Michel, 2006, S. 209, 214.
[36] Rich Cohen, *Yiddish Connection*, 1998, Denoël, 2000, Folio, S. 35, 37, 41. Zu

Abraham Reles' bevorzugte Waffe war der Eispickel, den er seinen Opfern durch die Ohren in das Gehirn stach, um den Tod durch Hirnblutung zu simulieren. Er war als besonders bösartiger psychopathischer Mörder bekannt. Einmal tötete er einen Tankwart, weil dieser es versäumt hatte, einen Fleck von der Seite seines Autos zu entfernen. Während der Prohibition in den 1920er Jahren hatten Reles und sein Freund Martin Goldstein, noch im Teenageralter, für die Gebrüder Shapiro gearbeitet, die das Brooklyner Drogengeschäft betrieben.

Es war Reles, der die Shapiro-Brüder im Brownsville-Viertel von Brooklyn endgültig entthronte. Reles hatte in eine von Shapiros Hochburgen investiert: Glücksspiel und Kredithaie. Die Dinge wurden schnell unangenehm: Eines Nachts erhielt Reles den Anruf eines „Freundes", der ihm mitteilte, dass die Shapiro-Brüder ihr Versteck im Osten New Yorks verlassen hatten. Reles, Goldstein und ihre Gefolgsleute eilten zum Shapiro-Hauptquartier, aber die Information war eine Falschmeldung, und sie gerieten in einen Hinterhalt. Reles und Goldstein wurden bei dem Feuergefecht verwundet. Meyer Shapiro wollte Reles eine Lektion erteilen, indem er seine Freundin entführte und sie auf ein offenes Feld brachte, wo sie mehrmals geschlagen und vergewaltigt wurde.

Nach mehreren Versuchen auf beiden Seiten gelang es Reles, Irving Shapiro in die Finger zu bekommen. Er zerrte ihn durch den Flur seines Hauses auf die Straße, wo er ihn brutal verprügelte, bevor er ihn mit achtzehn Schüssen tötete, zwei davon ins Gesicht. Zwei Monate später fand Reles Meyer Shapiro auf einer verlassenen Straße und schoss ihm in den Kopf. Es dauerte drei Jahre, bis der letzte Shapiro-Bruder, William, schließlich von der Straße entführt und in ein Bandenversteck gebracht wurde. Er wurde grausam zu Tode geprügelt. Harry Strauss fesselte ihn dann und lud ihn ins Auto, um ihn zur Beerdigung zu bringen. Als man einige Jahre später seine Leiche fand, exhumierte und obduzierte, fand der Gerichtsmediziner Spuren von Schlamm an seinem Brustkorb: Er war noch am Leben, als er begraben wurde.

Der Ruf der Brownsville-Bande reichte bis nach Manhattan, in die *Nachtclubs* und Hotelsuiten, wo Charlie Luciano, Meyer Lansky und Bugsy Siegel die Zukunft des organisierten Verbrechens planten. Bald würden Abe Reles und seine Komplizen für das „Syndikat" arbeiten.

Harry Strauss war der berühmte Attentäter der Abraham-Reles-

---

körperlichen und geistigen Defekten siehe *Psychoanalyse des Judentums, (2022).*

Bande. Er war ein frommer Jude. Rich beschrieb ihn folgendermaßen: „Er lebte in einer Welt, die zutiefst von Moral geprägt war. Seine Ansichten - über Strafe, über Verantwortung, über jede formale Verpflichtung - waren in vielerlei Hinsicht hebräische Ansichten. Für Strauss war Gott in jeder Handlung, jeder Geste, jedem Gestus gegenwärtig...Strauss war das Abbild des Gottes des Alten Testaments; er sah, er richtete, er strafte[37]."

Strauss tötete mehr als dreißig Männer in mehr als einem Dutzend Städten, aber er könnte wahrscheinlich für hundert Morde verantwortlich gemacht werden." Er reiste mit einem kleinen Lederkoffer, der eine Hose, Seidenunterwäsche, ein weißes Hemd, eine Pistole und ein Seil enthielt. Er stand in der Tradition des jüdischen Hausierers, des ehrgeizigen Einwanderers, der auf schlammigen Straßen nach Westen zog... Das Syndikat hatte den „Vertrag" erfunden; ein Ausländer kommt, tötet und geht. Die örtlichen Polizisten haben nichts zu tun - kein Motiv, keine Verdächtigen, nichts[38] -". Wenn die Situation kompliziert wurde, konnten sich die Auftragsmörder meist in abgelegenen Regionen der Vereinigten Staaten verstecken, wo die örtlichen Politiker gekauft waren und ein Auge zudrückten.

In Williamsburg waren die Ambergs die einzigen Brooklyner Gangster, die den Willen und den Mut hatten, Kid Twist (Abe Reles) herauszufordern, indem sie in ihrem eigenen Revier auftauchten, um Geld von Händlern zu erpressen. Sie hatten sich in den ersten Jahren des Jahrhunderts durchgesetzt und waren bei Raub, Erpressung und Mord recht erfolgreich. Angeführt wurde die Bande von Joey Amberg, einem russisch-jüdischen Einwanderer. 1935 trafen Mitglieder seiner Bande auf Harry Kazner, einen Kleinkriminellen, der für Murder Inc. arbeitete. Er wurde eines Tages in einen Keller gebracht, wo er gefesselt, zu Tode geprügelt und seine Leiche zerstückelt wurde. Die Mörder hatten die Teile in einem Sack in der Kanalisation entsorgt, die

---

[37] Rich Cohen, *Yiddish Connection*, 1998, Denoël, 2000, Folio, S. 120-122. Erinnern wir uns daran, was der Talmud sagt: Ein frommer Jude wird immer als in sich gut angesehen, trotz der Sünden, die er begehen mag. Nur seine Hülle ist befleckt, niemals sein Inneres. Talmud (*Chagigah, 15b*). [Die Gemara fragt: (...) eine Quelle besagt, dass man nur von einem Gelehrten lernen darf, der untadelig ist, während eine andere besagt, dass es sogar erlaubt ist, von jemandem zu lernen, dessen Charakter nicht untadelig ist (...) Rava lehrte: Was ist die Bedeutung dessen, was geschrieben steht: „Ich ging hinab zum Nussbaumhain, um das Grün des Tals zu sehen" (Hohelied *6:11*)? Warum werden Toragelehrte mit Nüssen verglichen? So wie diese Nuss, auch wenn sie mit Schlamm und Exkrementen befleckt ist, nicht abstoßend wird, weil nur ihre Schale befleckt ist, so wird auch ein Toragelehrter, auch wenn er gesündigt hat, seine Tora nicht abstoßend." (www.seforia.org). Zum Talmud siehe *Psychoanalyse des Judentums*].
[38] Rich Cohen, *Yiddish Connection*, 1998, Denoël, 2000, Folio, S. 162.

zur Jamaica Bay führte. Die Flut trug Kazners Überreste auf das Meer hinaus[39]. Die Reaktion kam schnell, und Lepke erhielt von den anderen Syndikatsbossen grünes Licht, die Mitglieder von Joey Ambergs Bande zu töten, die alle nacheinander liquidiert wurden.

Mitte der 1930er Jahre hatten sich die Brownsville Boys mit Lepkes Handlangern vermischt, und es war schwierig, die beiden Banden auseinanderzuhalten, da Reles, Goldstein, Strauss, Happy Maione und Abbandando überall in Begleitung von Lepkes besten Schützen wie Albert Tennenbaum, Charlie Workman, Mendy Weiss und Pretty Levine zu sehen waren.

Albert Tannenbaum arbeitete gegen Bezahlung und vermietete seine Dienste an jeden, der das nötige Kleingeld hatte." Er hatte ein dunkles, schmales Gesicht mit einer komisch langen Nase, traurigen Augen und buschigen Augenbrauen", schrieb Rich Cohen.

Charlie Workman „behielt trotz der in der Ferne heulenden Sirenen immer einen kühlen Kopf und nahm sich die Zeit, die Taschen der Leiche zu durchsuchen[40]. Am Ende seiner Laufbahn muss sich die Zahl seiner ermordeten Opfer in der Mitte der zwanziger Jahre bewegt haben. Als die Polizei ihn erwischte, behauptete er, er sei Jack Harris oder Jack Cohen oder wie auch immer er heißen mochte. Er erzählte den Leuten, dass er ein Geschäftsmann aus Brooklyn sei oder Autos verkaufe." Tatsächlich übte fast jedes Mitglied der Murder Inc. einen erklärten Beruf aus und verfügte somit über die notwendigen finanziellen Mittel und ein Alibi, um die Polizei zu informieren. Tannenbaum arbeitete in der Textilherstellung. Pretty Levine fuhr einen Müllwagen, mit dem er manchmal Leichen entsorgte. Doch seine eigentliche Einnahmequelle war offenbar die Erpressung von Ladenbesitzern, die er misshandelte, oder der Alkoholschmuggel.

Auch Kredithaie gehörten zum Arsenal der Gangster, um ihre Opfer zu erpressen. Abe Reles hatte einen Spieltisch an der Kreuzung von Court und State Street in Brooklyn. Rich Cohen schrieb über den Betrug Folgendes: „Wenn ein Spieler sein Geld verlor, lieh ihm Reles mehr Geld, oft zu einem Zinssatz von fünfundzwanzig Prozent. Um Reles zu entlohnen, lieh sich der Spieler oft etwas von Strauss, Pretty Levine oder Dukey Maffeatore. Bevor er merkte, worauf er sich eingelassen hatte, verdankte der Spieler alles, was er hatte, der kleinen Truppe[41]." Wir sehen also, wie amerikanische Gangster die gleichen

---

[39] Rich Cohen, *Yiddish Connection*, 1998, Denoël, 2000, Folio, S. 197
[40] Die Enteignung von Leichen ist eine lange und alte Tradition der Juden; siehe Hervé Ryssen, *Planetary Hopes*, (2005-2022).
[41] Rich Cohen, *Yiddish Connection*, 1998, Denoël, 2000, Folio, S. 208. Dies ist die

Methoden anwenden, die den Juden seit der Antike einen - vielleicht verdienten - Ruf eingebracht haben.

Die massenhafte Ankunft russischer und polnischer Juden in den Vereinigten Staaten schien Amerika um eine „andere" Bevölkerung bereichert zu haben. Im Allgemeinen scheinen Juden jedoch eher zu kriminellen Handlungen geneigt zu sein als die anderen Neuankömmlinge.

Dies war die Aussage eines Frank Moss, die von Rich Cohen zitiert wurde. Nach einem Besuch in den jüdischen Vierteln von New York stellte er fest, dass „die Unwissenheit, die Vorurteile, die hartnäckige Weigerung, sich den Idealen, religiösen Bräuchen und Anforderungen Amerikas anzupassen, der Clan-Geist und das Misstrauen gegenüber Christen" herrschen." Und er fügte hinzu: „Es gibt keinen Ort auf der Welt, an dem so viele menschliche Parasiten in einer wirklich unberechenbaren Menge zu finden sind... Die kriminellen Instinkte, die oft als natürlicher Zustand bei russischen und polnischen Juden beobachtet werden, treten in einer Weise an die Oberfläche, die die Meinung bestätigt, dass diese Leute die schlimmsten Elemente der gesamten New Yorker Bevölkerung sind[42]."

Eines Tages erlitt ein Buchhalter der Gewerkschaft namens Walter Sage die Folgen seiner wiederkehrenden Fehler: Gangy Cohen stach ihm mit einem Eispickel in die Brust und stach sechsunddreißig Mal auf ihn ein, um ihn zu lehren, richtig zu zählen. Der Buchhalter landete auf dem Grund der Bucht, gefesselt an einen Spielautomaten. Aber nachdem er Walter Sage getötet hatte, hatte Gangy Cohen eine Art Offenbarung: „Wenn sie mich dazu gebracht haben, Walter zu töten, dann würden sie früher oder später jemanden finden, der mich tötet. Gangy Cohen nahm den Zug in den fernen Westen, nach Hollywood. Dort gab er sein Filmdebüt, zunächst als Statist, dann als Schauspieler unter dem Namen Jake Cohen. Einige Jahre später sah ein Polizist, der Gangy Cohen seit langem verfolgte und für vermisst hielt, ihn auf der Leinwand in einem Film in der Rolle eines Polizisten. Cohen wurde

---

klassische Methode des Wuchers, die im Laufe der Geschichte den Antisemitismus aller europäischen Bauern gefördert hat.

[42] Rich Cohen, *Yiddish Connection*, 1998, Denoël, 2000, Folio, S. 62. Der ehemalige sozialistische Präsident Chiles, Dr. Salvador Allende, machte dieselbe Analyse: „Die Hebräer zeichnen sich durch eine bestimmte Kategorie von Verbrechen aus: Betrug, Verlogenheit, Verleumdung, Diffamierung und vor allem Wucher. Diese Fakten lassen die Vermutung zu, dass die Rasse bei der Kriminalität eine Rolle spielt." (Auszug aus der medizinischen Dissertation von Salvador Allende aus dem Jahr 1933, zitiert von Victor Farias in seinem Buch mit dem Titel *Allende, Antisemitismus und Euthanasie*, in *Faits et documents* vom 1. Juni 2005).

verhaftet, in Handschellen abgeführt und von Kalifornien aus ausgeliefert. Kurz darauf wurde er vor Gericht gestellt, aber aus Mangel an Beweisen freigesprochen. Rich Cohen schloss: „Wenn es wirklich hart auf hart kam, gab es immer die Lösung, nach Hollywood zu gehen und ein Filmstar zu werden[43]."

## Das Lied des Kanarienvogels

Im Jahr 1933, als die Prohibition abgeschafft wurde, verdienten die Gangster immer noch viel Geld mit Glücksspiel, Drogen, Prostitution und Telefonwetten. Und dann waren da noch die manipulierten Pferderennen. Don Wolfe schrieb: „Das Syndikat manipulierte nur eines von hundert Rennen, um nicht in Verdacht zu geraten, aber das war immer noch mehr als genug. Sie stimmten mit den Reitern überein, die ihre Bestechungsgelder erhielten. Diejenigen, die sich weigerten zu kooperieren, riskierten ernsthafte Schwierigkeiten. Die Wetten wurden auf der Rennbahn abgeschlossen, selten bei den Buchmachern des Syndikats. Sobald Bugsy herausfand, dass ein Rennen manipuliert worden war, rief er seine Kollegen vom Turf Club an, die dann in letzter Minute wetteten und den Jackpot gewannen[44]."

Die Gangster gerieten jedoch zunehmend unter Druck. Al Capone war 1932 wegen Steuerbetrugs verhaftet worden. Staatsanwalt Thomas Dewey hatte Waxey Gordon 1933 hinter Gitter gebracht. Es muss gesagt werden, dass Waxey Gordon mit Lansky wegen Alkoholhandel und Glücksspiel in Streit geriet. Ihre Rivalität hatte sich zu einem offenen Krieg ausgeweitet, der auf beiden Seiten mehrere Todesopfer fordern sollte. Lansky hatte der Polizei schließlich die Informationen geliefert, die dazu führten, dass Waxey Gordon wegen Steuerhinterziehung angeklagt und zu einer zehnjährigen Haftstrafe verurteilt wurde. Nach seiner Entlassung ging er nach Kalifornien, wo er in großem Stil mit Heroin handelte. Im Jahr 1951, im Alter von 62 Jahren, wurde er erneut verhaftet und zu 25 Jahren Haft in Alcatraz verurteilt. Er starb im folgenden Jahr.

---

[43] Rich Cohen, *Yiddish Connection*, 1998, Denoël, 2000, Folio, S. 213. Lesen Sie das Kapitel über Plastizität in *Psychoanalysis of Judaism*. In Sergio Leones *Es war einmal in Amerika* (1984) ändert einer der jüdischen Gangster (James Wood) ebenfalls seine Identität, um in die Politik zu gehen. Er wird Senator.

[44] Don Wolfe, *Le Dossier Dahlia noir*, 2005, Albin Michel, 2006, S. 204. Zu manipulierten Pferderennen siehe den schönen Film von Laurent Heynemann, *Le Mors aux dents* (Frankreich, 1979), mit Michel Piccoli, Jean Benguigui, Michel Galabru, Jacques Dutronc und Roland Blanche („der Grieche"), obwohl sie nicht als solche auftreten.

1935 stand auch Dutch Schultz (Arthur Flegenheimer) kurz vor dem Untergang. Thomas Dewey hatte die Beschlagnahmung von hundert Spielautomaten in mehreren von Shultz' Spielhallen angeordnet. Shultz beschloss daraufhin, mehr als tausend Maschinen nach New Orleans zu schicken, wo der Gouverneur des Bundesstaates, Huey Long, zu dieser Zeit auf der Gehaltsliste der Gangster stand[45]. Shultz wurde angeklagt, aber seine Anwälte erwirkten einen Wechsel des Verhandlungsortes, und der Prozess fand in einer Kleinstadt im Staat New York statt, in Malone. Eine kleine Stadt mit nur einer Kirche. Eine kleine Straße. Eine einzige Ampel... Er richtete sich in einem kleinen Hotel ein, stellte sich Einheimischen vor, die er nicht kannte, spendete bei örtlichen Wohltätigkeitsveranstaltungen und trug sehr einfache Anzüge." Er wurde bei kleinen, von der Kirche organisierten Treffen, bei Nachbarschaftsfesten und beim Bingo gesehen. Eine Woche vor dem Prozess tauchte er in einer örtlichen Kirche auf und konvertierte zum Katholizismus", schrieb Rich Cohen." Als die Geschworenen zu beraten hatten, hatte Schultz die ganze Stadt betrogen und korrumpiert. Es gibt ein Foto von ihm, das kurz nach dem Freispruch aufgenommen wurde, auf dem er grinst wie ein kleiner Junge, der gerade seine Wahl zum Klassenvertreter manipuliert hat: „In dieser Welt der harten Jungs ist kein Platz für Esel", sagte er zu Reportern[46]."

Schultz hatte vor der Syndikatskommission die Beseitigung Deweys gefordert. Doch die anderen Mitglieder teilten seine Meinung nicht: Dewey war ein zu wichtiges Ziel, und seine Ermordung hätte die gesamte Organisation in Gefahr bringen können. Da Schultz bei diesem Projekt hartnäckig war und nur unregelmäßig an den Sitzungen teilnahm, wurde beschlossen, ihn auszuschließen. Am 23. Oktober 1935 wurde er zusammen mit seinen Leibwächtern und seinem Buchhalter in einem Restaurant in Newark von einem Team aus drei Killern der Murder Incorporated niedergeschossen. Seine Leiche wurde im Badezimmer gefunden, wo Charlie Workman Zeit gehabt hatte, seine Taschen zu leeren[47].

---

[45] William Reymond, *Mafia S.A., Flammarion, 2001, S. 33.*, Flammarion, 2001, S. 33
[46] Rich Cohen, *Yiddish Connection*, 1998, Denoël, 2000, Folio, S. 283.
[47] In dem Film *The Cotton Club* (USA, 1984) malt Francis Ford Coppola einen psychopathischen Dutch Schultz. Schultz und seine Handlanger, Bo Weinberg, Lulu Rosenkrantz sowie sein Finanzberater Abbadaba Berman tauchen in E. L. Doctorows Roman *Billy Bathgate* und in Robert Bentons gleichnamigem Film mit Dustion Hoffman in der Hauptrolle auf. In der Tat hat er eine verblüffende Ähnlichkeit mit Dutch Schultz. In der jüdischen Gemeinschaft, die jahrhundertelang die Inzucht begünstigt hat, sind Doppelgänger durchaus üblich. Elie Wiesels Vater und Bela Kun,

Im Juni 1936 wurde Charles Luciano selbst vom Obersten Gericht in Manhattan wegen Anstiftung zur Prostitution zu dreißig Jahren Haft wegen Zuhälterei verurteilt und in das New Yorker Gefängnis eingesperrt. Meyer Lansky zog sich eilig an die Küste von Miami zurück.

Bugsy Siegel ließ sich dauerhaft in Los Angeles nieder, wo der Staatsanwalt und die Stadtverwaltung immer noch bereit waren, sich an den Meistbietenden zu verkaufen. Im November 1939 musste Bugsy „Big Greenie" Greenberg beseitigen. Der Gesuchte forderte von seinem ehemaligen Chef Louis „Lepke" Buchalter Bargeld und drohte, ihn zu erpressen. Bugsy fuhr in Begleitung von Abe Reles nach Hollywood, wo sich Greenberg versteckt hielt." Abe Reles erzählt, wie Bugsy schnell aus dem Auto stieg, sich Big Greenie näherte und ihn mit dem Kolben seiner Waffe traf, bevor er vier Schüsse in seinen gebrochenen Schädel abfeuerte. Big Greenies lebloser Körper sackte über das Lenkrad, als Bugsy zu dem gestohlenen Mercury[48] zurückkehrte."

Kurz darauf wurde auch Abe Reles in New York verhaftet. Im Januar 1940 werden Abe Reles und Bugsy Goldstein auf das Polizeirevier vorgeladen, nicht ahnend, dass die unerwartete Aussage eines Zeugen in einem alten Mordfall ihnen den Kopf kosten könnte. Kid Twist war in fünfzehn Jahren bereits zweiundvierzig Mal verhaftet worden, so dass dieses neue Erscheinungsbild für ihn keine Rolle spielte. Doch zwei Monate später wurde ihm klar, dass sein Leben auf dem Spiel stand und er auf dem elektrischen Stuhl landen könnte. Also begann er zu „singen". Er einigte sich schließlich mit dem Staatsanwalt von Kings County, William O'Dwyer, und schlug vor, die Existenz und die Arbeitsweise von Murder Incorporated zu enthüllen und seine Komplizen, einschließlich seines Chefs, Lepke Buchalter, zu denunzieren. Buchalter saß bereits im Gefängnis, angeklagt wegen Drogenhandels durch Staatsanwalt Thomas Dewey, der immer noch nicht wusste, dass Buchalter Dutzende potenzieller Zeugen hatte hinrichten lassen, um eine Verurteilung zu vermeiden. Reles sagte bei der Polizei „so viel aus, dass man fünfundzwanzig Notizbücher mit haarsträubenden Geschichten über Mord und Gewalt füllen könnte", schrieb Don Wolfe. Reles deckte seine vierundzwanzig Morde allein in Brooklyn auf und setzte sich damit an die Spitze der „*Hitparade* der jüdischen Parallelwelt[49] ".

---

der bolschewistische Tyrann, der 1919 in Ungarn herrschte, sahen sich zum Beispiel wie zwei Erbsen in einer Schote.

[48] Don Wolfe, *Le Dossier Dahlia noir*, 2005, Albin Michel, 2006, S. 216.
[49] Rich Cohen, *Yiddish Connection*, 1998, Denoël, 2000, Folio, S. 377

Zu den Mördern, die Abraham Reles in seinen Geständnissen erwähnte, gehörte auch der Name Bugsy Siegel. Er berichtete weiter, dass er einer der Gründer von Murder Inc. war und dass er der Mafia-Boss war, der an der kürzlichen Beseitigung von Big Greenie Greenberg beteiligt war. Seine Geständnisse lösten eine Kettenreaktion bei den anderen Gangstern aus, so dass die Polizei spezielle Unterkünfte für Justizspitzel einrichtete.

Das Gerede über den Verräter (das „Lied des Kanarienvogels" im Mafia-Slang) führte zur Verfolgung der Top-Killer von Murder Incorporated. Harry Strauss, Pittsburg Phil, Happy Maïone, Frank Abbandando, Louis Capone, Mendy Weiss und sein Jugendfreund Bugsy Goldstein wurden alle auf dem elektrischen Stuhl hingerichtet. Nach der Verhandlung rief Goldstein den Reportern zu: „Sagen Sie dieser Ratte Reles, dass ich auf ihn warten werde. Vielleicht wird es in der Hölle sein. Ich weiß es nicht, aber ich werde auf ihn warten. Ich wette, ich werde eine Mistgabel in der Hand haben! "

Albert Anastasia von Murder Inc., ein führender Kopf der Cosa Nostra, sollte am 12. November vor Gericht gestellt werden. Anastasia hatte zuvor eine blutige Säuberung organisiert, um das Auftauchen neuer Zeugen zu verhindern, die die Syndikatsbosse gefährden könnten. Ihre Anklageschrift stützte sich auf die einzige Aussage von Reles. Zu seinem Glück wurde Reles' Leiche am Morgen des 12. Dezembers unter dem Fenster des Hotels auf Coney Island gefunden, in dem er wohnte und das von der Polizei bewacht wurde. Leider war Reles trotz der umfangreichen Sicherheitsmaßnahmen, die zu seinem Schutz ergriffen worden waren, aus dem fünften Stock gestürzt. Die Ursache seines Todes wurde nie eindeutig geklärt, und es wurde nie bekannt, ob er sich aus dem Fenster gestürzt hatte oder gestoßen worden war oder ob er versucht hatte zu fliehen. Frank Costello soll die Polizisten, die Reles bewachten, bestochen haben, damit er nicht aussagen konnte. Der später reuige Joe Valachi enthüllte später, dass es sich tatsächlich um einen Mord handelte, der mit Hilfe eines der Polizisten begangen wurde, die Reles bewachten. Abraham Reles erhielt nach seinem Tod einen neuen Spitznamen: der Kanarienvogel, der sang, aber nicht fliegen konnte.

Lepke Buchalter stellte sich schließlich im April 1939 dem FBI, um einer härteren Strafe zu entgehen, und begann eine 14-jährige Haftstrafe wegen Drogenhandels im Bundesgefängnis in Leavenworth, Kansas. Die Strafe wurde jedoch später wegen seiner Verfehlungen innerhalb des Syndikats auf dreißig Jahre verlängert. Die Zeugenaussagen von Reles und Albert Tannenbaum waren für ihn fatal.

Lepke hatte die rücksichtslose Tat begangen, persönlich an einer Abrechnung teilzunehmen - nur eine von Hunderten, die von der Organisation begangen wurden. Die dem Staatsanwalt übermittelten Beweise für die Ermordung des Trödelladensbesitzers Joseph Rosen führten im Dezember 1941 zu einem neuen Urteil: der Todesstrafe. Buchalter wurde im Januar 1942 im Gefängnis von Sing Sing im Bundesstaat New York auf dem elektrischen Stuhl hingerichtet. Er war der einzige Verbrecherboss dieses Ranges, der hingerichtet wurde. Das war das Ende von Murder Incorporated[50].

## *Bugsy Siegel in Hollywood*

Bugsy Siegel war zur See gefahren und hatte sich 1936 in Los Angeles niedergelassen. Seit 1934 war Siegel mehrmals in die Region gereist, um die Interessen des Syndikats zu vertreten. Sein Ziel war es, das Filmgeschäft zu unterwandern, indem er Spielhöllen, Prostitutions-, Glücksspiel- und Drogenringe einrichtete. In Hollywood und im Westteil der Stadt dienten ihre Nachtclubs als Fassade für das Syndikat." Nach Angaben der *California Crime Commission* betrieb das Syndikat mehr als dreißig Bars, mindestens fünfundsiebzig Spielhöllen, neunzehn Bordelle, siebzehn Kasinos und vierzehn *Nachtclubs* in der Region Hollywood[51]."

1938 zog Bugsy Siegel mit seiner Frau und seinen Kindern in eine prächtige Villa mit fünfunddreißig Zimmern ein. Er hatte auch eine Suite in einem großen Hotel, wo er Virginia Hill, die Geldbeschafferin des Syndikats, und eine ganze Schar von Hollywood-Schönheiten traf, die aus den jungen Stars der Studios ausgewählt worden waren. Bugsy stand auch in Kontakt mit Hollywood-Stars und den großen Eminenzen der Produktionsfirmen, wie Jack Warner, Harry Cohn und Louis Mayer, mit denen er Geschäfte machte[52]. Er war mit einigen Stars wie Clark Gable und Cary Grant befreundet und der Geliebte von Lana Turner -

---

[50] Murder Incorporated war Gegenstand eines einzigen Hollywood-Films von Stuart Rosenberg im Jahr 1960. Kid Twist (Abe Reles) wird von Peter Falk gespielt. 1975 drehte Menahem Golan einen Film über Lepke mit Tony Curtis (geboren als Bernard Schwartz) in der Hauptrolle, in dem das Jüdischsein der Gangster perfekt zum Ausdruck kommt. Der Film zeigt einen Lepke, der vom Syndikat verraten und in die Enge getrieben wird. Am Ende des Films wird betont, dass Lepke der erste Boss des Mafia-Syndikats war, der hingerichtet wurde.
[51] Don Wolfe, *Le Dossier Dahlia noir*, 2005, Albin Michel, 2006, S. 211.
[52] Universal, Fox, Paramount, Columbia, Warner Bros, MGM, RCA und CBS sind allesamt von osteuropäischen jüdischen Einwanderern gegründet worden. Siehe *unter Planetarische Hoffnungen*.

einer Glaubensgenossin - und Rita Hayworth. Als Sportler und Schausteller wussten nur wenige in Hollywood, dass er auch ein skrupelloser Killer und einer der Gründer von Murde Incorporated war. Er übernahm die Kontrolle über mehrere Gewerkschaften von Statisten und Technikern (Bühnenbildner, Tontechniker, Cutter, Redakteure usw.), die jeden Filmdreh in kurzer Zeit zum Erliegen bringen konnten. Dank seiner Kontrolle über die Belegschaft erpresste er von den Studios Geld als Gegenleistung für deren Schutz vor wilden Streiks.

Als Siegel an der Westküste ankam, waren die sizilianischen Mafiosi bereits anwesend: Jack Dragna (geboren als Anthony Rizzotti) war der Mafia-Boss von Los Angeles. Sein Leutnant war Johnny Rosselli, ein Mann mit den weichen, einschmeichelnden Manieren, die Dragna fehlten. Sie waren während der Prohibition an die Macht gekommen, als Banden den Schwarzmarkt für Alkohol überfielen. Der in Sizilien geborene Dragna war 1914 in die Vereinigten Staaten ausgewandert und verkehrte in der Chicagoer Bande von Al Capone, bevor er in Südkalifornien Mafiaboss wurde.

Die Ankunft von Bugsy Siegel in der Region führte schnell zu Spannungen und Lucky Luciano musste seinen Willen durchsetzen, um sie zur Zusammenarbeit zu bewegen und Dragna dazu zu bringen, den Krieg aufzugeben. Luciano, der von seiner Gefängniszelle aus seine ganze Autorität behielt, verlangte, dass sie kooperierten, denn nach dem Mafia-Kodex bedeutete die Weigerung, dem Paten zu gehorchen, sein Todesurteil zu unterschreiben. Die Stadt wurde dann in Gebiete aufgeteilt, die von Siegel und Dragna kontrolliert wurden. Siegel erhielt den westlichen Teil mit Hollywood und Beverly Hills, während Dragna das Stadtzentrum, die Außenbezirke des Tals, Long Beach und den Hafen von Los Angeles[53] erhielt.

Bugsy war im September 1940 als Zeuge vor die Polizei geladen worden. Wegen Mordes an Greenberg angeklagt, wurde er im Old City Prison in der Innenstadt von Los Angeles inhaftiert. Sein Schwager Whitey Krakower, der von Reles ebenfalls in den Mord an Greenie verwickelt worden war, erschien kurz darauf bei der Polizei, wurde aber auf offener Straße in Manhattan erschossen. Bugsy hatte einen unbequemen Zeugen getötet. Siegels Ehe würde das Drama nicht überstehen. Bugsy's Frau reichte die Scheidung ein und kehrte mit den gemeinsamen Kindern nach New York zurück.

Die Haftbedingungen für Bugsy Siegel waren nicht sehr hart, da er eine günstige Behandlung erfuhr. Er wohnte in einer Wohnung innerhalb des Gefängnisses und ließ sich sein Abendessen von den

---

[53] Don Wolfe, *Le Dossier Dahlia noir*, 2005, Albin Michel, 2006, S. 211.

besten Restaurants der Stadt bringen. Er besuchte sogar weiterhin die Nachtclubs in Hollywood, wo er nachts aufgenommen wurde. Als der Skandal in der Presse bekannt wurde, stellte sich heraus, dass der Gefängnisarzt Benjamin Blank mehr als 32.000 Dollar von Siegel erhalten hatte, um ihn in seine Privatwohnung einziehen zu lassen. Ganz nebenbei erfuhr die Öffentlichkeit, dass Siegel im ersten Monat seiner Haft achtzehn Mal nachts ausgegangen war und in seiner „Gefängniswohnung" Besuch von jungen Frauen empfangen durfte. Sogar die Jeansanzüge seiner Häftlinge waren maßgefertigt. Die Mordanklage wurde schließlich dank einer Spende von 30.000 Dollar fallen gelassen, die zur Finanzierung der Kampagne des Staatsanwalts von Los Angeles beitrug.

Bugsy war von der Hollywood-Gesellschaft geächtet worden, aber er führte seine kriminellen Geschäfte weiter. Er rekrutierte Mickey Cohen, einen ehemaligen Boxer, und begann, in das Gebiet von Jack Dragna zu expandieren, indem er einen Luxus-Telefonprostitutionsring annektierte. Als Nächstes besuchte Siegel Las Vegas, damals eine winzige Stadt. Nevada war eine kleine Oase im Herzen des amerikanischen Rechtssystems, in der alles legal war: Telefonglücksspiel, Glücksspiel, Prostitution. Siegel träumte davon, dort sein Imperium aufzubauen, um auf legale Weise astronomische Summen zu verdienen. So begann Siegel mit dem Bau des Flamingo Hotels, das das größte und luxuriöseste Hotel-Casino der Welt werden sollte. Dieses Projekt begründete den Reichtum von Las Vegas, der Stadt des Glücksspiels. 1943 lieh Luciano Siegel auf Anraten von Lansky 5 Millionen Dollar zur Finanzierung des Flamingo. Natürlich blieb Siegel in Kontakt mit dem Syndikat. Joseph Epstein, alias Joey Ep, der Schatzmeister und Vertraute der Chicagoer Mafia, arbeitete mit ihm zusammen.

Während er in Vegas beschäftigt war, hatte Bugsy Mickey Cohen die Leitung der Geschäfte in Los Angeles überlassen. Letzterer war jedoch nicht so clever wie er, und die Rivalität mit Jack Dragna wurde bald zu einem offenen Krieg. Als Cohen begann, sich aggressiv in das Glücksspielnetz des Sizilianers einzumischen, hatte der Sizilianer genug davon, die Zähne zusammenzubeißen. Der Krieg brach 1946 aus, nachdem ein Buchmacher des Syndikats, der für Mickey Cohen arbeitete, ermordet und zwei weitere Mitarbeiter von Siegel und Cohen erschossen worden waren. Die Morde standen tagelang auf den Titelseiten der Presse, aber die Ermittlungen gerieten ins Stocken, obwohl jeder wusste, dass Dragna dafür verantwortlich war.

In Las Vegas zog sich der Bau des pharaonischen Hotel-Casinos in die Länge. Die Rechnung wurde immer höher und die Bosse des Syndikats begannen, an dem Marmorpalast mitten in der Wüste zu zweifeln. Bugsy beauftragte daraufhin seinen Handlanger Albert Greenberg, eine Reihe von Juwelenüberfällen zu organisieren. Al Greenberg, der ebenfalls einen Drogenring leitete, war schon Jahre zuvor mit Bugsy und Meyers Bande in den Alkoholhandel verwickelt gewesen.

Am 26. Dezember 1946 öffnete das Casino schließlich seine Pforten. Viele Hollywood-Stars wie Clark Gable, Lana Turner und Cary Grant, die dort erwartet wurden, saßen wegen des Sturms, der den Start der Flugzeuge unmöglich gemacht hatte, auf dem Flughafen von Los Angeles fest. Das Flamingo, das mitten in der Wüste liegt, hatte anfangs einige Schwierigkeiten, Kunden zu finden. Al Greenbergs Bande raubte weiterhin Juwelierläden aus, um das Projekt zu finanzieren. Der Juwelier Maurice Reingold war ständig Opfer von Raubüberfällen auf seine versicherten Waren. Al Greenberg musste schließlich überstürzt aus der Stadt nach New York fliehen.

Die junge Elizabeth Short verkehrte in dieser Welt der Verbrecher und Kriminellen. Sie stand in Kontakt mit Al Green. Diese schöne 23-jährige Frau, die Ambitionen hatte, ein Filmstar zu werden, war immer schwarz gekleidet und trug eine Dahlie im Haar, weshalb sie den Spitznamen „Black Dahlia" erhielt. Am 15. Januar 1947 wurde ihre Leiche im Morgengrauen auf einem offenen Feld gefunden, grausam verstümmelt. Elizabeth Short hatte leider das schrecklichste Verbrechen aller Zeiten begangen. Der Gerichtsmediziner war fassungslos: Ihr Mund war mit einem Messer „verlängert" und in zwei Teile aufgeschnitten worden. Ihr Schädel und ihr Gesicht waren mit einem Gewehrkolben brutal eingeschlagen worden. Die Brüste waren abgetrennt worden, aber das Spektakulärste war, dass der Körper von der Taille aus, wo die Wirbelsäule am einfachsten zu durchtrennen ist, zwischen der zweiten und dritten Lendenwirbelsäule, in zwei Hälften geschnitten und der Buchstabe „D" in ihr Schambein[54] geritzt worden

---

[54] „Jack the Ripper", der 1888 in London mindestens fünf junge Frauen auf grausame Weise ermordete, wurde von der Polizei nie gefasst. Den Opfern wurde die Kehle durchgeschnitten, dann entfernte der Ripper ihre Eingeweide, Nieren und Gebärmutter. Die Präzision, mit der der Mörder nachts arbeitete, deutete darauf hin, dass er einen medizinischen oder metzgerischen Hintergrund hatte. Nach dem ersten Mord verhaftete die Polizei einen jüdischen Metzger namens John Pizer, den der Mob lynchen wollte. Der zweite Mord, der an Elizabeth Stride, fand im Innenhof eines von deutschen Juden bewohnten Gebäudes statt. Catherine Eddowes, das dritte Opfer, war entsetzlich entstellt. Ihre Nase und ihr linkes Ohr waren abgeschnitten, ihr Gesicht aufgeschlitzt und mit einem V gezeichnet. Sie war fast enthauptet, aufgeschnitten, ihr Kopf

war.

Der grausame Mord stand einunddreißig Tage lang auf den Titelseiten der Presse von Los Angeles, aber es dauerte Jahrzehnte, bis die Originalfotos der Leiche des Opfers veröffentlicht wurden. 400 Polizeibeamte wurden in diese Ermittlungen verwickelt. Laut Don Wolfe, der 2005 ein Buch über den Fall veröffentlichte, war der Verantwortliche für die Tat kein anderer als „Bugsy Siegel, die Nummer zwei der jüdischen Mafia", wie auch in einem Artikel der Wochenzeitung *Le Point* vom 2. November 2006 nach der Veröffentlichung des Films von Brian de Palma zu lesen war: „Siegel war die rechte Hand von Meyer Lanski, dem Chef der jüdischen Mafia." Er hatte eine Reihe von Garets, Bordellen und Brenda Allens Netzwerk von Prostituierten übernommen, was Jack Dragna beleidigt hatte. Don Wolfe zufolge war Betty Short eines dieser Mädchen in Brendas Netzwerk. Die Leiche von Betty Short war zweihundert Meter von Jack Dragnas Haus entfernt gefunden worden, als hätte Siegel den Mord seinem Feind anhängen wollen.

Vor der Grand Jury hatte Sergeant Charles Stoker unter Eid enthüllt, dass es in Los Angeles ein Netzwerk von Abtreibungsspezialisten des Syndikats gibt. Diese wurden von Leutnant Willie Burns und Mitgliedern der Anti-Mafia-Einheit durch Bestechungsgelder geschützt. Laut Stoker war der Leiter dieses Netzwerks Dr. Leslie Audrain, der im Mai 1949 in seinem Haus offiziell Selbstmord beging, als er verhört werden sollte. Don Wolfe stellte die Hypothese auf, dass Elizabeth Short von Norman Chandler, dem mächtigsten Mann in Los Angeles, geschwängert worden war. Ihr Körper war verstümmelt worden, um ihre Gebärmutter und den Fötus zu entfernen.

Siegel war immer gewalttätiger geworden und eine Gefahr für alle. Tatsächlich hatte seine Geliebte Virginia Hill zwei geheime Konten in der Schweiz eröffnet, von denen sie einen Teil des Geldes abhob, das zur Rückzahlung an Luciano hätte verwendet werden können. Vier

---

abgeschlagen. Sie wurde fast enthauptet, aufgeschnitten „wie ein Schwein im Schaufenster", ihr Magen und ihre Eingeweide über die rechte Schulter gelegt, ihre Leber herausgeschnitten, ihre Nieren und Genitalien entfernt. Gegen 3 Uhr morgens entdeckte Polizeiinspektor Alfred Long in der Nähe des Tatorts ein Graffiti: „*Die Juwes sind die Männer, die für nichts verantwortlich gemacht werden*", was ohne Schreibfehler bedeutet: „Die Juden werden für nichts verantwortlich gemacht". Um keine antisemitische Welle zu provozieren, wurde die Inschrift sofort umgeschrieben und ausradiert. Ein anderer Mörder war Anfang der 1990er Jahre in den Nachrichten: David Berkowitz, bekannt als „Son of Sam". Er hatte 17 Frauen, meist Prostituierte, auf Long Island, New York, getötet.

Jahre später hatte Lucky keinen einzigen Dollar mehr gesehen und war überzeugt, dass Siegel versuchte, ihn zu betrügen. Auf der Konferenz von Havanna am 22. und 24. Dezember 1946 war Siegel sogar wütend geworden und hatte erklärt, dass er zurückzahlen würde, wenn er sich dazu entschließen würde. Von da an war sein Schicksal besiegelt, und Lansky versuchte vergeblich, seine Hinrichtung zu verhindern. Am 20. Juni 1947 wurde Benjamin Siegelbaum in der Villa seiner Geliebten in Beverly Hills mit einem Langwaffengewehr erschossen. Ihm wurde zweimal in den Kopf geschossen[55]. Dragna nahm es auf sich, ihn zu liquidieren, und der Fall wurde für „ungelöst" erklärt, ebenso wie der Mord an Elizabeth Short. Jack Dragna führte seinen persönlichen Rachefeldzug gegen Mickey Cohen aus. Er kam mit mehreren Attentatsversuchen davon, aber sechs seiner Männer wurden 1948 getötet. Die Leitung des Flamingo wurde an drei treue Mitarbeiter von Meyer Lansky übergeben: Moe Sedway, Morris Rosen und Gus Greenbaum. Es lag also alles in der Familie.

Die Verbindung zwischen Bugsy, dem Syndikat und dem Mord an der Black Dahlia wurde von der Polizei und der Presse nie öffentlich hergestellt." Die Ironie der Geschichte", schrieb Don Wolfe, „ist, dass die einzige Person, die nach der Grand Jury 1949 öffentlich bestraft wurde, Sergeant Charles Stoker war - der ehrliche Polizist. Im Rang zurückgestuft und dem Verkehrswesen zugewiesen, wurde Stoker Opfer eines Komplotts des LAPD, das ihn des Raubes anklagte und ihn der „Ungehorsamkeit und des eines Polizeibeamten unwürdigen Verhaltens" für schuldig befand. Stoker, ein glühender Katholik, arbeitete fünfundzwanzig Jahre seines Lebens als Zugführer im Depot der Southern Pacific Railway in Los Angeles, wo er, von allen vergessen, am 10. März 1975 starb[56]."

Brian de Palmas *The Black Dahlia* (2006) zeigt natürlich keine jüdischen Gangster, die sich der Gräueltaten schuldig gemacht haben, sondern legt die ganze Last der Schande auf die WASP (White Anglo-

---

[55] Im ersten Teil des Kultfilms *Der Pate* (1972) wird Bugsy Siegel von der Figur Moe Green verkörpert. Die Familie Corleone versucht, ihm sein Hotel in Las Vegas abzukaufen, woraufhin er ermordet wird. Im zweiten Teil wird er von Hym Roth (dargestellt von Meyer Lansky) als Freund, Geschäftspartner und Erfinder von Las Vegas erwähnt.

[56] Don Wolfe, *Le Dossier Dahlia noir*, 2005, Albin Michel, 2006, S. 287. In einer Fußnote schreibt Don Wolfe: „Sergeant Jack Clemmons, der erste Polizist, der am Tatort von Marilyn Monroes Tod eintraf, ereilte das gleiche Schicksal. Clemmons behauptete mehrfach, dass Marilyn Monroe ermordet worden sei und dass alle Beamten der Informationsabteilung des LAPD (der alten Anti-Mafia-Einheit), einschließlich Archie Case und James Ahern, das Verbrechen vertuscht hätten....."

Saxon Protestant) Bourgeoisie. In ähnlicher Weise erzählte Barry Levinsons Film *Bugsy* (USA, 1992) das Leben von Bugsy Siegel, ohne die jüdische Herkunft des Psychopathen zu erwähnen, und betonte Warren Beattys idealistische, angelsächsische Züge. So schrieb der amerikanische Nationalist David Duke in seinem Buch *Jewish Supremacism* (2003): „Der Film stellt den blutrünstigsten aller amerikanischen Gangster als einen eleganten und romantischen Mann mit einem großen Herzen dar, mit den Zügen eines Angelsachsen." David Duke fügte zu Recht hinzu: „Jüdische Film- und Fernsehproduzenten geben Gangstern immer das Aussehen eines blondhaarigen Mannes mit blauen Augen."

## *Faschismus bekämpfen, Israel unterstützen*

In den Tiefen seiner Gefängniszelle führte Lucky Luciano seine Geschäfte weiter und schien noch immer den New Yorker Hafen zu kontrollieren. Offenbar reichte die massive Präsenz der US-Streitkräfte nicht aus, um die Sicherheit des Hafens zu gewährleisten. Am 9. Februar 1942 wurde der französische Ozeandampfer *Normandie*, der in *La Fayette* umbenannt wurde, durch ein Feuer schwer beschädigt und sank. Im März 1942, als sein zweiter Antrag auf Bewährung gerade abgelehnt worden war, erhielt Luciano Besuch von Abgesandten der Marine. Der Deal war einfach: Lucky garantierte die Sicherheit des Hafens im Gegenzug für seine Freiheit. Darüber hinaus bot er den Offizieren der US-Armee, die eine Landung an der sizilianischen Küste und den Sturz Mussolinis planten, seine Mitarbeit an. Luciano vermittelte den amerikanischen Offizieren enthusiastisch den Kontakt zu seinen Freunden in Sizilien. Dieser erstellte für den State Major detaillierte Karten und führte die amerikanischen Soldaten durch das Gebiet. Im Gegenzug verlangte Luciano, dass die sizilianischen Mafiosi nach den Kämpfen ihre beherrschende Stellung wieder einnehmen. Die Amerikaner versprachen, dass sie keinen Druck und keine Kontrolle über den Ablauf der Wahlen ausüben würden. Ohne es ausdrücklich zu sagen, hatten sie Sizilien an die Mafia übergeben, die bald die Macht zurückgewinnen würde, die sie unter Mussolini verloren hatte.

In der Zwischenzeit ordnete Luciano an, den Hafen von New York von allen Faschisten und Nazi-Sympathisanten zu säubern. Vor der Invasion hatte er sich mit hohen Marinebeamten in Verbindung gesetzt: Er wollte die Truppen an Land begleiten und als Verbindungsoffizier dienen. Vielleicht stellte er sich vor, dass er an der Spitze einer Armee nach Hause zurückkehren würde. Sein Antrag wurde zwar abgelehnt, aber die US-Regierung war ihm für seinen Beitrag dankbar. Im Jahr 1946 unterzeichnete Tom Dewey seinen Antrag auf Bewährung. Luciano wurde unter der Bedingung freigelassen, dass er die Vereinigten Staaten endgültig verlässt. Am 10. Februar 1946 schiffte er sich nach Neapel ein. Auf der Anklagebank begleiteten ihn Frank Costello und Meyer Lansky. Sie würden sich weiterhin auf amerikanischem Boden um ihre Angelegenheiten kümmern.

Die jüdischen und sizilianischen Gangster waren natürlich „antifaschistisch". Es ist bekannt, dass Bugsy Siegel ein Attentat auf Goebbels und Göring plante, die wie er selbst in der italienischen Villa seiner damaligen Geliebten, Gräfin Di Frasso, zu Gast waren. Charlie Birger (geboren als Sacha Itzik Berger), der Mafia-Boss aus Missouri, war 1928 für den Mord am Bürgermeister von West City gehängt worden. Aber er wurde verdächtigt, mindestens ein Dutzend Menschen ermordet zu haben, darunter einen Anführer des Klu-Klux-Klan. In Minneapolis griff David Berman, der die lokale kriminelle Unterwelt leitete, die Konferenzen der amerikanischen Pazifisten an, die sich weigerten, das Land in einen neuen Krieg in Europa zu führen. Mickey Cohen, Bugsy Siegels Leutnant, erzählte beispielsweise in seiner Biografie *In My Own Words*, dass ihn eines Tages ein Richter vor einer rechtsextremen Kundgebung aufgesucht habe: „Ich sagte: OK, mach dir keine Sorgen. Also sind wir hingegangen und haben sie in Stücke gerissen." Rich Cohen hatte diesen Satz: „Für viele Gangster war der Kampf gegen die Nazis ein Ausdruck ihres Patriotismus[57]."

Jüdische Gangster verleugneten nämlich keineswegs ihre Zugehörigkeit zum Judentum: „Selbst die gewalttätigsten Gangster betrachteten sich als gute Juden, als Menschen der Schrift", schrieb Rich Cohen. Sie gingen an den religiösen Feiertagen in die Synagoge, wandten sich an Gott, wenn etwas schief ging, ließen ihre Kinder beschneiden und begleiteten sie auf ihre Bar-Mitzvah[58]... Wie haben sie ihr kriminelles Leben mit der Bibel in Einklang gebracht? Wie die meisten Menschen haben sie eine Unterscheidung getroffen: Dies ist das Leben der Seele, und das ist das Leben des Körpers. Nächstes Jahr in Jerusalem. Aber solange ich in der Diaspora bin, lebe ich so[59]."

Wenn die sizilianischen Mafiosi immer in der Lage wären, im Notfall über den Ozean in die Dörfer ihrer Vorfahren zu flüchten, hätten die Juden bald den neuen Staat Israel, der 1948 gegründet wurde. Rich

---

[57] Rich Cohen, *Yiddish Connection*, 1998, Denoël, 2000, Folio, S. 337, 339
[58] Die Bar-Mitzvah ist der Ritus des Übergangs zum Erwachsensein. Eine Person, die Bar-Mitzvah ist, hat nach jüdischem Recht die gleichen Pflichten wie ein Erwachsener.
[59] Rich Cohen, *Yiddish Connection*, 1998, Denoël, 2000, Folio, S. 266

Cohen schrieb hier: „Für die Juden gab es Miami, das andere heilige Land. Und bald würde es Israel geben... ein Sieg für die flüchtenden Juden[60]."

Nach dem Krieg sammelte Mickey Cohen Geld für die jüdischen Kämpfer der Irgun, die gegen die Briten für die Gründung eines jüdischen Staates in Palästina kämpften. Aber die jüdischen Geschäftemacher dachten manchmal weniger an die Sache als an ihre eigenen Interessen, und das gesammelte Geld kam nicht immer bei den vorgesehenen Empfängern an. Im Jahr 1950 organisierte Cohen eine Wohltätigkeitsgala." In dieser Nacht, so schrieb Don Wolfe, wurden mehr als zweihunderttausend Dollar für die Sache gesammelt - aber auf mysteriöse Weise erreichte das Geld nie Palästina. Nach Angaben von Mickey Cohen wurde das Schiff mit dem Geld torpediert und versenkt. Für Ben Williamson und Ben Hecht bestand jedoch kaum ein Zweifel daran, dass das Geld in einem der großen Wetttöpfe bei Pokerspielen im Hecht Castle am Angelo Drive[61] gelandet war."

Elie Wiesel hat in seinen Memoiren diese kuriose Episode niedergeschrieben: „Der Schriftsteller Ben Hecht erzählt in seinen Memoiren, dass er von Unbekannten in eine Garage „entführt" wurde, wo man ihm vor den Augen der dort versammelten Unterwelt einen Koffer voller Dollar im Namen der Irgun[62] überreichte."

Meyer Lansky war ebenfalls an diesen Operationen zur Unterstützung der jüdischen Kämpfer in Palästina beteiligt und hatte nicht gezögert, einen Waffenexporteur ermorden zu lassen, der die schlechte Idee gehabt hatte, auch die arabischen Länder zu beliefern. Lansky war, wie die anderen jüdischen Gangster, ein glühender Anhänger des jüdischen Staates. In *Jewish Supremacism* (2003) zitiert David Duke diesen *Newsweek-Artikel* vom 17. November 1971: „Jedes Jahr spenden Lansky und seine Partner große Summen an das israelische Finanzministerium und Philanthropien." Als er in Israel Zuflucht suchte, setzte Lansky eine Tradition fort, die ihm sehr am Herzen lag, nämlich soziale Organisationen zu unterstützen, wie er es bei der *United Jewish Appeal* und der Brandeis University getan hatte. Kurz nach seiner Ankunft in Tel Aviv im Jahr 1970 empfing er im Sheraton Hotel in Begleitung seines Freundes Jo Stacher den

---

[60] Rich Cohen, *Yiddish Connection*, 1998, Denoël, 2000, Folio, S. 255.
[61] Don Wolfe, *Le Dossier Dahlia noir*, 2005, Albin Michel, 2006, S. 248.
[62] Elie Wiesel, *Mémoires, Tome I*, Le Seuil, 1994, S. 364, 365. Die Irgun war eine paramilitärische Formation der Zionisten. Ben Hecht war ein berühmter und erfolgreicher Hollywood-Schriftsteller und Drehbuchautor, der den Spitznamen „der Shakespeare von Hollywood" trug.

Präsidenten der Ilan-Organisation für behinderte Kinder, der er die bescheidene Summe von 300.000 israelischen Pfund spendete. Lansky trug auch zum Bau einer Synagoge in Jerusalem bei, die nach ihm benannt werden sollte. Jacques Derogy erzählte in *Israel Connection* folgende Anekdote: „Eines Samstags wollte er unbedingt zu 'seinem' Tempel gehen und parkte sein Auto vorsichtshalber in einem respektablen Abstand zum Gebäude. Aber als er drinnen war, warfen ihm die Gläubigen unangenehme Blicke zu: Er hatte vergessen, seine Zigarette auszumachen[63]! „Vor allem aber wurde Lansky zu einem der größten Spender für das Krankenhaus von Tel Hashomer, dessen Förderverein von einem gewissen Mordechai Tsarfati, auch Mentesh genannt, gesponsert wurde. Mentesh war ein ehrenwertes Mitglied des öffentlichen Komitees, das David Ben Gourion, den ehemaligen Regierungschef, unterstützte. Außerdem war er zu dieser Zeit die führende Persönlichkeit des organisierten Verbrechens in Israel.

## *Die Wanderungen des Meyer Lansky*

Nach der Prohibition, im Jahr 1933, hatte Lansky massiv in den Glücksspielsektor investiert. Angefangen hatte er mit Casinos in dem Ferienort Saratoga, wo er bereits in der Rothstein-Ära in Partnerschaft mit Frank Costello und Joe Adonis ein Geschäft eröffnet hatte. Dann hatte er den Gouverneur von Louisiana, Huey Long, großzügig bestochen, damit die New Yorker Gangster die Hotelkasinos von New Orleans ausbeuten konnten, und wiederholte die gleiche Operation in Arkansas, Kentucky und Florida, in der Gegend von Miami.

Nach dem Zweiten Weltkrieg stand Lansky an der Spitze eines Imperiums, das er von seinem Hotel *Fontainebleau* in Miami aus leitete. Seine Kasinos, die er auch in New York, New Jersey und Louisiana besaß, waren 24 Stunden am Tag geöffnet. Doch in den frühen 1950er Jahren hatte Senator Kefauver, der die Mafia-Untersuchungskommission leitete, geschworen, Lansky auf die eine oder andere Weise zu Fall zu bringen. Nach einer Steuerprüfung wurden seine amerikanischen Kasinos geschlossen. Doch Lansky ließ sich nicht entmutigen und begann Verhandlungen mit dem kubanischen Diktator Fulgencio Batista, um sich in Havanna niederzulassen[64]. Er übernahm die Kontrolle über das Hotel Nacional und schuf eines der wichtigsten Kasinos in der Karibik. Havanna schien ein Paradies für Mafiosi zu

---

[63] Jacques Derogy, *Israël Connection*, Plon, 1980, S. 75.
[64] Jacques de Saint Victor, *Mafias, l'industrie de la peur*, Editions du Rocher, 2008, S. 224. Für Jacques de Saint Victor gibt es die Judenmafia nicht. Es gibt nur Italiener.

werden[65].

Doch mit dem Sturz Batistas und dem Sieg Fidel Castros im Jahr 1959 wurde LanskysGeschäft ernsthaft beschädigt und er musste die Insel verlassen. Er ließ sich auf den Bahamas nieder, etwa 100 Kilometer von Miami entfernt. Die Regierung war autonom und alles konnte gekauft werden. Sogar der Regierungschef selbst, Ronald Simons, stand auf der Gehaltsliste für geleistete Dienste. Im Jahr 1961 gründete Lansky dort ein Unternehmen, das ihm das Monopol für den Bau und den Betrieb von Kasinos garantierte. Die Flugreisen der Kunden zu den Casinos wurden vom Kontinent aus organisiert, während die Millionengewinne in die Schweiz, nach Genf, gebracht wurden, genauer gesagt zu einer einzigartigen Bank ihrer Art: International Credit, „geleitet von einem ganz besonderen Juden, Tibor Rosenbaum". Jacques Derogy beschrieb ihn folgendermaßen: „Tibor Rosenbaum, pummelig in Taille und Gesicht, eine Kippa, die seine Glatze verdeckt, schaffte es, seine rabbinische Frömmigkeit mit der Rolle des europäischen Schatzmeisters der amerikanischen Mafia zu vereinbaren." Er erhielt „Koffer voller Dollars, deponierte sie in speziellen Kassen unter dem Pseudonym Lansky, „Bear", und investierte sie über Treuhandgesellschaften in den Vereinigten Staaten und anderswo in völlig legale Geschäfte, insbesondere in Immobilien[66]."

Tibor Rosenbaum war auch der einzige Bankier, der Zinsen auf Goldeinlagen zahlte. Zu seinen Kunden gehörte der berüchtigte Schwindler der 1970er Jahre, Samuel Flatto-Sharon[67]. Außerdem gab es die Israel Corporation, an der Edmomd de Rothschild beteiligt war. Im Jahr 1967 wurde der Skandal in den Spalten des Magazins *Life* bekannt. Die Öffentlichkeit erfuhr dann, dass Rosenbaums Vertreter in Israel Amos Manor war, der Leiter der israelischen Spionageabwehr, des berüchtigten Shin Beth.

In den Vereinigten Staaten war Lanskyslangjähriger Freund Jo

---

[65] Im zweiten Teil des *Paten* porträtiert Francis Ford Coppola Meyer Lansky durch die Figur des Himan Roth, des jüdischen Mafioso, der versucht, die Familie Corleone zu stürzen. Wir sehen, wie er versucht, Michael Corleone davon zu überzeugen, in ein Kasino in Havanna zu investieren. Richard Dreyfus hat die Figur auch in der Fernsehserie *Lansky* von 1999 gespielt. Der britische Schauspieler Ben Kingsley spielte die Rolle des Meyer Lansky in Barry Levinsons Film *Bugsy* von 1991. Patrick Dempsey spielte auch die Rolle des Meyer Lansky in dem Film *Mobsters* von 1991. Meyer Lansky wird erneut von Dustin Hoffman in dem Film *The Lost City (2005)* unter der Regie von Andy Garcia gespielt.
[66] Jacques Derogy, *Israël Connection*, Plon, 1980, S. 69-71.
[67] Lesen Sie auf Flatto-Sharon das Kapitel über „Betrug".

Stacher wegen verschiedener Steuervergehen zu fünf Jahren Gefängnis verurteilt worden. Jacques Derogy schrieb dazu: „Glücklicherweise konnte er sich der Verhaftung entziehen, indem er sich bereit erklärte, die Vereinigten Staaten zu verlassen. Nach Israel, natürlich[68]."

Noch vor der Castro-Revolution organisierte Luciano im Dezember 1946 in Havanna eine Konferenz, auf der er sein Projekt für den internationalen Drogenhandel vorstellte. Tatsächlich war Lucky Luciano der erste, der mit den Traditionen der Sizilianischen Union brach und sich mit Lansky im Heroinhandel zusammenschloss.

Damals kam das meiste geschmuggelte Opium aus der Türkei und in geringerem Umfang aus Indochina. Von der Türkei aus wurden die echten Mohnsamen in den Libanon geschmuggelt, wo der Flughafendirektor und die meisten Zollbeamten von den Gangstern gekauft wurden. Im Libanon wurde der königliche Mohn in Morphinbasis umgewandelt. Dieses Morphium wurde dann zur Veredelung in die Region Marseille transportiert.

Meyer Lansky war der Hauptorganisator dessen, was die Amerikaner die „*French Connection*" nennen würden. Ende 1948 befand sich Lansky in Europa, in Südfrankreich, und besuchte die Paläste von Nizza und die geheimen Labors in der Region Marseille. Er hatte sich mehrmals mit Joseph Renucci und den Brüdern Guerini getroffen, bevor er nach Neapel fuhr, um mit Luciano über die Vorteile des korsischen Netzes zu sprechen.

Die Umwandlung von Morphinbase in Heroin ist ein komplexer Vorgang. Dominique Albertini, ein pensionierter Mitarbeiter eines pharmazeutischen Labors, hatte das Geheimnis, wie man Heroin mit einem hohen Reinheitsgrad herstellt, im Gegensatz zu anderen, die nicht mehr als 60 oder 70 % erreichen können. Mit ihm war das korsische Netzwerk unverzichtbar geworden. Von da an wurde das für den amerikanischen Markt bestimmte Heroin durch die Region Marseille geleitet. Die Droge wurde zubereitet und in 500-Gramm-Säcken verpackt und über Montreal, wo François Spirito seit 1944 Zuflucht gefunden hatte, oder über Florida, das von der Nähe zu Kuba profitierte, in die Vereinigten Staaten verschickt[69].

Das Castro-Regime zeigte sich gegenüber den Kokainhändlern

---

[68] Jacques Derogy, *Israël Connection*, Plon, 1980, S. 72: „Es muss gesagt werden, dass in den Vereinigten Staaten, wo Senator Robert Kennedy nach Kefauver den Kampf gegen die Mafia übernommen hatte, Meyer Lansky immer noch das Ziel von Ermittlungen, Verhören und anderen Ärgernissen war. Sein langjähriger Freund Jo „Doc" Stacher war nämlich wegen verschiedener Steuervergehen zu fünf Jahren Gefängnis und einer Geldstrafe von 10.000 Dollar verurteilt worden."

[69] William Reymond, *Mafia S.A., Flammarion, 2001, S. 84.*, Flammarion, 2001, S. 84

sehr versöhnlich. Die Kubaner haben die Durchfahrt von Frachtschiffen durch ihre Hoheitsgewässer geduldet und die Nutzung ihrer Häfen für Reparaturen und Betankung vorgeschlagen. Als Gegenleistung für ihre Kooperation verlangten die Kubaner, dass die Frachter die Rückreise mit ihren Laderäumen voller Waffen antreten, um sie an ihre marxistischen Brüder in Lateinamerika zu liefern." Kuba würde das Kokain von kommunistischen Milizen in Kolumbien kaufen, die mit dem Geld Waffen kaufen würden. Sobald das Kokain in Kuba ankam, verhandelte das Regime mit ein paar Familien an der Ostküste oder mit ein oder zwei mexikanischen Banden", die Kalifornien überschwemmten, und schwächte so den Feind der USA. Ohne das Drogengeld hätte Castro all die Jahre nicht überlebt, behauptete William Reymond[70].

In den Vereinigten Staaten war die Zahl der regelmäßigen Heroinkonsumenten explodiert. Waren es 1946 noch zwanzigtausend, so waren es 1952 bereits mehr als sechzigtausend Amerikaner, die von der Droge „abhängig" waren. Anfang der 1970er Jahre zählten die Vereinigten Staaten mit Hilfe der Hippie-Welle und der „Befreiungs"-Ideen eine halbe Million Drogenabhängige, eine Zahl, die wahrscheinlich viel niedriger ist als die Realität. Doch das Schicksal der Opfer spielte kaum eine Rolle: Es ging um den Profit. Im Jahr 1974 wurde ein Kilo Morphinbase auf den türkischen Märkten für 220 Dollar gekauft und nach der Verarbeitung für 240.000 Dollar gehandelt, was dem 1000fachen des ursprünglichen Preises entsprach.

Die *French Connection* ging jedoch schnell unter, als Nixon 1968 Präsident der Vereinigten Staaten wurde. Nixon hatte den Drogenhändlern einen tödlichen Krieg erklärt und die französische Regierung zur Zusammenarbeit aufgefordert. Zahlreiche Menschenhändler wurden auf US-amerikanischem Boden festgenommen. Am 28. Februar 1972 wurde das Fischerboot *Le Caprice des Temps*, das gerade den Hafen von Villefranche in Richtung Florida verlassen hatte, vom französischen Zoll durchsucht. Die Polizei fand an Bord 425 Kilo reines Heroin. Es handelte sich um die größte jemals beschlagnahmte Menge. Die bereits schwächelnde *French Connection* wurde stark geschwächt. Anschließend wurden die Labors abgebaut. Aber zu dieser Zeit kam das meiste Heroin bereits aus Asien.

---

[70] William Reymond, *Mafia S.A.*, *Flammarion, 2001, 59-70*. Flammarion, 2001, 59-70. Sein Buch ist völlig inkohärent. Für ihn gibt es auch keine jüdische Mafia: Es gibt die Italiener (Cosa Nostra), die „Russen", die Yakusa (in Japan), die Triaden (in Hongkong, Taiwan und China), und auch die schreckliche nigerianische Mafia, „eine furchterregende Gruppe" (Seite 343).

Das korsische Netzwerk war ausgelaufen[71].

1970 lebte Lansky immer noch in Miami, in einem relativ bescheidenen Haus, gab wenig aus und zahlte alle seine Steuern, zumindest scheinbar. Dennoch war er Zielscheibe von US-Steuerermittlungen. Senator Robert Kennedy hatte Kefauvers Kampf gegen die Mafia fortgesetzt und dazu beigetragen, Lansky zu Fall zu bringen. Als Lansky erfuhr, dass er wegen Steuerbetrugs angeklagt werden sollte, versuchte er nach Israel zu fliehen und berief sich dabei auf das Rückkehrgesetz, das jedem Juden die israelische Staatsbürgerschaft garantiert.

In Tel-Aviv belagerte sein Freund Sam Rothberg alle Ministerien, um Lansky zu einer Aufenthaltsgenehmigung zu verhelfen. Rothberg war während der Prohibition ein Aushängeschild der amerikanischen Mafia, er wurde zum König der Untergrundbrennereien und produzierte Whiskey, anstatt ihn aus Schottland und Kanada zu importieren. Er hatte den Anschein untadeliger Würde erlangt, indem er sich zum Präsidenten des *United Jewish Appeal* of the *United* States wählen ließ und massiv in israelische Unternehmen, insbesondere in Immobilien, investierte. Louis Boyar war ein weiterer Freund von Meyer Lansky. Er war ein ehemaliger Goldhändler aus San Francisco. Außerdem hatte er sein Image durch die großzügige Finanzierung verschiedener Einrichtungen, wie der Hebräischen Universität Jerusalem, verbessert. Seine Argumente waren einfach: Lansky, ein älterer Mann, der sich aus dem Geschäftsleben zurückgezogen hatte, dachte nur daran, seine Tage in Israel zu beenden und sein beträchtliches Vermögen in Israels bedürftige Volkswirtschaft zu investieren[72]. Der israelische Staat konnte auch nicht vergessen, dass Lansky 1948 Waffen an die Haganah, die israelische Armee, geliefert hatte.

Premierministerin Golda Meir blieb jedoch hartnäckig, und nach einem zweijährigen Rechtsstreit verweigerte Israel dem Mafiaboss schließlich das Asyl. Die US-Regierung hatte mit Nachdruck auf seiner Auslieferung bestanden und gedroht, Israel die für seine Verteidigung notwendigen Phantom-Flugzeuge vorzuenthalten. Außerdem hatte

---

[71] In dem Film *French Connection* (USA, 1971) spielen jüdische Kriminelle, abgesehen von einer kurzen Erwähnung eines Drogendealers zu Beginn des Films, keine Rolle. Der Film stammt von William Friedkin.

[72] Der hebräische Staat ermutigte und förderte Investitionen. Im August 1967 hatte der israelische Premierminister Levi Eschkol an die jüdischen Milliardäre in der Diaspora appelliert, Israel zu helfen. Sechzig Milliardäre aus vierzehn Ländern hatten sich in Jerusalem versammelt. Die französische Wochenzeitung *L'Express* von Jean-Jacques Servan-Schreiber hatte darüber in einigen knappen und diskreten Zeilen berichtet (Archives d'Emmanuel Ratier).

Staatsanwalt Bach Golda Meir davon überzeugt, dass Lansky kein ruhiges Leben in Israel führte, sondern sich in Tel Aviv mit allen Mitgliedern der amerikanischen Mafia traf. Somit waren alle Appelle Lanskys an den Obersten Gerichtshof vergeblich.

Eine Woche vor Ablauf seines Visums im November 1972 reiste Meyer Lansky mit mehreren Laissez-passer, die ihm von den diplomatischen Vertretungen lateinamerikanischer Länder ausgestellt worden waren, mit einem Swissair-Nachtflug ab, in der Gewissheit, dass zumindest eines dieser Länder seine Anwesenheit und seine Investitionsversprechen akzeptieren würde. Er wusste jedoch nicht, dass FBI-Agenten ihm dicht auf den Fersen waren. In Zürich wurde er von einem Freund empfangen, der seine Überfahrt nach Rio de Janeiro mit einem Zwischenstopp in Buenos Aires arrangierte. Von dort aus reiste er nach Paraguay, wo er plante, Beamte zu bestechen, seinen Namen zu ändern und unterzutauchen. Aber das FBI hatte ein Telex an jeden Flughafen der Welt geschickt. Als das Flugzeug in Paraguay landete, wurde Lansky überraschend von Polizeibeamten begrüßt, die ihm mitteilten, dass er nicht aus dem Flugzeug aussteigen könne. Den gleichen Empfang erlebte Lansky bei weiteren Zwischenstopps in Bolivien, Peru und Panama." Irgendwie", schrieb Rich Cohen, „durchlebte der fünfundsiebzigjährige Gangster in diesen Stunden noch einmal die Geschichte der Juden: die Ankunft und die Abreise, das Exil und die Wanderschaft."

Nach einer List des FBI landete Lansky schließlich in einem US-Flugzeug, das ihn nach Miami flog. Als das Flugzeug am 7. November 1972 landete, wurde er von einer Schar von Journalisten begrüßt.

- Willkommen zurück! Die Polizisten sagten ihm[73]." Ich war auf dem Weg zurück nach Miami, wo so viele alte Juden ihre Träume in den Tod tragen[74] ‚", schrieb Rich Cohen.

In den nächsten Jahren wurde Lansky zweimal wegen Steuerbetrugs angeklagt, aber wie durch ein Wunder aufgrund eines Verfahrensfehlers freigesprochen. Er verstarb schließlich 1983, ohne jemals ein Gefängnis betreten zu haben. Vor seinem Tod hatte er darauf geachtet, sein unrechtmäßig erworbenes Vermögen der Wohltätigkeitsorganisation *United Jewish Appeal zu* vermachen. Der amerikanische Schriftsteller Philip Roth hat in einem seiner Bücher die Aussage eines gewissen Sheftel, der einer von Lanskys Anwälten war, wiedergegeben. Er soll überall erzählt haben, dass „dieser amerikanische Gangster der brillanteste Mann war, den er je in seinem

---

[73] Jacques Derogy, *Israël Connection*, Plon, 1980, S. 76, 77
[74] Rich Cohen, *Yiddish Connection*, 1998, Denoël, 2000, Folio, S. 457, 458

Leben getroffen hatte." Wenn Lansky in Treblinka gewesen wäre, hätten die Ukrainer und die Nazis keine drei Monate überlebt[75]."

## Die unsichtbare Mafia

Jüdische Intellektuelle zögern offensichtlich, zu viel über die Kriminalität zu sprechen, die von ihrer Gemeinschaft ausgeht. Diese Tendenz ist auch zu beobachten, wenn sie zum Beispiel versuchen, die erschreckende Rolle zahlreicher Juden während der bolschewistischen Revolution in Russland von 1917 bis 1947 zu erklären. Das Ziel war die Schaffung einer „Welt ohne Grenzen". Trotz der zwingenden und unwiderlegbaren Beweise leugnen jüdische Intellektuelle weiterhin vehement die Beteiligung sehr vieler ihrer jüdischen Mitbürger an der bei weitem kriminellsten Erfahrung der Menschheitsgeschichte, die nur noch von der maoistischen Revolution übertroffen wird. Tatsache ist, dass jüdische Doktrinäre, jüdische Beamte und jüdische Henker eine erdrückende Verantwortung für die fast dreißig Millionen Toten tragen, die die kommunistische Revolution in Russland[76] verursacht hat.

Bei der Analyse des Mafia-Phänomens bedienen sich diese kommunitaristischen Intellektuellen immer der gleichen talmudischen Verrenkungen, um das Bild einer jüdischen Gemeinschaft nicht zu beschmutzen, die schon immer grundlos verfolgt wurde. Am besten ist es natürlich, nicht darüber zu sprechen und die Aufmerksamkeit der Öffentlichkeit auf andere Mafias zu lenken: sizilianische, türkische, albanische, russische, nigerianische, tschetschenische, galizische usw...

In den Vereinigten Staaten wurde eine Mafia-Figur sehr berühmt: Jacob Leon Rubinstein. Seine polnischstämmigen Eltern waren 1903 ausgewandert, und er ließ sich 1947 in Dallas nieder und änderte seinen Namen in „Ruby". Danach übernahm er die Kontrolle über mehrere Diskotheken und Nachtclubs. Im Jahr 1959 war Ruby nach Kuba gereist, um Mafiafreunde zu besuchen und mit Waffen zu handeln. Jack Ruby war kein Softie. Im Bericht der Warren-Kommission heißt es, dass er mit seinen Türstehern wiederholt Versammlungen amerikanischer nationalistischer Kämpfer angegriffen hat. Er ging oft mit Gewalt gegen seine Angestellten vor. Einmal schlug er einen seiner Musiker mit einem *Schlagring*, ein anderes Mal wurde er dabei gesehen, wie er einem Angestellten mit einem Knüppel den Kopf einschlug, und er wurde auch häufig dabei gesehen, wie er diejenigen

---

[75] Philip Roth, *Operation Shylock*, Debolsillo Penguin Random House, Barcelona, 2005, S. 394-395.
[76] Siehe *Planetarische Hoffnungen* und *jüdischer Fanatismus*.

verprügelte, die für ihn nicht schnell genug waren.

Ruby war oft mit einem Revolver bewaffnet, da er große Mengen an Bargeld aus seinen Nachtclubs mit sich führte. Am Sonntagmorgen, dem 24. November 1963, war er des ersten Attentats der Geschichte schuldig, das live im Fernsehen übertragen wurde. Er hatte Lee Harvey Oswald erschossen, den mutmaßlichen Attentäter auf Präsident Kennedy, der zwei Tage zuvor verhaftet worden war und in ein anderes Gefängnis verlegt wurde. Ruby behauptete später, er habe Oswald in einem Anfall von Wahnsinn getötet, und tatsächlich versuchte sein Anwalt, ihn als Wahnsinnigen hinzustellen. Die meisten Analysten gingen davon aus, dass Ruby mit einer Verurteilung wegen Totschlags und einer leichten Strafe von fünf Jahren davonkommen würde. Doch am 14. März 1964 wurde Ruby wegen Mordes zum Tode verurteilt. Als er in seiner Zelle von Mitgliedern der Warren-Kommission befragt wurde, bat Ruby um seine Verlegung nach Washington, da er um sein Leben fürchtete. Einige behaupteten, wenn Ruby sich bedroht gefühlt habe, dann deshalb, weil es ein Komplott gegeben habe und Ruby im Auftrag der Mafia getötet habe. Ruby starb am 3. Januar 1967 an einer Lungenembolie als Folge einer Krebserkrankung. Die Mafia war „höchstwahrscheinlich einer der Hauptverantwortlichen für das Attentat" auf Präsident Kennedy in Dallas 1963 (*Les Echos*, 16. August 2007). Kennedy war angeblich „schuldig, seine Schulden - den Kauf von Stimmzetteln in mehreren Staaten - nicht bezahlt zu haben und seinem Bruder Bobby erlaubt zu haben, die Mafia anzugreifen." Der Journalist von *Les Echos* fügte sofort hinzu: „Das ist die Macht der Cosa Nostra." Die Sizilianer sind wirklich furchterregend: sie sind überall, sie haben alles unter Kontrolle, und wir bemerken nichts[77]!

Der *Courier International* vom 19. Juli 2007 liefert ein gutes Beispiel für intellektuelles „Wildern". In einem Artikel wird die Chicagoer Mafia der 1970er und 80er Jahre im Zuge eines historischen Prozesses vorgestellt, der am 20. Juni 2007 vor dem Bundesgericht in

---

[77] Der Schweizer Forscher René-Louis Berclaz stellte fest, dass Kennedy am 4. Juni 1963 die Executive Order 111 110 unterzeichnete, die dem Staat die ausschließliche Befugnis zur Ausgabe von Banknoten verlieh, eine Entscheidung, die „den Interessen der internationalen Wucherlobby zuwiderlief, da sie das Privileg der Geldausgabe durch die *Federal Reserve Bank*, die als Zentralbank in den Vereinigten Staaten fungiert, aufhob. („*Ist das Bankensystem die Ursache von Wirtschaftskrisen?*", Avril 2008). Kennedy war zum Hauptfeind des gesamten wirtschaftlichen und politisch-militärischen Establishments der USA geworden (Bankiers, Politiker, Militärs, Öl- und Waffenoligarchen, CIA, Mafia usw.). [Die Ermordung von Präsident Kennedy hat viele Theorien hervorgebracht, wie z. B. die berühmte Ein-Kugel-Theorie, die von Arlen Specter erfunden wurde. Zum Kennedy-Attentat siehe William Reymond, *JFK, autopsie d'un crime d'État*, Flammarion, 1998].

Chicago eröffnet wurde und bei dem alte Gangster in den Sechzigern und Siebzigern für ihre früheren Verbrechen vor Gericht gestellt werden sollten. Joey Lombardo, 78, und Frank Calabrese, um nur einige zu nennen, traten schließlich vor die Richter. Die Anhörungen wurden von Millionen von Fernsehzuschauern verfolgt, die das Verbrechen der Mafia liebten und etwas mehr über die Bräuche dieser schrecklichen Katholiken erfahren wollten: „Dieser Prozess", schrieb der Journalist, „sollte normalerweise etwas Licht auf die Initiationszeremonien der Mafia werfen, bei denen die Anwärter mit ausgestreckten Händen auf das Bild der Heiligen Jungfrau schwören, die Cosa Nostra zu schützen. Das Tribunal wird auch achtzehn nie aufgeklärte Mordfälle ans Licht bringen und versuchen, den anhaltenden Einfluss der Mafia auf die Unterwelt Chicagos aufzudecken."

Die italienisch-amerikanische Mafia wurde „in den 1980er Jahren von aggressiven Staatsanwälten wie Rudy Giuliani hart getroffen, zu einer Zeit, als ihr Niedergang unvermeidlich schien." Der Journalist erklärte: „Die italienische Einwanderung in die Vereinigten Staaten wurde durch Kolumbianer und andere Latinos ersetzt. Drogen waren zur Haupteinnahmequelle geworden, und die großen Mafiafamilien waren den skrupellosen kolumbianischen Drogenhändlern nicht gewachsen. In Chicago sind die Mafiosi nur noch ein Schatten ihres früheren Selbst. Wenn es stimmt, was Staatsanwalt Donald Campbell sagt, beschränken sie sich auf kleine Erpressungen in Striplokalen und gelegentliche Einbrüche." Er sagte der *Los Angeles Times*: „Sie haben viel Boden an andere organisierte Gruppen verloren, sei es die russische Mafia, Latinos oder Straßenbanden an der Ost- und Westküste." Die jüdische Mafia? Das gibt es nicht. Es ist anzumerken, dass *Courier international* von Alexandre Adler inszeniert wurde, der es offensichtlich vorzog, über bestimmte unbequeme Themen nicht zu sprechen.

Im Kino ist das Bild des jüdischen Mafioso so verdeckt, dass der ungeschulte Zuschauer nichts von dieser Realität sieht. Auf jeden Fall wird der sizilianische Mafioso immer viel mehr gesehen als der jüdische Gangster. In den drei Episoden von Francis Ford Coppolas *Der Pate* (1972, 1974, 1991) oder in Martin Scorseses *Goodfellas* (1990) tauchen zwar einige jüdische Charaktere auf (Männer oder Frauen), aber es sind die Sizilianer, die das Sagen haben.

In Scorseses *Casino* (1995) spielt Robert de Niro, der Casinomanager, den jüdischen Sam Rothstein, der jedoch den sizilianischen Mafiosi, seinen Chefs, mit denen er viel Geld verdient, und dem Wohlwollen des Gouverneurs des Staates Nevada untergeordnet ist. Die Rolle des Bösewichts wird von Joe Pesci gespielt, dem hypergewalttätigen kleinen Bösewicht sizilianischer Herkunft. Der Mord an Joe Pesci am Ende des Films, der erschlagen und lebendig in einem Maisfeld begraben wird, ist inspiriert von dem Mord an Anthony Spilotro im Juni 1986.

Mel Horowitz, der Unterweltanwalt aus Las Vegas, war ein Freund von Alvin Malnik, dem Erben des Unternehmens Meyer Lansky, der von den US-Bundesbehörden als herausragende Persönlichkeit des organisierten Verbrechens angesehen wurde, was Alvin Malnik natürlich entschieden ablehnte. Seit Ende der 1960er Jahre war Malnik der Partner von Sam Cohen, dem Mehrheitseigentümer des Flamingo Hotels. Rechtsanwalt, Immobilienentwickler, bekannter Gastronom in Miami Beach, war Malnik auch Eigentümer einer nationalen Kette von Kreditvermittlungsagenturen für Privatpersonen: „Kredite mit einem so hohen Zinssatz, dass ein Generalstaatsanwalt von der „Legalisierung des Wuchers" sprach[78]." Während seiner langen Karriere wurde er nie verurteilt.

Kasinos spielen eine wichtige Rolle beim Waschen von Schwarzgeld. Erinnern wir uns daran, dass der „Papst" von Las Vegas zu Beginn des 21. Jahrhunderts ein gewisser Poju (Haïm) Zabludowicz war, ein in London lebender Israeli, dem mehrere Hotels und sechs Kasinos in der Stadt gehörten, d. h. 40 % des Glücksspielzentrums. Poju war auch ein großer Sammler von zeitgenössischer Kunst. Nachdem er Finnland verlassen hatte, um sich in Israel niederzulassen, hatte sein Vater Shlomo Soltam gegründet, eine Waffenfabrik, die zum Juwel in der Krone der israelischen Industrie werden sollte. Arthur Goldberg war der Besitzer der größten Kasinokette in den Vereinigten Staaten. In Las Vegas besaß er das riesige *Paris* Casino und den berühmten *Caesars Palace*.

Die Wahl von Oscar Goodman zum Bürgermeister von Las Vegas im Jahr 1999 zeigte, dass die Mafia die Stadt immer noch fest im Griff hatte. Tatsächlich war Oscar Goodman lange Zeit der Anwalt der jüdischen Mafia gewesen. Er hatte Meyer Lansky und Frank Rosenthal verteidigt.

Es gab auch den brillanten Sol Kerzner, einen in Russland geborenen Juden, dem *Sun City* gehörte, ein gigantisches Hotel-Casino, das 1979 in Südafrika gegründet wurde. Kerzner besaß Kasinos auf der ganzen Welt: in Las Vegas, in Atlantic City, auf Mauritius, in Dubai und auf den Bahamas, wo er das *Atlantis Paradise* Hotel und den Ferienclub

---

[78] Jean-François Gayraud, *Le Monde des mafias*, Odile Jacob, 2005, S. 117.

baute. Sein Sohn, Butch Kerzner, kam im Oktober 2006 bei einem Hubschrauberabsturz auf tragische Weise ums Leben. Das Flugzeug stürzte auf ein Grundstück in der Dominikanischen Republik, während er mit einem Investor die Region erkundete.

Das Hollywood-Kino zeigt uns diese Realität nie. In *The Departed* (2007) porträtierte Scorsese die irische Mafia von Boston. Sein Chef, gespielt von Jack Nicholson, war so grausam und machiavellistisch, wie es kein Jude in einem „amerikanischen" Film je sein könnte. Der Film *Road to Perdition* (USA, 2002) schildert die irische Mafia im Chicago der 1930er Jahre. Obwohl sie immer das Wort „Gott" oder „Herr" in den Mund nahmen, waren diese strenggläubigen Katholiken schreckliche Mörder. Der Film wurde von Sam Mendes inszeniert, der weder irisch noch katholisch ist.

In einigen Filmen taucht jedoch das Judentum der Protagonisten auf. Offenbar kann man auch einen gewissen Stolz empfinden, wenn man einige Mafiaführer aus der eigenen Gemeinde sieht. So haben wir gesehen, wie der schöne Film Once Upon *a Time in America* (1984) sehr selbstgefällig eine Bande jüdischer Gangster in der Zeit der Prohibition darstellt (mit Robert de Niro und James Wood in den Hauptrollen). Alles ist erlaubt: Prostitution, Alkohol, Nachtclubs, Mord, bewaffneter Raubüberfall, Diamantendiebstahl, Drogen, Gewerkschaftskontrolle und schließlich... politische Weihen. Aber auch hier wird ein ungeübter Zuschauer all die kleinen Details nicht sehen, die die Jüdischkeit der Gangster zeigen. Auf jeden Fall sind sie so sympathisch, dass es schwierig ist, ihre Handlungen zu verurteilen.

In *L.A. Confidential* (USA, 1997), einem Film von Curtis Hanson nach dem Roman von James Ellroy, tritt das Judentum diskreter auf. Zu Beginn des Films wird der Pate der lokalen Mafia im Los Angeles der 1950er Jahre, Meyer Cohen, als „Mickey C., für seinen Fanclub" vorgestellt. Er war der „König des organisierten Verbrechens in der Region: der König der Drogen, der Erpressung und der Prostitution. Er „tötet ein Dutzend Menschen pro Jahr" und steht auf den Titelseiten der Presse.

Meyer Lansky hingegen erschien auf der Leinwand als unschuldiges Opfer des Antisemitismus. In der US-Fernsehserie (Lansky) von 1999 sind die beiden Eröffnungsszenen richtungsweisend. Die erste zeigte den alten Lansky in Jerusalem, wie er versucht, ein Grundstück auf dem Friedhof in der Nähe des Grabes seiner Großeltern zu kaufen. In einer zweiten Szene, in einer *Rückblende*, sehen wir ihn im Alter von sieben Jahren, wie er versteinert zusieht, wie ein armer Jude während eines Pogroms in seiner

Heimatstadt Grodno von polnischen Bauern einfach so, ohne ersichtlichen Grund, massakriert wird. In anderen Aufnahmen muss er sich auch gegen irische Betrunkene verteidigen. In *The Sopranos* (1999) ist der einzige Jude ein freundlicher, pferdezüchtender Yayo, dessen einziges Verbrechen darin zu bestehen scheint, die Urheberrechte von schwarzen Sängern zu betrügen.

Die Tatsache, dass die Spuren des Jüdischseins von Hauptverbrechern in amerikanischen Filmen getilgt werden, wird sogar von Fachleuten anerkannt. So heißt es in der Tageszeitung *Libération* vom 10. Februar 2000 aus der Feder von Philippe Garnier: „Historisch gesehen wurde die Bedeutung der jüdischen Gangster von den amerikanischen Schriftstellern, vor allem aber von Hollywood, verschwiegen. Hemingway, der es verstand, sich um seine eigenen Angelegenheiten zu kümmern, ließ uns andeuten, dass *„die Mörder"* in seinem gleichnamigen Roman Juden waren... In Robert Siodmaks Film, der von Mark Hellinger [1946] produziert wurde, ist jede Anspielung verschwunden, und einer der Mörder wird von Charles McGraw gespielt, einem nichtjüdischen Rüpel, wenn es je einen gab."

In den 1930er Jahren wurden den großen Schauspielern des jiddischen Theaters wie Paul Muni und E.G. Robinson die Rollen von Italienern wie Scarface oder Rico angeboten. Die Zeitschrift *CinémAction* bestätigt: „Während der großen Zeit des Film Noir war keine führende Gangsterfigur jüdisch; das änderte sich erst ab den 1950er Jahren, als die Biografien von „Legs" Diamond, Arnold Rothstein und „Lepke" Buchalter gedreht wurden - und selbst dann wurde der ethnische und religiöse Hintergrund fast übersehen[79]."

1931 kaufte der Produzent Howard Hughes die Rechte an einem Roman mit dem Titel *Queer people*. Die Geschichte handelte von einem Journalisten, der neu in Hollywood ist und entdeckt, dass alle Filmstudios von jüdischen Geschäftsleuten geleitet werden. Außer William Haines willigte kein Schauspieler ein, in dem Film mitzuwirken, und schließlich musste Hughes, der am Telefon Morddrohungen erhalten hatte, seinen Film aufgeben[80].

Nach dem Krieg wurde diese absolute Dominanz in gewisser Weise offiziell gemacht. Mehrere amerikanisch-jüdische

---

[79] CinémAction, *Cinéma et judéité*, Annie Goldmann, Cerf, 1986, S. 104.
[80] Alle Hollywood-Studios sind von aschkenasischen Juden gegründet worden. Zu lesen in *The Planetary Hopes*." Jack Warner verlangte, dass alle seine Angestellten einen Prozentsatz ihres Gehalts an den Jewish Unified Social Fund abführen..." Es genügte ihm zu sagen: Wenn ihr nichts an den *United Jewish Appeal* spendet, werdet ihr nie wieder hier arbeiten", räumte sein Sohn, Jack junior, ein." (Neal Gabler, *Le Royaume de leur rêve*, 1988, Calmannn-Lévy, 2005, S. 336).

Organisationen gründeten 1947 das *Motion Picture Project*, eine Einrichtung, die die Darstellung jüdischer Themen und das Bild der Juden in Hollywood überwachen sollte. Ein gewisser John Stone wurde angeheuert, um den Studios ihre Ziele aufzuzwingen: „Alles zu eliminieren, was Antisemitismus hervorrufen könnte, insbesondere in Filmen über das Leben Jesu Christi; unsympathische jüdische Charaktere zu vermeiden; die öffentliche Meinung auf ein Bewusstsein für die Verfolgungen zu lenken, denen Juden ausgesetzt waren[81] „. So setzte Stone beispielsweise den Drehbuchautor von *Murder Inc*, der Geschichte des jüdischen Gangsters Louis Lepke, unter Druck, einen kämpferischen jüdischen Staatsanwalt in das Drehbuch aufzunehmen.

In der Ausgabe vom 19. Juli 2007 der von Alexandre Adler herausgegebenen Zeitung *Courier international* wurde Tim Adlers Buch *Hollywood und die Mafia"* zitiert, das sich mit den undurchsichtigen Verbindungen zwischen der Filmindustrie und dem Verbrechersyndikat befasst... Die dubiosen Verbindungen Hollywoods zur Mafia sind jedoch nicht verschwunden. Heute steht die russische Mafia an der Spitze der Szene. Ihre Kontrolle über die Filmindustrie hat bereits zum Konkurs einer australischen Versicherungsgesellschaft geführt, und es sieht so aus, als wäre die Geschichte der Mafiosi noch lange nicht zu Ende." Zugegeben, diese „russischen" Gangster sind ziemlich gruselig, wie wir in den folgenden Kapiteln sehen werden.

Der sehr einflussreiche Jacques Attali, ein ehemaliger Berater des sozialistischen Präsidenten François Mitterrand, bevor er 2007 Berater des liberalen Präsidenten Nicolas Sarkozy wurde[82], war etwas ehrlicher. In der Wochenzeitung *L'Express* vom 10. Januar 2002 stellte er sein neuestes Buch „*Die Juden, die Welt und das Geld"* vor. Der Journalist fragte ihn: „Sie sprechen unverblümt ein weiteres Tabu an: die Macht des jüdischen Gangstertums in den Vereinigten Staaten." Jacques Attali antwortete: „Es wäre unehrlich gewesen, nicht über diese marginale und faszinierende Episode zu sprechen." Und wir selbst wären unehrlich, wenn wir hier nicht diese Angaben von Attali wiedergeben würden, die das Phänomen der jüdischen Kriminalität relativieren: „Einer der Bosse der amerikanischen Mafia ist ein gewisser Meyer Lansky. Er gehört zu der kleinen Minderheit jüdischer Krimineller - vielleicht 2000 von 2 Millionen russischen Juden, die Ende des 19. und Anfang des 20. Jahrhunderts in die Vereinigten Staaten einwanderten."

Aber Attali fügte hinzu: „Dieser völlig „aufgelöste" Teil der

---

[81] Jean-Luc Doin, *Dictionnaire de la censure au cinéma*, Presses Universitaires de France, 1998, S. 316.
[82] Und der Mentor von Emmanuel Macron im Jahr 2017. (NdT)

Gemeinschaft ist ein großes historisches Novum. Bis dahin hatten die Juden aus theologischen Gründen, aber auch aus Gründen des Überlebens, eine Phobie vor Kriminalität, da das Verhalten eines Einzelnen die Sicherheit der gesamten Gemeinschaft gefährden konnte[83]."

In Wirklichkeit war diese jüdische Kriminalität keineswegs eine „historische Neuheit[84] „, wie wir weiter unten sehen werden. Sie ist auch nicht verschwunden, wie uns Jean-François „Gayraud" in seinem 2005 erschienenen Buch *Die Welt der Mafias* glauben machen wollte. In der Tat versuchte er uns zu verstehen zu geben, dass das jüdische Gangstertum ausgestorben und ein außergewöhnliches und flüchtiges Phänomen sei: „Im Gegensatz zu den Italienern hatte sich die jüdische Gemeinschaft nach dem Zweiten Weltkrieg endgültig von der Illegalität distanziert[85]."

Und wiederum mit großer Sorge um die Wahrheit erklärte Jacques Attali: „Meyer Lansky hat keine Verbindung zur Gemeinschaft... Als er später verhaftet wurde - aus steuerlichen Gründen, wie Al Capone - und Israel um das Recht bat, das Rückkehrgesetz in Anspruch zu nehmen, gewährte Golda Meir es ihm nicht." Ein paar Jahre später wird Lansky versuchen, in Israel Zuflucht zu finden, das ihm die Vorteile des Rückkehrgesetzes verweigern wird: Für seine Verbrechen wird er das Recht verlieren, als Jude anerkannt zu werden[86]." Und Attali fuhr mit seiner intellektuellen Ehrlichkeit bis zum Ende fort: „Meyer Lansky, der jüdische Gangster, war ein Novum; in Wirklichkeit war er gar kein Jude mehr[87]."

Sie haben verstanden: Jüdische Gangster gibt es nicht, und zwar

---

[83] „Ein Jude ist wie das ganze Judentum", schrieb der Gründer des Jüdischen Weltkongresses, Nahum Goldmann, und zitierte damit den berühmten Vers aus dem Talmud (*Le Paradoxe juif*, Paris, Stock, 1976, S. 43).

[84] „Das jüdische Element in der Welt des Gangstertums war eine sehr ernste und schwerwiegende Angelegenheit für das amerikanische Judentum; etwas, das nicht ignoriert werden konnte - ein Problem von großer Tragweite. Diese Kommunikation zwischen Juden und Nicht-Juden in den Kellern der Gesellschaft fand ihren Ausdruck darin, dass der Jargon der deutschen Unterwelt im Wesentlichen jiddisch oder jüdisch war. Die ganze Unterwelt machte es sich zu eigen, einfach als Geheimsprache, und gerade die hebräischen Elemente des Jiddischen, die von den Juden gesprochen wurden, wurden von der nichtjüdischen Unterwelt mit besonderem Eifer als Codewörter akzeptiert, als jene Sprachen, mit denen sich die Gefangenen untereinander verständigen." *Alles ist Kabbala. Dialog mit Jorg Drews, gefolgt von Zehn ahistorische Thesen zur Kabbala.* Gershom Scholem, Editorial Trotta, Madrid, 2001, S. 22.

[85] Jean-François Gayraud, *Le Monde des mafias*, Odile Jacob, 2005, S. 116.

[86] Jacques Attali, *Les Juifs, le monde et l'argent*, Fayard, 2002.

[87] Jacques Attali, *Les Juifs, le monde et l'argent*, Fayard, 2002.

aus dem einfachen Grund, dass man nicht gleichzeitig Gangster und Jude sein kann. Diese Argumentation ist genau die gleiche wie die der jüdischen Intellektuellen, die behaupten, dass die bolschewistischen Verbrecher in Wirklichkeit gar keine „Juden" mehr waren, da sie Kommunisten und Atheisten waren. Der Punkt ist ganz klar: Sie haben einfach nur eine Halluzination gehabt.

## 2. Russland unter dem Joch der Oligarchen

Der beste Weg, schnell ein großes Vermögen aufzubauen, ist jedoch immer noch, legal und offen zu handeln. Dies erfordert jedoch bestimmte günstige Umstände. Kriege, Revolutionen und große Veränderungen sind sehr günstig für die reaktionsschnellsten, mit dem Geldmanagement vertrautesten und skrupellosesten Menschen.

Ein Beispiel unter Tausenden: Wir wissen, dass das Rothschild-Vermögen nach der Niederlage der napoleonischen Armeen in der Schlacht von Waterloo 1815 entstand. Rothschild, der vor allen anderen über den Ausgang der Schlacht informiert war, erschien an der Londoner Börse mit einer düsteren Miene, die den Eindruck erweckte, Napoleon habe gewonnen. So konnte er alle Wertpapiere, die in aller Eile zu einem sehr niedrigen Preis verkauft worden waren, an sich nehmen. Diese berühmte Episode hatte Victor Hugo zu einigen Versen inspiriert, und so sah er den Finanzier in seinen *Betrachtungen* an sich vorüberziehen:

„*Alter Mann, ich ziehe meinen Hut! Dieser, der vorbeikommt/ Hat sein Glück gemacht, in der Stunde, als du dein Blut vergossen hast/ Er wettete niedrig und stieg, während er ging/ Dass unser Fall tiefer und sicherer war/ Es musste einen Geier für unsere Toten geben, er war es.*"

Das Chaos, das auf den Zusammenbruch des Kommunismus in Russland folgte, war ein hervorragendes Jagdgebiet für Raubtiere. Russland wurde dann die Beute einiger weniger kosmopolitischer Geschäftsleute, die alle ehemals kollektivierten Unternehmen und Fabriken zu Schleuderpreisen aufkauften. Einige Personen haben während der Privatisierungen in den 1990er Jahren kolossale Vermögen angehäuft, während die große Mehrheit der Bevölkerung in bittere Armut und Elend fiel.

### Russlands Plünderung

Von den Büchern über die „russische" Mafia, die nach dem Zusammenbruch des Kommunismus 1991 erschienen, war Paul

Klebnikovs *Boris Berezovsky and the Pillage of Russia*[88] das erfolgreichste. Paul Klebnikov, der Russland-Spezialist des berühmten amerikanischen Magazins *Forbes*, hatte zahlreiche Persönlichkeiten interviewt und umfangreiche Recherchen angestellt. Die in diesem Kapitel vorgestellten Informationen sind diesem Buch entnommen.

Im August 1991 hatte Boris Jelzin, der gerade zum Präsidenten der russischen Republik gewählt worden war, den kommunistischen Putschversuch vor dem Parlament vereitelt[89]. Um den sowjetischen Präsidenten Gorbatschow abzusetzen, hatte Jelzin mit den Präsidenten der ukrainischen und weißrussischen Republiken vereinbart, dass die Sowjetunion offiziell nicht mehr existieren würde. Am 8. Dezember 1991 wurden aus der UdSSR fünfzehn neue unabhängige Staaten. Russland verlor 50 Millionen Einwohner und kehrte zu seinen Grenzen von 1613 zurück.

Der Übergang zur Marktwirtschaft war ein Gewaltmarsch. Zu Beginn des Jahres 1992 wurden die Preise liberalisiert und die Inflation stieg sprunghaft an. Am Ende des Jahres betrugen die Preissteigerungen 1900 % für Eier, 3100 % für Seife, 3600 % für Tabak, 4300 % für Brot und 4800 % für Milch. Im gleichen Zeitraum verzeichneten Sparkonten und Einlagen weniger als 10 % jährliche Zinsen und die Löhne stiegen leicht an. Die gesamten Ersparnisse der Bevölkerung wurden so schnell von der Inflation aufgefressen. Die „Schocktherapie" von Premierminister Gaïdar bestand - wie die Russen zu sagen pflegten - aus „vielen Schocks und wenig Therapie". Mehr als hundert Millionen Menschen sind ins Elend gestürzt.

Präsident Jelzin, ein starker Trinker, wurde in Wirklichkeit weitgehend von einer Gruppe von Schurken manipuliert, deren Ziel es war, sich der natürlichen Ressourcen Russlands zu bemächtigen. Die Personen, die ihm am nächsten standen, waren Geschäftsleute unter der Führung von Boris Beresowski.

Boris Beresowski wurde 1946 „in eine jüdische Familie der

---

[88] Paul Klebnikov, *Godfather of the Kremlin: Boris Berezovsky and the looting of Russia* (2000). Paul Klebnikov wurde 2004 auf einer Moskauer Straße erschossen. Er war das Opfer eines Auftragsmordes.
[89] „Die neue jüdische Elite identifizierte sich nicht vollständig mit Russland, sondern verfolgte eine eigenständige Politik. Dies wirkte sich 1991 entscheidend aus, als mehr als 50 Prozent der Juden den pro-westlichen Staatsstreich von Präsident Jelzin unterstützten, während nur 13 Prozent der Russen ihn befürworteten. 1995 stimmten 81 % der Juden für die prowestlichen Parteien und nur 3 % für die Kommunisten (während 46 % der Russen für die Kommunisten stimmten), wie die jüdische Soziologin Dr. Ryvkina 1996 in ihrem Buch *Jews in Post-Soviet Russia* veröffentlichte." In Israel Adam Shamir, *The Other Face of Israel*, Ediciones Ojeda, Barcelona, 2004, S. 125, 126.

Moskauer Intelligenz" geboren und hatte an einem der führenden geheimen wissenschaftlichen Institute der UdSSR Informatik studiert. Im Jahr 1989 gründete er eine Autohandelsgesellschaft namens LogoVaz, die die Fahrzeuge von AvtoVaz vermarktete, dessen Hauptwerk sich an der Wolga befand, und sich schnell als größter Wiederverkäufer von Lada-Fahrzeugen etablierte. Sein Vermögen machte ihn zu einem begehrten Ziel für die kriminellen Banden, die zu dieser Zeit ungestraft florierten. Bandenschießereien waren in Moskau keine Seltenheit, und um zu überleben, mussten führende Geschäftsleute stark geschützt werden. Als die russische Regierung im Chaos versank, stellte sich heraus, dass die effektivsten Sicherheitsdienste die der Mafia waren. Boris Berezovsky arbeitete mit organisierten kriminellen Gruppen aus der kleinen südlichen Republik Tschetschenien zusammen. Es waren die „furchterregenden tschetschenischen Gangster", die ihn beschützten.

Nach dem Zusammenbruch der UdSSR Ende 1991 hatten sich die russischen Truppen aus dem tschetschenischen Gebiet zurückgezogen und große Waffendepots zurückgelassen. Gleichzeitig bestand eine der ersten Maßnahmen der neuen tschetschenischen Regierung darin, die Gefängnistüren zu öffnen und etwa 4.000 Berufsverbrecher freizulassen. Paul Klebnikov schrieb hier: „Viele der Unterweltbosse wurden Mitglieder der Regierung der kleinen Republik und pflegten gleichzeitig ihre Kontakte zu tschetschenischen Gruppen in Moskau und anderen russischen Großstädten."

Anfang der 1990er Jahre verfügten die sieben wichtigsten tschetschenischen Mafiabanden in Moskau über ein Potenzial von fünfhundert Kämpfern. Sie hatten ein Netzwerk aufgebaut, um von Geschäften, Restaurants und Hotels in der ganzen Stadt Geld zu erpressen. Schnell übernahmen sie die Kontrolle über die staatliche Beriozka-Kette und die Luxus-Supermärkte aus der Sowjetzeit, die den Mitgliedern der Nomenklatura und Ausländern vorbehalten waren. Als 1992-1993 die ersten Kasinos eröffnet wurden, übernahmen die Tschetschenen die Kontrolle über die wichtigsten Kasinos. Mit den enormen Einnahmen, die sie durch ihre kriminellen Aktivitäten erzielten, drangen sie in die Finanzmärkte ein und übernahmen die Kontrolle über Dutzende von Banken. Sie kontrollierten auch das riesige Rossïa-Hotel gegenüber dem Kreml. Ein großer Teil des Erlöses aus der Erpressung wurde nach Tschetschenien zurückgeführt.

Der Flughafen von Grosny wurde daraufhin zum Zentrum der Schmuggelaktivitäten in der Tschetschenischen Republik und zu einem

der internationalen Knotenpunkte für den Heroinhandel[90].
Klebnikov informierte uns, dass die meisten anderen Mafiabosse einer der zahlreichen ethnischen Minderheiten angehörten. So stammten 1993 von den sechzig in Moskau operierenden Bandenchefs mehr als die Hälfte aus Georgien und ein Dutzend aus anderen Regionen des Kaukasus." Es gab zahlreiche Luxusautos, die ohne Nummernschilder durch die Straßen der Hauptstadt fuhren. Keine Polizei würde es riskieren, sie zu stoppen[91]." Nach zwei Jahren demokratischer Erfahrung hatten die meisten Russen erkannt, dass ihr Land in die Hände einer kriminellen Kaste gefallen war.

Im Jahr 1993 wurden 29.200 Morde begangen, was einer doppelt so hohen Mordrate entsprach wie in den Vereinigten Staaten, die ebenfalls ihre höchste Verbrechenswelle erlebten. In Moskau hatte sich die Zahl der Morde zwischen 1987 und 1993 verachtfacht, aber diese Mordzahlen machten nur einen Bruchteil der tatsächlichen Zahl der Morde in Russland aus, da viele Opfer in den Statistiken in anderen Kategorien erfasst wurden: Selbstmorde, Unfälle, Verschwinden. Zusätzlich zu den dreißigtausend Opfern pro Jahr gab es etwa vierzigtausend Vermisste. Die Polizei, die nicht in der Lage war, diese Gewalt zu kanalisieren, hatte 1994 185 Todesopfer unter ihren Beamten zu beklagen." Als ich Beresowski über die Ursachen der Kriminalitätsepidemie in Russland befragte", schrieb Paul Klebnikow, „erzählte er mir auch von den Absprachen zwischen Gangstern und hochrangigen Regierungsbeamten[92]."

Gegen die tschetschenischen Gangster erhoben sich slawische Banden wie die Solntsevo Fraternity, die in einem grauen Moskauer Viertel namens Solntsevo gegründet wurde. 1993 begann ein Bandenkrieg, in den Boris Beresowski verwickelt wurde, weil er ein Verbündeter der Tschetschenen war. Im Frühjahr 1994 wurde er Opfer mehrerer Anschläge, bei denen mehrere seiner engen Mitarbeiter getötet und er selbst verwundet wurde. Nach monatelangen Massakern hatten sich die slawischen und tschetschenischen Banden gegenseitig ausgelöscht. Die tschetschenischen Führer zogen sich aus dem Rampenlicht zurück und ihre slawischen Kollegen emigrierten ins Ausland. Ende 1994 gingen zwei Jahre des Wahnsinns zu Ende. Die

---

[90] Paul Klebnikov, *Parrain du Kremlin, Boris Berezovski et le pillage de la Russie*, Robert Laffont, 2001, S. 22-26.
[91] Paul Klebnikov, *Parrain du Kremlin, Boris Berezovski et le pillage de la Russie*, Robert Laffont, 2001, S. 37.
[92] Paul Klebnikov, *Parrain du Kremlin, Boris Berezovski et le pillage de la Russie*, Robert Laffont, 2001, S. 45, 50

wahren Gewinner waren die neuen Geschäftsleute, die mit der Unterwelt zusammengearbeitet hatten und von nun an nicht mehr auf Auftragsmorde zurückgreifen würden. Am 11. Dezember 1994 drang die russische Armee in Tschetschenien ein.

Die Sowjets neigten bereits dazu, bei ihren Auslandsgeschäften mit zwielichtigen Mittelsmännern zu arbeiten. Der Rohstoffhändler Marc Rich zum Beispiel war ein Ölhändler, der seine Blütezeit in den 1970er Jahren hatte. Er war 1983 aus den USA geflohen, nachdem er wegen Erpressung, Erpressung, Steuerbetrug und Handel mit dem Iran, einer feindlichen Macht, angeklagt worden war. Marc Rich, ein Multimillionär in den Fünfzigern, lebte in Zug in der Schweiz, wo er sein Leben als internationaler Geschäftsmann mit dem eines gesuchten Verbrechers verband. Er stand ganz oben auf den „roten Listen" von Interpol, was bedeutete, dass seine Ergreifung Priorität hatte, aber die Schweiz weigerte sich, ihn an die USA auszuliefern.

Die Reichen handelten mit den Sowjets mit allen Arten von Waren. Er verkaufte ihnen Getreide, Zucker, Zinkkonzentrat, Tonerde (ein Extrakt aus Bauxit, dem Hauptbestandteil von Aluminium) und wurde mit Öl, Aluminium, Nickel, Kupfer und anderen Metallen bezahlt. Die Rohstoffe gaben Rich ein erhebliches Gewicht auf einigen der wichtigsten Märkte der Welt. Dank seiner sowjetischen Verträge handelte Rich zum Beispiel mit zwei Millionen Tonnen Aluminium pro Jahr und kontrollierte damit ein Drittel des Weltmarktes für dieses Metall. Tatsächlich", so Klebnikov, „hat Rich die Russen betrogen, indem er die Rohstoffe mit Insiderinformationen über die Preise kaufte." Er verkaufte im Ausland weiter und steckte den Gewinn in seinem Steuerparadies in Zug in der Schweiz ein.

Andere russische Geschäftsleute haben in den 1990er Jahren ähnliche Geschäfte getätigt, wobei die Besonderheit von Rich darin bestand, dass er es vor allen anderen und in großem Stil tat, indem er Fabrikmanager bestach." Viele seiner Handlungen waren nach sowjetischem Recht illegal, aber er hatte geniale Mitarbeiter im Lande. Seine Verträge enthielten in der Regel geheime Absprachen mit den Direktoren von Öl- und Aluminiumunternehmen und sahen komplexe Zahlungsmechanismen auf dem ganzen Planeten[93] vor."

Einer der wichtigsten Partner von Rich war ein vierzigjähriger Geschäftsmann namens Artem Tarasov, ein Mann, der als einer der Pioniere des russischen Raubtierkapitalismus gelten würde. Tarasov ist zur Hälfte Georgier und an der Schwarzmeerküste aufgewachsen. Er

---

[93] Paul Klebnikov, *Parrain du Kremlin, Boris Berezovski et le pillage de la Russie*, Robert Laffont, 2001, S. 77-79.

hatte seine Hochschulausbildung am Institut für Bergbau und an der Höheren Schule für Wirtschaft von Gosplan (dem Staatlichen Planungskomitee) absolviert. Als 1987 die Gründung von Privatunternehmen legalisiert wurde, gründete Tarasov eine Kooperative namens Tekhnika, die russische Rohstoffe verkaufte und einzelne Computer importierte und mit der er ein kleines Vermögen machte. Das von ihm danach gegründete Unternehmen Istok wurde zu einem Wirtschaftsimperium, das sich dem Export von ausgerüsteten Zügen, Lagerhäusern, Hafenanlagen, Schiffen und Lagerhäusern widmete, die alle vom Staat gepachtet wurden. Die russische Regierung unter Boris Jelzin erteilte dem Unternehmen außerdem eine Lizenz für den Export von sowjetischem Heizöl und gestattete ihm, seine Gewinne im Ausland zu behalten - „ein beispielloses Privileg für einen privaten Unternehmer", schrieb Klebnikow - unter der Bedingung, dass es einen Teil seiner Einnahmen zur Einlösung der Schuldscheine verwendete, die die Regierung aus Geldmangel zur Bezahlung der Kolchosbauern ausgestellt hatte[94]. Die Bauern konnten diese Schuldscheine dann gegen importierte Konsumgüter eintauschen." Tarasov verkaufte das Heizöl ins Ausland, aber die sowjetischen Bauern erhielten nie ihre Konsumgüter. Es war ein berühmt-berüchtigter Skandal", schrieb Klebnikov. Tarasov war in der Tat unser Meister", räumte Oleg Davydov, ein hochrangiger Beamter im Handelsministerium, später mit einem Anflug von Bedauern ein. Er kaufte Heizöl im Inland für 36 Dollar pro Tonne und verkaufte es im Ausland für 80 Dollar weiter... Offensichtlich machte das Ministerium genau dasselbe, nur dass die Differenz zwischen Inlands- und Weltmarktpreisen nicht in Tarasovs Taschen, sondern in den Staatshaushalt floss[95]."

Berezovsky übernahm dann viele der Kapitalfluchtstrategien von Marc Rich. Paul Klebnikov hatte Gelegenheit, mit Egor Gaidar, dem ersten russischen Regierungschef in der postsowjetischen Ära, über das Thema Kapitalflucht in den letzten Jahren der UdSSR zu sprechen: „Es gab viele Geheimnisse um sowjetische Außenhandelsverträge", gestand er mir. Wir kauften alle Arten von Ausrüstungen zu ungewöhnlich hohen Preisen, die wir in bar bezahlten, während ein erheblicher Teil unserer Produktion zu sehr niedrigen Preisen verkauft wurde." Und Klebnikov fügte hinzu: „Eines ist klar: Die Gold- und Währungsreserven der Sowjetunion sind um 1990 verschwunden". Die Kassen leerten sich." In den frühen 1980er Jahren beliefen sich die

---

[94] Kolchosen waren in der Sowjetunion Kolchosen.
[95] Paul Klebnikov, *Parrain du Kremlin, Boris Berezovsky et le pillage de la Russie*, Robert Laffont, 2001, S. 80-81.

sowjetischen Goldreserven auf 1.300 Tonnen (damals etwa 30 Milliarden Dollar). Innerhalb von zwei Jahren, zwischen 1989 und 1991, wurde der größte Teil des Goldes (etwa tausend Tonnen) verkauft. In der gleichen Zeit fielen die Devisenreserven von 15 Milliarden Dollar zu Beginn der Regierungszeit Gorbatschows auf nur noch 1 Milliarde Dollar." Alexander Jakowlew, Gorbatschows engster Berater und der Hauptarchitekt der Perestroika, wurde von der antisemitischen Pamiat-Bewegung beschuldigt, ein „zionistischer Spion" zu sein.

Unterstützt und ermutigt von den Chefs des Internationalen Währungsfonds und anderen westlichen Beratern beschlossen die jungen jelzinischenReformer, dass sich der Staat nicht mehr in den Außenhandel einmischen sollte. Sie beseitigten Hindernisse, die Händler daran hindern könnten, Rohstoffe zu Inlandspreisen für den Weiterverkauf im Ausland zu kaufen. Innerhalb weniger Monate wurden 30 % der russischen Ölexporte und 70 % der Metallexporte außerhalb der staatlichen Handelsagenturen abgewickelt, und 1994 lag der Großteil des russischen Außenhandels in den Händen privater Import-Export-Unternehmen. Berezovsky wurde schnell zu einem der führenden Geschäftsleute. Sein Unternehmen LogoVaz verkaufte Hunderttausende von Tonnen Aluminium und Rohöl in der Schweiz und in den Vereinigten Staaten sowie Zehntausende von holzbefeuerten Stereoanlagen im Ausland.

Um die Zahlung von Steuern zu vermeiden, griffen die meisten dieser Händler auf einen alten KGB-Trick zurück: gefälschte Import-Export-Rechnungen. Qualitativ hochwertiges Bauholz wurde beispielsweise als Heizholz registriert und zu einem niedrigen Preis exportiert, wobei der ausländische Käufer die Differenz auf ein ausländisches Bankkonto überwies. Die gleichen Verfahren wurden bei Aluminium, Stahl, Nickel, strategischen Metallen, Pelzen und Fisch angewandt. Die Einfuhren von Lebensmitteln, Kleidung, Unterhaltungselektronik und Industrieausrüstung wurden auf die gleiche Weise importiert, wobei die Provisionen auf Offshore-Konten russischer Käufer überwiesen wurden. Die größten russischen Unternehmen wurden so in zwielichtige Geschäfte verwickelt. Diese neuen Import-Export-Unternehmen neigten dazu, fast alle ihre Gewinne im Ausland zu verstecken." Man schätzt, dass sich die russische Kapitalflucht zu dieser Zeit auf 15 bis 20 Milliarden Dollar pro Jahr belief, die auf die Konten von Mafiaführern, korrupten hochrangigen Beamten und mitschuldigen Fabrikmanagern flossen."

Bei dieser schamlosen Ausplünderung der natürlichen Ressourcen des Landes brachten die Ölexporte die größten Gewinne. Die

Ölindustrie sei daher „eines der Hauptschlachtfelder der organisierten Kriminalität in Russland"." Kriminelle Gruppen liquidierten diejenigen, die sich weigerten, mit ihnen zusammenzuarbeiten, und viele Raffineriemanager wurden ermordet[96].

Am 14. Dezember 1992 ernannte Boris Jelzin einen neuen Ministerpräsidenten: Viktor Tschernomyrdine. Nach Gaidars Maßnahmen war das russische BIP um mehr als 50 % eingebrochen, so dass Russland gemessen am Pro-Kopf-BIP ärmer war als Peru. Jahrzehntelange technologische Erfolge gingen verloren, renommierte wissenschaftliche Einrichtungen lagen in Trümmern und die russische Kultur schien zu verschwinden." Alle, die in den ersten Jahren der Jelzin-Ära nach Russland gereist waren, waren fassungslos über den Anblick der russischen Bürger, die zu überleben versuchten", schrieb Paul Klebnikov. Ehemalige Kämpfer verkauften ihre Medaillen, um sich Lebensmittel zu kaufen, und die höchsten sowjetischen Auszeichnungen landeten auf Flohmarktständen, die als gewöhnlicher Schmuck zum Verkauf angeboten wurden.

Gerüchte über Nahrungsmittelknappheit trieben Millionen von Stadtbewohnern in die Vorstadtgärten, um Kartoffeln und Kohl anzubauen. Wenn eine Hungersnot abgewendet werden konnte, dann dank des Bodens von Mutter Russland. Die Rezession in Russland war schlimmer als die Große Depression in den 1930er Jahren in den Vereinigten Staaten. Zwischen 1990 und 1994 stieg die Sterblichkeitsrate der Männer um 53 % und die der Frauen um 27 %. Die Lebenserwartung der Männer sank drastisch, und jeden Monat starben Tausende von Russen vorzeitig. Viele dieser Todesfälle betrafen ältere Menschen, die ihre gesamten Ersparnisse verloren hatten.

Offiziellen Schätzungen zufolge liegt die Zahl der Drogenabhängigen im Lande zwischen 2 und 5 Millionen, hauptsächlich junge Menschen. Auch der Alkohol forderte seinen Tribut. Eine Umfrage aus dem Jahr 1993 ergab, dass 80 % der russischen Männer tranken und ihr durchschnittlicher Konsum mehr als einen halben Liter pro Tag betrug. Im Jahr 1996 starben mehr als 35 000 Menschen an Vergiftungen durch gepanschten Alkohol, während es in den USA im gleichen Zeitraum nur ein paar hundert waren. Alkoholkonsum und Kriminalität trugen zu der dramatischen Explosion der Zahl der gewaltsamen und unfallbedingten Todesfälle bei. Von 1992 bis 1997 begingen 229.000 Menschen Selbstmord, 159.000 starben an Vergiftungserscheinungen nach dem Genuss von gepanschtem Wodka

---

[96] Paul Klebnikov, *Parrain du Kremlin, Boris Berezovski et le pillage de la Russie*, Robert Laffont, 2001, S. 116-121.

und 169.000 wurden ermordet[97]. Viele junge russische Frauen gaben die Mutterschaft auf, nicht aus freien Stücken, sondern aus der Not heraus. Mehrere Millionen von ihnen wurden zur Prostitution gezwungen, von denen Hunderttausende als Sexsklaven ins Ausland gebracht wurden[98]. Die sinkende Geburtenrate in Verbindung mit einer noch schneller steigenden Sterblichkeitsrate führte 1999 zu einem demografischen Defizit von 6 Millionen Russen. Gleichzeitig wurden Hunderttausende von Kindern im Stich gelassen.[99]

Der russische Staat selbst wurde von einem alkoholkranken Präsidenten geführt, der peinliche diplomatische Zwischenfälle provozierte. Am 31. August 1994 nahmen Boris Jelzin und sein deutscher Amtskollege, Bundeskanzler Helmut Kohl, in Berlin an den Feierlichkeiten zum Abzug der letzten russischen Besatzungstruppen teil. Der russische Präsident hatte sehr früh am Morgen mit dem Trinken begonnen. Korjakow, sein Sicherheitschef, erklärte später, Kohl habe die Situation genau verstanden und Boris Nikolajewitsch diskret an der Taille zur Zeremonie getragen. Nach dem Mittagessen und einigen Getränken zog Jelzin vor dem Publikum Bilanz über die Truppen. In der Nähe des Berliner Polizeiorchesters angekommen, sprang der Präsident plötzlich auf das Podium, schnappte sich den Dirigentenstab und begann, ihn lächerlich gegen die Musik zu schwingen. Wenig später begann er, eine betrunkene Version von „Kalinka" zu singen. So etwas hatten die Berliner noch nie gesehen.

Beresowski wurde im Winter 1993-1994 in den inneren Kreis von Boris Jelzin eingeführt. Das russische Parlament, das Jelzin, Gaidars Reformen und den Privatisierungsplänen von Chubai ablehnend

---

[97] Alexander Solschenizyn hat den Antisemitismus im Zusammenhang mit den Problemen, die einige Juden bei der Herstellung und dem Vertrieb von Alkohol im Russland der Zarenzeit verursachten, in Erinnerung gerufen (nachzulesen in *Jewish Fanaticism*). In *Testament d'un antisémite* schrieb Édouard Drumont bereits über Alkoholproduktion und -handel: „Nichts kann eine Vorstellung davon vermitteln, was die Juden in Polen und Russland sind. Sie vernichten die Bevölkerung ganzer Dörfer mit vergifteten Geistern. Ich habe es direkt von einem großen polnischen Gentleman gehört: Ein achtjähriger Junge geht auf der Straße vorbei. Der jüdische Gastwirt ruft ihm von der Tür seiner Taverne aus zu: „He, Junge! Bleiben Sie einen Moment stehen, ich gebe Ihnen ein Glas Schnaps." Und er gibt dem Jungen ein Glas voll gepanschten Schnaps... Der Herr wendet sich an den Wirt und sagt: „Warum verderben Sie diesen Jungen? Sie haben kein Interesse daran, da er Sie nicht bezahlt. -Zweifellos", antwortet der andere mit dem finsteren Lächeln seiner Rasse, „er bezahlt mich nicht... aber wissen Sie, man muss sie von klein auf daran gewöhnen." (Édouard Drumont, *Testament d'un antisémite*, 1891, S. 150).
[98] Siehe Kapitel über den weißen Sklavenhandel.
[99] Paul Klebnikov, *Parrain du Kremlin, Boris Berezovski et le pillage de la Russie*, Robert Laffont, 2001, S. 124-129.

gegenüberstand, blockierte seine Reformen und drohte mit einem Amtsenthebungsverfahren gegen den Präsidenten. Am 21. September 1993 verkündete der Präsident die Auflösung des Parlaments, aber die Anhänger von Alexander Rutskoi, die sich im Parlament versammelt hatten, weigerten sich, es zu verlassen, so dass die Konfrontation in den Tagen des 3. und 4. Oktober zu einem Blutbad führte. Diesmal waren die Kriegsschiffe auf Jelzins Seite und töteten Hunderte von Menschen. Ein neuer Verfassungsentwurf, der dem Präsidenten mehr Befugnisse einräumte, wurde schließlich Tage später in einem Referendum angenommen, und die Privatisierungen der russischen Wirtschaft wurden unter der Aufsicht von Anatoli Tschubais fortgesetzt.

Der Plan sah die Überführung von mehr als der Hälfte der russischen Industrieunternehmen in den Privatsektor innerhalb von zwei Jahren vor. Die Umsetzung des Plans bestand darin, 29 % der Aktien eines staatlichen Unternehmens in öffentlichen Versteigerungen zu verkaufen und 51 % an Manager und Mitarbeiter zu verteilen. Der Rest würde vom Staat einbehalten und später verkauft werden. Jedem russischen Bürger wurde eine Privatisierungsanleihe zugeschickt. 151 Millionen Anleihen wurden verteilt. So könnte jeder Aktionär werden und die besten Unternehmen würden nicht von den Reichen gekauft. Doch die Armut führte dazu, dass viele Russen ihre Anleihen sofort auf der Straße gegen Bargeld verkauften. Ihre Preise waren lächerlich niedrig, etwa 10.000 Rubel, was 7 Dollar entsprach. Es war kaum genug, um zwei Flaschen billigen Wodka zu kaufen. Bei einem Kurs von 7 Dollar pro Anleihe war der immense industrielle Reichtum Russlands nur 5 Milliarden Dollar wert.

Anstatt mit den Geschäften und Kleinbetrieben zu beginnen, wurde die gesamte Wirtschaft auf einmal privatisiert: die großen Ölgesellschaften, die Bergwerke, die größten Forstbetriebe, die Automobilhersteller, die großen Maschinenbauunternehmen, die wichtigsten Handelshäfen usw., alles wurde privatisiert. Tschubais privatisierte sofort die wichtigsten und profitabelsten Exportunternehmen Russlands. Während nur wenige Russen Aktien erwarben, erwirtschafteten einige Investoren ein riesiges Vermögen.

Berezovskys erstes Ziel war der staatliche Fernsehsender ORT, der einzige, der im ganzen Land ausgestrahlt wird und 180 Millionen Zuschauer erreicht. Viele Russen sahen ORT nur zur Information. Berezovsky gelang es, Jelzin zu überzeugen, und im November 1994 wurden 49 % des Senders privatisiert.

Beresowskis Hauptkonkurrent war damals Wladimir Gusinskij. Gusinsky war ein Moskauer, der aus einer jüdischen Familie stammte und als Protegé des Bürgermeisters Juri Luschow bekannt war. Moskau war „von Kasinos, Korruption und rivalisierenden Bandenkriegen geplagt", schrieb Klebnikov. Luschows Strategie bestand nicht darin, das organisierte Verbrechen direkt zu bekämpfen (dazu fehlten ihm die Mittel), sondern es zu besteuern. Auf diese Weise gelang es ihm, selbst die zwielichtigsten Unternehmen davon zu überzeugen, zur Verwirklichung seiner städtischen Projekte beizutragen: ein luxuriöses unterirdisches Einkaufszentrum, der Ausbau der peripheren Autobahn, der identische Wiederaufbau der gigantischen Christ-Erlöser-Kathedrale (die auf Stalins Befehl und unter Kaganóvichs Aufsicht zerstört worden war) und der Wiederaufbau des historischen Zentrums von Moskau. Die Stadt erlebte eine regelrechte Bauwut. So war Moskau „in einem Land, in dem alles zerfiel, eine Oase des Wohlstands und des Erfolgs[100]."

Gusinskys Most-Gruppe war eines der größten Unternehmenskonglomerate des Landes. Dazu gehörten der Finanzsektor, die Medien, eine Versicherungsgesellschaft, ein Sicherheitsunternehmen, ein Import-Export-Unternehmen, Immobilienagenturen und Baustoffunternehmen. Sein Sicherheitsdienst verfügte über nicht weniger als tausend bewaffnete Männer. Gusinsky besaß Zeitungen (Tages- und Wochenzeitungen), einen Radiosender und seit 1993 einen Fernsehsender (NTV), der „viel Pornografie, Horror und Gewalt (selbst nach amerikanischen Maßstäben) ausstrahlte"[101]."

Beresowski behauptete, Gusinsky stelle eine Bedrohung für den Präsidenten dar und habe versucht, ihn zu ermorden. Im Dezember 1994 wurde eine groß angelegte Operation organisiert und durchgeführt, als Gusinsky wie üblich mit 140 km/h auf einer Hauptverkehrsader der Hauptstadt fuhr und alle Ampeln überfuhr. Sein gepanzerter Wagen wurde von zwei weiteren Fahrzeugen flankiert, die mit bis an die Zähne bewaffneten Leibwächtern besetzt waren. Die Verfolgungsjagd blieb erfolglos, aber nach diesem heftigen Feuergefecht beschloss Gusinsky, seine Frau und seine Kinder nach England in Sicherheit zu bringen. Der Autohändler hatte es geschafft, seinen Konkurrenten aus dem Land zu vertreiben.

Berezovski beschuldigte insbesondere Gusinsky, der Befehlshaber des Autobombenanschlags gewesen zu sein, dem er im

---

[100] Paul Klebnikov, *Parrain du Kremlin, Boris Berezovski et le pillage de la Russie*, Robert Laffont, 2001, S. 175.
[101] Paul Klebnikov, *Parrain du Kremlin, Boris Berezovsky et le pillage de la Russie*, Robert Laffont, 2001, S. 173-177.

Juni 1994 zum Opfer gefallen war. Ein Auto war vor seinem Wagen explodiert und Berezovski hatte gesehen, wie seinem Chauffeur vor seinen Augen der Kopf weggeblasen wurde. Der Angriff hatte ihn offensichtlich beunruhigt. General Alexander Korzhakov, der Leiter des Sicherheitsdienstes des Präsidenten, sagte aus: „Berezovsky benutzte eine spezielle Terminologie. Anstatt 'töten' zu sagen, zog er es vor, 'beenden' zu sagen. Es war ein Begriff aus dem Vokabular der Gangster... Beresowski schien zu glauben, dass die SBP geschaffen worden war, um Leute zu „eliminieren", die er nicht mochte. Von da an war ich der Überzeugung, dass Beresowski psychisch gestört war, und ich begann, ihn zu beobachten[102]."

Beresowski war auch der Hauptverdächtige bei der Ermordung von Wlad Listjew, Russlands beliebtestem Fernsehmoderator. Im Februar 1996 hatte er angekündigt, dass er das Werbemonopol von Lissowski und Beresowski für den Sender ORT aufheben würde. Am 1. März wurde er durch zwei Kopfschüsse ermordet. Ein paar Tage zuvor, so schrieb Paul Klebnikov, hatte sich Beresowski mit einem „Friedensrichter" aus der Unterwelt getroffen, um ihm 100.000 Dollar in bar zu übergeben. Die Empörung in der Bevölkerung war groß, und Zehntausende von Menschen nahmen an der Beerdigung Listievs teil.

Berozovsky übernahm auch die Kontrolle über den sechsten Fernsehkanal, eine Zeitschrift (*Ogoniok*) und eine Tageszeitung. Der Autohändler stand nun an der Spitze des größten Fernsehsenders des Landes. Der ORT-Nachrichtendienst wurde zu einem Resonanzboden für seine Interessen, indem er während der Wahlen 1996 Jelzins Loblieder sang, General Lebed nach einem Streit zwischen den beiden anprangerte oder einen großen Geschäftsmann-Konkurrenten angriff, während er Beresowski als Staatsmann darstellte[103].

Es sei nicht notwendig, ein privates Unternehmen zu kaufen, um es zu kontrollieren, erklärte Klebnikov. Es könnte sehr wohl in den Händen des Staates bleiben. Es genügte, die Verwaltung zu übernehmen und die Gewinne zu verteilen, was einer „Privatisierung der Gewinne" gleichkam. 1989 hatte Beresowski begonnen, die Gewinne des Automobilherstellers AvtoVaz zu privatisieren, indem er Autos zu einem Preis kaufte, der ihm einen hohen Gewinn garantierte, dem Werk aber einen Nettoverlust einbrachte. 1992 stieg das Unternehmen in den

---

[102] Paul Klebnikov, *Parrain du Kremlin, Boris Berezovsky et le pillage de la Russie*, Robert Laffont, 2001, S. 179.
[103] Paul Klebnikov, *Parrain du Kremlin, Boris Berezovsky et le pillage de la Russie*, Robert Laffont, 2001, S. 187, 195.

Rohstoffhandel ein und exportierte Öl, Holz und Aluminium, wobei es für die Waren russische Inlandspreise zahlte und sie dann mit einer enormen Gewinnspanne zu Weltmarktpreisen weiterverkaufte. 1993, mit dem Beginn der Anleiheprivatisierung, ging Beresowski zur zweiten Stufe seines Plans über: der Eigentumsprivatisierung, indem er eine Mehrheitsbeteiligung an AvtoVaz erwarb. Im Jahr 1994 begann er mit der Privatisierung der Gewinne von ORT durch die Werbeverwaltung des Senders, bevor er im folgenden Jahr zur vollständigen Privatisierung überging. Dasselbe tat er 1996 mit der ersten Fluggesellschaft des Landes, Aeroflot." Als Aeroflot-Delegationen im Ausland fragten, warum die Fluggesellschaft das von ihr in Rechnung gestellte Geld nicht erhalten habe und warum es auf Privatkonten gelandet sei, habe man ihnen gesagt, dass das Geld für Jelzins Präsidentschaftswahlkampf bestimmt sei, so General Korzhakov. In Wirklichkeit behielt Berezovsky das Geld für sich[104]."

Die Zahlen zur Kapitalflucht (schätzungsweise 15 Milliarden Dollar pro Jahr) zeigen, dass ein großer Teil der Gewinne russischer Unternehmen sowohl den Steuerbehörden als auch den Aktionären entgeht." Diese Plünderung, so Klebnikov, ruinierte die großen Juwelen der russischen Industrie, indem sie ihnen die notwendigen Investitionen vorenthielt, während die Kapitalflucht die Bemühungen des Landes zur Stabilisierung der Währung untergrub und zunichte machte."

Zwei Monate nach der Übernahme von Aeroflot im Jahr 1995 gelang dem Tycoon ein Meisterstück: die Privatisierung einer der größten russischen Ölgesellschaften. Das war sein größter Erfolg. Er hatte einen 29-jährigen Partner, Roman Abramovitch, und gemeinsam gründeten sie im Sommer 1995 Sibneft. Als Ivan Litskevitch, der Direktor der Raffinerie in Omsk, von der Übernahme seiner Raffinerie durch Abramovitch und Berezovsky und deren Integration in Sibneft erfuhr, protestierte er. Am 15. August 1995 wurde seine Leiche im Fluss Irtich gefunden, aber die Miliz fand keine Hinweise auf ein Mafia-Verbrechen[105].

Von da an haben die Oligarchen das System verfeinert, um die großen Exportunternehmen des Landes zu übernehmen: Das Prinzip lautete einfach „Kredite gegen Aktien". Vladimir Potanine, der sechsunddreißigjährige „Goldjunge" des *Establishments*, war dafür verantwortlich, dem Ministerrat im März 1995 die Maßnahme

---

[104] Paul Klebnikov, *Parrain du Kremlin, Boris Berezovski et le pillage de la Russie*, Robert Laffont, 2001, S. 197-204.
[105] Paul Klebnikov, *Parrain du Kremlin, Boris Berezovski et le pillage de la Russie*, Robert Laffont, 2001, S. 225.

vorzuschlagen. Potanine wurde von einem gewissen Michail Chodorkowski von der Menatep-Bank und Alexander Smolenski begleitet. Die Regierung akzeptierte den Plan, und sofort begannen die großen „russischen" Banken einen Kampf um das Recht, der Regierung Geld im Austausch gegen Anteile an großen Unternehmen zu leihen.

Einer der ersten Gewinner der Darlehen für Aktien war Michail Chodorkowski, ein ehemaliger Mitarbeiter Beresowskis, der damals 31 Jahre alt war. Er leitete eines der größten Geschäftsimperien Russlands zu dieser Zeit und war auch einer der größten Vermögensverwalter Russlands. Auf seiner Vermögensliste standen die Menatep-Bank sowie zwölf weitere Banken, umfangreiche Immobilien in Moskau, ein Stahlwerk, die wichtigsten Titan- und Magnesiumproduzenten des Landes, zahlreiche Lebensmittelfabriken, Düngemittelfabriken sowie Textil- und Chemieunternehmen. Michail Chodorkowskis Büro befand sich in einem viktorianischen Schloss im Zentrum von Moskau. Das Gebäude war von einem großen gusseisernen Tor umgeben. Sicherheitsleute, einige in Anzügen, andere in schwarzen Uniformen, patrouillierten auf dem gesamten Gelände.

1987, als er die Moskauer Kommunistische Jugend leitete, hatte er mit Mitteln der kommunistischen Partei eine Handelsgenossenschaft gegründet. Im folgenden Jahr gründete er eine Bank. Wir sehen also, dass der Antisemitismus in der Sowjetunion nicht so virulent war, wie manche behaupten. Zwischen 1990 und 1993 trat er in den Staatsdienst ein, zunächst als Wirtschaftsberater des Premierministers, dann als stellvertretender Minister für Erdöl und Energie. Seine Handelsunternehmen erzielten beträchtliche Gewinne mit Öl, Weizen, Zucker und Metallen. Die Menatep-Bank wurde durch verschiedene Konten bei der Stadt Moskau und einigen Bundesministerien bereichert. Menatep kümmerte sich auch um seine Außenbeziehungen. Der erste Vizepräsident von Menatep war Konstantin Kagalovsky, dessen Frau, Natacha Gurfinkiel-Kagalovsky, die Leiterin der russischen Abteilung der Bank of New York war. Paul Klebnikov stellte folgende Informationen zur Verfügung: „Natacha Gurfinkiel musste 1999 während der Ermittlungen der US-Regierung wegen Geldwäsche bei der Bank of New York zurücktreten."

Darüber hinaus versuchte Chodorkowski, in den Westen vorzudringen, indem er in den Vereinigten Staaten für den Namen Menatep warb. Im Jahr 1994 kaufte er für eine Million Dollar mehrere Anzeigenseiten im *Wall Street Journal* und in der *New York Times*. Paul Klebnikov bestätigte hier das Vorhandensein von Gemeinschaftsbeziehungen: „Einige seiner Außenhandelsgeschäfte waren jedoch nicht geeignet, ihn bei den Vereinigten Staaten beliebt zu machen. Insbesondere deshalb, weil er mit Marc Rich zusammengearbeitet hatte, dem amerikanischen Rohstoffhändler, der seit mehreren Jahren auf der Flucht vor der US-Justiz war. Außerdem hatte er zwischen 1994 und 1996 Kuba Öl im Gegenwert von Hunderten von Millionen Dollar im Tausch gegen Zucker verkauft. Als ob das nicht genug wäre, hat Chodorkowski auch zur Gründung einer Einrichtung namens *European Union Bank* auf der Karibikinsel Antigua beigetragen, einer berüchtigten Steueroase für Geldwäsche."

Von den Auktionen „Kredite für Aktien" war Chodorkowski besonders an den 45 % von Yukos, Russlands zweitgrößter Ölgesellschaft, interessiert. Die für die Registrierung der Auktionen für Yukos zuständige Stelle war jedoch niemand anderes als seine Bank, Menatep. Die Konkurrenten wurden daher beiseite geschoben, und eine Scheinfirma von Menatep erhielt den Zuschlag, indem sie nur 9 Millionen Dollar mehr als den Startpreis von 150 Millionen Dollar zahlte. Ein anderes Konsortium hatte bis zu 350 Millionen geboten, war aber wegen fehlender Garantien disqualifiziert worden.

Dasselbe Drehbuch wiederholte sich beim Kauf von Norilsk Nickel durch Vladimir Potanine. Dieses Unternehmen war einer der ersten russischen Exporteure, dessen Minen sich am Polarkreis befanden. Die Norilsk-Mine, in der die weltweit ergiebigste Erzader abgebaut wurde, wurde für etwa 100.000 Dollar über dem Startpreis von 170 Millionen Dollar ersteigert.

Der gleiche Vorgang wiederholte sich bei der Übertragung von Anteilen anderer russischer Industrieriesen wie dem Ölgiganten Sidanco: „Führungskräfte von Rossinski Kredit erklärten, dass ihre Vertreter das Gebäude der Onexim-Bank am Tag der Auktion nicht betreten durften."

Der Verkauf von 51 % der Anteile an Sibneft, einer der größten privaten Ölgesellschaften der Welt, war der letzte in dieser Reihe. Die Versteigerung fand am 28. Dezember 1995 statt. Der Startpreis war lächerlich niedrig: 100 Millionen Dollar." Es war bereits vor Monaten entschieden worden, dass Sibneft an Berezovski[106] vergeben werden würde", schrieb Klebnikov. Berezovsky bot großzügig 100,3 Millionen, während das Angebot der konkurrierenden Inkombank in Höhe von 175 Millionen abgelehnt wurde. Am Tag des Verkaufs verkündete der Vertreter der Inkombank seinen Rücktritt in knappster Form und ohne weitere Erklärung. Zwei Jahre später hatten die Aktien von Sibneft an

---

[106]Paul Klebnikov, *Parrain du Kremlin, Boris Berezovsky et le pillage de la Russie*, Robert Laffont, 2001, S. 231-235.

der russischen Börse eine Marktkapitalisierung von 5 Milliarden USD. In den beiden darauf folgenden Jahren stieg die Marktkapitalisierung dieser Unternehmen um das 18- bis 26-fache. Der Chefarchitekt der „Kredit-für-Aktien"-Verkäufe, Anatoli Tschubais, bestritt, dass die Auktionsverkäufe manipuliert worden seien und dass der Staat lächerlich niedrige Summen erhalten habe. Doch in Wirklichkeit war es für den russischen Staat zweifellos eine Katastrophe.

*Mafiöse Demokratie*

Bei den Parlamentswahlen im Dezember 1995 hatten die Kommunisten und die Nationalisten von Wladimir Chirinowski die Regierungspartei überholt und eine Mehrheit in der Duma, der parlamentarischen Versammlung Russlands, erreicht. Nach dem Debakel der Pro-Jelzin-Partei war Jelzin gezwungen, die Liberalen in seiner Regierung loszuwerden, und Tschubais wurde ins Abseits gestellt. Sechs Monate vor den Präsidentschaftswahlen 1996 lag sein Hauptherausforderer, der Kommunist Guennadi Ziuganov, in den Umfragen weit vor ihm. Meinungsumfragen zufolge schwankt der Anteil des Vertrauens in den Präsidenten zwischen 5 und 8 Prozent.

Die „Oligarchen" hatten keine Wahl mehr: Die manipulierten Auktionen zwangen sie, die Wiederwahl Jelzins zu unterstützen. Berezovsky und Gussinsky hatten ihre Streitigkeiten beiseite gelegt." Zwischen den Oligarchen und der Jelzin-Regierung gab es nun eine Partnerschaft von Übeltätern", schrieb Paul Klebnikov. So waren die wichtigsten Mitglieder von Jelzins Wahlkampfteam Boris Beresowski, Anatoli Tschubais, Wladimir Gussinski, Boris Nemzow, Jewguiny Kisseljow und seine eigene Tochter Tatjana Diatschenko.

Das Gesetz sah vor, dass die Wahlkampfkosten für jede Partei drei Millionen Dollar nicht überschreiten durften, doch schätzte man im Nachhinein, dass Jelzins Gesamtausgaben mehr als eine Milliarde Dollar betrugen. In Washington schätzte ein Think Tank die Summe sogar auf zwei Milliarden Dollar." Das Geld wurde verwendet, um lokale politische Bosse und korrupte Personen zu verleumden", sagte der Leiter des Antikorruptionsdienstes. Große Summen wurden auch für die Produktion von Pro-Jelzin-Dokumentarfilmen, Rockkonzerten und Plakaten ausgegeben. Die gesamte Kampagne wurde von Beresowskis LogoVaz-Haus aus überwacht, dem Palast des Tycoons im Zentrum Moskaus. Er war der Orchesterleiter. Geschäftsleute hatten Hunderte von Millionen für die Blackbox des Phantom-Hauptquartiers gespendet." Im Gegenzug erhielten sie den Betrag ihres Beitrags vervielfacht in Form von staatlichen Subventionen[107]." Den Oligarchen wurden nach den Wahlen neue Aktienpakete bei Privatisierungen versprochen. Tausende von Unternehmen haben sich so an der Finanzierung beteiligt.

Der Präsident war fast jeden Abend in den Nachrichten zu sehen, während sein kommunistischer Gegner Ziuganov kaum in Erscheinung trat. Jelzins Team hatte bezahlte Journalisten und Redakteure." Die Zahlungen reichten von hundert Dollar an einen Provinzkorrespondenten für einen positiven Artikel bis hin zu Millionenbeträgen an die Eigentümer großer russischer Zeitungen" und an die Eigentümer von Fernsehsendern. Die meisten russischen Medien waren ebenfalls von staatlichen Subventionen abhängig, vor allem die Presse. Der von Beresowski kontrollierte öffentlich-rechtliche Fernsehsender erhielt mehr als 200 Millionen an öffentlichen Geldern pro Jahr.

Jelzins Wahlkampfmanager war offiziell Anatoli Tschubais, aber Boris Jelzins Team zog auch die besten amerikanischen Kommunikationsspezialisten hinzu, in diesem Fall den berühmten politischen Strategen George Gorton. Er und seine Mitarbeiter befanden sich in der Nähe der Wahlkampfzentrale im President Hotel. Sie wurden gebeten, sehr diskret zu sein und das Hotel so wenig wie möglich zu verlassen. Jelzins Tochter, Tatjana Diatschenko, war die Verbindungsperson zum Team des Präsidenten. Die Fototermine und Auftritte von Boris Jelzin wurden so inszeniert, dass sie spontan wirkten, und die Wahlstrategie schwankte je nach den laufenden Umfragen.

Jeden Tag konnte man im Fernsehen sehen, wie Jelzin Rentner im hohen Norden besuchte, wie er versprach, umfangreiche Haushaltsmittel für abgelegene Gemeinden freizugeben, wie er mit Arbeitern in einer Kolchose scherzte und wie er dem Bürgermeister einer entfernten Industriestadt die Hand schüttelte. Er wurde auch mit den Soldaten oder mit den Kolchosianern gesehen. Ein anderes Mal erschien er mit einem Bergarbeiterhelm, um in einen Kohleschacht zu steigen. In Moskau betrat Jelzin während eines Rockkonzerts die Bühne, um vor dem Publikum zur Musik zu tanzen. Millionen von Briefen mit seiner Unterschrift wurden an ehemalige Kombattanten des Zweiten Weltkriegs verschickt. Jelzin dankte ihnen für ihre Dienste für das Vaterland. Da es sich um die erste politische Briefaktion in Russland

---

[107] Paul Klebnikov, *Parrain du Kremlin, Boris Berezovsky et le pillage de la Russie*, Robert Laffont, 2001, S. 241-253.

handelte, glaubten viele Empfänger, die Briefe seien vom Präsidenten selbst unterzeichnet worden. In den Anzeigen wurden besorgte Bürger gezeigt, die schließlich erklärten: „Ich glaube. Ich liebe es. Ich habe Hoffnung. Boris Nikolajewitsch Jelzin[108]." Auch die Fernsehsender strahlten immer wieder Dokumentarfilme über die Gräueltaten des kommunistischen Regimes aus. Angesichts dieser unerbittlichen Achterbahnfahrt hatten die Hunderttausenden von kommunistischen Aktivisten und Patrioten kein Geld und keine Fernsehberichterstattung.

In der Zwischenzeit warteten Lehrer, Ärzte, Soldaten und Arbeiter monatelang auf ihren Lohn, und Millionen älterer Menschen erhielten ihre Rente nicht. Doch im Frühjahr gewährte der IWF Russland ein großes Darlehen: 10,2 Milliarden Dollar, die über drei Jahre zurückgezahlt werden sollen. Das Geld wurde zur raschen Auszahlung der Gehälter und Pensionen der Beamten und damit indirekt zur Finanzierung des Wahlkampfes von Jelzin verwendet. Zu dieser Zeit starb auch der tschetschenische Führer Dshodschar Dudajew. Zwei Monate später trat ein Waffenstillstand mit den Rebellen in Kraft und die Russen wurden entlastet.

Am 16. Juni 1996 gewann Jelzin den ersten Wahlgang mit 35,1 % der Stimmen vor Ziuganow mit 32 %. Lebed belegte mit 14,7 % überraschend den dritten Platz. Am 3. Juli, nach dem zweiten Wahlgang, wurde Boris Jelzin mit 53,7 % der Stimmen für eine zweite Amtszeit wiedergewählt. Westliche Beobachter waren natürlich zu dem Schluss gekommen, dass die Wahlen frei und demokratisch verlaufen waren.

Alle an Jelzins Wahlkampf beteiligten Lieferanten hatten ihre Ausgaben aufgebläht und die Differenz auf ausländische Konten überwiesen. Laut einer von der SBP durchgeführten Untersuchung wurden zwischen 200 und 300 Millionen Dollar aus dem Wahlkampffonds veruntreut, „hauptsächlich von Geschäftsleuten, die der Wahlkampfzentrale in Moskau nahe stehen[109]."

Doch Ende Juni erlitt Boris Jelzin einen weiteren Herzinfarkt und musste sich monatelang schonen. Sprecher des Kremls hatten die Schwere der Herzprobleme des Präsidenten bis dahin nicht bekannt gegeben. Anatoli Tschubais übernahm die Regierungsgeschäfte und der Bankier Wladimir Potanin wurde vom Wirtschaftsressort zum stellvertretenden Ministerpräsidenten ernannt. Es war an der Zeit, den

---

[108]Paul Klebnikov, *Parrain du Kremlin, Boris Berezovsky et le pillage de la Russie*, Robert Laffont, 2001, S. 257-259.

[109]Paul Klebnikov, *Parrain du Kremlin, Boris Berezovsky et le pillage de la Russie*, Robert Laffont, 2001, S. 271.

Geschäftsleuten, die zur Wiederwahl von Eltsine beigetragen hatten, ihre Schulden zurückzuzahlen. So wurde Wladimir Gussinskij ermächtigt, den vierten Fernsehkanal zu kaufen, und die Stolitchny-Bank von Alekansdr Smolenskij und Beresowskij verdoppelte ihre Größe durch die Übernahme der staatlichen Agroprom-Bank.

Jelzin hatte General Lebed zum Vorsitzenden des Sicherheitsrates ernannt. Er begann jedoch, die Korruption anzugreifen und wurde nur vier Monate nach seiner Ernennung entlassen und durch Boris Beresowski ersetzt, der die Sicherheits- und Verteidigungspolitik koordinierte. Beresowski hatte nun eine offizielle Position im Staatsapparat inne." Von nun an würde der Fuchs den Hühnerstall bewachen", schrieb Klebnikov.

Einige Tage später enthüllte die *Iswestija*, dass Beresowski einen israelischen Pass besaß. Diese Enthüllung könnte seine Berufung in die Regierungsexekutive ernsthaft gefährden, da es Ausländern gesetzlich verboten ist, offizielle Funktionen zu bekleiden. Er bestritt dies zunächst und drohte, die Zeitung zu verklagen. Die israelische Regierung, die von der Presse bedrängt wurde, bestätigte jedoch die Informationen. Beresowski musste daraufhin zugeben, dass er tatsächlich einen israelischen Pass besitzt, und kündigte an, dass er ihn aufgeben werde. Nach israelischem Recht ist jeder, der jüdisches Blut hat, ob zur Hälfte oder nur zu einem Viertel, ein Bürger Israels", sagte er. Jeder russische Jude hat de facto die doppelte Staatsbürgerschaft." Der Tycoon beklagte sich, ein Opfer des zunehmenden Antisemitismus zu sein, blieb aber dennoch auf seinem Posten. Er hatte nämlich eines Tages in der *Financial Times* gestanden, „dass er und sechs andere Finanziers 50 % der russischen Wirtschaft kontrollieren und Jelzins Wiederwahl 1996 ermöglicht hatten[110] „.

Innerhalb des Sicherheitsrates war Beresowski für die Beziehungen zu Tschetschenien zuständig. Er schien „ausgezeichnete Beziehungen zur tschetschenischen Führung" zu haben, und seine früheren Beziehungen zu tschetschenischen Banden in Moskau waren zweifellos nützlich. Damals, so Klebnikov, „wurde fast das gesamte Land von autonomen Milizen und kriminellen Banden kontrolliert, deren Anführer ehemalige Kommandeure der tschetschenischen Streitkräfte waren... Jeder von ihnen regierte sein eigenes kleines Feudalreich, das größtenteils auf alten Clan-Loyalitäten beruhte und durch geschmuggeltes Öl, Drogen, Waffenhandel und andere kriminelle

---

[110] Paul Klebnikov, *Parrain du Kremlin, Boris Berezovsky et le pillage de la Russie*, Robert Laffont, 2001, S. 16.

Geschäfte finanziert wurde[111]." Sie haben auch Entführungen begangen. Innerhalb von zwei Jahren wurden in Russland mehr als 1300 Menschen entführt, darunter viele westliche Generäle und Journalisten. Im Dezember 1996 wurden zweiundzwanzig russische Polizisten an der tschetschenischen Grenze gefangen genommen. Berezovsky reiste dorthin und konnte sie befreien. Dies war die erste in einer Reihe von Geiselnahmen, die der Tycoon zu lösen wusste. General Lebed sah darin vor allem ein politisches Manöver. Im Januar 1997 reiste er ebenfalls nach Tschetschenien, um zwei Journalisten zu befreien, jedoch ohne Erfolg. Einige Tage später gelang es Beresowski, den tschetschenischen Militärkommandanten davon zu überzeugen, sie freizulassen. Entgegen den Behauptungen der Regierung kamen Beamte aus Moskau mit Aktenkoffern voller Geld und mit der Anweisung von Beresowski, das Lösegeld an die Entführer zu zahlen. Außerdem machte der Tycoon keinen Hehl daraus, dass er als Gegenleistung für sein Wohlwollen verschiedene tschetschenische Gruppen mitfinanziert hatte. Mehr als zweieinhalb Jahre lang unterhielt Beresowski enge Beziehungen zu den Warlords und kriminellen Banden, die die Entführungen durchführten. Der Führer der Tschetschenischen Republik von Itschkeria selbst, Aslan Maschadow, erklärte eines Tages gegenüber russischen und britischen Zeitungen, dass Beresowski „die tschetschenischen kriminellen Banden unterstützt und oft die Zahlung von Lösegeld organisiert"." Beresowskis Gesprächspartner waren nicht etwa Gemäßigte wie Präsident Maschadow, der solche das tschetschenische Volk diskreditierenden Vereinbarungen verabscheute, sondern Terroristenführer wie Schamil Bassajew und islamische Fundamentalisten wie Mowladi Udugow[112].

Die Versteigerungen von Großunternehmen wurden in gleicher Weise fortgesetzt. Die Ölgesellschaft Yukos wurde von Menatep, der Bank von Chodorkowski, für 350 Millionen Dollar gekauft, obwohl es eigentlich 6,2 Milliarden Dollar hätten sein sollen. Alfred Koch, der für die Überwachung der Verkäufe verantwortlich war, erklärte: „Wir konnten keinen besseren Preis erzielen, weil die Banker, die die Kontrolle über diese Unternehmen übernommen hatten, zuvor versucht hatten, diese Unternehmen bei ihren Banken zu verschulden. Wenn wir

---

[111] Paul Klebnikov, *Parrain du Kremlin, Boris Berezovski et le pillage de la Russie*, Robert Laffont, 2001, S. 289-292.
[112] Paul Klebnikov, *Parrain du Kremlin, Boris Berezovski et le pillage de la Russie*, Robert Laffont, 2001, S. 293-298. Paul Klebnikov transkribiert hier ein Telefongespräch zwischen den beiden Männern, das von den russischen Sicherheitsdiensten aufgezeichnet wurde.

diese Unternehmen an einen anderen Käufer verkauft hätten, wären sie am nächsten Tag bankrott gewesen." Klebnikov fügte hinzu: „In diesem Punkt hatte Koch recht. Die Finanziers, die die erste Phase der Auktionen gewonnen hatten, hatten es geschafft, durch Abschöpfung der Gelder der führenden russischen Unternehmen dafür zu sorgen, dass keines dieser Unternehmen aus eigener Kraft lebensfähig war..." Wir sind eine Gruppe bankrotter Unternehmen", gab Michail Chodorkowski von Menatep vor mir fröhlich zu. Das ganze Land war ein Haufen bankrotter Unternehmen[113]."

Am 12. Mai 1997 wurden die restlichen Anteile der Ölgesellschaft Sibneft versteigert. Die Alfa-Bank wurde ausgeschlossen, weil sie es versäumt hatte, die erforderlichen Unterlagen vorzulegen, während Onexim wegen eines angeblichen Verstoßes gegen eine Bankvorschrift über die Übertragung einer Einlage ausgeschlossen wurde. Von nun an würde das Unternehmen vollständig Berezovsky und Abramovitch gehören.

Im März veröffentlichte die *Iswestija* detaillierte Berichte über Beresowskis Verhandlungen über den Kauf der Promstroi Bank, eines Unternehmens, das mit dem berüchtigten, in Israel inhaftierten Betrüger Grigori Lerner in Verbindung steht. Beresowski wies die Anschuldigungen der Zeitung umgehend zurück.

Am 25. Juli 1997 fand die Versteigerung von Sviazinvest, dem russischen Telekommunikationsmonopol, statt. Diesmal verloren Beresowski und Gussinski gegen die Gruppe von Wladimir Potanin, die von dem „amerikanischen" Milliardär George Soros[114] unterstützt wird. Paul Klebnikov schrieb über diese Episode: „Die Juwelen der Industrie wurden einer Handvoll skrupelloser Finanziers übergeben, die sie ihres Vermögens beraubten, die Zahlung von Steuern vermieden und ihren Reichtum in Steuerparadiese abzweigten[115]."

Jelzin, frisch aus der Rekonvaleszenz, schien entschlossen, „dem Vetternkapitalismus, der sein Regime befleckt hatte, ein Ende zu setzen." Beresowski, der die Regierung beschuldigt hatte, Potanine beim Verkauf von Sviazinvest zu bevorzugen, wurde von seinem Posten im Sicherheitsrat entfernt. Der Bankier und Oligarch Wladimir Potanin wurde ebenfalls von seinem Posten als stellvertretender Ministerpräsident abgesetzt und durch Anatoli Tschubais ersetzt. Ein

---

[113] Paul Klebnikov, *Parrain du Kremlin, Boris Berezovski et le pillage de la Russie*, Robert Laffont, 2001, S. 300.
[114] Lesen Sie zu George Soros: *Planetarische Hoffnungen* und *jüdischer Fanatismus*.
[115] Paul Klebnikov, *Parrain du Kremlin, Boris Berezovsky et le pillage de la Russie*, Robert Laffont, 2001, S. 313.

junger jüdischer Reformer, Boris Nemzow, wurde zum stellvertretenden Ministerpräsidenten ernannt.

Im Januar 1998 bezeichnete eine französische Wochenzeitschrift Boris Nemzowals „Mann des Jahres", der „vom russischen Volk bejubelt" worden sei. Der Journalist Thomas Hofnug lobte ihn mit Adjektiven der Superlative, die für die berühmte Gemeinschaftssolidarität stehen: „Mit dem Körperbau eines Rockstars und einer Marlboro im Mundwinkel verführt Nemzow vor allem durch seine Frechheit und Intelligenz. Während einer Fernsehdebatte machte er sich über den Ultranationalisten Jirinovski lustig, der ihm gehässig ein Glas Wasser ins Gesicht warf... Mit 31 Jahren wurde er nach dem gescheiterten Putsch von 1991 der jüngste Gouverneur des Landes. In fünf Jahren hat Nemzow durch zügellose Reformen die Region Nischni Nowgorod zum Schaufenster des neuen Russlands gemacht." Glaubt man Thomas Hofnung, so hatte Russland endlich den Mann der Vorsehung gefunden, der es aus der Depression und dem Elend herausführen würde.

Nemzow war auch für die sozialen Reformen zuständig. Dank ihm wurde beispielsweise die schrittweise Abschaffung der Wohnbeihilfen angekündigt, wodurch die schwächsten Bevölkerungsgruppen, die verarmt oder durch die Reformen der „Oligarchen" ruiniert sind, auf der Straße stehen. Auf einem Fernsehbildschirm wurde ihm tatsächlich eine Lektion erteilt, indem ihm ein Glas Wasser ins Gesicht geschüttet wurde, was einige Millionen gedemütigte Russen erheitert haben muss.

Wie in allen demokratischen Gesellschaften hatte sich der Staat bei den Banken verschuldet, die er einige Jahre zuvor mit öffentlichen Geldern großzügig subventioniert hatte. Der russische Staat verschuldete sich hauptsächlich in Form von Staatsanleihen, den so genannten GKOs. Zwischen 1995 und 1998 stiegen die jährlichen Renditen dieser Wertpapiere von 60 auf 200 % (selbst unter Berücksichtigung der Inflation) und sicherten den Banken gigantische Gewinne. Nach der Wiederwahl Jelzins setzte die GKO die Emissionstätigkeit unvermindert fort und erreichte zwei Jahre später 70 Milliarden. Als Sergej Kirienko im März 1998 das Amt des Regierungschefs übernahm, sollten alle von den GKOs erzielten Finanzeinnahmen zur Rückzahlung der Zinsen für frühere Emissionen verwendet werden. Die Regierung war gezwungen, Anleihen zu immer höheren Zinssätzen zu begeben, nur um ihre Verschuldung aufrechtzuerhalten. Die internationale Wucherlobby hat triumphiert.

*Es geht nichts über einen guten Krieg*

Paul Klebnikov kehrte im Winter 1998-1999 nach Moskau zurück, um seine Ermittlungen gegen Berezovsky fortzusetzen. Der ehemalige Außenhandelsminister Oleg Dawydow warnte ihn, dass es in jüngster Zeit Attentate gegeben habe und dass „es nicht an der Zeit sei, auf den Fall Beresowski zurückzukommen. Bei einem Typen wie ihm muss man sehr vorsichtig sein. Er hat sozusagen Kontakte in die Welt der organisierten Kriminalität[116]."

In Wirklichkeit wurde Russland allmählich sicherer. Im September 1998 ergriff die Regierung von Jewgeni Primakow die ersten wirklichen Maßnahmen gegen das organisierte Verbrechen seit dem Ende des Kommunismus, und es wurden zahlreiche Ermittlungen gegen verschiedene Persönlichkeiten, wie z. B. Beresowski, eingeleitet.

Im Morgengrauen des 2. Februar 1999 wurde der Hauptsitz von Sibneftgewaltsam durchsucht. Männer in Sturmhauben, Militärkleidung und mit Sturmgewehren bewaffnet betraten das Gelände des Ölkonzerns. Die Hauptanklagepunkte waren Geldwäsche, Verstoß gegen das Devisentransfergesetz, Steuerbetrug und Veruntreuung. Durchsucht wurden auch der Hauptsitz von Aeroflot, die Büros der Werbeagentur NFQ und FOK, Berezovskys Finanzgesellschaft. Dem Fernsehsender ORT wurden die staatlichen Subventionen entzogen und ein Konkursverfahren eingeleitet. Weitere Gerichtsverfahren wurden gegen Unternehmen, die mit Beresowski in Verbindung stehen, wegen Betrugs und Geldwäsche eingeleitet, z. B. gegen den Automobilhersteller AvtoVaz.

In den Vereinigten Staaten haben FBI-Agenten eine Untersuchung über die Wäsche von mindestens sieben Milliarden Dollar aus Russland über die Bank of New York eingeleitet. In der Schweiz konzentrierte man sich auf die Betrügereien von Berezovsky und Aeroflt. Andavas Bankkonten wurden gesperrt, ebenso wie die persönlichen Konten von Berezovski.

In dieser Zeit begannen die NATO-Streitkräfte im März 1999 mit Luftangriffen auf Serbien, um den Abzug der serbischen Soldaten aus dem Kosovo zu erzwingen. Primakow, der bereit war, eine harte antiwestliche Linie zu verfolgen, wurde im Mai von Jelzin entlassen." Primakovs Entlassung war ein persönlicher Sieg", erklärte Beresowski einige Monate später[117].

Beresowski war also zu dieser Zeit die graue Eminenz des Kremls. Neuer Ministerpräsident wurde Sergei Stepachine, der zuvor Justiz- und

---

[116]Paul Klebnikov, *Parrain du Kremlin, Boris Berezovsky et le pillage de la Russie*, Robert Laffont, 2001, S. 320.
[117]Zu den Verantwortlichen für den Krieg in Serbien siehe *Planetary Hopes* (2022).

Innenminister gewesen war. Obwohl er Jelzin gegenüber loyal war, weigerte er sich, in die Ermittlungen gegen Beresowski einzugreifen, und wurde im August durch Wladimir Putin ersetzt, einen ehemaligen Agenten des KGB, jetzt FSB, den er selbst seit Juli 1998 leitete.

Putin war gehorsam und alles deutete darauf hin, dass mit ihm die Ermittlungen eingestellt werden würden. Die Mitglieder der „Familie" beschlossen daher, dass Putin der richtige Mann wäre, um ihre Straffreiheit zu garantieren, und Jelzin ernannte ihn offiziell zu seinem Vormund für die Präsidentschaftswahlen 2000. Bei den Parlamentswahlen im Dezember 1999 mobilisierten Beresowski und seine Verbündeten aus dem Kreml in der Koalition der Einheit alle ihre Ressourcen. Die Umfragen gaben ihnen nicht mehr als 2-5%, und Beresowski wusste, dass er das Kunststück von 1996 nicht wiederholen konnte. Diesmal hatte er nicht mehr das Quasi-Monopol im Fernsehen, da GussinskijsNTV die Primakow-Luschow-Koalition unterstützte. Die Situation erforderte ein dramatisches Ereignis. Ein Krieg war notwendig.

Als Vorwand diente der Einmarsch tschetschenischer Soldaten in Dagestan im August 1999 und die Ausrufung einer islamischen Republik. Am 9. September erschütterte eine gewaltige Explosion ein Gebäude in einem armen Moskauer Vorort und tötete Hunderte von Menschen. Zu den Anschlägen wurde kein Bekenntnis abgegeben, aber der Kreml schrieb sie sofort tschetschenischen Fundamentalisten zu. Tatsächlich befürwortete eine Mehrheit der Russen nun einen Krieg gegen Tschetschenien. Klebnikov schrieb: „Diese Anschläge erinnerten an die mysteriöse Explosion in der Moskauer Metro eine Woche vor der ersten Runde der Präsidentschaftswahlen 1996, für die 'kommunistische Extremisten' verantwortlich gemacht wurden und deren unmittelbare Folge es war, den Anspruch des Jelzin-Regimes zu untermauern, das einzige zu sein, das Frieden und Stabilität in Russland garantieren könne."

Die Tageszeitung *Le Figaro* vom 29. September 1999 veröffentlichte ein Interview mit General Aleksandr Lebed, dem Gouverneur des Gebiets Krasnojarsk. Er erklärte, er sei „fast überzeugt", dass die russische Regierung die Terroranschläge gegen seine eigenen Bürger organisiert habe. Lebeds Aussage erregte Aufsehen. Zum ersten Mal äußerte ein hochrangiger Politiker öffentlich einen Verdacht, der in der nationalen Presse bisher nur am Rande erwähnt worden war. Einige Tage später reiste Beresowski nach Krasnojarsk, wo sein Aluminiumgeschäft seine Anwesenheit erforderte, und nutzte die Gelegenheit, den General im Vorbeigehen zu treffen. Es ist nicht bekannt, worüber sie gesprochen haben, aber der General wurde nach seinem Besuch nie wieder gesehen." Bislang", so Klebnikov, „hat er sich scheinbar von der politischen Szene ferngehalten[118]." General Aleksandr Lebed sagte später: „Beresowski ist die Apotheose der staatlichen Bürokratie: Dieser Vertreter der kleinen Kaste an der Macht begnügt sich nicht mit Diebstahl. Er will, dass alle sehen, wie er ungestraft stiehlt[119]." Aleksandr Lebed starb am 28. April 2002 in Sibirien bei einem Hubschrauberabsturz. Der Hubschrauber war wegen des Nebels mit einigen elektrischen Leitungen kollidiert... Das war die offizielle Ursache.

Es ist jedoch schwierig, die Hand von Premierminister Putin hinter diesen Anschlägen zu sehen", fügte Klebnikov hinzu. Nichts in der Vergangenheit dieses Mannes lässt darauf schließen, dass er in der Lage war, ein solch ungeheuerliches Verbrechen zu begehen, um die Macht zu ergreifen." Tatsächlich hatte er im September 1999 noch nicht alle Befugnisse inne. Es gab auch keine Beweise gegen Berezovsky." Die wahrscheinlichste Erklärung ist, dass die Anschläge tatsächlich von tschetschenischen Kämpfern[120] verübt wurden." Wie dem auch sei, mehr als 100.000 russische Soldaten strömten in die kleine abtrünnige Republik und lösten den zweiten Tschetschenienkrieg aus. Der von Beresowski kontrollierte Fernsehsender ORT unterstützte den Krieg und lobte Putins Vorgehen.

Die Wahlen waren ein Erfolg für den Kreml. Der Block „Einheit" erhielt 23,3 Prozent der Stimmen, knapp hinter der Kommunistischen Partei mit 24,3 Prozent, während das Duo Luschow-Primakow mit 13,9 Prozent übrig blieb. Beresowski, der für ein Abgeordnetenmandat kandidierte, um strafrechtliche Immunität zu genießen, kandidierte in einem obskuren Wahlkreis: der autonomen Republik Karatschajewo-Tscherkessien, einer armen Region des Nordkaukasus mit dreihunderttausend Einwohnern. Er gewann sein Mandat mit Leichtigkeit und sicherte sich damit die Garantie, dass er nicht strafrechtlich verfolgt werden würde, es sei denn, die Duma stimmte für die Aufhebung seiner Immunität. Roman Abramovitch, sein Mitarbeiter, wurde ebenfalls gewählt. Er hatte einen Wahlkreis im Autonomen Kreis Tschukotka gewählt, einem eisigen Land gegenüber

---

[118] Paul Klebnikov, *Parrain du Kremlin, Boris Berezovsky et le pillage de la Russie*, Robert Laffont, 2001, S. 338, 339.
[119] Paul Klebnikov, *Parrain du Kremlin, Boris Berezovsky et le pillage de la Russie*, Robert Laffont, 2001, S. 20.
[120] Paul Klebnikov, *Parrain du Kremlin, Boris Berezovsky et le pillage de la Russie*, Robert Laffont, 2001, S. 341.

von Alaska, der ärmsten und primitivsten Region Russlands. Andere Gangster waren bereits bei früheren Wahlen gewählt worden. So war es nicht verwunderlich, dass die Duma von der Gewalt des Mobs getroffen wurde: Mindestens drei Abgeordnete sowie ein Dutzend Assistenten und Mitarbeiter des Parlaments wurden getötet.

Der Sieg Putins ermutigte Jelzin zum Rücktritt. Am 31. Dezember kündigte er in seiner traditionellen Neujahrsansprache seinen Rücktritt an, um seine Amtszeit zu beenden und seine Befugnisse an Premierminister Wladimir Putin zu übergeben, wodurch die Präsidentschaftswahlen auf den 26. März 2000 vorgezogen wurden.

Bis Februar 2000 hatten Berezovsky und Abramovitch drei große Aluminiumwerke erworben. Russland war nach den Vereinigten Staaten der zweitgrößte Produzent der Welt, und Aluminium war eine der wichtigsten Deviseneinnahmequellen des Landes. Nachdem er eine beherrschende Stellung in der Automobil-, Fernseh-, Luftfahrt- und Ölindustrie erlangt hatte, war Aluminium nun Berezovskys fünftgrößter Tätigkeitsbereich[121].

Die Aluminiumindustrie war einer der am stärksten von der Mafia betroffenen Wirtschaftszweige. Die drei von den beiden Geschäftsleuten gekauften Fabriken wurden zuvor von der Gruppe Trans World Metals Ltd. unter der Leitung von Lev Chernoi, einem Geschäftsmann aus Taschkent in Usbekistan, betrieben. So konnte man in der Tageszeitung *Le Monde* vom 27. November 2002 lesen: Die Gebrüder Tschernoi hätten „mit der Trans World Group, einem an der Londoner Metallbörse notierten Unternehmen, fast die gesamte Aluminiumindustrie der GUS[122] erobert. Aber die Dutzenden von Leichen, die diese Eroberung kennzeichneten, hatten die Brüder gezwungen, die Übertragung ihres Vermögens in der GUS auf einige ihrer Vertrauten vorzutäuschen." Es sollte hinzugefügt werden, dass Lew Tschernoi auch Jude war, dass er die israelische Staatsbürgerschaft hatte und dass die Gewinne, die er mit russischem Aluminium machte, teilweise in Saviom, dem israelischen „Beverly Hills", investiert wurden. Die Schlacht um Krasnojarsk-Aluminium war selbst für russische Verhältnisse besonders blutig", schrieb Klebnikow. Mindestens fünf Manager wurden in der reinsten Form des

---

[121] Boris Berezovsky gab 1997 ein Nettovermögen von 39.000 Dollar an, während das *Forbes-Magazin* im selben Jahr sein Vermögen auf rund 3 Milliarden Dollar bezifferte (William Reymond, *Mafia S.A.*, Flammarion, 2001, S. 318).
[122] Die Gemeinschaft Unabhängiger Staaten (GUS) ist eine supranationale Organisation, die sich aus zehn der fünfzehn ehemaligen Sowjetrepubliken zusammensetzt und im Dezember 1991 gegründet wurde. (NdT)

Bandenkriegs getötet."

Alan Clingman, ein vierunddreißigjähriger „Südafrikaner", war zu einem der erfolgreichsten Händler auf dem Aluminiummarkt, aber auch in Kupfer, Nickel, Zink, Stahl, Eisenlegierungen, Kohle und Edelmetallen geworden. Meine Kapitalrendite liegt bei fast 100 %", prahlte Klebnikiov 1994 vor mir,[123] „„ schrieb er. Clingman hatte fruchtbare Beziehungen zu Krasnojarsk Aluminium aufgebaut und profitierte von einem Tauschvertrag über Exporte. Ende 1995 wurde die Leiche seines Vertreters, Felix Lvov, am Waldrand gefunden.

*Wie kann die russische Mafia im Schatten des Kremls gedeihen,* titelte *Le Monde* am 28. Dezember 2002: Dschalol Chaidarow, ein usbekischer Geschäftsmann, der Anfang der 1990er Jahre mit Michail Tschernoj zusammengearbeitet hatte, sagte gegen seinen ehemaligen Chef aus. Khaidarov war nach eigenen Angaben für die „juristische Seite" einer Gruppe zuständig, die jährlich „zwischen 35 und 40 Millionen Dollar an Bestechungsgeldern" verteilte. Er war auch für die Verlagerung ihres Kapitals in westliche Steuerparadiese verantwortlich. Als Direktor eines Kupferkomplexes im Ural hatte Chaidarow 1999 eine Umverteilung von Anteilen und den Ausschluss eines ausländischen Partners abgelehnt, wofür er Morddrohungen erhalten hatte und ins Ausland gehen musste. Im Juli 2001 sagte er vor dem Southern District Court of New York aus. Dschalol Chaidarow schilderte dem US-Gericht, wie sein Kupferkomplex beschlagnahmt wurde: Erpressung der Manager, private Milizen, erkaufte Gerichtsentscheidungen und schließlich die Besetzung des Geländes durch die Spezialeinheiten des Gouverneurs der Uralregion, Edouard Rossel. Khaidarov beschuldigte letztere, von Tschernoys Gruppe gekauft worden zu sein. Im Sommer 2002 wurde sein Fahrer ermordet und enthauptet in Sibirien aufgefunden.

Khaidarov erklärte weiter, dass sein ausländischer Partner, der israelisch-amerikanische Geschäftsmann Josef Traum, seine Anteile abgeben musste. In der Toilette seiner Büroräume hatten Polizeibeamte zufällig ein Kilo Heroin gefunden. Die israelischen Behörden hatten sich an das russische Ministerium gewandt und darum gebeten, dass Traum das Land verlassen dürfe. Khaidarovs Darstellung deckte sich mit der Aussage eines anderen Aluminium-Unternehmers, Mikhail Khivilo, der Ende 2000 nach Frankreich geflüchtet war und Anzeige wegen „Korruption, Mord und Verbindungen zum organisierten Verbrechen" erstattet hatte.

---

[123] Paul Klebnikov, *Parrain du Kremlin, Boris Berezovski et le pillage de la Russie*, Robert Laffont, 2001, S. 350.

Michail Tschernoj hatte sich 1994 in Israel niedergelassen, als er von Ermittlungen bedrängt wurde, die ihn verdächtigten, an einigen der Dutzenden von Attentaten beteiligt gewesen zu sein, die den Aluminiumkrieg begleitet hatten. Er führte seine Geschäfte von Israel aus weiter: Immobilien in den USA und Kanada, Finanzen in der Schweiz und in Steuerparadiesen, Bankwesen und Telekommunikation in Bulgarien. Aber 80 Prozent seiner Geschäfte wurden immer noch in Russland getätigt.

Im Frühjahr 2000 hatten sich Michail Tschernoj und sein Partner Oleg Deripaska mit Roman Abramowitsch und Beresowski zusammengetan, um Roussal zu gründen, ein industrielles Riesenunternehmen, das 80 % des russischen Aluminiums produzieren sollte. Oleg Deripaska wurde am 2. Januar 1968 als Sohn einer jüdischen Familie in Djerzinsk geboren. Im Jahr 1994 hatte er zwei Drittel der Aktien des russischen Zellstoffriesen (49 000 Beschäftigte) erworben. Danach investierte er in Aluminium. Deripaska war vom Weltwirtschaftsforum in Davos zur Persona non grata erklärt worden, weil es Verdachtsmomente gegen ihn gab. Michail Tschernoj sagte der russischen Tageszeitung *Wedomosti*, er kenne Deripaska seit 1994: „Ich mochte ihn sofort", gab er zu." Ich bin ein Aktionär, das ist alles", antwortete er seinen Anklägern und den Polizeidienststellen, deren Berichte eine lange Liste von Morden, Verbrechen und Finanzdelikten enthielten, derer er verdächtigt wurde. Michail Tschernoj hat jedoch stets bestritten, Verbindungen zur kriminellen Welt zu haben: „Wenn das der Fall wäre, säße ich bereits hinter Gittern! „

*Der Sturz der Oligarchen*

Beresowski betrachtete Wladimir Putin als einen Freund, dessen Karriere er gefördert hatte. Er war maßgeblich an Putins Aufstieg an die Spitze der Sicherheitsdienste im Jahr 1998 und an seiner Ernennung zum Ministerpräsidenten im Jahr darauf beteiligt. Er spielte auch eine entscheidende Rolle bei der Medienkampagne zur Steigerung seiner Popularität. Nachdem er die Wahl eines Putin-freundlichen Parlaments finanziert und orchestriert hatte, war Beresowski erfreut, dass sein Schützling bei den Wahlen im März 2000 zum Präsidenten gewählt wurde. Die Zukunft des Tycoons schien gesichert zu sein. Doch schon nach wenigen Monaten wurde ihm klar, dass er den neuen russischen Präsidenten falsch eingeschätzt hatte. Wladimir Putin war weit davon entfernt, ein gefügiges Instrument in den Händen der Oligarchen zu sein, und zeigte schnell, dass er entschlossen war, seine Autorität und

Unabhängigkeit zu behaupten. Er war „gesund, nüchtern und fleißig", schrieb Klebnikov.

Der neue Präsident war bestrebt, das Ansehen des Staates wiederherzustellen, und wandte sich scharf gegen die Oligarchen. Sein erstes Opfer war der Medienmagnat Wladimir Gussinski, der beschuldigt wurde, Vermögenswerte des Fernsehsenders NTV auf betrügerische Weise ins Ausland transferiert zu haben. Im Juni 2000 wurde er verhaftet und für drei Tage in Untersuchungshaft genommen und gezwungen, die Kontrolle über NTV aufzugeben, weil er seine Schulden nicht bezahlt hatte. Nach seiner Entlassung reiste Gussinski sofort nach Spanien, wo er 2001 aufgrund eines Interpol-Haftbefehls festgenommen wurde. Dem Oligarchen gelang es, der Auslieferung an Russland zu entgehen, und er ließ sich bequem in Israel nieder, obwohl er sein Medienimperium[124] verloren hatte. NTV war hoch verschuldet und blieb von seinen Gläubigern und staatlichen Subventionen abhängig. Gazprom, das russische Erdgasmonopolist, übernahm die Kontrolle über den Kanal.

Im September präsentierte sich Gussinski in New York vor dem angesehenen Council on Foreign Relations[125] als Verfechter der Demokratie, der Meinungsfreiheit und des Buchmarkts in Russland und „kleidete sich in die Würde eines großen Kämpfers für die Menschenrechte", schrieb Paul Klebnikov: „Dem Tycoon zufolge verriet Präsident Putin die Ideale der Jelzin-Ära und führte Russland zurück in den Autoritarismus der Vergangenheit." Im November warf Beresowski in einem Brief an die internationale Presse dem Präsidenten außerdem vor, „mit seinen Verwaltungsreformen die Verfassung zu verletzen und das Land den Sicherheitsdiensten und Bürokraten zu überlassen"[126].

Berezovsky spürte, dass seine Situation schnell unangenehm wurde. Im Februar 2000 überließ er Abramovitch die Mehrheit seiner

---

[124]Paul Klebnikov, *Parrain du Kremlin, Boris Berezovsky et le pillage de la Russie*, Robert Laffont, 2001, S. 356.
[125] CFR: Der *Rat für Auswärtige Beziehungen*. Sie wurde 1921 gegründet und ist eine gemeinnützige US-Organisation, die sich auf die Außenpolitik der USA und internationale Angelegenheiten spezialisiert hat. Sie hat ihren Sitz in New York City. Zu ihren Mitgliedern gehören hochrangige Politiker, mehr als ein Dutzend US-Außenminister, CIA-Direktoren, Banker, Rechtsanwälte, Professoren und Medienvertreter. Der CFR fördert die Globalisierung, den Freihandel, den Abbau von Finanzvorschriften für transnationale Unternehmen und die wirtschaftliche Konsolidierung in regionalen Blöcken wie der NAFTA oder der Europäischen Union und entwickelt eine Regierungspolitik, die diese Ziele widerspiegelt (NdT).
[126]Paul Klebnikov, *Parrain du Kremlin, Boris Berezovski et le pillage de la Russie*, Robert Laffont, 2001, S. 18, 19.

Anteile an Russian Aluminium. Im August, zwei Monate nach Gussinskijs Sturz, nutzte die Regierung, die 51 % der Anteile an ORT - Russlands führendem Fernsehsender - besaß, ihre Mehrheitsmacht, um Beresowskij, einen Minderheitsaktionär, zu zwingen, den Sender zu verlassen und damit seinen Einfluss zu verlieren. Drei Monate später wurde einer seiner wichtigsten Partner bei Aeroflot, Nikolai Gluchkov, wegen Betrugs, Veruntreuung und Geldwäsche angeklagt und inhaftiert. Im darauf folgenden Juli legte Beresowski sein Mandat nieder und zog nach England, wo ihm der Status eines politischen Flüchtlings zuerkannt wurde und er den Titel „Putins größter Gegner" erhielt.

Beresowski und Gussinski stellten sich nun als Opfer des russischen Autoritarismus dar und erklärten sich zu Bannerträgern für die Verteidigung der „Menschenrechte". In den folgenden Jahren finanzierten sie alle demokratischen Anliegen und folgten damit dem Beispiel anderer amerikanisch-jüdischer Milliardäre wie George Soros, der sich rühmte, die georgische Revolution sowie die berühmte ukrainische „orangefarbene Revolution" finanziert zu haben[127] „

Putins Regierung erhöhte die Steuern auf die Tauschverträge, die der Schlüssel zu den Gewinnen des Unternehmens von Michail Tschernoj, dem „Aluminiumkönig", waren. Chernoy war nach Israel umgezogen, aber sein russisches Geschäft florierte weiter. Auch er befand sich im Fadenkreuz der Justiz. Mikhail Chernoy wurde zweimal von der Polizei verhaftet - einmal in der Schweiz und einmal in Israel - und zu seinen angeblichen Verbindungen zum organisierten Verbrechen befragt. Die Behörden konnten jedoch keinen Verstoß gegen das Gesetz nachweisen. Chernoy wurde in Israel erneut wegen Steuerbetrugs angeklagt und zu Hausarrest verurteilt. Er lebte bequem in Tel Aviv, wo er einen Verein für die Opfer von Selbstmordattentaten gegründet hatte.

Die Tatsache, dass sich neun der zehn größten Vermögen des Landes in den Händen ehemaliger Sowjetbürger israelischer Konfession befanden, die die institutionellen Veränderungen so gut begleiten konnten, löste in Russland offensichtlich ein antisemitisches Fieber aus: „Neun von zehn Russen sind der Meinung, dass die aktuellen Vermögen schlecht erworben wurden, und mehr als fünfzig Prozent befürworten die Gerichtsverfahren", schrieb Helena Despic-Popovic in der Tageszeitung *Libération* am 19. Juli 2003. Der Journalist fügte hinzu: „Die Kampagne wird von einer Gesellschaft, die noch immer von Spuren des Antisemitismus verseucht ist, bereitwillig akzeptiert, da ein großer Teil der Oligarchen Juden sind."

---

[127]Über Soros: *Planetarische Hoffnungen* und *jüdischer Fanatismus* (2022).

Im Jahr 2003 wurde die „Kampagne gegen die Oligarchen" fortgesetzt und Michail Chodorkowski verhaftet. Nach Angaben des Magazins *Forbes* war Chodorkowski mit 41 Jahren der reichste Mann Russlands geworden. Der Milliardär, der an der Spitze des Ölkonzerns Yukos stand, wurde der Steuerhinterziehung beschuldigt: Sein Unternehmen hatte eine kolossale Steuerschuld von fast 27 Milliarden Dollar. Yukos besaß zwei große Ölfelder und sechs Raffinerien in Russland, sowie tausend Tankstellen. Das Unternehmen hatte sich in Houston, Texas, niedergelassen und wurde von der in London ansässigen und in Gibraltar registrierten Menatep-Bank unterstützt. Der neue Hauptaktionär von Menatep war nun Leonid Nevzline, dem Michail Chodorskowski einen Teil seines Vermögens übertragen hatte. Leonid Nevzline, die Nummer 2 des Yukos-Ölkonzerns, hatte auch Wladimir Gussinski als Leiter des Russischen Jüdischen Kongresses abgelöst, im Austausch für den Erlass einer Schuld von 100 Millionen Dollar, die letzterer nicht zurückzahlen konnte[128]. Die Menatep-Bank rekrutierte einflussreiche Persönlichkeiten: Der ehemalige EU-Kommissar Frits Bolkestein, zuständig für den Binnenmarkt, wurde in den internationalen Ausschuss des Verwaltungsrats der Bank berufen (*Le Monde*, 2. Juni 2005).

Die russische Staatsanwaltschaft kündigte außerdem die Einleitung von fünf Ermittlungen gegen Chodorkowski wegen Mordes und versuchten Mordes im Zusammenhang mit dem Unternehmen Yukos an. Vor seiner Verhaftung hatte der Milliardär jedoch versucht, die Leitung seiner Bank seinem britischen Glaubensbruder Jacob Rothschild zu übertragen. Die Börsenkurse fielen weiter, und die *New York Times* bezeichnete die Übernahme von Yukos durch die russische Regierung als „die größte Enteignung jüdischer Interessen seit den 1930er Jahren"." Darüber hinaus ist festzustellen, dass der Milliardär Chodorkowski auch ein Freund von Richard Perle war, einem der neokonservativen zionistischen „Falken" im Weißen Haus und glühenden Befürworter der Invasion im Irak 2003[129].

Wladimir Putin unterstützte die Ermittlungen der Staatsanwaltschaft gegen den Plutokraten, versicherte aber den anderen Oligarchen, dass sie sich damit zufrieden geben, ihre Geschäfte im Rahmen des Gesetzes zu führen. In Russland, so hämmerte der Präsident, könne sich niemand mit Milliarden über das Gesetz stellen;

---

[128]La lettre d'Emmanuel Ratier, *Faits-et-documents* du 15 avril 2001 (https: faitsetdocuments.com/index.html)
[129]Zu den Neokonservativen lesen Sie *Planetarische Hoffnungen* und *jüdischer Fanatismus*.

alle müssten vor den Gerichten gleich sein, um Verbrechen und Korruption zu bekämpfen.
*Le Figaro* vom 17. Mai 2005 berichtete über den Prozess gegen den Financier. Für die Journalistin Laura „Mandeville" hat der Fall Yukos offensichtlich das Image Moskaus „beschädigt", und Michail war ein armes Opfer des Faschismus. Dennoch erfuhren wir, dass sich sein Vermögen auf etwa 15 Milliarden Dollar beläuft. Ein Heer von zwanzig Anwälten war dabei, ihn zu verteidigen, während mehrere seiner Mitarbeiter geflohen waren: „Drei von ihnen leben in Israel, einem Land, von dem aus sie nicht aufhören werden, die russische Justiz zu beschuldigen, im Sold der Macht zu stehen." Wie üblich beteuerte Chodorkowski seine Unschuld: „Der Fall ist aus der Luft gegriffen". Und er nannte die Schuldigen: „Eine kriminelle Bürokratie." Im Leitartikel der Zeitung konnte man ein paar Zeilen voller gesundem Menschenverstand über die Oligarchen lesen: „Die Tatsache, dass diese Männer, die bei Null angefangen haben, sich für einen Teller Linsen ganze Teile der natürlichen Ressourcen Russlands aneignen konnten, hat sie in ihrem eigenen Land nicht besonders beliebt gemacht." Chodorkowski wurde zu acht Jahren Gefängnis verurteilt. In Wirklichkeit hat die Politik von Wladimir Putin das russische Volk mit Freude erfüllt.

Im August 2003, nach der Verhaftung von Michail Chodorkowski, floh auch Leonid Nevzline nach Israel. Die russische Staatsanwaltschaft wollte ihn wegen einer Reihe von Morden und Steuerhinterziehung vor Gericht stellen. Am 29. April veröffentlichte die Tageszeitung *Le Monde* einen besonders aufschlussreichen Artikel mit dem Titel „Leonid Nevzline versucht, die russische Opposition im Exil zu organisieren". In dem Artikel hieß es: „Leonid Nevzline sitzt im Wohnzimmer seiner Villa nördlich von Tel-Aviv, umgeben von einer Sammlung japanischer Samurai-Statuen, und führt seinen Kampf gegen Wladimir Putin. Der 45-jährige russische Oligarch lebt seit August 2003 in Israel, wohin er sich geflüchtet hat, um der russischen Justiz zu entgehen... Leonid Nevzline ist zum Anführer der russischen Oligarchen im Exil geworden, die sich geschworen haben, Wladimir Putin zu besiegen. Obwohl sein Vermögen, das 2003 von der Zeitschrift *Forbes* auf 2 Milliarden Dollar geschätzt wurde, unter den Auswirkungen der gerichtlichen Untersuchungen und der Beschlagnahmung seines Yukos-Vermögens gelitten hat, ist es immer noch beträchtlich. Leonid Nevzline kontrolliert nun allein 67% der in Gibraltar ansässigen Menatep-Holding, die mehr als 60% von Yukos besitzt. In der Ruhe des wohlhabenden Badeortes Herzliya Pituah, umgeben von Pinien, Flieder und Palmen, verbringt Leonid Nevzline die meisten seiner Tage am Telefon und spricht mit Moskau und anderen russischen Geschäftsleuten im Exil in Israel oder London. In diesem Haus im kalifornischen Stil empfängt er regelmäßig Abgesandte aus Moskau. Die Fenster öffnen sich zum Garten mit Swimmingpool und in der Garage steht ein luxuriöses Cabrio."

Leonid Nevzline hatte in den israelischen Petrochemiesektor investiert und ein nach ihm benanntes Institut, das Leonid Nevzline Research Centre, für russische und osteuropäische Juden gegründet, die nach Israel auswandern wollten. Aber sein politisches Handeln war noch fieberhafter. Er vervielfachte seine Foren in der russischen Presse und versuchte, die politischen Kräfte gegen die Macht Wladimir Putins zu vereinen, indem er seine Aktionen mit anderen Exilanten koordinierte: Wladimir Gussinski, Boris Beresowski, Flüchtlingen in London sowie einem engen Verbündeten des letzteren, dem Geschäftsmann Badri Patarkatsitschwili.

Der jüdischstämmige georgische Milliardär Badri Patarkatsichvili war Beresowskijs Partner bei der großen Fahrzeugverschiebefirma Avtovaz (Lada) und beim Fernsehsender ORT. Er hatte sich damit gebrüstet, „Putin an die Macht gebracht" zu haben. Nach dem Zerwürfnis zwischen Beresowski und Putin hatte er 2002 ebenfalls Russland verlassen, wo er wegen „großen Diebstahls" (der Lada-Fahrzeuge) gesucht wurde. Er war als Gegner des georgischen Regimes bekannt und hatte versucht, die Opposition zu vereinigen, was ihm einen Haftbefehl wegen „versuchten Staatsstreichs" eingebracht hatte. Seitdem lebte er zwischen London und Tel Aviv und behauptete, bedroht zu werden. Im Februar 2008 wurde sein lebloser Körper auf seinem Anwesen in Leatherland, südlich der englischen Hauptstadt, gefunden.

„Alle diese von der russischen Justiz beanspruchten Millionäre sind jüdischer Herkunft", heißt es in *Le Monde*. Dies veranlasste Leonid Nezline, der behauptete, ein „Zionist und Russophiler" zu sein, zu der Aussage, dass die Politik des Kremls „von starken antisemitischen Vorurteilen beseelt" sei." Putin hat keine Freunde in Israel", betonte er.

Am 2. Juli 2007 berichtete die russische Nachrichtenagentur RIA Novosti, dass die russische Generalstaatsanwaltschaft Boris Beresowski wegen seiner Aufrufe zum gewaltsamen Umsturz angeklagt hat. In einem Interview mit der britischen Zeitung *The Guardian*, das am 13. April 2007 veröffentlicht wurde, hatte Boris Beresowski erklärt, er finanziere seine Anhänger, die einen Staatsstreich in Russland vorbereiteten. Ein Jahr zuvor, 2006, hatte er bereits erklärt, er finanziere „eine Untergrundbewegung in Russland", um gegen Putins „kriminelles Regime" zu kämpfen.

Am 29. November 2007 berichtete RIA Novosti, dass das Sawelowski-Bezirksgericht in Moskau Boris Beresowski in Abwesenheit wegen des Diebstahls von Geldern der Fluggesellschaft Aeroflot zu sechs Jahren Haft verurteilt hat. Beresowski befand sich jedoch immer noch im britischen Exil, das sich weigerte, ihn auszuliefern." Manche wollen Sie glauben machen, dass ich mich nur an Putin rächen will. Aber das ist nicht wahr. Was mich stört, ist das kriminelle und diktatorische Regime, das er errichtet hat."

Nach dem Verlust ihrer politischen Vorherrschaft in Russland konnten einige Oligarchen mit ihren Geschäften sowohl in Russland als auch im Ausland weiter florieren. Unter den großen Vermögen Russlands, die in der Zeitschrift *Forbes* aufgelistet sind, erscheint Roman Abramowitsch gleich hinter Chodorkowski. Er war schnell zu Wohlstand gekommen und hatte an der Seite von Beresowski ein immenses Vermögen mit Ölexporten angehäuft. Ihm gehörten 80 Prozent des russischen Ölkonzerns Sibneft, 50 Prozent des Aluminiummonopols Rusal und 25 Prozent von Aeroflot. Im Jahr 2005, als Chodorkowski verurteilt wurde, verkaufte Abramowitsch Sibneft für 13 Milliarden Euro an Gazprom, d.h. an den Staat, ein Unternehmen, das er zum Zeitpunkt der Privatisierung für nur 100 Millionen Dollar gekauft hatte. Während seine früheren Freunde im Gefängnis saßen oder im Ausland im Exil lebten, war Abramowitsch der Welle entkommen, die die Oligarchen hinweggefegt hatte. Im Gegensatz zu den anderen hatte er seine Loyalität gegenüber Präsident Putin bewiesen, indem er das ORT-Netz an den russischen Staat zurückgab, eine Geste, die vom Kreml sehr geschätzt wurde[130].

Die Wochenzeitung *Le Point* vom 8. Februar 2007 veröffentlichte einen Artikel über ihn: Im Alter von 40 Jahren zeichnete er sich durch ein Vermögen von 18 Milliarden Dollar aus, womit er das elftgrößte Vermögen der Welt besitzt. Glaubt man der Zeitschrift, so war Abramovitch ein guter und großzügiger Mensch. In seiner Kindheit hatte er viel gelitten: „Seine Mutter starb vor seinem ersten Geburtstag. Sein Vater wurde bei einem Bauunfall getötet, als er zweieinhalb Jahre alt war. Der kleine Roman wuchs bei seinem Onkel in Uchta, 1200 Kilometer nordöstlich von Moskau, auf und hatte es nicht leicht.

---

[130] Roman Abramowitsch und Oleg Deripaska waren die wichtigsten Oligarchen, die den gerichtlichen Repressionen entkamen. Im Jahr 2007 entthronte Oleg Deripaska Roman Abramowitsch und wurde mit einem Vermögen von 21,2 Milliarden Dollar laut der Liste des Magazins *Forbes* zum reichsten Mann Russlands.

Darüber hinaus war er Jude, was ihm in der Sowjetunion viele Karrieren verwehrte."

Im Jahr 2005 war er erneut zum Gouverneur der Region Tschukotka in Ostsibirien gewählt worden, einem Gebiet, das etwa anderthalb Mal so groß ist wie Frankreich, aber kaum 50.000 Einwohner hat. Einige sagten, er wolle parlamentarische Immunität beantragen. Andere enthüllten, dass eine Steuersenkung, für die er im Jahr 2000 in der Duma gestimmt hatte, es einer Sibneft-Tochtergesellschaft mit Sitz in Anadyr ermöglicht hatte, Hunderte von Millionen Dollar zu sparen. Dieser Steuertrick war jedoch nach zwei Jahren verboten worden." Seitdem hat Abramowitsch die ganze Last von Tschukotka getragen."

Der Artikel von Étienne „Gernelle" war bewegend. Hier kommt der gute Abramowitsch mit dem Hubschrauber in seiner Provinz an: „In der Dorfschule weigert sich Abramowitsch, eine Rede zu halten, und bittet darum, dass man ihm Fragen stellt. Ein Fischer ergreift das Wort: „Roman Abramowitsch, gib uns Haken, um zu fischen". Einen Monat später, d. h. mit dem nächsten Flugzeug, erhielt der Fischer eine Kiste mit Angelhaken. Die anderen fragen nach Mehl, Zucker usw. Später kamen eine Schule, Busse und mehr Geld hinzu. In Russland wegen seines unrechtmäßigen Reichtums verhasst, wird Abramowitsch hier als Halbgott gefeiert. Plakate mit seinem Bildnis hängen in vielen Häusern." Abramowitschs Großzügigkeit kannte keine Grenzen: „Jeder Bürger hat Anspruch auf einen dreiminütigen kostenlosen Anruf bei einem Londoner Callcenter, um sich über die lokale Verwaltung zu beschweren. Kein Oligarch hat sich je so sehr für Russland engagiert."

Im Jahr 2005, am Ende seiner Amtszeit, wollte Abramowitsch sein Mandat nicht wiederholen, aber die Gouverneure wurden nun vom Präsidenten ernannt und Wladimir Putin beschloss, ihn für eine weitere Amtszeit zu bestätigen: Pech gehabt!

In seiner immensen Großzügigkeit finanzierte der Milliardär auch den Bau von Dutzenden von Fußballplätzen in Russland. Er übernahm sogar die Gehaltsliste des Trainers der russischen Nationalmannschaft. In England war er Eigentümer des Londoner Fußballclubs Chelsea, was ihm die Verehrung Tausender von Fans einbrachte. Fußball war seine Leidenschaft. Er organisierte große Turniere in Israel. Der diskrete Abramowitsch war endlich aus seiner Anonymität herausgetreten und stellte sein Vermögen immer pompöser zur Schau. Er besaß Paläste auf der ganzen Welt, ein U-Boot, drei Hubschrauber, zwei Boeings, die alle mit elektronischen Geräten ausgestattet waren, die Spectre, der kriminellen Organisation aus den „James Bond"-Filmen, würdig waren.

Seine Boeing 767 war ein echter fliegender Palast mit 250 Sitzen. Außerdem besaß er vier Yachten: die *Pelorus*, 115 Meter, die *Grand Bleu*, 112 Meter, die *Ecstase*, 86 Meter, und die kleine *Sussurro*, nur 49 Meter. Die letzte seiner Yachten wird die *Eclipse* sein, ein 167 Meter langes Schiff, das 300 Millionen Euro kostet und in Deutschland gebaut wird. Die mit kugelsicheren Fenstern ausgestattete Yacht war länger als jedes andere Schiff der Royal Navy, mit Ausnahme von Flugzeugträgern, und verfügte - wie seine persönliche Boing - über ein Raketenabwehrsystem. Abramovitch lebte nun zwischen Moskau und London, wo er seine Familie angesiedelt hatte und sein Geld diskret abtransportierte, so als bereite er eine plötzliche Flucht vor.

## *Die unsichtbare Mafia II*

Die Menschen im Westen wurden nie über die wahre Natur dieser Mafia informiert, die von allen Medien als „russisch" bezeichnet wurde, als ob sie einen Slogan erhalten hätte. Der Film *Tycoon: A New Russian* (2002, Russland) von Pavel Lunguin hat nichts von dieser Realität preisgegeben. Die Handlung ist kurz und bündig: Ende der 1980er Jahre brechen Plato Makovski und seine Freunde, junge und brillante Universitätsstudenten, ihr wissenschaftliches Studium ab, um sich selbstständig zu machen. Plato, der ursprünglich aus einer der südlichen Regionen stammt, hat Verbindungen zur (usbekischen) Mafia aufgebaut. Aber wir müssen verstehen, dass er dies tat, um sich gegen andere feindliche Banden zu verteidigen. Auf jeden Fall sind er und seine Freunde so nett, dass man ihnen alles verzeihen kann. So wird er zum reichsten Mann des Landes, kontrolliert das Fernsehen, handelt aber immer für eine gute Sache. Leider wird Plato bei einem Attentat getötet. Die Bösewichte im Film, die für diesen abscheulichen Mord verantwortlich sind, sind die russischen marxistisch-leninistischen Patrioten, groß, stark und klarsichtig, die aber das Volk täuschen und vor nichts zurückschrecken, bis sie Platon, den netten Milliardär, beseitigt haben. Einmal mehr spielt der weiße Mann die Rolle des Bastards. Es ist natürlich nicht notwendig, den Stammbaum von Pavel Lunguin zu studieren, um zu verstehen, welcher Mafia er angehört.

Die Wochenzeitung *L'Express* vom 16. Juli 1998 musste sich den Beweisen für die Kontrolle des Landes durch die Mafia beugen: „Die kriminellen Oligarchen kontrollieren vollständig einige Zweige der russischen Wirtschaft und des Territoriums", heißt es auf den Seiten der Zeitung. Im Oktober 1997 schrieb der ehemalige russische Innenminister Anatoli Kulikow in der Tageszeitung *Iswestija*: „Die

Vertreter des organisierten Verbrechens haben sich in den Organen und Strukturen des Staates etabliert. In manchen Regionen haben die Ordnungskräfte nichts unter Kontrolle, wenn sie nicht direkt involviert sind... Erinnern wir uns daran, dass Ende der 1980er Jahre auf sowjetischem Gebiet täglich etwa zwanzig Güterzüge verschwanden." Seitdem hat sich die Situation verschlimmert. So schreibt Hélène Blanc in *The Black Dossier of the Russian Mafias*[131]: „Die verschiedenen Mafias, die aus der Sowjetära stammen, kontrollieren fast 85 % der russischen Wirtschaft und der natürlichen Ressourcen." Aber in diesem Artikel war es nicht möglich, die wahre Natur dieser Mafia zu erkennen.

*L'Express* erinnerte daran, dass diese „russische" Mafia bereits zu Sowjetzeiten existierte. Unter Stalin hatte die Nomenklatura jedoch zu viel Angst vor Säuberungen, um ihren Begierden freien Lauf zu lassen. Das Phänomen trat in der Chruschtschow-Ära auf, als die Korruption begann, den Staatsapparat zu zersetzen, und das Übel verschlimmerte sich besonders unter Breschnew. Konstantin Zvigun, KGB-General im Moskauer Gebiet und Schwiegersohn von Breschnew, beging Selbstmord, nachdem bei der Durchsuchung seiner Wohnung Gold, Dollarnoten usw. gefunden worden waren.

In seinem Buch mit dem Titel *Jewish supremacism (Jüdische Vorherrschaft)* zitiert David Duke, ein amerikanischer Nationalist, zwei Bücher, die die Funktionsweise des organisierten Verbrechens in der untergegangenen UdSSR erklären: *Hustling on Gorky Street* von Yuri Brokhin (1975, Dial Press), einem ehemaligen jüdischen Zuhälter, und *USSR: The Corrupt Society* von Konstantin Simis (1982, Simon and Schuster), letzterer ein führender Verfechter der jüdischen Mafia in der Sowjetunion. Beide Bücher, schrieb David Duke, zeigten deutlich, dass jüdische Mafiosi das organisierte Verbrechen in der Sowjetunion kontrollierten. Brokhin erklärte weiter, dass nur Juden diese Mafia leiten könnten, da die Slawen nur zur Straßenkriminalität fähig seien.

Im Jahr 1992 wurde ein Buch veröffentlicht und von den großen kommerziellen Vertreibern an die Öffentlichkeit gebracht, das sich mit diesem wenig bekannten Thema befasst. Arkadi Vaksbergs Buch mit dem schlichten Titel *Die russische Mafia* (Albin Michel) berichtet über einen weiteren Aspekt des Einflusses mafiöser Gruppen: den Handel mit raubkopierten VHS-Kassetten und das Aufkommen der pornografischen Industrie in Russland: „Eine neue Ablenkung, die in aller Munde ist und der Mafia fabelhafte Gewinne einbringt", schreibt Vaksberg." Die Gewinne aus dieser Industrie lassen ein ganzes Netz

---

[131]Hélène Blanc, *Le dossier noir des mafias russes*, Balzac éditeur, 1998.

lokaler Mafias leben[132]." Vaksberg erwähnt in seinem Buch auch kurz den Schaden, den die von den Gangstern verkauften harten Drogen anrichten. Im Jahr 1990 gab es in Russland 130.000 Drogenabhängige. Ende 1990 waren es bereits 1,5 Millionen.

Aber Arkadi Vaksberg hat eine ganz eigene Analyse des Mafia-Phänomens vorgelegt, die jedenfalls sehr charakteristisch für den jüdischen Intellektuellen ist, der um jeden Preis versucht, um den heißen Brei herumzureden und unbequeme Themen zu vermeiden. Vaksberg prangerte zunächst das sowjetische System und die kommunistische Mafia unter Andropow und Breschnew in den 1970er und 1980er Jahren an: „Das politische Regime, das seit mehr als 73 Jahren besteht, war trotz aller Veränderungen eine echte Mafia; ein totalitärer Despotismus kann nichts anderes sein"', schrieb er. Die Strukturen und Phänomene, die wir heute als Mafia bezeichnen und die wir als illegal, kriminell und staatsfeindlich identifizieren, sind in Wirklichkeit nichts anderes als die natürliche Entwicklung des totalitären Staates[133]."

Wir müssen also glauben, dass die Mafia in Russland kommunistisch war. Vaksberg ging noch weiter und lehrte uns zu sehen, was wirklich hinter den Kulissen vor sich geht: „Marxistisch-leninistische Dogmen und rote Fahnen sind nichts weiter als eine Tarnung, sagte er, und können, wenn nötig, zum Beispiel durch die Suren des Korans und die grüne Farbe des Islam ersetzt werden. Änderungen der Farbe und des Vokabulars ändern nichts an der Substanz: Die Mafia gibt nicht nach." Während ich diese Zeilen schreibe, sind alle Anführer der usbekischen Mafia auf freiem Fuß", empörte sich der Autor:[134]." Vaksberg prangerte tatsächlich die usbekische Mafia an: „Die Enthüllungen über die usbekische Mafia hatten einen immensen Einfluss auf das Land[135]." (Seite 128). Aber es gab auch die kasachische Mafia: „Die kasachische Mafia wurde nicht völlig verschont." (Seite 151).

---

[132]Arkadi Vaksberg, *Die russische Mafia*, Albin Michel, 1992, S. 167.
[133]Arkadi Vaksberg, *Die russische Mafia*, Albin Michel, 1992, S. 21.
[134]Arkadi Vaksberg, *Die russische Mafia*, Albin Michel, 1992, S. 275, 285.
[135] Die Wochenzeitung *Le Point* vom 28. April 2005 enthüllte, dass der bekannte „französische" Schriftsteller Marek Halter 1999 beim Innenminister vorstellig geworden war, um ihn zu bitten, das Aufenthaltsverbot für einen Usbeken aufzuheben. Diese Person war jedoch „ein wichtiges Mitglied der organisierten Kriminalität"." Die französischen Dienste waren noch verblüffter, als ein anderer usbekischer Mafioso, der an der französischen Grenze zurückgewiesen wurde, sagte: „Ich bin ein Freund von Marek Halter! Der Journalist Christophe Deloire fügte am Ende seines Artikels schelmisch hinzu: „Wenn Marek Halter unangenehme Fragen gestellt werden, antwortet er sanft und legt seine Hand auf den Unterarm seines Gesprächspartners."

Nach dem Zusammenbruch des kommunistischen Systems waren andere Mafias entstanden. Vaksbergschrieb: „Eines Abends diskutierten wir bei Freunden über das Thema: „Welche ist die mächtigste Mafia in der Sowjetunion?" Die Wodka-Mafia, die Obst-Mafia, die Transport-Mafia?"... In Wirklichkeit sind sie alle gleich mächtig und vor allem unterstützen sie sich gegenseitig[136]."

Arkadi Vaksberg ist es gelungen, die Rollen in der Schlussfolgerung seines Buches umzukehren, indem er einmal mehr jene intellektuelle Tendenz unter Beweis stellte, die für den kosmopolitischen Geist so symptomatisch ist. Die Mafiosi seien diejenigen, die sich gegen die Marktwirtschaft stellten: „Die politische Mafia und die Wirtschaftsmafia", schrieb er, führten einen „erbitterten Kampf" gegen die Marktwirtschaft. Dieser Kampf „ist in Wirklichkeit der Kampf der Mafia, die ihre Positionen verteidigt. Das Paradoxe daran ist, dass dies im Namen des Anti-Mafia-Kampfes geschieht: „Nein zur Parallelwirtschaft!", rufen die Mafiosi, die es verstehen, die Stimmung in der Bevölkerung auszunutzen, während sie wollen, dass die Parallelwirtschaft floriert[137]. Arkadi Vaksberg brachte hier ein Körnchen Wahrheit in seine talmudische Demonstration ein: „Wenn die Marktwirtschaft schließlich eingeführt wird, sagte er, wird die Mafia aufhören, eine Marktwirtschaft zu sein, und ein normaler Wirtschaftsakteur werden" (Seite 265)." (Seite 265). Wir treten endlich in das westliche demokratische System ein, eine vollständig demokratische und egalitäre Gesellschaft, in der jeder die Staatsangehörigkeit des Landes hat und die Füchse den Hühnerstall nach eigenem Gutdünken verwalten können.

Die Wahrheit ist, dass das Buch von Arkadi Vaksberg eher einer Possenreißerei glich und offensichtlich im Auftrag geschrieben wurde, um das Medienfeld zu besetzen und als Ersatz für eine Öffentlichkeit zu dienen, die Fragen zu diesem Phänomen stellt. Auf den letzten Seiten des Buches erfahren wir, dass Arkadi Vaksberg dennoch Liebeskummer hatte: „Seit ich einen Anrufbeantworter habe, nimmt die Zahl der Anrufe von Menschen, die mir ihre Gefühle mitteilen wollen, ständig zu. Drohungen und Beleidigungen werden immer häufiger. Normalerweise lösche ich die Nachrichten sofort, aber die letzte, die ich vier Tage vor dem Schreiben dieser Zeilen erhielt, habe ich gespeichert. Sie lautete: *„Du Schurke, du Hure, du dreckiger Jude,*

---

[136]Arkadi Vaksberg, *Die russische Mafia*, Albin Michel, 1992, S. 245.

[137]Arkadi Vaksberg, *La mafia russe*, Albin Michel, 1992, S. 257. Zur anklagenden Umkehrung siehe das Kapitel in *Psychoanalyse des Judentums* (2006). Das Wort „Paradox" taucht sehr häufig in der Feder jüdischer Intellektueller auf, was logisch ist.

*versuch, deinen Mund zu halten, oder du wirst es bereuen. Hören Sie auf, Ihren Dreck in Ihre beschissene zionistische Zeitung zu schütten und halten Sie die Klappe, wenn Sie am Leben bleiben wollen. Ich habe gehört, wie Sie in der Bibliothek für ausländische Literatur die Köpfe der ehrlichen Russen mit Ihren Mafiageschichten gefüllt haben. Die Mafia, das seid ihr dreckigen Juden. Lassen Sie die Partei in Ruhe, fassen Sie unser Heimatland nicht an*[138]*."*

---

[138]Arkadi Vaksberg, *Die russische Mafia*, Albin Michel, 1992, S. 282.

## 3. Die „Russenmafia" übernimmt die Welt

Die neue „russische" Führungsschicht hatte überall in Europa und den Vereinigten Staaten Wohnungen, Villen, Schlösser und Chalets gekauft. Die Mafiosi investierten ihr Kapital im Westen und kauften Gebäudekomplexe in den großen Hauptstädten Mitteleuropas. In der Zeitschrift *L'Express* vom 16. Juli 1998 heißt es: „Es gibt noch viele andere gelobte Länder für slawische Mafiosi." Diese „Neuen Russen", wie sie damals genannt wurden, waren wegen ihrer Exzentrik und Arroganz in aller Munde.

### An der Azurküste

In Frankreich hatten die Oligarchen die schönsten Villen an der Côte d'Azur gekauft, die besten Yachten und veranstalteten grandiose Partys am Cap Antibes. Einem beunruhigenden Bericht des französischen Geheimdienstes vom Mai 1998 zufolge, in dem die Aktivitäten von Geschäftsleuten aus der ehemaligen Sowjetunion analysiert wurden, beliefen sich die direkt mit der Mafia verbundenen Investitionen in Frankreich auf etwa 200 Milliarden Francs, die sich hauptsächlich auf Luxusimmobilien, insbesondere an der Côte d'Azur, konzentrierten. Aber viele französische Unternehmen hätten - oft unwissentlich - mit Geschäftsleuten zusammengearbeitet, die mit der Moskauer Mafia verbunden sind oder ihr angehören. In der Tat war es für die französischen Behörden sehr schwierig, zuverlässige Informationen über ehemalige Staatsangehörige der UdSSR zu erhalten, die kamen, um ihr Kapital zu investieren.

Zu diesen *„Abtrünnigen* aus der Kälte", wie *L'Express* am 2. Mai 2002 titelte, gehörten Boris Berezovski, Arcadi Gaydamak (heute ein Flüchtling in Israel), Boris Birstein, Serguei Rubinstein, Alexandros Kazarian, Alexander Sadadsh und Georgy Khatsenkov. Der Journalist hat es natürlich absichtlich vermieden, ihre wahre Nationalität zu nennen.

Das Magazin beruft sich auf einen vertraulichen Bericht der Steuerfahndung und -kontrolle des Departements Alpes-Maritimes, in dem die von den „Nababs" gekauften Grundstücke, Villen und Wohnungen aufgelistet sind, wobei es sich ausschließlich um hochwertige Güter handelt. Einige von ihnen hatten bereits Schlagzeilen gemacht, wie Berezovski, als er im Dezember 1996 das Château de la Garoupe und im Juli 1997 das Campanat de la Garoupe, zwei der prestigeträchtigsten Immobilien in Cap d'Antibes, für insgesamt 145 Millionen Francs (22,1 Millionen Euro) kaufte, ein weit unterschätzter Preis. Berezovsky empfing regelmäßig Tatiana Datchenko, die Tochter des ehemaligen Präsidenten Jelzin.

Der zweite „Star" der Milliardärshalbinsel war Arcadi Gaydamak, der kürzlich in eine Affäre um Waffenverkäufe in Angola verwickelt war. Er hatte die Isleta in Cap d'Antibes für rund 59,3 Millionen Franken (8,13 Millionen Euro) erworben. Es handelte sich um die berühmte Villa Pellerin, benannt nach dem Bauunternehmer, der sie mit ihren 2000 Quadratmetern illegaler Bebauung errichten ließ. Der Mann suchte schließlich Zuflucht in Israel.

Der weniger bekannte Name seines Nachbarn war Boris Birstein. Er wurde 1947 in Vilnius (Litauen) geboren und war, wie seine Frau, kanadischer Staatsbürger. Das Paar hatte die Villa La Cloute unter ihrem Namen im April 1995 für 1,3 Millionen Euro gekauft. Die Steuerfahnder stellten fest: „Boris Birstein betreibt den Großteil seiner geschäftlichen Aktivitäten von der Schweiz aus, wo seine Firma Seabaco AG ihren Sitz hat....".

Telman Ismailov, 1956 in Baku (Aserbaidschan) geboren, war seit 1999 Eigentümer der schönen Villa Istana, die er für 36 667 000 Franken, etwa 5,59 Millionen Euro, gekauft hatte. Die Mauern der Anlage, die Fassaden, die Geländer und Balustraden sowie die Böden waren innen und außen aus Marmor gefertigt. Der Mann liebte es, am Steuer seines weißen Bentley Cabriolets aufzufallen. Am 11. September 1999, seinem Geburtstag, verbot ihm die Gemeinde, auf seinem Grundstück Feuerwerkskörper zu zünden. Er zog also auf eine große Terrasse eines Zimmers im Hotel Meridien in Juan-les-Pins, um seine Laune zu befriedigen. Ein Zeuge berichtete am nächsten Tag, dass ein Leibwächter kam, um die Rechnung für den Abend zu bezahlen: 450.000 Francs (68.600 Euro) in bar, Scheine, die ohnehin in eine Plastiktüte gestopft waren.

Etwas weiter, in der Marina Baie des Anges, befand sich ein hügeliger architektonischer Komplex, der „mit den Füßen im Wasser" gebaut wurde. Ein Dutzend „Russen" hatten dort ihre Häuser, die sie jeweils zwischen 1,25 und 7 Millionen Franken gekostet hatten. Die ermittelnden Dienststellen sprachen von der „Villeneuve-Loubet-Gruppe": „Diese Personen sind durch Unternehmen, die sie von verschiedenen Orten in Europa aus betreiben, miteinander verbunden", heißt es in einem Bericht des Finanzministeriums. Auch Arcadi Gaydamak und der 1971 in Odessa geborene Sergei Rubinstein gehörten zu den fünfzehn Russen, die zwischen 1994 und 1997 aus Monaco ausgewiesen wurden, was ihn aufgrund des französisch-monegassischen Abkommens auch zum Verlassen des Departements Alpes-Maritimes verpflichtete. Er hatte seinen Sitz in Berlin und war Inhaber eines Import-Export-Unternehmens, das hauptsächlich von russischen Firmen beliefert wurde. Im August 1995 hatte Rubinstein das im Hafen von Cannes vor Anker liegende Segelboot *des Club Med* gemietet, um die 400 Gäste seiner Hochzeit zu empfangen. Die Kosten für die Feierlichkeiten beliefen sich auf 10 Millionen Franken, von denen 100 000 Franken allein für den Blumenschmuck aufgewendet wurden.

Das weniger prestigeträchtige, aber ebenfalls bemerkenswerte Programm Atoll Beach in der Nähe des Hafens von Saint-Laurent-du-Var beherbergte einige herausragende Persönlichkeiten wie Alexandros Kazarian. Der 1951 in Tiflis (Georgien) geborene Mann hatte im Januar 1996 für 3 Millionen Franken eine 200 Quadratmeter große Wohnung in der Nähe einer anderen Person namens Alexandros Pavlidis gekauft. In Wirklichkeit waren Kazarian und Pavlidis ein und dieselbe Person.

Ein weiteres Beispiel: Im Juli 2005 eröffnete der „britische" Milliardär Philip Green die Saison mit der *Bar-Mitzvah* seines Sohnes. Der *Nabob* hatte die 44 Zimmer und 9 Suiten des berühmten Grand Hotel de Cap-Ferrat gebucht. Für die 200 Gäste war eine Flotte von Rennwagen aus Monaco zur Verfügung gestellt worden. „Die Immobilienpreise sind so stark gestiegen, dass sich die meisten Franzosen in die weniger begehrten Hügel des Hinterlandes zurückgezogen haben" (*Courrier international*, Juli 2005).

Diese „Russen" waren nicht nur reiche, feierwütige und ausgabefreudige Touristen. Im zweiten Teil ihrer Berichte zeigten die Steuerfahnder, dass viele von ihnen auch in dubiose Geschäfte investierten. Im Allgemeinen wurden diese Investitionen in Dienstleistungs- oder Import-Export-Unternehmen getätigt. Einige von ihnen hatten sogar kolumbianisches Drogengeld über internationale Handelsunternehmen recycelt.

Die „Russen" kamen einfach an die Côte d'Azur, um in einer angenehmen Atmosphäre Geschäfte zu machen. 1997 wurden etwa dreißig fröhliche Geschäftsleute in Begleitung von etwa vierzig „Frauen der Nacht" beim Aussteigen auf dem Flughafen von Nizza beobachtet. Die Gruppe blieb von der Geheimpolizei nicht unbemerkt. Nach ihrer Ankunft in Cannes ließen sich die Frauen in den Palästen an der Croisette nieder, während die Männer sich auf einer 30 Meter langen Yacht, der *Inéké IV*, die außerhalb der Hoheitsgewässer fahren konnte, zurückzogen. Auf diesem Schiff fand im August das statt, was man als das „Jalta der Privatisierung" bezeichnen könnte, nämlich die Aufteilung der großen russischen Staatsunternehmen, die dem Staat zu einem horrenden Preis abgekauft wurden. Das Treffen fand bei großen Mengen Wodka und Champagner an Bord statt, zuerst bei den Männern, dann in den Räumen, in denen die jungen Frauen die Rückkehr der neuen Kapitalisten erwarteten.

Das Beunruhigendste an dieser groß angelegten Untersuchung, so der Journalist von *L'Express*, war jedoch, dass hier und da Vertreter des öffentlichen Lebens, ein ehemaliger Polizist, ein Rechtsanwalt, ein Notar, ein Privatdetektiv und französische Geschäftsleute auftauchten, also Bürger, die im Prinzip über jeden Verdacht erhaben waren und sich mit mehr oder weniger berüchtigten Mafiosi[139] bestens verstanden.

An der Côte d'Azur tauchten einige diskretere, aber nicht weniger beunruhigende Gestalten auf. Am 14. Dezember 1994 hatte die Staatsanwaltschaft von Grasse ein Verfahren wegen Drogenhandels gegen einen gewissen Tariel Oniani eröffnet, der in Kutaisi (Georgien) geboren wurde und in Vésinet (Yvelines) und in Cannes lebte. Die französische Justiz war durch Informationen, die Interpol Brüssel zugespielt wurden, auf ihn aufmerksam geworden. Einige Monate zuvor war der in Georgien geborene israelische Staatsbürger Raphael Michaeli, der als Drogenhändler registriert war, in Belgien verhaftet worden. Am Tag vor seiner Verhaftung hatte Raphael zwei gestohlene und gefälschte Pässe sowie zwei Aufenthaltsgenehmigungen an Tariel Oniani geschickt. Die französische Polizei fand später dank Interpol in Israel heraus, dass Tariel Oniani verdächtigt wurde, der Kopf der Kutaiskaya-Bande zu sein - der Name seiner Heimatstadt in Georgien - und dass er sich in Frankreich mit dem Kopf einer anderen Mafia-Bande - der Solntsevskaya - einem gewissen Sergei Mikhailov treffen sollte. Onianis Abhörgeräte enthüllten einen Entführungsplan. Die Bande wurde aber auch anderer krimineller Aktivitäten verdächtigt: Umleitung von Ölembargos aus dem Iran, Erpressung und Raub, um georgische oder russische Banken und Fabriken zu übernehmen,

---

[139] Nessim Gaon, ein 80-jähriger Geschäftsmann und Direktor der Firma Noga, war ein sephardischer Jude aus dem Sudan, der in den späten 1950er Jahren nach Genf gekommen war. Im Dezember 2004 verurteilte ihn das Strafgericht von Nizza zu drei Jahren Haft, weil er Michel Mouillot, den ehemaligen Bürgermeister von Cannes, bestochen hatte (nachzulesen in *Planetarische Hoffnungen*, (2022)). Außerdem forderte er von Russland 600 Millionen Dollar, weil es seine Verpflichtungen aus einem 1991 unterzeichneten umfangreichen Tauschvertrag (Öl gegen Waren) nicht erfüllt hatte.

Entführungen und Morde im Rahmen von Abrechnungen, usw. Im Oktober 1999 eröffnete das Strafgericht von Grasse den Prozess gegen die „Georgier" (*L'Express* vom 16. Juli 1998), die wegen „unerlaubter Vereinigung zur Vorbereitung eines Verbrechens" angeklagt sind. Die Angeklagten wurden nach einem Jahr Haft und einer Kaution von je 1 Million Franken freigelassen, obwohl sie sich wegen einer Entführung und eines „Verbrechens der räuberischen Erpressung" verantworten mussten.

In Frankreich wie auch in Israel war der sichtbarste Teil der aus den Ländern der ehemaligen Sowjetunion exportierten mafiösen Aktivitäten offensichtlich die Prostitution. In Nizza gingen die Prostituierten aus diesen Ländern am Ende der *Promenade des Anglais* in Richtung Flughafen ihrem Gewerbe nach. Sie kamen über Rom oder Hamburg. Da sie kein Wort Französisch sprachen, schrieben sie ihre Preise auf die Handfläche ihrer rechten Hand. Aber die Anwesenheit dieser Mädchen an der Küste mag anekdotisch erscheinen im Vergleich zu den 25.000 ihrer Kolleginnen, ebenfalls aus Osteuropa, die auf deutschem Boden arbeiteten.

## *Von Berlin nach Marbella*

Schon bald nach dem Fall der Berliner Mauer stand Deutschland an vorderster Front eines Zustroms von 200 bis 300 rivalisierenden Banden aus den Ländern des ehemaligen Sowjetblocks, und Berlin wurde zur Heimat der russischen organisierten Kriminalität. Laut Jürgen Roth, Autor von zwei Büchern über die russische Mafia, haben etwa fünfzehn Mafia-Paten in dem Land ihr Unwesen getrieben.

Der erste Sektor, der sich entwickelte, war der Handel mit gestohlenen Autos. Innerhalb eines Jahres erlebten die deutschen Behörden eine noch nie dagewesene Welle des Verschwindens von Luxus-Berlinern. Eine *Spiegel-Recherche aus dem* Jahr 1993 ergab, dass die Russenmafia bereits einen beträchtlichen Teil der Berliner Restaurants, Diskotheken und Einkaufspassagen kontrollierte und dass viele Kaufleute der Stadt bis zu 20.000 Mark im Monat für ihren „Schutz" zahlten.

Die Ausbreitung dieser „Russenmafia", so William Reymond, der Autor von *Mafia S.A.,* zeigte sich auch durch das massenhafte Auftauchen von „Natachas" auf den Bürgersteigen von Berlin und in den Schaufenstern von Hamburg. Im Jahr 1993 kam ein Viertel der Prostituierten in Deutschland aus Osteuropa, sieben Jahre später waren es bereits drei Viertel. Stripclubs und Bordelle vervielfachten sich. Der

Schwarzmarkt explodierte. Importierte Waren, die für die Versorgung der Soldaten bestimmt waren, wurden zollfrei abgezweigt und auf dem Schwarzmarkt verkauft[140]. Am Ende des Jahrzehnts, mit der Öffnung des Ostens, wurde Berlin zu Ali Baba's Höhle für elektronische Waren. Fernsehgeräte, Taschenrechner und Hi-Fi-Geräte könnten zollfrei verkauft werden. Die Lastwagen kamen an und fuhren sofort nach Osteuropa und in die UdSSR.

Nach Berichten des Bundeskriminalamtes (BKA) in Wiesbaden ist die Wirtschaftskriminalität neben der Drogenkriminalität die wichtigste Quelle der Kriminalität. Die Berliner Polizei hatte 350 Unternehmen in der deutschen Hauptstadt durchsucht, die von der „Slawenmafia" geführt werden oder zumindest im Verdacht stehen, eine solche zu sein (*L'Express* vom 16. Juli 1998). Der Albtraum der deutschen Polizei war die Wäsche von schmutzigem Geld aus osteuropäischen Mafiagruppen. Nach einer Schätzung von Interpol werden in Deutschland jedes Jahr 1,3 Milliarden Dollar gewaschen. Nach Angaben einiger Nachrichtendienste stammen zwischen 20 und 30 Prozent des jährlichen Kredits des Bundesstaates aus dem organisierten Verbrechen.

Auch Österreich wurde von schmutzigem Geld nicht verschont. Ein großes russisches Unternehmen aus Moskau mit Sitz in Wien und 8.000 Mitarbeitern stand im Verdacht, ein mafiöses Unternehmen zu sein. Das Unternehmen war in den Bereichen Bankwesen, Öl, Energie und Telekommunikation tätig und hatte zwei Tochtergesellschaften in Düsseldorf und Berlin.

Auch Belgien war ein wichtiges Zentrum, schreibt William Reymond: „In Brüssel und Antwerpen waren die Russen in die Prostitution, den Diamantenmarkt, die Hafenaktivitäten und verschiedene Schmuggelgeschäfte verwickelt. Auch Zypern und Israel sind Ziele der russischen organisierten Kriminalität[141]."

Die iberische Halbinsel war ein weiterer bevorzugter Aufenthaltsort der Mafiosi. Für sie war es eine Art europäisches Florida. Marbella spielte eine ähnliche Rolle wie Jalta, ein Badeort für „reiche slawische Kriminelle" (*L'Express*, 16. Juli 1998). Die prächtigen Yachten von Puerto Banus in Marbella gehörten diesen „Russen", die sich in den schönsten Villen an der Costa del Sol entspannten. Aber die *Nababs* waren nicht nur für eine Siesta da. Sie haben eimerweise Drogengeld gewaschen.

In Marbella hatten die in Dollar umgetauschten „Narco-Rubel"

---

[140]William Reymond, *Mafia S.A.*, Flammarion, 2001, S. 325-327.
[141]William Reymond, *Mafia S.A.*, Flammarion, 2001, S. 325-327.

das britische und arabische Kapital abgelöst. Die Passagiere der Aeroflot-Direktflüge - fünf Flüge pro Woche in der Hochsaison zwischen Málaga und Moskau - kamen nicht mit leeren Händen an. Manchmal gingen sie mit gewöhnlichen Plastiktüten voller Dollars von Bord und legten den spanischen Zollbeamten eine Bescheinigung der russischen Verwaltung vor, die sie zur Kapitalausfuhr berechtigte. Andere, die diskreter vorgingen, zogen es vor, legal eine Gesellschaft mit beschränkter Haftung im Steuerparadies Gibraltar zu gründen, um dann im Namen dieser Strohfirma Immobilien auf dem Festland zu kaufen.

Die lokale Wirtschaft profitierte von diesem finanziellen Manna, aber episodenhafte Ereignisse erinnerten die Öffentlichkeit an die wahre Natur dieser Geschäftsleute. So wurde am 15. Februar 1998 ein gewisser Roman Frumson in seiner prachtvollen rosa Villa in Los Verdiales, einem Wohnviertel von Marbella, ermordet in seinem Bett aufgefunden: zwei Kopfschüsse im Schlaf. Der Mann, ein Multimillionär, war schon lange als Pate der Mafia bekannt. Dieser „eingebürgerte deutsche Russe" (*L'Express*) hatte in der Boulevardpresse von Marbella für seine verschwenderische dreitägige Hochzeitsfeier im Don Carlos Palast Schlagzeilen gemacht. Er stand in enger Verbindung mit anderen „Russen", die bei der spanischen Polizei wegen Entführung von Firmenchefs, Waffen- und Kunsthandel und Urkundenfälschung aktenkundig waren. Sein kolossales Vermögen hatte er in den 1980er Jahren als Lieferant der Roten Armee in der DDR aufgebaut. Ihm gehörte auch die Bar *Planet Hollywood* in Zürich, die im Mai in Konkurs ging. Wie die spanische Tageszeitung *El Mundo berichtet*, war Roman Frumson auch im Luxusprostitutionsgeschäft an der Costa del Sol tätig. Letztendlich war er das Opfer einer Abrechnung geworden.

Eine große Anzahl von Bars und Restaurants an der spanischen Küste sei von „Russen" gekauft worden, schrieb William Reymond. Das gleiche Phänomen wurde an der Adriaküste und generell im gesamten europäischen Mittelmeerraum beobachtet[142].

## Die Organizatsiya in den USA

Der Zusammenbruch des Sowjetimperiums hatte einige Energien freigesetzt, die bis dahin von den kommunistischen Institutionen unterdrückt worden waren. Seitdem ist die berüchtigte „Russenmafia"

---

[142]William Reymond, *Mafia S.A.*, Flammarion, 2001, S. 302.

in aller Munde, vor allem aber in den Vereinigten Staaten. In seinem Buch *Red Mafiya: How the Russian Mob has invaded America (Rote Mafia: Wie die russische Mafia in Amerika eingedrungen ist)* war der amerikanische Journalist Robert Friedman kategorisch: In den frühen 1990er Jahren waren bereits etwa 5.000 jüdische Gangster aus der Sowjetunion in New York City tätig. Das waren mehr als alle Mitglieder italienischer Familien im ganzen Land.

Da diese russische Unterwelt *größtenteils jüdisch* ist, ist ihre Ausrottung eminent politisch, vor allem in der Region New York", schrieb Friedman, der feststellte, dass „respektable" jüdische Vereinigungen wie die Anti-Defamation League of B'nai B'rith, die wichtigste amerikanische Antirassismus-Liga, Druck auf die Polizei ausübten, die diese Banden verfolgte, um nicht öffentlich „irgendeine Herkunft zu erwähnen, die die christliche Öffentlichkeit dazu bringen könnte, gegen den ständigen Strom jüdischer Krimineller zu protestieren, die wichtigste amerikanische Anti-Rassismus-Liga, drängte die Polizei, die diese Banden verfolgte, nicht öffentlich „irgendeine Herkunft zu erwähnen, die die christliche Öffentlichkeit veranlassen könnte, gegen den ständigen Strom jüdischer Krimineller zu protestieren, die sich als Flüchtlinge ausgeben." Hochrangige Polizeibeamte hatten dem Journalisten gegenüber gestanden: „Die Russen sind skrupellos und verrückt. Das ist eine miserable Kombination. Sie schießen aus jedem Grund[143]."

Friedman hatte auch den ehemaligen Generalstaatsanwalt der Sowjetunion, Boris Urov, getroffen: „Es ist wunderbar, dass der Eiserne Vorhang weg ist", sagte er, „aber er war ein Schutz für den Westen. Jetzt, da wir die Tore geöffnet haben, ist die ganze Welt in Gefahr."

Der amerikanische Nationalist William Pierce schrieb im August 2000 in Band VI von *Free Speech*, der der „*Jüdischen Mafia in Amerika*" gewidmet ist, dass die Anti-Defamation League ihnen die Einreise in die Vereinigten Staaten erleichtert habe." Die Bewegung hatte dreißig Jahre zuvor begonnen, als Politiker des Kongresses in Absprache mit jüdischen Organisationen darauf hinwirkten, die Ausreise von Juden aus der Sowjetunion unter dem Vorwand zu erleichtern, dass sie verfolgt würden. Sie waren durch Medienzauber zu den Hauptopfern des Kommunismus geworden[144]."

In den 1970er Jahren hatte Leonid Breschnew die Auswanderung von Juden aus der UdSSR gegen zum Teil sehr hohe Geldsummen genehmigt. Hunderte von Gangstern jüdischer Herkunft wurden

---

[143]Robert Friedman, *Red Mafiya*, Hrsg. Little, Brown and Co., 2000, S. 85, 84, 74
[144]natvan.com7freie-sprache; jewwatch.com

ermutigt, ihr Glück im Ausland zu suchen und nach Israel oder in jüdische Gemeinden in Europa oder Amerika auszuwandern. 1998 erläuterte William Pierce in einem Artikel mit dem Titel „Paying the Organizatsiya", dass es 1989 einem jüdischen Abgeordneten aus New Jersey, Senator Frank Lautenberg, gelungen war, Juden aus der Sowjetunion offiziell zu einer „verfolgten Minderheit" zu erklären und ihnen damit die uneingeschränkte Einreise in die USA zu ermöglichen, während es für einen einfachen russischen oder ukrainischen Goi fast unmöglich war, in die Vereinigten Staaten einzureisen. Jährlich kamen fünfzigtausend Juden aus der Sowjetunion, die sich als „Flüchtlinge" ausgaben, die „Verfolgung" erlitten hatten. Bei ihrer Ankunft erhielten sie staatliche Beihilfen und darüber hinaus verschiedene Subventionen.

In New York konzentrierte sich diese Einwanderungswelle der *russischen „Refuzniks"* auf das Viertel Brighton Beach an der Südspitze von Brooklyn. Ihre Zahl betrug 1975 7.000 und fünf Jahre später 75.000, und nach dem Fall des Sowjetregimes stieg ihre Zahl noch weiter an. In diesem Viertel, das Little Odessa genannt wurde, lebte ein Großteil der russischsprachigen Gemeinschaft, und es war manchmal schwierig, sich auf Englisch verständlich zu machen. Zu Beginn des 21. Jahrhunderts lebten noch 70 % der 400 000 Russen im Staat New York in diesem Viertel.

Zu diesen neuen Einwanderern gehörte auch eine Person namens Evsei Agron. Als er im Oktober 1975 in den USA eintraf, gab er an, von Beruf Juwelier zu sein und aus Leningrad zu stammen. In Wirklichkeit war der Mann in Russland wegen Mordes zu sieben Jahren Lagerhaft verurteilt worden. Er hatte vier Jahre lang in Westdeutschland gelebt, wo er „eines der effizientesten Prostitutionsnetze Westeuropas" organisiert hatte (*L'Express*, 16. Juli 1998).

Der gefälschte Juwelier Evsei Agron ließ sich in New York im Stadtteil Brighton Beach nieder, wo er schnell für seine Skrupellosigkeit bekannt wurde. Berühmt wurde der elektrische Viehtreiber, mit dem er sein Gesetz durchsetzte. Er benutzte sie, um die von ihm erpressten Opfer zu korrigieren und zu quälen[145]." Wer in Brooklyn erinnert sich nicht an seine Repressalien? „, schreibt der belgische Journalist Alain Lallemand in seinem Buch über die russische Mafia: „Ein Mann fand seine Frau zu Tode geprügelt, ihre Augen aus den Höhlen gestochen und gestohlen. Gestohlen? Unter diesen Kriminellen herrschte der Glaube vor, dass das Bild des Mörders auf der Rückseite der Netzhaut eingebrannt sei. Ohne Augen gab es keine Beweise mehr."

---

[145]https://www.lexpress.fr/informations/salades-russes-a-brooklyn_601064.html

Mit solchen Methoden hatte sich Evsei Argon als Pate der „russischen" Mafia in Brooklyn etabliert." Seine Statur, 64 Kilo bei 1,71 Meter, sollte uns nicht täuschen, denn auch wenn sich die Analogie des Anwalts nicht auf ihn bezog, so passt sie doch wie die Faust aufs Auge: „Kaufen Sie einen Zehn-Kilo-Sack Scheiße und versuchen Sie, alles in einen Fünf-Kilo-Sack zu stecken. Sie werden sich ein gutes Bild davon machen können, wofür[146] steht."

Der Gangster erpresste Geld von lokalen Unternehmen, was ihm ein Einkommen von 50 000 USD pro Woche sicherte. Aber er hatte seine Aktivitäten auch mit Prostitution und illegalem Glücksspiel diversifiziert. Innerhalb von fünf Jahren war Agron von einem regelrechten Hofstaat aus Beratern und Leibwächtern umgeben.

So begannen Agron und seine Handlanger mit einem gigantischen Ölsteuerbetrug, der darin bestand, die Zahl der Briefkastenfirmen zu vervielfachen, die sich gegenseitig Benzin weiterverkauften und dann Konkurs anmeldeten, bevor sie die Steuern und Abgaben bezahlen konnten. Das Öl wurde also zu reduzierten Preisen weiterverkauft, wobei die Steuerverbindlichkeiten gegenüber bankrotten Unternehmen ausgewiesen wurden. Der Staat New Jersey verlor dadurch 40 Millionen pro Jahr. Dank dieser Ölgeschäfte konnte sie ein Drittel der Zapfsäulen im Großraum New York kontrollieren, einen Markt, den sie sich mit den italienischen Mafiosi teilte.

Er war es auch, der den Grundstein für die Zusammenarbeit zwischen den verschiedenen russischen Bands in New York und anderen Städten legte. Es war ihm gelungen, ein in den Vereinigten Staaten und Kanada gültiges Grundsatzabkommen über den Austausch von Vollstreckungsbeamten zu unterzeichnen. Erpresser und Auftragskiller konnten für einmalige Aktionen von einem Clan zum anderen weitergereicht werden, so dass die Ermittler einen Mörder oder eine Straftat nicht mit einer bestimmten Familie in Verbindung bringen konnten.

Doch Evsei Agron konnte sich nicht lange an dem Vermögen erfreuen, das er angehäuft hatte. Im Mai 1985, als er in einem Gebäude auf einen Aufzug wartete, kam ein Mann aus dem Treppenhaus und schoss ihm kaltblütig zweimal in den Kopf.

Ein anderer, gebildeterer jüdischer Pate sollte sein Nachfolger werden: Marat Balagula. In Odessa, wo er geboren wurde, war der studierte Wirtschaftswissenschaftler Marat Balagula bereits der König des Schwarzmarktes. Er war 1977 nach New York gekommen, wo er

---

[146]Alain Lallemand, *L'Organizatsiya, La mafia russe à l'assaut du monde*, Calmann-Lévy, 1996, S. 34.

sich als Besitzer eines Restaurants etablierte, in dem sich die gesamte Elite der Unterwelt von Brighton Beach traf. Er wurde der persönliche Berater von Evsei Agron. Seine Verantwortung für den Mord an seinem eigenen Chef wurde nie bewiesen. Die Ermordung Agrons könnte von einer rivalisierenden Organisation unter der Leitung von Boris Goldberg befohlen worden sein, der 1991 wegen Drogenhandels, bewaffneten Raubüberfalls, Erpressung, Waffenhandels und versuchten Mordes angeklagt wurde.

Nach einem Deal mit dem Genovese-Clan, der den Hafen kontrollierte, wurde Balagula der wichtigste Ölschmuggler an der Ostküste und lebte wie ein Emir. Im November 1986 musste er jedoch aufgrund einer Anklage wegen Kreditkartenbetrugs überstürzt aus den Vereinigten Staaten fliehen. In der Tat hatte seine Geliebte eine seiner Kreditkarten ohne Limit benutzt. Die Polizei spürte ihn in dreißig Ländern auf, von Hongkong, Deutschland, Paraguay, Südafrika bis Sierra Leone. In Sierra Leone hatte Marat Balagula mit einem gewissen Shabtaï Kalmanovitch beim Handel mit Gold, Diamanten und Öl zusammengearbeitet.

Kalmanovitch war damals der Sicherheitsbeauftragte des Präsidenten von Sierra Leone, aber er war einst Ministerberater in der israelischen Arbeitsregierung von Golda Meir gewesen und war immer noch ein wichtiger Mossad-Informant. Er wurde auch in Begleitung von Sol Kerzner in Südafrika gesehen, dem Besitzer des riesigen *Sun City* Hotel-Casinos. 1987 wurde Kalmanovitch in North Carolina wegen gefälschter Schecks im Wert von mehr als zwei Millionen Dollar angeklagt. Doch sein Untergang kam später im selben Jahr in Israel, wo er wegen Spionage für die UdSSR angeklagt wurde. Er wurde zu neun Jahren Gefängnis verurteilt, aber im März 1993 von Präsident Haïm Herzog begnadigt. Nach Angaben des FBI ließ er sich in Budapest nieder, wo er seither die finanziellen Interessen von Marat Balagula verwaltet.

Während dieser Zeit war Balagula im Gefängnis. Er war im Februar 1989 von einem Zollbeamten am Frankfurter Flughafen identifiziert und in ein Hochsicherheitsgefängnis gesperrt worden, bevor er Ende des Jahres nach New York ausgeliefert wurde, wo er schließlich seine achtjährige Haftstrafe verbüßte. Im Jahr 1992 wurde seine Strafe wegen des Kraftstoffbetrugs um zehn Jahre verlängert. Im folgenden Jahr führten die laufenden Ermittlungen zu einer erneuten Verurteilung wegen Kraftstoffbetrugs. Es wurde geschätzt, dass er 3,6 Milliarden Liter Treibstoff über ein Netz von achtzehn Ölfirmen abgezweigt und damit alle Steuern und Abgaben hinterzogen hatte.

Dieses Mal bekannte sich Balagula schuldig und brachte fast alle seine Komplizen zu Fall.

Der belgische Journalist Alain Lallemand schrieb in seinem 1996 erschienenen Buch „*Die russische Mafia übernimmt die Welt"*, dass Mitte der 1980er Jahre nach Angaben der US-Behörden zwölf verschiedene russische Verbrechergruppen in New York aufgeteilt waren. In Los Angeles wurden zehn bis zwölf „russische" Mafiabosse identifiziert, in Philadelphia etwa hundert Kriminelle. Auch in Cleveland, Chicago, Dallas, Portland, Portland, Boston, Miami und San Francisco gab es Banden, die in flexiblen und mobilen Strukturen organisiert waren, aber sehr aktiv in Bereichen wie Erpressung, Geldfälschung, Drogenhandel, Lösegelderpressung, Mord, Prostitution, Steuerbetrug und Geldwäsche. Alle sind mit Brooklyn verbunden." Wenn wir den Analysten des deutschen BKA, des russischen MVD und des FBI vertrauen, tragen Dutzende, ja Hunderte von Morden ihre Handschrift - von Moskau bis Berlin, von Los Angeles bis Paris[147]."

Im Jahr 1991 wurden in Brooklyn fast ununterbrochen Rechnungen beglichen. In einem Bruderkrieg kämpfte Boris Nayfeld, Evsei Agrons ehemaliger Chauffeur, Vertrauter und angeblicher Henker, gegen Monya Elson, einen ehemaligen Leibwächter Agrons, der 1990 aus dem Gefängnis entlassen wurde. Ihre Rivalität sollte auf dem gesamten europäischen Kontinent nachhallen, von Rom bis Berlin, von Amsterdam bis Antwerpen.

Monya Elson wurde in Chisinau, Moldawien, geboren. Er begann seine kriminelle Karriere in Moskau, bevor er 1978 nach New York kam, wo er sofort in Kreditkartenbetrug, Benzinschmuggel und Drogenhandel verwickelt war. Aber Elson war auch ein Erpresser, der sich auf Einschüchterung und Mord spezialisiert hatte - er hatte hundert Morde auf dem Kerbholz - wie er Robert Friedman gestand, als dieser ihn im Gefängnis verhörte: „Zeigen Sie kein Mitleid oder Reue, wenn Sie jemanden töten. Denken Sie nicht einmal daran[148]." Er war ein Verschwender. Er hatte eine Leidenschaft für Rolex-Uhren, schicke Anzüge und Bentley-Autos. Er kontrollierte den größten Teil des Exports von Diamanten und Schmuck nach Russland und war Stammgast im *Raspoutin*, dem Nachtclub in Brooklyn, der den Brüdern

---

[147] Alain Lallemand, *L'Organizatsiya, La mafia russe à l'assaut du monde*, Calmann-Lévy, 1996, S. 33, 12. Am 14. September 1998 sprach ABC News von 25 „russischen" kriminellen Gruppen, die auf dem Gebiet der USA operieren. Das FBI hatte 250 Ermittlungen in 27 Staaten eingeleitet.

[148] Robert Friedman, *Red Mafiya*, Hrsg. Little, Brown and Co., 2000, S. 12.

Zilber gehörte[149]. Dort schlichtete er Streitigkeiten zwischen kleinen Mafiagruppen und kassierte im Gegenzug einen Anteil an deren illegalen Aktivitäten[150].

Boris Nayfeld war sein Konkurrent im Heroinhandel. Er wurde 1947 in Belarus geboren und kam kurz nach Elson in die USA. Er hatte Balagula auf seiner Afrikareise begleitet und war auch in der Lage, internationale Operationen zu organisieren.

Innerhalb weniger Monate führte der Krieg zwischen den beiden Banden zu einem Dutzend Leichen auf den Straßen. Elson hatte versucht, seinen Rivalen mit einer Autobombe auszuschalten, aber der verwendete Sprengstoff konnte wegen der sehr niedrigen Temperaturen in jenen Tagen nicht seine volle Wirkung entfalten. Nayfeld sollte es ihm am 6. November 1992 heimzahlen, als es einem gedungenen Mörder gelang, sich Monya Elson zu nähern und ihn fast aus nächster Nähe zu erschießen. Elson überlebte, allerdings mit einer zertrümmerten Hand, die jedoch später wieder vollständig hergestellt wurde. Nayfeld rächte sich bis zum Schluss: Am 26. Juli 1993 schossen zwei Gangster mit einer Maschinenpistole auf Elsons Fahrzeug, während er von seiner Frau und einem Leibwächter begleitet wurde. Elson wurde erneut verwundet, dieses Mal in den Rücken, ebenso wie seine Frau. Nach der Ermordung seines Leibwächters zwei Monate später wurde Elson klar, dass er Brooklyn besser für immer verlassen sollte und beschloss, sich in Europa niederzulassen. Im März 1995 wurde Monya Elson in Italien verhaftet, wo er einen thailändischen Heroinhandel organisierte. Er wurde im August 1996 an die Vereinigten Staaten ausgeliefert.

## M&S International - Antwerpen, Vilnius, Bangkok, Bogotá

Boris Nayfeld war zum einflussreichsten Mann in den „russischen" Kreisen Brookilyns geworden, aber er war auch ein Ziel für die Attentäter seiner Rivalen, so dass er es vorzog, sich in Antwerpen, Belgien, niederzulassen und seine amerikanischen

---

[149] Die „Zilberstein-Brüder" wurden im Mai 1993 nach vierjährigen Ermittlungen wegen eines 60-Millionen-Dollar-Ölbetrugs „zur Strecke gebracht".

[150] James Grays Film *Little Odessa* (USA, 1995) befasst sich mit jüdischer Kriminalität im New York der 1990er Jahre. Joshua Shapira ist ein Auftragskiller, der in sein Viertel in Brooklyn zurückkehrt, um einen Auftrag auszuführen. In der russisch-jüdischen Gemeinde von Little Odessa spricht sich das schnell herum, und die Rechnungen werden in einer morbiden und unheimlichen Atmosphäre beglichen. Dieser schöne Film zeigt auch die Leiden einer jüdischen Familie und den schrecklichen Hass, der Vater und Sohn trennt.

Finanzinteressen von der anderen Seite des Atlantiks aus weiter zu verwalten. Von Antwerpen aus sollte Nayfeld die Interessen der von seinem Freund Rachmiel Brandwain gegründeten M&S International mit Sitz in Antwerpen in der ehemaligen Sowjetunion vertreten. Sie hatten sich 1987 kennengelernt, als Nayfeld seinem Chef Marat Balagula auf dessen Flucht vor der amerikanischen Justiz gefolgt war.

Rachmiel Brandwain wurde 1949 in einer jüdischen Gemeinde in der Ukraine geboren, wo er die ersten neun Jahre seines Lebens verbrachte. Seine Familie zog später nach Israel, aber Mitte der 1980er Jahre zog es „Mike" vor, sich in Antwerpen niederzulassen, im Herzen des berühmten jüdischen Diamantenhändlerviertels. Er hatte ein Elektronikgeschäft eröffnet, verkaufte aber auch heimlich Gold und Edelsteine.

Am Ende des Jahrzehnts, nach der Öffnung der östlichen Länder, verstand „Mike" Brandwain sofort, wo der neue Markt lag, und war ein Vorreiter im Geschäft mit den Ländern des ehemaligen Sowjetblocks. Während Moskau arm war, gab es auch eine wohlhabende Schicht, die den Überfluss des Westens entdeckte und eine ständige Versorgung mit Luxusgütern, Alkohol, Schokolade, Zigaretten, elektronischen Geräten, Computern und der neuesten modischen Kleidung wünschte.

Obwohl er in Berlin ein weiteres Elektronikgeschäft eröffnet hatte, steuerte Brandwain seine Geschäfte mit Osteuropa vom Antwerpener Hafen aus. Die damals in Belgien geltende Gesetzgebung erlaubte keine Abhöraktionen.

1990 gründeten Rachmiel Brandwain und ein gewisser Riccardo Fanchini ein Import-Export-Unternehmen namens M&S International. „M" für Mike Brandwain und „S" für Sacha Krivoruchko, den Schwager, „der nur zum Tennisspielen und zum Gassi gehen mit dem Hund gut war", wie Brandwain es ausdrückte. Computer, elektronische Geräte, Schmuck, Luxuskleidung, Kosmetika, Alkohol, Zigaretten usw. wurden nach Russland geschickt. Das Geschäft mit dem Osten war sehr lukrativ. Boris Nayfeld seinerseits verwaltete offiziell die Interessen des Unternehmens in Russland, was eine unangreifbare Fassade war. Tatsache ist, dass sein Ruf einen gewissen Einfluss auf die Russen bei der Rückzahlung von Krediten hatte.

M&S war auch das erste Unternehmen, das mit der seit 1945 in Deutschland stationierten russischen Armee Geschäfte machte. Einige Sendungen, die am Eingang der Kaserne ankamen, wurden ordnungsgemäß registriert, verließen dann aber die Lager und gingen auf den Schwarzmarkt oder direkt nach Polen und Russland. Der Verkehr wurde dann von hochrangigen Beamten vertuscht. Millionen von Zigaretten, Lastwagenladungen mit Wein oder Wodkaflaschen wurden an die Mafia verkauft. Der Skandal wurde im Juni 1994 von dem Journalisten Alexander Zhilin in der Wochenzeitung *Moscow News* veröffentlicht.

Riccardo Fanchini, der polnischer Herkunft war, war, anders als sein Nachname vermuten lässt, mit einem in Deutschland geborenen Juden namens Efim Laskin verbunden, der die gesamte „russische" Berliner Gemeinde erschütterte. Am 27. September 1991 wurde Laskins Leiche mit Dutzenden von Stichwunden im Kofferraum eines Autos in einem Münchner Parkhaus gefunden. Laskin hatte das Pech, in Italien auf Monya Elson zu treffen, die immer noch auf Rache gegen Nayfeld aus war.

Im September 1992 gründete Fanchini sein eigenes Unternehmen, Trading Unlimited. Er war ein Partner von Leonid Barnchuck und Yakov Tilipman, die beide aus New Jersey in der Nähe von New York stammen. Sie führten Alkohol nach Russland ein, ohne Steuern zu zahlen, da einem russischen Unternehmen, dem Russischen Nationalen Sportfonds, eine Sonderregelung gewährt wurde. Sie wurde von einem bekannten „georgischen" Mafioso, Otarik Kvantrichvili, geleitet, der im April 1994 in Moskau von einem Scharfschützen ermordet wurde. Jelzin hatte ihm eine dreijährige Befreiung von den Einfuhrsteuern sowie von den Ausfuhrkontingenten für Zement, Eisen, Titan und Aluminium gewährt. Riccardo Fanchini wiederum ließ sich in Monaco nieder, wo er Wodka produzierte und einen Formel-1-Rennstall sponserte.

Anfang der 1990er Jahre hatte M&S Niederlassungen in New York, Moskau, Berlin, Tel Aviv und Warschau und diente als Fassade für die Aktivitäten des „russischen" Clans. Der Handel mit elektronischen Geräten war an sich schon eine hervorragende Tarnung für den Drogenhandel. In Antwerpen wurden am 24. März 1992 18 Tonnen japanischer Fernsehgeräte und Kühlschränke beschlagnahmt. Die Sendung kam aus Cristobal in Panama und war im Transit über Belgien mit Endbestimmung Tel-Aviv unterwegs. In der Ausrüstung waren 650 Kilo kolumbianisches Kokain versteckt.

Am 16. Februar 1993 machten russische Polizisten in Viborg, an der finnisch-russischen Grenze in der Nähe von St. Petersburg, den größten Fang ihrer Geschichte: mehr als eine Tonne kolumbianisches Kokain, versteckt in Dosen mit gepökeltem Fleisch. Ein in Bogotá ansässiger Israeli, Elias Cohen, der mit einer Kolumbianerin verheiratet ist, organisierte in Absprache mit einem der mit dem Cali-Kartell verbundenen Clans zusammen mit einem gewissen Yuval Shemesh die

Versorgung des Netzes. Der endgültige Bestimmungsort des Kokains war eine in den Niederlanden ansässige Gruppe israelischer Drogenhändler[151]. Ein Frachtschiff transportierte es normalerweise von Kolumbien nach Göteborg in Schweden. Ein kleineres Schiff transportierte die Waren über den Finnischen Meerbusen nach Kotka, wo ein russischer Lkw sie übernahm, und ein belgischer Lkw brachte sie schließlich in die Niederlande.

Im September 1993 wurde Elias Cohen in Kolumbien verhaftet, zur gleichen Zeit wie Yuval Shemesh, der sich ebenfalls in Kolumbien aufhielt, obwohl er auf dem Rückweg aus Holland in Tel Aviv verhaftet wurde. Als Gegenleistung für eine Begnadigung durch die israelische Justiz willigte Shemesh in ein Gespräch ein: Der Kopf des Netzwerks war ein Mann, der Rachmiel Brandwain und Boris Nayfeld bekannt war: ein gewisser Jacob Korakin. Korakin war ein religiöser Jude, der eine Kippa trug und im Antwerpener Diamantenviertel hoch angesehen war. Wir finden in diesem Fall auch die Namen von Boustain Cohen und Aharon Wiener, die beide zwei Antwerpener Unternehmen leiteten. Jakob Korakin, der von Shemesh verraten wurde, wurde Mitte Oktober verhaftet. Er wurde in einer Jerusalemer Wohnung von Tel Aviver Drogenfahndern gefasst." Einmal mehr", schrieb Alain Lallemand, „weiß niemand, ob man von einer russischen oder einer israelischen Spur sprechen soll[152]."

Brandwain und Nayfeld waren auch in den Heroinhandel verwickelt. Das aus Thailand stammende Heroin war in den Kathodenstrahlröhren von importierten Fernsehgeräten versteckt. Nayfeld und seine Mitarbeiter bestellten malaysische Fernsehgeräte für Singapur. Dort sammelten sie das thailändische Heroin ein, das ihnen gebracht wurde, um einen Teil der Fernsehgeräte wieder aufzufüllen. Die Sendungen wurden dann auf dem Seeweg nach Danzig verschifft, bevor sie in einem Lagerhaus in Warschau entladen wurden, das einem amberianischen Komplizen von Nayfeld gehörte. Das Heroin konnte dann durch „Maultiere" in die Vereinigten Staaten transportiert werden. Jeder Schleuser trug eine „Stange", die ihm über den Bauch und hinter die Beine geschnallt wurde. Bei den Kandidaten handelte es sich um Russen oder Ukrainer aus New York, die alle ein gutes Verhältnis zur Regierung hatten und sich auf einen Familienbesuch in Polen beriefen, einem Land, das damals nicht das Misstrauen und die strengen

---

[151]Alain Lallemand, *L'Organizatsiya, La mafia russe à l'assaut du monde*, Calmann-Lévy, 1996, S. 217.
[152]Alain Lallemand, *L'Organizatsiya, La mafia russe à l'assaut du monde*, Calmann-Lévy, 1996, S. 218.

Kontrollen des US-Zolls erregte. Nayfeld trieb sich im Hafen von Antwerpen herum, während ein gewisser David Podlog das weiße Pulver in New York abholte. Dänemark könnte auch als Transitland dienen. Es war nämlich ein dänischer Zollbeamter, der einen Fernseher entdeckte, der schwerer als normal war: Er war mit 3,5 Kilo Heroin beladen. Die US-Drogenbehörde (DEA) nahm Podlog und 15 seiner Komplizen im April 1993 fest. Er wurde zu 27 Jahren Gefängnis verurteilt.

Die „russische" Mafia war auch in Litauen präsent, wo sie in den frühen 1990er Jahren Terror verbreitete. Die Mitglieder der Vilnius-Brigade waren bekanntermaßen in kriminelle Aktivitäten wie Raubüberfälle, illegalen Gold- und Drogenhandel, Schmuggel von Video- und Tonanlagen usw. verwickelt. Auch der Alkoholschmuggel war eine ihrer Spezialitäten. Alkohol wurde illegal eingeführt oder sogar in Litauen destilliert und dann mit falschen Einfuhrpapieren gekennzeichnet. Die „Russen" waren auch in den Tabakschmuggel verwickelt. Im Jahr 1993 kamen die Dokumente über die illegalen Transaktionen aus Antwerpen, dem ersten europäischen Umschlagplatz für amerikanische Zigaretten. In den ersten neun Monaten des Jahres 1994 importierte das kleine Belgien über Antwerpen bis zu 4,5 mal mehr Philip Morris-Zigaretten als ganz Deutschland.

Zu dieser Zeit waren die meisten Unternehmen in der litauischen Hauptstadt Opfer von Erpressungen. Die Litauer waren besonders vertraut mit dem Akronym und dem Logo des Unternehmens M&S, dem schwarzen Panther - dem „jüdischen Panther", schrieb die Zeitung *Respublika*. M&S Vilnius wurde von David Kaplan gegründet, der sich mit dem Import und Export von Waren aller Art beschäftigte, darunter auch Luxuskleidung mit dem Panther darauf.

Die Mafiosi zögerten nicht, zu Mord und Bombenanschlägen zu greifen. Die zweiunddreißigjährige Vita Lingys, stellvertretende Redakteurin der Tageszeitung *Respublika,* war eines ihrer zahlreichen Opfer. Er hatte den Mut gehabt, ihre Aktivitäten anzuprangern, indem er eine Reihe von Artikeln über das organisierte Verbrechen in Litauen veröffentlichte. Am 12. Oktober 1993 wurde er tot aufgefunden, mit drei Schüssen in den Kopf. Der Mord an Vitas Lingys hat in Litauen große Emotionen ausgelöst, und die Polizei hat sofort Verhaftungen vorgenommen. Der erste Verdacht fiel auf David Kaplan, einen jungen Israeli, der seit einigen Monaten in Litauen lebte und mit dem litauischen Staat einen Vertrag über den Verkauf von Kalachnikov-Sturmgewehren abgeschlossen hatte.

David Kaplan stand in Kontakt mit zwei israelischen Brüdern

litauischer Herkunft, David und Michael Smushkevitch, die in Los Angeles leben und 1990 wegen eines gigantischen Versicherungsbetrugs angeklagt worden waren. Die beiden Smushkevitch-Brüder hatten zusammen mit ihren Ehefrauen, acht Komplizen und einem Arzt namens Boris Jovovich ein Telefonakquisitionssystem entwickelt, mit dem sie kalifornische Kunden „kostenlos" in ihre mobilen Kliniken lockten. Dort unterzeichnete der Kunde ein Formular, mit dem er im Gegenzug für einen bestimmten medizinischen Eingriff seine Versicherungsleistung an die „Klinik" übertrug. Die Rechnungen für die „ärztlich verordneten" medizinischen Maßnahmen wurden dann bei der Versicherung zur Erstattung eingereicht. Die vereinzelten Beträge waren nicht sehr hoch - nie mehr als 8000 Dollar -, aber die Zahl der Kunden war so groß, dass sie eine Milliarde Dollar erreichte, so dass der Betrug eine Erhöhung der privaten Versicherungstarife aller kalifornischen Abonnenten zur Folge hatte[153].

Michael Smushkevitch, der Drahtzieher der Operation, war zum Zeitpunkt seiner Verhaftung im Besitz von drei Pässen: neben dem sowjetischen Pass aus dem Jahr 1981 besaß er einen mexikanischen Pass aus dem Jahr 1988 und einen israelischen Pass aus dem Jahr 1990. Er wurde nach seinem Prozess im September 1994 verurteilt, aber erst 2006 in Los Angeles verhaftet. Der Journalist der Wochenzeitung *L'Express* fügte ohne einen Hauch von Ironie hinzu: „Die offensichtliche Spezialisierung der Wirtschaftskriminalität bestätigt den Ausbildungsstand der neuen slawischen Kriminellen."

David Kaplan hatte ihn in Vilnius kennengelernt: Er war gekommen, um die Immobilienmöglichkeiten des Landes zu erkunden, um ganze Häuserblocks zu kaufen, wie es kosmopolitische Finanziers überall auf der Welt taten. Nach seinem Verhör und der Pressekampagne gegen ihn verkaufte Kaplan seine M&S-Aktien und ging ins Exil nach Israel. Er erklärte, er sei „Opfer eines Komplotts" geworden, das der litauische Anti-Mafia-Chef und Journalist Lingys gegen „gute und ehrliche Händler" geschmiedet habe."

Der Mörder von Vitas Lingys stellte sich als Igor Achremov heraus, ein 28-jähriger Russe, der die Tat gestand und den Namen des Anstifters nannte: Boris Dekanidzé. Er war Georgier, und sein Vater war der Besitzer des prächtigen Hotels im Stadtzentrum von Vilnius. Boris Dekanidzé hatte wegen eines Betrugsfalls mit Erdölprodukten, einer

---

[153]Alain Lallemand, *L'Organizatsiya, La mafia russe à l'assaut du monde*, Calmann-Lévy, 1996, S. 188.

„großen russischen Spezialität", wie Alain „Lallemand"[154] schrieb, aus den Vereinigten Staaten fliehen müssen.

Im November 1993 wurde Dekanidzé verhaftet, angeklagt und wegen Mordes ins Gefängnis gesteckt. Er wurde auch beschuldigt, eine kriminelle Bande gegründet zu haben. Tatsache ist, dass Boris Dekanidzé auch Boris Nayfeld lange vor dem Eindringen von M&S in Litauen kannte: Sie hatten sich in einer Berliner Diskothek kennen gelernt. Am 10. November 1994 wurde das Urteil verkündet: lebenslange Haft für Achremov und Tod für Dekanidzé. Er wurde am Morgen des 12. Juli 1995 in einem Gefängnis in Vilnius durch einen Kopfschuss hingerichtet. Die Vilnius-Brigade, die die Stadt zu lange terrorisiert hatte, wurde schließlich aufgelöst. Einige Seiten später informiert uns Alain Lallemand, dass Dekanidzé ein „Jude georgischer Herkunft" war.

Etwa zur gleichen Zeit fand auch der „Sturz" von Boris Nayfeld statt. Am 10. Januar 1994, nach einer mehrmonatigen Verfolgung, verhafteten ihn US-Bundesbeamte der DEA auf dem Weg zum John-Kennedy-Flughafen in Queen's. Er war auf dem Weg nach Miami, um einen Flug zurück nach Belgien zu nehmen. Er kam aus Miami, um einen Flug zurück nach Belgien zu nehmen.

Nach Angaben des FBI war die Organisation von Mike Brandwain bis zum Ende des Jahrzehnts für hundert Morde verantwortlich[155]. Im Jahr 1998 wurde Rachmiel „Mike" Brandwain in einer flämischen Stadt erschossen. Nach Angaben der israelischen Tageszeitung *Yediot Aharonot* vom 2. Oktober 1998 war er wahrscheinlich liquidiert worden, weil er der US-Polizei Informationen über die russische Mafia geliefert hatte.

Neben der Ermordung des litauischen Journalisten Vitas Lingys gab es weitere Morde an Journalisten. Ein Jahr später, am 17. Oktober 1994, wurde Dimitri Cholodow, ein Enthüllungsjournalist des *Moskauer Komsomolez, der* für seine Berichte über Korruption innerhalb der Roten Armee bekannt war, getötet, als eine Paketbombe geöffnet wurde, während er an einem Fall arbeitete und wichtige Enthüllungen veröffentlichen wollte. Am 24. desselben Monats wurde in Duschanbe, Tadschikistan, ein zweiunddreißigjähriger Journalist, Chamidjon Chakimow, durch einen Kopfschuss getötet. Ebenfalls am 1. März 1996 wurde der Fernsehmoderator Vladislav Listiev auf der

---

[154]Alain Lallemand, *L'Organizatsiya, La mafia russe à l'assaut du monde*, Calmann-Lévy, 1996, S. 170.
[155]Dina Siegel, *Global organisierte Kriminalität*, 2003, S. 56.

Treppe seines Wohnhauses in Moskau[156] erschossen. Paul Klebnikov, der Chefredakteur der russischen Ausgabe des Magazins *Forbes* und Autor des Buches *The Pillage of Russia*, wurde am 9. Juli 2004 auf offener Straße erschossen. Bei den Tätern handelte es sich vermutlich um „Tschetschenen".

## *Internationale Raubtiere und eine Welt ohne Grenzen*

In New York hatte der Krieg zwischen den Banden von Monya Elson und Boris Nayfeld bis zur Ankunft von Vyacheslav Ivankov angedauert. Iwankow, der wegen seiner Gesichtszüge den Spitznamen Japontschik oder „der Japaner" trägt, wurde 1940 in Georgien geboren. Der ehemalige Profiboxer aus Moskau war bereits in den 1970er Jahren Leiter einer kriminellen Organisation. Er wurde Anfang der 1980er Jahre wegen Waffenbesitzes, Fälschung, Einbruchs und Drogenhandels verurteilt. Iwankow wurde in den Jahren, in denen er seine Strafe im sibirischen Gulag verbüßte, zu einem *„vor v zakone"* (Dieb des Gesetzes), d.h. zu einem Chef des organisierten Verbrechens. Zu den *vory v zakone gehörten* einheimische Russen, Georgier, Armenier und Aseris. In Russland gab es etwa 400 von ihnen, in den anderen Republiken der ehemaligen UdSSR etwas mehr als 300, und sie waren an Tätowierungen auf ihrem Körper und an den Fingergliedern zu erkennen. Iwankow wurde 1991 überraschend wegen „vorbildlichen Verhaltens" entlassen. In Moskau war er mit einem anderen einflussreichen Paten der Solntsevo-Bande, Otarik Kvantrichvili, verbunden. Später wurde er israelischer Staatsbürger.

Iwankows Ankunft auf amerikanischem Boden im Jahr 1992 ließ das Schlimmste für die New Yorker Polizei befürchten, denn er etablierte sich schnell als unangefochtener Anführer der jüdischen Mafia aus Russland[157]. Er war der Chef des Drogenhandels, der Prostitution und der Erpressung geworden. Iwankow übernahm aber auch die von der Konkurrenz frei gelassenen Marktsegmente, wie die Fälschung von amtlichen Dokumenten und den Handel mit automatischen Waffen. Durch die Herstellung von gefälschten Führerscheinen und Taxilizenzen hatte er die Kontrolle über den New Yorker Markt für bezahlte Beförderung übernommen.

Er lebte in einer luxuriösen Wohnung in einem der Trump-Türme

---

[156] Alain Lallemand, *L'Organizatsiya, La mafia russe à l'assaut du monde*, Calmann-Lévy, 1996, S. 166.
[157] „Iwankow ergriff schnell die Kontrolle über die russisch-jüdische Mafia." Robert Friedman, *Red Mafiya*, Hrsg. Little Brown and Co., 2000, Einleitung, S. 15, 277.

in Manhattan, obwohl er oft nach London, Tel Aviv und Moskau reiste. Im Sommer 1994 leitete Ivankov zwei Konferenzen in Tel-Aviv in den Sälen des luxuriösen Dan-Hotels zur Planung des internationalen Drogenhandels. Einige Wochen zuvor war er in Miami gewesen, wo er sich mit Vertretern des Cali-Kartells getroffen hatte. Als Gegenleistung für den privilegierten Zugang zu kolumbianischem Kokain bot der „Russe" seine Dienste an, um das Geld der Brüder Orejuela zu waschen. Im selben Jahr fand eine weitere Konferenz, diesmal in New Jersey, statt, auf der Iwankow und andere Gangster über Investitionen in Thailand, Brasilien und Sierra Leone berieten, wo Japontschik in einigen Monaten die Kontrolle über den Diamantenhandel übernehmen wollte[158]. Gleichzeitig baute er seine Aktivitäten in Los Angeles, Houston und Denver aus, wo er vertrauenswürdige Männer mit der Überwachung eines Teils des Drogenmarktes beauftragte und eine schnelle Methode zur Wäsche von „Straßengeld" einführte. Der umfangreiche Bericht des FBI über seine Organisation aus dem Jahr 1995 beschreibt auch den Zustand seiner Einrichtung in Mitteleuropa.

Die US-Polizei hatte 47 Unternehmen in der ganzen Welt ausfindig gemacht, die mit seinem mafiösen Netzwerk in Verbindung stehen. Er verfügte über ein geschätztes Vermögen von mehreren hundert Millionen Dollar. Doch sein Versuch, Geld von einer russischen Investmentgesellschaft in Brighton Beach zu erpressen, führte zu seinem Untergang. Am 5. Juni 1995 brach die Polizei seine Tür auf. Er hatte vier Mobiltelefone und eine Zehn-Rubel-Goldmünze aus der Zarenzeit bei sich, auf der sein Profil anstelle des Profils von Nikolaus II. eingraviert war. 1996 wurde er zu neun Jahren Gefängnis verurteilt. Er wurde 1996 zu neun Jahren Gefängnis verurteilt und im Bundesgefängnis Lewisburg inhaftiert, von wo aus er sein Imperium weiterführte. Im Jahr 1999 wurde er in die Hochsicherheitsanstalt Allenwood gebracht, nachdem in seinem Urin Spuren von Heroin entdeckt worden waren[159]. Nach seiner Entlassung aus dem Gefängnis wurde er nach Russland abgeschoben und sofort unter Mordverdacht verhaftet. Die geschlossene Verhandlung im Juli 2005 führte jedoch zu seiner Freilassung: Zeugen hatten sich geweigert, auszusagen.

Im Jahr 1994 war die „russische" Mafia in vierundzwanzig Ländern stark vertreten. Nach Angaben von Louis Freech, dem damaligen Direktor des FBI, war sie bis zum Jahr 2000 in mehr als

---

[158]Robert Friedman (*Red Mafiya*) in William Reymond, *Mafia S.A.*, Flammarion, 2001, S. 307, 309.
[159]William Reymond, *Mafia S.A.*, Flammarion, 2001, S. 307-310.

fünfzig Ländern direkt eingesetzt worden[160]. Während einer Kongresssitzung erklärte Louis Freech, der selbst jüdischer Herkunft war, dass 27 Gruppen, die mit der russischen Mafia in Verbindung stehen, in den Vereinigten Staaten operieren und dass es mehr als hundert in der ganzen Welt gibt. Jimmy Moody, ein weiterer FBI-Beamter, hatte den Kongress gewarnt: „Die Russen werden zur Mafiagruppe Nummer eins in den Vereinigten Staaten. Sie sind zahlreicher und reicher. Mehr noch als die Kolumbianer von Medellin." 1996 schätzte man, dass täglich etwa 100 Millionen US-Dollar in bar aus den USA nach Russland zurückgeführt wurden. Sie importieren Heroin aus Südostasien und von den Mohnfeldern am Rande von Tschernobyl in die Vereinigten Staaten", schrieb der amerikanische Journalist Robert Friedman in *Vanity Fair*. Weil sie die Tankstellen in New York und im ganzen Land kontrollieren, zapfen russische Gangster jährlich 5 Milliarden Dollar ab, von denen ein Bruchteil an die italienische Mafia geht" (*Le Nouvel Observateur*, 27. April 2000).

Zu den bekanntesten Sponsoren gehörte auch Ludwig Fainberg, genannt „Tarzan", ein muskulöser Kamerad der verunglückten Japontschik. Er wurde 1958 in Odessa, Ukraine, geboren und war dreizehn Jahre alt, als seine Eltern nach Israel auswanderten. 1980 ließ er sich in Berlin nieder, wo er von Erpressung und Kreditkartenbetrug lebte. Vier Jahre später reiste er nach New York und ließ sich im Stadtteil Little Odessa in Brooklyn nieder. Er erzählte: „Es war wie im Wilden Westen da draußen, ich hatte meine Waffe überall dabei[161]." Da mehrere seiner Mitarbeiter liquidiert worden waren, beschloss Fainberg, in mildere Breitengrade auszuwandern. 1990 ließ er sich in der Zentrale des *Porky's Club in* Miami nieder, wo er von Erpressung, Glücksspiel und Prostitution lebte. Neben der Erpressung war es sein Lieblingssport, Frauen zu verprügeln. In einer Szene, die von FBI-Agenten vom Dach eines Gebäudes aus aufgenommen wurde, sieht man, wie er eine Tänzerin aus seinem *Porky's Club* wirft und sie brutal mit Fäusten und Fußtritten schlägt. An einem anderen Tag hatte er eine andere Tänzerin auf dem Parkplatz des Clubs brutal zu Boden gestoßen und sie gezwungen, Kies zu essen. Bei einer anderen Gelegenheit schlug er den Kopf seiner Geliebten wiederholt gegen das Lenkrad seines Mercedes, bis er Blut auf den Boden spritzte[162].

Ludwig Fainberg hatte tonnenweise Marihuana aus Jamaika importiert und Hunderte von Kilos Kokain aus Ecuador nach St.

---

[160]William Reymond, *Mafia S.A.*, Flammarion, 2001, S. 310.
[161]Robert Friedman, *Red Mafiya*, Hrsg. Little, Brown and Co., 2000, S. 146.
[162]Robert Friedman, *Red Mafiya*, Hrsg. Little, Brown and Co., 2000, S. 155.

Petersburg exportiert. Später wurde bei einer Durchsuchung seines Nachtclubs festgestellt, dass er mit mehreren Investmentbanken in karibischen Steuerparadiesen zusammenarbeitet. Russische Bankfilialen in Antigua und Aruba finanzierten großzügig eine Kette von Nachtclubs in Florida und stellten die Verbindung zu den kolumbianischen Kartellen sicher.

Tarzans Bande exportierte Waffen an kolumbianische Drogenhändler, wie in der Zeitschrift *L'Express* vom 16. Juli 1998 berichtet wurde. Es wurden mehrere Lieferungen automatischer Waffen sowie russische Boden-Luft-Raketen geliefert, um Hubschrauber der kolumbianischen Armee abzuschießen, die zum Aufspüren von Kokainlabors im Dschungel eingesetzt werden. Ludwig Fainberg hatte auch Pablo Escobar, den Chef des Medellín-Kartells, mit sechs ehemaligen Kampfhubschraubern der Roten Armee versorgt, die von ehemaligen KGB-Offizieren, die von der Mafia bestochen wurden, für eine Million Dollar pro Stück verkauft wurden. Das Schmuckstück des Arsenals war ein Ostsee-Diesel-U-Boot aus dem Jahr 1992, dessen siebzehnköpfige Besatzung aus Kronstadt für zwei Jahre angeheuert wurde. Mit dem U-Boot sollte Kokain entlang der Pazifikküste nach Kalifornien transportiert werden, um so die Mautstellen der mexikanischen Kartelle[163] zu umgehen.

Bevor die Transaktion zustande kam, gelang es der US-Drogenbehörde(DEA) 1997, ihn auf dem Rückweg aus Russland zu verhaften. Er hatte die Pläne des U-Boots bei sich und auch Fotos, auf denen er mit der Besatzung vor dem Schiff posiert. Fainberg wurde zu einer Haftstrafe von 33 Monaten verurteilt. Die Strafe wurde dank seiner Zusammenarbeit mit den US-Behörden reduziert. Er hatte Informationen über die Beziehungen zwischen hochrangigen Offizieren der ehemaligen Roten Armee und der russischen Mafia sowie über deren kolumbianische Partner geliefert.

Fainberg erklärte Robert Friedman, der ihn für den *New Yorker* in seiner Gefängniszelle in Miami interviewte, dass das Leben in der UdSSR in den 1960er und 1970er Jahren nicht so hart war, zumindest nicht für Juden. Für ihn „bedeutete Jude in der Ukraine zu sein einfach, einige Privilegien zu haben. Juden seien die reichsten Menschen in der

---

[163] Während des Zusammenbruchs der UdSSR verkauften korrupte russische Generäle ihre riesigen Waffenbestände an Gangster weiter. Siehe den Film *Lord of War* (USA, 2005) von Andrew Niccol mit Nicolas Cage in der Hauptrolle: Der schmuggelnde Waffenhändler stammt aus der jüdischen Gemeinde von Brooklyn. Zu Beginn des Films wird er vor der Synagoge von Little Odessa seinem ersten Kontakt vorgestellt. Dieser Kontakt ermöglicht es ihm, sein erstes Maschinengewehrgeschäft zu tätigen.

Stadt, sagte er. Sie hatten Autos, Geld, lebten in schönen Wohnungen und bezahlten dafür, die schönsten Frauen zu haben. Meine Mutter hatte schöne Kleider und Schmuck. Wir fuhren in den Ferien immer nach Odessa[164]." Während die Russen um ein paar Kartoffeln kämpften, aßen die Juden in den besten Restaurants der Stadt, besuchten die Bordelle, wo sie die Gunst der schönsten russischen Frauen genossen. Aber Tarzan zog Amerika vor: „Ich liebe dieses Land", sagte er, „hier ist es so einfach zu stehlen! „Er fügte hinzu: „In Amerika kann man die Leute alles glauben lassen. Es ist Disneyland. Ich bin überrascht, dass Mickey Mouse nicht der Präsident ist[165]! „

Nach Verbüßung seiner Strafe ließ sich Fainberg in Quebec nieder, wo er einen Stripclub eröffnete, hinter dem sich ein Netz von Prostituierten verbarg. Er brachte junge Frauen aus Russland, der Ukraine, der Tschechischen Republik und Rumänien dorthin. Und in diesem Moment wird uns klar, dass Fainberg eine großzügige Seele hatte, als er einem amerikanischen Journalisten sagte: „Die Mädchen kommen hierher und schicken Geld an ihre Familien... Ich gebe ihnen die Möglichkeit, Geld zu verdienen. Für mich ist es nicht nur ein Geschäft. Ich helfe ihnen auch, weiterzukommen." Kurzum, man musste verstehen, dass Fainberg ein Wohltäter der Menschheit war. Aber er räumte auch unumwunden ein, dass ein für 10.000 Dollar „gekauftes" Mädchen, wenn es jung und hübsch ist, innerhalb einer Woche Gewinn bringen kann. Zwei Tage nach diesem Interview wurde Ludwig Fainberg in seinem Haus in Ottawa verhaftet und abgeschoben. Anschrift: Israel. Er hatte jedoch einen Zwischenstopp in Kuba eingelegt, wo er verschiedenen Quellen zufolge ein Start-up-Unternehmen gegründet hatte, das sich auf den Verkauf von pornografischen Dienstleistungen im Internet[166] spezialisiert hatte.

In einer im Internet verfügbaren Reportage des *History Channel* (Youtube, „Russian mafia") erklärt Fainberg seine Hubschrauber- und U-Boot-Geschäfte mit der Roten Armee während der Wende: „Alles war käuflich, es herrschte Chaos...".'' Am Ende des Berichts erläuterte er schließlich seine Vision von der Welt der Zukunft, die sich übrigens mit der der planetarischen Finanziers deckt: „Wenn du in China Geld machen kannst, geh nach China, wenn du in Afrika Geld machen kannst, geh nach Afrika, wenn du in Alaska reich werden kannst, geh nach Alaska. Wir haben keine Grenzen."

Dies ist nun bei Semion Mogilevitch der Fall. Die New Yorker

---

[164]Robert Friedman, *Red Mafiya*, Hrsg. Little, Brown and Co., 2000, S. 144.
[165]*Le Nouvel Observateur*, 27. April 2000
[166]William Reymond, *Mafia S.A.*, Flammarion, 2001, S. 362, 363

*Village Voice* vom 26. Mai 1998 veröffentlichte einen Artikel von Robert Friedman über den rätselhaften Mafiaboss Organizatsiya. Er sei „der gefährlichste Gangster der Welt", schrieb Friedman und behauptete, Mogilevitch habe mit seinen verschiedenen Geschäften ein immenses Vermögen angehäuft: Waffenhandel, Handel mit Nuklearmaterial, Geldwäsche, Drogenhandel, Prostitution, Schmuggel von Kunstgegenständen und Edelsteinen. In seinem Buch *Red Mafiya* schrieb Robert Friedman: „Mogilevitch ist der Vertreter eines neuen Typs von russischem Gangster, der Prototyp des Paten des neuen Jahrtausends. Er hat ein globales Kommunikationsnetz mit verschlüsselten Satellitentelefonen, unauffindbaren Mobiltelefonen, verschlüsselten Faxen, einem E-Mail-System und Supercomputern geschaffen, die alle von hochqualifizierten Ingenieuren betrieben werden, die er beschäftigt... Mogilevitch wird durch ein Netz persönlicher Beziehungen geschützt, das sich aus den Leitern und Spitzenkräften der Sicherheitsdienste in aller Welt, der Finanzelite und Politikern zusammensetzt.... Er hat um sich herum eine stark strukturierte Organisation aufgebaut, die auf dem „klassischen" amerikanischen Mafia-Modell basiert, bei dem die Schlüsselfiguren durch Blutsbande miteinander verbunden sind."

Semion Mogilevitch war „ein Ukrainer jüdischen Bekenntnisses", schrieb Friedman. Er wurde 1946 in Kiew als Sohn einer Ärztin und eines Vaters geboren, der eine große staatliche Druckerei leitete. Er hatte einen Abschluss in Wirtschaftswissenschaften an der Universität Lwowo gemacht, aber seine Karriere begann in den 1970er Jahren als Gefolgsmann des Moskauer Ljubezki-Clans. Dank des Zugangs zu den Druckmaschinen und der Talente einiger Mitarbeiter der Druckerei seines Vaters hatte er Anfang der 1970er Jahre mit dem Druck von Falschgeld begonnen, was zu einer vierjährigen Gefängnisstrafe führte[167].

In den 1980er Jahren machte er sein Vermögen, indem er Juden, die die Sowjetunion verlassen wollten, vorschlug, ihren Besitz zu verkaufen und das Geld an sie nach Israel zu überweisen. Natürlich wurde das Geld nicht verschickt, sondern in den illegalen Handel investiert. Es gelang ihm dann, mächtige Mafiagruppen wie den Solntsevo-Clananzuziehen. Er war auch der Mitbegründer des ersten kommerziellen Bestattungsunternehmens in Moskau.

1990 floh er vor der Abrechnung zwischen rivalisierenden Banden in Moskau und wurde israelischer Staatsbürger. Nach Angaben der CIA eröffnete er ab 1991 eine große Anzahl von Bankkonten in Israel und

---

[167]Robert Friedman, *Red Mafiya*, Hrsg. Little, Brown and Co., 2000, S. 295-297.

nahm an mehreren Treffen mit anderen bekannten Kriminellen teil. Nach seiner Heirat mit einer ungarischen Jüdin ließ er sich 1992 in Budapest in einer befestigten Villa auf den Anhöhen der Hauptstadt nieder. Seine neue ungarische Staatsangehörigkeit wurde zu seinen russischen, ukrainischen und israelischen Pässen hinzugefügt. Er leitete sein Imperium nun von Ungarn aus, genauer gesagt von seinem Hauptquartier aus: dem *Black and White Club* in Budapest. Er wohnte auch in Tel Aviv und Moskau.

Seine Organisation war für zahlreiche Diebstähle aus orthodoxen Kirchen in Russland und Mitteleuropa verantwortlich. Unter den Kunstwerken, mit denen er handelte, befanden sich auch einige aus der Eremitage in St. Petersburg. Neben der Plünderung von Kunstschätzen und religiösen Reliquien kam es auch zu Fälschungen. Robert Friedman berichtete unter Berufung auf einen CIA-Bericht, dass Mogilevitch ein großes Budapester Juweliergeschäft übernommen hatte, eines der wenigen in der Welt, das auf die Restaurierung von Fabergé-Eiern spezialisiert ist. Die von den Eigentümern gelieferten Originalstücke wurden gestohlen und durch Nachahmungen ersetzt, die in den Werkstätten des Juweliers[168] hergestellt wurden.

In einem Bericht des britischen Geheimdienstes aus dem Jahr 1994 heißt es, der Pate kontrolliere den Schwarzmarkt „von Moskau bis zur Tschechischen Republik". Mogilevitch wurde auch verdächtigt, einen groß angelegten Betrug mit steuerlich absetzbarem Heizöl betrieben zu haben, der der Tschechischen Republik, der Slowakei und Ungarn enorme Steuerausfälle bescherte.

Der Mann stand in Verbindung mit der neapolitanischen Camorra und der Mafiafamilie Genovese. Er hatte auch Kontakte zu den kolumbianischen Kartellen von Medellin und Cali. In einem FBI-Bericht vom Mai 1995 heißt es: „Aus den Telefonlisten geht hervor, dass Semion Mogilevitch während seines Besuchs in Warschau im Februar 1994 zwei Anrufe nach Wien an Nummern tätigte, die registrierten Drogenhändlern gehören, die mit den kolumbianischen Kartellen Cali und Medellin zusammenarbeiten[169]." Mogilevitch hatte auch eine Fluggesellschaft aus einer ehemaligen Sowjetrepublik in Zentralasien gekauft - gegen Bargeld - um Heroin aus dem Goldenen Dreieck zu transportieren.

---

[168] Robert Friedman, zitiert von William Reymond, S. 299. Lesen Sie den Fall eines Überlebenden von Treblinka, Martin Gray, der in *Au Nom de tous les miens* erzählt, wie er im zerstörten Deutschland sein Vermögen machte, indem er gefälschtes Porzellan aus dem 18. Jahrhundert herstellte und in die Vereinigten Staaten verkaufte.
[169] William Reymond, *Mafia S.A.*, Flammarion, 2001, S. 298, 299

Im FBI-Bericht wird der Name Shabtai Kalmanovitch erwähnt. Der Mann besorgte sehr kurzfristig israelische Pässe für Mitglieder von Mogilevitchs Organisation." Die Tatsache, dass es so einfach ist, Ausweispapiere zu erhalten, lässt vermuten, dass Kalmanovitch Verbindungen zu einigen israelischen Regierungsbeamten hat", schrieb William Reymond.

Semion Mogilevitch betrieb immer noch ein großes Prostitutionsnetz. In Prag, Budapest, Riga und Kiew beutete er in seinen „Black and White Clubs" russische Mädchen aus und verschaffte ihnen Scheinjobs. Im Jahr 1995 führte eine Polizeiaktion in seinem Restaurant in Prag zur Verhaftung von zweihundert Personen und Dutzenden von Prostituierten[170].

Im Jahr 1996 erwarb Semion Mogilevitch plötzlich nacheinander drei ungarische Waffenproduktionsunternehmen: Army Co-Op, ein auf die Herstellung von Mörsern, Maschinengewehren und Boden-Luft-Raketen spezialisiertes Unternehmen, Digep General Machine Works, das Mörser, aber auch Munition für schwere Artillerie herstellte, und Magnex 2000, dessen Magnete in militärischen elektronischen Geräten wie z. B. zur Raketensteuerung verwendet wurden." Hinzu kommt, dass Mogilewitschs Kontakte zu den Überresten der Roten Armee ihn zu einem idealen Kandidaten für den Uranhandel machen könnten, und man fragt sich, warum nichts gegen ihn unternommen wird", schrieb William Reymond[171]. Nach Angaben des FBI hatte es den Iran mit Boden-Luft-Raketen und Truppentransportern aus Beständen der Roten Armee beliefert. Die Unternehmensgruppe kontrollierte die Inkombank, eine der führenden Privatbanken Russlands, und besaß Anteile an der Luftfahrtgesellschaft Soukoi.

Semion Mogilevitch hatte Monya Elson bei sich aufgenommen, als er in New York seine Meinungsverschiedenheiten mit Boris Nayfeld hatte. Elson war schließlich 1995 von den italienischen Behörden verhaftet und achtzehn Monate lang in Einzelhaft gehalten worden. Er wurde von Grecia Rozes, genannt der Kannibale, denunziert, der selbst in Rumänien verhaftet worden war, als er im Auftrag von Boris Nayfeld mit Heroin handelte. Der „Kannibale" war, in den Worten eines von Robert Friedman zitierten Brooklyner Sergeants, ein *„verdammter dreckiger Jude"*. Man nannte ihn den Kannibalen, weil er einem seiner Opfer mit den Zähnen die Nase abgerissen hatte. The Cannibal war ein guter Freund von Ludwig Fainberg: „Wir waren wie Brüder", sagte

---

[170] Der Einsatz der tschechischen Polizei in dem Prager Restaurant von 1995 ist im Internet abrufbar, ebenso wie mehrere interessante Videos über die „Russenmafia".
[171] William Reymond, *Mafia S.A.*, Flammarion, 2001, S. 298-300.

Fainberg zu Robert Friedman." Wir waren zusammen in der gleichen Stadt in der Ukraine aufgewachsen und wohnten in Israel in der gleichen Straße. Unsere Familien standen sich sehr nahe[172]."

Monya Elson und Semion Mogilevitch waren sehr gute Freunde. Zu diesem Zeitpunkt war Mogilevitch noch nicht in den Medien präsent. Das FBI und die israelischen Dienste bezeichneten ihn jedoch als eine Bedrohung für die Stabilität Israels und Osteuropas. Sein kriminelles Imperium hatte seinen Sitz in Budapest, aber auch Stützpunkte und Zweigstellen in New York, Philadelphia, Los Angeles, San Diego und sogar in Neuseeland. Im März 1994 fotografierten FBI-Agenten einen seiner Leutnants mit einem wichtigen Unterstützer der Republikanischen Partei von Dallas.

Nach Angaben von Alain Lallemand verfügte er über eine Armee von 250 Gefolgsleuten. 1998 erklärte Robert Friedman in der *Village Voice*, dass einige Polizisten sich weigerten, gegen die Mafia zu ermitteln, weil die Kriminellen nicht zögerten, ihre Familien anzugreifen. Am Rande von Prag wurden zwei grausam verstümmelte Leichen entdeckt. Die Anwesenheit von Mogilevitch in Budapest war die offensichtliche Ursache für den Anstieg der Kriminalität. Zwischen 1994 und 1999 gab es nicht weniger als 170 Bombenanschläge in der Stadt.

Seit Mai 1998 wurde Mogilevitch in den Vereinigten Staaten wegen mehrerer Finanzbetrügereien im Zusammenhang mit dem kanadischen Unternehmen Magnex International angeklagt, aber auch wegen etwa 45 zwischen 1993 und 1998 begangener Bundesvergehen (Erpressung, Drahtbetrug, Postbetrug, Wertpapierbetrug, Geldwäsche usw.), die US-Investoren 150 Millionen Dollar gekostet hatten.

Am 23. September 2000 meldete *ABC News*, dass Semion Mogilevitch verdächtigt wurde, 15 Milliarden Dollar über die Bank of New York gewaschen zu haben. Etwa fünfzig Personen wurden in Europa verhaftet. Die Ermittlungen hatten 1998 begonnen, als die russische Polizei das FBI um Hilfe bei der Suche nach dem Lösegeld von 300.000 Dollar bat, das nach der Entführung eines Geschäftsmannes gezahlt worden war. Das Geld war von der Bank des Opfers in San Francisco auf ein Offshore-Konto und schließlich auf das Konto von Sobin in Moskau überwiesen worden. In einem Fernsehsender befragt, behauptete Semion Mogilevitch, dass er Verleger und Berater eines Getreideunternehmens sei und dass diese falschen Anschuldigungen ihn ruiniert hätten.

Der Mafioso beabsichtigte nun, sich in Westeuropa

---

[172] Robert Friedman, *Red Mafiya*, Hrsg. Little, Brown and Co., 2000, S. 160.

niederzulassen. Obwohl er heimlich als Informant für den deutschen Bundesnachrichtendienst (BND) tätig geworden war und ein Büro in Antwerpen eingerichtet hatte, wurde er aus der Europäischen Union verbannt. Er hatte sich mit einem „Belgier", Alfred Cahen, dem ehemaligen belgischen Botschafter im Kongo und in Frankreich, in Verbindung gesetzt, um mit den französischen Geheimdiensten über eine Einreisegenehmigung für die EU im Austausch für privilegierte Informationen zu verhandeln. In Belgien wurde ein Korruptionsverfahren eingeleitet.

Mogilevitch verbarg sich hinter mehreren Identitäten: „Zwischen dem 1. Dezember und dem 5. Dezember 1997, schrieb Robert Friedman, war Semion Mogilevitch nach Toronto, nach Philadelphia, nach Miami und zurück nach Philadelphia gereist... Ende 1998 besuchte er Los Angeles... Im Januar 2000 war Mogilevitch nach Angaben verschiedener europäischer und amerikanischer Dienste in Boston, um seine Geschäfte zu erledigen[173]."

In den westlichen Ländern hört man in der Regel nichts über diesen oder einen ähnlichen Charakter in den Medien. In seinem Artikel in der *Village Voice* hatte Robert Friedman, dessen vier Großeltern jüdisch waren, wie er selbst betonte, nicht gezögert zu schreiben, dass jüdische Organisationen „das amerikanische Justizministerium korrumpiert haben, um die Bedeutung der Mafia zu minimieren". Kurz darauf, so berichtet *Le Nouvel Observateur* am 27. April 2000, hätten die New Yorker Polizisten den Journalisten gewarnt, dass die Gangster ein Kopfgeld auf ihn ausgesetzt hätten und dass er besser nicht mehr im Viertel Brighton Beach auftauchen sollte. Robert Friedman starb im Jahr 2002 an einer Blutkrankheit. Doch die Morddrohungen, die er nach der Veröffentlichung seines Buches und seiner Artikel in der Presse erhalten hatte, stützten die Hypothese vom Tod durch Vergiftung, zumal die Mafia ein Kopfgeld von 100.000 Dollar auf ihn ausgesetzt hatte. Seit dem Fall des Kommunismus seien in der Russischen Föderation dreizehn Journalisten von den Gangstern liquidiert worden, schreibt er in der Einleitung seines Buches. Friedman hatte auch den Fall von Anna Zarkova erwähnt. Diese vierzigjährige Frau war im Mai 1998 in Sofia[174] mit Schwefelsäure verunstaltet worden.

Am 23. Januar 2008 wurde berichtet, dass Mogilevitch schließlich verhaftet worden war. Die Verhaftung hatte in Moskau stattgefunden,

---

[173]Robert Friedman, zitiert von William Reymond, S. 302, 303
[174] Eine Methode, die in Frankreich bereits von jüdischen Aktivisten gegen französische Patrioten angewandt worden war. Siehe die Fotos in dem Buch *Les Guerriers d'Israel* (1995) von Emmanuel Ratier.

wo er unter dem Namen Sergei Schneider lebte. Die französischen Medien hatten wie üblich darüber geschwiegen, aber in Belgien hatte der Spezialist Alain Lallemand einen Artikel in der Tageszeitung *Le Soir* veröffentlicht. Er schrieb: „Die Moskauer Polizei hat einen der mächtigsten russischen Mafiosi des letzten Viertels des 20. Jahrhunderts verhaftet, Semion Yudkovich Mogilevitch, 62, alias „Seva". Eine Besonderheit: In den 1990er Jahren umspannte sein kriminelles Imperium den gesamten Globus." Seit November 1994 hatten die deutsche, italienische, amerikanische und russische Polizei ihre Bemühungen koordiniert, ihn zu verhaften. Dazu haben sie vierzehn Jahre gebraucht.

Und Alain Lallemand schlussfolgerte: „Kurz gesagt, die Hauptaktivitäten der Mogilevitch-Bande - oder vielmehr ihres internationalen Netzwerks - waren Waffenhandel, Handel mit Nuklearmaterial, Dokumentenfälschung, Prostitution, Drogenhandel, Auftragsmord, Handel mit Edelsteinen, Geldwäsche, Erpressung und Kunsthandel. In letzter Zeit wurde die Liste um eine Reihe komplexer Finanzdelikte erweitert[175]."

In Frankreich wurde der einzige Artikel, der Mogilevitch nach seiner Verhaftung in Moskau gewidmet war, in der Wochenzeitung *Courrier international* vom 21. Februar 2008 veröffentlicht. Sein Jüdischsein war offensichtlich nicht - oder kaum - transzendent. Er galt „als wichtigster Pate der russischen Unterwelt" und „als eine der zehn vom FBI am meisten gesuchten Personen auf einer von Osama Bin Laden angeführten Liste"." Wir erfuhren, dass Mogilewitsch gute Beziehungen zu einigen der Männer in der neuen ukrainischen demokratischen Macht unterhielt. So hatte seine Firma Arbat International die Verbrauchssteuer- und Echtheitsmarken des Nationalen Sportfonds (der in dieser Angelegenheit ein Privileg besaß) erworben und Russland mit Nachahmungen von Absolut und Rasputin Wodka überschwemmt, die in seinen Fabriken in Ungarn hergestellt wurden.

Vor allem aber hatte er sich mit der Firma Eural Trans-Gas eingelassen, die Gas aus Turkmenistan kaufte und an die Ukraine weiterverkaufte. Dieses neue Unternehmen hatte seinen Sitz in einem Dorf in Ungarn, „wo es von drei arbeitslosen Rumänen und einem

---

[175] In Russland war alles käuflich: Am 15. August 1994 enthüllte *Der Spiegel*, dass die deutsche Polizei auf dem Münchner Flughafen 363 Gramm Plutonium 239 mit einem Reinheitsgrad von 87% aus Russland sichergestellt hatte. Zwei Spanier und ein Kolumbianer waren verhaftet worden. Von 1992 bis 2000 wurden sechzehn ähnliche Fälle vom FBI und der CIA gemeldet (Friedman, S. 156).

israelischen Staatsbürger namens Zev Gordon gegründet wurde, der nie verheimlicht hatte, dass er Mogilevitchs Anwalt war." Der „Ungar" Andras Knopp war ihr Geschäftsführer. Das Unternehmen habe „Milliardengewinne in der Ukraine" angehäuft.

Am 8. März wurde in den Nachrichten die Verhaftung eines der größten Waffen- und Drogenhändler der Welt bekannt gegeben: Victor Anatolyevitch Bout. Er war in seinem Hotelzimmer in Bangkok, Thailand, verhaftet worden. DEA-Agenten hatten Victor Bout eine Falle gestellt, indem sie sich als Aktivisten der FARC (der kolumbianischen marxistischen Guerilla) ausgaben, an die er seit einiger Zeit Waffen geliefert hatte." Es war ein realistisches und glaubwürdiges Drehbuch... Denn er dachte, er würde sich tatsächlich mit Vertretern der FARC treffen, um die letzten Details der Transaktion zu klären."

Victor Bout wurde beschuldigt, Waffen in die ganze Welt verkauft zu haben. In Afghanistan war er der Hauptlieferant des islamistischen Regimes und von Al-Qaida, die Schlüsselfigur in deren Luftlogistik (*Le Monde*, 26. März 2002). Nach Angaben amerikanischer und britischer Geheimdienste hatte er Kabul am Vorabend des 11. September 2001 mit Waffen überhäuft. Er wurde seit Mitte Februar 2002 auf Ersuchen der belgischen Justiz von Interpol gesucht.

Victor Bout wurde am 13. Januar 1967 in Duschanbe, Tadschikistan, geboren. Der russische Staatsbürger und Armeeoffizier war Absolvent des Moskauer Instituts für Dolmetscher. Als „sprachliches Chamäleon" beherrschte er fünf Sprachen: neben Russisch und dem Farsi seiner tadschikischen Herkunft auch Englisch, Französisch und Portugiesisch.

Er wurde erstmals 1990 in Angola gesehen, wo er mit sowjetischen Hubschrauberbesatzungen zusammenarbeitete. Während der großen Liquidation des militärisch-industriellen Komplexes der ehemaligen UdSSR hatte er in Tscheljabinsk zehn Antonows, eine Iljuchine und einen Mi-8-Hubschrauber erworben..." Für vier Pfund", sagte Valeri Spurnov, ein ehemaliger Inspektor der Zivilluftfahrt. So wurde eine Piratenflotte von sechzig Flugzeugen gebildet, die unter einer Billigflagge flogen. In Liberia war Air Cess das erste und wichtigste Unternehmen von Victor Bout. Von Liberia über die Zentralafrikanische Republik und Äquatorialguinea bis nach Swasiland gab es ständig Veränderungen. Seine Flugzeuge waren getarnt, in einem Land registriert, aber von einem anderen aus operierend, mit fiktiven Flugplänen. Angesichts der plötzlichen Bedrohung durch einen Kontrollpunkt reichten einige Stunden aus, um die Ländervorwahlen zu ändern.

Nach den Anfängen in Afrika zog Air Cess 1995 nach Ostende in Belgien um, und zwei Jahre lang entwickelte sich das Geschäft von Jahr zu Jahr besser. In einem Jahr charterte das Unternehmen allein 38 Flugzeuge nach Togo, das damals das Nachschubzentrum der angolanischen Rebellenbewegung Unita war. Ihre flämische Phase endete 1997, als Human Rights Watch die belgischen Behörden darauf aufmerksam machte und sie anprangerte, Waffen an Hutu-Extremisten in Ost-Zaire zu liefern, die nach dem Völkermord von 1994 aus Ruanda geflohen waren. Die „Russen" haben daraufhin einige ihrer Flugzeuge aus Afrika zurückgebracht.

Um den Tod besser an zahlungsunfähige Kunden verkaufen zu können, hatte er sich auf den Handel mit „Blutdiamanten" spezialisiert. Kisangani, eine Hochburg der kongolesischen Rebellen, war zum Zentrum ihres Diamantenhandels geworden. Glaubt man einem libanesischen Diamantenhändler, so dürfte der Wert der kongolesischen, angolanischen und sierra-leonischen Edelsteine, die in betrügerischer Absicht aus Kisangani exportiert wurden, über 100 Millionen Dollar pro Jahr betragen haben.

Nachdem er Ostende verlassen hatte, wählte der „Russe" (laut *Le Monde*) einen neuen Stützpunkt in den Vereinigten Arabischen Emiraten. Von Sharjah, Dubai und Ras al-Khaimah aus nahm er seine Tätigkeit in Osteuropa wieder auf, wo er die Chartergesellschaft Ibis gründete, sowie in Zentralasien, insbesondere in Afghanistan, wo er mit den anti-islamistischen Mudschaheddin zusammenarbeitete. Nach der Übernahme Kabuls durch die Fundamentalisten Ende 1998 wechselte er jedoch bald die Seiten und sorgte für die logistische Versorgung der afghanischen Fluggesellschaft Ariana Airways, die aus sowjetischen Flugzeugen bestand.

Victor Bout hatte zahlreiche Länder beliefert, die unter einem UN-Embargo standen, insbesondere Sierra Leone, Ruanda, Kongo, Sudan und die gesamte Region der Großen Seen. Einem Bericht des US-Finanzministeriums aus dem Jahr 2005 zufolge war er „praktisch in der Lage, Panzer, Hubschrauber und Waffen in die ganze Welt zu transportieren." In mehreren Untersuchungsberichten hatten die Vereinten Nationen ihn als Pionier der mafiösen Globalisierung und des grenzenlosen Handels angeprangert, der die Staaten und ihre Gesetze verhöhnt.

## *Das Streben nach Seriosität*

Wir haben bereits Marc Rich kennengelernt, den „amerikanischen" Geschäftsmann, der aus den USA fliehen musste und dann in den 1980er Jahren durch Handel mit der UdSSR von der Schweiz aus zu Wohlstand kam. Marc Rich wurde 1934 in Antwerpen geboren. Seine Familie war vor den Nazis geflohen und hatte sich 1941 in New York niedergelassen. Dort begann er seine Karriere als internationaler Geschäftsmann. Ende der 1970er Jahre wurde er strafrechtlich verfolgt und wegen Betrugs angeklagt. Im Laufe der Ermittlungen fanden die US-Ermittler heraus, dass die Rich-Gruppe nicht nur das US-Energieministerium in betrügerischer Weise um 48 Millionen Dollar an Steuern gebracht, sondern auch gegen das 1979 von Präsident Carter gegen den Iran verhängte Ölembargo verstoßen hatte. Am 19. September 1983 wurde Marc Rich u.a. wegen Betrugs, Steuerhinterziehung, falscher Erklärungen und Handel mit dem Feind angeklagt. Der Betrüger wartete nicht auf seine Verurteilung, um das Land zu verlassen, und flog mit seiner Frau in die Schweiz, ein Land, das keine Auslieferungsabkommen mit den Vereinigten Staaten hat. Er verzichtete auf seine US-Staatsbürgerschaft und entschied sich für die spanische und israelische Staatsbürgerschaft, obwohl er weiterhin auf der Liste der meistgesuchten Personen des FBI stand.

Am 20. Januar 2001 war Marc Rich wieder in den Nachrichten: US-Präsident Bill Clinton hatte den Straftäter wenige Stunden vor seinem Ausscheiden aus dem Amt begnadigt. Diese präsidiale Amnestie löste einen Skandal aus, der sich noch verstärkte, als bekannt wurde, dass Denise Rich, die Ex-Frau des Geschäftsmannes, eine Spende von einer Million Dollar an die Demokratische Partei und die Clinton-Stiftung getätigt hatte. Der US-Präsident hatte persönlich einen Scheck über 450.000 Dollar erhalten, während Abraham Foxman, der Präsident der Anti-Defamation League, der mächtigen US-Anti-Rassismus-Liga, ebenfalls eine große Summe aus den Händen des Betrügers erhalten hatte, um sich für seine Sache einzusetzen[176].

Das FBI untersuchte auch die Beteiligung von Rich an verschiedenen Geldwäscheoperationen mit mitteleuropäischen, kanadischen und amerikanischen Banken. Im März 2001 hatte der britische Zoll am Flughafen Gatwick 1,9 Millionen Dollar des Milliardärs beschlagnahmt, und zwar im Rahmen der nach britischem Recht vorgesehenen „Verhinderung von Finanztransfers, die der Finanzierung des Drogenhandels dienen"." Nebenbei bemerkt, hatte Marc Rich auch einen bolivianischen Pass.

---

[176] Die ADL-Sprecherin Myra Shinbaum erklärte im März 2001, dass der Jahreshaushalt der Liga gegen Antisemitismus 50 Millionen Dollar betrage.

Außerdem wollte das FBI Marc Rich über seine Beziehungen zum Mossad - dem israelischen Geheimdienst - befragen, da Rich im Verdacht stand, die Identität eines hochrangigen Mossad-Informanten zu kennen, der die Clinton-Regierung infiltriert hatte. Bill Clinton räumte später ein, dass er die Begnadigung durch den Präsidenten „zum Teil deshalb gewährt hatte, weil das Justizministerium keine Einwände erhoben hatte und weil er ein entsprechendes Ersuchen der israelischen Regierung erhalten hatte". Diese Bitte kam in Form einer schriftlichen Mitteilung eines anderen alten Freundes von Bill Clinton: des ehemaligen israelischen Premierministers Ehud Barak. Richs geheime Arbeit in Bezug auf Israel bestand in der Bereitstellung israelischer Pässe für Mitglieder der „russischen" Mafia.

Eines der großen Raubtiere des Planeten ist Arcadi Gaydamak. Dieser in der Ukraine geborene Geschäftsmann hatte ebenfalls vom Chaos des Zusammenbruchs der Sowjetunion profitieren können. Er hatte sein Imperium mit Phosphatminen in Kasachstan, Geflügelfarmen in Russland, Immobilien- und Bankinvestitionen usw. aufgebaut. Sein Vermögen, das er von seiner Villa in Caesarea (Israel) aus verwaltete, war Milliarden von Dollar wert.

Sein Name wurde nach 1996 bekannt, als aufgedeckt wurde, dass er in Angola am illegalen Waffenhandel beteiligt war. Er war auch in den Kauf von Angolas Schulden in Höhe von 6 Milliarden Dollar durch Russland verwickelt und hatte es geschafft, einen großen Teil des Diamantenhandels des Landes zu beschlagnahmen. Gaydamak stand auch im Visier der Geheimdienste, die ihn verdächtigten, enge Beziehungen zu bestimmten verdächtigen Geschäftsleuten in Russland zu unterhalten, insbesondere zur Gruppe von Michail Tschernoi, mit der er an Operationen beteiligt war, die es ihnen ermöglichten, Dutzende von Millionen Dollar aus der russischen Zentralbank zu stehlen.

Arcadi Gaydamak hat jedoch systematisch diejenigen vor Gericht wegen Verleumdung angegriffen, die so dreist waren, ihn mit der „Russenmafia" in Verbindung zu bringen. Gaydamak, der von der französischen Justiz beschuldigt wurde, ohne Genehmigung russische Waffen an Angola verkauft zu haben, beteuerte, er habe „in aller Legalität" gehandelt und sogar „einen Bürgerkrieg" in diesem Land beendet.

Im Dezember 2000 wurde er zur Überraschung einiger Polizeidienststellen mit dem Nationalen Verdienstorden ausgezeichnet, weil er sich 1995 für die Freilassung von zwei französischen Piloten in Bosnien eingesetzt hatte. Gaydamak hielt jedoch den Rekord für die größte jemals auf französischem Boden geforderte Steueranpassung: 80

Millionen Euro, fast 500 Millionen Francs. Zu seinem Glück besaß er vier Pässe (angolanisch, französisch, kanadisch und israelisch). Er suchte zunächst in London Zuflucht, entschied sich dann aber für Israel. Im Frühjahr 2001 wurde gegen ihn ein internationaler Haftbefehl wegen Geldwäsche, schwerer Geldwäsche, Missbrauch von Sozialvermögen, Steuerbetrug, Untreue und illegalem Waffenhandel erlassen. Wiederholte Auslieferungsersuchen der französischen Justiz blieben jedoch erfolglos. Die israelischen Richter hatten sich nicht die Mühe gemacht, den Geschäftsmann zu den ihm zur Last gelegten Taten zu befragen. Auf jeden Fall konnte er in Israel nicht wegen des Hauptvorwurfs des Waffenhandels belangt werden, da dies im hebräischen Staat keine verwerfliche Tätigkeit ist. Auch den Straftatbestand der Geldwäsche gab es zum Zeitpunkt der Ereignisse in Israel noch nicht. Dies hatte das israelische Justizministerium den französischen Richtern geantwortet und hinzugefügt, dass die Haftbefehle Ungenauigkeiten enthielten, die sie zu klären wünschten.

Arcadi Gaydamak konterte seinerseits mit einer Flut von Anschuldigungen gegen Frankreich und berichtete offen über die Einzelheiten der Geiselbefreiung, an der er beteiligt war, und enthüllte, dass die sozialistische Regierung ein Lösegeld von 25 Millionen Franken gezahlt hatte. *Le Parisien* vom 28. Juni 2001 veröffentlichte ein Interview mit dem Geschäftsmann:

- Wie reagieren Sie auf die Ablehnung seiner Strafverfolgung wegen „Waffenhandels"?

Arcadi Gaydamak antwortete: „Ich bin natürlich glücklich. Aber ich habe von Anfang an eine solche Ungerechtigkeit erlitten, dass mich eine gegenteilige Entscheidung nicht überrascht hätte. In diesem Fall werde ich als Waffenhändler, Mafioso, Krimineller dargestellt... Um die fehlenden Beweise auszugleichen, wollen die Richter mir ein negatives Image verpassen. Sie gehen sogar so weit, dass sie meine Rolle bei der Befreiung der französischen Geiseln in Zweifel ziehen."

In der Schweiz untersuchte die Justiz die zahlreichen Provisionen, die an verschiedene angolanische Würdenträger im Zusammenhang mit der Begleichung der russisch-angolanischen Schulden gezahlt wurden. Von Israel aus, wo er lebt, antwortete Arcadi Gaydamak auf Fragen der Zeitung *Le Temps, indem er* die Rechtmäßigkeit der Transaktion mit einem starken Argument verteidigte: die größte Schweizer Bank, die UBS, habe die Rechtmäßigkeit der Operation garantiert und sei für ihre Beteiligung großzügig bezahlt worden. In *Le Temps* vom 1. Juni 2002 erläuterte Gaydamak seine Rolle bei dem zwischen Angola und Russland geschlossenen Abkommen:

„Anfang 1992 erbte Rußland die Schulden einer Reihe von Ländern der Dritten Welt gegenüber der Sowjetunion, darunter Angola... Im November 1996 wurde ein Abkommen unterzeichnet, das die Zahlung von 1,5 Mrd. Dollar der von Angola geschuldeten 5 Mrd. ab Juni 2001 vorsieht. Es ist ein Abkommen, das von den beiden Staaten ausgehandelt wurde, nicht von mir oder Pierre Falcone. Ich fungierte jedoch als Vermittler, da es in Russland zu dieser Zeit keine Verwaltungsstrukturen gab."

Der Journalist stellte ihm folgende Frage: „Wie können Sie erklären, dass Angola 775 Millionen Dollar ausgezahlt hat, das russische Finanzministerium aber nur 161 Millionen Dollar erhalten hat?

Gaydamak antwortete: „Das ist eine gute Frage. Die Schulden wurden in 31 Schuldscheine mit einem Nennwert von jeweils 48,7 Mio. USD umgewandelt, die in festen Raten zurückzuzahlen sind. Das russische Finanzministerium war im November 1996 Eigentümer dieser Banknoten. Zu dieser Zeit war es sehr wichtig, die soziale Lage in Russland zu stabilisieren. Sie brauchten dringend Geld, und das Finanzministerium wollte diese Anleihen an den Meistbietenden verkaufen. Zu dieser Zeit gründete ich das Unternehmen Abalone, das diese Schuldscheine kaufte. Sechs davon wurden für einen Gesamtwert von 161 Millionen Dollar gekauft; ab 1998 habe ich auf Wunsch Russlands den Rest mit russischen Anleihen bezahlt. Wie vor kurzem bestätigt wurde, wurde das russische Finanzministerium vollständig bezahlt.

- Welchen Nutzen haben Sie persönlich aus der Maßnahme gezogen?

- Abalone unterzeichnete einen Vertrag mit Angola, der es mir erlaubte, das mit den Schuldscheinen bezahlte Öl zu kaufen und weiterzuverkaufen. Es gab eine Gewinnmarge, die von den damals sehr hohen Ölpreisen abhing, und diese Marge kam mir und Pierre Falcone zugute. Ich weiß nicht, was er danach mit seinem Geld gemacht hat. Ich habe einen Schaden erlitten, weil die Transaktion von der Schweizer Justiz unterbrochen wurde, die die Hälfte der Schuldscheine blockiert hat. Wer ist für den Schaden verantwortlich: die Schweizerische Eidgenossenschaft oder die UBS? Meine Anwälte sind mit der Angelegenheit befasst.

Und auf die nächste Frage des Journalisten: „Sind Sie bereit, sich vor Gericht zu erklären, entweder in Frankreich oder in der Schweiz", antwortete Gaydamak: „Es wäre von Vorteil, wenn ich mich erklären würde. Ich bin bereit, nach Frankreich zurückzukehren, ich möchte zurückkehren, aber das Problem ist, dass der französische Richter, der in diesem Fall ermittelt, Philippe Courroye, die Meinung über die Presse manipuliert und mir nur schaden will, während sein Verfahren gegen mich in Wirklichkeit leer ist. Der Schweizer Richter, Daniel Devaud, ist sein Komplize. Sollte jedoch ein anderer Richter als Courroye die Untersuchung des Falles in Frankreich übernehmen, bin ich bereit, sofort zurückzukehren." Es muss klar sein, dass Gaydamak vor allem ein Opfer des Justizsystems ist.

In *Le Parisien* vom 9. Februar 2001 erfährt man, dass Gaydamak verdächtigt wird, an einer dubiosen Immobilienoperation mit dem Präsidenten der Metzgerei Bernard, Gilbert Salomon, 72, dem „König des Fleisches", beteiligt gewesen zu sein. Letzterer, gegen den wegen „Geldwäsche" ermittelt wird, war diskret zu seinen Beziehungen zu „dem französisch-russischen Milliardär" befragt worden. Gilberts Bruder Pierre Salomon antwortete: „Mein Bruder ist seither im Krankenhaus und hat mit diesen Leuten nichts zu tun. Bei allem, was er in seinem Leben getan hat, ist es traurig, in eine Angelegenheit verwickelt zu werden, die ihn nicht betrifft."

All dies war in der Tat sehr traurig, vor allem wenn man bedenkt, dass Gilbert Salomon zu den Hunderttausenden von „Überlebenden der Todeslager" gehörte. Im Alter von 14 Jahren deportiert und mit 16 Jahren entlassen, hatte er zusammen mit Jean-Baptiste Doumeng, dem berühmten „roten Milliardär", ein Fleischimperium aufgebaut. 1989 kaufte er ein Haus in Boulogne-Billancourt, in der Nähe des Waldes, für 35 Millionen Francs (5,3 Millionen Euro). Im folgenden Jahr kaufte er die Villa Montmorency im 16. Arrondissement von Paris für weitere 35 Millionen Francs. Im Jahr 1993 investierte er 40 Millionen (6,1 Millionen Euro), um die berühmte Villa Islette (20.000 m²) in Cap Antibes zu kaufen. Im folgenden Jahr lernte Gilbert Salomon den dreißig Jahre jüngeren Arcadi Gaydamak kennen. Gaydamak war offiziell in Frankreich verschuldet, wo er keine Steuern zahlte. Der „russische Geschäftsmann", wie der Journalist von *Le Parisien* schrieb, schlug Gilbert Salomon ein kurioses Immobiliengeschäft vor, und im März 1995 kaufte dieser für 9 Millionen Francs (1,4 Millionen Euro) von Gaydamak eine 320 m große Wohnung² nur einen Steinwurf vom Trocadero entfernt. Im Dezember desselben Jahres verkaufte Gilbert Salomon die Wohnung an eine Metzer Immobiliengesellschaft weiter, die von einer englischen Firma unter der Hand von Gaydamak kontrolliert wurde. Zwei Jahre später, 1997, verkaufte der Fleischkönig auch sein Anwesen in Antibes an Gaydamak. Auch bei diesem Kauf ist der russische Geschäftsmann nicht offiziell in Erscheinung getreten.

Das englische Unternehmen Minotaur hat die prächtige Villa Islette für 59 Millionen Franken (9 Millionen Euro) gekauft." Geldwäsche", sagten die Richter, die Salomon vorwarfen, an Scheinverkäufen beteiligt gewesen zu sein. Gilbert Salomon, der behauptete, durch die BSE-Krise „ruiniert" zu sein[177], erklärte den Richtern, dass er mit dem Verkauf seines Grundstücks „ein gutes Geschäft" gemacht habe. Der neue Besitzer, Arcadi Gaydamak, konnte sich jedoch nicht daran erfreuen. Er war in Israel auf der Flucht.

In Israel traf Gaydamak seinen Jugendfreund, den skandalumwitterten Oligarchen Michail Tschernoi, wieder, der seine Geschäfte unter einem freundlicheren Himmel weiterführte. In der Tageszeitung *Libération* vom 30. August 2005 war zu lesen, dass Gaydamak gerade 11 Millionen Euro investiert hatte, um den legendären Jerusalemer Fußballverein Betar zu erwerben und zu leiten. Der Verein wurde in der Zeitung so beschrieben: „Populistisch, epidermisch, seine Fans sind offen rassistisch („Tod den Arabern" ist der mildeste Slogan)."

In der französischen Ausgabe der *Jerusalem Post* vom 29. November 2005 erfuhren wir außerdem, dass der Oligarch von der israelischen Polizei verhört und in Untersuchungshaft genommen worden war. Er wurde verdächtigt, in einen sehr schweren Fall von Geldwäsche mit der Hapoalim-Bank verwickelt zu sein. Im März hatte die Polizei mehr als 400 Millionen Dollar eingefroren, die in einer Filiale der Bank in Tel-Aviv deponiert waren. Gaydamak war nach Hinterlegung einer Kaution von einer Million Sekel freigelassen worden. Sein Reisepass wurde eingezogen und er durfte das Land nicht verlassen. Natürlich beschuldigte der Milliardär die Polizei, ihn zu verfolgen, und behauptete laut und deutlich, dass er nie befragt worden wäre, wenn er nicht „ein sehr reicher Geschäftsmann und Besitzer einer Fußballmannschaft" wäre." Selbst in Israel war Gaydamak Opfer von Verfolgung. Im Juli 2007 gründete er seine politische Partei: Soziale Gerechtigkeit. In der übrigen Zeit führte er sein profitables Geschäft in Russland weiter. In Russland war er auch ein großer Wohltäter, da er nicht zögerte, einen Teil seines immensen Vermögens zur Finanzierung von Wohltätigkeitsorganisationen und zur Unterstützung der bedürftigsten Juden zu verwenden.

---

[177] Die BSE-Krise war eine gesundheitliche und sozioökonomische Krise, die durch den Einbruch des Rindfleischkonsums in den 1990er Jahren gekennzeichnet war, als die Verbraucher sich Sorgen über die Übertragung der bovinen spongiformen Enzephalopathie (BSE) auf den Menschen durch den Verzehr von Rindfleisch machten (NdT).

Edgar Bronfman, der ein Vermögen von schätzungsweise 30 Milliarden Euro besaß, war ebenfalls einer der reichsten Männer der Welt. Sein Vater Samuel hatte sein Vermögen in der Zeit der Prohibition gemacht, als die vier Bronfman-Brüder Allan, Samuel, Abe und Harry mit Arnold Rothstein im illegalen Alkoholhandel tätig waren. In der Folgezeit erlangten sie einen gewissen Bekanntheitsgrad. Bereits 1934 hatte sich Sam Bronfman den Posten des Vorsitzenden des *National Jewish People's Relief Committee* gesichert. Sein Vermögen sollte seinem Sohn helfen, Präsident des Jüdischen Weltkongresses zu werden. Samuel Bronfman, ein tief religiöser und überzeugter Zionist, hatte die Lieferung von Waffen an die Haganah[178] finanziert und damit zur Gründung des Staates Israel beigetragen.

Einige Jahrzehnte später war Seagram, die von seinem Sohn Edgar Bronfman geleitete Gruppe, zur weltweiten Nummer eins im Spirituosen- und Weinhandel geworden. Dem Trust gehörten Five Crown (der meistverkaufte Whisky in den USA), Four Roses, Glenlivet, White Horse, Chivas Scotch Whisky und London Gin. 1994 hatte Seagram den Alleinvertrieb des schwedischen Wodkas Absolut erhalten (60 % des in die USA eingeführten Wodkas). Paul Masson, Calvert, Seven Crown, Barton et Guestier Weine; Mumm und Perrier-Jouët französische Champagner. Sandeman Port und Martell Cognac, die 1988 erworben wurden, waren ebenfalls im Besitz von Seagram. Mit der ebenfalls 1988 erworbenen Marke Tropicana war das Unternehmen auch Weltmarktführer bei Fruchtsäften (40 % des Weltmarktes).

Auf jeden Fall scheint der Alkoholhandel lange Zeit eine israelische Spezialität gewesen zu sein. In seinem Buch über die Beziehungen zwischen Juden und Russen erklärt der große Schriftsteller Aleksandr Solschenizyn, dass im Russland des 18. Jahrhunderts die Herstellung von Spirituosen zu ihrer Hauptbeschäftigung geworden war, so dass 1804 unter Zar Alexander I. ein Erlass die Juden zwang, die Dörfer zu verlassen, um zu verhindern, dass sie die Gesundheit der Bauern schädigten[179].

Bronfman war maßgeblich daran beteiligt, dass einige Juden aus der Sowjetunion in den 1970er Jahren das Land verließen. Gemeinsam mit dem Jüdischen Weltkongress setzten sie sich im US-Kongress für ein Gesetz ein, das der Sowjetunion die Meistbegünstigungsklausel

---

[178] Die Haganah war eine jüdische paramilitärische Selbstverteidigungsorganisation, die 1920 während der Zeit des britischen Mandats über Palästina gegründet wurde.
[179] Aleksandr Solzhenitsyn, *Deux siècles ensemble, Tome I*, Fayard, 2002, S. 70. Gelesen in *Jüdischer Fanatismus*.

einräumte. Dieses Handelsrecht wurde schließlich im Gegenzug für das Recht der Juden auf Auswanderung vereinbart. Edgar Bronfman und der Jüdische Weltkongress zwangen die Sowjets, ihre Forderungen zu akzeptieren.

Zu dieser Zeit war ein Teil des Bronfman-Clans noch mit dem Gangstertum verbunden. 1972 war Edgars Bruder Mitchell in Montreal im Bericht einer Strafkommission als Komplize von Willy Obront, dem Anführer der örtlichen Mafia, genannt worden. Der Bericht erwähnte illegale Aktivitäten „wie Wucher, Glücksspiel, illegale Wetten, Aktienfälschung, Steuererpressung und Korruption[180]." Obront und ein anderer Pächter, Sidney Rosen, wurden beide ins Gefängnis gesteckt.

Seit 1981 war Edgar Bronfman der Präsident des Jüdischen Weltkongresses. In dieser Eigenschaft begann er ein fruchtbares Projekt zur Erpressung von Geldern: die Wiedererlangung von jüdischem Eigentum, das während des Krieges „enteignet" wurde. Eine Untersuchung hatte nämlich ergeben, dass es in der Schweiz 775 nachrichtenlose Konten mit 32 Millionen Dollar gab. Zusammen mit Rabbi Israel Singer, dem Sekretär des Jüdischen Weltkongresses und einem sehr reichen Immobilienmakler, begannen sie 1995, Druck auf die Schweizer Bankiers auszuüben und eine internationale Medienkampagne in den westlichen Medien zu starten. Dies artete schnell in Verleumdung und üble Nachrede aus: Die Schweizer als Ganzes wurden als Profiteure von „Blutgeld" denunziert; sie hätten einen „beispiellosen Diebstahl" begangen; Unehrlichkeit sei das „Fundament der Schweizer Mentalität"; ihre „Gier" sei beispiellos; sie hätten „vom Völkermord profitiert"; sie hätten den „größten Diebstahl in der Geschichte der Menschheit" begangen.

Der internationale Druck war so groß, dass die Schweiz im Februar 1997 zustimmte, einen „Sonderfonds für bedürftige Holocaust-Opfer" in Höhe von zweihundert Millionen Schweizer Franken einzurichten. Diese Summe entsprach in keiner Weise einer anerkannten Schuld, sondern war als Geste der Besänftigung, als Beweis des guten Willens zur Beendigung der Verleumdungskampagne zu verstehen. Der Jüdische Weltkongress zeigte sich jedoch nicht zufrieden, und der Druck nahm weiter zu. Jüdische Financiers forderten nun eine Wirtschaftsblockade der Schweiz." Jetzt wird der Kampf noch viel schmutziger", warnte Abraham Burg, der Präsident der Jewish Agency. Die Staaten New York, New Jersey und Illinois verabschiedeten Resolutionen, in denen sie der Schweiz mit einer Wirtschaftsblockade drohten. Im Mai 1997 zog die Stadt Los Angeles

---

[180]Peter C. Newmans, *Die Bronfman-Dynastie*, S. 231

Hunderte von Millionen Dollar ab, die in Pensionsfonds bei einer Schweizer Bank angelegt waren. New York, Kalifornien, Massachusetts und Illinois folgten diesem Beispiel einige Tage später." Ich will drei Milliarden oder mehr", verkündete Bronfman im Dezember. Im März 1998 donnerte er erneut gegen die Schweizer: „Wenn die Schweizer weiter auf ihren Fersen bleiben, muss ich alle amerikanischen Aktionäre auffordern, ihre Vorverhandlungen mit den Schweizern auszusetzen... Es kommt zu dem Punkt, an dem eine Lösung gefunden werden muss, oder es wird zu einem totalen Krieg kommen[181]."

Die Schweiz befand sich 1933 in einer ähnlichen Situation wie Deutschland. Im Juni machten Schweizer Banken ein Angebot von 600 Millionen Dollar, aber Abraham Foxman von der ADL sagte, dies sei „eine Beleidigung für die Erinnerung an die Opfer"." Andere US-Bundesstaaten - Connecticut, Florida, Michigan und Kalifornien - drohten der Schweiz mit weiteren Sanktionen. Mitte August lenkten die Schweizer schließlich ein und erklärten sich zur Zahlung von 1250 Millionen Dollar bereit. Alle jüdischen Verbände versammelten sich daraufhin, um ihren Anteil an der Beute zu erhalten. Die Anwälte des Jüdischen Weltkongresses und der ADL hatten 15 Millionen Dollar kassiert.

Drei Jahre später stellte Adam Sage in seinem Bericht, der am 13. Oktober 2001 in der *Times* veröffentlicht wurde, fest, dass die Konten, für die es keine Erben gibt, einer Anzahl von 200 deportierten Juden zugeordnet werden können und sich auf insgesamt 6,9 Millionen Pfund belaufen. Im März 2007 wurde Israel Singer, der der Veruntreuung von Millionen von Dollar beschuldigt wurde, aus dem Jüdischen Weltkongress entlassen. Einen Monat später trat Edgar Bronfman, der 26 Jahre lang als Präsident fungiert hatte, zurück. Vor seinem Tod fragte ihn ein Journalist, was seiner Meinung nach die größte Erfindung der Menschheit sei, und Bronfman antwortete: „Leihen mit Zinsen".

Die von der Schweiz erpressten Beträge waren gering im Vergleich zu dem, was Deutschland seit Jahrzehnten an Israel gezahlt hat. Dies sagte Nahum Goldmann, der Gründer des Jüdischen Weltkongresses, 1976 in seiner in Form eines Interviews veröffentlichten Biographie:

„Die Erlangung der deutschen Reparationen nach dem Krieg war,

---

[181] Norman Finkelstein, *The Holocaust Industry, Reflections on the Exploitation of Jewish Suffering*, www.laeditorialvirtual.com.ar, S. 46. Zu diesem Fall siehe die hervorragende Zusammenfassung des Schweizers René-Louis Berclaz, *La Suisse et les fonds juifs en déshérence*.

wie Sie selbst zugeben, eine Ihrer wichtigsten Leistungen. Sie wurden von Adolf Hitler aus Deutschland vertrieben und kehrten zurück, um mit Konrad Adenauer fast auf Augenhöhe zu sprechen. Wie haben sich Ihre Gespräche entwickelt?

Nahum Goldmann antwortete mit diesen Überlegungen:
- In Wirklichkeit hat Deutschland bis heute sechzig Milliarden Mark gezahlt und wird insgesamt achtzig Milliarden Mark zahlen. Das ist zwölf- bis vierzehnmal mehr, als wir damals veranschlagt hatten... Man kann den Deutschen nicht vorwerfen, dass sie geizig waren und ihre Versprechen nicht eingehalten haben... Um die Reparationsfrage zu klären, müssen wir jedoch bedenken, dass die Deutschen heute 1,2 Milliarden Mark pro Jahr für Reparationen ausgeben. Die Öffentlichkeit glaubt, dass die größten Beträge an den Staat Israel gezahlt wurden, aber das ist nicht der Fall: Israel hat offiziell den Gegenwert von drei Milliarden Mark erhalten. Der tatsächliche Wert ist höher, da die Preise der Erzeugnisse zu einem Zeitpunkt festgesetzt wurden, als die Weltmarktpreise am niedrigsten waren. Aber die jüdischen Opfer haben individuell zwanzigmal so viel erhalten. Da sich Hunderttausende von Überlebenden in Israel niedergelassen haben, fließt natürlich ein sehr großer Teil der individuellen Zahlungen indirekt an den Staat zurück: Es gibt Tausende von Israelis, deren Lebensunterhalt von deutschen Zahlungen abhängt. Im Übrigen haben die Russen nie auf unsere Anfragen geantwortet und Ostdeutschland hat nicht reagiert[182]."

Nach Angaben des deutschen Magazins *Der Spiegel* (Nr. 18, 1992) hat die Bundesrepublik Deutschland bereits 85,4 Milliarden Mark an Israel, zionistische Organisationen und Privatpersonen gezahlt." Ohne die deutschen Reparationen", schrieb Nahum Goldmann, „hätte Israel nicht einmal die Hälfte seiner Infrastruktur."

1967 hatte Pinhas Sapir, Israels Finanzminister, enthüllt, dass der Staat Israel von 1949 bis 1966 sieben Milliarden Dollar erhalten hatte. Um sich die Bedeutung dieser Zahlen vor Augen zu führen, genügt es, sich daran zu erinnern, dass sich die Marshallplan-Hilfe, die Westeuropa zwischen 1948 und 1954 gewährt wurde, auf dreizehn Milliarden Dollar belief. Das bedeutet, dass der Staat Israel für weniger als zwei Millionen Einwohner mehr als die Hälfte dessen erhalten hat,

---

[182] Nahum Goldmann, *Le Paradoxe juif, Conversations en français avec Léon Abramowicz*, Paris, Stock, 1976, S. 146-164. Goldmann spricht von 600.000 Überlebenden der „Todeslager": „1945 gab es fast sechshunderttausend Juden, Überlebende der deutschen Konzentrationslager, die kein Land aufnehmen wollte." (*Le Paradoxe juif*, S. 237).

was zweihundert Millionen Europäer erhalten haben, d. h. hundertmal mehr pro Einwohner[183].
Darüber hinaus schicken jüdische Organisationen aus den USA jedes Jahr durchschnittlich eine Milliarde Dollar nach Israel. Diese als wohltätig angesehenen Spenden sind in der Einkommenssteuererklärung des Spenders steuerlich absetzbar, so dass sie tatsächlich vom amerikanischen Steuerzahler getragen werden. Der Löwenanteil dieser Beiträge kam jedoch direkt vom amerikanischen Staat, dessen Hilfe sich in den 1990er Jahren auf mehr als drei Milliarden Dollar pro Jahr belief[184].

Ende der 1980er Jahre veranlasste die Stagnation des Alkoholmarktes Edgar Bronfman Junior, der das Brongfman-Imperium übernommen hatte, dazu, die Strategie der Gruppe auf den Unterhaltungs- und audiovisuellen Sektor auszurichten. Der Verkauf von Tropicana führte zum Erwerb der Plattenfirma Polygram und der Kontrolle über Deutsch Gramophon, Decca und Philips Music Group. Bronfman kaufte auch die Hälfte von Interscope Records, einer auf Rap-Musik spezialisierten Plattenfirma. Bis 1995 hatte Seagram die Hollywood-Studios MCA-Universal übernommen und besaß 15 % von Times Warner. Edgar Bronfman wurde so zu einem der größten Bosse in Hollywood[185]. Von dieser Position aus konnte er die Menschen im Westen alles glauben machen.

Die Anti-Defamation League (ADL), die mächtige amerikanische „Anti-Rassismus"-Liga, war immer noch mit einigen dubiosen Personen verbunden. Ihr Präsident Abraham Foxman hatte, wie wir bereits gesehen haben, im Jahr 2000 eine sehr hohe Summe von Marc Rich erhalten, um sich bei Präsident Clinton für seine Sache einzusetzen. Auch sein Vorgänger Kenneth Bialkin war eine verdächtige Person. Er hatte in den 1970er Jahren als Anwalt bei Wilkie Farr & Gallagher in New York gearbeitet. Im Januar 1980 wurde aufgedeckt, dass Bialkin in einen Betrug eines Robert Vesco verwickelt

---

[183] Roger Garaudy, *Les Mythes fondateurs de la politique israélienne*, La Vieille Taupe, 1995, S. 211, 212.
[184] Siehe auch das gemeinsame Buch von John Mearsheimer und Stephen Walt, *The Israel Lobby and American Foreign Policy*, Harvard University, 2006.
[185] 2001 veröffentlichte Michael Solomons Filmmagazin *Premier* eine Liste der 100 einflussreichsten Persönlichkeiten" in Hollywood. Nummer 1 war Gerald Levin von Times-Warner-AOL, der Summer Redstone (Murray Rothstein) von Viacom (CBS, Paramount, MTV usw.) entthronte. Nummer 3 war der Australier Rupert Murdoch (jüdisch wegen seiner Mutter, der geborenen Emma Greene). Nummer 4 war Michael Eisner (Disney, ABC, Miramar usw.) Mehr als die Hälfte der Liste bestand aus israelischen Persönlichkeiten. In *Faits-et-Documents* vom 15. April 2001.

war, der nach Kuba fliehen musste. Vesco hatte zuvor mit dem „kolumbianischen" Drogenlieferanten Carlos Lehder zusammengearbeitet und so zum Aufbau des Vertriebsnetzes für Kokain und Marihuana auf den Bahamas beigetragen. Am 17. April 1989 wurde Robert Vesco in Jacksonville wegen seiner Beteiligung an der Einfuhr von kolumbianischen Drogen vor Gericht gestellt.

Kenneth Bialkin hatte auch als Verteidiger des Bankiers Edmond Safra fungiert, der im Januar 1989 in einem Fall von Geldwäsche angeklagt worden war. Safra's Bank in New York diente nachweislich als Durchgangsstation für Drogengelder libanesischer, bulgarischer und kolumbianischer Banden.

Bei uns ist auch Paul Lipkin, Präsident der ADL-Regionaldirektion in Virginia. Er hatte jahrzehntelang als Anwalt von Arthur „Bootsy" Goldstein gearbeitet, einem der Pornokönige, der mehrfach verhaftet wurde.

Langjährige Gefolgsleute von Meyer Lansky wie Victor Posner, der Hollywood-Anwalt Sidney Korchak und Moe Dalitz waren Gönner der Anti-Defamation League. Morris „Moe" Dalitz, der Pate von Las Vegas, der zu den Gründern der berüchtigten „Purple Gang" von Cleveland gehörte, wurde 1982 in der Liste der 400 reichsten Menschen Amerikas des Magazins *Forbes* aufgeführt. Im Jahr 1985 wurde er als Wohltäter der Vereinigung geehrt: Die ADL verlieh ihm ihre höchste Auszeichnung, die „Fackel der Freiheit".

## Die Mafia in Israel

Nach dem Zusammenbruch des Sowjetblocks im Jahr 1991 kamen Hunderttausende russischer Juden nach Israel. Im Jahr 1995 war von fast 700.000 Einwanderern innerhalb von fünf Jahren die Rede, das sind mehr als 12 % der Gesamtbevölkerung Israels. Unter ihnen befanden sich einige der wichtigsten Vertreter des organisierten Verbrechens, die sich das „Rückkehrgesetz" zunutze machten, das allen Juden aus aller Welt, die sich in Israel niederließen, automatisch die israelische Staatsbürgerschaft verlieh. Natürlich sah das israelische Gesetz die Möglichkeit vor, einen Einwanderungskandidaten abzulehnen, wenn er oder sie ein gerichtliches oder strafrechtliches Führungszeugnis hatte, aber diese Bestimmung war sehr theoretisch. Die Ablehnung des Antrags von Meyer Lansky, sich in Israel niederzulassen, war nur eine Ausnahme[186].

---

[186] In Die *Juden, die Welt und das Geld* (2005) hatte Jacques Attali diese Ausnahme

In Wirklichkeit war Israel für die russische Mafia ein Hort des Friedens, ein Ort der Freizeit und der Begegnung, aber auch ein Finanzzentrum, das Möglichkeiten zur Geldwäsche bot. Ein Jude, der nach Israel kam, musste sich nicht für die Herkunft der mitgebrachten Devisen rechtfertigen, egal wie hoch der Betrag war. Im Jahr 1996 waren von den 30 Milliarden Dollar, die im Auftrag der russischen Mafia die ehemalige Sowjetunion verlassen hatten, vier Milliarden Dollar in Israel gewaschen worden[187].

Einige dieser neuen Einwanderer waren möglicherweise keine Juden. Diese Idee wird häufig vorgebracht, um den Einfluss der jüdischen Mafia in der Welt zu minimieren: Russische Kriminelle hätten sich als Juden ausgegeben, um die UdSSR zu verlassen, und sich dann in die Diaspora echter russischer Juden integriert, wie zum Beispiel in dem Film *Lord of War zu* sehen ist, der den Werdegang eines großen internationalen Waffenhändlers mit Sitz in Little Odessa zeigt. Alain Lallemand schrieb: „Diese Schlussfolgerung ist von grundlegender Bedeutung und erklärt zu einem großen Teil, warum der Vormarsch der russischen Mafia vor allem in Gebieten stattfindet, die zuvor von einer jüdischen Einwanderungswelle geprägt waren, sehr zum Leidwesen dieser religiösen Gemeinschaften (Brooklyn, Antwerpen, Vilnius, Odessa usw.), und warum die Entwicklung der russischen Mafia spektakulär ist, indem sie sich fremde Einwanderungsstrukturen zunutze macht und missbraucht[188]." Das ist offensichtlich nicht ernst gemeint.

Zu Beginn seines Buches, auf Seite 13, scheint Alain Lallemand jedoch ein wenig unbehaglich zu sein, als er schreibt: „Juden? Die religiösen Erklärungen der betroffenen Personen liegen in ihrer alleinigen Verantwortung... Von nun an wird in dieser Darstellung nur noch die Staatsangehörigkeit a priori relevant sein, die erklärte oder vermutete Religionszugehörigkeit wird in den Fällen vermerkt, in denen sie eine entscheidende Rolle spielt." In diesem Fall handelt es sich nicht um eine Kleinigkeit: Wie wir sehen werden, ergänzt die israelische Kriminalität die russische, sie ist sogar ihre Verlängerung, und Tel-Aviv spielt eine zentrale Rolle in der Mafiaorganisation, die uns interessiert[189]."

---

erwähnt, um seine Leser in die Irre zu führen.
[187]Alain Lallemand, *L'Organizatsiya, La mafia russe à l'assaut du monde*, Calmann-Lévy, 1996, S. 207.
[188]Alain Lallemand, *L'Organizatsiya, La mafia russe à l'assaut du monde*, Calmann-Lévy, 1996, S. 209.
[189] In seinem Buch *Le Grand Réveil des mafias (Das große Erwachen der Mafia,* JC Lattès, 2003) schweigt Xavier Raufer über die Bedeutung der jüdischen Mafia. In

Im Jahr 2002 stellte das FBI in einem Bericht fest, dass die meisten Mitglieder von Mogilevitchskrimineller Organisation israelische Pässe besaßen. Jonathan Winer, Experte in der Strafverfolgungsbehörde des US-Außenministeriums, erklärte: „Es gibt keine große Figur des organisierten Verbrechens, die wir verfolgen, die keinen israelischen Pass hat." (*Strategische Vorausschau*, 8. April 2002). Tatsache ist, dass die 75 russischen und ukrainischen Kriminellen, die von der US-Regierung Ende der 1990er Jahre weltweit gesucht wurden, israelische Staatsbürger waren.

Am 18. Oktober 2007 meldete die Wochenzeitung *Actualité juive* die beeindruckende Zahl von 27.500 gestohlenen, verlorenen oder verkauften israelischen Pässen pro Jahr im Ausland oder im Inland, während die Zahl der Verlustmeldungen bei 6.000 pro Jahr liegt. Die anderen Dokumente wurden an „lokale Mafias in den von Israelis am häufigsten besuchten Ländern wie Indien, Thailand, Australien oder Japan" verkauft."

Israel war zu einem sicheren Stützpunkt für die Mafia geworden: Hunderte von Millionen Dollar wurden von Mafiosi dort investiert, um ihr schmutziges Geld zu waschen. Robert Friedman schrieb: „Von allen Nationen, in denen sich die russische Mafia etabliert hat, ist keine so stark gefährdet wie der Staat Israel."

Einige Nachrichtenberichte waren in der Tat recht aufschlussreich für die Atmosphäre in Israel. So wurde am 24. Februar 1993 in Tel-Aviv der 43-jährige Yeheskel Aslan von einem maskierten Bewaffneten niedergeschossen. Yeheskel Aslan war Eigentümer mehrerer Restaurants und Nachtclubs in Israel sowie von Kasinos in Osteuropa und Belgien. Er war 1971 und 1979 in New York wegen Drogenhandels inhaftiert worden und wurde 1982 Opfer eines ersten Anschlags, bei dem sieben Mal auf ihn geschossen wurde. Nach seiner Ermordung am 24. Februar 1993 folgten rund tausend Menschen seinem Sarg in Tel Aviv, was einen Eindruck von seiner Popularität und seinem Einfluss vermittelt.

Am 10. August 1994 wurde Amnon Bahashian von einem Bewaffneten, der mit einem Komplizen in einem Auto floh, aus nächster Nähe dreimal in den Kopf geschossen. Am 14. Januar 1995 wurde, ebenfalls in Tel Aviv, eine Bombe unter dem Auto von Moshe Alperon, 42, platziert, der bei dem Anschlag ein Bein verlor. Glücklicherweise hatten die Verstärkungen des Fahrzeugs den größten

---

Bezug auf den hebräischen Staat schrieb er mit Nachsicht: „Dieses Land, das schon oft vom Terrorismus heimgesucht wurde, könnte eine weitere Katastrophe gut gebrauchen." (Seite 35).

Teil der Verpuffung abgefangen. Die israelische Polizei richtete ihre Ermittlungen auf Gad „Schatz "Plum, der gerade nach Israel gekommen war, nachdem er in Deutschland dreizehn Jahre wegen Mordes im Gefängnis gesessen hatte. Jeder fürchtete Gad Plum und seine Methoden, Geld von Bordellbesitzern und Ladenbesitzern zu erpressen. Er betrieb auch Kasinos und war in den Heroinhandel verwickelt. Am 31. Oktober 1995 wurde er auf der Terrasse eines Tel-Aviver Cafés mit drei Schüssen in den Oberkörper getötet. Ein junger Bewaffneter war von einem Motorrad gesprungen und hatte ihn aus nächster Nähe erschossen, bevor er mit seinem Komplizen flüchtete.

Die Begleichung von Rechnungen war alltäglich, aber der Doppelmord vom 11. Mai 1995 ging wegen des Schreckens, den er auslöste, in die Annalen Israels ein. Die 67-jährige Großmutter Sofia Moshayav und ihr 20-jähriger Enkel Siblei, der ursprünglich aus Tschetschenien stammt, wurden enthauptet in ihrer Wohnung im Norden von Tel Aviv aufgefunden. Die Köpfe waren wahrscheinlich per Post zu den Komoriten im Kaukasus geschickt worden, wo Sibleis Vater, Dimitri Moshayav, mit einem seiner Kollegen Geschäfte machte. Der Schuldige, Oleg Ya'acobov, war ein Cousin von Siblei. Er hatte sogar an der Beerdigung seiner Opfer teilgenommen, um ganz normal zu erscheinen, aber einige Wochen später wurde er verhaftet und angeklagt.

Die Probleme, die die „Russen", wie die Juden aus der ehemaligen Sowjetunion dort genannt wurden, mit sich brachten, hatten enorme Ausmaße angenommen. Sie hatten längst einen Staat im Staat gebildet. Diese Gemeinschaft gab mehr als zehn Zeitungen und Zeitschriften in russischer Sprache heraus und beschäftigte sich mit der Kriminalität in Russland, dem Kaukasus und Zentralasien. Juden aus der ehemaligen UdSSR hatten auch den außerordentlichen Aufschwung des Flugverkehrs in ihre Herkunftsländer verursacht. Die Ziele Tiflis, Baku, Jekaterinburg, Duschanbe, Almati, Kiew, Sewastopol, Moskau und St. Petersburg wurden oft mehrmals täglich mit Tel Aviv angeflogen. Dieses ständige Hin und Her zwischen Zentralasien, der Türkei und Israel beunruhigte die israelischen Behörden so sehr, dass sie beschlossen, eine auf die Bekämpfung der Kriminalität aus der ehemaligen UdSSR spezialisierte Polizeieinheit zu bilden[190].

---

[190] Die Zunahme der israelischen Flüge in die Türkei war eine Folge der Stärkung der Wirtschafts- und Verteidigungsbeziehungen mit Ankara, entsprach aber auch der Begeisterung israelischer Touristen für Casinos, die in Israel auf Druck religiöser Parteien verboten sind. London, Las Vegas und Monte Carlo waren ebenfalls beliebte Ziele.

Innerhalb weniger Jahre hatten die „Russen" es Israel jedoch ermöglicht, seine Devisenreserven zu verdoppeln. Es muss gesagt werden, dass das israelische Bankensystem, wie auch das zypriotische, endlose Möglichkeiten für die Wiederverwendung von schmutzigem Geld bietet. Israelische Banken mit Niederlassungen und „*steuerbegünstigten*" Unternehmen in Europa, der Karibik, den Vereinigten Staaten, Kanada und Südostasien garantierten die Anonymität aller Fremdwährungseinlagen und den freien Fluss des Geldes in der ganzen Welt sowie die Möglichkeit, es in Gold umzuwandeln. Dies war das berühmte *Pata'h-System* (das „Auslandskonto"), das von den führenden Banken des Landes in ihren Hochglanzbroschüren angepriesen und beworben wurde.

*L'Express* vom 16. Juli 1998 lieferte weitere Informationen über die Lage in Israel. Dort, wie auch anderswo, dachten die Kriminellen, sie stünden über dem Gesetz. Mit ihrem kolossalen Vermögen können sie jeden kaufen", beklagte General Mizrahi. Wir haben in unserem Innenministerium ein Netz der Komplizenschaft zerschlagen, das es ihnen ermöglichte, sich falsche Dokumente zu beschaffen", und er fügte hinzu: „Ich bin mir nicht sicher, ob wir sie daran hindern können, eines Tages ihre Netze über die israelische Politik auszubreiten."

Der Fall von Gregori Lerner, alias Zvi Ben Ari, war emblematisch. Der russischstämmige Israeli war 1997 verhaftet worden, als er mit Inhaberaktien im Wert von einer Milliarde Dollar in seinem Koffer vom Flughafen Ben-Gurion abheben wollte. Ihm wurde auch vorgeworfen, vier russische Banken um rund 106 Millionen Dollar betrogen zu haben und in Israel einen Geldwäschering organisiert zu haben. Moshe Mizrahi sagte, der Mann „hätte Mitglied der Knesset werden können, wenn er nicht hinter Gittern gesessen hätte". Nach Angaben der Polizei hatte der berüchtigte Lerner, der in nur wenigen Jahren im jüdischen Staat auf wundersame Weise zu einem Vermögen gekommen war, 100.000 Dollar an einen Verein gespendet, der mit der von Nathan Chtcharanski geführten Partei Yissrael B'Aliya (Neue Einwanderer) verbunden ist. Gregori Lerner war zu sechs Jahren Gefängnis verurteilt worden, empfing aber weiterhin mehrere israelische Abgeordnete aus der ehemaligen UdSSR in seiner Zelle.

Am 3. April 1998 interviewte die BBC den israelischen Polizeikommandanten Meir Gilboa, der dem Journalisten sagte: „Sie kommen nach Israel, weil es nicht sehr riskant ist, sich an illegalen Aktivitäten zu beteiligen. Es gibt keine Gesetze gegen Geldwäsche oder die Mitgliedschaft in einer illegalen Organisation. Es ist einfach, die israelische Staatsbürgerschaft zu erhalten. Sie fühlen sich hier sicherer als in Russland." Kommandant Gilboa räumte ein, dass die Gangster eine ernsthafte Bedrohung für die israelische Gesellschaft darstellen: „Sie haben die Mittel, die Regierung und das Wirtschaftssystem zu korrumpieren."

Die Prostitution ermöglichte den Gangstern einen luxuriösen Lebensstil. Dutzende von Bordellen und „Massagesalons" waren in den letzten Jahren in Tel Aviv und Haifa aus dem Boden geschossen. Viele wurden von russischen Gangstern kontrolliert, die Mädchen aus Osteuropa rekrutierten." Sie werden als Sklaven verkauft", sagte der Polizeibeamte Tony Haddad aus Haifa. Rita Rasnic vom israelischen Frauenhilfszentrum behauptete, dies sei ein neuer Handel mit Weißen.

Nach Ansicht von General Mizrahi gingen die traditionellen einheimischen Kriminellen im Vergleich zu den Kriminellen aus der ehemaligen Sowjetunion als Kinder durch: „Ein russischer Gangster tötet viel kaltblütiger. Er zögert nicht, einen nach dem anderen zu töten, den Geschäftsführer und alle Mädchen eines „Massagesalons", bevor er seelenruhig die Straße hinuntergeht." *L'Express* schreibt dazu: „Methoden, die anscheinend wirksam sind, wenn man bedenkt, dass russische Gangster in diesem biblischen Land fast ein Monopol auf die Prostitution haben, wie die zahllosen Silhouetten blonder Mädchen zeigen, die nachts durch die Straßen rund um die Diamantenbörse von Tel-Aviv ziehen."

Israel war zu einem der Zentren der Drogengeldwäsche geworden. Im Jahr 1997 wurden zwischen vier und fünf Milliarden Dollar durch das Land geschleust. Im September 1995 veröffentlichte die *Dépêche Internationale des Drogues* folgende Informationen: Auf dem beliebten Markt in der Shaanan-Straße in der Nähe des zentralen Busbahnhofs in Tel Aviv wurde offen mit Heroin und synthetischen Drogen gehandelt. Der Ort war ein Chaos von Menschen und Waren. Die afrikanische und die ehemalige UdSSR-Bevölkerung mischten sich, aber die Juden aus dem ehemaligen Jiddischland, dem Kaukasus und Zentralasien hatten das Sagen.

Der Transit von Reisenden unterstützte auch einen fast familiären Drogenhandel: Ein usbekischer Schuhmacher aus Samarkand, der sich in Haifa niederließ, erklärte, dass er mit dem Geld von einem halben Kilo Heroin, das er in Israel verkauft hatte, seine Werkstatt eingerichtet hatte[191]. Später behauptete er jedoch, keinen weiteren Kontakt mit der Droge gehabt zu haben. In den großen städtischen Zentren, insbesondere in Tel Aviv und Jerusalem, aber auch in der Hafenstadt Haifa, wurden Heroindosen (ein Drittel Gramm) zu sehr

---

[191] 300 Gramm Heroin ergeben 35 000 Dosen.

unterschiedlichen Preisen gehandelt, die zwischen 30 und 90 Dollar lagen. Die Drogenbekämpfung an den Grenzen war jedoch keine Priorität. Die Kontrollmaßnahmen und endlosen Verhöre, die Reisende bei der Ein- und Ausreise nach Israel über sich ergehen lassen mussten, dienten hauptsächlich der Sicherheit und der Kontrolle von Waffen und Sprengstoff[192].

Die Korruption der Polizei war ein weiterer Hinweis auf die Verschlechterung der Lage. Die Presse hatte berichtet, daß drei Minister am Freitag, dem 25. August 1995, in Tel Aviv die Allenby Street „hinuntergehen" wollten, um sich selbst ein Bild vom Ausmaß des Verkehrs zu machen. Sie konnten sehen, dass die Dealer ihre Tüten mit Cannabis vor der örtlichen Polizeistation verteilten. Auf der Straße und in den Kneipen wurden alle Drogen verkauft. Nach diesem Mediencoup berichtete die Presse über mehrere Fälle von Polizeibeamten, die Dealer ausgeraubt oder bei ihrer Verhaftung erpresst hatten. Andere wurden direkt beschuldigt, in den Drogenhandel verwickelt zu sein. Im Januar 1997 gab die israelische Armee bekannt, daß ein Zollbeamter als Hauptverdächtiger bei der Abzweigung von 14 Kilo beschlagnahmtem Heroin verhaftet worden war.

Einem Bericht des UN-Büros für Drogenkontrolle und Verbrechensverhütung vom August 2001 zufolge stehen 75 % der Straftaten in Israel im Zusammenhang mit Drogen (Marihuana, Heroin, Kokain, Ecstasy, LSD). In dem Land gab es 300 000 Gelegenheitskonsumenten und 20 000 Süchtige. Aber Israel war nicht nur ein Verbraucherland: Wie Kolumbien, Thailand und Pakistan war der Staat Israel zu einem Zentrum des internationalen Drogenhandels geworden.

In einem US-Bericht aus dem Jahr 2003 schrieb Dina Siegel, dass das organisierte Verbrechen in Israel die Form von Hunderten von ethnischen Gruppen annahm, von denen die kaukasischen Juden die gewalttätigsten waren." Kaukasier und Georgier waren Teil einer einzigen Kategorie: der „Russenmafia"." Dina Siegel erzählte uns auch, woher die kaukasische Mafia kommt: Während des Tschetschenienkrieges waren viele tschetschenische Juden nach Israel ausgewandert.

Die georgische jüdische Gemeinde war besonders stark und strukturiert. Jacques Derogy schreibt in seinem Buch: „Stalin selbst, der

---

[192] Bürger aus Costa Rica, Guatemala, Salvador und der Dominikanischen Republik wurden am internationalen Flughafen Ben-Gurion nicht streng kontrolliert, da diese Länder als einzige Jerusalem seit 1980 als Hauptstadt des hebräischen Staates anerkannt haben. Einige Reisende nutzten dies aus, um Kokain nach Israel zu schmuggeln.

Sohn Georgiens, hatte es nicht gewagt, den Juden die freie Religionsausübung zu verbieten, im Gegensatz zu den übrigen Juden in der UdSSR." Viele von ihnen hatten die Sowjetunion nach dem Sechs-Tage-Krieg verlassen." Von allen russischen Einwanderern in Israel sind die Georgier die homogenste, energischste und stärkste Gemeinschaft", schrieb Derogy. Alle Schmuggler hatten Nachnamen, die auf „shvili" endeten: Sie waren Emigranten aus Georgien und waren früher Angestellte des Flughafens Lod, wo sie die Waren stahlen[193].

Aber nicht alle israelischen Straftaten können den „Russen" angelastet werden. Die Situation hatte sich bereits in den 1970er Jahren verschlechtert. 1980 schrieb Jacques Derogy, ein Pionier des investigativen Journalismus und „pro-israelischer und pro-einwandernder Jude" (Seite 28), in seinem Buch *Israel Connection*: „Von 1949 bis 1979 stieg die Kriminalitätskurve in Israel viermal schneller als die der Bevölkerung, die in dreißig Jahren von einer auf drei Millionen Einwohner anstieg." Und er fügte hinzu: „Wie ihr amerikanisches Pendant verdient die israelische Mafia ihr Geld mit dem Drogenhandel in der ganzen Welt, mit der Erpressung von Geldern in all ihren Formen, insbesondere mit dem auferlegten „Schutz", mit dem weit verbreiteten Schmuggel, insbesondere von gestohlenen Diamanten auf dem Ben-Gurion-Flughafen in Lod, mit dem verbotenen Monopol auf dem Obst- und Gemüsemarkt und auf dem Bekleidungsmarkt, mit der groß angelegten Herstellung und Verbreitung von gefälschten Bankschecks und auch mit Zuhälterei."

Die Erpressung von Kleinhändlern und Handelsunternehmen war bereits eine Geißel: „Im Laufe der Jahre hat sie sich nur weiterentwickelt, institutionalisiert und ausgeweitet, und zwar in einem solchen Ausmaß, dass es heute sehr schwierig ist, einen öffentlichen Ort zu finden - ein Restaurant, eine Diskothek, einen Laden, sogar ein Lebensmittelgeschäft wie in der Region Haifa -, wo der Besitzer nicht regelmäßig hohe Geldsummen an Personen zahlt, die sein Geschäft „schützen" sollen[194]."

Der Handel mit Heroin war weit verbreitet. Siehe den Fall von Hershko Nello, einer israelischen Unterweltfigur. Er war „ein

---

[193] Jacques Derogy, *Israel Connection*, Plon, 1980, S. 101. Die englische Zeitung *The Independent* vom 25. Januar 2001 berichtete, dass ein Mitglied des Russischen Jüdischen Kongresses, Mikhail Mirilashvili, in St. Petersburg verhaftet und der Entführung von zwei Personen angeklagt wurde. Mirilaschwili musste zusammen mit dem israelischen Präsidenten Moshe Katzav, der sich zu dieser Zeit auf einem Staatsbesuch befand, aus dem Land fliehen. Er war Direktor der russischen Videofirma, die 1997 von MediaMost aufgekauft wurde, das von Gusinsky kontrolliert wird.

[194] Jacques Derogy, *Israel Connection*, Plon, 1980, S. 29, 34, 92

Rauschgifthändler, der ein direktes thailändisch-israelisches Netzwerk für den Transport von Heroin[195] aufgebaut hatte." Hershko Nello und seine Komplizen reisten regelmäßig nach Chiang Mai im Norden Thailands, um Heroin zu kaufen.

Derogy nannte auch einen Albert Liani, einen israelischen Drogenhändler mit Sitz in Marseille, der den Seetransport von Rauschgift zwischen Israel und den Vereinigten Staaten leitete. Es gab auch Pinhas Goldstein, der als einer der Pioniere des Kokainhandels von Amsterdam nach Israel gilt[196].

Samy Shoshana, ein Sechzigjähriger, hatte in Zusammenarbeit mit einem „*pied-noir*[197] „ namens Jacques Cohen, einem ehemaligen Mitglied der 1970 aufgelösten Bande von Salomon Abou, ein paralleles Netz zu dem der Korsen aufgebaut. Jacques Derogy beschrieb diese Person wie folgt: „Zurück in Paris, in seinem Hauptquartier im *Stadtteil Montmartre*, ist Jacques Cohen einer der starken Männer der Bande, die von anderen nordafrikanischen Juden, den Brüdern Taieb, gegründet wurde, die ihre Geschäfte von zwei Pariser Clubs aus betreiben, dem *Gibus* und dem *Petite Bergère*." Jacques Cohen reiste regelmäßig nach Israel, bis zu dem Tag im Dezember 1974, als Samy Shoshana denunziert und mit 22 Kilo Opium in einer Wohnung in einem Vorort von Tel-Aviv[198] verhaftet wurde. Wir sehen also, dass auch die sephardischen Juden Nordafrikas nicht zimperlich waren und es verstanden, in die lukrativsten Handelsgeschäfte zu investieren.

Die mythische Figur des organisierten Verbrechens in Israel war Mordechai Tsarfati, auch bekannt als Mentesh. Er wurde 1917 in Thessaloniki geboren und war in den 1950er Jahren der erste „Pate" Israels. Er hat in Freizeit- und Vergnügungslokalen sowie in Nachtclubs für Ordnung gesorgt und den Drogenhandel organisiert. Außerdem tat er den Führern der regierenden Labour Party viele Gefallen und stellte Schläger für deren Kundgebungen zur Verfügung. Er war Ben-Gurions Wahlhelfer in den Arbeitervierteln. Dort sollte er seinen Stellvertreter Betsalel Mizrahi ausbilden. Zu dieser Zeit war Tel-Aviv bereits von organisierten Banden heimgesucht, die alle Arten von Banditentum betrieben.

Wir sahen also, dass die Wünsche der Gründerväter des jüdischen Staates doch noch prompt erfüllt wurden. In der Tat hatten sie die Worte des Theoretikers des Zionismus, Dov Ber Borochow, aufgegriffen, der

---

[195] Jacques Derogy, *Israel Connection*, Plon, 1980, S. 143.
[196] Jacques Derogy, *Israel Connection*, Plon, 1980, S. 110, 111.
[197] Franzosen, die nach dem Unabhängigkeitskrieg aus Algerien repatriiert wurden.
[198] Jacques Derogy, *Israel Connection*, Plon, 1980, S. 88.

erklärt hatte: „Wir Juden werden einen Staat wie die anderen haben, wenn er seine Mörder, seine Verbrecher und seine Prostituierten hat." Aber die Wahrheit ist, dass die Verbrecher nicht auf die Gründung des Staates Israel im Jahr 1948 gewartet hatten, um ihre Untaten zu begehen: „In den 1920er Jahren hatten die jüdischen Polizisten im Dienste der britischen Regierung in Palästina bereits ernsthaft mit allen Arten von Banditen zu tun[199]."

---

[199] Jacques Derogy, *Israel Connection*, Plon, 1980, S. 35.

# TEIL ZWEI

## UNTERNEHMEN OHNE GRENZEN

## 1. Waffen, Drogen und Diamanten

Mit 400 Milliarden Euro jährlichem Gewinn ist der internationale Drogenhandel der zweitgrößte Wirtschaftszweig der Welt, gleich hinter der Waffenindustrie[200]. Drogenhändler brauchen Waffen. Sie brauchen auch organisierte Netzwerke, um Milliarden von Dollar aus dem Handel mit Heroin, Kokain oder Ecstasy zu waschen. Hier kommen die Diamantenhändler ins Spiel.

*Die Diamantenindustrie*

Juden haben schon immer eine wichtige Rolle in der Diamantenindustrie gespielt. Edelsteine sind leicht zu transportieren, was im Falle einer überstürzten Flucht einen enormen Vorteil darstellt. Und die Geschichte der Juden ist, wie wir alle wissen, von überstürzten Fluchten durchzogen.

Der Abbau und die Vermarktung von Rohdiamanten lag vollständig in den Händen von Geschäftsleuten aus der jüdischen Gemeinde. Das Unternehmen De Beers hatte lange Zeit fast eine Monopolstellung in diesem Industriezweig inne. Das Unternehmen De Beers hatte seine Anfänge im 19. Jahrhundert in Südafrika. Im Jahr 1869, nachdem die ersten Steine gefunden worden waren, kamen Schürfer von weit her, um in der Erde zu graben. Angesichts einer Horde von Diamantenhassern hatten die Gebrüder Beers - Burenfarmer - schließlich ihr Land im Tausch gegen 6000 Pfund an ein Syndikat von

---

[200]William Reymond, *Mafia S.A.*, Flammarion, 2001, S. 370.

Schürfern abgegeben, das sich als das reichhaltigste Diamantenvorkommen der Welt herausstellen sollte. Ein Mann zeichnete sich durch seinen Geschäftssinn aus: der berühmte Cecil Rhodes. Er kaufte Konzessionen, gründete Partnerschaften und Fusionen, so dass es ihm gelang, die Kontrolle über den afrikanischen Markt und bis zu 90 % der weltweiten Diamantenproduktion zu erlangen. Um sowohl die Produktion als auch den Verkauf zu kontrollieren, gründete Rhodes ein Marketing-Syndikat, das er „Diamond Syndicate" nannte. Im Jahr 1902 wurde jedoch in der Provinz Transvaal ein weiteres, noch ergiebigeres Vorkommen entdeckt, das sich seiner Kontrolle entzog.

Die Monopolisierung von Produktion und Vertrieb erfolgte in den 1930er Jahren unter der Leitung von Ernest Oppenheimer. Im Jahr 1957 übernahm sein Sohn Harry das Geschäft, und ein Jahrzehnt lang übte das „Syndikat" die absolute Vorherrschaft über die weltweite Rohdiamantenindustrie aus. Das Unternehmen legte die Preise nach eigenem Gutdünken fest, hortete Rohdiamanten in seinem Lager, wenn die Preise niedrig waren, und verkaufte, wenn sie stiegen. De Beers wählte seine Kunden, nicht mehr als 160, nach eher undurchsichtigen Kriterien aus." Mit De Beers kann man nicht verhandeln; man nimmt, was er einem gibt, zu dem Preis, den er verlangt", heißt es in der Diamantenwelt.

Die Aktivitäten des Konzerns weiteten sich bald auf viele weitere Branchen aus: Goldminen, Kupferminen, Kohlebergwerke, Stahlwerke, Banken usw. Als Harry Oppenheimer 1984 in den Ruhestand ging, trat sein Sohn Nicky an seine Stelle am Hauptsitz des Unternehmens in London. Die zentrale Verkaufsorganisation(CSO) legte die Handelspolitik fest und regulierte den Markt. Die Aktivitäten der CSO beschränkten sich nicht nur auf die Diamanten von De Beers, sondern umfassten fast die gesamte Weltproduktion, da auch die UdSSR und China sie mit der Vermarktung ihrer Rohdiamanten betrauten. In den frühen 1990er Jahren produzierte De Beers 45 % der weltweiten Rohdiamanten und vermarktete etwa 80 % der Weltproduktion. Nicky Oppenheimer, der Zehntausende von schwarzen Arbeitern in seinen Minen beschäftigte, war zweifellos der reichste Mann Afrikas.

Während des internationalen Embargos gegen das segregationistische Apartheidregime in den 1970er Jahren unterhielt Südafrika sehr gute Beziehungen zum Staat Israel. Andererseits finanzierten Harry Oppenheimer, der ständige Beziehungen zu den schwarzen Führern des ANC im Exil unterhielt, und ein weiterer jüdischer Milliardär, der berühmte ungarische Spekulant George Soros, seit 1981 die schwarzen Bewegungen an der Universität von Kapstadt[201].

Der Sturz des Apartheidregimes Anfang der 1990er Jahre war kein Zufall. Sie war in New York von einigen angloamerikanischen multinationalen Unternehmen beschlossen worden. Der Journalist Anthony Sampson schrieb am 9. Mai 1994 in *Newsweek*, einem der Presseorgane des amerikanischen *Establishments:* „Im Juli 1985 vollzog die Chase Manhattan Bank (David Rockfeller) eine historische Geste: Sie stellte alle Finanzkredite ein und strich den gesamten Kreditkanal nach Südafrika. Es war die Chase Bank, die den internationalen Vertrauensverlust in dieses Land, den Zusammenbruch seiner Währung und die internationale Welle zugunsten der Freilassung Mandelas verursachte."

In Südafrika, wie auch anderswo, haben Finanziers und kosmopolitische Intellektuelle stets die Bildung von multirassischen Gesellschaften gefördert, da der Verlust von Identitätsbezügen ihre Hegemonie begünstigt[202]. Als Harry Oppenheimer im August 2000 verstarb, würdigte der schwarze Führer und neu gewählte Präsident des Landes, Nelson Mandela, den Mann, indem er ihn „einen großen Südafrikaner unserer Zeit" nannte."

In den 1990er Jahren sah sich De Beers jedoch mit Lev Leviev einem gewaltigen Konkurrenten gegenüber. Lev Leviev ist im jüdischen Umfeld von Taschkent in Usbekistan geboren und aufgewachsen. Sein Vater war ein Textilkaufmann. 1971, nach sieben Jahren des Wartens, wanderte die Familie nach Israel aus, nachdem sie ihr Vermögen in Diamanten umgewandelt und aus der UdSSR geschmuggelt hatte. Doch als er in Israel ankam, erhielt sein Vater statt der erwarteten 1 Million Dollar nur 200.000 Dollar. Der 15-jährige Lev Leviev schwor, sich zu rächen. Ende der 1980er Jahre war er zum größten Edelsteinhändler in Israel aufgestiegen und gehörte zu den 160 von De Beers ausgewählten Kunden.

1994 beschloss die russische Regierung, einen Teil ihrer jahrzehntealten Rohdiamantenbestände auf dem Bernsteinmarkt zu verkaufen und brach damit den Exklusivitätsvertrag mit dem südafrikanischen Unternehmen De Beers. Die Preise fielen daraufhin um 10-50 %. Normalerweise hätte De Beers den gesamten Bestand aufgekauft, wie es bei den angolanischen Diamanten der Fall war. Doch

---

[201] Über die Rolle von George Soros lesen Sie bitte *Planetary Hopes*.
[202] Zur Entschuldigung für die multikulturelle Gesellschaft lesen Sie bitte *Planetary Hopes*.

dieses Mal konnte das CSO das russische Dumping nicht eindämmen." Seit dem Zusammenbruch der Sowjetunion sind wir daran gewöhnt, dass kleine Mengen Diamanten mittlerer Qualität von der Mafia oder ehemaligen KGB-Mitgliedern aus Russland eingeführt werden. Heutzutage sehen wir offizielle Verkäufe von Steinen guter Qualität, die den De Beers entgehen", sagte ein Londoner Händler, einer der 160 privilegierten Kunden, die für den Weiterverkauf von Diamanten an Fachleute zuständig sind[203].

Lev Leviev hatte einen Teil dieser russischen Reserven gekauft. Einige Jahre später erhielt seine Partnerschaft Africa-Israel Investments die Exklusivität für angolanische Diamanten - ein Vertrag im Wert von mehr als einer Milliarde Dollar pro Jahr. Damals war er mit seinem Freund, dem Waffenhändler Arcadi Gaydamak, liiert. Leviev besaß Diamantenminen in Angola, Namibia und im Ural, aber auch Goldminen in Kasachstan. Weiteres Kapital floss in die Immobilienverwaltung in Prag und London, und er besaß 1.700 Fina-Tankstellen im Südwesten der Vereinigten Staaten sowie den israelischen Fernsehsender in russischer Sprache. Er hatte auch 1 Milliarde Dollar in Immobilien in Russland und eine entsprechende Summe in Bürokomplexe und Wohngebäude in New York und Texas investiert. In Israel baute sein afrikanisch-israelisches Unternehmen Einkaufszentren und Luxusresidenzen und investierte in die Modeindustrie, den Tourismus und die Infrastruktur. Leviev finanzierte großzügig jüdische Schulen. Im Jahr 2002 eröffnete er eine Jeschiwa[204] für 350 Schüler in Queens, New York. Im Jahr 1992 hatte er bereits die erste jüdische Schule Russlands in St. Petersburg vollständig finanziert. Leviev, der im ultra-orthodoxen Jerusalemer Stadtteil Bnei Brak lebte, widmete sich ganz der Chabad-Lubawitsch-Bewegung[205], an die er jährlich mindestens dreißig Millionen Dollar verteilte[206].

---

[203] Anfang 2000 nahm die russische Polizei auf dem Moskauer Flughafen zwei „Belgier" fest. Die beiden Männer, die im Besitz von 9259 Diamanten waren, gehörten einer Schmugglerorganisation an, die Rohdiamanten aus Russland herausschmuggelte und damit gegen das Gesetz verstieß, wonach die Diamanten im Land geschliffen werden müssen. (Dina Siegel, *Global organised crime*, 2003, S. 57). Im Oktober 2003 wurde Abraham Traub in Ungarn auf Ersuchen der russischen Behörden wegen des illegalen Verkaufs von Rohdiamanten aus Russland verhaftet.

[204] Eine Jeschiwa ist ein Zentrum für Tora- und Talmudstudien, das im orthodoxen Judentum in der Regel Männern vorbehalten ist. Sie werden oft auch als Talmudschulen bezeichnet.

[205] Zu den chassidischen Chabad-Lubawitsch-Juden siehe *Psychoanalyse des Judentums* und *jüdischer Fanatismus*.

[206] *Le Nouvel Économiste*, Beilage vom 19. Dezember 2003. Benny Steinmetz war einer

De Beers war in Angola völlig an den Rand gedrängt worden, und kurz darauf sollte es auch im Kongo an den Rand gedrängt werden. Sein Marktanteil, der Ende der 1990er Jahre bei 80 % lag, war bis 2003 auf 60 % gesunken. Leviev hatte sein Monopol auf den Diamantenhandel gebrochen.

In Israel wurde diese Industrie in den 1930er Jahren, noch vor der Gründung des hebräischen Staates, schrittweise aufgebaut. Es befand sich hauptsächlich in Tel-Aviv, im Herzen von Ramat Gan, dem Geschäftsviertel der Stadt, und zwar zu Beginn des 21. Jahrhunderts, in vier Türmen, die durch unterirdische Gänge miteinander verbunden waren. Diese Festung war einst der sicherste Ort in Israel. Täglich arbeiteten dort 15.000 Menschen. Der Staat Israel hatte diesem Sektor sehr hohe Steuer- und Zollbefreiungen gewährt. Diamanten, die als Rohdiamanten importiert und vor Ort geschliffen werden, machten ein Viertel der israelischen Handelseinnahmen aus, etwa 6600 Millionen Dollar im Jahr 2006. Fast die Hälfte der weltweiten Rohdiamanten stammt von dort, und mehr als jeder zweite Stein, der in den USA gekauft wird, kommt aus Israel.

Die Dynamik des Tel-Aviv-Platzes hatte die Bedeutung von Antwerpen, der historischen Hauptstadt der Diamantenschleiferei, allmählich schwinden lassen. Im Jahr 1994 wurden noch 50 % der Steine der Welt (70 Tonnen Edelsteine) von Diamantenschleifern im berühmten Antwerpener Judenviertel geschliffen. Der Markt wurde jedoch durch Arbeitskosten, hohe Steuern und Fälle von Schwarzgeldwäsche belastet. Von den zwanzigtausend Beschäftigten in den 1970er Jahren waren dreißig Jahre später weniger als dreitausend übrig.

Der Rückgang in Antwerpen ist auch auf die Verlagerung der Diamantenschleifereien nach Asien zurückzuführen, wo die Produktionskosten für ein Karat zwischen 5 und 20 Dollar liegen, während sie im flämischen Hafen zwischen 100 und 150 Dollar betragen. Um die Jahrtausendwende war Indien zum weltweit führenden Zentrum der Diamantenschleiferei geworden. Durch die Arbeit der Kinder konnten die Arbeitskosten erheblich gesenkt werden. Sie wurden pro Stein bezahlt, bis zu 500 Rupien im Monat (14 Dollar), und arbeiteten 12 Stunden am Tag, wobei sie ihre Augen über winzige

---

seiner Konkurrenten. Im Jahr 2007 war dieser Diamantenmagnat der sechstreichste Mann Israels. Ein anderer großer Juwelier, Hans Stern, war ebenfalls ein Symbol für Luxus und den Handel mit Edelsteinen in den vornehmsten Vierteln der Welt. Hans Stern stammte aus einer Familie deutscher Juden, die 1939 in Rio de Janeiro gelandet war. Im Jahr 2001 beschäftigte er 3700 Mitarbeiter, davon 2800 in Brasilien.

Steine zum Polieren anstrengten. In Jaipur, Rajasthan, waren in Hunderten von Werkstätten Tausende von Kindern beschäftigt. Nur die dicksten Diamanten (über zwei Karat, d. h. 0,4 Gramm) wurden in Antwerpen von den besten Spezialisten geschliffen und poliert. Der flämische Hafen verfügte noch über Hunderte von Werkstätten und die Antwerpener Börse behielt ihre Vormachtstellung.

Die Diamantenindustrie hatte das große westliche moralische Gewissen schockiert und empört, als sie erfuhr, dass Rohdiamanten zur Finanzierung von Bürgerkriegen in Afrika verwendet wurden. Der afrikanische Kontinent (Botswana, Südafrika, Angola, Kongo und Namibia) produzierte 60 % der weltweiten Diamanten, und ein Teil dieser Produktion war in den Händen verschiedener Rebellenbewegungen. Diese „Blutdiamanten" erregten die Empörung der tugendhaften „internationalen Gemeinschaft", die sich bei den Vereinten Nationen in New York äußerte. Die britische Regierung verhängte ein Embargo gegen die Produktion in Sierra Leone, und De Beers, das von den Unita-Rebellen in Angola beliefert wurde, verpflichtete sich, keine „Blutdiamanten" mehr zu verkaufen[207].

Israel, das zum weltweit führenden Exporteur von geschliffenen Diamanten geworden war, bestand auf der Notwendigkeit, den Diamantenhandel der afrikanischen Guerilla zu unterbinden. Im Juni 2000 beschloss die Diamantenbörse in Tel Aviv, allen Händlern, die mit Rebellen in Sierra Leone, Angola und Kongo Geschäfte machen, die Zulassung zu entziehen. Die Initiative hatte jedoch nichts Humanitäres an sich. Tatsächlich hatte das afrikanisch-israelische Unternehmen Leviev gerade einen Exklusivvertrag mit der angolanischen Regierung unterzeichnet. Einige Monate später unterzeichnete ein anderes israelisches Unternehmen, IDI Diamonds, unter der Leitung von Dan Gertler, einen weiteren Exklusivvertrag mit dem Kongo.

Das Diamantengeschäft blieb ein fruchtbarer Boden für alle Arten von Betrug. In der Diamantenstadt Tel-Aviv waren die Gewohnheiten dieselben wie in New York und Antwerpen. Der Handel wurde ohne Verträge und Zertifikate abgewickelt, sondern mit einem Handschlag und der bewährten Formel *„mazal u baraka"* (Glück und Segen). In Israel waren die Diamantenhändler außerdem nicht verpflichtet, ein

---

[207] William Reymond zitierte eine Passage aus einem Bericht über das organisierte Verbrechen aus dem Jahr 1999: „Uns liegen Informationen vor, die zeigen, dass russische Staatsangehörige oder mafiöse Gruppen in mehreren Ländern der Region, insbesondere in Angola, Botswana, Mosambik, Namibia, Swasiland und Südafrika, an organisierten kriminellen Aktivitäten beteiligt sind. In Angola versuchen sie, legal Schürfrechte für Diamanten zu erhalten." (*Mafia S.A.*, Flammarion, 2001, S. 333).

Buch zu führen. Dies war eine ideale Aktivität, um Geldtransfers zu verschleiern. Viele Schmuggler von geschmuggelten Diamanten kamen, um ihr Geld zu waschen, und natürlich war dieser Handel mit blutigen Abrechnungen verbunden. Jacques Derogy beschrieb dies bereits 1980: „Die Tel-Aviver Diamantenbörse ist seit ihrer Gründung ein sehr fruchtbares Betätigungsfeld für die israelische und internationale Mafia[208]."

In Antwerpen, in der Nähe des Hauptbahnhofs, säumte die Pelikaan-Straße die Geschäfte, in denen Ramschgold und Steine zweifelhafter Herkunft verkauft wurden. Die „Georgier" nutzten diesen großen Platz für den Empfang und den Weiterverkauf von Gold. Am 13. Januar 2005 veröffentlichte die Wochenzeitung *Courier International* von Alexandre Adler einen Artikel, in dem zu lesen war, dass sich die israelische Mafia „im Kielwasser des russischen organisierten Verbrechens" in der Nähe des Hauptbahnhofs, im Diamantenhändlerviertel, niedergelassen habe. Ein anonymer Antwerpener Polizist erklärte: „Alle Kriminellen wenden Gewalt an, aber die Israelis sind für ihre extreme Gewalt bekannt. Selbst den russischen Gangstern, die in vielerlei Hinsicht ihre Kollegen und Verbündeten sind, fällt es schwer, mit ihnen Schritt zu halten... Es gibt Dutzende von israelischen Gangstern in Antwerpen. Einige sind legal hierher gekommen, andere sind untergetaucht. Was machen sie? Alles: Geldwäsche, Drogenhandel, Schutzgelderpressung und Betrügereien. Nachts treiben sie sich in Cafés, Diskotheken, Stripclubs, Bordellen und Spielhallen herum. Woran erkennt man sie? Sie greifen zu Champagner, Kokain, Ecstasy und vor allem zu Viagra. Diese Kerle stehen total auf Sex und werden manchmal von Busladungen von Prostituierten und *Callgirls* begleitet."

Diamanten weckten auch die Gier von Dieben. Im Februar 2003 wurden 123 der 160 Tresore der Antwerpener Diamantenbörse ohne Einbruch von einem „italienischen" Diamantenhändler, Leonardo Notabartolo, geleert, der sich das Vertrauen eines Angestellten erschlichen hatte. Im Dezember 1994 hatten drei Männer einen bewaffneten Raubüberfall auf die Antwerpener Diamantenbörse verübt, bei dem sie fünf Kisten leerten und zwischen 30 und 300 Millionen französische Franken in Diamanten und Bargeld erbeuteten. Im Dezember 2003 wurde in einer Schmuckwerkstatt im 9. Arrondissement von Paris eine Razzia durchgeführt. Der offenbar gut informierte Mann hatte sich als Rabbiner verkleidet und eine Waffe auf die Angestellten gerichtet. Der Schaden wurde auf 500.000 bis eine

---

[208] Jacques Derogy, *Israel Connection*, Plon, 1980, S. 100.

Million Euro geschätzt. In Martin Scorseses wunderschönem Film Es war einmal in Amerika sehen wir auch, wie eine jüdische Bande eine Schmuckwerkstatt überfällt und die Diamanten stiehlt. In Guy Ritchies Film Snatch (USA, 2000) hat Francky gerade einen riesigen Diamanten gestohlen, den er an Avi, einen New Yorker Mafioso, liefern muss."

Asher Doron hatte seit Ende der 1980er Jahre von Antwerpen aus operiert. Im Jahr 1993 war er zu 10 Jahren Gefängnis verurteilt worden.

Alte Zeitungsausschnitte zeigen, dass Raubüberfälle auf Juweliere ein Volkssport waren: 1976 kam es in Amsterdam zu einer Reihe von Überfällen auf Juweliergeschäfte, Postämter und Villen. Die Schuldigen waren „Israelis": Yoram Landsberg und seine Bande, Isaac Bahadchan und Shlomo Bronstein. Ein gewisser Naaman Dieler war nach dem Brandanschlag auf ein Juweliergeschäft in Amsterdam verhaftet und zu drei Jahren Gefängnis verurteilt worden. Yoram Landsberg hatte sich nach London geflüchtet. Siehe auch den Fall eines gewissen Isaac Sperber. 1955 gelang es Sperber, dem Leiter eines Diamantenankaufbüros, in den Kreis der Bernstein-Diamantenhändler vorzudringen, bis zu dem Tag, an dem er seine Diamanten mit ungedeckten Schecks bezahlte. Er reiste mit 80 Millionen Franken in der Tasche ins Ausland.

In seinen Memoiren erzählte Elie Wiesel eine seiner Erinnerungen, die wie üblich mehr oder weniger imaginär war und in der einer seiner Glaubensgenossen vorkam. So schloss er seine Anekdote: „Der Typ, der mit falschen Pässen durch die ganze Welt reiste, war ein von Interpol gesuchter Verbrecher; er hatte gerade Diamanten gestohlen, die dank mir an ihren Besitzer zurückgegeben werden sollten." Elie Wiesel gestand uns beiläufig ein kleines Geheimnis: „Berufsethik, Pflichten und Verpflichtungen... Auf Jiddisch klingt das weniger überzeugend als auf Französisch[209]."

Auch die Hehlerei mit gestohlenen Diamanten und Schmuckstücken hatte offenbar eine lange Tradition. Wir sehen also, dass die Sephardim mit den aschkenasischen Juden konkurrieren konnten. Im Dezember 1994 wurde Maurice Joffo, der Bruder von Joseph, dem Autor des berühmten Bestsellers „Ein Sack Murmeln", der das Leben zweier jüdischer Kinder während der Besatzungszeit schildert, vor seinem prächtigen Restaurant am Place Victor-Hugo im 16. Er wurde gerade verhaftet, als er mit seiner Frau und zwei Zigeunern, denen er gerade gestohlenen Schmuck im Wert von 110 000 Franken abgekauft hatte, in seinen Mercedes stieg. Später entdeckte die Polizei in seiner Wohnung ein halbes Kilo gestohlenen Schmuck, was

---

[209] Elie Wiesel, Mémoires, Tome I, Le Seuil, 1994, S. 321-325.

nur ein Bruchteil der Beute aus den Raubüberfällen seiner Zigeunerbanden war. Sie tauchten in den Wohnungen älterer Menschen auf, getarnt als Mitarbeiter des Gas- oder Stromversorgers. Der Schatz des Joffo, der in verschiedenen Genfer Banktresoren verstreut war, wurde auf 20 Millionen Franken geschätzt. Die Verhaftung seines Bruders war für Joseph sehr schlimm, da sie mit der Veröffentlichung seines neuen Romans zusammenfiel, in dem es um Menschlichkeit ohne Grenzen und Toleranz ging. Maurice wurde zur Höchststrafe verurteilt: sieben Jahre Gefängnis, ein Jahr auf Bewährung und eine Geldstrafe von einer Million Francs.

Bereits Alexandre Dumas hatte in einigen seiner Romane die Rolle der jüdischen Diamantenhändler und Juweliere angedeutet: „Nun denn, geh zum ersten Goldschmied, den du triffst, und verkaufe den Diamanten für jeden Preis, den er dir nennt; egal wie jüdisch er ist, du wirst immer achthundert Pistolen finden." (*Die drei Musketiere, 1844*). Und weiter: „Als er Leghorn erreichte, suchte er einen Juden auf und verkaufte ihm vier seiner kleinsten Diamanten für je fünftausend Franken. Der (jüdische) Kaufmann hätte sich erkundigen sollen, wie ein Seemann solche Juwelen besitzen konnte, aber er hütete sich, dies zu tun, da er an jedem Stück tausend Franken verdiente." (*Der Graf von Monte Cristo, 1845*).

Südafrika war auch der Schauplatz einiger berüchtigter Abrechnungen. Im Oktober 1999 wurde die Leiche von Shai Avishar, 36, in einem Grab in der Nähe von Johannesburg gefunden. Der Mann stand in Kontakt mit dem israelischen Mafioso Yossi Harari, und die Polizei vermutete, dass es sich um eine Abrechnung in der illegalen Welt des Diamanten-, Waffen- und Drogenhandels handelte. Nach Angaben des *Jewish Bulletin of Northern California* war das Netzwerk in Johannesburg, Kapstadt und Durban tätig.

Einige Zeit später wurde Lior Saad, ein Mitglied der israelischen Mafia, wegen des Mordes an Shai Avishar angeklagt. Im November 2003 wurde Lior Saad Opfer eines versuchten Mordes, als der Lieferwagen, mit dem er zum Gericht gebracht wurde, vom Beifahrer eines Motorrads mit einem Maschinengewehr beschossen wurde, was 18 Einschusslöcher hinterließ und einen weiteren Häftling an seiner Stelle sterben ließ.

Auch Avishars Frau Hazel Crane wurde in ihrem Mercedes erschossen, als sie auf dem Weg zum Gericht war, um gegen die Diamantenhändler auszusagen, die des Mordes an ihrem Mann beschuldigt wurden. Zwei weitere Zeugen waren kurz zuvor von israelischen Gangstern liquidiert worden. Nun stellte sich heraus, dass

Avishar und Hazel Crane zwei enge Freunde von Winnie Mandela, der ehemaligen Frau des südafrikanischen Präsidenten, waren. Es stellte sich heraus, dass Hazel Crane für Sol [Solomon] Kerzner arbeitete, den extravaganten Milliardär, dem der gigantische Hotel-Casino- und Unterhaltungskomplex Sun City gehörte, der 1979 in Südafrika errichtet wurde und in dem auch viele Prostituierte arbeiteten. Nelson Mandela, der neue Präsident Südafrikas, nach Jahren im Gefängnis und die Ikone der Demokraten in der ganzen Welt, war ebenfalls sehr gut mit Sol Kerzner befreundet. Im Jahr 1992 hatte Kerzner Lost City gebaut, einen pharaonischen und extravaganten Komplex mit einem tropischen Wald, künstlichen Wasserfällen und Tausenden von Spielautomaten.

Im September 2005 wurde, ebenfalls in Johannesburg, einer der berüchtigtsten jüdischen Gangster, Brett Kebble, in seinem Luxus-Mercedes ermordet. Er war Mitglied von Nelson Mandelas ANC (African National Congress) und finanzierte die Organisation mit Millionen von Rands. Nach seiner Ermordung hatten die Gewerkschaften der schwarzen Kinder zu Gebeten für ihn aufgerufen.

## Paramilitärische Milizen in Kolumbien

In den Vereinigten Staaten hatte sich die Situation in den 1970er Jahren nur noch verschlimmert, da zu den jüdischen Gangstern ihre israelischen Gegenspieler hinzugekommen waren. Mehrere hundert von ihnen hatten sich zu dieser Zeit in Kalifornien niedergelassen. Sie hatten, wie Jacques Derogy schrieb, „die Nase voll davon, in Israel mit Heroin in Gramm zu handeln, während ihnen in den USA die Möglichkeit geboten wurde, in Kilos zu handeln[210]." Yossef Zakharia war zu dieser Zeit der größte Händler. Er organisierte den Handel mit kolumbianischem Kokain im gesamten Hoheitsgebiet.

Mit der Ankunft der „neuen Russen" in den 1990er Jahren wurde es nicht besser. Im September 1994 wurde in einem der US-Regierung vorgelegten Bericht das „Kokain-Dreieck" angeprangert, dessen drei Seiten die kolumbianischen Drogenbarone, die Juden und Israelis, die für die Geldwäsche zuständig waren, und die „russische" Mafia, die für die Sicherheit zuständig war, waren. In einem Bericht des *Center for Strategic International Studies* (CSIS) aus dem Jahr 1997 wurden auch die Verbindungen zwischen der „russischen" organisierten Kriminalität

---

[210]Jacques Derogy, *Israel Connection*, Plon, 1980, S. 193.

und den kolumbianischen Drogenkartellen in Miami[211] nachgewiesen. Tatsache ist, dass es in Kolumbien tatsächlich eine starke israelische Präsenz gab. Es scheint, dass Israelis, die in dem Land arbeiten, mit der Regierung sowohl in den Kampf gegen die linksextreme Guerilla als auch gegen die Drogenkartelle verwickelt sind. Israel war der Hauptlieferant von Waffen, die gegen die marxistischen Guerillas der FARC (Revolutionäre Streitkräfte Kolumbiens) und der ELN (Nationale Befreiungsarmee) eingesetzt wurden. Die Israelis lieferten auch leichte Waffen, Drohnen, Überwachungs- und Kommunikationssysteme sowie Spezialbomben zur Zerstörung von Kokaplantagen. Offiziell waren sie auch für die Ausbildung der Anti-Terror-Einheiten der kolumbianischen Regierung zuständig. Kolumbien unterhielt auch ausgezeichnete Handelsbeziehungen zu Israel. Im April 1988 hatte Israel zwei Millionen Tonnen kolumbianische Kohle im Austausch für den Kauf von 14 israelischen Kfir-Kampfflugzeugendurch Kolumbien gekauft.

In Wirklichkeit wurden die Beziehungen zwischen den Ländern der Region und dem Staat Israel erst in den 1970er Jahren geknüpft. General Zeevi, ein Freund der israelischen Mafia, hatte allen südamerikanischen Staaten seine Dienste als Berater bei der Terrorismusbekämpfung angeboten. Er wurde von dem Mann begleitet, der diese Operationen finanzieren sollte: Betsalel Mizrahi, der Hauptfinanzier der israelischen Mafia. General Zeevi war selbst ein Drogenhändler, wie Jacques Derogy feststellte: „Der Geheimdienstchef der israelischen Polizei, Samy Nahmias, hatte bereits bemerkt, dass Betsalel Mizrahi mit Unterbrechungen Dutzende von Auslandsreisen unternahm und bei seiner Rückkehr immer von General Zeevi am Flughafen Ben-Gurion abgeholt wurde, ebenso wie vom Direktor des VIP-Dienstes der Gesellschaft El Al, Mike Pinhasi. Dies bedeutete, dass das Gepäck nicht kontrolliert wurde[212]."

1987 hatten Bananenproduzenten, die gegen die marxistische Guerilla vorgehen wollten, die sie erpresste und ihre Plantagen angriff, den ehemaligen israelischen Reserveoberst Yair Klein und Söldner seiner Sicherheitsfirma Hod He'hanitin (Spearhead Ltd.) angeworben. Der kolumbianische Präsident Virgilio Barco Vargas hatte die Operation auf Betreiben des Justizministers José Manuel Carrizosa finanziell unterstützt. Er war auch Präsident des Verbandes der Bananenproduzenten und stand in direkter Verbindung zu den großen Obstkonzernen in den Vereinigten Staaten.

---

[211]Israelische Tageszeitung *Maariv*, 2. September 1994
[212]Jacques Derogy, *Israel Connection*, Plon, 1980, S. 140-142.

Carrizosa wandte sich zunächst an Oberstleutnant Yitzhak „Mariot" Shoshani, den Chef von ISREX, einem Unternehmen, das Kolumbien seit Jahren mit Militärtechnologie beliefert. Er empfahl die Einstellung von Yair Klein, einem ehemaligen Fallschirmjäger, der 1985 die israelische Armee verlassen hatte, um eine Söldnerfirma zu gründen. Klein und seine Männer bildeten die Milizen der Großgrundbesitzer, die die Basis der paramilitärischen Gruppen AUC (Autodefensas Unidas de Colombia) bilden sollten. Die Kriege zwischen diesen Gruppen und der marxistischen Guerilla haben im Laufe der Jahre Zehntausende von Zivilisten das Leben gekostet.

Yair Klein begann bald, für die Drogenhändler zu arbeiten, die unerbittlich um die Kontrolle bestimmter Produktionsgebiete kämpften. Die zunehmende Verwicklung der AUC in den Drogenhandel verärgerte Washington, zumal die Milizen nicht davor zurückschreckten, die dort stationierten Agenten der Drogenbekämpfungsbehörde (DEA) anzugreifen. Während jedoch viele AUC-Führer von den Vereinigten Staaten wegen Drogenhandels oder schwerer Verbrechen und Missbräuche gesucht wurden, genossen einige, wie ihre salvadorianischen und nicaraguanischen Kollegen, nahezu Straffreiheit in Florida oder Texas, wo sie ihre Zweitwohnsitze hatten.

Vom strategischen Berater der kolumbianischen Regierung war Yair Klein zum Chef einer kriminellen Bande geworden. 1988 behauptete das kolumbianische Justizministerium, Klein sei einer von vier Israelis, die vom Drogenboss Gonzalo Rodríguez Gacha, genannt „El Mexicano", angeheuert wurden. El Mexicano hatte den Ruf, einer der gewalttätigsten Drogenbarone Medellíns zu sein. Eine seiner Lieblingstechniken war die so genannte „Moshe-Dayan-Methode", die er angeblich von einem israelischen Kommando gelernt hatte: Sie bestand darin, einem Gefangenen ein kleines Stück eines scharfen Feuersteins unter das Augenlid zu schieben. Der Schmerz ist offenbar so extrem und unerträglich, dass der Gefangene wahnsinnig wird, bevor sein Auge zerfetzt ist.

Yair Klein gab später vor einem israelischen Gericht zu, 1988 die Truppen von Rodriguez Gacha in Puerto Bocaya ausgebildet zu haben. Als die Armee das Haus von Rodríguez Gacha durchsuchte, fand sie einen Bestand von 200 israelischen Maschinengewehren. Diese Waffen waren jedoch Teil einer offiziellen Lieferung der israelischen Regierung, die Klein abgezweigt hatte. Zahlreiche Dokumente, die dort gefunden wurden, belegen auch Kleins Rolle als Ausbilder von „sicarios" jeden Alters. 1989 wurde El Mexicano bei einer Schießerei mit der kolumbianischen Armee getötet, woraufhin Klein in den Dienst eines anderen berühmten Drogenbosses des Medellín-Kartells, Pablo Emilio Escobar Gaviria, trat, der sich ebenfalls mit mehreren israelischen Beratern, wie Oberstleutnant Yitzhak Shashono, und 3.000 Auftragskillern umgeben hatte. In Medellín starben 1992 nicht weniger als 6662 Menschen bei bewaffneten Auseinandersetzungen, hinzu kommen 1292 nicht identifizierte Leichen und 967 vermisste Einwohner. Das Cali-Kartell und das Medellín-Kartell waren zu diesem Zeitpunkt die beiden größten kolumbianischen Drogenkartelle. Der Tod von Pablo Escobar, der im Dezember 1993 von der Polizei getötet wurde, hatte das Medellín-Kartell geschwächt, so dass das Cali-Kartell nun 80 Prozent des weltweiten Kokains und ein Drittel des weltweiten Heroins vertrieb und allein in den USA jährlich 25 Milliarden Dollar erwirtschaftete[213].

Klein wurde 1990 in Israel verhaftet und erschien schließlich vor Gericht, wo er beschuldigt wurde, illegal Waffen und militärtechnische Ausrüstung an kolumbianische Terrorgruppen exportiert zu haben, aber nur zu einer lächerlichen Strafe verurteilt wurde: ein Jahr Gefängnis und eine Geldstrafe von 13.400 Dollar. Die neue kolumbianische Regierung stellte daraufhin einen internationalen Haftbefehl gegen ihn aus, weil er die illegalen paramilitärischen Gruppen gegründet hatte.

Nach seiner Entlassung aus dem Gefängnis nutzte Yair Klein seine guten Kontakte zu ehemaligen rhodesischen und südafrikanischen Offizieren, um in Sierra Leone zu arbeiten. Im Jahr 1999 wurde er von der Armee verhört, als er Waffen an die Rebellen von Johnny Koroma und Charles Taylor in Liberia lieferte, zwei Kriegsherren, die für ihre sadistische Gewalt und Misshandlungen der Bevölkerung bekannt sind[214]. Nach 16 Monaten Haft entlassen, suchte Klein Zuflucht in Israel, das sich weigerte, ihn an Kolumbien auszuliefern. Im israelischen Fernsehen erklärte er, er habe für die kolumbianische Regierung gearbeitet, nichts Falsches getan und sei bereit, nach Kolumbien zurückzukehren, um bei der Ausbildung der Sicherheitskräfte des Landes im Kampf gegen die FARC zu helfen. Klein war auch mehrmals nach London und in die Vereinigten Staaten gereist, ohne jemals von der britischen und amerikanischen Polizei behelligt worden zu sein, obwohl er von Interpol gesucht wurde.

---

[213] Abraham Majuat war ein Capo des Medellín-Kartells. Ihm gehörte eine Ranch in der Nähe von Medellín, wo 1989 4,5 Tonnen Kokain gefunden wurden.

[214] In dem Film *Lord of War* (2005) sehen wir den Waffenhändler in Kolumbien, wo er mit Kokain bezahlt wird, und dann in Liberia, wo er mit Diamanten, mit „*Blutdiamanten*", bezahlt wird.

Im Frühjahr 2007 berichtete *Agence France Press*, dass Kolumbien einen weiteren internationalen Haftbefehl gegen mehrere Israelis ausgestellt hatte: Yair Klein, Melnik Ferry und Tzedaka Abraham wurden Gräueltaten gegen die Zivilbevölkerung vorgeworfen. Diese Information wurde jedoch in den französischen Medien nicht wiedergegeben.

Am 27. August 2007 wurde Klein schließlich in Russland, wo seine Gesellschaft sehr aktiv war, verhaftet, als er sich mit einem falschen Pass auf die Reise nach Tel Aviv machte. Er sollte an Kolumbien ausgeliefert werden. Der kolumbianische Vizepräsident Francisco Santos sagte: „Wir wollen, dass Klein an uns ausgeliefert wird, damit er zur Strafe für all das Böse, das er unserem Land angetan hat, im Gefängnis verrotten kann."

Doch das israelische Engagement in Kolumbien endete nicht mit Kleins Flucht. In einem Artikel, der am 10. August 2007 in der Zeitung *Semana* veröffentlicht wurde, räumte der kolumbianische Verteidigungsminister Juan Manuel Santos ein, dass Bogotá diskret ehemalige israelische Armeeoffiziere rekrutiert hat, um Mitglieder der örtlichen Polizei im Kampf gegen die FARC-Guerilla auszubilden. Das Team von Militärberatern - bestehend aus drei ehemaligen Generälen, einem Unteroffizier, einem israelisch-argentinischen Offizier und drei Dolmetschern - war im Rahmen eines 10-Millionen-Dollar-Vertrags rekrutiert worden. Die israelischen Söldner waren auf Verhöre von Gefangenen spezialisiert und brachten ihr Fachwissen über „spezielle Verhörtechniken" mit. Für Laude Fernández, einen kolumbianischen Experten für nationale Sicherheit, „wäre es besser gewesen, sich auf die Briten zu verlassen, die über ein gutes Geheimdienstsystem und bessere Menschenrechtsstandards verfügen" (Diario *Semana*, 4. August 2007). Für Sergio Jaramillo, stellvertretender Verteidigungsminister, war die israelische Hilfe jedoch wertvoll: „Sie sind eine Art Psychoanalytiker. Sie stellen uns Fragen [an die wir nicht gedacht hätten] und helfen uns, all die Probleme zu sehen, die wir nicht sehen" (*Ynet News*, 10. August 2007)[215].

Trotzdem verkauften die Gangster weiterhin Waffen an die marxistische Guerilla in Kolumbien und in der Andenregion. 1998 waren „ukrainische" Mafiosi, die von Tel Aviv und Kiew aus operierten, über einen peruanischen Spion, einen gewissen Vladimir Montesinos, an der Charterung einer Lieferung von zehntausend AK-47-Sturmgewehren für die Revolutionären Streitkräfte Kolumbiens

---

[215] www.semana.com/nacion/articulo/de-tel-aviv-tolemaida/87449-3/

beteiligt. Im Mai 1999 hatten zwei Israelis 3000 Kalachnikows und 5 Millionen Kugeln aus Nicaragua an eine kolumbianische bewaffnete Gruppe geschickt, die von den USA als „terroristisch" eingestuft wird. Im Mai 2000 verhaftete die kolumbianische Polizei zwei Israelis, die versucht hatten, heimlich mehr als 50.000 Waffen aller Art an die Guerilla zu verkaufen[216].

Ebenso setzte diese jüdische Mafia ihre fruchtbare Zusammenarbeit mit den kolumbianischen Drogenkartellen fort. Wir haben vorhin den Fall von Ludwig Fainberggesehen, der Raketen, Hubschrauber und fast ein sowjetisches U-Boot an die Drogenkartelle geliefert hatte.

Am 15. Mai 2007 veröffentlichte die Zeitung *Le Monde* einen Artikel mit dem Titel *Mafiapulco* über die Mafia in Mexiko, insbesondere in Acapulco. Die Stadt war ein strategischer Standort für die Einfuhr von Kokain aus Kolumbien. Pro Tag gab es sieben Morde. Ende Januar 2006 hatte die städtische Polizei einen Konvoi von Drogenhändlern in einem beliebten Viertel der Stadt abgefangen. Die Schießerei hatte zwanzig Minuten gedauert und mehrere Tote gefordert. Einige Monate später enthüllte ein Video, dass Polizeibeamte, die von einem rivalisierenden Kartell bezahlt wurden, die verwundeten „Narcos" kaltblütig getötet hatten. Die Drogenhändler rächten sich anschließend an den vier verantwortlichen Polizisten, entführten und enthaupteten sie. Ihre Köpfe wurden vor einem offiziellen Gebäude mit einer Rachebotschaft aufgestellt.

Dieser Krieg niedriger bis mittlerer Intensität soll seit 2001 etwa 9.000 Todesopfer gefordert haben, in diesem Jahr sind es mehr als 800. Ausgestattet mit modernsten Geräten konnten die Drogenhändler die Polizei auf den von ihnen genutzten Funkfrequenzen abhören und sogar bedrohen. Sie verfügten auch über Gewehre, die den Streitkräften vorbehalten sind, und über Munition, die kugelsichere Westen durchdringen kann, sowie über Raketenwerfer und Boden-Luft-Raketen zum Abschuss von Flugzeugen und Hubschraubern.

Der mexikanischen Regierung ist es jedoch gelungen, einige gute Schläge gegen die Drogenhändler, insbesondere das Golfkartell, zu landen. Im April gelang es ihr, einen ihrer gefährlichsten Betreiber, Eleazar Medina, zu verhaften und eine „Zelle" zu zerschlagen, die Drogen und illegale Einwanderer in die Vereinigten Staaten transportierte. Dieses Kartell hatte sich gegen seinen Hauptkonkurrenten, das Sinaloa-Kartell, durchgesetzt, das von einem

---

[216]David Marcus Katz war in den 1980er Jahren ein weiterer wichtiger Waffenhändler in Mittelamerika.

gewissen Chapo Guzman angeführt wird und „im großen nördlichen Bundesstaat Tamaulipas[217] ansässig ist."

Der Artikel von Joëlle Stolz in *Le Monde* enthielt keine weiteren Einzelheiten über diesen Guzmán. Es sei lediglich darauf hingewiesen, dass „Guzmán" auch der Nachname des Anführers des Leuchtenden Pfades war, einer maoistisch orientierten marxistischen Guerillagruppe, die seit 1980 in Peru operierte und ebenfalls für ihre Misshandlungen und Gräueltaten an der Zivilbevölkerung bekannt war. Die Guerilla des Leuchtenden Pfades hatte den Tod von mehr als 30.000 Menschen verursacht. Ihr Anführer, Abimael Guzman, wurde 1992 von einem Militärgericht zu einer lebenslangen Haftstrafe verurteilt.

## *Haschisch, Kokain, Heroin*

Jüdische Händler haben im internationalen Handel schon immer eine wichtige Rolle gespielt. Wir treffen sie im Drogenhandel ebenso an wie im Textil-, Weizen-, Aluminium- und Kautschukhandel. Im Folgenden werden einige Fälle aufgeführt, in die große internationale Menschenhändler verwickelt waren, sofern die Namen der Täter in den Zeitungen genannt wurden, was bei weitem nicht immer der Fall ist.

Im April 2008 berichtete die Wochenzeitung *Rivarol* beispielsweise über einen israelischen Rabbiner namens Simha Ashlag. Der Mann wurde zusammen mit seiner Sekretärin bei seiner Ankunft aus der Türkei am Flughafen Roissy abgefangen. Die Polizei hatte in seinem Gepäck eine „relativ große Menge an Drogen" gefunden. *Actualité juive* vom 10. April stellte den Rabbiner als „einen Guru, der von Fanatikern umgeben ist, die ihn als Vorbild haben" vor."

Die *Washington Times* vom 26. Juni 2005 veröffentlichte einen Artikel über den 48-jährigen israelischen Botschafter in England, Zvi Heifetz, der dem russischen Oligarchen Vladimir Gusinsky nahe steht. Seine Tochter Lee war 2003 in Peru mit mehreren Kilo Kokain („*zehn Pfund*") verhaftet und nach nur achtzehn Monaten Haft wieder freigelassen worden. Es ist zu bedenken, dass der peruanische Präsident Alejandro Toledo eine belgische Staatsbürgerin jüdischer Herkunft, Eliane Karp, geheiratet hatte und dass seine Verwandtschaft mit dem

---

[217] Im Mai 2008 berichtete die französische Presse über das Schicksal einer Französin, Florence Cassez, die seit 2005 in Mexiko inhaftiert und wegen Entführung und Waffenhandel zu einer hohen Haftstrafe verurteilt worden war. Sie beteuerte ihre Unschuld und erklärte, sie habe nie etwas von den Aktivitäten ihres Ex-Freundes Israel Vallarta gewusst, der für mehrere Entführungen verantwortlich ist und die „Zodiaco"-Bande leitet.

Botschafter eine vorzeitige Entlassung begünstigt haben könnte.

Im April 2002 erfuhren wir, dass Mafiagruppen im Stadtteil North Hollywood von Los Angeles und im New Yorker Stadtteil Brighton Beach eine Allianz mit dem mexikanischen Tijuana-Kartell und kolumbianischen Schmugglern ausgehandelt hatten, um tonnenweise Kokain in Nordamerika zu vertreiben.

Im Mai 2000 hatten die kolumbianischen Behörden vier Israelis wegen Waffenschmuggels verhaftet: Itzik Richter, Ofer Zismanovich, David Birnbaum und Yaron Cohen machten Geschäfte mit dem Cali-Kartell. Sie wurden angeklagt, Dollars gefälscht zu haben. Einige Wochen zuvor war ein anderer Israeli, Amos Shimoni, in Panama unter demselben Vorwurf verhaftet worden.

Am 17. Oktober 2001 berichtete die *Los Angeles Time* über die Verhaftung eines Drogenhändlers: Alen Amor, ein israelischer Staatsbürger. Die Polizei hatte bei ihm zu Hause mehrere Kilo Marihuana, Kokain und Heroin gefunden.

Zwei Monate später, am 26. November 2001, wurden zwei israelische Frauen auf dem Flughafen Roissy festgenommen. Ortal Biton, 22, und Rozi Benaim, 21, waren aus Bogota gekommen. Bei der Durchsuchung ihrer Rucksäcke fanden die Zollbeamten nicht weniger als neun Kilo Kokain. Den beiden „Maultieren" drohte eine Haftstrafe von zehn Jahren, aber der Untersuchungsrichter beschloss überraschenderweise, keine Untersuchungshaft anzuordnen. Die Richterin Jocelyne Lambert, die von der Journalistin von *France-soir* telefonisch kontaktiert wurde, „wollte sich nicht zu ihrer Entscheidung äußern". Wie erwartet, erschienen die beiden jungen Frauen am 3. Dezember 2001 nicht vor dem Untersuchungsrichter[218].

Einige Drogenhändler wussten auch, wie sie mit „weichen Drogen" Erfolg haben konnten, wie die Gerichtschronik zeigt. Cannabis könnte ein sehr lukratives Geschäft sein, sofern sie mit großen Mengen arbeiten. Am 9. Juni 2000 wurde Steven Wolosky, 50, nach elf Jahren auf der Flucht in Kalifornien verhaftet. Sein Partner, Mark Stephen Gayer, 50, wurde in New Mexico verhaftet. Die beiden Männer, die zu den meistgesuchten des Landes gehören, wurden beschuldigt, mit ihren Fischerbooten mehr als vierhundert Tonnen Haschisch und Marihuana aus Kolumbien und Thailand ins Land geschmuggelt zu haben. Ihr Komplize, Robert Singer, war für den Straßentransport durch das US-Territorium zuständig. Elf Mitglieder des Netzwerks wurden verhaftet. Im März 1998 hatten die beiden Männer ihren Unfalltod bei einem Bootsunfall vor der Küste

---

[218]*France-soir*, 6. Dezember 2001. Archiv von Emmanuel Ratier.

Kaliforniens vorgetäuscht.
Hier ist der Fall von Howard Marks, besser bekannt als Mr. Nice, der in den 1980er Jahren ein sehr wichtiger Marihuana-Händler war. Er wurde in England geboren und erhielt seine Ausbildung in London. Nach seiner Entlassung aus dem Gefängnis im Juli 2000 veröffentlichte er ein autobiografisches Buch, in dem er sich für die Legalisierung von Cannabis einsetzte. Er war der Initiator der Legalisierungsbewegung in England. Die US-Drogenbekämpfungsbehörde in Miami hatte ihn als „Marco Polo des Drogenhandels" betitelt. Seine Tochter lebte in Israel (*The Guardian*, London, 26. April 1995).

In der israelischen Tageszeitung *Haaretz* vom 10. Mai 2002 lesen wir die Nachricht, dass ein indisches Gericht zwei israelische Frauen freigesprochen hat. Ravi Shriki und Berta Cohen waren ein Jahr zuvor mit zweieinhalb Kilo Cannabis verhaftet worden. Die beiden Frauen hatten ihre Unschuld beteuert und behauptet, dass die Rucksäcke nicht ihnen gehörten, wurden aber dennoch zu einer hohen Strafe verurteilt, bevor sie schließlich freigelassen wurden. Ihr Anwalt erklärte, dass die indischen Behörden wahrscheinlich dem in den USA und Israel inszenierten Medienrummel gefolgt seien, um die Freilassung der beiden „unschuldigen" Frauen zu fordern.

Indien war ein beliebtes Ziel für junge Israelis. Im Januar 2003 wurde Daisy Angus, eine 22-jährige Engländerin, aus einem indischen Gefängnis entlassen. Sie war sechs Wochen zuvor in Mumbai festgenommen worden, nachdem sie sich bereit erklärt hatte, die Habseligkeiten ihres israelischen Freundes Yoran Kadesh (37) zu tragen, dessen Rucksack offenbar kaputt gegangen war. Die indischen Zollbeamten fanden im Koffer der jungen Frau zwei Kilo Haschisch und waren entsetzt über diese Situation. Zu ihrem Glück gelang es ihren Eltern, die zusammen mit Mutter Teresa als Freiwillige in Kalkutta gearbeitet hatten, die indische Verwaltung von diesem Vorhaben zu überzeugen." Eine mächtige israelische Mafia kontrolliert den größten Teil dieses Verkehrs", lesen wir im *Guardian*.

1999 nahmen die thailändischen Behörden Peres Esat fest, einen Israeli, der des Mordes an einem seiner Glaubensgenossen, Shimon Benhamo, in Bangkok schuldig war. Ein weiterer israelischer Staatsbürger, Shimon Ofer Skriki, wurde ebenfalls verhaftet. Die Kriminellen waren wegen einer Kokainlieferung aus Brasilien in Streit geraten. Im selben Jahr waren in Bangkok vier weitere Israelis wegen Heroinhandels zu lebenslanger Haft verurteilt worden.

In Kanada wurde Rabbiner Eli Gotteman, der 1999 zum „Rabbiner des Jahres" gewählt worden war, angeklagt, weil er Kokain und Marihuana aus dem Gefängnis von Montreal, wo er jüdische Gefangene betreute, geschmuggelt hatte.

Rabbi Meyer Krentzman, der ehemalige Direktor des Canadian Jewish National Fund, war bereits 1994 in Montreal wegen Heroin- und Kokainhandels verhaftet worden. Einer seiner Mitarbeiter, Andor Galandauer von der Beth-Zion-Gemeinde und ebenfalls Mitglied der Jewish Defence League, wurde zur gleichen Zeit verhaftet.

Am 2. Dezember 1993 wurde Vladimir Beigelman, ein in Brooklyn ansässiger Kokainhändler, am Steuer seines Lieferwagens durch zwei Schüsse in den Kopf getötet.

1995 wurde Norman Max Rosemblum, ein Kokainhändler, der nach Angaben des Journalisten „im Auftrag von mit der italienischen Mafia verbundenen Schmugglern" arbeitete, in Kanada zu 13 Jahren Gefängnis verurteilt. Er war verhaftet worden, als er im Begriff war, 558 Kilo Kokain an die Hells Angels in England zu liefern. Überwachungsaufnahmen von Kameras auf seinem Boot zeigten einen jubelnden und triumphierenden Rosemblum, nachdem er die Drogen in Kolumbien in seinen Besitz gebracht hatte. Seine Ex-Frau, Wanda Halpert, war im Jahr zuvor in Britisch-Kolumbien im Zusammenhang mit dem Handel von 15 Tonnen Haschisch verhaftet worden. Rosemblum war bereits mehrmals in Bordeaux und London wegen Drogenhandels und häuslicher Gewalt inhaftiert worden. Im Jahr 1994 hatte er seiner Frau mit einem Kopfstoß die Nase gebrochen.

Im Jahr 1991 wurde Uri Mizraci, ein israelischer Haschisch- und Heroinhändler, in Manhattan ermordet. Im selben Jahr war Panamas Präsident Manuel Noriega durch eine US-Militärintervention gestürzt worden, weil er den Drogenhandel mit den USA begünstigt hatte. Noriegas rechte Hand war ein Mossad-Agent namens Mikhail Harari, ein ehemaliger israelischer Armeegeneral, der zum Chef der Sicherheitsdienste des panamaischen Präsidenten geworden war. Nach Angaben der *Jewish Week* war Panama damals die Schweiz der Karibik und ein wichtiges Finanzzentrum für israelische Geschäftsleute. Steven Kalish (alias Frank Brown) war ein weiterer Mitarbeiter von Noriega. In den 1960er Jahren hatte er tonnenweise kolumbianisches Marihuana von San Francisco aus in die Vereinigten Staaten importiert und die gesamte Logistik abgewickelt. Er fuhr immer in einem Ferrari herum.

Im Jahr 1994 explodierte eine Bombe in einem panamaischen Flugzeug und tötete 21 Menschen, darunter 12 Juden. Das Ziel des Bombenanschlags war wahrscheinlich Saul Schwartz, ein Passagier, gegen den ein internationaler Haftbefehl der italienischen Justiz vorlag. Der Mann wurde wegen seiner Verbindungen zum Medellín-Kartell gesucht. Die Medien zogen es vor, von einem antisemitischen Akt zu sprechen.

1990 kam der Israeli Amiram Nir bei einem mysteriösen Flugzeugabsturz in Mexiko ums Leben, als er eine große Plantage besuchte, die Avraham Cohen und dem „Schweizer" Milliardär Nessim Gaon gehörte, über den wir bereits auf früheren Seiten berichtet haben. Die *Jerusalem Post* berichtete, dass Amiram Nir über Vera Cruz einen großen israelischen Waffenverkauf an lokale Drogenhändler aushandelte.

Ebenfalls 1990 wurde Linda Leary, die ehemalige Präsidentin des Nationalen Rates Jüdischer Frauen, von Österreich nach Indianapolis in die Vereinigten Staaten ausgeliefert. Einunddreißig weitere Personen, darunter ihre beiden Söhne Paul und Richard Heilbrun, wurden beschuldigt, Tonnen von Marihuana in die Vereinigten Staaten eingeführt zu haben. Linda Leary hat sich schuldig bekannt. Sie hatte Bankkonten im Steuerparadies der Cayman Islands eröffnet.

In den 1980er Jahren war ein gewisser Israel Abel in den Vereinigten Staaten der Kopf eines Netzwerks, das mit aus Kolumbien importiertem Kokain handelte. Israel Abel hatte nicht weniger als drei Tonnen nach Miami importiert, bevor er sich aus dem Geschäft zurückzog, um in Costa Rica einen goldenen Ruhestand zu genießen. Er lebte dort bereits seit fünf Jahren, aber die Bundesbeamten hatten die Fahndung nicht aufgegeben und waren immer noch hinter ihm her. Im Jahr 1992 wurde er gefasst und an die USA ausgeliefert, wo er zu lebenslanger Haft verurteilt wurde. (*Pittsburgh Post-Gazette*, 24. November 1998).

Max Mermelstein war zu dieser Zeit der „Pate des Kokains". Der Mann, der mit einer Kolumbianerin verheiratet ist, hatte zwischen 1978 und 1985 mindestens 56 Tonnen Kokain in die Vereinigten Staaten eingeführt und war in zahlreiche Mordfälle an der Westküste verwickelt. Er hatte mehrere Jahre lang drei Viertel des in die USA eingeführten Kokains importiert (*Los Angeles Times*, 6. Juli 1987). Am 5. Juni 1985 wurde er schließlich am Steuer seines Jaguars von FBI-Agenten angehalten. Auf dem Sitz seines Autos lag eine Handfeuerwaffe, und in seiner Wohnung fanden die Polizisten 250.000 Dollar in bar und 25 Schusswaffen. Um seinen eigenen Kopf zu retten, erklärte sich Mermelstein bereit, mit den Behörden zusammenzuarbeiten. Seine Zeugenaussage belastete die Anführer des Medellín-Kartells, die Familie Ochoa und Pablo Escobar.

Im Dezember 1998 wurde in Paris ein Drogenhandelsnetz ausgehoben. Auf den Seiten von *Le Parisien* konnte man Folgendes lesen: „Kokain, Heroin und Haschisch. Sie finden sie alle im Händlernetz des Sentier in Paris. Ihre Klienten leiden nun unter Abstinenz... In Reims wurden gerade elf Personen angeklagt und sieben verurteilt. Die Falle begann sich Anfang 1987 zu schließen, als Jean-Claude Joukoff in Troyes mit einem gestohlenen Land Rover, der für den Drogentransport ausgerüstet war, festgenommen wurde. Durch das Aufspüren des kriminellen Netzwerks und dank der Beschlagnahmung von 58 Kilo Cannabis in einem anderen Fahrzeug konnte die Polizei die Hazan-Brüder aufspüren. Im *Chez Joseph* im 11. Arrondissement entdeckten sie 130 000 Franken in bar. Marcel war bereits 1986 in Los Angeles wegen Drogenhandels verurteilt worden. Zu den anderen Festgenommenen gehören Francis Obadia, David Ben David, Anna Karamanouguian, eine ehemalige Prostituierte aus Marseille, und Nadi Hafiza. Dabei handelte es sich um eine Afghanin, die bereits in einem anderen Fall des Drogenhandels angeklagt war und gerade vier Tage zuvor nach Zahlung einer Kaution von 200.000 Franken freigelassen worden war, als sie erneut von der Polizei verhaftet wurde... Informationen der US-Drogenfahndung führten zu ihrer Festnahme[219]."

Sephardische Juden waren häufig die Verbündeten israelischer Drogenhändler, so dass sie im Drogenhandel auf höchster Ebene stark vertreten waren." Es gibt nur sehr wenige Sephardim, die Konsumenten oder kleine Straßendealer sind - eine Brutstätte für Nordafrikaner und Afrikaner -, aber es gibt viele große, gut organisierte Dealer, die Heroin sehr guter Qualität verkaufen. Die 'Zentralen' dieser Netze befinden sich fast alle im Viertel Faubourg Montmartre", schrieb die jüdische Monatszeitschrift *Passages* im Juni 1989.

Die Wochenzeitung *Actualité juive* vom 23. Juli 1992 bestätigt die Ansiedlung jüdischer Händler in der Hauptstadt: „In Paris hat sich in den letzten fünfzehn Jahren eine regelrechte kleine israelische Mafia gebildet. Bis vor kurzem war der gesamte kleine Drogenhandel von der Place de la République bis zur Richelieu-Drouot-Kreuzung in den Händen von israelischen Emigranten oder „Touristen"."

Im Dezember 1986 erschienen kleine Artikel in der französischen Presse, in denen berichtet wurde, dass der italienische Richter Giovani Falcone von Palermo nach Israel gereist war, „um gegen das Drogenhandelsnetz mit dem Spitznamen „French Connection" zu

---

[219] *Le Parisien* vom 12. Dezember 1998, Berichte von Emmanuel Ratier. Es gibt tatsächlich Juden in Afghanistan, genauso wie es Juden in Georgien, in Tschetschenien, in Alaska und überall auf der Welt gibt, denn ihre Mission ist es, sich auf der ganzen Erde niederzulassen und „die göttlichen Funken zu sammeln, die in den vier Ecken der Welt verstreut sind" (lesen Sie *Psychoanalyse des Judentums*).

ermitteln". Er sollte in Tel Aviv zwei Männer verhören, die 1985 in Miami festgenommen worden waren, sowie den Kommandanten eines Schiffes mit acht Kilo Heroin. Die Ermittlungen ergaben, dass etwa zwanzig Personen zwischen Sizilien, Marseille und den Vereinigten Staaten tätig waren."

1985 wurde ein israelischer Staatsbürger namens Shmuel Targan in New York wegen Kokain- und Heroinhandels verhaftet. Sein Schuhgeschäft war in Wirklichkeit nur eine Fassade. Im folgenden Jahr wurden fünf weitere Israelis aus demselben Grund in New York verhaftet. In Los Angeles wurden Abraham Zarchia und Yitzhak Edvi noch im selben Jahr zu zehn Jahren Gefängnis verurteilt. Ebenfalls 1986 wurden Daniel Whitman und der Kokainhändler Robert Cohen wegen des Mordes an Raymond Cohen (nicht verwandt mit dem Mörder) verhaftet.

Die Wochenzeitung *L'Express* vom 29. Januar 1982 spricht von einer „mächtigen israelischen Bande in Los Angeles", nachdem „am 18. November ein Israeli aus Los Angeles mit anderthalb Kilo Heroin und am 24. November ein amerikanischer Jude mit 2,4 Kilo Heroin auf dem Flughafen von Lod verhaftet wurden." Jerusalem hatte auch die Auslieferung von fünf festgenommenen Menschenhändlern, darunter ein 17-jähriges Mädchen, beantragt, nachdem die französische Polizei ein Netzwerk ausgehoben hatte.

Die Menschenhändler scheinen den asiatischen Kontinent nicht vernachlässigt zu haben. Im Jahr 1987 wurde die Neuseeländerin Lorraine Cohen in Malaysia wegen Heroinhandels zum Tode verurteilt. Ihr Sohn Aaron wurde zu einer lebenslangen Freiheitsstrafe verurteilt. Natürlich haben Menschenrechtsorganisationen heftig protestiert. 1987 wurde Zvi Gafnis, der in den internationalen Kokainhandel verwickelt war, in Hongkong verhaftet. Er hatte auch gefälschte Dollar nach Mexiko und in die Vereinigten Staaten geschmuggelt.

Offensichtlich kommt die jüdische Mafia in den von Hollywood produzierten Filmen nicht vor. Auch hier besteht die Vorliebe darin, die Verbrechen, für die man sich wahrscheinlich ein wenig schuldig fühlt, auf die Gojim zu projizieren. In *Scarface* (USA, 1983) zum Beispiel spielt Al Pacino einen kubanischen Kriminellen, der Anfang der 1980er Jahre durch Kokainhandel an die Spitze der Unterwelt von Miami gelangt. Ein kurzer Dialog informiert uns darüber, dass der Mafiaboss, für den „Tony Montana" arbeitet, Jude ist, aber die Szene ist so flüchtig, dass nur wenige Zuschauer diese Information behalten können. Stattdessen wird der grausame bolivianische „Boss" von einem Mann mit nordischen Gesichtszügen gespielt, und einige der einflussreichen

Männer in seinem Umfeld werden ebenfalls als blond und blauäugig dargestellt. Die schönen blonden Frauen landen immer in den Armen der Mafiosi[220]. Der Film stammt von Brian de Palma, der ihn Ben Hecht gewidmet hat.

In *Carlito's Way* (USA, 1993), ebenfalls von Brian de Palma, spielt Al Pacino diesmal einen puertoricanischen Kriminellen, dessen Anwalt es schafft, ihn aus dem Gefängnis zu holen. Er ist ein Jude namens Kleinfeld, der sich nach und nach die Methoden der Gangster angeeignet hat: Er benutzt seine Waffe, verkauft Kokain, treibt sich in Nachtclubs herum, schlägt andere Gangster nieder und verrät schließlich seine Freunde.

Der Film *Lethal Weapon* (USA, 1987) zeigt die Methoden dieser grausamen Drogenhändler sehr gut. Zwei Polizisten - ein Weißer und ein Schwarzer - müssen die Aufgabe übernehmen, diesen Abschaum zu stoppen. Die beiden Polizisten werden im Keller der von den Drogendealern betriebenen Diskothek auf grausame Weise gefoltert. Aber täuschen Sie sich nicht: Die Bastarde sind Vietnamkriegsveteranen, weiße Männer mit blauen Augen. Die armen Juden haben damit nichts zu tun. Der Film stammt von Richard Donner.

Der zweite Teil von *Lethal Weapon* (1989) ist noch karikaturistischer. Die beiden Polizisten, die die triumphierende multikulturelle Gesellschaft symbolisieren, kämpfen diesmal gegen eine furchterregende Bande südafrikanischer Drogendealer. Die Bastarde sind alle weiß, nordische Typen, offen gesagt blond und vor allem furchtbar rassistisch. Es sei darauf hingewiesen, dass Richard Donner mit dem Nachnamen Schwartzenberg geboren wurde. Dies ist eine Information, die nützlich sein kann, um die Botschaften zu verstehen, die seine Filme verbreiten.

1973 gab es in Frankfurt 2.000 Drogenabhängige, die alles taten, um an die 500 Mark zu kommen, die sie für ihre tägliche Doppelration brauchten. Frankfurt war die Drehscheibe für den Heroinhandel aus Thailand und das Hauptquartier von Yossef Amiel. Amiel war nicht nur auf dem lokalen Markt tätig, sondern lieferte auch Waren nach Israel. Jacques Derogy schrieb: „Flugbegleiter, Stewardessen, Flugkapitäne, Matrosen, Sicherheitsbeamte, Models, Modelle, Studenten, ein ganzes buntes Volk konnte dank Yossef Amiel ohne Risiko viel Geld verdienen, oft um sich selbst zu verpflegen." Wie kann ich der Versuchung widerstehen?" fragte ein israelischer Student, der als Sicherheitsbeamter auf El-Al-Flügen arbeitet: „Jedes Mal, wenn ich ein

---

[220] Zu diesem Rassismus lesen Sie unsere Kapitel über das Kino in *Planetarische Hoffnungen* und *Psychoanalyse des Judentums*.

Kilo Heroin transportiere, verdiene ich 8.000 Mark, das entspricht einem ganzen Jahresgehalt!

Drogen wurden in Gepäckstücken, Schuhabsätzen, Staubtüchern von Frauen, Krücken von verwundeten oder behinderten Soldaten und natürlich in den Geschlechtsteilen der Menschen versteckt. Wenn es sich um große Mengen handelte, wurden einige Zollbeamte bestochen, damit sie ein Auge zudrückten und den Schmuggler passieren ließen. Yossef Amiel hatte also mit seinen Soldaten und seinem Stab ein wahres Heer für seine Sache gewonnen. Ihm zur Seite stand ein Mann namens Avner Kedem, der als Sicherheitschef des israelischen Außenministeriums regelmäßig nach Asien und Europa reiste. Er nutzte das heilige Diplomatengepäck, um Kokain und Heroin sicher vom Hersteller zum Verteiler zu transportieren. 1975 wurde Avner Kedem nach einer Routinekontrolle seines Gepäcks verhaftet. Die Zollbeamten fanden 300 Gramm Heroin.

Am 17. März 1975 drangen sechs Polizisten in das von Yossef Amiel und seiner Bande bewohnte Gebäude ein. Einer der Polizisten wurde mit einer Axt in die Schulter getroffen, aber die Schmuggler wurden gefasst. Das größte Heroinschmuggel- und -vertriebsnetz in Deutschland wurde zerschlagen. Dem inhaftierten Yossef Amiel war es gelungen, zu entkommen und Deutschland zu verlassen, aber sieben seiner Komplizen wurden 1976 vor dem Frankfurter Strafgericht angeklagt. Es wurden mehr als 40 Kilo Heroin verteilt. Eine gigantische Menge", schrieb Jacques Derogy, „genug, um Tausende von Menschen zu töten und aus Tausenden von weiteren ein Vermögen zu machen." Bei den Opfern handelte es sich um deutsche und amerikanische Soldaten, die in Frankfurt stationiert waren, sowie um Frauen, die zu Prostituierten gemacht wurden. In der Woche, in der der Prozess stattfand, waren neun Heroinabhängige gestorben.

Das Gericht hörte sich Aufzeichnungen von Telefongesprächen der Angeklagten an, die von der Polizei einige Tage vor den Verhaftungen aufgezeichnet worden waren und in denen zu hören war: „Diese schwachsinnigen deutschen Bullen werden uns niemals erwischen", oder auch: „Hey, ihr könnt die Lieferung ruhig machen. Gott ist mit uns." Zehn Jahre Gefängnis waren die schwerste Strafe. Nach diesem Fall verstärkte die deutsche Polizei ihre Wachsamkeit und richtete ein Büro ein, das für „jüdische und israelische Angelegenheiten" zuständig ist.

In jenen Jahren trug eine von drei oder vier Prostituierten in Frankfurt einen Davidstern um den Hals und sprach Hebräisch. Nach mehreren Durchsuchungen wurden 300 Israelis in der Moselstraße festgenommen, inhaftiert oder ausgewiesen. Doch für Elie Bolkin war dieser Polizeieinsatz nur ein kleines Missgeschick. Elie Bolkin, der an zwei Morden beteiligt war, wurde aus Mangel an Beweisen freigelassen." Ich fahre am Steuer eines weißen Mercedes herum, umgeben von schönen deutschen und israelischen Frauen", erklärte er und gab sich tugendhaft empört: „Zuhälter, ich? Drogendealer, ich? Das sind alles nur Geschichten! Ich bin ein Restaurantbesitzer! Ich bin ein ehrlicher Geschäftsmann! [221]„

## *Ecstasy-Handel: 100% Kascher*[222]

In den 1990er Jahren boomte der Ecstasy-Markt, der durch die Welle der elektronischen Techno-Musik populär wurde. Festivals oder „*Gratispartys*" oder „*Raves*", an denen Zehntausende von jungen, zumeist europäischen Menschen teilnehmen konnten, bildeten eine Nische potenzieller Kunden, an der sich die Gangster bereichern konnten.

Das große organisierte Verbrechen habe „die Kontrolle über die Drogen der *freien Parteien* übernommen", heißt es in der Zeitung *Libération* vom 2. August 2001. Nach Angaben des Nationalen Amtes für Drogen und Drogenabhängige (Frankreich) wurden bei einer „Gratis-Party" mit 30.000 Personen innerhalb von 48 Stunden zwischen 4 und 5 Millionen Francs eingenommen, zwei Drittel davon durch den Verkauf von Ecstasy. Am 23. Juli 2001 war in der gleichen Zeitung zu lesen: „Die [israelische] Mafia hat den Markt für synthetische Drogen zurückerobert." Ecstasy ist die Domäne des organisierten israelischen Verbrechens", schrieb *Le Figaro* am 11. August 2001."

Das israelische organisierte Verbrechen hatte praktisch ein Monopol auf den Vertrieb von Ecstasy in der Welt. Belgien spielte eine wichtige Rolle, obwohl die Belgier nichts damit zu tun hatten. Am 11. März 2004 wurden in Malines auf einem Parkplatz an der Autobahnauffahrt 100 000 Ecstasy-Pillen entdeckt. Die Behörden nahmen fünf Personen fest, zwei davon aus Antwerpen, die anderen drei aus den Niederlanden. Die anderen drei kamen aus den Niederlanden. Wenige Tage später, am 18. März 2004, wurde in Maasmechelen eine Rekordmenge an Rohstoffen für die Herstellung von 75 bis 100

---

[221] Jacques Derogy, *Israel Connection*, Plon, 1980, S. 173-182.
[222] „Richtig" oder „angemessen" zu verzehren, d. h. es entspricht den Vorschriften der jüdischen Religion. Das *Koscher-Siegel* ist ein Qualitätssiegel, das eine Steuer für die Rabbiner beinhaltet.

Millionen Ecstasy-Tabletten und 400.000 fertigen Tabletten beschlagnahmt.

Am 17. April 2004 verhaftete die Dienststelle des Bezirksgerichts Brüssel-Asse auf dem Flughafen Zaventem eine in Amsterdam lebende deutsche Frau nigerianischer Herkunft, die in ihrem Gepäck 10.000 XTC-Pillen mit sich führte. Am 29. April wurde in Knokke-Heist eine Million Pillen beschlagnahmt. Bei der Aktion wurde ein voll ausgestattetes Labor zur Herstellung von Pillen entdeckt, und acht Personen wurden festgenommen. Am 13. Juli 2004 fand eine weitere Rekordbeschlagnahme von drei Millionen Ecstasy-Pillen statt. Vier Personen aus der Region Antwerpen wurden festgenommen. Ein weiteres Mitglied der Bande war Ende Juni in Australien festgenommen worden, wo eine Pille für bis zu 40 Euro verkauft werden konnte, während in Belgien der Preis für eine XTC-Pille bei etwa vier Euro lag.

Am 22. April 2004 wurde der ehemalige israelische Minister für Energie und Infrastruktur, Dr. Gonen Segev, der aus den Niederlanden angereist war, von Zollbeamten am Ben-Gurion-Flughafen in Tel Aviv festgenommen: In seinem Koffer befanden sich 25 000 Ecstasy-Pillen (etwa fünf Kilo). Er wurde zusammen mit seinen Komplizen, Moshe Verner und Ariel Friedman, angeklagt.

Die Niederlande waren der weltweit größte Produzent von Ecstasy. Die Droge wurde in Dutzenden von illegalen Labors hergestellt. An der Spitze dieses Handels standen wiederum israelische Schmuggler, die mit verschiedenen „russischen" Mafias verbunden waren und die Netzwerke organisierten, die Europa und die Vereinigten Staaten belieferten.

Der dreißigjährige Itzhak Abergil war ein bedeutender internationaler Menschenhändler. Seine Organisation operierte vom belgischen Hafen Antwerpen aus und setzte eine ganze Reihe von kriminellen Aktivitäten ein: Diamantendiebstahl, Geldwäsche und Ecstasy-Handel. Ein Mann wie Itzhak Abergil ist ein Mann von grenzenloser Brutalität", heißt es in einem Artikel im *Courier International* vom 13. Januar 2005. Jedes Anzeichen von Kompetenz, jeder Fehler und jedes falsche Wort seitens seiner Komplizen wird mit Blut bestraft. Itzahk Abergil wird daher von allen gefürchtet, von Feinden und Freunden gleichermaßen. Er weiß, wie er seinen Ruf zu wahren hat." Am 9. September 2004 wurde Itzhak Abergil schließlich in den Niederlanden verhaftet. Die amberianische Justiz beantragte umgehend seine Auslieferung. Einige Wochen später wurde er von einem niederländischen Richter aufgrund eines „Verfahrensfehlers" freigelassen und flog in aller Ruhe nach Israel. Er stand in Kontakt mit einem wichtigen Mitglied der Unterwelt von Las Vegas, Gabriel Ben Harosh, 39, einem ursprünglich aus Marokko stammenden Juden, der von Erpressung und Ecstasy-Handel lebte und große Anteile an einem der größten israelischen Bauunternehmen hatte. Ben Harosh war in Kanada festgenommen worden und sollte an die Vereinigten Staaten ausgeliefert werden. Die Polizei von Las Vegas verfolgte auch seine rechte Hand, den 32-jährigen Hai Waknine.

Die israelische Tageszeitung *Haaretz* vom 6. April 2003 bestätigte die Rolle der „israelischen" Kriminellen: „Laut einem vom US-Außenministerium veröffentlichten Dokument ist Israel das Zentrum des Ecstasy-Handels. Einem offiziellen Dokument zufolge hat das organisierte Verbrechen in Israel in den letzten Jahren in Zusammenarbeit mit kriminellen Organisationen in Russland die Kontrolle über den Drogenhandel in Europa übernommen. Aus dem Dokument geht hervor, dass israelische kriminelle Gruppen die Oberhand im Ecstasy-Handel in Nordamerika haben. In den 2000er Jahren stammten 80 Prozent des in den Vereinigten Staaten verkauften Ecstasy aus den Niederlanden, die das größte Produktionszentrum darstellten. Das Außenministerium ist überzeugt, dass israelische Organisationen mit Labors in den Niederlanden in Verbindung stehen und für die weltweite Verbreitung verantwortlich sind." Der Artikel stammt von Nathan Guttman.

Im Oktober 1999 gab die australische Bundespolizei die Beschlagnahmung von 12 Kilo Ecstasy bekannt, was 45 000 Pillen entspricht. Die Aktion hatte im Juni stattgefunden, aber auf Wunsch der belgischen Behörden waren die Informationen geheim gehalten worden. Dank dieser Geheimhaltung wurden zwei Wochen nach der australischen Razzia 58 Kilogramm in Deutschland entdeckt. Zusammen mit den beiden in Belgien festgenommenen Personen wurden 350.000 Ecstasy-Pillen beschlagnahmt. Das Netzwerk, das immer die List des Versands von Sportgeräten anwendet, hatte 45 Kartons in die Vereinigten Staaten verschickt. Jeder Karton wog fünf Kilo, so dass 225 Kilo Ecstasy (d. h. mehr als 800 000 Tabletten) die US-Grenze überschritten hatten.

Unmittelbar nach dieser Großaktion nahmen belgische Ermittler und ihre niederländischen Kollegen den Drahtzieher dieses internationalen Netzwerks in den Niederlanden fest. Die Ermittlungen führten zur Entdeckung der Verantwortlichen, die niemand erwartet hatte: junge chassidische Juden. Sean Erez, ein 30-jähriger Israeli, wurde in Amsterdam aufgrund eines Auslieferungsersuchens der Vereinigten Staaten festgenommen. Sean Erez war ebenfalls kanadischer Staatsbürger. Zusammen mit seiner Partnerin Diana Reicherter wurden die beiden von der US-Polizei beschuldigt, mehr als eine Million Pillen in den USA verteilt zu haben. Bei den fünf anderen von der Polizei festgenommenen Personen handelte es sich um junge orthodoxe Juden, die als „Maultiere" bei der Zollabfertigung dienten. Eine Zeit lang waren die Zollbeamten nicht misstrauisch gegenüber diesen religiösen Juden in schwarzen Kaftanen, Hüten und Papilloten. Jeder kann zwischen 35.000 und 50.000 Pillen pro Fahrt transportieren. Diese „Maultiere", die zwischen Europa und den Vereinigten Staaten hin und her pendelten, wurden mit 1500 Dollar pro Strecke entlohnt. Und für jeden neuen Rekruten erhielten sie 200 Dollar.

Im April 1999 verhaftete die Polizei auf dem Pariser Flughafen Orly ein junges chassidisches jüdisches Paar aus New Jersey, das 80.000 Ecstasy-Pillen bei sich hatte. Einige Tage später verhafteten kanadische Zollbeamte in Montreal eine junge orthodoxe Frau aus New York, die 45 000 „Superman"-Pillen in ihrem Koffer versteckt hatte. Tatsächlich trugen die Pillen oft verschiedene Symbole: einen Elefanten, das Yin-Yang, den Eurodollar. Der „Superman" war gut gewählt, denn der Superheld war eine Schöpfung jüdischer Karikaturisten[223].

Im Oktober 1999 wurden sechs Israelis in New York verhaftet: Igal Malka, Yariv Azulay, Oshri Ganchrski, Eyal Levy, Robert Levy und Oshri Amar. 300 000 Ecstasy-Pillen wurden beschlagnahmt. Oshri Amar importierte die Droge aus belgischen und niederländischen Labors und überschwemmte das Gebiet von Kalifornien bis Ohio, Florida, Massachusetts, Pennsylvania und New York. Die Polizei demontierte auch ein Produktionslabor, in dem sie Waffen und Sprengstoff fand.

Im April 2000 wurden weitere 25 Personen verhaftet. Ihr Anführer war Jacob Orgad, 45, ein in Los Angeles lebender Israeli. Seine

---

[223] Über Superman lesen Sie *Jüdischer Fanatismus*. Chassidische Juden könnten sich anderen fruchtbaren Unternehmungen zuwenden. Im März 2001 wurden laut der Zeitung *Haaretz* 14 Mitglieder der ultra-orthodoxen Gemeinde Kirpas Joel, 60 Kilometer nordwestlich von New York, wegen Scheckbetrugs und Versicherungsbetrugs durch falsche Todeserklärungen angeklagt. Mordechai Samet, ihr Chef, hatte Millionen von Dollar auf Offshore-Konten überwiesen. 1998 wurde der Rabbiner Joseph Prushinovski in Israel verhaftet. Er wurde seit zehn Jahren vom FBI sowie von der kanadischen und niederländischen Polizei und Scotland Yard wegen einer Reihe von Bank- und Versicherungsbetrügereien gesucht, mit denen er seine Gemeinschaft, die *chassidische Tasch*, finanzierte. 200 Millionen Dollar hatten sich in Rauch aufgelöst. Im Jahr 1981 war er bereits wegen eines anderen Betrugs zu drei Jahren Gefängnis verurteilt worden. Anschließend zog er nach Kanada, um seine Betrügereien per Telefon, Fax und Telex fortzusetzen.

Komplizen schienen in allen amerikanischen Großstädten präsent zu sein, so die *Jerusalem Post* am 15. Juni 2000. Jacob Orgad, Spitzname „Cookie", hatte seine Karriere als Drogen- und Frauenlieferant für einen Luxus-Prostitutionsring in Hollywood begonnen. Dann wandte er sich dem Handel mit Ecstasy zu und beherrschte schließlich den Markt in Los Angeles. Im April 2000 wurde er zusammen mit seinem Partner Shimon Levita, einem New Yorker Jeschiwa-Studenten, in New York verhaftet. Bundesagenten hatten zwei mit Ecstasy gefüllte Pakete abgefangen. Die Empfänger, Yaniv Yona und Ereza Abutbul, beide Israelis, wurden ebenfalls verhaftet.

Offensichtlich war der Handel mit Ecstasy nicht die einzige Spezialität der chassidischen Juden: Das *Russian Journal* vom 15. Mai 2000 berichtete, dass ein orthodoxer Jude russischer Herkunft, Mark Simon, erschossen und von Kugeln durchlöchert aufgefunden worden war: Er war in einen Fall von Kreditkartenbetrug verwickelt. Im September 2000 berichtete dieselbe Zeitung, dass die japanische Polizei einen weiteren Israeli, David Biton, verhaftet hatte, der beschuldigt wurde, 25.000 Pillen ins Land geschmuggelt zu haben.

Die *Associated Press* bestätigte am 23. Mai 2001, dass das israelische Verbrechersyndikat tatsächlich die Hauptquelle des Ecstasy-Handels in den Vereinigten Staaten ist. Die *Jerusalem Post* vom 2. August 2001 berichtete, dass im Mai 17 Israelis in Spanien und den Vereinigten Staaten verhaftet worden waren. Die Ermittlungen hatten zu Oded Tuito geführt, der in Barcelona angeklagt wurde. Drei weitere Israelis, Eitan und Erez Elkayam und Yossif Hotvashvili, wurden in Barcelona nach mehreren Raubüberfällen auf Juweliergeschäfte verhaftet, was zur Verhaftung von Michel Elkayam und Simon Itach, ihren Stellvertretern, führte. Oded Tuito, alias „Fat Man", war Berichten zufolge sehr freundlich und sprach mehrere Sprachen. Er war auch einer der großen internationalen Menschenhändler, wie in den Zeitungen berichtet wurde. Nach Angaben der *New York Post* vom 25. Mai 2001 benutzte der 44-jährige Oded Tuito auch junge chassidische Juden in orthodoxer Kleidung, um die Grenzen zu passieren. Am 27. Juni 2001 wurde Tuito wegen des Vertriebs von Hunderttausenden von Ecstasy-Pillen zu 17 Jahren Gefängnis verurteilt. Er starb am 20. Juni 2004 im Gefängnis von Brooklyn an einem Herzinfarkt.

Die Verhaftung von Tuito brachte den Verkehr nicht zum Erliegen, denn die *Jerusalem Post* vom 20. Juli 2001 berichtete, dass zwei israelische Staatsbürger in Manhattan verhaftet worden waren. Die Polizei hatte mehr als eine Million Ecstasy-Pillen entdeckt, die größte jemals von der NYPD beschlagnahmte Menge. David Roash, 25, und

Israel Ashkenazi, 28, waren beide in Tel Aviv ansässig.

Im November 2001 bekannten sich Philipp Lyons und sein Komplize Abraham Israel, 31, während ihres Prozesses in Stanmore, USA, des Handels mit Heroin und Ecstasy sowie der Geldwäsche schuldig. Das Geld wurde nach Spanien überwiesen (*Totally Jewish* vom 26. November 2001).

Eine Woche zuvor hatte die deutsche Polizei ein anderes internationales Netz ausgehoben. Zwei Israelis, Uzi Guttman, 55, und Yosef Raphaelovitz, 41, wurden im Hamburger Hafen beim Entladen eines Lastwagens mit 1,5 Millionen Ecstasy-Pillen festgenommen. Die Pillen waren in Behältern mit künstlichen Blumen versteckt. Der niederländische Fahrer wurde zusammen mit ihnen verhaftet (*Jerusalem Post*, 22. November 2001). Fast zeitgleich verhaftete die australische Polizei den in den Niederlanden lebenden Elyakim Yacov al-Sheikh (37) und Dror Pachima.

Ende Juli 2002 wurden zwei israelische Drogenhändler in New York festgenommen. Im Oktober wurden sechs Mitglieder eines Drogenhändlerrings von der New Yorker Polizei festgenommen. Die Bande handelte hauptsächlich mit Ecstasy, aber auch mit Kokain, Haschisch und Marihuana. Zwi Haim Harris, 30, wurde in seiner Wohnung verhaftet, wo die Polizei Ecstasy, zwei Pistolen und Munition fand. Der Rädelsführer war ein 37-jähriger israelischer Staatsbürger namens Yigal Dobakarov, der im Besitz von 50.000 Ecstasy-Pillen im Wert von 1,25 Millionen Dollar war. Michael Brenman, 29, hat gestanden, ein Dealer im New Yorker Untergrund zu sein. Allen Agureyev, 48, und Lior Hajaj, 28, wurden ebenfalls angeklagt (*USA Today*, 25. Oktober 2002).

Im selben Monat wurden etwa fünfzehn Personen in Miami, New York und Lower Merion verhaftet. Der Boss, Lawrence Weinmann, und sein Leutnant Neil Smilen wurden in New York verhaftet, als sie gerade eine Pillenlieferung aus der Schweiz in Empfang nehmen wollten. Die beiden Männer pendelten ständig zwischen Miami und New York hin und her und kauften große Mengen an Drogen, die sie an Alan Chernik, einen Großhändler in Maine, weiterverkauften. Stewart und Fred Cohen waren ebenfalls an dem Geschäft beteiligt, ebenso wie Craig Ira Yusem, eine Craig Rabinowitz nahe stehende Person. Rabinowitz hatte seine Frau Stefanie im April 1997 ermordet. Er würde versuchen, ihren Tod als Unfalltod auszugeben, um die Versicherungsprämie zu kassieren. Diese Gruppe war als „Matzoh Ball Mafia" bekannt.

Die *New York Post* vom 10. Oktober 2002 berichtete über die Verhaftung von drei Mitgliedern eines Ecstasy-Handelsrings: 1,4

Millionen Pillen wurden von Bundesbeamten in New York beschlagnahmt. Die Pillen, die auf dem Markt 42 Millionen Dollar wert sind, waren in den Poliertischen von Diamantenschleifern versteckt. Im August wurden in Antwerpen, Belgien, zwei Männer festgenommen: Ofer Lebar und Ofer Weizman.

Die *New York Times* vom 1. April 2003 meldete eine weitere interessante Information: Natan Banda, 31, ein in Brooklyn ansässiger Leiter eines internationalen Netzwerks, war in Florida zusammen mit Nathan Weiss und fünfzehn weiteren Personen, darunter die Brüder Zakay und Ezra Sasson, verhaftet worden. Ihnen wurde vorgeworfen, Erlöse in Höhe von mehreren zehn Millionen Dollar aus dem Verkauf von Ecstasy und Kokain gewaschen zu haben. Die Schmuggler waren US-amerikanische und israelische Staatsbürger.

Der „König der Ekstase" wurde in den folgenden Jahren El Al Yoramgenannt. Dieser Israeli war einer der meistgesuchten Drogenhändler der Welt. Ihm wurde vorgeworfen, Millionen von Ecstasy-Pillen in die Vereinigten Staaten geschmuggelt und Las Vegas mit seiner Ware überschwemmt zu haben. Der Menschenhändler hatte das Land 2004 verlassen und sich in Uruguay versteckt. Im Jahr 2005 verhaftet, gelang ihm die Flucht aus dem Gefängnis. Er wurde im Dezember 2006 in Brasilien in einer Wohnung in Rio de Janeiro festgenommen.

*L'Arche*, „die Monatszeitschrift des französischen Judentums", veröffentlichte im Mai 2007 auf Seite 6 folgende Information: „Zeev Rosenstein, der berühmteste Pate der israelischen Mafia, ist in die Vereinigten Staaten zurückgekehrt, um seine zwölfjährige Haftstrafe wegen Drogenhandels zu verbüßen." Der Mann war wegen der Einfuhr von 850.000 Ecstasy-Pillen in die Vereinigten Staaten verurteilt worden. Den Rest seiner Strafe verbüßte er in Israel. Die Wochenzeitung *Mariane* vom 18. August 2007 berichtete, dass Rosensteins Organisation auf vier Kontinenten vertreten ist und „kleine lateinamerikanische Handlanger für den Vertrieb seiner synthetischen Droge" einsetzt." Rosenstein - „The Fat Man" - war in den letzten Jahren das Ziel von sieben Attentatsversuchen, darunter ein Bombenanschlag, bei dem im Dezember 2003 in Tel Aviv drei Menschen getötet wurden. Weniger als einen Monat später wurde ein anderer Drogenhändler, Efraim „Freddy" Ran, 60, von einem Autofahrer erschossen, obwohl er erst kürzlich seine Tätigkeit auf dem Kunstmarkt wieder aufgenommen hatte. Zwanzig Jahre zuvor hatte er der New York Gang angehört, die sich mit dem Import und Export von Drogen, der Erpressung von Geldern und dem illegalen Glücksspiel befasste.

Diese synthetische Droge namens Ecstasy, die für einige Stunden ein Gefühl der Stärke und des Wohlbefindens vermittelt, ist vor allem ein echter chemischer Schrott. Die Langzeitfolgen sind furchtbar, weil sie irreversibel sind: Gedächtnisverlust, Verhaltensstörungen, Schlafstörungen, Konzentrationsstörungen, Hirnschäden bei Kindern drogenabhängiger Mütter. All diese Komplikationen für die Opfer waren den Menschenhändlern nicht wichtig. Bei Produktionskosten von 20 oder 25 Cent wurde eine Pille für zwei Dollar an einen Händler verkauft, der sie seinerseits für 5 bis 10 Dollar, in manchen Diskotheken sogar für 30 bis 40 Dollar, weiterverkaufte und damit genug Gewinn erzielte, um eine große Familie zu ernähren. Wenn der Händler außerdem Eigentümer der Diskothek war, dann war er der „König der Nacht".

## *Diamantenhändler und die Wäsche von schmutzigem Geld*

Diamantenhändler in Tel-Aviv, Antwerpen und New York standen im Mittelpunkt der Geldwäscheoperationen der kolumbianischen Kartelle im Drogenbereich. In Manhattan war die 47. Straße das Zentrum der Diamantenhändler und zugleich das größte Zentrum für die Wäsche von Drogengeldern, berichtete die israelische Tageszeitung *Maariv*. US-Polizeibeamte hatten große Schwierigkeiten, diese sehr geschlossene Mafia zu infiltrieren, deren Geschäfte auf Vertrauen basierten. Außerdem waren mindestens 50 Prozent der Diamantenhändler israelische Staatsangehörige.

Die Drogengelder der kolumbianischen Kartelle flossen durch jüdische religiöse Einrichtungen, Jeschiwas und Synagogen. Die Spenden wurden dann gegen eine prozentuale Beteiligung zurückgegeben. Die erste derartige Operation wurde 1984 in Manhattan entdeckt. Der damalige Leiter des Netzwerks war David Va'anunu, der mit dem kolumbianischen Cali-Kartell zusammenarbeitete. Der Leiter der Jeschiwa Tifereth Yerushalayim, Mendel Goldberger, erhielt täglich Bargeld von Va'anunu und zahlte das Geld auf ein Bankkonto der Jeschiwa ein. Trotz seiner Unschuldsbeteuerungen wurde er zu fünf Jahren und Va'anunu zu acht Jahren Gefängnis verurteilt. Neun weitere Personen wurden in den Fall verwickelt, darunter Rabbi Israel Eidelman, Vizepräsident der Jeschiwa. Rabbi Abraham Lau, ein Führer der chassidischen Gemeinde von Los Angeles, wurde ebenfalls verhaftet.

In den späten 1980er Jahren schienen die Juweliere in der 47th

Street stark involviert zu sein. Rabbi Yosef Crozer wurde im Februar 1990 auf dem Weg nach Brooklyn mit Koffern und Taschen voller kleiner Geldscheine verhaftet. Täglich transportierte er Summen von bis zu 300.000 Dollar. Während des Prozesses behauptete er, er habe nicht gewusst, dass er Drogengelder recycelt, sondern dachte, es handele sich um Geld aus dem Diamantenhandel. Seine Zusammenarbeit mit der Polizei führte jedoch im darauffolgenden Monat zur Verhaftung von etwa dreißig Personen aus dem orthodoxen Judentum, darunter Avraham Sharir, ein weiterer frommer Jude, der ein Goldgeschäft in der 47th Street besaß und der sich als eine der Schlüsselfiguren bei der Wäsche von Drogengeldern in New York herausstellte. Avraham Sharir, ein 45-jähriger israelischer Staatsbürger, soll 200 Millionen Dollar für das Cali-Kartell gewaschen haben. Seine Angestellten, die die Scheine zählten, mussten regelmäßig das Gebäude verlassen, um sich zu lüften, da viele der Scheine zum „Schnupfen" von Kokain verwendet worden waren. Er kaufte Gold zu überhöhten Preisen von anderen mitschuldigen Händlern, und das Geld wurde dann an religiöse Einrichtungen gespendet. Sharir erhielt für diese Arbeit eine Provision von 6 %. Er besaß ein prächtiges Anwesen auf Long Island und fuhr in einem Jaguar herum. Avraham Sharir hatte sich ebenfalls bereit erklärt, mit dem FBI zu kooperieren und kam so in den Genuss des Zeugenschutzes. Er denunzierte Stefaphan Scorkia, der zu 660 Jahren Gefängnis verurteilt wurde (ein sehr amerikanisches Urteil) und den Rest seines Lebens unter einer falschen Identität lebte, um Repressalien zu vermeiden.

Im April 1990 wurde eine spezielle Polizeieinheit mit 200 Beamten gebildet, die Bargeld beschlagnahmen sollte, wenn dessen Herkunft nicht nachgewiesen werden konnte. In den ersten zwei Jahren hat diese Einheit, die sich Eldorado nennt, 60 Millionen Dollar beschlagnahmt und 120 Menschenhändler verhaftet, was im Vergleich zum gesamten Drogenhandel bescheiden erscheinen mag.

Die chassidische Gemeinde in Williamsbourg geriet in Aufruhr, nachdem mehrere ihrer Mitglieder verhaftet worden waren: Naftali, Miklosh, Yotzhak und Ya'akov Shlesinger sowie Milton Jacoby waren alle wegen Geldwäsche angeklagt worden. Die US-Zollbehörde hatte Millionen von Dollar beschlagnahmt, die in Frachtcontainern und in den Rümpfen von Benzintankern versteckt waren. Im Jahr 1990 fanden Zollbeamte in einer Kabelsendung Bargeld in Höhe von 14 Millionen Dollar, aber das war erst die 234. derartige Sendung. Auf dem Kennedy-Flughafen wurden 6,5 Millionen in Behältern gefunden, die gefrorenes Sperma enthalten sollten. Bei einer anderen Gelegenheit fanden sie

210.000 Dollar in 100-Dollar-Noten, die in Bowlingkugeln versteckt waren.

Im Mai 1993 wurden fünf Mitglieder dieser jüdischen Geldwäschenetze, die für das Cali-Kartell arbeiteten, vom FBI verhaftet. An der Spitze des Netzwerks stand ein gewisser Zion Ya'akov Evenheim, der sowohl die israelische als auch die kolumbianische Staatsbürgerschaft besaß. Von Cali aus koordinierte er die Aktivitäten und überwachte die Überweisung von Geldern. Raymond Shoshana (38), Daniella Levi (30), Binyamin Hazon, Meir Ochayon (33) und Alex Ajami (34) wurden festgenommen, zehn weitere Verdächtige waren nach Israel geflohen. Die Ermittler hatten mehrere Stunden Telefongespräche in hebräischer Sprache aufgezeichnet. Für die Übersetzung wandten sie sich an Neil Elefant, einen Juden aus New Jersey, der in Israel gelebt hatte. Eines Tages war er überrascht, als er die Stimme eines Freundes unter den Stimmen der Händler erkannte: Jack Zbeida, ein Antiquitätenhändler aus Brooklyn. Elefant geriet in ein moralisches Dilemma und suchte Rat bei seinem Rabbi, der ihm riet, Zbeida zu warnen. Dies war eine schlechte Entscheidung, denn schließlich wurde Zbeida festgenommen und bot an, mit der Polizei zu kooperieren, indem er Elefant anzeigte, der seinerseits verhaftet wurde. Elefant verteidigte sich, indem er die FBI-Agenten des Antisemitismus bezichtigte. Sie hätten sich zu sehr bemüht, den Staat Israel in einen Fall von Drogenhandel zu verwickeln. Richter Kevin Duffy verurteilte ihn zu einer 18-monatigen Haftstrafe.

Adi Tal arbeitete auch für das Cali-Kartell. Er war bereits im März 1988 mit elf Mitgliedern eines Geldwäschenetzes in Begleitung von Nir Goldstein verhaftet worden. Sie zahlten das Drogengeld auf Bankkonten ein, und zwar in Höhe von 10 000 Dollar, einem Betrag, der über dem einer Einzahlung bei einer US-Bank lag. Anschließend wandelten sie das Geld in Reiseschecks um, die sie nach Panama schickten. Sie verwendeten eine verschlüsselte Sprache. Die Übersendung eines Diamanten von 30,4 Karat bedeutete, dass es dreißigtausendvierhundert Dollar waren.

Rabbi Shalom Leviatan, ein Chabad-Lubawitsch, der Hauptzweig der chassidischen Juden[224], war der Leiter des Netzwerks in Seattle." Meine Absichten waren gut", versicherte er der Polizei und behauptete, er habe iranischen Juden geholfen, ihr Geld außer Landes zu bringen. Leviatan wurde zu 52 Monaten Gefängnis verurteilt, aber seine Inhaftierung diente nicht als Strafe, da er sich nach seiner Entlassung

---

[224]Über chabadisch-lubawitische chassidische Juden lesen Sie *Psychoanalyse des Judentums*.

einer Bande anschloss, die später aufgelöst wurde. Zu seinem Glück hatte er dieses Mal Zeit, nach Israel zu fliehen.

Im Jahr 1994 wurden 23 Personen wegen Geldwäsche verhaftet, darunter die New Yorker Rabbiner Alexander Schwarts und Menashe Leifer, die Rechtsanwälte Hervey Weinig und Robert Hirsch, der Polizist Michael Kalanz und ein Schweizer Bankier. Das Kokaingeld ging auf ein Bankkonto in Zürich. Rabbi Schwarts war in Puerto Rico mit 267.830 Dollar in bar erwischt worden.

Am 7. Juli 1995 wurde ein gewisser Moshe Benyamin vor einer Bank in Monte Carlo verhaftet. In seinem Fahrzeug entdeckten die Polizeibeamten sechs Koffer mit Banknoten im Wert von 5,5 Millionen Dollar. Der in Italien geborene, aber israelische Staatsbürger Moshe Benyamin wurde verdächtigt, der „Chefwäscher" eines kolumbianischen Kokainkartells zu sein. Am 30. August wurde sein Bruder William in Tel Aviv ermordet. 1996 wurde der orthodoxe Jude David Bright am New Yorker Flughafen mit einem Koffer verhaftet, der 200.000 Dollar in bar enthielt. Er arbeitete für das Cali-Kartell.

Nachum Goldberg, ein australischer orthodoxer Jude, war 1997 zu einer Gefängnisstrafe verurteilt worden. Er gehörte zu einem internationalen Geldwäschenetzwerk, dem Diamantenhändler aus Israel, Belgien und Australien angehörten. Goldberg hatte in dreizehn Jahren 90 Millionen Dollar über ein Bankkonto der *United Charity* gewaschen. Auf diese Weise finanzierte er die orthodoxe jüdische Gemeinde. Der größte Teil des Geldes stammt aus dem Verkauf von Diamanten, die illegal nach Australien eingeführt wurden. Zehntausende von Dollar wurden an seinen Bruder geschickt, der die Leumi-Bank in Jerusalem leitete. Im Oktober 2000 wurde Goldberg zu einer fünfjährigen Haftstrafe verurteilt. Der Richter hatte die israelische Regierung für ihre schlechte Zusammenarbeit mit den Ermittlern kritisiert.

1997 wurden zwei weitere chassidische Rabbiner aus New York, Bernald Grunfeld und Mahir Reiss, zusammen mit zehn weiteren Personen wegen der Wäsche von Drogengeldern in Millionenhöhe angeklagt. Rabbi Weiss wurde von der *New York Times* als der Drahtzieher des Rings bezeichnet. Sein Bruder Abraham, der das Geld von den Händlern in Manhattan eintrieb, war ebenso verhaftet worden wie Israel Knoblach. Jack Pinski war immer noch auf der Flucht. Abraham Reiss war auch Vizepräsident der Conference of Presidents of American Jewish Organisations. Im folgenden Jahr wurde Rabbi Elliot Amsel aus Brooklyn, der das Syrit College leitete, wegen Steuerhinterziehung und Geldwäsche angeklagt. Die 700.000 Dollar,

die er angehäuft hatte, wurden in Israel deponiert.
Einige chassidische Juden waren direkt in den Drogenhandel eingestiegen. Im Jahr 1998 wurde festgestellt, dass das Antwerpener Diamantengeschäft als Deckmantel für den internationalen Heroinhandel diente. Im Juli wurde die kleine Diamantengemeinde in der flämischen Stadt von einer Reihe von Verhaftungen von Chabad-Lubawitsch-Juden hart getroffen. Die englische Zeitung *The Independant* vom 25. Juli berichtete, dass die englische Polizei und der Zoll einen Heroinschmugglerring zwischen Israel, Antwerpen und London ausgehoben haben. Fünfzehn Kilo wurden beschlagnahmt. Ein orthodoxer Jude, Dror Hazenfratz, stand an der Spitze des Netzwerks. Der in Haifa geborene Hazenfratz hatte einen israelischen Pass und einen belgischen Personalausweis. Vor Gericht erschien er in traditioneller Kleidung, schwarzem Kaftan, Hut und Papilloten, was ihn jedoch nicht vor einer elfjährigen Haftstrafe bewahrte.

Im Jahr 2001 wurde Rabbiner Leon Edery in Toronto, Kanada, wegen Steuerhinterziehung zu einem Jahr Gefängnis verurteilt. Die Quittungen für Spenden an karitative und religiöse Einrichtungen waren deutlich höher als die tatsächlichen Spenden.

Ende 2002 wurde in New York ein internationales Drogengeldwäschenetz der kolumbianischen Kartelle ausgehoben. Nach Angaben des US-Staatsanwalts James Comey wurde die Organisation von chassidischen Juden geleitet, die in Miami und Manhattan geheime Treffen mit den Kolumbianern abhielten. Avraham Zaltzamn und Aaron Bornstein aus Brooklyn wurden inhaftiert. Ein weiterer Mann, Akiva Apter, war auf der Flucht, aber andere Verhaftungen von Händlern in Kalifornien und Houston führten zur Zerschlagung des chassidischen Netzwerks (*New York Daily News*, 2. November 2002). Diese Information wurde am 10. November von der englischen Zeitung *The Observer* aufgegriffen, die von der Verwicklung dieser religiösen Bewegung in die kolumbianischen Kartelle überrascht war. Ein Jahr zuvor hatte die Polizei ein anderes Netzwerk zerschlagen, das von einem anderen chassidischen Juden, Sean Erez, betrieben wurde, der in den Handel mit Ecstasy investiert hatte. Die Drogen wurden in betrügerischer Absicht in die Hüte oder Gebetsrollen dieser frommen Juden geschmuggelt, in dem Glauben, dass die Zollbeamten keinen Verdacht schöpfen würden.

Tatsächlich hatten religiöse Juden die Naivität der Zollbeamten schon lange ausgenutzt. Jacques Derogy informierte uns, dass es bereits in den 1970er Jahren Berichte darüber gab, dass Abu Hatsira, ein Verwandter des Ministers für Religion und religiöse Angelegenheiten,

„Heroin nach Israel geschmuggelt hatte, getarnt in einer Schriftrolle des Gesetzes."

In den späten 1970er Jahren war Isaac Kattan-Kassin, der in New York und Miami lebte, einer der größten Wäscher von kolumbianischem Kokain. Weitere Namen waren Beno Ghitis und Victor Eisenstein sowie Abel Holtz, der Präsident der Capital Bank of Miami.

Ein weiterer Fall, auf den Derogy hinweist, ist der des Kapitäns Pressman, Flugkapitän der Gesellschaft El Al, der wegen Goldschmuggels zwischen Israel und der Schweiz verhaftet worden war." Pressman, ein Veteran der israelischen Fluggesellschaft, hatte sich acht Jahre lang geweigert, Boeing und die Fluggesellschaft zu wechseln. Und das aus gutem Grund, denn bei jedem Zwischenstopp in Genf nahm er eine Ladung Goldbarren mit, um sie im Auftrag der Händler von Mea Chearim, dem ultraorthodoxen Viertel[225], nach Israel zu schmuggeln."

Der einflussreiche Jacques Attali erklärte 2002 in seinem Buch *Die Juden, die Welt und das Geld*, dass die jüdische Kriminalität allenfalls ein Randphänomen sei: „Die relative Rolle der jüdischen 'Unterwelt' in der Kriminalität nimmt mit der Globalisierung ebenfalls ab, auch wenn einige ihrer Mitglieder immer noch als Vermittler in bestimmten Formen der Geldwäsche im Drogenhandel zu finden sind, von Los Angeles bis Moskau, von Bogotá bis Tel Aviv." Jacques Attali fuhr fort: „Ein einziges spezifisch jüdisches Netzwerk wurde im Februar 1990 in New York entdeckt; es nahm folgenden Weg: Ein Teil der Drogen des Cali-Kartells wurde in Kolumbien gegen Diamanten eingetauscht; um sie in Bargeld umzuwandeln, wurden die Diamanten nach Mailand verschifft und auf Schmuckstücke aufgezogen, die dann nach Manhattan zurückgeschickt wurden, um legal - auf Rechnung - in der 47. Straße verkauft zu werden, wo es nach einem mitfühlenden Kommentar in der israelischen Zeitung *Maariv*, die den Fall aufdeckte, „mehr koschere Restaurants als in ganz Tel Aviv gibt und wo die größte Geldwäsche von Drogengeldern in den Vereinigten Staaten stattfindet". Ein Teil des Erlöses wurde dann von den Juwelieren an jüdische Einrichtungen in New York geliefert, die einen Teil - immer in *bar* - an die Kuriere des Kartells zurückgaben. Die Anführer des Rings ließen einige ihrer Unterstützer - orthodoxe Juden wie einen Rabbiner aus Brooklyn, dessen Verhaftung im Februar 1990 die ganze Angelegenheit aufdeckte - glauben, dass sie den Diamantenhändlern in der 47th Street helfen, die Steuerbehörden zu betrügen oder ihr Geld aus den iranischen

---

[225]Jacques Derogy, *Israel Connection*, Plon, 1980, S. 200.

Juden herauszuholen. Der Leiter dieses Netzwerks, ein Israeli, gestand, im Auftrag des Cali-Kartells 200 Millionen Dollar gewaschen zu haben, weniger als 1 % des Betrags, den das Kartell, das vier Fünftel des weltweit konsumierten Kokains und ein Drittel des Heroins vertreibt, jährlich umsetzt226." Wie wir selbst in *Planetarische Hoffnungen* schrieben: „Wenn Jacques Attali über die Rolle der Juden in der Kriminalität so diskret ist wie über ihre Rolle im Bolschewismus, dann ist diese Enthüllung allein schon eine große Sache."

Der Film *Blood Diamonds* (USA, 2007) ist ein gutes Beispiel für die „Heimlichkeit" der Medien, wenn es um die jüdische Kriminalität geht. In der Tat zeigte der Film kaum die Rolle der Juden in der Diamantenindustrie, nur in einer kurzen Sequenz, in der ein orthodoxer Jude auf der Leinwand erschien... für eine halbe Sekunde! eine halbe Sekunde lang! Die Zuschauer haben nicht verstanden, worum es geht. Man muss sagen, dass der Regisseur Edward Zwick in seinem Genre ein Zauberkünstler ist.

„Informationen über Kriminalität oder die [jüdische] Mafia tauchen in der internationalen Presse so gut wie nie auf", schrieb Jacques Derogy bereits 1980. In der Mitte des 19. Jahrhunderts hatte die Mediendiktatur in den westlichen Ländern noch nicht das heutige Ausmaß erreicht. So empörte sich die jüdische Zeitschrift *L'Univers israélite* in ihrer Ausgabe vom 9. Dezember 1864 darüber, dass die Identität bestimmter Verbrecher in der allgemeinen Presse aufgedeckt wurde: „Vier holländische Israeliten, Diamantenschleifer, erscheinen vor den Geschworenen der Seine usw."..... Es scheint endlich an der Zeit zu sein, dass der Zentralrat das Innenministerium um ein Kommuniqué bittet, in dem die Zeitungen aufgefordert werden, den Kult von Personen, die vor Gericht erscheinen, nicht mehr zu enthüllen. Diese einfache Maßnahme würde ausreichen, um einem widerwärtigen Missbrauch ein Ende zu setzen, der alle französischen Israelis und ihre Religion beleidigt! [227]„Es ist in der Tat wichtig, sie nicht zu „empören": Es sind empfindliche Menschen.

*Eine lange Tradition*

Die fiktionalisierte Geschichte der jüdischen Gangster hat ihre

---

[226] Jacques Attali, *Les Juifs, le monde et l'argent*, Fayard, 2002.
[227] *L'Univers Israélite*, September 1864, in Roger Gougenot des Mousseaux, *Los Judíos y la judeización de los pueblos cristianos*, pdf-Version. Übersetzt ins Englische von Professor Noemí Coronel und der unschätzbaren Mitarbeit des Teams Katholischer Nationalismus. Argentinien, 2013, S. 150-151

Beteiligung am Drogenhandel stets vernachlässigt. Drogenhändler gelten in der Tat als hartnäckig." Diese Juden gibt es nicht, Punkt", schrieb Rich Cohen in seinem Buch *Yiddish Connection*. Der erste große amerikanische Drogenhändler war wahrscheinlich Arnold Rothstein selbst", so Cohen. Es wird uns immer klarer, dass der Drogenhandel in den Vereinigten Staaten von einer einzigen Quelle betrieben wird", heißt es in einem Bundeskriminalbericht aus den späten 1920er Jahren. Außerdem sind wir aufgrund der uns vorliegenden Informationen davon überzeugt, dass es sich bei dieser Quelle um Arnold Rothstein handelt." „

Rothstein hatte die Aufhebung des Alkoholverbotsgesetzes vorausgesehen und früher als alle anderen erkannt, dass Drogen den Verlust des illegalen Alkoholhandels kompensieren könnten. Sein Komplize bei dieser Gelegenheit war ein gewisser Yasha Katzenberg: „Er ist eine der großen verhüllten Figuren der jüdischen Unterwelt", schrieb Rich Cohen. Als Rothstein 1928 starb, ging seine Rauschgifthandelsorganisation in die Hände von Lepke Buchalter über, der in der Seymour Avenue[228] eine Opiumfabrik betrieb.

Im Jahr 1931 wurde durch einen Völkerbundvertrag fast die gesamte Weltproduktion verboten. Von nun an durfte jedes Land nur noch so viel Betäubungsmittel herstellen, wie es für den medizinischen Gebrauch im eigenen Land benötigte. Da Lepkes Bezugsquelle erschöpft war, beschloss er, Katzenberg in den Osten zu schicken. Rich Cohen schrieb: „Yasha verschwand in den Weiten Chinas und hinterließ eine Spur von Briefen. Monate später tauchte er wieder auf, in den Hügeln um Shanghai, umgeben von einer Armee von Banditen. Er hatte ihnen beigebracht, wie man Heroin herstellt, und eine Fabrik im Flusstal gebaut, und schon bald nahm der Heroinfluss seinen Weg zur Lower East Side wieder auf." Ende der 1930er Jahre, als die Behörden Katzenbergs Aktivitäten entdeckten, erklärte der Völkerbund, dass er eine „Bedrohung für die internationale Gemeinschaft" darstelle. Jahre später wurde er zusammen mit Lepke und achtundzwanzig anderen Gangstern wegen Verstoßes gegen das Betäubungsmittelgesetz angeklagt. Katzenberg denunzierte Buchalter, was ihn jedoch nicht davor bewahrte, zu achtzehn Jahren Gefängnis verurteilt zu werden[229].

Die Beteiligung jüdischer Drogenhändler am Drogenhandel war also nichts Neues. In den Vereinigten Staaten gab es in den 1940er

---

[228] Rich Cohen, *Yiddish Connection*, 1998, Denoël, 2000, Folio, S. 222-224. Sergio Leones Film „Es war einmal *in Amerika*" zeigt, dass einige Gangster regelmäßig in Opiumhöhlen einkehrten.
[229] Rich Cohen, *Yiddish Connection*, 1998, Denoël, 2000, Folio, S. 227, 228

Jahren Dutzende von Heroinhändlern in New York, „die Überbleibsel der Rothstein-Maschine", schrieb Rich Cohen. Solly Gelb, Solly Gordon, Tudi Schoenfeld, Artie West, Niggy Rutkin, Harry Koch, Sam Haas, Moe Taubman und Harry Hechinger, zum Beispiel. Ein Bernard Bergman war ein äußerst wohlhabender Mann und eine führende Persönlichkeit in der orthodoxen jüdischen Gemeinde. Er war „einer der reichsten orthodoxen Juden der Welt", schrieb Robert Friedman. Er hatte sein Vermögen in der medizinischen Versorgung aufgebaut und sein Geschäft auf das gesamte Gebiet ausgedehnt. Im Jahr 1941 beschlagnahmte die Polizei acht Kilo Heroin, das in seinen Gebetsbüchern versteckt war. Richter Martin Frankel hatte ihn zu einer lächerlichen viermonatigen Haftstrafe verurteilt, was zu einem rein antisemitischen Gerücht führte. Der Fall wurde erneut verhandelt, und der neue vorsitzende Richter, Aloysius Melia, fügte der vorherigen Strafe eine einjährige Haftstrafe hinzu.

Im Jahr 1942 erwähnte in Frankreich ein Autor wie Léon de Poncins, der eine Liste der kriminellen Aktivitäten bestimmter Juden - große Finanzbetrügereien, Spionagefälle und politische Attentate usw. - erstellt hatte, auch den Drogenhandel und nannte zwei Namen: Isaac Leifer und Theodore Lyon. Isaac Leifer war am 20. Juni 1939 in Paris zu einer zweijährigen Haftstrafe und einer Geldstrafe von 5000 Francs verurteilt worden. Die Umschläge mit Heroin, die in die Vereinigten Staaten geschickt wurden, waren in Bibeln[230] versteckt. Lucien Rebatet seinerseits schrieb in der Wochenzeitung *Je Suis Partout* vom 17. Februar 1939: „Kürzlich, nach der Verhaftung eines Rabbiners aus Brooklyn namens Isaac Leifer wegen internationalen Drogenhandels, wurden wir Zeugen einer weiteren großen Verteidigung der auserwählten Rasse. Diesmal ging es darum, zu leugnen, dass Leifer ein Rabbiner war. Noch mehr und es würde den Anschein erwecken, dass er nicht einmal Jude war. Diesmal veröffentlichte der *Matin* einen Artikel mit der Überschrift: „Der Pseudo-Großrabbiner...". Das Wort „groß" wurde zwar aufgenommen, aber so dargestellt, dass die falsche Qualität auch für das Wort „Rabbi" zu gelten schien. Daraufhin erkundigt man sich und erfährt, dass der Informationschef des *Matin* Sam Cohen heißt."

Thomas Keyes schreibt in seinem Buch *Opium in China*, dass Opium wahrscheinlich von arabischen Händlern während der Tang-Dynastie (619-907) nach China eingeführt wurde. Opium wurde damals als Medizin verwendet. In den Jahren 1729, 1780, 1796 und 1800 waren Tabak und Opium durch kaiserliche Edikte an die Portugiesen und

---

[230]Léon de Poncins, *Israël destructeur d'empires*, Mercure de France, 1942, S. 83.

Briten verboten worden. Doch in den 1820er Jahren begann die Britische Ostindien-Kompanie, das in Indien produzierte Opium nach China zu exportieren. Später zog sich das Unternehmen aus diesem Markt zurück und übergab die Konzession an das 1832 von zwei Schotten gegründete Unternehmen Jardine, Matheson and Co.

In den ersten Jahrzehnten des 19. Jahrhunderts waren auch Juden aus Bagdad nach Indien gekommen. In Bombay und Kalkutta sollten sich einige der mächtigsten Familien, wie die Kadouri, die Cohens, die Ezra, die Solomons, die Gubbays, die Eliases und vor allem die Sassoons, unter den mächtigsten etablieren. David Sassoon (1792-1864) kam auf der Flucht vor dem osmanischen Gouverneur von Bagdad 1832 nach Bombay, wo er die Firma David Sassoon and Co. gründete und in das Textilgeschäft, den Baumwollanbau und -handel, aber auch in den Indigo- und Schlafmohnanbau einstieg. David Sassoon und seine Nachkommen wurden später als die Rothschilds des Ostens bezeichnet, da ihr Vermögen als so märchenhaft angesehen wurde.

David Sassoon befand sich bei der Opiumproduktion und dem Opiumhandel in direkter Konkurrenz zu Jardine, Matheson und Co. Bald ergriff der Beauftragte des Daoguang-Kaisers, Lin Hse Tsu, Maßnahmen, um den Handel einzudämmen, die Händler zu bestrafen und die Opiumabhängigen zu entgiften und sozial zu rehabilitieren. Diese Maßnahmen beeindruckten die geschäftstüchtigen Briten und Juden nicht, die ihren Handel fortsetzten. Daraufhin brach der Erste Opiumkrieg aus (1839-1842), der mit dem Vertrag von Nankin endete, den das siegreiche Großbritannien China auferlegte. In dem Vertrag wurden Kriegsentschädigungen festgelegt, die von China zu zahlen waren, und Hongkong wurde an die Briten abgetreten. Opium blieb jedoch illegal. 1858 brach ein zweiter Opiumkrieg aus, diesmal geführt von chinesischen Rebellen, die das Land vom Opium befreien wollten. Diesmal war Opium im Friedensvertrag nicht mehr ausdrücklich verboten.

Im Jahr 1859 wurden nicht weniger als 4 800 Tonnen produziert, und im Jahr 1880 waren es bereits 6 700 Tonnen[231].

Die Firma David Sassoon and Co. kontrollierte bereits mehr als 70 % des Opiumhandels, und weitere Firmen wurden von anderen jüdischen Kaufleuten gegründet, so dass die Jardine und andere britische Firmen gegen Ende des 19. Um 1900 war das Opium in China praktisch ein jüdisches Monopol. Zu dieser Zeit gab es im Land mindestens fünfundzwanzig Millionen Opiumabhängige.

---

[231]Dies entspricht in etwa der Produktion des heutigen Afghanistans, das 2002 von US-Truppen „befreit" wurde.

Der Drogenhandel war in der jüdischen Gemeinde offenbar eine alte Tradition. Im 15. Jahrhundert reisten jüdische Kaufleute aus dem polnischen Staat frei nach Moskau. Unter der Herrschaft Iwans des Schrecklichen änderte sich die Situation jedoch, und die Einreise nach Russland wurde israelischen Kaufleuten untersagt. Als der polnische König Sigismund-Augustus 1550 darum bat, den freien Zugang zu Russland wieder zuzulassen, lehnte Zar Iwan dies mit diesen Worten ab:

„Was Ihr uns schreibt, dass wir Euren Juden erlauben sollen, unser Land zu betreten, so haben wir Euch schon mehrmals geschrieben und Euch von den bösen Taten der Juden berichtet, die unser Volk von Christus abwenden, vergiftete Drogen in unseren Staat bringen und unserem Volk viel Schaden zufügen. Du solltest dich schämen, Bruder, dass du uns schreibst, dass sie von ihren Missetaten wissen. Auch in den anderen Staaten haben sie viel Böses getan, und dafür wurden sie vertrieben oder zum Tode verurteilt. Wir können nicht zulassen, dass die Juden in unseren Staat eindringen, denn wir wollen nichts Böses in ihm sehen; wir wollen nur, dass Gott den Menschen in unserem Land erlaubt, in Frieden zu leben, ohne jede Störung. Und du, Bruder, solltest uns von nun an nicht mehr über die Juden schreiben[232]."

Die Juden selbst waren wahrscheinlich starke Konsumenten von Rauschgift. Im März 2008 kommentierte ein Professor der Hebräischen Universität Jerusalem, Benny Shanon, über die Mikrofone eines israelischen Radiosenders einen seiner in der philosophischen Zeitschrift *Time and Mind* veröffentlichten Artikel, in dem er erklärte, dass die Hebräer in der Antike die Gewohnheit hatten, bei religiösen Ritualen halluzinatorische Drogen zu nehmen. Ihm zufolge war die Offenbarung der Zehn Gebote durch Gott auf dem Berg Sinai wahrscheinlich nichts anderes als die Frucht von Moses' Halluzinationen, die durch den wiederholten Konsum von Psychopharmaka verursacht wurden.

Dies ist in der Zeitung *Le Figaro* vom 4. März 2008 zu lesen. Die „Stimmen, das Leuchten, die Stimme des Horns und der rauchende Berg", die die Hebräer der Bibel zufolge beim Zelten am Berg Sinai (Buch Exodus) sahen, erinnerten ihn an seine eigenen halluzinatorischen Erfahrungen im Amazonasgebiet nach der Einnahme von Ayahuasca, einem von Schamanen in Lateinamerika getrunkenen Bejuco-Gemisch. Benny Shanon erklärte, er habe es mehr

---

[232] Léon Poliakov, *Histoire de l'antisémitisme, Tome I*, Point Seuil, 1981, S. 419. Diese Worte werden auch von dem großen russischen Schriftsteller Aleksandr Solzhenitsyn zitiert, in *Deux Siècles ensemble, Tome I*, Fayard, 2002, S. 26, 27.

als hundert Mal konsumiert: „Mit Ayahuasca habe ich religiöse und spirituelle Visionen erlebt." Die göttliche Übergabe der Gesetzestafeln an Moses war das Ergebnis einer Halluzination: „Während der Episode auf dem Berg Sinai erwähnt das Buch Exodus, dass die Israeliten Geräusche wahrnehmen. Es handelt sich um ein sehr klassisches Phänomen in der indianischen Tradition, bei dem Musik 'gesehen' wird", so Shanon, der auch darauf hinwies, dass es seit mehr als 20 Jahren Hypothesen gibt, die die Entstehung von Religionen mit dem Konsum psychotroper Substanzen in Verbindung bringen. In den Wüsten des Negev und des Sinai wachsen jedoch zwei halluzinatorische Pflanzen: Harmal, das noch immer von den Beduinen verwendet wird, und Akazienrinde, die die gleichen psychedelischen Wirkungen wie Ayahuasca haben.

Die Akazie ist ein Baum, der in der Bibel häufig erwähnt wird. Sein Holz sei wahrscheinlich für den Bau der Bundeslade verwendet worden, betonte der Professor. Für ihn entspricht eine andere berühmte Episode in der Thora den Auswirkungen des Drogenkonsums: der brennende Dornbusch; „Mose glaubte, dass der Dornbusch nicht vom Feuer verbrannt worden war, weil seine Zeitwahrnehmung durch die Einnahme von Psychopharmaka verändert worden war, die ihm vorgaukelten, er spreche mit Gott." Für Benny Shanon blieb der Hirte jedoch eine Ausnahmeerscheinung: „Wer halluzinatorische Pflanzen konsumiert, ist nicht in der Lage, dir die Tora zu bringen, dafür muss man Moses sein."

*Entgiftung und Entkriminalisierung*

Seit den 1970er Jahren und bis 1995 wurde die Hilfe für Heroinopfer in Frankreich und in Europa von einem charismatischen Mann verkörpert, der keine Mühen scheute, um Drogenabhängige aus ihrer Sucht zu befreien. Der Mann, den die Nichteingeweihten den „Patriarchen" nannten, hatte mit seinem weißen Bart immer wie ein Großvater ausgesehen. Anfang der 1970er Jahre hatte er eine Gemeinschaft gegründet, die Randgruppen und Drogenabhängige aufnahm, die sich einer Entgiftungskur unterziehen und für immer aus der Welt der Drogen aussteigen wollten.

Als Sie im Château de la Boère in der Nähe von Toulouse ankamen, mussten Sie sich ganz ausziehen. Ihr Personalausweis und ihr Geld wurden weggenommen. Die Entgiftungsbehandlung dauerte fünf Tage und fand im Geheimen statt. Die kranke Person wurde mit einem ehemaligen Drogenabhängigen zusammengesperrt, der bereits dasselbe durchgemacht hatte. Sie kümmerten sich dann um ihn, aber er musste arbeiten: Er restaurierte Bauernhöfe oder verkaufte die Zeitung des Vereins, *Antitox*. Die Ärzte der Region unterstützten den „Patriarchen", und die Familien vieler Drogenabhängiger unterstützten ihn, weil sie sich sicher waren, dass ihre Kinder sich nicht mehr selbst zerstörten. Jahrelang hatte der Verein auf diese Weise gearbeitet, mit dem Wohlwollen der öffentlichen Behörden.

Der Verein *des Patriarchen* entwickelte sich daraufhin beträchtlich und sammelte Spenden für Drogenabhängige in ganz Europa. 1995 umfasste die Struktur allein in Frankreich 67 Zentren, in denen 2.500 ehemalige Drogenabhängige untergebracht waren, und 210 Zentren in 17 Ländern. Das Château de Boère stand im Mittelpunkt einer Konstellation aus acht Verbänden in Frankreich, acht Handelsgesellschaften in Europa und Amerika und vier Holdinggesellschaften in Luxemburg. *Der Patriarch* war zu einem wahren Multinationalen der Entgiftung geworden.

Die Fonds wurden größtenteils durch Spenden und Subventionen finanziert. Das Gesundheitsministerium steuerte jährlich 6,6 Millionen Franken bei, „ohne dass irgendeine Art von Kontrolle oder Tätigkeitsbericht übermittelt wurde", so der Rechnungshof. Der Verkauf von 400.000 Exemplaren der von Drogenabhängigen gestalteten und auf der Straße verkauften Monatszeitschrift *Antitox* in Europa stellte eine weitere wichtige Geldquelle dar, zumal die Straßenverkäufer nicht bezahlt wurden. Im Jahr 1995 brach alles zusammen. Beschwerden einiger Rentner wegen Untreue hatten das reibungslose Funktionieren des Vereins gestört, der schließlich in das Sektenregister des Parlamentsberichts aufgenommen wurde. Weitere Verfahren wurden wegen Vergewaltigungen und versuchter Vergewaltigungen von Rentnern eingeleitet. Die gerichtliche Untersuchung ergab, dass 100 Millionen Franken zwischen der Schweiz, Luxemburg und Liechtenstein zirkuliert hatten.

Seit einiger Zeit", so Stéphane Hédiard, der langjährige Privatsekretär von Lucien Engelmajer, „läuft es nicht mehr so wie früher. Er war außer Kontrolle geraten. Er interessierte sich nur für seine Geschichten über Liquidation, Geldbeschaffung und Immobilieninvestitionen." (*Libération* vom 8. November 2006). Der „*Patriarch"* war nach unseren Informationen kein einfacher Kerl: „Einige Rentner, die geflohen waren, wurden verfolgt und bedroht. Wenn er kritisiert wurde, konnte der Patriarch verbal sehr gewalttätig werden."

Im Alter von 86 Jahren wurde gegen Lucien Engelmajer mit zwei internationalen Haftbefehlen ermittelt. Das hinderte ihn aber nicht daran, ruhig zu schlafen. Der Patriarch lebte bereits seit einiger Zeit in Miami und hatte sich anschließend in Belize niedergelassen, dessen Staatsbürgerschaft er erworben (oder gekauft) hatte, um der französischen Justiz zu entgehen. Im Jahr 2006 wurden acht seiner Mitarbeiter und sechs seiner Kinder wegen Mittäterschaft beim Missbrauch von gesellschaftlichem Eigentum, Vertrauensmissbrauch, Missbrauch von Schwäche, Geldwäsche und Hehlerei vor Gericht gestellt. Jean-Paul Séguéla, Medizinprofessor und ehemaliger Abgeordneter der RPR (rechtsliberale Partei), erklärte auf der Anklagebank inmitten der Angeklagten, dass er „nicht verstehe, was er da tue", und bestritt, vom Patriarchen ein kostenloses Darlehen (6 Millionen Franken) erhalten zu haben." Mit Blick auf die fünf Söhne und Töchter des Gründers argumentierte der Anwalt Simon Cohen: „Warum sollten sie fragen müssen, woher die regelmäßig auf ihre Konten überwiesenen Gelder stammen? Lucien Engelmajer „war ein guter Vater, das ist alles"."

Die kosmopolitischen Intellektuellen waren auch die ersten, die sich für die Entkriminalisierung von Drogen einsetzten. Diese Meinung vertrat Daniel Cohn-Bendit, ehemaliger Studentenführer der Mai-68er-Ereignisse und späterer Bürgermeister von Frankfurt, einer Stadt, in der der Besitz kleiner Mengen Heroin nicht kriminalisiert wurde: „Die Frage ist heute, wie Gesellschaften mit Drogen leben können", so Cohn-Bendit. Die Prohibition ist nutzlos. Erstens führt in Marktgesellschaften jede Prohibition automatisch zu Drogenhandel und einem Schwarzmarkt, der nicht gestoppt werden kann... Die gesamte Strategie des Krieges gegen die Drogen ist gescheitert, weil es ihr nicht gelingt, den Bedarf an Drogen und den Drogenkonsum durch Repression zu beseitigen. Wir müssen also den Tatsachen ins Auge sehen... Wir müssen den Konsum weicher Drogen entkriminalisieren, die Situationen, in denen sie konsumiert werden können, regeln und ihre Qualität kontrollieren, wie bei jedem Konsumgut." Cohn-Bendit weiter: „Wir betreiben in Frankfurt eine Politik der Risikoreduzierung bis an die Grenzen des Gesetzes, verteilen Methadon und schaffen Treffpunkte für Drogenabhängige, die sich das Heroin, das sie nicht beschaffen dürfen, besorgen können. Diese Orte sind die so genannten „Drogenräume", die in Cafés eingerichtet werden und in denen sie sich einen Schuss setzen können[233]."

---

[233] Daniel Cohn-Bendit, *Une Envie de politique*, La Découverte, 1998, S. 126-133. Die kosmopolitischen Intellektuellen behaupten auch, dass die Einwanderung „unausweichlich" sei, so wie sie einst behaupteten, dass der Triumph des Proletariats

So sagte der linke Umweltschützer Cohn-Bendit dasselbe wie der liberale Intellektuelle Guy Sorman, der in der Öffentlichkeit ebenfalls sehr bekannt ist. In seinem 1995 erschienenen Buch *French Happiness* schrieb er unter Bezugnahme auf einen seiner Glaubensbrüder: „Milton Friedman war der erste, der das Scheitern des Krieges gegen die Drogen analysierte, die kontraproduktiven Auswirkungen im Detail darlegte und die Entkriminalisierung aller Drogen vorschlug. Er überzeugte mich davon, dass der durch den Krieg gegen die Drogen verursachte Schaden größer sei als die Wirkung der Droge selbst, und da dieser Krieg universell sei, sei es seine Aufgabe, in Frankreich seine Argumente für die Liberalisierung zu verbreiten." Hier die Erklärung: „Friedmans Kalkül basierte - und basiert immer noch - im Wesentlichen auf einem ökonomischen Ansatz: Die Milliarden, die in die Prohibition investiert werden, bereichern die Mafia, indem sie die Preise in die Höhe treiben; sie kommen auch Polizisten, Richtern, Psychiatern und Zollbeamten zugute, deren Status und Tugendhaftigkeit verbessert werden. Umgekehrt werden Drogenabhängige zu Straftaten getrieben, die sie nicht begangen hätten, wenn die Droge erschwinglich wäre, da sie nicht die für ihren Konsum benötigten Geldbeträge stehlen müssten. Die Prohibition, so fügte Friedman hinzu, überschwemmt den Markt mit gepanschten Produkten, die unendlich viel mehr Opfer verursachen als die reine Droge, wenn sie zu ihrem Selbstkostenpreis erhältlich wäre, der sehr niedrig ist." Guy Sorman fügte hinzu: „Als Wirtschaftswissenschaftler, aber auch als Philosoph, weist Friedman darauf hin, dass niemand für seinen persönlichen Konsum belastet werden sollte und dass der Staat nicht berechtigt ist, sich in eine freie Entscheidung des Einzelnen einzumischen, die keine externen Opfer verursacht."

Kurzum, die Intellektuellen *des Planeten*, ob sozialistisch oder liberal, sind sich einig, sich für die Entkriminalisierung einzusetzen. In Frankreich hatte Michèle Barzach, eine rechtsgerichtete Ministerin, 1987 den freien Verkauf von Spritzen genehmigt, deren Verwendung berüchtigt war. Und es war der berühmte Bernard Kouchner, ein Sozialist, der sich später der Rechten zuwandte, der als erster die Verteilung von Methadon genehmigte. Simone Veil und ihr Gesundheitsminister Philippe Douste-Blazy wollen den Einsatz nicht nur in Krankenhäusern, sondern auch direkt in Apotheken ausbauen und

---

„unausweichlich" sei. Hier ist der Drogenhandel „unausweichlich". Wie dem auch sei, wir können gut verstehen, warum sie gegen die Todesstrafe für Drogenhändler sind, vgl.

organisieren[234].

Der Kampf der kosmopolitischen Intellektuellen und Politiker für die Entkriminalisierung von Drogen könnte durchaus als ein weiteres Element im Kriegsarsenal der kosmopolitischen Mafias in ihrem Krieg gegen die Nationen gesehen werden[235]. So wurde beispielsweise 1996 ein hochrangiger israelischer Armeeoffizier des Drogenhandels in Ägypten beschuldigt. Dabei handelte es sich nicht um einen gewöhnlichen Rechtsfall, sondern um eine verdeckte Operation, die darauf abzielte, die ägyptische Armee mit Marihuana zu überschwemmen, um ihre Kampffähigkeiten zu untergraben. Nach dieser Logik waren Cannabis und Heroin-Derivate für den Feind bestimmt, während Amphetamine zum Kriegsarsenal der Tsahal-Soldaten gehörten.

Einige Menschenhändler schienen für den hebräischen Staat wichtig zu sein. So tauschten die israelischen Behörden im Jahr 2004 400 libanesische und arabische Gefangene gegen Elhanan Tannebaum aus, einen israelischen Reserveoberst, der drei Jahre zuvor im Libanon entführt worden war und von der Hisbollah gefangen gehalten wurde. Im Dezember 2006 gab er zu, dass er in den Libanon gereist war, um mit Drogen zu handeln. In der Tat hatte dieser unverhältnismäßige Austausch bei vielen Israelis Empörung hervorgerufen.

Auch die kosmopolitischen Intellektuellen engagieren sich voll und ganz für den antirassistischen Kampf. Die Verteidigung von Minderheiten, und zwar aller Minderheiten, ermöglicht es nämlich, den Organismus der ethnisch homogenen Nationen, die für ihren Einfluss unempfindlich sind, nach und nach zu schwächen." Der Hass auf den Drogensüchtigen fällt mit dem Hass auf den Einwanderer und den Juden zusammen", schrieb Guy Sorman.

In Deutschland war Michel Friedman ein bekannter Rechtsanwalt, der in den Medien sehr präsent war und zu den „Wortführern" im Kampf gegen Rassismus und Antisemitismus gehörte. Er war die Nummer 2 in der jüdischen Gemeinde auf der anderen Rheinseite und Präsident des Europäischen Jüdischen Kongresses. Der gefürchtete Talkshow-Moderator und ehemalige CDU-Vorsitzende predigte auf allen Fernsehgeräten. Die französische Wochenzeitung L'Express veröffentlichte am 26. Juni 2003 einen Artikel über ihn mit dem Titel *Michel Friedmans verlorene Ehre*. Die Zeitschrift schrieb: „Michel Friedman irritierte nicht wenige Menschen in Deutschland mit seinen

---

[234]Guy Sorman, *Le Bonheur français*, Fayard 1995, S. 111, 112.
[235]Der Krieg gegen die Nationen: vgl. *Die planetarischen Hoffnungen* und der *jüdische Fanatismus*.

Dandy-Allüren, seinem gegelten Haar und seinen rosa Krawatten. Viele mochten ihn aber auch, weil er ein glänzender Verfechter der großen Prinzipien von Moral und Menschenrechten war, sich laut und deutlich zu Wort meldete und sich weigerte, „in die Rolle des jüdischen Opfers zu schlüpfen, in der ihn viele gerne gesehen hätten", wie die linke *Tageszeitung* kürzlich bemerkte. Kurzum, Michel Friedman, 47, Vizepräsident des Zentralrats der Juden in Deutschland, war in der öffentlichen Debatte unverzichtbar."

Am 15. Juni 2003 wurde jedoch seine Wohnung in Frankfurt durchsucht, nachdem sein Name in einer Untersuchung über ein ukrainisches kriminelles Netzwerk aufgetaucht war, das in Deutschland in den Bereichen Drogenhandel, Prostitution und Waffenhandel tätig ist. Offensichtlich hatte der weltliche Verbraucher auch zweifelhafte Beziehungen zu dieser Welt.

Der Fall hatte mit der Abhörung von Zuhältern begonnen, die verdächtigt wurden, ukrainische und polnische Prostituierte nach Deutschland zu schmuggeln. Aus den eingehenden Anrufen hatten die Ermittler die stark vertraute Stimme des Medienanwalts hinter dem Pseudonym eines gewissen Paolo Pinkel erkannt. Dieser hatte mehrere Prostituierte bestellt, die ihn in seinem Hotelzimmer treffen sollten. Auch wenn es nicht zum öffentlichen Auftreten der betreffenden Person passte, war diese Aktion an sich nicht illegal. Der Fall nahm jedoch eine andere Wendung, als zwei Prostituierte bei ihrer Vernehmung behaupteten, der Anwalt habe ihnen Kokain angeboten.

Psychisch zusammengebrochen, so seine Freunde, hatte Friedman alle seine Fernsehsendungen eingestellt und es vorgezogen, nach Italien zu fahren, um sich auszuruhen. Auf der Titelseite der *Bild-Zeitung* war ein Foto zu sehen, auf dem er an einem Tisch auf der Terrasse eines Luxushotels in Venedig sitzt. Die *L'Express-Journalistin* „Blandine Milcent" hatte Mitleid mit dem armen Mann: Er lebte „von einem ständigen Bedürfnis nach sozialer Anerkennung und einem ständigen Bestreben, dort herumzustochern, wo es am meisten stört". Im Laufe der Jahre hatte sich Michel Friedman darauf spezialisiert, Intoleranz, Rassismus und Heuchelei in der deutschen Gesellschaft anzuprangern. Der 1956 in Paris geborene Sohn von Kürschnern - polnischen Juden, die von Oskar Schindler vor dem Holocaust gerettet wurden - hatte sich als medienwirksamste Persönlichkeit der deutsch-jüdischen Gemeinschaft etabliert. Er war redselig, bissig, arrogant bis zum Gehtnichtmehr und meinte, dass es nicht sein Problem sei, wenn er sich in seinem eigenen Land lächerlich mache. Diese Äußerungen waren auf jeden Fall sehr symptomatisch für eine bestimmte Mentalität einiger

Leute, die sich ständig damit brüsten, „lästig", „provozierend" und „störend" zu sein[236] „. Und das sind dieselben Leute, die sich wundern, dass sie von überall her vertrieben werden.

---

[236]Siehe *Psychoanalyse des Judentums* und *jüdischer Fanatismus*.

# 2. Die Porno-Mafia

*Sexuelle Befreiung*

Die Sexindustrie hat sich seit den 1970er Jahren erheblich weiterentwickelt und ist seither ständig gewachsen." In den Großstädten gibt es keine Mauer, keine Bushaltestelle und keinen Kiosk mehr, an dem nicht Sex angeboten wird", schrieb Yann Moncouble 1989 in seinem Buch *Politik, Sex und Finanzen*. Im Jahr 2008 konnten die Menschen im Westen nur beobachten, dass Sex im Fernsehen und im Internet immer mehr in den Vordergrund rückte. Es war ganz klar, dass diese allgegenwärtige Pornographie nicht die Geburtenrate förderte, sondern stattdessen alle möglichen sozialen Pathologien begünstigte. Yann Moncomble zitiert eine offizielle Studie, die einen Zusammenhang zwischen der Pornografie und der Zunahme von Vergewaltigungen und leichten oder übermäßigen Gewaltverbrechen herstellt: „In seiner Aussage vor der Messe-Kommission betonte Ken Lanning, ein Pornografie-Spezialist des FBI, dass in vielen Fällen von Vergewaltigung mit Todesfolge der Täter im Besitz einer großen Menge pornografischen Materials war. Die Statistiken zeigen auch einen deutlichen Anstieg der Vergewaltigungen in Staaten, in denen der Verkauf von Pornoheften am höchsten ist. Tatsächlich haben Vergewaltiger in 40 % der Fälle gestanden, dass sie vor oder während der Tat durch pornografische Szenen inspiriert wurden[237]."

Diejenigen, die von dieser sehr lukrativen Industrie profitierten, waren offensichtlich Leute, die sich nicht allzu sehr um die „reaktionäre" christliche Moral scherten. Nehmen Sie zum Beispiel Jack Kahane. 1931 hatte er in Paris den Verlag Obelisk gegründet und die verfluchten Schriftsteller seines Landes wie Henry Miller, Anaís Nin und Laurence Durell auf Englisch veröffentlicht. Sein Sohn, Maurice Girodias, war innovativ, indem er erotische Werke in englischer Sprache veröffentlichte, die nach 1944 an amerikanische Soldaten verkauft wurden, die sie mit in die USA nahmen.

Roger Faligot und Rémi Kauffer, Co-Autoren eines Buches mit

---

[237]Yann Moncomble, *La politique, le sexe et la finance*, Faits-et-Documents, 1989, S. 17.

dem Titel *Porno Business* aus dem Jahr 1987, beschreiben Maurice Girodias folgendermaßen: „Er ist den anderen immer einen Traum voraus und hat die Polizei auf den Fersen... In ihm mischt sich ein angeborenes Gespür für literarische Genialität mit einem Hang zu Intrigen und Provokationen. Er vergnügte sich mit den Verschwörern der Synarchie, der *Halb-Cagoule* Freimaurerei[238], *Halb-Grand Guignol*[239]. Zweifellos hatte dieser französisch-englische Jude einige Kontakte, die ihm halfen, den Nazi-Razzien zu entkommen. Während des Krieges veröffentlichte Girodias Kunstbücher. Aber ab 1945 war er mit Miller zu sehen, der spektakuläre, blutige, grausame Hits inszenierte - kurzum, einige erstaunliche Pokerspiele mit der Zensur[240]."

Maurice Girodias hatte eine Verlagsstruktur, *Olympia Press*, gegründet. Damals hätte es kein Verlag in den Vereinigten Staaten gewagt, *Lolita*, das Manuskript eines Professors der Cornell University in den Vereinigten Staaten namens Vladimir Nabokov, zu veröffentlichen. Der Roman erzählt die Geschichte eines Mannes, der sich in ein zwölfjähriges Mädchen verliebt. Girodias war natürlich von dieser Art von Literatur begeistert[241]. Er kaufte das Copyright für 1.000 Dollar und veröffentlichte es im Herbst 1955 in zwei Bänden mit einer Auflage von 5.000 Exemplaren. Dank professioneller Schmuggler gelangte das Buch in ganz England in Umlauf. Die englische Polizei schaltete sich über Interpol ein, um die französische Zensurbehörde zum Einschreiten zu bewegen. Der Roman wurde in Frankreich durch einen Erlass des Innenministeriums verboten, aber Girodias legte beim Verwaltungsgericht Einspruch ein. Im Februar 1958 wurde das Verbot aufgehoben und die englische Version des Buches in Frankreich legalisiert.

In den Vereinigten Staaten wurde das Buch, das es durch den Zoll geschafft hatte, ein *Bestseller*. Ein Zeichen der Zeit: 1959 wurde auch *Lady Chatterley's Lover* von D.H. Lawrence autorisiert und veröffentlicht. Im Jahr darauf *Tropic of Cancer*, aber auch Jean Genet,

---

[230] La Cagoule (Die Kapuze), die volkstümliche Bezeichnung für das „Geheime Komitee der Revolutionären Aktion". Sie war eine rechtsextreme Organisation, die zwischen 1936 und 1937 in Frankreich aktiv und für ihre terroristischen Aktivitäten bekannt war (NdT).
[239] Berühmtes Theater in Pigalle (Paris), bekannt für seine naturalistischen Horrorshows.
[240] Roger Faligot, Rémi Kauffer, *Porno Business*, Fayard, 1987, S. 38, 25
[241] Nabokov hatte eine Tochter des auserwählten Volkes geheiratet. Zu Inzest in jüdischen Familien und Pädokriminalität siehe die Kapitel Psychopathologie des Judentums in *Psychoanalyse des Judentums* (2006) und *Jüdischer Fanatismus* (2007).

der Marquis de Sade, William Burroughs - der gesamte Katalog des *Olympia-Verlags* war frei verkäuflich. Dennoch wurden 65 der 70 von *Olympia Press* veröffentlichten Bücher in Frankreich verboten. So verbrachte der verfluchte Verleger seine Zeit zwischen Paris und den Vereinigten Staaten, wo er sich als „Befreier der Moral" ausgab. Dennoch war *Lolita* ein durchschlagender Erfolg, und der kosmopolitische Filmemacher Stanley Kubrick verfilmte den Roman.

Im November 1953 erfand der junge Journalist Hugh Hefner mit dem *Playboy* die Erotikpresse. Marylin Monroe eröffnete die Zeitschrift, indem sie auf dem Titelblatt posierte. Die Zeitschrift stieg innerhalb von vier Jahren von 70.000 auf 900.000 verkaufte Exemplare. Der *Playboy* spielte zweifellos eine wichtige Rolle bei der Förderung der Werte der „Toleranz", insbesondere der Abtreibungsrechte, der Rechte von Homosexuellen und des sanften Drogenkonsums, die nach und nach die westlichen Gesellschaften durchdrangen. Tatsächlich engagierte sich die *Playboy-Stiftung* im Kampf für die „Rechte der Homosexuellen", den sie finanziell unterstützte. Hugh Hefner hatte in Anlehnung an einige alte jüdische Bräuche, die Voltaire so sehr verspottet hatte, sogar den Sex von Menschen mit Tieren verteidigt.

1963 erschien *Lui*, das „Magazin des modernen Menschen", das damals die wichtigste Konkurrenzzeitschrift war. Die Regie führte Jacques Lanzman, ein militanter Linksextremist. Das zentrale ausklappbare Foto wurde vom berühmten *Playboy* inspiriert. Anfang 1964 hatte *Lui*, das gerade seine dritte Ausgabe veröffentlicht hatte, bereits eine Auflage von 300.000 Stück. Der Gründer war Daniel Philipacchi, ein Freund von Roger Frey, dem Innenminister von General de Gaulle. Es war Roger Frey, der die Wogen mit dem General glätten sollte. Marcel Bleustein-Blanchet, der König der Werbung, hatte ebenfalls die Bedeutung dieser Presse erkannt und intervenierte ebenfalls zugunsten der Zeitschrift. Freys Schwiegersohn, Paul Giannoli, sollte Jahre später der Herausgeber werden. Es gab auch enge Verbindungen zwischen Philipacchi und der Rothschild-Bank. Der Großteil des kommerziellen Erfolgs der Philipacchi-Gruppe beruhte auf dieser Spezialpresse: 360.000 Exemplare von *Lui*, 410.000 von *Newlook* und 145.000 von *Penthouse*.

Philipacchis Karriere begann in den glücklichen Jahren des triumphalen Gaullismus. Sein Vater, Henri Filipacchi, war 1922 in Marseille gelandet, „von Smyrna aus, mit keinem anderen Gepäck als einer Geige unter dem Arm", schrieb Roger Faligot. Er wurde Generalsekretär des Pressevertriebs von Hachette und sorgte während der Besatzungszeit für den reibungslosen Ablauf der Geschäfte, indem er mit den Deutschen verhandelte. Henri Philipacchi war auch ein enger Freund von Maurice Girodias.

In den Jahren vor der Explosion im Mai 1986 sorgte die Serie *Angélique* von Bernard Borderie für Furore im Kino. Zwischen 1964 und 1967 wurden fünf Filme veröffentlicht. Angelika, die Heldin, wurde als Sklavin an die Berber verkauft und von den Piraten ausgepeitscht, aber sie wurde immer in extremis gerettet, auch wenn sie sich nicht den Launen der Männer beugte. 1967 war auch das Jahr von Jacques Rivettes *Die Nonne*, ein Film nach einem Roman von Diderot. Der Film wurde verboten, aber André Malraux, der Kulturminister von General de Gaulle, intervenierte für den Film[242]. Im selben Jahr beschloss die Nationalversammlung die Einsetzung einer Sonderkommission unter der Leitung von Lucien Neuwirth, einem gaullistischen Abgeordneten aus dem Departement Loire, um die Empfängnisverhütung zu regeln. Das Neuwirth-Gesetz wurde am 28. Dezember verabschiedet. Die Abtreibung blieb verboten, aber der Text regelte den Verkauf von Verhütungsmitteln an Minderjährige (unter 21 Jahren). Die Antibabypille hielt Einzug in die Gesellschaft.

Die Ereignisse des Mai 1968 begannen im Gefolge einer Konferenz über die sexuelle Revolution, die von einem Trotzkisten namens Boris Fraenkel geleitet wurde. Fraenkel war auch der Übersetzer der Werke von Herbert Marcuse, einem seiner Glaubensbrüder, der zum Guru der Aktivisten der radikalen Linken geworden war[243].

Zu diesem Zeitpunkt hatte die Zeitschrift *Lui* mehr als 700.000 Exemplare verkauft. Régine Deforges begann mit *Irene* erotische Literatur zu veröffentlichen. Das Buch wurde mit einem Embargo belegt, und Aragon, ein stalinistischer Schriftsteller, weigerte sich, die Urheberschaft des Manuskripts anzuerkennen und behauptete, es sei gestohlen worden. In einem kleinen Laden in der Rue du Cherche-Midi betreiben Eric und Pierrette Losfeld die *Editions du Terrain vague*. Eric Losfeld war der erste, der erotische Comics veröffentlichte: *Barbarella und Pravda la survireuse*.

1969 zeigte der Regisseur José Bénazéraf in seinem Film *Le Désirable et le Sublime* ein Liebespaar auf dem Wohnzimmerteppich, während der linke Kandidat Alain Krivine während einer Wahlkampagne auf dem Fernsehschirm erschien. Der aus Casablanca stammende Jude José Bénazéraf wurde in eine Familie der oberen

---

[242] Malraux war mit einer Jüdin deutscher Herkunft verheiratet.
[243] Zu Wilhelm Reich und Herbert Marcuse siehe *Planetarische Hoffnungen*, Kapitel über die *matriarchalische Gesellschaft*.

Mittelschicht hineingeboren, was natürlich keineswegs im Widerspruch zu seinem politischen Engagement in der extremen Linken stand, sofern man versteht, dass für diese Aktivisten die soziale Frage nur am Rande eine Rolle spielt: Für sie ist das wesentliche Thema der Zusammenbruch der traditionellen europäischen Gesellschaft. 1961 hatte Bénazéraf bereits *Le Cri de la chair* (*Der Schrei des Fleisches*) gedreht. Nach fünfundzwanzig Filmen etablierte sich der Regisseur als unbestrittener Meister dieser neuen Branche und gilt seitdem als „Vater des französischen Pornokinos"[244]."

Im Jahr 1973 erschien die erste Ausgabe des Playboy in französischer Sprache, die von Daniel Philipacchi und Hugh Hefner initiiert wurde. Daniel Philipacchi wollte sein Imperium auf die USA ausdehnen und seinen Markt in Frankreich erweitern. Zu diesem Zweck nahm er die Dienste eines Erotikspezialisten, des Verlegers Eric Losfeld, in Anspruch. Philipacchi wollte auch eine Version von *Lui* in den Vereinigten Staaten veröffentlichen und in Frankreich eine Zeitschrift auf den Markt bringen, die ein wenig „härter" war als diese. Zum ersten Mal zeigten die *Playmates* des Magazins ihr Geschlecht und befummelten sich selbst[245]. Im Oktober desselben Jahres fand in Kopenhagen die Internationale Pornomesse statt.

## *Porno-Förderer*

Die 1970er Jahre waren das goldene Zeitalter des Pornokinos. In seinem 1982 erschienenen Buch über das *erotische Kino hat* Jacques Zimmer eine kurze Chronik dieses Phänomens erstellt. Auf dem Titelblatt sahen wir zunächst ein suggestives Foto des Films *Les Onze mille Vierges* des großen Eric Lipmann. Schweden stand damals an der Spitze der „Befreiungs"-Bewegung. Der Film *Les Envoûtées* wurde 1971 von 190.000 Zuschauern gesehen.

Erotische Filme wie *Emmanuelle* (1974) oder *Histoire d'O*, produziert von Alain Siritzky; *Les Saisons du plaisir* von Jean-Pierre Mocky; *La Bonzesse* von François Jouffa; *Les Onze mille Vierges* von Eric Lipmann; *Emmanuelle II* von Francis Giacobetti, *Godefinger* von Bob Logan oder *La Kermesse érotique* von Jean Le Vitte lösten einen großen Skandal aus.

1975 wies der neue Präsident der Republik, Valéry Giscard d'Estaing, der eine Welle des Liberalismus in Frankreich fördern wollte,

---

[244]Roger Faligot, Rémi Kauffer, *Porno Business*, Fayard, 1987, S. 103.
[245]Roger Faligot, Rémi Kauffer, *Porno Business*, Fayard, 1987, S.100

seinen Kulturminister Michel Guy an, „das Kino zu liberalisieren" und nicht länger ein totales Verbot zu erlassen. Die Vorführung von pornografischen Filmen wurde also trotz der Kriterien und der Stellungnahme der Kontrollkommissionen genehmigt. Dieser Liberalismus führte zu einer Flut von Filmen, insbesondere ausländischen Filmen, die zuvor verboten waren. In seinem *Lexikon der Zensur im Kino* schreibt Jean-Luc Doin: „Verblüfft entdeckten die Zuschauer Plakate mit Sexualorganen in Aktion und spezialisierte Kinos auf der Straße[246]."

Frankreich war besorgt über diese Verbreitung pornografischer Filme, Meisterwerke wie *Love Variations* (Vereinigtes Königreich); *La Possédée* (Schweden); *Les petites Filles modèles* (Frankreich); *Des Filles pour mercenaires* (Italien-Spanien); *Edith* (Frankreich); *L'Insatiable* (Griechenland); *La Poupée d'amour* (Schweden-Frankreich); *Frustration* (Frankreich).

Im Jahr 1975 wurden siebenundsiebzig Filme veröffentlicht. Die katholischen Familienverbände reagierten und die Regierung beschloss, die gewalttätigsten oder pornografischen Filme zu besteuern. Das Gesetz vom 30. Dezember 1975 erlaubte die Vorführung von pornografischen Filmen im Gegenzug für die Einstufung als X. Dies brachte eine Reihe von Verpflichtungen mit sich, wie z. B. ein Verbot für Kinder unter 18 Jahren und eine steuerliche und finanzielle Bestrafung: eine Mehrwertsteuer von 33 % anstelle von 18,6 % und eine Gewinnsteuer von 20 % mit zusätzlichen Gebühren für ausländische Filme. Darüber hinaus wurde die Werbung verboten. Das Kino-Ghetto X war gerade erst entstanden.

Im Herbst 1975 veröffentlichte die Wochenzeitung *L'Express* von Jean-Jacques Servan-Schreiber Auszüge aus *Histoire d'O*, während die von Michel Caen und José Bénazéraf gegründete Zeitschrift *L'Organe* verboten wurde.

Diese Jahre waren jedoch eine Zeit des Glanzes. *Exhibition* von Jean-François Davy war 1975 der erste französische *Hard-Core-Film*. Die Hauptdarstellerin war Claudine Beccarie. Mit *Exhibition* verdiente Davy in 19 Wochen mehr als 10 Millionen Franken. *Le Canard enchaîné* vom 24. Dezember 1975 stellte fest, dass die Filme *La Bête*, *Suce pas ton pouce* und *C'est plus facile à garder la bouche ouverte*, drei lizenzierte Pornofilme, teilweise von Baron Elie de Rothschild[247]

---

[246]Jean-Luc Doin, *Dictionnaire de la censure au cinéma*, Presses Universitaires de France, 1998, S. 351.
[247]Yann Moncomble, *La Politique, le sexe et la finance*, Faits-et-Documents, 1989, S. 21.

finanziert worden waren. Das große kosmopolitische Kapital war, wie wir sehen können, bereits von Anfang an mit der „moralischen Befreiung" vereinbar.

Im Januar 1976 wurden 161 pornografische Filme in „Spezialkinos" gezeigt. In jenem Jahr verzeichneten pornografische Filme insgesamt 10 Millionen Besucher, gegenüber 177 Millionen Besuchern für „normale" Filme.

Viele jüdische Regisseure und Produzenten stiegen in die Branche ein und bildeten die Lokomotive. Francis Mischkind, Besitzer mehrerer Kinos, war einer der ersten, der zusammen mit Max Pécas erotische, später pornografische französische und ausländische Filme produzierte und vertrieb. Ein weiterer Pionier des X-Kinos war der unumgängliche Boris Gourevitch, Besitzer des Cinévog Saint-Lazare. Damals betrieb er fast vierzig Pariser Kinos und erwirtschaftete Gewinne, die er sofort wieder in die Produktion traditioneller Filme investierte[248].

1977 führte eine Beschwerde gegen die Ausstrahlung von *L'Essayeuse*, einem Film von Serge Korber (unter dem Pseudonym John Thomas), zu einem Prozess, der großes Aufsehen erregte. Der Film wurde nicht nur verboten, sondern das Gericht ordnete auch die physische Zerstörung des Films an, der verbrannt werden sollte.

So schrieb Jean-Luc Doin 1998 in seinem *Dictionnaire de la censure dans le cinéma*: „In Frankreich war das Kino noch vorbildlich prüde, auch wenn Paul Éluard in seinen *Lettres à Gala* bereits den Glanz des „obszönen Kinos" gepriesen hatte: „Eine Entdeckung! Das unglaubliche Leben der riesigen und prächtigen Geschlechter auf dem Bildschirm, das Sperma, das herauskommt. Das ist bewundernswert. Und sehr gut gemacht, von einer außergewöhnlichen Erotik. Das Kino hat mir eine Stunde lang einen Steifen verpasst[249] ."

José Bénazéraf, sehr links-politisch eingestellt, gab mit porno-intellektuellen Filmen voller kluger Zitate und subversiver Anspielungen auf das Zeitgeschehen den Ton an. Neben José Bénazéraf, dem „Patriarchen", dominierte ein Trio von Regisseuren: Jean-François Davy, der seine Titel mit einem gewissen Humor zu wählen pflegte *(Bananes mécaniques)*, Gerard Kikoïne und Francis „Leroi". Letzterer war Regisseur von *Petites Filles* und Co-Regisseur und Co-Produzent von *Sexe qui parle*.

Neben diesem „höllischen Trio" Davy-Kikoïne-Leroi gab es noch viele andere Regisseure, die natürlich nicht alle jüdisch waren: Lucien Hustaix hatte eine Serie produziert: *Les Pulpeuses, Les Jouisseuses, Les*

---

[248] Roger Faligot, Rémi Kauffer, *Porno Business*, Fayard, 1987, S. 113, 120
[249] Paul Éluards richtiger Name war Eugène Grindel.

*Lécheuses*. Michel „Lemoine" übte sich in antichristlicher Provokation mit *Les Petites Saintes se touchent* (*Die kleinen Satansbraten berühren sich*). Es gab auch Frédéric Lansac (Claude Mulot), Michel „Barny" (Didier Philippe Gérard), Burt Tambaree (Claude-Bernard Aubert), Pierre B. Reinhart (Reinhart Brulle), John Love (Alain Payet), Gréco de Beauparis (Gérard Grégory), Jean Rollin[250].

Jacques Zimmerzufolge stieg die Zahl der in Frankreich produzierten X-Filme von 19 im Jahr 1973 auf 43 im Jahr 1974, 78 im Jahr 1977 und 167 im Jahr 1978, dem Höhepunkt des Pornos. Aber nur vier dieser Filme haben mehr als 100.000 Besucher erreicht. Bis 1979 hatte die Öffentlichkeit genug. Die Besucherzahlen in den X-Kinos sanken von mehr als 10 Millionen auf weniger als acht Millionen. Die Zahl der Kinos in Frankreich ging von 151 im Jahr 1976 auf 76 im Jahr 1986 zurück. Zehn Jahre später hatten diese Kinos insgesamt nicht viel mehr als zwei Millionen Besucher. Die Konkurrenz der VHS-Videokassetten hatte sich bemerkbar gemacht.

Im Jahr 1982 wurden in Frankreich eine Million Videorekorder verkauft, und die Zahl der Verleger von X-Filmen auf Videokassette stieg in Paris und im ganzen Land. Jean-Claude Goldstuck gründete daraufhin Scherzo und lancierte die Kollektion „American X classics". Jean Eckenbaum, der mit *Les producteurs du vice* seine ersten Schritte im X-Kino machte, gründete Ski'l Productions. Henri Lenique kaufte ein Dutzend Titel, um den Grundstein für Travelling-Productions zu legen. Schließlich fügte Jean-François Davy seinem Portfolio eine neue Aktivität hinzu:[251]. 1986 wurden all diese Kulturverteidiger erneut Opfer einer „Verfolgung", als der Oberste Gerichtshof das Verbot und sogar die polizeiliche Beschlagnahme von pädophilem, zoophilem oder sadomasochistischem Material auf Videokassetten ausweitete. Dies war ein neues Drama in der Geschichte eines Volkes, das schon so viel gelitten hatte.

Elie Oury, der Chef *von Initial*, gab bereitwillig zu, dass er 35-40 % seiner Videokassetten in Supermärkten und beliebten Geschäften vertrieb. Sein Katalog umfasste etwa hundert Titel, von denen ein Drittel X-Filme waren. Jean-Claude Goldstuck seinerseits konzentrierte sich auf ein anderes Marktsegment, eine selektivere Klientel. Im Jahr 1986 wurden in Frankreich 280.000 von insgesamt 850.000 X-Filmen verkauft. Aber sieben von zehn Bändern kamen aus den Vereinigten Staaten. Richard Fhal und *Editions Concorde wurden später zu* einem der größten Vertriebsunternehmen in Frankreich.

---

[250]Roger Faligot, Rémi Kauffer, *Porno Business*, Fayard, 1987, S. 132.
[251]Roger Faligot, Rémi Kauffer, *Porno Business*, Fayard, 1987, S. 252.

Von den etwa zwanzig von Roger Faligot identifizierten X-Tape-Verlegern hatten ein Dutzend jüdische Namen. Alle Verleger, Großhändler, Vertreiber und Versandhändler von Sexualprodukten und -zubehör in Frankreich waren nicht jüdisch, aber in dieser Branche wie auch in anderen waren jüdische Geschäftsleute, wie z. B. Marc Dorcel (M. Herskovits), die einflussreichsten und ergriffen die Initiative.

Im Jahr 1986 machte Catherine Ringer, der Rockstar von Rita Mitsouko, Schlagzeilen. Ihre Klage gegen George Baruck, den Präsidenten des Videokassettenvertriebs VSD-international, wurde abgewiesen. Sie hatte 1982 drei Pornofilme gegen Geld aufgenommen, ohne die Absicht, eine Pornokarriere zu machen. Doch Georges Baruck, der die Rechte erworben hatte, wollte den neuen Bekanntheitsgrad der französischen Sängerin ausnutzen.

Roger Faligot stellt uns in seinem Buch die erwähnte Person vor: „Mit seinem dünnen Schnurrbart und seiner dicken Zigarre ist Georges Baruck ein *Außenseiter* in der Welt von Videotape X." Ich mag die Provokation. Dafür bin ich in der Branche bekannt, und das gefällt mir", sagte er unverblümt." Roger Faligot fügte hinzu: „Nachdem er seine Klage gewonnen hat, freut er sich, die Rechte an Catherine Ringer's erstem X-Film, *Poker-partouze pour Marcia! Er* ist sogar mehr als glücklich, denn dieser Film profitiert ungemein von der Bekanntheit der Sängerin Rita Mitsouko und verkauft sich wie geschnitten Brot... Sein zweiter Film, *Le Choc des stars,* wird sich ebenso gut verkaufen. Den dritten, wie er selbst zugibt, legt Georges Baruck in die Reserve und wartet darauf, dass Rita Mitsouko in der *Hitparade* aufsteigt[252]."

In den Vereinigten Staaten war Reuben Sturman in den 1970er und 1980er Jahren der führende Vertreiber von *Hardcore-Pornografie.* Er verteilte Sendungen mit pornografischen Kassetten in den Vereinigten Staaten und Europa. Sein Imperium hatte seinen Sitz in Las Vegas, aber Sturman kontrollierte den Vertrieb von Pornografie in Baltimore, Chicago, Pittsburgh, Denver, Milwaukee, Buffalo, Toronto, Los Angeles und Detroit. Einem FBI-Bericht zufolge besaß er Hunderte von Fachgeschäften im ganzen Land. Einige der von ihm produzierten Filme zeigten Szenen, in denen Menschen Exkremente essen oder Frauen Sex mit Pferden, Schweinen und anderen sadomasochistischen Handlungen haben. In den Jahren 1976 und 1980 war Reuben Sturman vom Obersten Gerichtshof vom Vorwurf der Obszönität freigesprochen worden. Er beklagte sich jedoch, Opfer einer gerichtlichen Verfolgung zu sein. Im Jahr 1989 wurde er in Cleveland wegen Steuerbetrugs zu 10 Jahren Gefängnis wegen Behinderung der Steuerprüfung verurteilt.

---

[252]Roger Faligot, Rémi Kauffer, *Porno Business,* Fayard, 1987, S. 264, 265.

1993 gelang es der Justiz von Chicago, ihn in die Finger zu bekommen, und er wurde wegen Erpressung zu 19 Jahren Haft verurteilt. Er wurde auch wegen Steuerbetrugs verurteilt, weil er Gelder an Schweizer und niederländische Banken hinterzogen hatte. Reuben Sturman starb im Oktober 1997 im Alter von 73 Jahren in einem Bundesgefängnis in Kentucky. Das war ein großer Verlust für die Menschheit, aber glücklicherweise übernahm sein Sohn David das Familienunternehmen. In den 1990er Jahren eroberte er den größten Teil des australischen Pornomarktes.

Roger Faligots Schrift über Sturman bestätigt die Verbindungen der Pornowelt zur Mafia: In den Vereinigten Staaten sind „mehrere Pornokraten russischer Herkunft, wie Ralph Ginzburg, der seine Jugend in den 1930er Jahren in Schanghai verbrachte, wo sein Vater in verschiedene Geschäfte verwickelt war; oder Reuben Sturman, der nach London flog, um Bernie Silver zu treffen.... Wer ist dieser Sturman wirklich: ein Pionier im Vertrieb von Pornofilmen, die in New York in Kabinen zu sehen sind, und der sich auf dem Londoner Markt etablieren will; aber auch ein direkter Vertreter der Interessen der Mafia. Mit seiner Firma Pleasure Books Ltd. wurde Sturman zu einem der Hauptanbieter im Pornogeschäft und dominierte die Welt in etwa vierzig Ländern[253]."

Bernie Silver war der König des Pornos in London, wo er zwei Drittel der Nachtclubs in Soho, dem Rotlichtviertel, kontrollierte. Im Jahr 1974 war er wegen Mordes zu einer lebenslangen Haftstrafe verurteilt worden. Einhundertsiebzig Malteser hatten ihn ins Gefängnis begleitet. Gegen die Gerichtsentscheidung wurde jedoch Berufung eingelegt, und Silver, der „maltesische" Pate, wurde vier Jahre später freigelassen.

All dieses Geld, das durch Pornos generiert wird, weckte offensichtlich große Begehrlichkeiten. In einem Buch aus dem Jahr 2003 mit dem Titel *The Great Mafia Awakening (Das große Erwachen der Mafia)* liefert Xavier Raufer einige Informationen über diese Mafia-Welt. Der erste amerikanische Pornokultfilm, *Deep Throat*, der 1972 (in siebzehn Tagen) in Florida gedreht wurde, kostete nur 26.000 Dollar, brachte seinen Produzenten aber nicht weniger als 600 Millionen Dollar ein. Der Star von *Deep Throat*, Linda Lovelace, wurde der erste Pornostar in einer Atmosphäre der Erotomanie und der „Frauenbefreiung". Doch Lovelace war keineswegs einwilligungsfähig, sondern das Opfer eines brutalen Zuhälters - ihres eigenen Ehemanns -, der sie unter Androhung einer Schusswaffe vor

---

[253]Roger Faligot, Rémi Kauffer, *Porno Business*, Fayard, 1987, S. 244.

laufender Kamera prostituierte, nachdem er sie unter Drogen gesetzt hatte. Er schlug sie oft und zahlte ihr keinen einzigen Dollar. Die ganze Geschichte war in *Ordeal* enthalten, dem Buch, in dem Linda Lovelace ihr Martyrium detailliert schilderte. Sie enthüllte auch, dass *Deep Throat* von Gérard Damiano produziert worden war und dass er seine Rechte unter der Knute der Brüder Peraino verkaufen musste. Damals befragte ein Journalist Gérard Damiano zu seinem Ausschluss aus seinem eigenen Unternehmen. Seine Antwort war: „Ich kann nichts sagen... ich riskiere mein Leben." Der Mann hatte Recht, vorsichtig zu sein, denn zwischen 1975 und 1980 hatten die „Mafia-Kriege" um die Kontrolle der Pornos (Zeitschriften, Filme, Sexshops, Massagesalons) allein im Staat New York 25 Todesopfer gefordert, die Brandanschläge und Bombenanschläge nicht mitgerechnet[254].

Wo es viel Geld gibt, gibt es zwangsläufig auch viele... Kriminelle. Gérad Leibovici war eine der schillernden Figuren der 1970er Jahre. Als Redakteur und Produzent von Pornofilmen war er auch an der Fälschung und dem Schmuggel von illegalen Videos beteiligt: Sadomasochismus, Gewalt, Pädophilie und Zoophilie. Aber Gérard Leibovici hatte auch „fortschrittliche" Ideen in der Politik, denn er war ein militanter Linksextremist. Er hatte Sabrina, die Tochter von Jacques Mesrine, dem 1979 von der Polizei ermordeten Staatsfeind Nummer eins, unter seine Fittiche genommen. Am 5. März 1984 wurde „Lebo" auf einem Parkplatz in der Avenue Foch in Paris mit vier Schüssen in den Hinterkopf getötet. Seine Mörder wurden nie identifiziert (*Marianne*, 28. Juli 2007).

## *Porno in jedem Haushalt*

Dann sollte es jedem erlaubt sein, pornografische Filme auf den Fernsehbildschirmen zu Hause anzuschauen und so endlich mit all den alten Vorurteilen, all der alten reaktionären Moral, die den Geist all dieser etwas unterdrückten Christen behindert hat, Schluss zu machen.

Noch besser wäre es, wenn die Filme auf Fernsehkanälen ausgestrahlt würden. Elie Oury hat sich auf dieses Abenteuer mit dem Bezahlsender Canal+ eingelassen. Der Regisseur Pierre Lescure und seine Mitarbeiter, darunter Marc Frydman, führten das X-Kino im Fernsehen ein. Am 17. November 1984 erlebten die Zuschauer die Premiere des Pornofilms *La Bête*, des „Klassikers von Walerian Borowczyk", wie Roger Faligot ihn nannte. Am 31. August 1985

---

[254] Xavier Raufer, *Le grand Réveil des Mafias*, JC Lattès, 2003, S. 225, 226.

sendete Canal+ die *Ausstellung* von Jean-François Davy. Marc Frydman, der die X gezeigten Filme ausgewählt hat, wählte *Emmanuelle 4* und *Les Petites filles au bordel* von Francis Leroi aus. Dann *Gorge profonde (Deep Throat)* und *L'Enfer pour Miss Jones* des Italo-Amerikaners Gérard Damiano, *Histoire d'O numéro 2* von Eric Rochat, *Derrière la porte verte* von Artie James und Adrienne Mitchell und *Hôtesses intimes* von Michel Baudricourt." Canal+ hat hervorragende Arbeit geleistet, um das erotische Kino zu entmystifizieren", sagte Claude Goldstuck[255].

In New York war Abby Ehmann eine der führenden Verlegerinnen von pornografischen Zeitschriften. Ihr Ziel war es, „den Appetit der New Yorker zu befriedigen, die zu sehr in der Enge ihres kleinen Lebens gefangen waren". Sie hatte ihre Karriere bei der Zeitschrift *Porn Free* begonnen, die sie 1997 verließ, um zu *Extreme Fetish zu wechseln*. Sie war auch eine der Führerinnen von *Feminist for Free Expression*.

Guy Sitbon, ein weiterer Sohn der verfolgten Gemeinschaft, war ebenfalls ein Pionier seiner Art. Der ehemalige US-Korrespondent des *Nouvel Observateur* hatte eine Anzeige in der Tageszeitung *Libération* geschaltet, in der er seine Leser aufforderte, ihm Berichte über ihre sexuellen Erfahrungen zu schicken. Er erhielt Hunderte von Briefen. So gründete er seine Zeitung, die vor allem auf diesen Berichten über sexuelle Erfahrungen seiner Kontakte basierte. Das *Lettres-Magazin* erreichte schnell eine Auflage von 50.000 Exemplaren. Bis Ende 1985 erreichte seine Zeitung eine Auflage von 80.000 Exemplaren. Guy Sitbon ließ es nicht dabei bewenden und schuf im folgenden Jahr *Femmes libérées* und *Lettres gay*.

In der Zwischenzeit waren das rosafarbene Telefon und die rosafarbene Nachrichtenübermittlung über das Minitel (Vorläufer des Internets in Frankreich) erschienen. Ein paar Jahre später sollte die Porno-Mafia das Internet erobern. Das Abenteuer von „sex.com" war geradezu sinnbildlich für die Interessen, die auf dem Spiel standen.

Im Jahr 1994 hatte ein gewisser Gary Kremen in den Vereinigten Staaten eine Internet-Perle, den Domänennamen sex.com, erworben, ohne ihn jedoch sofort zu nutzen. Stephen Michael Cohen, 57, erkannte sofort das kommerzielle Potenzial des Domänennamens. Er war ein Wiederholungstäter und war gerade aus dem Gefängnis entlassen worden, als er ein gefälschtes Schreiben an Network Solutions schickte, in dem er mitteilte, dass das Unternehmen von Gary Kremen, dem Eigentümer des Namens, beschlossen habe, den Namen zu verwerfen und sex.com aufzugeben. NSI zog den Domänennamen von Gary

---

[255]Roger Faligot, Rémi Kauffer, *Porno Business*, Fayard, 1987, S. 260.

Kremen zurück und übertrug ihn ohne die erforderlichen Prüfungen auf Stephen Cohen. Auf diese Weise erwarb Cohen illegal den fraglichen Domänennamen und schuf die profitabelste pornografische Website im Internet. Doch bei Cohen ging es nicht mehr um Erotik, sondern um explizite Pornografie, und sex.com erzielte einen gewaltigen Umsatz.

Gary Kremen lieferte sich daraufhin einen langwierigen Rechtsstreit mit dem Gericht. Er verklagte sowohl Stephen Cohen als auch Network Solution, um das Eigentum an seinem Domänennamen und die entsprechende Entschädigung zurückzuerhalten. Im Jahr 2000, nach einem fünfjährigen Verfahren, erkannte der Richter den Diebstahl des Domänennamens sex.com an und verurteilte Stephen Cohen zur Zahlung von 65 Millionen Dollar: 40 Millionen Dollar für entgangene Einnahmen und 25 Millionen Dollar als Schadensersatz.

Die Summe wurde nie bezahlt, da Cohen geflohen war. Gary Kremen hat die 20 Millionen, die NSI gezahlt hat, nur als Gegenleistung dafür erhalten, dass er seine Klage zurückgezogen hat. Der sex.com-Dieb wurde jedoch im November 2005 in Tijuana, Mexiko, festgenommen. Er wurde an die Vereinigten Staaten ausgeliefert und im Gefängnis von San Diego inhaftiert. Er hatte die ganze Zeit damit verbracht, das illegal erworbene Geld auf Bankkonten zu überweisen und es in mehrere Scheinfirmen zu investieren.

Dies war nicht Cohens erster Betrug. Im Jahr 1991 hatte er eine ältere Frau um 200.000 Dollar betrogen und wurde zu 46 Monaten Gefängnis verurteilt. In den 1980er Jahren hatte er in Kalifornien einen Swinger-Club namens *French Connection* betrieben. Nach Beschwerden von Nachbarn wurde er verhaftet, weil er sein Geschäft in einem Wohngebiet eingerichtet hatte. 1996 kaufte er zusammen mit drei anderen Partnern ein Hotel in Nevada, das er in ein gigantisches „polynesisches" Bordell umwandelte, in dem Dutzende von jungen exotischen Frauen über „Ihren Komfort und Ihr Vergnügen" wachten.

Mit der kürzlichen Öffnung der „.eu"-Domäne hat das Interesse des Sektors nicht nachgelassen, denn in den ersten Stunden der Öffnung wurden 213 Anträge für den Namen sex.eu registriert, weit vor den anderen Domänennamen (Hotel.eu, travel.eu, job.eu usw.).

Seth Silverstein, der Präsident von *Cybererotica*, war eine weitere herausragende Persönlichkeit in der Internet-Pornografie-Branche. Man sagte, er sei der „Pornographie-Zar".

Die Wochenzeitung *Le Point* vom 20. April 2006 veröffentlichte einen Artikel über den Niedergang der kleinen Unternehmen und der traditionellen Läden in der Rue Saint-Denis in Paris, wo ein Drittel der Pornoläden der Hauptstadt angesiedelt sind: „Porno ist in der Krise, wir können nicht mit dem Internet konkurrieren", beklagte Simon Zouzoti, Geschäftsführer von *Top Sexy*, der erklärte, er sei bereit zu verkaufen, wenn die Stadtverwaltung ihm ein gutes Angebot mache. Diese schwierige Situation war ein weiteres Drama für die Gemeinschaft.

Aber nehmen wir einmal ein beliebiges Pornomagazin. Das konnten wir in *Hot Vidéo* vom Januar 2007 auf Seite 55 lesen: „Steven Hirsch, der Big Boss von Vivid, ist ein großer Mann... Tatsächlich gehört er laut *Los Angeles Magazine* zu den einflussreichsten Menschen in der Stadt Los Angeles. Er steht auf einer Liste von 122 Persönlichkeiten neben Steven Spielberg, Hugh Hefner, Magic Johnson und einer Vielzahl von Politikern, Geschäftsleuten, Hollywood-Prominenten und Fernsehpredigern. Eine Leistung, die laut der Zeitschrift durch seine Fähigkeit gerechtfertigt war, „seit 1984 die Pornoindustrie in Richtung des traditionellen Modells zu bewegen, das auf der Förderung von Vivid-Girls basiert und so das alte Hollywood-System von Vertragsstars wiederherstellt. Und das bei einem Umsatz von fast 100 Millionen Dollar." Das ist gar nichts."

Im Juni 2007 veröffentlichte das Forschungsmagazin *Capital* eine Studie zu diesem Thema: „Eric Larchevêque war prädestiniert für den Eintritt in die Orden. Er zog es jedoch vor, ein weniger reines, aber einträglicheres Schicksal zu wählen: Unser Mann, ein Pionier des Internetpornos, war noch nicht einmal 25 Jahre alt, als er 1998 mit zwei Partnern die Firma Carpe Diem gründete... Heute steht er an der Spitze eines pornografischen Imperiums, das mehr als sechzig X-Portale verwaltet und mehr als tausend kostenlose Partnerseiten beherbergt, deren Werbefenster als Aufhänger für seine kostenpflichtigen Seiten dienen." Seine Websites reichen von *Blondesalope.com* (*Rubiazorra.com*) über *Entrenanas.com (entretías.com) bis hin zu Gaycast.com (Elencogay.com).*" Sein kleines Unternehmen erzielt jedes Jahr einen Umsatz von 30 Millionen Euro, und seine Rentabilität (die er nicht preisgeben will) scheint alle[256] zu übertreffen."

Ein weiterer prominenter Unternehmer war Patrice Macar, Gründer von Dreamnex: 18 Millionen Besuche pro Monat, 2000 Transaktionen pro Tag, 34 Millionen Euro Umsatz im Jahr 2006 (achtmal mehr als 2004), mit weniger als dreißig Mitarbeitern auf der Gehaltsliste. Im Alter von 36 Jahren ist Macar, der 30 % der Aktien besitzt, ein sehr reicher Mann." Einige alte Füchse der Pornoproduktion haben eine zweite Jugend gefunden. Dies ist der Fall von Marcel Dorcel

---

[256] Larchevêque (Der Bischof), Leroi (Der König), Sultan (Sultan), Lempereur (Der Kaiser), usw..... sind die Nachnamen, die in diesem Geschäft von den Mitgliedern der Gemeinschaft verwendet werden.

(eigentlich Marcel Herkovitz), 73 Jahre alt, der sein Unternehmen vor einem Vierteljahrhundert gegründet hat. Als Frankreichs führender Produzent und Verleiher von Pornofilmen (12 Millionen Euro Umsatz im Jahr 2006) freut sich der Großvater von X, der gerade den unsäglichen „*Presidential Erections*" produziert hat, auf den digitalen Zug aufspringen zu können. Das ist eine echte Explosion", freut sich sein Sohn Gregory Dorcel, der Geschäftsführer. Jeden Tag verkaufen wir mehr als 1000 Filme über das Internet, und die Wachstumsrate liegt bei 5-8 % pro Monat"."

Wir erfuhren auch, dass Michel Birnbaum „der Papst der Männerpresse" in Frankreich ist, der unter anderem die Zeitschriften *Lui*, *New-Look*, *Maximal* und *Playboy* France herausgibt. Birnbaum, der fünfzehn Millionen Fotos auf Lager hat, vertreibt Bilder an etwa vierzig Mobilfunkbetreiber in fünfzehn Ländern.

Benjamin Cohen war eine weitere führende Persönlichkeit im Bereich Cyberporno. Im Alter von 16 Jahren hatte er bereits sojewish.com ins Leben gerufen, eine Community-Website, die er zwei Jahre später für 600.000 Franken weiterverkaufte. Im Jahr 2001, im Alter von achtzehn Jahren, war er ein Millionär, der in London lebte. Mit seiner neuen Website hunt4porn.com gelang es ihm, 60.000 Abonnenten zu gewinnen. Seine Religionsgemeinschaft hatte ihn nicht verstoßen: „Viele meiner Aktionäre sind Stammgäste in der Synagoge".

Wie bei den Drogen könnte auch die Pornografie von ihren Hauptbefürwortern als Kriegswaffe betrachtet werden. Im März 2002 beispielsweise strahlte die israelische Armee, die die Kontrolle über die Fernsehstudios von Ramallah in Palästina übernommen hatte, sofort pornografische Filme auf palästinensischen Fernsehkanälen aus, um den Feind zu schwächen.

## *Die Pioniere der Pornografie*

Die Pornoindustrie befindet sich seit langem in den Händen der Söhne Israels. Bereits vor dem Ersten Weltkrieg hatte der aus Bayern stammende Verleger Moses Offenstadt mit seiner Société Parisienne d'Édition durch ausschweifende Publikationen auf sich aufmerksam gemacht. In Frankreich hatte er sich Maurice Villefranche genannt. Im Jahr 1902 hatte er die Wochenzeitschrift *La Vie en culotte rouge* gegründet, deren reißerische Geschichten und obszöne Zeichnungen ihm einige rechtliche Probleme einbrachten." Die französische Frau wurde stets als Schlampe und in sehr anzüglichen Positionen dargestellt, meist in Gesellschaft eines gutaussehenden Offiziers in

„roten Shorts" oder über den Knien eines kolonialen Schützen, dessen Augen voller Konkupiszenz waren[257]." Zwischen 1908 und 1912 wurde der Mann in Lyon, Bordeaux und Orléans mehrfach wegen Verstößen gegen die öffentliche Moral und den Anstand verurteilt.

Das Aufkommen des Kinos ermöglichte es einigen Juden sofort, ihre Zwangsneurose sehr effektiv zu verbreiten. Es ist bekannt, dass die Gründer der großen Hollywood-Studios alle aschkenasische Juden waren[258]. Jean-Luc Doin schrieb: „In den Vereinigten Staaten war das Kino zunächst auf Flohmärkte und Trödelmärkte beschränkt, die mit ihrer Geräuschkulisse aus Drehorgeln und Holzpferden vor allem Menschen aus armen Vierteln anzogen. Die ersten Projektionen wurden von Abenteurern organisiert: Adolphe Zuckor, der spätere Besitzer der *Majors*, war Antiquitäten- und Pelzhändler, William Fox, ein Lumpensammler, Carl Laemmle, ein Modeschöpfer. Die im Dunkeln projizierten Filme standen im Verdacht, seelische Störungen zu begünstigen, den Sinnesrausch oder die Lust an der Sünde zu schüren, „die Ruhe und die öffentliche Ordnung zu stören[259] „."

Von *Softcore* bis *Hardcore* hatte sich ein neues, illegales Genre außerhalb der üblichen Underground-Kreise etabliert. So hatte Russ Meyer den Film *The Immoral Mr. Teas* gedreht, *der* nach einem Skandal verboten worden war. Russ Meyer war mit dreiundzwanzig Prozessen in einem Jahr zum Meister der Gerichtsverfahren geworden.

In seinem 1998 veröffentlichten *Lexikon der Filmzensur* stellt Jean-Luc Doin fest, dass die Darstellung nicht simulierter sexueller Handlungen auf das Jahr 1912 in den Vereinigten Staaten zurückgeht, wo Junggesellenfilme im Versandhandel in Umlauf waren." Diese Szenen wurden Ende der 1960er Jahre zu einer Modeerscheinung, als sie in Theatern gezeigt wurden, die normalerweise für *Peepshows* reserviert waren."

Auch das pornografische Kino in Frankreich hatte seine Zeit mit israelischer Prägung. Im Jahr 1925 weihte Bernard Nathan zusammen mit *Schwester Vaseline* dieses Kino öffentlich ein und griff damit die katholische Religion an[260].

In den 1930er Jahren waren die gewissenhaften Nichtjuden bereits besorgt über die außerordentliche Aggressivität des jüdischen Kinos. In den Vereinigten Staaten wurde nach einigen

---

[257]Yann Moncomble, *La Politique, le sexe et la finance*, Faits-et-Documents, 1989, S. 26.
[258]Lesen Sie *Planetary Hopes*, (2022).
[259]Jean-Luc Doin, *Films à scandale*, Éditions du Chêne, 2001, S. 12.
[260]Georges Valensin, *La Vie sexuelle juive*, Éditions philosophiques, 1981, S. 164.

öffentlichkeitswirksamen Skandalen die *Legion of Decency* gegründet, über die sich die Katholiken Gehör verschafften. Die Legion of Decency forderte die Einführung eines echten „Anstandskodex", um den Inhalt von Spielfilmen zu überwachen und zu überprüfen, ob die „amerikanischen Werte" eingehalten werden. Ein Teil der katholischen Hierarchie war an dieser Kampagne beteiligt. 1933 erklärte der Erzbischof von Cincinnati (Ohio), Monsignore John McNicholas: „Ich schließe mich all jenen an, die gegen diese Bilder protestieren, die eine schwere Bedrohung für das Familienleben, die Nation und die Religion darstellen." Im Frühjahr 1934 rief der Kardinal von Philadelphia, Monsignore Denis Dougherty, alle Katholiken in den Vereinigten Staaten dazu auf, Hollywood-Produktionen zu boykottieren, „die von jüdischen Geschäftsleuten beherrscht werden", und etwa 11 Millionen Gläubige folgten seinem Aufruf[261]. Die Folgen des Boykotts ließen nicht lange auf sich warten: Die Kinosäle leerten sich und die Filmeinnahmen sanken. Der Hays-Kodex von Präsident William Hays, der strenge Anstandsregeln vorschreibt, wurde 1934 in Kraft gesetzt. Die Produktionen sollten der Zensur durch die Production Code Commission unter dem Vorsitz von Joseph Breen unterliegen, einem Katholiken, der zwanzig Jahre lang eine gewisse Macht über die moralischen und politischen Standards Hollywoods ausübte und dessen Politik in den 1950er Jahren von McCarthy fortgesetzt wurde.

Aber 1961 beschlossen die Produzenten, gegen den Hays-Kodex zur Homosexualität zu verstoßen, und nach 1968 wurde er nicht mehr beachtet[262]. Fünfzig Jahre später sind fast alle Deiche unter dem gemeinsamen Druck der kosmopolitischen Hochfinanz und der libertären Bewegungen zusammengebrochen, deren Aktivisten sich für „revolutionär" halten, in Wirklichkeit aber nichts anderes tun, als die kosmopolitischen Parolen ihrer Führer und Doktrinäre nachzuplappern. Im Jahr 2005 wurde die katholische Reaktion auf die Welle von Fernseh- und Filmschmutz von William Donohue, dem Präsidenten der League of American Catholics, zum Ausdruck gebracht. Als Mel Gibsons Film *Die Passion Christi*, der von den offiziellen Medien so kritisiert wurde, in die Kinos kam, zögerte er nicht, vor den Fernsehkameras zu erklären: „Hollywood wird von weltlichen Juden kontrolliert, die das Christentum hassen. Das ist kein Geheimnis und

---

[261] Siehe Thomas Dougherty, *Pré-code Hollywood: Sex, Immorality and Insurrection in American Cinema*, New York, Columbia University Press, 2000. Und auch: *Courrier international*, 3. Februar 2000.
[262] Jean-Luc Doin, *Dictionnaire de la censure au cinéma*, Presses Universitaires de France, 1998.

ich habe keine Angst, es zu sagen. Deshalb hassen sie diesen Film, weil er von Jesus Christus handelt." Er fügte hinzu: „Ich liebe die Familie, während Hollywood Analsex liebt[263]."

In Deutschland beunruhigte 1918 die Verbreitung sexuell eindeutiger Filme bereits die Machthaber. Die Kinos vervielfachten sich und verdoppelten ihre Einnahmen, wenn sie pornografische Filme zeigten. Jean-Luc Doin schrieb: „Berlin ist die Beute von Kokainhändlern und ein Paradies für dekadente Nachtclubs, in denen zahlreiche Filme vor einem Publikum gezeigt werden, das Domino-Masken trägt, um nicht erkannt zu werden. Diese Verderbtheit irritierte die guten Seelen: 1919 griffen die katholischen Frauenvereine Lubitschs *Die Puppe* an... In Düsseldorf zerrissen die Zuschauer von *Keuschheitsgelübde* die Leinwand; in Baden beschlagnahmte die Staatsanwaltschaft Kopien von *Prostitution* und verfolgte den Autor Oswald. Einige antisemitische Kreise vermuteten, dass die Verantwortlichen (die Produzenten) dieser Sexfilme Juden waren[264]." Das könnte in der Tat eine interessante Spur sein.

Xavier Raufer, Professor für Kriminologie an der Universität Paris II - und damit ein Spezialist auf diesem Gebiet - hat in seinem 2003 erschienenen Buch *Das große Erwachen der Mafia* den Ernst der Gefahr erkannt: „In den 1960er Jahren, so schreibt er, ließ die Hippie-Welle des *Friedens und der Liebe*, der freien Liebe, den Konsum von Drogen und Pornografie explodieren....Die Mafia nutzte die Gelegenheit und machte Pornos zum Äquivalent des geschmuggelten Alkohols der Prohibition: eine riesige Geldquelle, verbunden mit einer gigantischen schmutzigen Geldwäschemaschine." schloss Xavier Raufer: „Das Pornogeschäft ist von seinem Ursprung her schlicht und einfach eine Schöpfung der italienisch-amerikanischen Mafia, ihr Ding, ihr „Gewinner", wie man in der Unterwelt sagt[265]." Der Herausgeber des Buches von Xavier Raufer war ein gewisser Jean-Claude Lattès, ein „Italo-Amerikaner", wie Sie vielleicht schon erraten haben.

## Sexshops und Prostitution: die Sefarade Connection

Die ersten *Sexshops* entstanden in Frankreich in den 1960er Jahren unter der Leitung von „nicht sehr katholischen" Familien. Nach Angaben der Polizei befanden sich damals zwischen 60 und 70 % des

---

[263]*Tatsachen und Dokumente* vom 15. Januar 2005
[264]Jean-Luc Doin, *Dictionnaire de la censure au cinéma*, Presses Universitaires de France, 1998, S. 17.
[265]Xavier Raufer, *Le grand Réveil des Mafias*, JC Lattès, 2003, S. 225, 226.

Umsatzes im Pornogeschäft in den Händen von vier „Familien" aus Nordafrika, von denen die fünf Darmon-Brüder zweifelsohne die geschäftstüchtigsten waren. Einer von ihnen, Paul, eröffnete 1965 den ersten *Sexshop* in Frankreich[266].

An der Spitze dieser großen moralischen Befreiungsbewegung standen auch die Brüder Zemour, die ursprünglich aus Sétif in Algerien stammten und deren Name nicht nur in Frankreich, sondern auch in Deutschland, Spanien und Israel mit der Unterwelt in Verbindung gebracht wurde. Der Älteste, Roland, kam als erster nach Frankreich, starb aber 1947 im Alter von 21 Jahren anonym, wahrscheinlich bei einer Abrechnung. In den 1950er Jahren besuchten die Brüder Zemour - William, Edgar, Gilbert und Andrew - in Tel Aviv die Talmud Tora - die religiöse Schule - sowie die Zionismuskurse des Kibbuz-Delegierten.

Nach ihrer Ankunft in Paris versuchten sie sich zunächst in der Zuhälterei, wofür sie mehrfach verurteilt und dann freigelassen wurden. Sie schlossen sich der Bande von Simon Atlan an und spezialisierten sich auf die Erpressung von Ladenbesitzern im *Faubourg* Montmartre und im Sentier. Ein anderer Clan wetteiferte mit ihnen um die Kontrolle dieser Tätigkeit: der der Brüder Perret, Halbjuden, deren Mutter, Léonie Benaïm, die Bande anführte. Der Mord an Simon Atlan am 2. Oktober 1965 war der erste in einer Serie von neununddreißig Morden, die den Atlan-Clan dezimierten. Die Brüder Zemour hatten keine andere Wahl, als die bescheidenen Leutnants zu sein oder Simon Atlan zu ersetzen. Ende 1967 griffen die Zemours die Brüder Perret an. Nach einer nächtlichen Verfolgungsjagd durch Paris wurden die Brüder Perret schließlich von der Polizei festgenommen. Die Zemours haben also das Unternehmen geerbt.

Der Zemour-Clan hatte seinen Sitz in einer kleinen Bar in der Rue Pont Louis-Philippe in Paris. Von dort aus revolutionierten die „Z's" die Landschaft der Zuhälterei und des organisierten Verbrechens, indem sie in Frankreich in Pornos investierten, aber auch in mehrere „Eros-Zentren" in der Bundesrepublik Deutschland. In ihrer Blütezeit kontrollierten die Brüder Zemour einen großen Teil der Pariser Prostitution sowie zahlreiche *Sexshops* in der Rue Saint-Denis. Die Zemours hatten etwa zweihundert Soldaten unter ihrem Kommando, so dass jede Andeutung von Rebellion seitens eines Ladenbesitzers hart bestraft wurde: körperliche Gewalt oder Zerstörung des Geschäfts. Während des Sechstagekriegs wandten sich die jüdischen Ladenbesitzer im *Faubourg* Montmartre an sie, um die arabischen

---

[266]Roger Faligot, Rémi Kauffer, *Porno Business*, Fayard, 1987, S. 176, 54, 55

Angriffe auf ihre Geschäfte zu stoppen.

Die Gebrüder Zemour hatten die unterirdischen Verstecke übernommen, die Keller, in denen Kleinganoven ihr Geld mit hohen Einsätzen an Pokertischen, beim Bakkarat und bei Würfelspielen verspielten. Gilbert hatte vor allem eine Leidenschaft für das Glücksspiel.

Wegen einiger Probleme mit der Polizei und den Steuerbehörden verließen die Zemours 1969 Frankreich und ließen sich in Israel bei Jacques und Elie Aboutboul nieder, ihren „Vertretern" in Cannes und Inhabern des von vielen Israelis besuchten Restaurants *Vesuvio*. Gemeinsam eröffneten sie ein weiteres Restaurant in Tel Aviv, bevor sie sich trennten. Wenig später fand die Polizei dort stapelweise gefälschte Dollarscheine, und bei einer Durchsuchung der Wohnung von Jacques Aboutboul wurde ein Uzi-Maschinengewehr gefunden[267]. Doch wegen ihrer maßlosen Gier wurden sie von der örtlichen Unterwelt gemieden und kehrten zu ihrer Schande nach Frankreich zurück. Dies geschah zu einem Zeitpunkt, als Frankreich unter amerikanischem Druck beschlossen hatte, der French Connection den Krieg zu erklären. Obwohl die Zemours nicht in diesen Handel verwickelt waren, steckten einige ihrer Leutnants, wie Roger Bacri „*Petit Roger*", bis zum Hals in diesem Geschäft. Letztere, die ausgeschlossen worden waren, erklärten ihnen den Krieg.

Im März 1973 wurde Rafael Dadoun, einer der Gefolgsleute der Z, in seiner Garage in Neuilly erschossen. Einige Tage später kam die Antwort mit dem Mord an Désiré Dahan in einem Restaurant in Vincennes. Raymond Elbaz wurde am 6. April in einer Bar in Saint-Germain erschossen; Henri Lévite wurde am 27. Mai in seinem Auto im Zentrum von Paris getötet: zwölf Tote in sieben Monaten. Bacri, der sich in die Enge getrieben fühlte, beging schließlich Selbstmord.

Die Schießerei im Café Le Thélème, die drei Jahre lang die Presse beschäftigte, bildete den Höhepunkt des Geschehens. Am 28. Februar 1975 erfuhr die Polizei durch einen Informanten, dass ein Treffen zwischen den Zemours und den „Sizilianern" von Roger Bacri organisiert worden war, um die Rivalität zwischen ihnen zu beenden. Die Anti-Mafia-Brigade, der es bisher nicht gelungen war, auch nur einen einzigen Kriminellen vor Gericht zu bringen, beschloss einzugreifen und erwischte sie in flagranti wegen Waffenbesitzes. Das Treffen sollte in einem Versteck in der Bar Le Thélème am Boulevard Saint-Germain stattfinden. Die Inspektoren stürmen in die Bar: „Polizei, Hände hoch, Sie sind umzingelt! „Ein Leibwächter schoss und

---

[267] Jacques Derogy, *Israël Connection*, Plon, 1980, S. 62.

verwundete den ersten Inspektor, der das Lokal betrat. Die Schießerei brach aus. Als wieder Ruhe einkehrte, war überall Blut zu sehen. William Zemour, 45, war tot, ebenso wie der Leibwächter Joseph Elbaz. Edgar Zemmour wurde durch vier Kugeln verwundet. Es würde drei Monate dauern, bis er sich erholt. Nach Angaben der Polizei war die Anti-Mafia-Brigade von dem Informanten manipuliert worden. Es gab kein organisiertes Treffen zwischen der Z und den Sizilianern. Die Anti-Mafia-Brigade war manipuliert worden, um die Zs zu vernichten. Die Beerdigung von William auf dem Friedhof von Bagneux wurde mit großem Aufwand inszeniert.

Gilbert, der in Kanada ein Immobiliengeschäft betrieb, war aus dem Land ausgewiesen worden und lebte als Flüchtling in Miami. Edgar schloss sich ihm 1976 an. Andres seinerseits ließ sich auf Martinique nieder. In Paris liquidieren die Dissidenten des Clans, die „Sizilianer", einen persönlichen Freund von Gilbert. Am 17. Oktober 1975 wurde Yzi Spiegel, Besitzer mehrerer Diskotheken und ehemaliger Freund der Brüder Zemour, auf dem Parkplatz seines Hauses erschossen. Mit ihm stieg die Zahl der Todesopfer auf einunddreißig, aber es folgten weitere Morde, die alle ungesühnt blieben.

Zurück in Frankreich wurde Gilbert im Januar 1978 wegen Erpressung zu einer einjährigen Haftstrafe verurteilt. Sein Anwalt hat laut geschrien. Dank Amnestien und Verjährungsfristen war Gilbert Zemour nicht vorbestraft, obwohl er im Zusammenhang mit dem organisierten Verbrechen vorbestraft war. Ende 1979 eröffnete Gilbert Zemour in Brüssel einen luxuriösen Diskotheken-Restaurant-Club. Die Polizei entdeckte, dass sich der Club abends in eine Pokerhöhle verwandelte, während die Begleitpersonen im Erdgeschoss sehr fügsam waren. Gilbert kaufte dann das Kasino in Namur, das jedoch im November 1980 niedergebrannt wurde.

Im Jahr 1983 wurde Edgar, der in Miami lebte und in den Kokainhandel verwickelt war, viermal angeschossen. Einige Monate später, im Juli, wurde Gilbert, der die meiste Zeit im Bridge-Club verbrachte, im Morgengrauen in der Nähe seines Hauses in der Ségur Avenue von zwei 357er Magnum-Kugeln in die Brust getroffen. Der dritte Schuss in den Kopf beendete seine Karriere. Insgesamt blieben neununddreißig Morde für immer ungesühnt.

In der kleinen Pariser *Sexshop-Szene* sorgte das Ende des Zemour-Imperiums für Fassungslosigkeit und Verwirrung. Das Verschwinden von Zemour hatte den Weg für eine neue Generation junger sephardischer Juden frei gemacht. Die neuen Pariser Zuhälter führten ihre Geschäfte nicht direkt, sondern überließen diese Aufgabe Strohleuten, manchmal Vietnamesen oder Kambodschanern. Aber die Erfahrung trügt nicht", schreibt Roger Faligot: „Wenn man in den *Sexshops*, zu denen sie keine offizielle Beziehung haben, am Telefon nach ihnen fragt, gehen sie sofort ans Telefon und nehmen den Anruf entgegen. In dieser komplizierten Architektur von 80 Pariser *Sexshops* - 35 davon befinden sich in der Rue Saint-Denis - fallen einige Namen auf, die sich durch ihren Ruf als effiziente Manager auszeichnen: die Brüder Serge und Richard Krief, Philippe Pantel, Mohamed und Ali Ouaghram, Patrick Atlan, Fernand und Jean-Claude Khalifa[268]."

Anfang der 1980er Jahre kamen die *Peepshows* auf. Dies waren Shows für diejenigen, die sehen wollten, ohne gesehen zu werden. Nach New York und Amsterdam war das Phänomen nun auch in Paris angekommen. In der Rue Saint-Denis trugen die Pariser *Peepshows* die Nummern der Straße: 25, 88, 109, 129, 141, 144, 183, 187, 192. Roger Faligot präsentierte einige von ihnen: die *Émeraude-Show* (Richard Krief), *88* (Roger Darmon), die *Christal-Show* (Joseph Haddad), die *Madison-Show* (Philippe Pantel), *147* (Eliezer Benhamou), das *Hard-Shop-Center* (Gérard Tourmetz)[269].

In der Folge wurde die Rue Saint-Denis immer wieder von jüdischen Zuhältern aus Nordafrika „besetzt". Jacques Perez zum Beispiel besaß sechs Geschäfte in der Rue Saint-Denis. Der 1939 in Constantine geborene Mann war 1962 verurteilt worden, weil er gefälschte Dollar hergestellt hatte. Bis 1989 folgten sechs weitere Verurteilungen, alle wegen Zuhälterei. Im März 1991 erwischte die Polizei bei einer Razzia in seinen Geschäften drei „Schauspielerinnen" bei der Fellatio. Einer von ihnen, ein großer Fan von Orgien und ein großartiger Erpresser, war seine vertraute Frau. Perez wurde festgenommen, kam aber gegen eine lächerliche Kaution wieder frei. Sein luxuriöser Lebensstil hatte die Aufmerksamkeit auf seinen Reichtum gelenkt, wie zum Beispiel sein schönes Anwesen in Chelles und seine zahlreichen Bankkonten[270].

Die sephardische Kriminalität in Paris zeigte sich in den Jahren 1985-1986 in der Rivalität zwischen den Clans Azoulay und Ben Saadoun. Der Azoulay-Clan, angeführt von Jean-Claude, hatte zu diesem Zeitpunkt die Führung bei Erpressung, Zuhälterei und Drogenhandel übernommen. Zusammen mit den Italienern kontrollierten die Gangster Dutzende von Ladenbesitzern im Viertel

---

[268]Roger Faligot, Rémi Kauffer, *Porno Business*, Fayard, 1987, S. 177, 178.
[269]Roger Faligot, Rémi Kauffer, *Porno Business*, Fayard, 1987, S. 186.
[270]Jacques Solé, *L'Âge d'or de la prostitution, de 1870 à nos jours*, Plon, 1993, S. 275.

Les Halles und beschäftigten zahlreiche Prostituierte in der Rue Saint-Denis. Sie waren auch an Pariser Nachtclubs und Restaurants beteiligt. Die Ben Saadouns beschlossen, einen Anschlag zu verüben, und im September 1985 fanden Polizeibeamte der Brigade zur Verbrechensbekämpfung in der Tiefgarage des Forums Les Halles einen Mercedes, der mit 17 9-mm-Kugeln durchlöchert war. Auf dem Rücksitz lag der leblose Körper eines Mannes, dem in Brust und Kopf geschossen wurde. Er war ein Italiener, ein Freund der Azoulays. Die Saadouns hatten den falschen Mercedes.

Der Gegenangriff erfolgte schnell, und mehrere Geschäfte und Restaurants in Ben Saadoun wurden niedergebrannt. Drei Monate später, vor Weihnachten, starteten die Ben Saadoun eine zweite Offensive. Auf der Place de Mexico im 16. Arrondissement von Paris wurden Jacques Azoulay, 32, und einer seiner Leutnants, Elie Zerdoun, 37, Spitzname „Willy der Barroso", in ihrem BMW mit einem Maschinengewehr niedergeschossen. Im Oktober 1986, am Vorabend von Jom Kippur, zahlten die Azoulays der Familie Ben Saadoun auf die gleiche Weise zurück. Zwei bewaffnete Motorradfahrer erschossen Fréderic Ricco vom Ben Saadoun Clan und einen ehemaligen Zemour-Mann, als sie ein Restaurant in der Nähe von Les Folies-Bergères verließen. Daraufhin beschlossen die Ben Saadouns, ins Ausland zu gehen. Der Krieg hatte fünf Tote und mehrere Verwundete zur Folge.[271]

Die übrigen sephardischen Familien in diesem mafiösen Umfeld beschränkten sich auf die Verwaltung ihrer Interessen an bekannten Restaurants, Diskotheken, Zuhälterei und *Sexshops*. Maurice Azoulay und Daniel Morati ihrerseits waren die Spezialisten für die fixen Pokerspiele, die immer in derselben Wohnung in Paris XVI stattfanden. Maurice Azoulay und Daniel Morati wurden nach einem fingierten Pokerspiel, bei dem sie einen ehrlichen Schweizer Bürger bedroht und um 170.000 Franken betrogen hatten, von der Drogen- und Zuhälterbande verhaftet. Nach vielen Jahren war er der einzige betrogene Spieler gewesen, der den Mut hatte, sie anzuprangern. Aber Daniel Morati hatte noch eine andere Spezialität: Heiratsschwindel. Als Verführer lockte er reiche Frauen an, indem er ihnen eine idyllische Ehe versprach. Sie waren zu vertrauensselig und gaben ihm Zugang zu ihren Bankkonten. Moratis letzte beiden Beutezüge beliefen sich auf 380.000 Franken und 1,2 Millionen Franken.

Baron Sinclair war eine weitere emblematische Figur der Pariser Zuhälterei. Er hat sich nur der Luxusprostitution „verschrieben". Im

---

[271] Juni 1989, Ausgabe der jüdischen Monatszeitschrift *Passages: La vérité sur les truands juifs*.

Jahr 1982 war er bereits zum ersten Mal verurteilt worden. Danach hatte er es vorgezogen, in die Vereinigten Staaten zu gehen. Als er 1988 nach Frankreich zurückkehrte, nahm er seine gewohnte Tätigkeit wieder auf. Seine Kunden waren Industriemagnaten, Geschäftsleute, Prinzen des Persischen Golfs, von denen einige für ihn ein Konto im großen Hotel George V. eröffnet hatten. Zwischen zwei Verabredungen, für ein Abendessen oder einen Abend, bezahlten sie für die Gesellschaft von schönen Geschöpfen. Zwischen 2000 und 5000 Franken für die kleinste Dienstleistung; zwischen 20 000 und 60 000 Franken für eine Nacht oder ein Wochenende. Ein Textilindustrieller behauptete, er habe ihr über drei Jahre hinweg 913 000 Franken gezahlt (so viel wie ein Rolls Royce kostet). Ein großer italienischer Automobilhersteller zahlte 20 bis 30.000 Dollar pro Jahr.

Vor Gericht stritt der Baron alles kategorisch ab. Bei den „Kunden" handelte es sich in Wirklichkeit um „eine Konstellation sehr reicher Freunde, denen er Gefälligkeiten erwies"." Er erwähnte sogar seine Freundschaft mit Fahal von Arabien: „Ich kenne ihn seit mehr als zwanzig Jahren, wir sind super Freunde. Ich habe ihm ein Mädchen vorgestellt, mit dem er einen Sohn hat, also natürlich...". Er behauptete, er sei einfach „eine Art Entertainer unter meinen Freunden und Freundinnen" gewesen." Aber auf keinen Fall ein Zuhälter!

In seiner brandneuen Wohnung am Place du Marché Saint-Honoré beschlagnahmte die Polizei elf hochwertige Gemälde. In den Vereinigten Staaten hatte er mit Kunstwerken gehandelt: „Ich habe Gemälde gekauft und verkauft", sagte er. Ich kenne dort so viele Leute, ich habe so viele Freunde..."." Der vorsitzende Richter bemerkte daraufhin: „Gemälde sind für Sie eine Form der Investition. Kunsthändler sagen sogar, Sie verstünden nichts von Kunst[272]."

Der große italienische Automagnat, der auch einer seiner „Freunde" war, pflegte Baron Sinclair wegen seiner ständigen Lügen den Spitznamen „Pinocchio" zu geben. Die Polizisten waren sich einig, dass er „ein Schwätzer und Verführer" war. Darüber hinaus war „Jacky" ein großer Spaß, denn „Baron Sinclair" war den Mädchen meist unter

---

[272] *Libération*, 4. Mai 1993. Archiv von Emmanuel Ratier. In der Juni-Ausgabe 1989 der jüdischen Monatszeitschrift *Passages*, die dem Thema „*Die Wahrheit über jüdische Gauner*" gewidmet war, erwähnte der Rechtsanwalt Francis Turquem den Handel mit Kunstwerken: „Israel holt sich für seine Museen die Erbschaften von Eigentum zurück, das in Frankreich bleiben sollte. Es gibt eine Reihe von Vereinen und Stiftungen, die ein ziemlich genaues Inventar der Nachlässe bestimmter Familien erstellen und Druck auf ältere Menschen ausüben, damit sie ihren Besitz nach Israel überführen lassen. Dies ist ein Verbrechen des illegalen Exports: viele Gemälde werden von einigen Experten unterbewertet, praktisch in Absprache mit der israelischen Botschaft."

dem Namen „Jacky Cohen" bekannt. Er war ein Heimkehrer aus Algerien. Sein richtiger Name war eigentlich Isaac Sellam. Er war noch ein Teenager, als er mit seiner Mutter nach dem Algerienkrieg in Marseille landete. Am 3. Mai 1993 wurde Isaac zu vier Jahren Gefängnis und einer Geldstrafe von 1,2 Millionen Franken verurteilt. Wann werden die Verfolgungen enden?

In der Juni-Ausgabe 1989 der jüdischen Monatszeitschrift *Passages* wurde über andere Aktivitäten berichtet, die von Kriminellen bevorzugt werden. Im Jahr 1980 wurde in Lyon ein Netz von Geldfälschern ausgehoben. Polizeibeamte hatten Marc-Roger Azan, 38, in seiner Wohnung verhaftet, wo sie Hunderte von 17-Karat-Napoleon-Münzen statt der üblichen 22 Karat[273] fanden. Marc-Roger Azan hatte kürzlich eine Wohnung an der Promenade des Anglais in Nizza gekauft. Innerhalb eines Jahres hatte er viermal das Auto gewechselt.

In den 1980er Jahren überfiel die „Marais-Bande" die Wohnungen älterer Frauen und gab sich als höfliche und freundliche Polizisten aus. Sie waren „alle tunesisch-jüdischer Herkunft". Diese Bande operierte hauptsächlich im Westen von Paris, im 16. und 17. Arrondissement bis nach Neuilly. Sie entdeckten eine ältere Frau, die aus einer Bank kam, folgten ihr nach Hause, notierten sich die Wohnung, in der sie wohnte, und konnten ihren Namen herausfinden. Sie würden dann ihre Nummer im Telefonbuch nachschlagen und ein „commissaire" würde sie anrufen, um sie vor den Diebstählen in der Nachbarschaft zu warnen und einen Besuch von zwei Inspektoren vorzuschlagen. Die Kriminellen operierten manchmal in Polizeiuniformen, die sie aus den Bekleidungswerkstätten des Innenministeriums gestohlen hatten.

Am 22. Februar 1983 schoss William Nakache, 23, in Besançon sechs Mal auf Abdellali Kahar, einen 19-jährigen Araber, der die Besitzer einer Diskothek gestört hatte. Nakache war nach Israel geflüchtet. Kurz darauf wurde er unter falscher Identität zusammen mit vier als Polizisten verkleideten Komplizen verhaftet, als sie sich anschickten, das Auto eines griechisch-katholischen Bischofs zu stoppen und ihn auszurauben. Im Gefängnis hatte William Nakache einen rechtzeitigen Anfall von religiösem Eifer. Er ließ sich einen Bart wachsen, trug ostentativ einen Gebetsschal und eine Kippa und wurde von den Rabbinern gesponsert. Er erklärte laut und deutlich, dass er einen „notorischen Antisemiten" zur Strecke gebracht habe und behauptete, er fürchte um sein Leben, falls er an Frankreich ausgeliefert werde. In Israel wurde Nakache ein Held. Auf Druck der

---

[273] Bereits im Mittelalter wurden einige Juden beschuldigt, das Münzgeld zu entwerten. Als die Münzen gestreift wurden, benutzte man Säure als Entwertungstechnik.

Religionsgemeinschaft lehnte der Justizminister seine Auslieferung ab. 1986 verurteilte ihn das Gericht in Besanzon in Abwesenheit zu einer lebenslangen Haftstrafe.

André Bellaïche war eine illustre Persönlichkeit des großen Banditentums. Er wurde 1950 in Tunis geboren und war der Anführer der „Bande der Postiches". Diese Bande verübte damals etwa dreißig bewaffnete Raubüberfälle auf Pariser Banken. Jean-Claude Myszka, André Bellaïche, Bruno Berliner und Patrick Geay agierten mit Perücken, verkleidet als englische Aristokraten, Sherlock-Holmes-Hüte oder sogar Rabbiner. Sie wurden im Dezember 1986 verhaftet und zu 8 bis 15 Jahren Gefängnis verurteilt. In seinem Buch „Mein Leben ohne Haarteil" hat André Bellaïche alles aufgezählt: „Die heimlichen Reisen mit seiner Frau und seinem Sohn, seine Dior-Anzüge, seine Ferraris, die Geschichte seines sozialen Aufstiegs, alles außer seinen Raubüberfällen mit den Posticios." (Libération vom 18. Oktober 2007). Die Postizos-Bande war das Thema eines Films von Ariel Zeitoun, Le dernier gang, der 2007 veröffentlicht wurde. Die Rechte für die Verfilmung wurden zu einem hohen Preis verkauft. Nach acht Jahren Haft erklärte Bellaïche: „Ein ruhiges bürgerliches Leben im Ruhestand: Ich hatte mich auf alles vorbereitet, nur nicht darauf." Der Journalist von „Libé" hatte wohl vor lauter Bewunderung den Tod eines Polizisten bei der Schießerei im Januar 1986 vergessen.

Die sephardische Kriminalität in Paris war noch nicht vorbei, wenn man einige diskrete Artikel in der Presse liest. Am 4. November 2002 wurde Felix Lévy, 46, auf der Place des Fêtes im 20. Arrondissement von Paris viermal geschossen, zweimal in den Kopf, als er morgens um halb zehn seinen Kaffee und sein Croissant trank. Der Mann war der Justiz bereits durch einen Fall von gefälschten US-Dollar[274] bekannt.

Für sephardische Kriminelle wurden weitere Filme gedreht, wie z. B. Die große Begnadigung (Le Grand Pardon, Frankreich 1982). Der erste Teil ist eine Synthese aus allem: Raymond Bettoun (Roger Hanin, geborener Lévy) betreibt Casinos und Nachtclubs, lässt Mädchen auf der Straße arbeiten, erpresst kleine Geschäftsleute und handelt mit gestohlenen Diamanten. Im zweiten Teil sehen wir ihn in Miami mit seinen Gefolgsleuten. Diesmal kam er, um seinem Sohn zu helfen, der Drogengelder wäscht. Aber Vorsicht, die Juden machen sich nicht die Hände schmutzig: Sie handeln nicht direkt mit Kokain und überlassen die Drecksarbeit einem Nichtjuden. Er ist ebenso reich wie grausam. Wir erfahren auch, dass sein Vater ein Nazi-Flüchtling in Chile war. Er

---

[274]Le Parisien, 23. November 2002, Archiv von Emmanuel Ratier.

ist der wahre Bastard in diesem Film. Im ersten Teil war der Bastard bereits ein Weißer mit trüben Augen (Bernard Giraudeau), ein Krimineller, der die Juden gegen die Araber manipuliert hatte. Und der Kommissar, der den armen Raymond Bettoun verfolgte, war ebenfalls ein Rassist („Ihre Manieren gefallen mir nicht. Sie stinken nach Öl"). Der Film ist von Alexandre Arcady.

Roger Hanin, der Schwager des französischen Staatspräsidenten François Mitterrand, war der Regisseur des antirassistischen Films *Train d'enfer* (1985) - die Geschichte dreier junger Faschisten, die einen Maghrebiner aus einem Zug entführen. Die Geschichte wurde von einem realen Fall inspiriert, der sich am 15. November 1983 im Zug Bordeaux-Vintimilla ereignete. Xavier Blondel, Marc Beani und Anselmo Elviro Vidal, Anwärter der Fremdenlegion, hatten Habib Grimzi vor mehreren Zeugen zusammengeschlagen und ihn aus dem Fenster auf die Gleise geworfen. Elviro Vidal gestand: „Er hatte getrunken, er war ein Araber und ich mag keine Araber." Was uns Roger Hanin in seinem Film nicht erzählt, ist, dass Vidal Jude war. Vor dem Prozess hatte Vidal in einem Brief an den *Nouvel Observateur* die Todesstrafe gefordert. Der Brief wurde am 31. Januar 1986 veröffentlicht, und der Artikel trug den Titel: „Ich, Anselmo Elviro Vidal, Jude und Mörder...”." Nach dem Erscheinen des Films von Roger Hanin veröffentlichte der Rabbiner Jacques Grunewald am 11. Januar 1985 in der Wochenzeitung *Tribune juive* eine Rezension: „Grausamer Mord im Zug: ein junger Araber wird von drei beschwipsten Wehrpflichtigen gelyncht und niedergeschlagen. Aus diesem Fall, einer rassistischen Tat dreier Ausgestoßener, hat Roger Hanin einen Film gemacht, aus dem er eine große moralische Lehre ziehen will, die diesmal ganz Frankreich betrifft. Es geht nicht mehr um drei isolierte, betrunkene Kinder. Es geht um ein echtes Neonazi-Netzwerk, das eine ganze Stadt, ja die ganze Welt umfasst." Der Rabbiner fügte hinzu: „Roger Hanin behauptet, dass er als algerischer Jude seit seiner Kindheit gelernt hat, Araber zu lieben. Offenbar hat man ihm nicht beigebracht, die Franzosen zu lieben."

## 3. Der weiße Sklavenhandel

*Sexsklaven in Israel*

Seit dem Fall der Berliner Mauer im Jahr 1989 wurden Hunderttausende von jungen Frauen aus dem Osten von Prostitutionsringen angeworben und in ferne Länder gebracht. Die Medien waren in dieser Frage äußerst diskret. Im Mai 2000 zeigte jedoch ein Bericht von Amnesty International das Ausmaß des Phänomens auf und identifizierte den Staat Israel als Zentrum des Menschenhandels[275].

Der Zusammenbruch der UdSSR im Jahr 1991 hatte zu einer erheblichen Verarmung der Bevölkerung geführt. Viele junge russische, ukrainische und moldawische Frauen hatten sich auf attraktive Stellenangebote in der Presse gemeldet, um der Armut zu entkommen und ihre Familien zu versorgen. Leider entpuppten sich diese Arbeitsangebote im Ausland oft als Fallen, die von internationalen Zuhältern aufgestellt wurden.

Das Phänomen war so wichtig, dass sich die sehr kosmopolitische *New York Times* vom 11. Januar 1998 gezwungen sah, mit einem Artikel von Michael Specter über die „naiven slawischen Frauen" darüber zu berichten. Die Journalistin erzählte die bewegende Geschichte einer 21-jährigen ukrainischen Schönheit, die ihr Dorf auf eine Anzeige in einer Lokalzeitung hin verlassen hatte und in Israel in der Falle saß und zur Prostitution gezwungen wurde. Die Mädchen wurden Berichten zufolge von „russischen" Gangsternetzen mit Sitz in Moskau bis nach Japan und Thailand geschickt. Erinnern Sie sich daran, dass zu dieser Zeit alle Medien von der schrecklichen „Russenmafia" sprachen.

Die *Jerusalem Post* vom 13. Januar 1998 griff diese Berichte auf. Darin wird berichtet, dass es in Israel mehr als 10.000 Prostituierte gibt, die fast alle aus Russland und der Ukraine stammen. Die von Zuhältern gekauften und verkauften Frauen wurden aus Bars und Bordellen entführt und brachten ihrem Besitzer jeweils zwischen 50 und 100 000 Dollar im Jahr ein.

---

[275] Die französischsprachigen Ausgaben von *Amnesty International*. http://efai.i-france.com. *Menschenrechtsverletzungen an Frauen, die aus den Ländern der ehemaligen Sowjetunion in die israelische Sexindustrie verschleppt wurden.*

Der erste Bericht über den Handel mit weißen Frauen wurde am 8. April 1997 von CEDAW[276]veröffentlicht. Aus diesem Bericht ging hervor, dass der Handel mit entführten weißen Frauen in Israel zunimmt. In Tel-Aviv waren Hunderte von Bars, Bordellen und Nachtclubs Schauplatz des Nachtlebens. Das *Tropicana* war damals eines der bekanntesten Bordelle. Etwa zwanzig russische Frauen arbeiteten dort, acht am Tag und zwölf in der Nacht. Bei den Kunden handelte es sich um israelische Soldaten, Geschäftsleute, religiöse Männer und Gastarbeiter - letztere durften unter Androhung der sofortigen Ausweisung keinen Sex mit israelischen Frauen haben. Der Besitzer des Lokals erklärte: „Israelis lieben russische Frauen. Sie sind blond, sie sind heiß, und sie haben eine verzweifelte Ausstrahlung, die sie sehr mögen. Sie sind bereit, alles zu tun, um Geld zu verdienen." Die Mädchen wurden nicht bezahlt und bekamen nur Trinkgeld. Sie arbeiteten ununterbrochen, sieben Tage von sieben, ohne Pause während des Jahres außer an Jom Kippur.

In dem ausführlichen Bericht von Amnesty International werden die Aussagen mehrerer junger Frauen vorgestellt. Sie wurden unter einem Vorwand angelockt und dann an Prostitutionsringe übergeben, die sie wie Vieh auf Auktionen meist an den Meistbietenden verkauften. Sie wurden dann von ihren „Besitzern" in Häusern oder Wohnungen festgehalten, die sie nicht ohne Begleitung verlassen durften. Ihre Pässe und Ausweispapiere wurden von den Zuhältern beschlagnahmt, um sie an der Ausreise zu hindern. Oft wurden sie geschlagen, wenn sie sich weigerten, mit bestimmten Kunden Sex zu haben, oder wenn sie versuchten zu fliehen. Es gab zahlreiche Berichte über Folter, Vergewaltigung und anderen sexuellen Missbrauch. Die Menschenhändler drohten ihnen und ihren Familienangehörigen mit dem Tod, wenn sie versuchten, Israel zu verlassen, die Polizei zu informieren oder in einem Strafverfahren auszusagen, was es sehr schwierig machte, „die Täter, die gegen die Grundrechte der Opfer des Menschenhandels verstoßen, vor Gericht zu bringen[277] ".

Die israelische Regierung hatte keine Schritte unternommen, um derartige Gewalttaten zu untersuchen und strafrechtlich zu verfolgen. Außerdem wurden die Frauen im Allgemeinen nicht als Opfer, sondern als Kriminelle behandelt. Nach israelischem Recht handelt es sich bei fast allen Mädchen um irreguläre Einwanderer, die sich ohne Arbeitsvertrag oder mit falschen Papieren in Israel aufhalten. Viele von ihnen wurden nach Polizeirazzien in Bordellen oder Massagesalons

---

[276]Ausschuss für die Beseitigung der Diskriminierung der Frau.
[277]Der Begriff „Grundrechte" wird in dem Bericht ständig wiederholt.

verhaftet. Einige wurden nur für kurze Zeit inhaftiert, bevor sie aus dem Land ausgewiesen wurden, andere hingegen waren viel länger inhaftiert, in einigen Fällen auf der Grundlage einer Anordnung des Justizministeriums, die sie daran hinderte, das Land zu verlassen, bevor sie vor Gericht aussagten. Viele inhaftierte Frauen hatten erhebliche physische und psychische Traumata erlitten, und es gab keinen Beratungsdienst, der auf ihre Bedürfnisse eingehen konnte.

Während ihres Besuchs in Israel im April/Mai 1999 hatten Delegierte von Amnesty International das Frauengefängnis Neve Tirza besucht, um junge Frauen zu treffen, die wegen prostitutionsbezogener Aktivitäten inhaftiert sind und auf ihre Rückführung warten.

Dies war die Aussage von Anna, 31 Jahre alt und ursprünglich aus St. Petersburg. Sie war Physiklehrerin in Russland und wurde nach Israel gelockt, weil man ihr einen Job versprach, bei dem sie 1.000 Dollar im Monat verdienen würde, das Zwanzigfache ihres damaligen Gehalts in Russland. Der israelische Staatsbürger, der ihr den Job angeboten hatte, hatte sie gewarnt, dass er in der Sexindustrie tätig sei, aber das, was er ihr angeboten hatte, war eindeutig nicht das Wahre. Ana kam 1998 mit einem Touristenvisum nach Israel. Bei ihrer Ankunft am Flughafen wurde sie mit sechs anderen Frauen aus der ehemaligen Sowjetunion in eine Wohnung gesperrt, und ihr Reisepass wurde sofort beschlagnahmt. Ana wurde dann nacheinander auf zwei Auktionen verkauft. Beim zweiten Mal wurde sie für 10.000 Dollar gekauft und nach Haifa gebracht, wo sie mit zwei anderen Frauen als Geisel gehalten wurde. Die Fenster der Wohnung waren vergittert, und in den seltenen Fällen, in denen sie die Wohnung verlassen durften, wurden sie immer begleitet. Ein Großteil des Geldes, das sie verdienten, wurde von den Zuhältern in Form von Bußgeldern erpresst.

Ana war im März 1999 nach einer Polizeirazzia in der Wohnung, in der sie festgehalten wurde, wegen Prostitution festgenommen worden. Sie hatte von der Polizei vorgelegte Erklärungen unterschrieben, in denen sie zugab, der Prostitution nachzugehen, obwohl alle Dokumente auf Hebräisch waren, einer Sprache, die sie weder lesen noch schreiben konnte. Erst später, bei der Gerichtsverhandlung, erfuhr sie, dass sie beschuldigt wurde, ein Bordell zu betreiben. Sie durfte den russischen Konsul nicht treffen und blieb einen weiteren Monat im Gefängnis, bis sie aus dem Land ausgewiesen wurde.

Ana sagte: „Ich weiß nicht, wie der Prozess ausgegangen ist. Ich weiß nur, dass Abraham [der Zuhälter] frei ist. Ich habe mit ihm telefoniert. Als die Polizisten uns verhafteten, durften wir unsere

Sachen nicht mitnehmen, die wir dort gelassen hatten. Abraham[278] kennt meine Adresse in St. Petersburg und meine Telefonnummer sowie meinen Reisepass. Ich habe meine achtjährige Tochter dort gelassen. Er hat mir gedroht, dass er mich in Russland finden würde, wenn ich nicht täte, was er wollte."

Tatiana, die ursprünglich aus Weißrussland stammt, war im April 1998 mit einem Touristenvisum nach Israel gekommen. Man hatte ihr eine Stelle als Putzfrau in einem Hotel im Ferienort Eilat versprochen und ihr gesagt, dass sie mit dem Gehalt ihre Mutter und ihren sechsjährigen Sohn versorgen könne. Tatiana wurde in Eilat von einem Mann entführt, der angeblich von dem Hotel, in dem sie arbeiten sollte, geschickt wurde. Sie wurde an einen anderen Ort gebracht, wo sie zur Prostitution gezwungen wurde. Ihr wurde gesagt, dass sie ihren „Verkaufspreis" und die Kosten für ihre Reise zurückzahlen müsse.

Tatiana hatte mehrere Fluchtpläne ausgearbeitet, wurde aber schließlich nach einer Polizeirazzia freigelassen: Einer ihrer Freunde hatte das belarussische Konsulat kontaktiert, das die Polizei alarmierte. Tatiana wurde als illegale Einwanderin im Gefängnis von Neve Tirza inhaftiert, bis sie zurückgeschickt wird. Einige Tage nach ihrer Verhaftung fand sie einen anonymen Brief auf ihrem Bett, in dem ihr und ihrer Familie mit dem Tod gedroht wurde, sollte sie erzählen, was ihr passiert war. Tatiana wollte aussagen, fürchtete aber Repressalien von den Menschenhändlern, die alle Angaben in ihrem Pass und die Adresse ihrer Familie in Belarus kannten. Daher wurde dem Polizeidirektor eine Verfügung vorgelegt, in der er erklärte, dass es für Tatiana zu gefährlich sei, vor Gericht auszusagen, wenn sie nicht geschützt sei. Er antwortete, dass die israelische Polizei nicht für die Sicherheit einer Person außerhalb Israels garantieren könne. Tatiana sagte schließlich im Juni 1999 aus und wurde Ende des Monats repatriiert. Obwohl sie darum gebeten hatte, nach Polen oder Litauen geschickt zu werden, um von dort aus auf dem Landweg nach Weißrussland zurückzukehren, schickten die israelischen Behörden sie direkt nach Weißrussland, wo sie angeblich von einem ihrer Verwandten an einen unbekannten Ort gebracht wurde.

Im Folgenden wird der Fall von Valentina, einer 27-jährigen ukrainischen Psychologin, geschildert. Sie war im August 1998 nach Israel gekommen, um als Vertreterin zu arbeiten. Der israelische Staatsbürger, der ihr die Stelle angeboten hatte, hatte das Visum besorgt und die Reisevorbereitungen getroffen. Valentina wurde am Flughafen

---

[278]Die Verfasser des Berichts von Amnesty International hatten den Namen „Arturo" gewählt.

abgeholt und in ein Hotel gebracht. Am nächsten Tag wurden ihr Geld, ihr Reisepass und ihr Rückflugticket beschlagnahmt. Anschließend wurde sie in eine Wohnung gebracht, wo sie zwei Monate lang festgehalten wurde. Valentina erzählte von ihrem Leidensweg in Israel: „Die Lebensbedingungen waren schrecklich. Ein Mädchen arbeitete acht Monate lang im Keller und bekam durch die Feuchtigkeit Tuberkulose. Die meisten der Mädchen litten an verschiedenen Geschlechtskrankheiten. Ich möchte nicht, dass meine Feinde das erleiden, was sie uns angetan haben... Ich hatte einen Nervenzusammenbruch, erklärte Valentina. Ich wollte weglaufen, aber die Fenster waren vergittert, und die Wachen waren immer da, Tag und Nacht. Eines Tages bat ich einen Kunden um Hilfe, aber es stellte sich heraus, dass ich zu ihrer Gruppe gehörte und die Besitzer mich schlugen. Ich konnte nirgendwo hin..."

Valentina gelang es jedoch, mit einer anderen Frau durch einen Sprung aus dem ersten Stock des Gebäudes zu entkommen. Als sie zu dem Prostitutionshaus zurückkehrten, um einem anderen ihrer Freunde zur Flucht zu verhelfen, wurden sie von der damals tätigen Polizei festgenommen. Valentina wurde im März 1999 wegen illegalen Aufenthalts verhaftet. Valentina war froh über das Einschreiten der Polizei, hatte aber Angst, auszusagen, weil die Zuhälter die Adresse ihrer Familie in der Ukraine kannten. Valentina wusste nicht, wie lange die israelischen Behörden sie in Haft halten würden.

Nina war ein neunzehnjähriges Mädchen aus Minsk in Belarus. Auch sie war Ende 1998 mit einem Touristenvisum nach Israel gekommen, ohne zu wissen, was sie erwartete. Sie wurde drei Monate lang in ein Bordell in Haifa entführt und dann unter Androhung einer Waffe verschleppt, für 10.000 Dollar verkauft, geschlagen und vergewaltigt. Nachdem ihr die Flucht gelungen war, kehrte Nina in das erste Bordell zurück, in der Hoffnung, genug Geld zu verdienen, um ihr Rückflugticket nach Belarus bezahlen zu können. Nina wurde dann im März 1999 bei einer Polizeirazzia in einem Tel-Aviver Massagesalon verhaftet und im Gefängnis von Neve Tirza inhaftiert, bevor sie abgeschoben wurde. Der Staatsanwalt von Haifa hatte ihr verboten, Israel zu verlassen, um gegen die drei Männer, die sie entführt hatten, auszusagen." Ich möchte nach Hause gehen", sagte Nina, „aber der Prozess gegen Moses [der Mann, der sie vergewaltigt haben soll] findet vielleicht erst in sechs Monaten statt. Ich möchte sicherstellen, dass Moses[279] ins Gefängnis kommt."

„Sie ist eine Kriminelle", erklärte der Polizeisprecher von Haifa,

---

[279] In dem Bericht stand einfach „X".

Moshe Nissan. Sie hat ohne Aufenthaltsgenehmigung in Israel gelebt. Es liegt auf der Hand, dass sie nicht aussagen würde, wenn sie nicht inhaftiert wäre." Nina wurde schließlich im Juni 1999 repatriiert, nachdem sie mehr als zwei Monate lang inhaftiert war.

Amnesty International war nicht in der Lage, von den israelischen Behörden Statistiken über die Anzahl der eingeleiteten Gerichtsverfahren oder Daten über Klagen oder Verurteilungen von Zuhältern in solchen Fällen zu erhalten. Nach einer Untersuchung des *National Council of Jewish Women aus* dem Jahr 2001 waren von den 392 Prostituierten, die im Jahr 2000 verhaftet und aus Israel ausgewiesen wurden, 46 % Ukrainerinnen, 28 % Russinnen und 17 % Moldawierinnen. Die restlichen 9 % stammten aus anderen Republiken der ehemaligen Sowjetunion.

Ein ähnliches Zeugnis erschien in einem Artikel der *Jerusalem Post* vom 13. Juli 2000, in dem über den Prozess gegen den 18-jährigen Boris Yasser berichtet wurde. Ihm wurde Entführung, Bedrohung, Urkundenfälschung, Körperverletzung, Zuhälterei und Vergewaltigung vorgeworfen. Boris Yasser wurde beschuldigt, seinem Vater geholfen zu haben, vier junge ukrainische Frauen einzuschmuggeln und sie zur Prostitution zu zwingen. Die vier jungen Frauen im Alter von 19 bis 22 Jahren, die ebenfalls wegen illegaler Einreise verhaftet wurden, erklärten, dass ihnen ein Job als Verkäuferinnen angeboten worden sei. Nachdem sie die Stelle angenommen hatten, wurden sie über Zypern nach Israel gebracht. In Haifa wurden ihnen die Pässe abgenommen und sie erhielten falsche israelische Ausweispapiere. Zwei der Mädchen wurden dann für jeweils 3.000 Dollar an ein Bordell in Tel Aviv verkauft. Die beiden anderen wurden aus einer Wohnung in Rishon Lezion entführt und zur Prostitution gezwungen. Boris Yasser fuhr die jungen Frauen zu den Kunden, zwischen 15 und 20 pro Tag. Die Mädchen bekamen keinen Pfennig. Eine von ihnen wurde brutal zusammengeschlagen, nachdem sie versucht hatte, wegzulaufen. Später gelang es ihnen, ihre Eltern in der Ukraine telefonisch um Hilfe zu bitten. Sie kontaktierten die ukrainische Botschaft.

1998 beschwerte sich auch die ungarische Konsulin in Tel Aviv, Andrea Horvath, darüber, dass vier junge ungarische Frauen, die ihren Arbeitgeber in einer Diskothek in Budapest kennen gelernt hatten, gegen ihren Willen in Häusern in Tel Aviv festgehalten und zur Prostitution gezwungen wurden.

Laut dem CEDAW-Bericht vom April 1997 besteht ein enger Zusammenhang zwischen Prostitution und Drogenkonsum. Von den 200 jungen Frauen, die im Gefängnis von Neve Tirza inhaftiert sind, waren 70 % heroinabhängig, die häufigste Droge in Israel. Die jungen Frauen wurden effektiv unter Drogen gesetzt, um sie noch abhängiger von den Zuhältern zu machen. Schließlich wurden sie völlig abhängig und prostituierten sich, nur um ihre Heroindosen zu bezahlen. Die Mädchen durften keinen Arzt aufsuchen; jegliche medizinische Hilfe wurde ihnen verweigert. Wenn sie schwanger wurden, zahlten die Zuhälter nicht für die Abtreibung. Sie wurden gezwungen, weitere fünf Monate zu arbeiten und dann auf die Straße gesetzt.

In der *New York Times* vom 11. Januar 1998 vertraute Irina, die die gleichen Erfahrungen in Israel gemacht hatte, dem Reporter mit Tränen in den Augen an: „Ich glaube nicht, dass der Mann, der mein Leben ruiniert hat, eines Tages bestraft werden wird", sagte sie leise. Ich bin dumm... Ich bin ein dummes Mädchen aus einer Kleinstadt... Manchmal sitze ich hier und frage mich, wie das alles passieren konnte, selbst wenn es wirklich passiert ist." Wie viele andere war auch Irina geschlagen und vergewaltigt worden, nachdem sie sich geweigert hatte, sich zu prostituieren.

Der CEDAW-Bericht stellte ferner fest, dass sich die Werbung für die Sexindustrie in der Tagespresse derart vervielfacht hatte, dass ein Ausschuss eingesetzt wurde, um Anzeigen zu verbieten, in denen das Alter von Mädchen unter 18 Jahren ausdrücklich genannt wird, und um die Bilder zu solchen Anzeigen zu mäßigen. In Israel gab es einen boomenden Markt für Kinderpornografie[280]. Die Zahl der osteuropäischen Mädchen unter 18 Jahren, die sich in Israel prostituieren, ist wahrscheinlich groß, aber unbekannt.

Die amerikanische Zeitschrift *Moment* - „the magazine of Jewish culture" - hatte im April 1998 einen Artikel veröffentlicht, in dem zu lesen war, dass russische Mädchen bei israelischen Kunden hoch im Kurs stehen. Es handelte sich um alle Arten von Männern: Gesetzeshüter, Polizisten, aber vor allem ein erheblicher Teil dieser Kunden waren ultra-orthodoxe Juden, die kamen, weil sie aufgrund religiöser Verbote keine Beziehungen zu ihren Frauen haben konnten[281]. Am Donnerstagnachmittag wurden sie mit Bussen von Jerusalem nach Tel Aviv gebracht.

Zu den Prostituierten gehörten auch arabische Frauen, die praktisch in die Sklaverei getrieben wurden. Einige der jüdischen Kunden kamen nach einem palästinensischen Angriff, um sich an den

---

[280]Zu diesem Thema siehe die Kapitel in *Psychoanalyse des Judentums* (2006) und *Jüdischer Fanatismus* (2007).
[281]Zu den religiösen Verboten siehe auch *Psychoanalysis of Judaism* (2006) und *Jewish Fanaticism* (2007).

palästinensischen Prostituierten zu rächen.

Aber die Zuhälter nutzten auch die Wut der Araber aus, wie man in dem 2002 erschienenen Buch eines israelischen Schriftstellers mit dem Titel *The Promised Land, Not Yet* nachlesen kann. So schrieb der Autor über die „russischen" Gangster in Israel: „Die Russen sind weiße Afrikaner. Sie stürzen sich auf alles, was glitzert. Sie sind zu allem bereit, um Erfolg zu haben, zu den schlimmsten Gaunereien, zu den schlimmsten Untaten. Ich habe in der Zeitung gelesen, dass ein Russe in den Territorien als Soldaten verkleidete Mädchen prostituiert hat. Das ist kein Unsinn. Da sie vom Militär verprügelt wurden, müssen die Araber in Stimmung sein[282]! „

Die Zeitschrift *International Affairs* sprach im Jahr 2000 vom „Natasha-Handel". Der Handel mit weißen Sklaven brachte zwischen sieben und zwölf Millionen Dollar pro Jahr ein und war im Vergleich zum Drogen- oder Waffenhandel mit wenig Risiken verbunden. Yitzhal Tyler von der Polizei in Haifa erklärte 1998 gegenüber Michael Specter von der *New York Times*: „Bei etwa zehn Mädchen, von denen jedes 15 bis 20 Kunden pro Tag hat, multipliziert mit 200 Fortsetzungen sind das 30 000 Fortsetzungen pro Tag und mindestens 750 000 pro Monat, das sind 215 000 Dollar. Ein Zuhälter, der fünf Bordelle besitzt, wie es oft der Fall ist, verdient eine Million Dollar im Monat."

In der Tat gab es „in Israel keine Gesetze gegen Menschenhandel oder Prostitution", berichtete die *New York Times* am 11. Januar 1998. Der CEDAW-Bericht vom 8. April 1997 bestätigt, dass es kein Gesetz gibt, das die Einfuhr junger ausländischer Frauen nach Israel zum Zwecke der Prostitution verbietet. Linda Menuhim erklärte weiter (Reuters, 23. August 1998): „Das Problem ist nicht, einen guten Artikel im Strafgesetzbuch zu finden, sondern eine Frau zu finden, die sich traut, vor Gericht zu gehen."

Der vom Haifa Feminist Centre veröffentlichte Bericht war eine weitere wichtige Informationsquelle. Sie stützt sich hauptsächlich auf Interviews mit 106 Frauen, die zwischen 2001 und 2002 in israelischen Gefängnissen und verschiedenen Unterkünften befragt wurden. Die Autoren weisen auf die Unfähigkeit der Behörden hin, gegen die Mafia vorzugehen, und beschuldigten auch einige der beteiligten Polizeibeamten als Kunden der Bordelle, aber auch als Kollaborateure der Zuhälter.

Die befragten Frauen waren für einen Preis zwischen 5.000 und

---

[282] Michaël Sebban, *La terre promise, pas encore*, Ramsay, 2002, S. 99. Juden aus Russland - mehr als eine Million seit dem Fall des Kommunismus - wurden von Israelis als „Russen" bezeichnet.

10.000 Dollar verkauft worden. Sie hatten ohne Unterbrechung gearbeitet, ohne Urlaub, sogar während ihrer Regeln. Ein Drittel von ihnen war Opfer täglicher Aggressionen. Die Freier und Zuhälter betrachteten sie als Objekte und schlugen sie ständig. Etwa 10 % von ihnen waren schlecht ernährt, die Hälfte von ihnen gab zu, dass viele Polizisten diese Bordelle regelmäßig aufsuchten und dass sie nicht nur mit den Zuhältern befreundet waren, sondern oft auch mit ihnen Geschäfte machten.

Wenn man dem Bericht einer israelischen parlamentarischen Untersuchungskommission Glauben schenken darf, der am 23. März 2005 veröffentlicht wurde und über den die Agence France Presse berichtete, boomte diese Industrie noch im Jahr 2005. Mit der weißen Sklaverei wurde in Israel ein Umsatz von fast einer Milliarde Dollar pro Jahr erzielt. Dem Bericht zufolge werden jedes Jahr zwischen 3.000 und 5.000 Frauen nach Israel geschmuggelt, um als Prostituierte zu arbeiten. Diese Frauen wurden aus 300 bis 400 Bordellen in verschiedenen Regionen des Landes verschleppt. Sie wurden für 8.000 bis 10.000 Dollar verkauft und dienten dann als Sexsklaven an jedem Tag der Woche zwischen 14 und 18 Stunden täglich[283]. Sie erhielten nur 20 Sekel (4 Dollar) von den 120, die im Durchschnitt für jeden Kunden gezahlt wurden. Den Rest der Summe steckte der Zuhälter ein; manche erhielten aber auch gar nichts. Die im Auftrag der Kommission durchgeführte Studie hatte auch gezeigt, dass die israelische Öffentlichkeit den Handel mit Weißen nicht als Menschenrechtsverletzung ansieht.

Die Kommission wies auf die Schwächen des israelischen Justizsystems in diesen Fällen hin. In der Tat dauerte die Untersuchung von Beschwerdefällen sehr lange, was Drohungen und sogar die Ermordung der Beschwerdeführer ermöglichte und förderte. In dem Bericht wurde festgestellt, dass die Richter häufig von Zuhältern bestochen werden. Die Staatsanwälte forderten minimale Strafen und verlangten nicht einmal Schadenersatz für die Opfer. Richter und Staatsanwälte gewährten auch Zuhältern Immunität, indem sie sich als mutmaßliche Informanten für die Polizei ausgaben.

Einige orthodoxe Juden reagierten jedoch auf das, was sie als eine Invasion von Zuhältern und Prostituierten in israelischen Städten ansahen. Am 15. August 2000 berichtete die Associated Press, dass vier Frauen bei einem Brand in Tel Aviv ums Leben gekommen waren; vier

---

[283] Europäische Frauen im gebärfähigen Alter machen heute weniger als 2 % der Menschheit aus. Sie sind eine knappe und wertvolle „Ware", die von Zuhältern sehr geschätzt wird.

Russinnen, die nicht fliehen konnten, weil die Panzertür verschlossen und die Fenster vergittert waren. Die vier Frauen waren als Geiseln in einer Wohnung hinter einer Bar festgehalten worden, die als Bordell diente. Die Untersuchung ergab, dass ein religiöser Jude eine Brandbombe geworfen hatte. Yariv Baruchim, 34, erklärte der Polizei, er wolle Tel-Aviv von allen Bordellen säubern. Er hatte acht Bordelle und *Sexshops in* Brand gesetzt. Damals gab es vier Opfer: Ina Takorsky, Lila Zachs und Jelena Pomina starben. Das vierte Mädchen konnte nie identifiziert werden.

Einige israelische Filmemacher haben sich - und das ist ihr Verdienst - für den Leidensweg dieser jungen Europäerinnen interessiert. Der Film *Welcome to Israel* (2005) von Eyal Halfon zeigte Frauen, die aus der Ukraine kamen, in der Hoffnung, in Israel etwas Geld zu verdienen. Doch entgegen den Versprechungen, die ihnen gemacht wurden, wurden sie versklavt, von ihren Zuhältern vergewaltigt und zur Prostitution gezwungen. Der Film zeigt auch thailändische Arbeiter, die als Sträflinge auf einer Farm in Israel arbeiten.

Zum gleichen Thema gehört auch der Film *Promised Land* (2005) von Amos Gitai, der den Leidensweg junger osteuropäischer Frauen schildert, die in Prostitutionsringen gefangen sind. Sie werden wie Vieh auf Auktionen mitten in der Nacht in der Wüste verkauft und landen in Bordellen am Rande des Toten Meeres. Das *Gelobte Land* beginnt mit einer Szene einer nächtlichen Versteigerung dieser Frauen in der Wüste Sinai. Als ich begann, mich für die kriminellen Netzwerke zu interessieren, die über die Grenzen des Nahen Ostens hinweg operieren", erklärt Amos Gitai, „wurde mir klar, dass der Frauenhandel eine neue Form der Sklaverei ist, die immer mehr zunimmt. Für diese internationalen Netzwerke, die den weißen Sklavenhandel organisieren, sind Frauen einfach eine Ware. Sie werden aus ihrem Herkunftsland, meist Osteuropa, über den Sinai in Ägypten transportiert. Sie überqueren problemlos die israelische Grenze und werden dann in verschiedenen israelischen Städten oder in den Gebieten verteilt... Bevor ich das *Gelobte Land* gefilmt habe, habe ich viel Zeit damit verbracht, mich selbst zu dokumentieren, dank der Berichte von Nichtregierungsorganisationen, die sich in Israel und anderen Teilen der Welt für die Menschenrechte einsetzen. Hunderte von Seiten mit Zeugenaussagen von Opfern weißer Sklaverei zeigen im Detail, wie diese internationalen Netzwerke funktionieren... Manche Frauen glauben, dass sie dank solcher Geschäfte dem Elend entkommen können. Sie versuchen, sich einzureden, dass es nur für eine Weile ist und sie dann etwas Geld haben werden. Sie werden auf allen Ebenen missbraucht, körperlich und seelisch, in einem unvorstellbaren Ausmaß... Es ist bekannt, dass an vielen Orten Frauen versteigert werden. Ich beschloss, den Verkauf bei einer nächtlichen Auktion in der Wüste zu filmen. Die Frauen sind von einer Gruppe von Fahrzeugen umgeben, wie in einer Arena, um ein Gefühl der Klaustrophobie zu erzeugen... Der rote Faden von *Promised Land* ist das Schicksal dieser Frauen. Wir haben sie auf dieser Straße verfolgt, auf der sie von einem Ort zum anderen transportiert werden. Im *Gelobten Land* gibt es einen ständigen Ortswechsel. Von Tallinn bis Haifa, von Kairo bis Ramallah über Eilat gehen die Frauen von Hand zu Hand, von der Wüste zu den Parkplätzen, von einem riesigen Unterwasseraquarium im Toten Meer zu den verschiedenen Fahrzeugen, Lastwagen, Autobahnen usw......".

Natürlich ist Israel nicht das einzige Ziel für diese Mädchen aus dem Osten. Die jüdische Mafia in Russland hatte Kontakte mit der jüdischen Mafia in der ganzen Welt. Nach Angaben des ukrainischen Innenministeriums hatten in den 1990er Jahren 400.000 junge ukrainische Frauen unter dreißig Jahren das Land verlassen. Sie sind vielleicht nicht alle in Prostitutionsringe geraten, aber die Internationale Organisation für Migration schätzt die Zahl der jungen Frauen aus dem ehemaligen Ostblock, die in Ringen auf der ganzen Welt gefangen sind, auf 500.000. Aus einem Artikel der *New York Times* vom 11. Januar 1998 geht hervor, dass slawische Frauen in die Türkei und bis nach Japan und Thailand geschickt wurden.

Viele Mädchen aus dem Osten waren in das ehemalige Jugoslawien gekommen. Ein Artikel von Oksana Havrylenko, einer Ukrainerin, erzählte uns von ihrem eigenen Leidensweg. Wir haben es aus dem Englischen übersetzt: Zuhälter rekrutierten hauptsächlich über Kleinanzeigen in Zeitungen, in denen sie einen gut bezahlten Job als Kellnerin, Tänzerin oder Putzfrau in Italien anboten, nur dass es nicht möglich war, ein direktes Visum für Italien zu bekommen, so dass sie das Gebiet des ehemaligen Jugoslawiens durchqueren mussten, um mit der Fähre die Adria zu überqueren. In Bosnien-Herzegowina, wo es kein ukrainisches Konsulat gab, wurde den Mädchen dann klar, welches Schicksal sie erwartete. Ein Mädchen, das sich kategorisch geweigert hatte, sich zu prostituieren, wurde in einem Lager vor den Augen der anderen Mädchen geschlagen, gefoltert und getötet. Schließlich hatten die Zuhälter ihr die Kehle durchgeschnitten. Mädchen, die zu schwierig waren, wurden in das muslimische Gebiet weiterverkauft. Die Zuhälter sagten, dass es keinem von ihnen jemals gelungen sei, zu entkommen.

Die italienischen Behörden beziffern die Zahl der illegal im Land beschäftigten jungen Frauen auf 30.000. Der Artikel der *New York Times* über die „naiven Slawinnen" enthielt das Zeugnis einer anderen jungen Ukrainerin. In Mailand, Italien, wurde eine Woche vor Weihnachten eine Auktion durch einen Polizeieinsatz gestört. Die Mädchen wurden halbnackt auf Kisten präsentiert und wie Vieh für durchschnittlich 1.000 Dollar verkauft. Michael Platzer von den Vereinten Nationen erklärte, dass die Prostitution keine großen Risiken berge, da sie in vielen Ländern nahezu legal sei. Tatsächlich gab es in Israel kein Gesetz gegen den Verkauf von Menschen. Es scheint angebracht, an dieser Stelle darauf hinzuweisen, dass Nicht-Juden nach dem Talmud oft als Tiere betrachtet werden[284].

Die amerikanische Website Jew Watch, eine Art Beobachtungsstelle für das Judentum, enthüllte diese Informationen über ein Netzwerk von Zuhältern junger russischer Frauen in Florida: 1996 hatte ein gewisser Sergey Skobeltsyn zwei Nachtclubs, das *Pure Platinium* und das *Solid Gold*, für acht Millionen Dollar gekauft. Ludwig Fainberg seinerseits hatte die *Porkys* gekauft und war an einem Prostitutionsring beteiligt, der russische Frauen „importierte".

In der *Jerusalem Post* vom 31. Januar 2000 wurden wir darüber informiert, dass das geistliche Oberhaupt der jüdischen Gemeinde in Chicago, Joel Gordon, 51, ehemaliger „Kantor" der Gemeinde Shirat Emet, zusammen mit seiner Frau Alison Ginsberg, 23, verhaftet worden war, die beide beschuldigt wurden, mehrere Bordelle eröffnet zu haben.

Am 15. September 1997 berichtete die *New York Post*, dass ein Roman Israilov aus Brooklyn ein 20-jähriges russisches

---

[284] Im Talmud wird häufig erörtert und bestritten, dass Nichtjuden Menschen sind. Wie zum Beispiel in *Keritot, 6b*: „Die Mischna führt in ihrer Liste der Personen, die der *Karet* [Strafe] unterliegen: Jemand, der Salböl auf seine Haut aufträgt. Die Weisen lehrten in einer *Baraita* [Tradition, Lehre, aber außerhalb der Mischna]: Wer das Salböl auf Tiere oder Gefäße aufträgt, ist befreit, und wer es auf Nichtjuden oder Leichen aufträgt, ist ebenfalls befreit. Die Gemara wendet ein: Es stimmt, dass man im Falle von Tieren und Gefäßen befreit ist, denn es steht geschrieben: „Auf das Fleisch eines Menschen soll es nicht angewendet werden" (*Exodus 30:32*), und Tiere und Gefäße sind nicht das Fleisch eines Menschen. Es ist auch klar, warum man davon befreit ist, wenn man es auf eine Leiche anwendet, denn wenn jemand gestorben ist, wird der Körper als Leiche und nicht als Person bezeichnet. Aber wenn jemand Nichtjuden mit Salböl salbt, warum ist er davon ausgenommen - sind sie nicht in der Bedeutung des Begriffs Person [Adam] enthalten?
Die Gemara erklärt: In der Tat, sie sind es nicht. Wie es geschrieben steht: „Und ihr, meine Schafe, die Schafe meiner Weide, seid Menschen [Adam]" (*Hesekiel 34,31*), woraus folgt, dass ihr, das jüdische Volk, Adam genannt werdet, die Heiden aber nicht Adam." https://www.sefaria.org. (NdT).

Immigrantenmädchen entführt und vergewaltigt hatte, das er verkaufen wollte. Ein Nachbar hatte der Polizei einen Hinweis gegeben.

Solche Tragödien schaffen es normalerweise nicht in die Schlagzeilen der westlichen Medien, und wir hören nie, dass Politiker oder Prominente aus dem Showbusiness gegen diesen schändlichen Handel protestieren. Stellen Sie sich nun vor, wie die Reaktion ausgefallen wäre, wenn die Europäer Tausende junger jüdischer Frauen versklavt und allen möglichen Demütigungen ausgesetzt hätten. Aber das Schweigen der Medien zu diesen Themen ist verständlich, wenn man die Verbindungen zwischen den Gangstern und den Verantwortlichen der kleinen „internationalen Mediengemeinschaft" sieht.

Junge europäische Frauen, insbesondere Blondinen, werden von Juden sehr geschätzt, wie man in der Literatur nachlesen kann. Hören Sie zum Beispiel den berühmten amerikanischen Schriftsteller Philip Roth: „Wie schaffen sie es, so schön, so gesund, so blond zu sein? Ich verachte ihre Überzeugungen, aber das wird durch meine Bewunderung für ihren Körperbau, die Art, wie sie sich bewegen und lachen und reden, mehr als wettgemacht[285]."

Das gleiche Bild des Juden und der schönen Blondine finden wir bei dem jiddischenSchriftsteller Isaac Bashevis Singer, der 1978 den Nobelpreis für Literatur erhielt, in seinem 1962 erschienenen Roman *Die Sklavin*. Die Geschichte folgt dem Leben von Jakob, einem armen Juden im Polen des 17. Jahrhunderts, der in die Sklaverei an einen Bauern in den Bergen verkauft wird, nachdem ein Pogrom seine Gemeinde zerstört hat. Isaac Bashevis Singer beschrieb die polnischen Bauern mit den beleidigendsten und verächtlichsten Worten. Unter diesen menschenähnlichen Tieren lebte jedoch auch eine schöne junge Frau, Wanda, die Tochter ihres polnischen Herrn." Mit fünfundzwanzig war sie größer als die meisten Frauen. Sie war blond und blauäugig, hatte einen hellen Teint und harmonische Gesichtszüge." Isaac Singer pflückte die schöne Blume von dem Mist, auf dem sie wuchs, denn das Schönste muss man den dreckigen Gojim wegnehmen. Das einzige Wesen, das unter diesen Polen Respekt verdient, war mit dem Juden[286] verlobt.

In Stefan ZweigsRoman *Die gefährliche Frömmigkeit* (1939) entpuppt sich ein respektabler und sehr wohlhabender ungarischer

---

[285] Philip Roth, *Portnoy's Evil*, Penguin Random House Debols!llo, Barcelona, 2008. S. 158, 159.
[286] Isaac Bashevis Singer, *Der Sklave*, 1962, Epublibre, digitaler Verlag German25 (2014), S. 48; Hervé Ryssen, *Psychoanalyse des Judentums*.

Schlossbesitzer namens von Kekesfalva als Jude, der alles getan hat, um seine wahre Identität zu verbergen: Lämmel Kanitz. Der Hausarzt Dr. Condor lüftet das Geheimnis, und Stefan Zweig beschreibt den Menschen in seiner Figur sehr treffend: „Was mir an Kanitz von Anfang an imponierte, war sein geradezu dämonischer Wille, sein Wissen und sein Vermögen zu vermehren... Er studierte alle Gesetzesbücher, Handels- wie Arbeitsrecht, um sein eigener Anwalt zu sein... und er war in allen Anlagen und Geschäften bewandert wie ein Bankier." Dieser Jude, der auf etwas zweifelhafte Weise ein kolossales Vermögen aufgebaut hatte, „hatte die Möglichkeit, in vierundzwanzig Stunden mehr Geld zu verdienen, als er bis dahin in vierundzwanzig Jahren mit kleinen und bedauernswerten Gaunereien auf Kosten eines ungarischen Bauern gemacht hatte". Er hatte auch eine junge Frau geheiratet, eine sehr liebenswürdige Person, eine schöne Arierin, eine „*Schiksa*": „Wie konnte er, ein fast alter Mann, ein Jude, ein schmuddeliger, hässlicher, geldgieriger, umherziehender Makler, einem Mädchen von so vornehmer Seele, einer so zarten Seele[287] einen Heiratsantrag machen."

In Robert Bobers Roman „*Novels of War*" kehrt die Heiratsvermittlerin „Madame Sarah" von einer Besichtigungstour durch die Pariser Schneiderwerkstätten zurück und bringt ihre kleinen Geschenke mit. So schreibt der Erzähler, der den offensichtlichen Neid dieses so stark von genetischen Defekten geprägten Volkes offenbart: „In unserer Familie haben wir immer rosige Wangen gemocht. Sie sind ein Zeichen für gute Gesundheit, sagte meine Mutter immer. Wenn sie in Polen polnische Mädchen auf dem Bürgersteig vor sich sah, beneidete sie sie immer um die rosigen Wangen unter ihren blonden Zöpfen. Sie konnte sich nur mit einem Fluch[288] trösten."

## *Zypern und die Schleusung von Migranten*

In Zypern war die Situation offensichtlich identisch mit derjenigen in Israel, zumindest im türkisch dominierten Norden der Insel. Das 1974 von den Türken eroberte Gebiet war, in den Worten eines europäischen Diplomaten, zu einem „Schurkenstaat" geworden. Ein Staat, der nur von der Türkei anerkannt wurde und der als Zufluchtsort für alle internationalen Verbrecher diente. Der eigentliche Herr dieser „Türkischen Republik Nordzypern" war der Stabschef des

---

[287] Stefan Zweig, *La Piedad peligrosa*, Acantilado, Barcelona, 2006, S. 70, 82, 90 zitiert in Jacques Le Rider, *in Europa*, 1995, S. 40, 41. Shiksa: sanfte Frau, abwertend.
[288] Robert Bober, *Quoi de neuf sur la guerre?* Folio, 1993, S. 19; zu Partnervermittlung und genetischen Defekten, siehe *Psychoanalyse des Judentums*.

türkischen Militärkontingents. Er herrschte über 35.000 Mann in unzähligen Garnisonen. Zu den bereits 1974 anwesenden 100 000 türkischen Zyprioten gesellten sich Soldaten aus Ankara und ihre Familien sowie 30 000 illegale Arbeiter aus Anatolien. Die Regierung in Ankara, die von Straßen bis zu Beamten alles subventioniert, hatte den Bau von 320 Moscheen in der Region angeordnet und die Restaurierung der 200 verfallenen orthodoxen Kirchen verboten.

Auf dem Papier war die türkische Seite bekanntlich ärmer als die griechische, aber die Touristen konnten die ununterbrochene Parade von Luxusautos beobachten. Im ganzen Bundesstaat gab es Hunderte von Bordellen und 37 Kasinos, in denen Drogengelder gewaschen wurden.

Villen, groß wie Schlösser, wuchsen wie Pilze aus dem Boden, ebenso wie die bunten Bordelle rund um die türkischen Militärstützpunkte. Dieser Teil der Insel war tatsächlich ein Bezugspunkt für die Mafia. *Le Figaro* vom 28. Dezember 2005 zitiert einen europäischen Polizisten: „Ein Dutzend britische und israelische Rädelsführer sind dort Flüchtlinge und können das Gebiet nicht verlassen. Sie florieren, weil die Drogenroute von Afghanistan durch die Türkei führt und das Geld dort gewaschen wird[289]."

Mädchen aus Osteuropa wurden in den Militärbordellen der Insel „vermittelt", bevor sie nach Albanien weiterreisten und auf den Bürgersteigen der europäischen Städte landeten. Elena Potoran war kurz davor, dieses Unglück zu erleiden. Elena, 20 Jahre alt, wurde in Chisinau (Kichinev) in Moldawien geboren und wird sich ihr Leben lang an ihren Aufenthalt auf Zypern erinnern. Der Albtraum der jungen Frau begann ein Jahr zuvor, als sie einen Vertrag als Kellnerin annahm und sofort nach ihrer Ankunft in Nikosia an einen Bordellbesitzer verkauft wurde. Das *Crazy Night* befand sich neben dem *Sexy Lady*, dem *Harem Night Club* und dem *Lipstick* und war am Abend mit türkischen Soldaten gefüllt. Elenas „Besitzer", ein Zuhälter namens Ailan, ließ sie zunächst von Freiern vergewaltigen, bevor er sie unter unwürdigen Bedingungen operieren ließ, um ihre Vagina zu erweitern. Während ihrer Rekonvaleszenz gelang es Elena, ihren Vater in der Ukraine zu warnen. Dieser konnte eine Nichtregierungsorganisation informieren, die sich auf die Verteidigung von Opfern des Menschenhandels spezialisiert hat: Strada International. In Zypern fungierte ein russisch-orthodoxer Priester, Pater Savas, als

---

[289] Die „Briten" waren auch israelische Staatsangehörige. Das US Center for Strategic and International Studies schätzte die Beträge seinerzeit auf 1 Milliarde Dollar pro Monat.

Verbindungsmann und nahm Kontakt zu den russischen Behörden auf. Er sagte: „Die Beamten im Norden antworteten, dass sie nichts tun könnten, dass der Besitzer des Kabaretts ein einflussreicher Mann sei." Ein europäischer Diplomat bestätigte seine Worte: „Die Machthaber in Zypern stecken alle mit den Mafiosi, die Geld haben, unter einer Decke."

Der Priester ließ sich nicht entmutigen und kontaktierte Matthew Palmer, Washingtons Geschäftsträger in Zypern. Es gelang ihm, Elena zu befreien. Tatsache ist, dass Ankara den Amerikanern nichts abschlagen konnte, da sie zum Zeitpunkt[290] die glühendsten Befürworter des Beitritts der Türkei zur Europäischen Union waren. Heute konnte Elena nach Hause zurückkehren, aber sie ist völlig traumatisiert", erklärt Pater Savas."

Mehr als 10.000 pakistanische, syrische und bangladeschische Muslime kommen jedes Jahr auf die Insel. In der Tat stellte die Türkei den Bürgern der OIC-Länder Visa aus, die für die „Türkische Republik Nordzypern" gültig waren. Im Austausch für 4.000 Dollar wurden diese falschen Touristen zur Demarkationslinie zwischen dem Norden und dem Süden gebracht, die von den UN-Blauhelmen schlecht bewacht wurde, und dann als falsche Seeleute oder in Containern auf das europäische Festland verschifft. Damit wurde die Türkei zum Komplizen eines der effektivsten Netzwerke für illegale Einwanderung in die EU. Einige dieser Migranten blieben auf der griechischen Seite der Insel. Dort wurden sie ohne Arbeitserlaubnis wie Sklaven behandelt. Melopi, eine junge Frau aus Sri Lanka, hatte einen Arbeitsvertrag mit einer Laufzeit von 15 Jahren unterzeichnet, in dem festgelegt war, dass sie „78 Stunden pro Woche und 18 Stunden pro Tag jeden Freitag, Samstag und Sonntag" arbeiten würde.

Es ist nicht schwer zu verstehen, dass offene Grenzen und Masseneinwanderung ein Segen für alle Mafias und andere multinationale Unternehmen sind: Einwanderer - legal oder illegal - senken die Löhne und tragen zur Zerstörung der nationalen Identität der Länder bei, in denen sie sich niederlassen. Die großen internationalen Finanziers haben offensichtlich ein Interesse daran, die Grenzen und Bezüge der traditionellen Gesellschaft aufzulösen, um jede Form von nationalem Widerstand gegen ihre Hegemonie und die Verwandlung des Einzelnen in einen gefügigen und akkulturierten Konsumenten auszulöschen. In einem solchen Umfeld gedeihen Mafias. Große

---

[290] Die engen Beziehungen zwischen Israel und der Türkei erklären sich durch den Einfluss der Dönmehs auf die aufeinanderfolgenden türkischen Regierungen. Die Dönmehs sind Muslime, aber nur zum Schein (siehe *Psychoanalyse des Judentums*).

Unternehmen in jüdischem Besitz zeichnen sich dadurch aus, dass ihre untergeordneten Mitarbeiter stets aus der Dritten Welt stammen. Jüdische Unternehmer stellen nämlich vorrangig und ganz legal Einwanderer ein, während ein französischer Industrieller in seinem eigenen Land dafür verurteilt würde, dass er vorrangig seine Landsleute einstellt. Jüdische Intellektuelle, Journalisten und Politiker, ob marxistisch oder liberal, atheistisch oder religiös, zionistisch oder „perfekt integriert", haben ihrerseits stets die Einwanderung und den Aufbau einer multikulturellen Gesellschaft gefördert. Dies liegt in ihrem ureigensten Interesse[291].

Seit den 1980er Jahren war der israelische Staat auch zunehmend auf ausländische Arbeitskräfte angewiesen, um Palästinenser zu ersetzen. Nach der zweiten palästinensischen Intifada, die im September 2000 begann, wurden die Beschränkungen noch weiter verschärft, und es gab nur noch einige tausend palästinensische Arbeitnehmer im Lande. Sie wurden durch unterwürfigere Arbeiter ersetzt, die unter schwierigeren Bedingungen und zu noch niedrigeren Löhnen arbeiten mussten. Die Hälfte der Einwanderer in Israel war asiatischer Herkunft (China, Thailand, Philippinen) und 45 % kamen aus Osteuropa, vor allem aus Rumänien und Moldawien.

Diese Arbeitnehmer arbeiteten zunächst legal, verloren dann aber ihren Arbeitsplatz oder wechselten den Arbeitgeber. Da die Arbeitserlaubnis ihnen nur erlaubte, für einen bestimmten Arbeitgeber zu arbeiten, wurden sie somit illegal. Von den 300.000 Arbeitnehmern befanden sich 60 Prozent in einer illegalen Situation. In den meisten Fällen hatten die israelischen Arbeitgeber ihre Pässe beschlagnahmt.

## *Das goldene Zeitalter des weißen Sklavenhandels*

Der Handel mit weißen Sklaven begann nicht mit dem Untergang des Sowjetimperiums. Bereits Ende des 19. Jahrhunderts wurde die westliche Bevölkerung durch dieses Phänomen alarmiert.

In Mitteleuropa, wo die meisten europäischen Juden lebten, zogen Zuhälter durch die verarmten Lande, um die Bauern davon zu überzeugen, dass ihre Töchter in den Vereinigten Staaten als Putzfrauen Geld verdienen könnten. Sie erklärten den Eltern, dass ihre Töchter nach einiger Zeit die Kosten für die Reise zurückzahlen und ein besseres Leben im Land der Freiheit beginnen könnten. So landeten Zehntausende von jungen Frauen in den Bordellen von New York, Rio

---

[291] Zur multikulturellen Gesellschaft: Hervé Ryssen, *Planetary Hopes* (2005), (2022).

de Janeiro oder Buenos Aires. Die Töchter der Landwirte waren nicht die einzigen Opfer. Die gesamte Masse der Hausangestellten, Arbeiter und Einwanderer waren potenzielle Opfer des Menschenhandels.

Im österreichisch-ungarischen Reich war die jüdische Bevölkerung die größte. Um 1900 zählte die habsburgische Hauptstadt mehr als 150.000 Juden, und wie in Polen und der Ukraine gehörten auch die Bordelle und Frauenhändler nach Amerika und in den Orient zu dieser kleinen Gemeinschaft. Die österreichische Hauptstadt diente als Durchgangsstation zwischen Galizien und Polen auf der einen Seite und Serbien, der Türkei und Rumänien auf der anderen. Diese Anbieter und Händler von Frauen drangen mit ihrer Anwesenheit in öffentliche Räume ein.

Galizien und die Bukowina, im Süden des heutigen Polens, waren wichtige Zentren des Menschenhandels. Zwischen 1904 und 1908 ermittelten die Behörden mehr als hundert dieser galizisch-jüdischen Menschenhändler, darunter vierzig Frauen. Diese kriminellen Netzwerke von Mädchenanwerbern hatten die Form von Familienunternehmen. Einige von ihnen hatten sogar Verbindungen zu Argentinien und Indien. Etwa fünfzig Zuhälter aus Czernowitz (einer Stadt mit 30.000 Juden) hatten Verbindungen nach Bombay. An der Spitze dieser Familienclans von Gangstern, die erblich auf den Handel mit weißen Sklaven spezialisiert sind, finden wir oft energische Matronen, die die internationale Prostitution von Konstantinopel bis Buenos Aires organisieren. Rosa Langer zum Beispiel leitete eine Organisation, die alle Balkanländer mit Fleisch zum Vergnügen belieferte[292]. Im Jahr 1896 wurde sie verhaftet und in Wien inhaftiert.

Es sei darauf hingewiesen, dass jüdische Zuhälter nicht nur christliche „Ware" raubten, sondern auch von der Ausbeutung von Frauen ihres eigenen Stammes lebten: „Es gab zweifellos jüdische Menschenhändler, die Frauen ihres eigenen Volkes ausbeuteten", schreibt Professor Jacques Solé in seinem Buch *Das goldene Zeitalter der Prostitution, 1870 bis heute*[293].

---

[292] Raphaël Viau und F. Bournand, S. 91, 93, 97; in Georges Valensin, *La Vie sexuelle juive*, Les Éditions philosophiques, 1981, S. 65, 66

[293] Jacques Solé, *L'Age d'or de la prostitution, de 1870 à nos jours*, Plon, 1993, S. 80. Jacques Solé stützt sich bei seinen Recherchen hauptsächlich auf das Buch des amerikanisch-jüdischen Historikers Edward J. Bristow: *Prostitution and Prejudice. The Jewish Fight against White Slavery, 1870-1939*, Clarendon Press, 1982. Das 650-seitige Buch von Jacques Solé enthält nur ein Kapitel zu diesem Thema, aber was dort beschrieben wird, ist aussagekräftig genug, um eine Vorstellung von der Bedeutung des Handels zu vermitteln.

Der französische Journalist Albert Londres[294] hatte 1927 ein Buch mit dem Titel *La Trata de Blancas, El camino de Buenos Aires* über dieses Thema geschrieben. Seine Nachforschungen führten ihn nach Polen, in eine rein jüdische Stadt, vierzig Kilometer von Warschau entfernt. So schrieb Albert London: „Es war im vergangenen Mai. Ich war auf der Suche nach der Pilsudski-Revolution auf dem polnischen Land unterwegs. Und hier ist das, was ich gefunden habe: ein jüdisches Lager. Ein Lager, das viele Male hundert Jahre alt ist. Keine Zelte, sondern Häuser und Straßen, sogar einen Platz, aber dennoch ein Lager. Der Stamm war des Umherziehens müde und machte eines schönen Tages Halt, eines Tages in einem Jahrhundert, das weit von dem unseren entfernt war. Und die Enkelkinder ließen sich dauerhaft in den provisorischen Behausungen nieder, die sie seit Hunderten von Jahren nutzen."

Offenbar waren die Juden in der Gegend nicht sehr gastfreundlich: „Vielleicht hatten sie noch nie Menschen meiner Art gesehen, also gab es keine anderen Menschen? Ich ging vorbei: die Fensterläden und Fenster waren geschlossen. Einige Gruppen von Juden, die die Straßen füllten, zerstreuten sich... Als sie mich sahen, flüchteten sie sich in geheimnisvolle Gänge und hörten nicht auf, ihre Köpfe zu drehen, um mich zu beobachten. Wenn ich nach oben sah, waren die Fenster im ersten Stock leer. Sie begrüßten mich mit Wasser in Eimern, aber sie verweigerten mir ein Glas, wenn ich es hatte. So etwas hatte ich noch nie gesehen, außer in der freien Natur. Das Lager lag auf einem riesigen Misthaufen, und die vagen Silhouetten der Juden schienen aus diesem Heuhaufen aufzusteigen, wie Ausdünstungen, die vage menschliche Formen angenommen hatten."

Sie hatten auch keinen Sinn für Sauberkeit, und die Aussage von Albert Londres bestätigt weitere Punkte: „Diese schwarzen Gehröcke, deren Schmutz ihnen weißliche Strähnchen verlieh, das nie gewaschene Haar in einem Ringel auf der linken Wange, diese flachen, runden Mützen, die in einer Art Abdeckung für diese jungfräulichen Bärte endeten[295]...".

Albert London erzählte, wie die armen Mädchen aus den polnischen „Schtetls" von ihren Familien zur Prostitution nach Südamerika geschickt wurden, um eine Mitgift anzusammeln und dann

---

[294] Albert Londres (1884-1932) war ein französischer Schriftsteller und Journalist. Er war einer der Begründer des investigativen Journalismus und kritisierte die Missstände des Kolonialismus und der Zwangsarbeitsgefängnisse.
[295] Zum Thema Schmutz lesen Sie auch die Aussage von General Patton in Deutschland im Jahr 1945.

in ihr Land zurückzukehren, um zu heiraten[296]. Der Journalist zeigte uns das Spiel der Zuhälter: „Und als Händler gehen sie in Warschau von Bord. Nicht alle von ihnen sind Juden, aber die Reisenden, die Händler, die von Messe zu Messe ziehen, sind es. Es ist unerlässlich, in die Familien zu kommen. Denn sie machen ihre Arbeit nicht auf der Straße, wie in Frankreich, sondern dort arbeiten sie zu Hause. Zuerst kümmern sie sich um die Eltern, und dann, und nur dann, sprechen sie mit dem Mädchen. Sie stehlen sie nicht, sie kaufen sie... In Warschau, in Krakau, in Lvoff, in Dörfern wie „meinem" Dorf, gibt es alte Frauen, die das ganze Jahr über bezahlt werden und die keine andere Beschäftigung haben, als ihnen gute Waren zu zeigen. Das Haus ist wertlos, die Töchter sind nicht gesund. Seien Sie vorsichtig mit dieser Familie: Die Eltern haben vor, viel zu verlangen. Aber dort und dort und dort und dort wirst du finden, was zu dir passt, oh kleiner Bruder. Zeigen Sie sich an diesem Ort sehr religiös... Nehmen Sie die Jüngsten, die Älteren sind faul... Sie kaufen sie von den Armen per „Vertrag". Ein erbittert diskutierter Vertrag, ordnungsgemäß unterzeichnet, schön begründet... Die Familie verlangt hundertfünfzig Zlotis pro Monat für mindestens drei Jahre. Der Käufer bietet nur einen Hunderter. Der Bart des Vaters zittert vor Empörung. Er bringt seine Tochter näher, zeigt sie noch einmal: Ist sie noch Jungfrau? Er schwört auf die heilige Thora... Eine Familie aus dem Elend gerettet:[297]! „Auf diese Weise sind Tausende junger jüdischer Mädchen aus Polen in die neue Welt ausgewandert.

Bereits 1869 gab Roger Gougenot des Mousseaux in seinem Buch *Der Jude, das Judentum und die Judaisierung der christlichen Völker* folgendes Zeugnis: „Seit einem Vierteljahrhundert, und weiter könnte man nicht gehen, fragen die Moralisten mit Recht, wie es kommt, dass man in allen großen Städten Europas beobachtet, dass es unter den Frauen des schlechten Lebens mehr Juden als Christen gibt? Diese Frage ist leider begründet; denn in Paris, London, Berlin, Hamburg, Wien, Warschau und Krakau, in dem, was man gemeinhin als die mittlere Welt bezeichnet, findet man auf öffentlichen Plätzen und sogar in Lupanarien mehr Juden als Christen, wenn man das Verhältnis zwischen den beiden Bevölkerungsgruppen betrachtet[298]."

---

[296] Encyclopedia Judaica, Band XIII, S. 415. Georges Valensin, *La Vie sexuelle juive*, Les Éditions philosophiques, 1981, S. 65, 66. Shtetl: von Juden bewohnte Kleinstadt oder Dorf in Osteuropa.

[297] Albert Londres, *Camino de Buenos Aires*, Editorial Prensa Ibérica; Clásicos de la Prensa, Barcelona, 1998, S. 131-136.

[298] Archives israélites, XV, S. 711; 1867, in Roger Gougenot des Mousseaux, *Der Jude, das Judentum und die Judaisierung der christlichen Völker*, pdf-Version. Übersetzt ins Englische von Professor Noemí Coronel und der unschätzbaren Mitarbeit des Teams

Mit dem Versprechen, zu arbeiten oder zu heiraten, konnten die Familien überzeugt werden, die vierzehnjährigen Mädchen gehen zu lassen. Roger Gougenot zitiert auch einen Artikel in der St. Petersburger Zeitung *Golos* vom 3. Oktober 1869, in dem es heißt, dass einige Juden aus Galizien und Rumänien „mehrmals an verschiedenen Orten schöne junge jüdische Mädchen heiraten, um sie sofort in den Osten und nach Afrika zu verkaufen" und sie in Duldungshäusern (Hof von Neusande) zurücklassen. Dann sucht ein armes junges jüdisches Mädchen, um den Misshandlungen ihrer widernatürlichen Eltern zu entkommen, Zuflucht in einem katholischen Kloster, und das von den Juden aufgehetzte Volk wird diese Zuflucht zerstören, um das junge Mädchen von dort zu entreißen[299]! „

Nach Angaben des jüdischen Historikers Edward Bristow waren 1872 in Warschau 17 % der Prostituierten jüdisch, in Krakau waren es 27 % und in Wilna 47 %. Im Jahr 1889 waren in Polen und der Ukraine 22 % der Frauen, die in Prostitutionshäusern festgehalten wurden (1122 von 5127), Jüdinnen. Die meisten der Prostituierten waren also Christen, die in jüdischen Häusern untergebracht waren. Tatsächlich stellte der amerikanische Konsul 1908 fest, dass das Prostitutions- "Geschäft" fast ausschließlich jüdisch war[300].

In Warschau hatten 16 der 19 bekannten Bordelle jüdische Betreiber. Die Prostituierten empfingen 40-50 Kunden pro Tag, an Tagen mit viel Betrieb sogar bis zu 60-70. Im Jahr 1905 hatte sich ein Teil der jüdischen Gemeinde in Warschau gegen das Vorhandensein dieser Bordelle aufgelehnt, was zu einem innergemeinschaftlichen Pogrom führte, bei dem 40 Bordelle zerstört und acht Menschen, darunter eine Prostituierte, getötet wurden.

Die Zuhälter sahen keinen Widerspruch zwischen ihrer Tätigkeit und ihrem religiösen Glauben. Shilem Letzski hatte in Warschau eine kleine Synagoge für Prostituierte, Puffmutter, Zuhälter und Diebe eingerichtet. Diese kriminelle Gemeinschaft verfügte auch über ein rabbinisches Gericht, das über Streitigkeiten zwischen Zuhältern

---

Katholischer Nationalismus. Argentinien, 2013, S. 127
[299] Hermann Kuhn, *Monde*, 1. November 1869 und *Correspondance allemande*, in Roger Gougenot des Mousseaux, *Der Jude, das Judentum und die Judaisierung der christlichen Völker*, pdf-Version. Übersetzt ins Englische von Professor Noemí Coronel und der unschätzbaren Mitarbeit des Teams Katholischer Nationalismus. Argentinien, 2013, S. XIX, XX (Einleitung). Jüdische Frauen sollten einige Jahrzehnte später die prominentesten Anführerinnen der Frauenbewegung werden.
[300] Edward J. Bristow: *Prostitution und Vorurteile. The Jewish Fight against White Slavery, 1870-1939*, Clarendon Press, 1982, S. 23, 63, 56.

urteilte[301]. Viele Juden hielten diesen Beruf für „vollkommen ehrenhaft".
Jüdische Zuhälter exportierten ihre Waren. In St. Petersburg war die Stadt für Juden tabu. Einer von ihnen, Aaron Simanovitch, wohnte jedoch dort und wurde zum Lieferanten von weiblicher Beute für Rasputin, dem er nahe stand[302]. Zwischen Russland und Deutschland halfen Grenzbewohner ihren Zuhälterkollegen, die Frauen, die sie prostituieren wollten, über die Grenze zu bringen. Eine kleine Stadt im österreichischen Galizien diente ihnen als Hauptquartier, bevor sie die Grenze überquerten: Oswiecim, heute besser bekannt als Auschwitz[303]. Aber Ende der 1870er Jahre verlegten die mutigeren Unternehmer ihre Hütte von Polen nach Argentinien.[304]

Der große österreichisch-jüdische Schriftsteller Stefan Zweig, der nach Hitlers Machtübernahme ins brasilianische Exil gegangen war, hinterließ ein Zeugnis über die Prostituierten von Rio de Janeiro. Im August 1936 schrieb er: „Pechschwarze Frauen wie Ebenholzschnitzereien - mit verfilztem Haar und offenen Brüsten -, die einen mit scheinbarer Gleichgültigkeit ansehen; französische Make-up-Girls, die grelle Blusen oder aufreizende Shorts tragen und aufreizend singen; Ostjuden, die die verrücktesten Perversitäten versprechen; Mulatten, die alle Abstufungen von Milchkaffee Wirklichkeit werden lassen. Es gibt die ganz jungen und die reifen, die zarten und die groben[305]..."
Bordelle waren ein bekanntes Merkmal der brasilianischen Gesellschaft. Im Jahr 1879 wurden neununddreißig jüdische Zuhälter des Landes verwiesen, doch trotz zahlreicher und wiederholter Ausweisungen blieben die Zuhälter bis zum Ersten Weltkrieg im Lande.
Die Mädchen kamen zuerst über Buenos Aires und dann über Hamburg. Die berühmte deutsche Reederei von Albert Ballin, einem jüdischen Geschäftsmann und Besitzer der Hamburg-Amerika-Linie, diente dank einiger Komplizen als Transportunternehmen und versorgte

---

[301] Edward J. Bristow: *Prostitution und Vorurteile. The Jewish Fight against White Slavery, 1870-1939*, Clarendon Press, 1982, S. 60, 61.
[302] G. Dupé, *Plaidoyer pour les maudits, Raspoutine*, Éd. Lefeuvre, Nizza, 1978, in Georges Valensin, *La Vie sexuelle juive*, Les Éditions philosophiques, 1981, S. 65, 66.
[303] Edward J. Bristow: *Prostitution und Vorurteile. The Jewish Fight against White Slavery, 1870-1939*, Clarendon Press, 1982, S. 124, in Jacques Solé, *L'Age d'or de la prostitution, de 1870 à nos jours*, Plon, 1993, S. 121, 122.
[304]Jacques Solé, *L'Age d'or de la prostitution, de 1870 à nos jours*, Plon, 1993, S. 117-119.
[305] Stefan Zweig, *Diarios (1931-1940)*, Ediciones 98, Madrid, 2021, S. 78.

so die Bordelle von Buenos Aires mit schönen Mädchen. Edward Bristow wies hier zu Recht auf einen jener Züge hin, die für eine ganz bestimmte Mentalität so charakteristisch sind: „Für diejenigen, die noch einige Illusionen hegten, war die Seeüberquerung der Moment der Wahrheit. Der veränderte Tonfall ihrer Beschützer, die den Auftrag hatten, sie zu demoralisieren, reichte aus, um ihr tragisches Schicksal anzukündigen[306]."

Der brasilianische Historiker Marc Raizman hat es so formuliert: „Einige von ihnen zogen durch Mitteleuropa und suchten nach einem schönen jungen jüdischen Mädchen, das sie heiraten konnten. Nach der Heirat nutzte der Zuhälter sein Geschäft als Vorwand, um zu verschwinden, indem er ihr ein Ticket nach Buenos Aires anbot und versprach, sie dort zu treffen. Als er in Argentinien oder Brasilien ankam, war der Ehemann nicht da und stattdessen erschien eine Frau, die sich als seine Tante vorstellte. Die jungen Frauen, die in der Regel nicht älter als 18 Jahre waren, fielen der Zuhälterei zum Opfer. Viele begingen Selbstmord."

In den 1920er Jahren erzählte der Journalist Albert Londres, was er an diesem Ort gesehen hatte: „Franchutas! Polacas! Die Franchutas bilden die Aristokratie: fünf Pesos. Die polnischen Frauen gehören zur Unterschicht: zwei Pesos." Die Zuhälter waren Juden aus Polen: „Der wirkliche Sklavenhandel, der, den der Begriff in der öffentlichen Vorstellung hervorruft, ist der von den Polen betriebene. Sie arbeiten mit Elend... Es gibt keinen einzigen Polen in Buenos Aires, der nicht fünf oder sechs Frauen hat. Oder sieben oder acht. Aber sie sind nicht nett. Zwei Tage lang weigerten sie sich, mir in ihrem Café in der Straße Talcahuano ein Getränk zu servieren. Ich habe nicht getrunken: Das ist alles, was sie verdient haben. Und da sie mir nicht die Augen ausstachen, schaute ich sie an, sah sie mir genau an... Offiziell nennen sie sich Pelzhändler. Pelz ist zwar auch eine Haut, und Felle, menschliche Felle, sind ihr Geschäft[307]." In Wirklichkeit waren sie meist Zuhälter.

In dieser Zeit wurden drei- bis sechsmal im Jahr Lieferungen nach Europa importiert. Diese Lasterindustrie hatte sich Ende der 1890er Jahre organisiert und eine Art Gewerkschaft mit dem Namen Zwi Migdal gegründet. Später, im Jahr 1906, wurden die Gangster rechtlich

---

[306] Edward J. Bristow: *Prostitution und Vorurteile. The Jewish Fight against White Slavery, 1870-1939*, Clarendon Press, 1982, S. 124, in Jacques Solé, *L'Age d'or de la prostitution, de 1870 à nos jours*, Plon, 1993, S. 121-123.
[307] Albert Londres, *Camino de Buenos Aires*, Editorial Prensa Ibérica; Clásicos de la Prensa, Barcelona, 1998, S. 133-134.

als Verein konstituiert. Dank der Unterstützung von Polizei und korrupten Politikern kam ihr Bordell- und Mädchennetz in den 1920er Jahren richtig zur Geltung[308]. Das Syndikat wurde von einem gewissen Dickenfaden beherrscht, „dem wahren Napoleon der jüdischen Zuhälter von Buenos Aires", schrieb Jacques Solé. Er war 1885 aus Warschau gekommen und starb sehr reich und hoch angesehen.

Die Zwi-Migdal-Bosse organisierten regelrechte Frauenverkäufe. Nach der Landung in Buenos Aires oder Montevideo wurden die Mädchen in argentinische Bordelle gebracht, wo sie manchmal vollständig entkleidet auf Auktionen zum Verkauf angeboten wurden[309]. Die Händler stolzierten ostentativ in Theatern oder in der Oper herum, trugen elegante Kleider und große Diamanten an den Fingern. Sie hatten ihre Clubs, ihre Organisationen und ihre Geheimcodes.

Von den 199 Prostitutionshäusern in Buenos Aires im Jahr 1909 wurden 102 von Juden betrieben und trugen jüdische Namen (obwohl wir wissen, dass viele Juden häufig ihre Namen ändern); und einige der Prostituierten waren Juden. Dazu kommt noch eine große Zahl von Zuhältern. Sie wurden oft aus dem Land nach Brasilien vertrieben und dann nach Polen ausgewiesen, kehrten aber immer wieder nach Argentinien zurück und pflegten ihre Beziehungen zu Warschau. Im Jahr 1930 profitierten in Buenos Aires offiziell 400 Personen von der Prostitution, während in Warschau rund 600 Personen verdächtigt wurden, das Gewerbe zu unterstützen.

Frauen und Zuhälter wurden von der jüdischen Gemeinschaft gemieden. So durften sie zum Beispiel nicht auf jüdischen Friedhöfen beerdigt werden. Die Mitglieder von Zwi Migdal, die von ihren eher orthodoxen moralischen Brüdern ausgeschlossen wurden, hatten parallel zu den offiziellen Organisationen eine zweite argentinische jüdische Welt organisiert. So hatten sie einen eigenen Friedhof, ihre Hilfs- und Unterstützungsvereine und ihre eigenen Synagogen. Die jüdischen Zuhälter hatten auf der Suche nach Seriosität die jüdischen Traditionen nicht aufgegeben.

In den 1920er Jahren war das Zwi Migdal mit seinen Hunderten von Bordellen und Tausenden von Prostituierten noch sehr mächtig. Die Gangster, die das Unternehmen leiteten, hatten auch in andere kriminelle Aktivitäten investiert: Kokain- und Heroinhandel,

---

[308] Jacques Solé, L'Age d'or de la prostitution, de 1870 à nos jours, Plon, 1993, S. 122, 123.
[309] Edward J. Bristow: Prostitution und Vorurteile. The Jewish Fight against White Slavery, 1870-1939, Clarendon Press, 1982, S. 309, in Jacques Solé, L'Age d'or de la prostitution, de 1870 à nos jours, Plon, 1993, S. 135.

Erpressung, Schutzgelderpressung, Einbrüche und - in den Vereinigten Staaten zur Zeit der Prohibition - den illegalen Alkoholhandel.

Im Jahr 1929 hatte jedoch die Klage einer Jüdin gegen ihren Mann, der sie zur Prostitution in einem Bordell zwingen wollte, zu einer großen allgemeinen Untersuchung geführt. Im folgenden Jahr wurden 112 Verdächtige festgenommen. Die meisten wurden 1931 freigelassen, aber die jüdische Prostitution in Argentinien erholte sich nie wieder, und ihre Förderer verließen das Land[310].

Marc Raizman stellte fest, dass das portugiesische Wort für „Zuhälter" „cafetão[311]" lautet. Er erklärte, dass das Wort von „Kaftan" abgeleitet sei, dem Namen für die langen schwarzen Mäntel, die von osteuropäischen orthodoxen Juden getragen werden. So schrieb auch Edward Bristow: „In Rio de Janeiro wurden die jüdischen Einwanderer aus Russland, Polen, Ungarn und Rumänien in den späten 1880er Jahren so sehr mit Zuhälterei identifiziert, dass der „Kaftan", der traditionelle lange jüdische Mantel, zum Synonym für Zuhälterei wurde." (Seite 13).

Die jüdische Bevölkerung Brasiliens belief sich Ende des 19. Jahrhunderts auf 150.000 Menschen, von denen 70.000 in Sao Paolo, dem kommerziellen Zentrum des Landes, und 30.000 in Rio lebten. Marc Raizman war sehr stolz darauf, uns die Nachnamen all jener jüdischen Persönlichkeiten in Brasilien nennen zu können, die in der Wirtschaft, im Showgeschäft und in der Kulturindustrie erfolgreich waren. In den späten 1990er Jahren hieß der Präsident Brasiliens Fernando Henrique Silva Cardozo, und seine Tochter hatte einen Juden geheiratet." Er hat einen Enkel, der mit Nachnamen Zylberstein heißt", schrieb Raizman. Und der Historiker wies darauf hin, dass Cardozo ein „converso"-Nachname war, d.h. katholisch, aber nur zum Schein. Multikulturelle Gesellschaften sind, wie wir wissen, für den Aufstieg der Kinder Israels[312] förderlich.

Vor dem Ersten Weltkrieg war London auch ein wichtiges Zentrum für jüdische Zuhälterei. Zahlreiche junge Frauen landeten in den Häusern der Verderbtheit hinter den Fassaden der vermeintlichen Familienhäuser[313]. Im Londoner East End war Isaac Bogard, der wegen

---

[310] Edward J. Bristow: *Prostitution und Vorurteile. The Jewish Fight against White Slavery, 1870-1939*, Clarendon Press, 1982, S. 309, in Jacques Solé, *L'Age d'or de la prostitution, de 1870 à nos jours*, Plon, 1993, S. 135.
[311] Cafiolo, cafishio, cafiche in Argentinien, Uruguay und anderen Teilen Lateinamerikas.
[312] Das Frankreich von Nicolas Sarkozy, Jacques Attali, Bernard Kouchner und anderen war 2008 ein gutes Beispiel dafür.
[313] L. Gartner, S. 183, in Georges Valensin, *La Vie sexuelle juive*, Les Éditions

seiner schwarzen Haare „*Darky the Coon*" genannt wurde, der Anführer der örtlichen Prostituierten und Clubs zu Beginn des 20. Dann war da noch Harry „*Little Hubby*" Distleman. Ein jüdischer Autor wie Chaïm Bermant schrieb in der *Jewish Chronicle* vom 15. Januar 1993, dass zu dieser Zeit (1903-1909) 151 Ausländer solche Einrichtungen in England betrieben und dass die meisten von ihnen Juden waren[314].

Von London aus konnten die Mädchen schnell in die Vereinigten Staaten verschifft werden. Seit den 1870er Jahren hatten einige Zuhälter in New York Bordelle eröffnet, aber die Blütezeit der jüdischen Könige der New Yorker Prostitution war in den 1890er Jahren. Die Gier nach Reichtum war zweifellos die Hauptmotivation der 6000 Zuhälter, die es 1914 in den Vereinigten Staaten gab und die nicht weniger als 30 000 Prostituierte ausbeuteten. Nach den Aussagen zeitgenössischer Juden war es in dieser Gemeinschaft normal, Zuhälter zu sein, wenn man jung und arm war. Der Zuhälter war ein Musterbeispiel für sozialen Erfolg. Es gab auch konkurrierende französische und italienische Zuhälter, aber wie in Buenos Aires waren die Juden in ihrem Organisationsgeschick weit überlegen[315]. Später gelang es einigen von ihnen, in den Wahlapparat der Demokraten einzudringen und konnten so auf die Unterstützung der Polizei zählen.

Junge Französinnen waren in diesen New Yorker Bordellen zahlreich vertreten. Im Jahr 1907 waren die beiden am stärksten vertretenen Nationalitäten Franzosen und Juden, schreibt Edward Bristow (S. 165). Die Amerikaner nannten diese Häuser „*französische Häuser*", obwohl die Besitzer Juden waren. Motche Greenberg kontrollierte 1912 das Geschäft von acht Bordellen und ihren 114 Mädchen. Er war einer der Könige des Lasters[316].

Eine 1908 von der Kommission für Einwanderung in den Vereinigten Staaten durchgeführte Untersuchung ergab folgende Zahlen: Von den 2093 verhandelten Fällen betrafen 1512, also drei Viertel, in dem Gebiet geborene Mädchen, wobei die jüdischen Frauen überwogen. Von den 581 ausländischen Staatsangehörigen waren 290 Iren, 225 Juden, 154 Franzosen, 64 Deutsche, 31 Italiener und 10 Polen.

Ein Verein sorgte für Ordnung in der Prostitution, auch durch die Ermordung ungehorsamer Mädchen. Zu dieser Zeit entstand eine ganze

---

philosophiques, 1981, S. 264.
[314]Jacques Solé, *L'Age d'or de la prostitution, de 1870 à nos jours*, Plon, 1993, S. 79.
[315]Jacques Solé, *L'Age d'or de la prostitution, de 1870 à nos jours*, Plon, 1993, S. 125, 126.
[316]Albert Fried, *The Rise and fall of jewish Gangster in America*, 1980, Columbia University Press, 1993, S. 8, 18.

Literatur zu diesem Thema. In den Vereinigten Staaten waren die Zeitungen zwischen 1911 und 1916 voll von Geschichten über Jungfrauen, die auf dem Altar des Lasters geopfert wurden, über Frauen, die verführt, verkauft und unterjocht wurden[317]: 1910 wurde ganz New York von der Geschichte einer von einem deutschen Juden verkauften Jungfrau in Atem gehalten. Damals herrschte eine echte kollektive Panik, die offensichtlich berechtigt war.

Jiddisch sprechende Bordellhuren und Raufbolde, die vor allem in Nachtclubs oder durch Kleinanzeigen angeworben wurden, die Jobs als Ausbilder versprachen. Die naiven Opfer waren hauptsächlich für den Export bestimmt, insbesondere nach Südafrika[318].

Doch 1910 begannen die Kampagnen gegen den weißen Sklavenhandel ihre größten Erfolge zu erzielen. Zwischen 1910 und 1915 wurden mehr als tausend Zuhälter verhaftet. Die Zeugenaussagen der Opfer und der Polizei sowie die Recherchen der Presse bestätigten, dass es sich um einen vollständig organisierten Verkehr handelt.

Sergio Leones wunderschöner Film *Es war einmal in Amerika* (1984) erzählt die Geschichte von New Yorker Gangstern aus ihrer polnischen Heimat um die Jahrhundertwende. Darin werden sie mit Schmuggel und allen Arten von illegalem Handel und Gaunereien in Verbindung gebracht. Sie rauben ein Juweliergeschäft aus, schalten ihre Konkurrenten aus, besitzen eine Diskothek und schrecken auch nicht davor zurück, die Frauen ihres Stammes zu prostituieren. Am Ende ändert der Bandenführer (James Wood) seine Identität und wird Senator.

In New York war die polnischstämmige Polly Adler in den 1920er bis 1930er Jahren die bekannteste jüdische „Madam", eine Bordellbetreiberin. Einige Jahre zuvor war Rosie Hertz die bekannteste „Madame" der Stadt gewesen. Zusammen mit ihrem Mann Jacob hatte sie in den 1880er Jahren mehrere Bordelle eröffnet. Während ihres Prozesses nannte der Richter sie die „Patin der Prostituierten". Ein Jahrhundert später, in den 1970er Jahren, sollte die berühmte Xaviera Hollander eine solche Position einnehmen, wie sie selbst in ihrem über 17 Millionen Mal verkauften Buch[319] erzählte.

Der berühmteste New Yorker *Sexclub* der Jahre 1979 und 1980

---

[317] Judith Walkowitz, Ruth Rosen, *Prostitution and Victorian Society Women*, Cambridge University Press, 1980. Ruth Rosen, *The Lost Sisterhood Prostitution in America, 1900-1918*, The John Hopkins University Press, 1982.
[318] I. Howe, S. 96, in Georges Valensin, *La Vie sexuelle juive*, Les Éditions philosophiques, 1981, S. 65, 66
[319] Zu Xaviera Hollander siehe *Jüdischer Fanatismus* (2007).

war *Plato's Retreat*, das einem gewissen Larry Levenson gehörte. Im November 1999 wurde Steve Kaplan, der Besitzer des *Gold Club*, eines Stripclubs in Atlanta, der auch ein lokales Luxusprostitutionszentrum war, vor Gericht gestellt. Steve Kaplan war eng mit der New Yorker Mafia verbunden. Er wurde wegen Zuhälterei, Kreditkartenbetrugs, Geldwäsche und Bestechung von Beamten angeklagt. Darüber hinaus hatte Kaplan die Verprügelung von mehr als zwanzig Personen angeordnet, die nicht in der Lage waren, die Zinsen für Wucherdarlehen, die er ihnen gewährt hatte, zurückzuzahlen[320].

Ab 1895 gerieten die New Yorker Zuhälter und Prostituierten zunehmend unter polizeiliche Repression, und einige zogen nach Buenos Aires und Johannesburg, wo sie die Welt der Prostitution beherrschten. In Johannesburg stellten Beobachter tatsächlich fest, dass sich unter den Prostituierten zahlreiche New Yorker Juden aus dem Russischen Reich befanden. Neben den „russischen Amerikanern" gab es auch schwarze und gemischtrassige, französische und deutsche Prostituierte. Zuhälter jüdischer Herkunft waren zahlreich, und die meisten von ihnen kamen auch aus New York.

Joe Silver beherrschte die „polnisch-amerikanische" Welt. Er wurde 1869 in Polen geboren und hatte in London als Anwerber von Prostituierten gearbeitet. Im Jahr 1898 ging er in Southampton an Bord eines Schiffes nach Südafrika. Ein Rabbiner, der ihn im Juni an Bord gehen sah, stellte fest, dass er von seiner Frau - selbst eine Prostituierte -, vierzehn Gefolgsleuten und fünfundzwanzig Mädchen begleitet wurde. Dank seines Organisationstalents etablierte er sich schnell als König des Lasters in Johannesburg. Er gründete den berühmten „American Club", eine lokale Vereinigung jüdischer Zuhälter, deren Präsident er war. Von dieser Position aus kümmerte sich Joe Silver um die Probleme, die sich aus der Versorgung mit diesem Verkehr ergaben, insbesondere um die Erneuerung der „Vorräte". Polnische Juden waren nicht die einzigen, die diese Arbeit machten, aber sie waren bei weitem die größten Händler und unterhielten hier wie anderswo enge Verbindungen zur kriminellen Welt[321].

Joe Silver wurde schließlich im April 1899 in Pretoria verhaftet und zu zwei Jahren Verbannung verurteilt, eine Strafe, die die Gewohnheiten des kosmopolitischen Reisenden kaum beeinträchtigte. Er zog mit anderen Zuhältern und ihren Prostituierten nach Kapstadt.

---

[320] Jean-François Gayraud, *Le Monde des mafias*, Odile Jacob, 2005, S. 116.
[321] Charles von Onselen, *Studies in the Social and Economic History of the Witwatersrand, 1886-1914*, T.1, The New Babylon, 1982, S. 106, in Jacques Solé, *L'Age d'or de la prostitution, de 1870 à nos jours*, Plon, 1993, S. 110.

Wie zehn Jahre zuvor in Johannesburg unterstützte ihn die Geschäftswelt der Stadt, während die christlichen Religionsbehörden protestierten. Die Europäer waren besonders schockiert, dass jüdische Zuhälter Schwarze mit Weißen in Verbindung brachten[322]. Im Jahr 1902 wurden sie durch repressive Maßnahmen wieder ins Exil gezwungen. Sie fuhren nach Bloemfontein, mussten die Stadt aber bald wieder verlassen. Sie ließen sich dann in Durban nieder, mussten aber 1903 erneut fliehen. Schließlich ging Joe Silver nach Transvaal und verkörperte damit die Wanderschaft des „wandernden Juden", der immer unschuldig ist und grundlos verfolgt wird.

Nach New York und Buenos Aires war Konstantinopel das drittgrößte Zentrum der Prostitution. In den Bordellen der osmanischen Hauptstadt mischten sich griechische und armenische Prostituierte mit Prostituierten aus den europäischen Nachbarländern der Türkei, aber auch mit vielen Frauen aus Mitteleuropa. Auch dort standen die jüdischen Zuhälter im Rampenlicht. Sie transportierten ihre „Waren" über Routen von Budapest durch Rumänien, wobei der Schwarzmeerhafen Odessa ebenfalls ein wichtiger Knotenpunkt des Handels war.

Von Konstantinopel aus organisierten dann internationale Zuhälter den Export nach Ägypten, Ostasien oder Südafrika[323]. Die Behörden in Konstantinopel duldeten diesen Verkehr lange Zeit, bis sie ihn zu Beginn des Ersten Weltkriegs aufzulösen begannen.

Im Jahr 1903 kamen die Händler in Alexandria hauptsächlich aus Galizien und Rumänien. Bereits 1850 erwähnte der französische Historiker und Reisende A. Vilhau in Tunis die „Makler der Ausschweifungen, fast alle Juden[324]." Ein Jahrhundert später machte die pro-nazistische (nationalsozialistische) Zeitung *Je suis partout* die gleiche Feststellung: „Der tunesische Jude ist ein Zuhälter, der

---

[322] Sie fördern mit allen Mitteln die Einwanderung und die Rassenvermischung unter anderen Völkern, verteidigen aber ihr eigenes Blut gegen jede fremde Verunreinigung. In Film und Fernsehen ist diese Besessenheit von der Rassenmischung immer wieder zu beobachten. Das ist eines ihrer Markenzeichen, aber es gibt noch andere: Drogen, Transvestiten, Inzest, Homosexualität, „Gore"-Filme, Angriffe auf die katholische Kirche, die Entschuldigung für die Marktdemokratie und den Krieg gegen die „Bösen" und so weiter. Siehe die Kapitel über das Kino in Hervé Ryssen, *Planetarische Hoffnungen, Psychoanalyse des Judentums* und *Jüdischer Fanatismus*.
[323] Edward J. Bristow: *Prostitution und Vorurteile. The Jewish Fight against White Slavery, 1870-1939*, Clarendon Press, 1982, S. 181, in Jacques Solé, *L'Age d'or de la prostitution, de 1870 à nos jours*, Plon, 1993, S. 127.
[324] A. Vilhau, in Georges Valensin, *La Vie sexuelle juive*, Les Éditions philosophiques, 1981. Georges Valensin war ein jüdischer Arzt aus Algerien, der zahlreiche Bücher über Sexualität veröffentlichte.

Betreiber unzähliger heimlicher Bordelle und der Organisator des Handels mit arischen Frauen[325]."

In Nordafrika, bestätigt Georges Valensin, „ist die jüdische Prostitution ausnahmsweise bis heute sehr aktiv. Vor der Unabhängigkeit lesen wir in verschiedenen Quellen, dass jüdische Zuhälter „immer bereit waren, für ihre Schützlinge ein Messer zu ziehen, was den Spott frommer Männer hervorrief"[326]. André Chouraqui schreibt in seinem Buch *Die Juden Nordafrikas*, dass die Zuhälterei seit ihrer Auswanderung nach Frankreich immer mehr an Bedeutung gewonnen habe[327]."

Jenseits des Suezkanals, in Asien und Ostafrika, gab es ab 1870 Prostitution europäischen Ursprungs. Noch zahlreicher waren christliche Frauen in Asien, in Ceylon, Kalkutta, Bombay, Singapur und Manila. Auch in der Mandschurei mischten sich jüdische Frauen in Bordellen mit französischen oder japanischen Frauen, und sogar in Port Arthur und Shanghai. Der Dichter Guillaume d'Apollinaire hat dieses Thema aufgegriffen. In seinem Gedichtband *Alkohol* (1898-1912) spricht er am Ende seines Gedichts *Marizibill* von einer Prostituierten aus Köln: „Nackt wurde sie verlassen/ Von einem rosigen, rothaarigen Zuhälter/ Der Jude war und nach Knoblauch roch/ Und aus Formosa kam/ Und sie aus einem Bordell in Schanghai geholt hatte[328]."

Die Ausweitung dieser Tätigkeit ging so weit, dass im allgemeinen Sprachgebrauch der Welt um 1900 ein Jude in allen Breitengraden als Händler von Menschenfleisch und potentieller Zuhälter angesehen wurde.

## *Der Lemberg-Prozess*

Der Handel mit weißen Sklaven begann ab den 1880er Jahren die europäische Öffentlichkeit zu empören. Vor allem im Jahr 1892, als der Prozess von Lemberg (heute Lvov) in Galizien große Aufmerksamkeit erregte. Achtundzwanzig Juden wurden der Zuhälterei beschuldigt. Das

---

[325] *Je suis partout*, 11. Dezember 1942. [*Je suis partout* war eine Wochenzeitung, die zwischen 1930 und 1944 in Frankreich erschien. Sie wurde als „offen profaschistisch und antisemitisch" beschrieben und nahm während der deutschen Besatzung eine kollaborative Haltung ein. Prominente französische Autoren haben zu den Seiten beigetragen].
[326] *Les Nouveaux cahiers*, Nr. 42.
[327] Georges Valensin, *La Vie sexuelle juive*, Les Éditions philosophiques, 1981, S. 62, 65, 66
[328] Guillaume Apollinaire, *Alcoholes/El Poeta asesinado*, Ediciones Cátedra (Anaya), Madrid, 2001, S. 221.

Netzwerk bestand aus Anwerbern, Transporteuren und lokalen Agenten in der Türkei. Die Mädchen wurden nach Konstantinopel, Ägypten, Südafrika, Indien und Amerika geschickt.

1899 veröffentlichte François Trocase, ein französischer Journalist, der 22 Jahre lang in Österreich-Ungarn gelebt hatte, ein interessantes Buch über die Situation des Landes mit dem Titel „Das heutige Österreich, wie es ist". Hier eine Passage aus diesem Buch: „In Österreich haben die Juden der weiblichen Jugend eine lasterhafte Moral, erbärmliche Sitten, eine unerhörte Demoralisierung eingeimpft. Die ihnen innewohnende Niedertracht ihrer Gefühle, ihr Geld und ihre absolute Gewissenlosigkeit prädestinieren sie in einzigartiger Weise für die Rolle des Verführers. So lauert hinter jeder Tür die Prostitution für junge Frauen, die in den Großstädten in großer Zahl zu Dienerinnen der Juden werden. Wir können mit Sicherheit sagen, dass die meisten der unglücklichen Mädchen, die in den großen österreichischen Städten verdorben und prostituiert werden, ihren ersten Fall den Juden zu verdanken haben... Natürlich haben die Christen an allen Verbrechen unter der Sonne ihren Anteil; aber bis jetzt hat man ihnen in Österreich noch nie vorgeworfen, dass sie das Gewerbe der Ausfuhr christlicher Jungfrauen betreiben. Diese schändliche Spezialität, die unser Jahrhundert entehrt, gehört ausschließlich den Juden. Diese Infamie muss ihnen überlassen werden. Lange Zeit wurden die Details ignoriert. Viele junge Frauen sind auf mysteriöse Weise verschwunden, ohne dass man etwas von ihnen gehört hat. Es war ein Prozess, der 1892 in der Hauptstadt des österreichischen Polens, in Lemberg, stattfand, der schließlich alles aufdeckte. Achtundzwanzig Juden wurden beschuldigt, junge Mädchen entführt und gehandelt zu haben. Diese Schurken hatten viele christliche Mädchen, von denen die meisten noch in der Schule waren, geschickt in eine Falle gelockt. Sie hatten ihnen vorteilhafte Arbeitsbedingungen versprochen, um sie ins Ausland zu locken. Sobald sie die Grenze überschritten hatten, wurden sie wie Sklaven behandelt, und jeder Fluchtversuch wurde streng bestraft. In der Türkei wurden sie für einen Durchschnittspreis von 1.000 Mark an Prostitutionshäuser verkauft. Wer sind nun die Eigentümer solcher Häuser in der Türkei? Nur die Juden. Diejenigen dieser armen Opfer, die sich wehren wollten, wurden in unterirdische Kerker gesperrt und misshandelt. Als sich die Polizei schließlich entschloss, einzugreifen, wurden sechzig dieser Mädchen freigelassen. Es gelang ihnen, sie aus den Fängen der Barbaren zu befreien, aber leider waren sie an Leib und Seele verloren. Der Prozess dauerte zehn Tage, in denen alle ungeheuerlichen Details aufgedeckt und geklärt wurden. Es wurde eindeutig festgestellt, dass Hunderte von jungen Frauen von dieser Lemberger Bande in Schande, Verzweiflung, Krankheit und Tod getrieben worden waren. Aufgrund von Gesetzeslücken wurden die Täter nur zu geringfügigen Strafen verurteilt. Der Anführer der Bande, Isaac Schafenstein, wurde zu einer einjährigen Haftstrafe verurteilt. Die anderen verbrachten einige Monate hinter Gittern und kehrten dann in das finstere Gewerbe zurück, wobei sie sich mit noch mehr Gerissenheit und Geheimnissen beschäftigten. Das Ungeheuerlichste an diesem traurigen Fall war, dass der Unterzeichner der Kauf- und Lieferverträge zu Beginn des Prozesses die Frechheit besaß, seine Unschuld zu beteuern: „Sie haben sich nicht in meine Angelegenheiten einzumischen", sagte er zu den Richtern, „ob ich Kleider, Früchte, Kälber oder Frauen verkaufe, spielt keine Rolle. Ich bin im Geschäft und niemand hat etwas dazu zu sagen". Wie wir wissen, stellte sich der Angeklagte mit dieser Äußerung auf den Boden der jüdischen Moral, die jedes Geschäft mit Menschen erlaubt, das nicht durch den Talmud gegenüber Tieren verboten ist[329]."

Der Lemberg-Prozess wurde natürlich von Antisemiten ausgenutzt. Im Jahr 1918 kam es in der Stadt zu Ausschreitungen gegen Juden, ein Beweis dafür, dass der Verkehr nicht unterbrochen war. Zu dieser Zeit debattierte das österreichische Parlament über das Verschwinden von christlichen Dienstmädchen, die in Bordelle im Ausland gebracht wurden.

Laut François Trocase hatten „zwei Millionen Juden, die im Land lebten, ebenso viele Dienstmädchen wie die 28 Millionen Österreich-Ungarn; neun Zehntel von ihnen waren Christen; sie hatten oft die Aufgabe, sich um das Kind des Hauses zu kümmern, „damit es nicht vor der Heirat krank wird"." François Trocase erinnerte an die Rolle der israelitischen Arbeitgeber. Einer von ihnen, ein beleibter Industrieller in der schlesischen Textilindustrie, rühmte sich, mehr als tausend seiner Arbeiterinnen besessen zu haben. Und Trocase schloss: „Die von Juden an Frauen begangenen Übergriffe haben stark zur Explosion des Zorns und des österreichischen Antisemitismus beigetragen... Wenn man nur darüber spricht, wird der Hass unbeschreiblich[330]."

---

[329] François Trocase, L'Autriche juive, 1899, in Léon de Poncins, Israël destructeur d'empires, Mercure de France, 1942, S. 88-92. [Im Talmud (Yevamot 98a) lesen wir zum Beispiel: „Lerne daraus, dass der Barmherzige den männlichen Nichtjuden seiner Nachkommenschaft beraubt, so wie es von den Ägyptern geschrieben steht: 'Ihr Fleisch ist wie das Fleisch von Eseln, und ihr Samen ist wie der Samen von Pferden' (Hesekiel 23:20), d.h. die Nachkommenschaft eines männlichen Nichtjuden wird als nicht verwandter betrachtet als die Nachkommenschaft von Eseln und Pferden." [NdT].

[330] François Trocase, L'Autriche contemporaine telle qu'elle est, Éd. Pierret, Paris, 1899,

Dr. Georges Valensin, ein aus Algerien stammender Israelit, bestätigte die Rolle der jüdischen Zuhälter während des Ersten Weltkriegs. Er schrieb 1981 in seinem Buch „*Jüdisches Sexualleben*": „Nach 1918 sah man in der in Berlin wimmelnden Profit- und Wucherwelt Juden in den Diskotheken herumlungern, in die junge Frauen der Aristokratie und der Bourgeoisie in Not kamen, nachdem sie ihren letzten Schmuck verkauft hatten, um sich zu prostituieren[331]. 1920 warnte ein riesiges Plakat an der Fassade des Reichstags die ehrlichen deutschen Frauen davor, dass hinter dem Gesicht einer reinen und schönen deutschen Frau ein beunruhigender Mann mit semitischen Zügen in den Schatten lauert: „Die hebräische Lüsternheit wurde durch die Züge des berühmten Juden Joseph Süss Oppenheimer verkörpert, der 1738 in Stuttgart gehängt wurde. Nach dieser vernichtenden Beschreibung schrieb Georges Valensin, als wolle er sich distanzieren: „Nach dem Hitlerismus haben seine Fanatiker weiterhin an jüdische sexuelle Perversitäten geglaubt[332]."

Adolf Hitler hatte das Thema in *Mein Kampf* erwähnt: „In Wien, wie wahrscheinlich in keiner anderen Stadt Westeuropas, mit Ausnahme vielleicht eines Hafens in Südfrankreich, ließen sich die Beziehungen des Judentums zur Prostitution und noch mehr zum weißen Sklavenhandel am besten studieren.

Wenn man nachts durch das Leopold-Viertel ging, wurde man, ob bewusst oder unbewusst, auf Schritt und Tritt Zeuge von Tatsachen, die der großen Mehrheit des deutschen Volkes verborgen blieben....." Und Hitler fügte hinzu: „Es schauderte mich, als ich zum ersten Mal in dem Juden den herzlosen, berechnenden, käuflichen und schamlosen Händler jenes lästigen Verkehrs mit dem Laster im Abschaum der Großstadt entdeckte. Ich konnte es nicht mehr ertragen, und von da an wich ich der Judenfrage nie mehr aus[333]."

In Frankreich war 1936 Léon Blum an die Spitze der Volksfrontregierung getreten. Im Jahr 1907 hatte er ein Buch mit dem Titel *On Marriage (Über die Ehe)* veröffentlicht, das kurz vor seinem Amtsantritt neu aufgelegt wurde. Léon Blum befürwortete ausdrücklich die sexuelle Landstreicherei für junge Christinnen: „Sie sollen sich

---

S. 148-157, in Georges Valensin, *La Vie sexuelle juive*, Les Éditions philosophiques, 1981, S. 142-144.
[331] H. Andics, S. 215
[332] Georges Valensin, *La Vie sexuelle juive*, Les Éditions philosophiques, 1981, S. 142-144.
[333] Edward J. Bristow: *Prostitution und Vorurteile. The Jewish Fight against White Slavery, 1870-1939*, Clarendon Press, 1982, S. 84; Adolf Hitler, *Mein Kampf*, Jusego Chile electronic edition, 2003, S. 40.

hingeben, wann immer sie wollen", schrieb er (Seite 279)." Jungfräulichkeit, in jungen Jahren fröhlich abgelehnt" war für ihn die Lösung (Seite 265)." Eine Frau soll vor der Heirat alles, was in ihrem Instinkt glüht, alles, was in ihrer Laune labil ist, ausschütten; sie soll sich in unzähligen Abenteuern erschöpfen." (Seite 25). Léon Blum betonte: „Es ist barbarisch, dass die Jungfrau in der vollen Kraft ihrer Jugend unter Androhung von Erniedrigung und Schande den Instinkt, der die eigentliche Bewegung der Natur ist, in sich zurückhalten muss." (Seite 296). Blum wendet sich direkt an die jungen Frauen Frankreichs: „Das Gefühl der Ehre, das euch beschützt hat, war künstlich und dumm..." (Seite 265)." (Seite 265).

Die alten, vom reaktionären Katholizismus überlieferten Vorurteile müssten daher beseitigt werden: „Ich glaube, dass in Zukunft nichts mehr von diesen Bräuchen übrig sein sollte." (Seite 280)." Ihre Vorurteile werden zu einem Nichts, sobald wir sie von den wilden Bräuchen oder der religiösen Askese, die einst vorherrschten, trennen. Sie sind, wie es oft heißt, ein Relikt aus der vergangenen Zeit der Zivilisation." (Seite 292).

Auf der anderen Seite des Rheins, im nationalsozialistischen Deutschland, schrieb Julius Striecher, der Herausgeber der antisemitischen Zeitung *Der Stürmer*, einen Artikel über das Buch von Léon Blum. Seine Schlussfolgerung war vielleicht ein wenig brutal: „Sie gibt vor, das sexuelle Problem zu behandeln. In Wirklichkeit ist dieses Buch ein Aufruf an alle Juden, systematisch und methodisch nichtjüdische Frauen und Mädchen zu schänden."

### *Eros-Zentrum in besiegtem Deutschland*

Nach dem Zweiten Weltkrieg hatten die in Deutschland stationierten alliierten Armeen einen fruchtbaren Markt für alle Arten von Handel geschaffen: Lebensmittel, Alkohol, Zigaretten und Prostituierte. Yossef Buchman, ein „Überlebender der Krematorien", wie Jacques Derogy ihn in seinem Buch *Israel Connection* beschreibt, wusste die Nachkriegszeit für sich zu nutzen. Mit seinen Komplizen hatte er eine kleine Organisation gegründet, um die Konkurrenz auszuschalten. Sie verkleideten sich als US-Militärpolizisten, fuhren in Jeeps herum und stellten den anderen Schmugglern Fallen. Sie hielten sie an, beschlagnahmten ihre Waren und gaben dann vor, unvorsichtig zu sein und ließen sie entkommen." Ein paar Monate später", schrieb Derogy, „fuhr der junge polnisch-jüdische Flüchtling einen Kaiser, trug einen Anzug und ging nur in Begleitung von ebenso attraktiven wie fügsamen Leibwächtern und *Gretschens* aus."

Yossef Buchman stürzte sich dann in den Handel mit echten oder gefälschten Dollars. Er hatte ein so einträgliches Netzwerk aufgebaut, dass sein Schatzmeister eines Tages versucht war, mit Hunderttausenden von Mark in seinen Koffern zu fliehen, doch ein unerwarteter Messerstich machte ihm einen Strich durch die Rechnung.

Yossef Buchman gedieh in der Nähe der US-Stützpunkte. Kaiserlautern war zu einem berüchtigten Zentrum für Prostitution, Drogen und Schmuggel geworden. Eine Zeitung der US-Armee, die *US Overseas Weekly*, hatte Yossef Buchman als „König der Verbrecherstadt" denunziert, aber Buchman denunzierte die Zeitung und ihr Herausgeber wurde wegen Verleumdung angeklagt. Man kann einen Überlebenden des Holocaust nicht umsonst beleidigen.

In der Gemeinschaftszeitschrift *L'Arche* wurde im November 1977 in einem Artikel bestätigt, dass man in den „Trümmern Berlins" 1945 tatsächlich „Gruppen jüdischer Überlebender traf, die unorthodoxe, geschweige denn „*kascherische"*, gewinnbringende Tätigkeiten ausübten". Der Journalist Arnold Mandel stellte fest, dass diese „nicht mehr glaubten, dass sie moralische Verpflichtungen hätten."

Die berühmte Moselstraße in Frankfurt war das Werk von Buchman. Er war 1956 dorthin gezogen, um in der Nähe des Bahnhofs ein Prostitutionshaus zu eröffnen. Vierzig Prostituierte und *Stripperinnen bildeten das* Personal. In den frühen 1960er Jahren war Frankfurt am Main, die historische Stadt der Rothschilds, zum europäischen Zentrum der Unterwelt geworden.

Zusammen mit seinem Freund und Geschäftspartner Israelovitch baute Yossef Buchman vierzehn- bis zwanzigstöckige Türme, um die Mädchen unterzubringen. Diese Türme waren die ersten Eros-Zentren. Buchman erwirtschaftete so viel Geld, dass er innerhalb weniger Jahre zu einer bekannten Persönlichkeit wurde. Er wurde in der deutschen High Society empfangen, er trieb sich in den Ministerien und Parteizentralen herum, und natürlich auch in der israelischen Botschaft. Denn „Yossele" Buchman blieb ein guter Jude und Zionist und nutzte seine freie Zeit zwischen zwei geschäftlichen Unternehmungen stets für Reisen nach Israel. Tatsächlich war er ein wichtiger Geldgeber für die israelische Armee, insbesondere während des Sechstagekriegs und des Jom-Kippur-Kriegs[334].

Meir Cohen war eine weitere Symbolfigur der mafiösen Welt in

---

[334] Jacques Derogy, *Israël Connection*, Plon, 1980, S. 170, 171.

Deutschland. Als ehemaliger Soldat der israelischen Armee hatte er Israel verlassen und sich in den 1970er Jahren in Frankfurt niedergelassen. Innerhalb von zwei Jahren besaß er drei Diskotheken und beschäftigte deutsche Prostituierte. Frankfurt, die Stadt der berühmten Rothschild-Banker, war zu dieser Zeit das Zentrum des Drogenhandels und der Zuhälterei in Deutschland.

Die Zuhälter rekrutierten auch jüdische Frauen. Die jüdische Monatszeitschrift *L'Arche* hatte im Februar 1976 einen Artikel über das organisierte Verbrechen in Frankfurt veröffentlicht. Darin heißt es: „In Frankfurt waren 1975 viele Straßenmädchen mit ihren Zuhältern aus Israel gekommen; jedes dritte trug den Davidstern. Sie sprachen Hebräisch und blieben in Kontakt mit ihren Familien. Sie verließen die deutsche Großstadt, als ihre Beschützer wegen Heroinhandels verurteilt und ins Gefängnis gesteckt wurden[335]." Prostitution geht fast immer Hand in Hand mit Diskotheken, Drogenhandel, Erpressung, Mord und Geldwäsche.

Jacques Derogy, selbst jüdischer Abstammung, bemerkte 1980: „Ein merkwürdiges Phänomen, diese Ansiedlung von Hunderten von israelischen Kriminellen in Frankfurt, Hamburg und München, in diesem Deutschland, das sich gerade erst vom Nationalsozialismus erholt hat... Ein merkwürdiges Phänomen, der unwiderstehliche Aufstieg dieser Israelis zu den germanischen Höhen der internationalen Mafia, wo Prostitution, Drogen, Betrug und bewaffnete Raubüberfälle überall anzutreffen sind[336]."

Im Jahr 1994 veröffentlichte *US News and World Report* die Aussage eines Frankfurter Polizisten: „Das kam alles von den Juden", erklärte Bernd Gayk in der Nähe des „heißen" Viertels. Es gab nur ein Kabarett, das von einem Deutschen betrieben wurde. Marvin Wolf, ein jüdischer Hauptmann in der US-Armee, der in Deutschland diente, erklärte 1998: „Nach dem Krieg, 1945-46, rekrutierten Juden, die bereits eine monatliche Rente erhielten, einsame, verzweifelte und hungrige Frauen in Frankfurt, um die ersten Bordelle zu eröffnen. Sie rächten sich und wurden unermesslich reich."

Anfang September 1999 war der Tod von Ignaz Bubis, dem Vorsitzenden der Jüdischen Kultusgemeinde Deutschland, wegen eines Zwischenfalls in Jerusalem während seiner Beerdigung in die Schlagzeilen geraten. Ein Jude hatte dagegen protestiert, indem er den Sarg des Verstorbenen verunstaltete und ihn der Immobilienspekulation

---

[335] *L'Arche*, in Georges Valensin, *La Vie sexuelle juive*, Les Éditions philosophiques, 1981, S. 264.
[336] Jacques Derogy, *Israël Connection*, Plon, 1980, S. 169.

beschuldigte. Die Wochenzeitung *Rivarol berichtete, dass* Ignaz Bubis tatsächlich Gelder, die er von der deutschen Regierung zur Entschädigung der Opfer des „Holocaust" erhalten hatte, zum Kauf von Häuserblocks in Frankfurt abgezweigt hatte. Er hatte sie in Bordelle umgewandelt, zusammen mit anderen Eros-Zentren, die er hatte bauen lassen. Diese Einrichtungen hatten ihm ein immenses Vermögen eingebracht.

Für einige Juden schien dieses Geschäft eine normale Tätigkeit zu sein, wenn man bedenkt, dass sie dazu neigten, es wie selbstverständlich zu betreiben. So erzählte Samuel Pisar, ein jüdischer Überlebender der Gaskammern und späterer Multimillionär, in einem seiner Bücher von seinen Erfahrungen nach der Befreiung 1945, nach vier Jahren in den Nazilagern. Zu diesem Zeitpunkt war er 16 Jahre alt. Glücklicherweise waren er und seine Kameraden immer bei guter Gesundheit und begannen mit ihren Geschäften, sobald sie von den amerikanischen Soldaten befreit waren: „Die Besetzung Deutschlands", schrieb er, „bot jedem attraktive und fruchtbare Möglichkeiten. Die in den Lagern erworbene linke Hand, angeregt durch unsere neuen und ehrgeizigen Energien, suchte nach einem Bereich, in dem sie diese in die Praxis umsetzen konnte. Wir haben es schnell gefunden. Die meisten Deutschen lebten in bitterer Armut, im Gegensatz zu den gutmütigen Amerikanern, die in einem einsamen Überfluss lebten, begleitet von einer enormen Verschwendung... Ich traute meinen Augen nicht. Wir könnten als Vermittler zwischen diesen beiden Welten auftreten. Für eine Stange Lucky Strike-Zigaretten könnten wir einen betrunkenen schwarzen GI und eine selbstgefällige deutsche Frau miteinander in Kontakt bringen."

Indem Samuel Pisar und seine Freunde bedürftige und verängstigte deutsche Frauen an schwarze amerikanische Männer verkauften, frönten sie der Zuhälterei und befriedigten wahrscheinlich auch ein unsagbares Verlangen nach Rache am deutschen Volk.

Samuel Pisar erklärte seinen Verkehr in der deutschen Stadt Landsberg: „Für ein Pfund gebrauchten Kaffee bekamen wir eine Flasche erstklassigen *Schnaps*. Für fünf Flaschen dieses Schnapses und eine gutmütige Blondine erklärten sich die amerikanischen Fahrer der riesigen Tanklastwagen bereit, einen Teil ihrer Benzinladung umzuladen. Die neue Aktivität florierte so spektakulär, dass wir kurz davor waren, die gesamte in der Region stationierte amerikanische Division fast außer Gefecht zu setzen... Nico war zu einem lässigen Mann geworden, der Frauen und Anzüge vom feinsten Schnitt sammelte. In einen blauen Mantel gehüllt und mit einem nachlässig geknoteten weißen Schal um den Hals schlenderte er durch die Stadt, seine Silhouette war träge... Die Jahre in den Todeslagern hatten mich überzeugt, dass er unsterblich war."

Doch der kleine Samuel und seine Freunde wurden erneut mit Antisemitismus und Barbarei konfrontiert: „Eines Morgens ging Nico auf seine Runde und fand sich im Gefängnis wieder. Er wurde in der Wohnung der Tochter eines ehemaligen Wehrmachtsgenerals von zwei amerikanischen Polizisten mit weißen Helmen verhaftet und in einem Jeep der Militärpolizei abgeführt. Ich war schockiert. Ein Opfer der Naziverfolgung wurde erneut seiner Freiheit beraubt... Ich fand das ungeheuerlich. Ich fand das ungeheuerlich. Was hatten wir denn getan, außer wirksam auf das Gesetz von Angebot und Nachfrage zu reagieren? [337] „Hier sind einige Gedanken, die Bände über die Grundtendenzen des Judentums sprechen.

Vor dem Krieg waren Patrioten in allen europäischen Ländern über die Verbreitung der Pornographie und des weißen Sklavenhandels besorgt. Besonders in Berlin, der Hauptstadt des 1918 besiegten Landes, schienen die Juden die absoluten Herren zu sein. In der Wochenzeitung *Je Suis partout* vom 15. April 1938 schrieb Lucien Rebatet: „Die gesamte nächtliche Industrie der obszönen Varietés, der Höhlen der Inverts, der Gauner und Polizisten, der Höhlen und Drogen, die das Berlin von 1930 zur seltsamsten und zweifelhaftesten, zur lasterhaftesten Hauptstadt der Welt gemacht hatte, war in den Händen Israels."

Genau das beschrieb der Nobelpreisträger Elie Wiesel 1928 in seinem Buch *Testament eines ermordeten jüdischen Dichters*: „Das besiegte Deutschland erweckte den Eindruck, dass auf seinem Territorium alles erlaubt sei, außer sich selbst ernst zu nehmen", schrieb Wiesel. Götzen wurden zerbrochen, Statuen demontiert, die Gewohnheiten der Religiösen aufgehängt, das Heilige verspottet, und zu allem Überfluss wurde das Lachen um des Lachens willen sakralisiert[338]... Die Hauptstadt erinnerte in ihrem ständigen Aufbrausen an die sündigen Städte der Bibel. Der Talmudist in mir wurde rot und schaute weg. Prostitution, Pornografie, Verderbnis der Sinne und des Geistes, sexuelle Perversion und so weiter: Die Stadt zog sich aus, schminkte sich, erniedrigte sich ohne Skrupel und stellte ihre Degeneration als Ideologie zur Schau. Um die Ecke vom *Chez Blum*, in einem privaten Club, tanzten Männer und Frauen, oder Frauen

---

[337] Samuel Pisar, *La Sangre de la esperanza*, Editorial Planeta, 1990, Barcelona, S. 98-102. Gelesen in *Psychoanalyse des Judentums*.
[338] Elie Wiesel, *Le Testament d'un poète juif assasiné*, 1980, Points Seuil, 1995, S. 100.

miteinander, nackt. Andernorts nahmen die Leute Drogen, peitschten sich gegenseitig, krochen im Schlamm herum und überschritten alle Grenzen; das erinnerte mich an die Sitten und Gebräuche der Sabatier339. Werte wurden auf den Kopf gestellt, Tabus wurden aufgehoben, spürten die Menschen den aufziehenden Sturm? „Und zwei Seiten später schrieb Elie Wiesel naiv: „Berlin schien von Juden beherrscht zu werden... Zeitungen und Verlage, Theater und Banken, Kaufhäuser und literarische Salons. Die französischen Antisemiten, die den Juden überall sahen, hatten Recht... zumindest im deutschen Fall. Die Wissenschaften, die Medizin, die Künste: Der Jude hat den Standard gesetzt und ihn durchgesetzt340."

*Eine lange Tradition*

Jacques Solé zufolge hätte der weiße Sklavenhandel Ende des 19. Jahrhunderts seinen Höhepunkt erreicht. Aber das Phänomen war viel älter. In der Tat schrieb Solé: „Seit seinem Auftauchen im Westen in den 1830er Jahren wird der Begriff weißer Sklavenhandel mit dem Handel jüdischer Natur in Verbindung gebracht[341]."

Der jüdische Historiker Edward Bristow, auf dessen Werk sich diese Informationen stützen, versuchte uns jedoch weiszumachen, dass dieser Handel in den 1930er Jahren unter den Schlägen der Repression erloschen sei: „Der große Frauenhandel, der in den 1870er Jahren von jüdischen Einwanderern zwischen Osteuropa und Südamerika begonnen wurde, starb nach sechzig Jahren aus." Bristow räumte zwar ein, dass dieser Verkehr „von der offiziellen Geschichtsschreibung verdunkelt" worden sei, wollte uns aber auch glauben machen, dass er „kein früheres Erbe" sei. Die Entwicklung des Handels in den 1860er Jahren wäre für das jüdische Volk eine Art „historischer Irrweg" gewesen[342]. Eine Erklärung müsse „in den wirtschaftlichen, sozialen und kulturellen Problemen gesucht werden, die dem osteuropäischen Judentum am Ende des 19." Jacques Solé, der lediglich Bristows Beobachtungen wiedergab, erwähnte in seinem 650 Seiten starken

---

[339] Zu Sabbatanismus und Sabbatanern siehe Hervé Ryssen, *Psychoanalyse des Judentums* (NdT).
[340] Elie Wiesel, *Le Testament d'un poète juif assasiné*, 1980, Points Seuil, 1995, S. 124, 126.
[341] Jacques Solé, *L'Age d'or de la prostitution, de 1870 à nos jours*, Plon, 1993, S. 110.
[342] Jacques Solé, *L'Age d'or de la prostitution, de 1870 à nos jours*, Plon, 1993, S. 116, 117. Wie wir im ersten Teil gesehen haben, benutzte Jacques Attali denselben Trugschluss in Bezug auf das jüdische Gangstertum der 1920er und 1930er Jahre: „historische Abweichung". [Siehe Anmerkung 85.

Buch die Rolle der Juden im weißen Sklavenhandel nicht weiter. Er würde sich sogar sehr hüten, in seinem Kapitel über das postsowjetische Russland etwas zu erwähnen.

In Wirklichkeit reicht die vorherrschende - und sogar ausschließliche - Rolle jüdischer Menschenhändler in der internationalen Zuhälterei viel weiter zurück. In den *Persischen Briefen* schrieb Montesquieu 1721: „Sie fragen mich, ob es in Frankreich Juden gibt. Sie sollten wissen, dass es dort, wo es Geld gibt, auch Juden gibt." Und später, in einem anderen Brief: „Was wäre ich nicht verzweifelt, wenn ich sehen würde, dass meine Schwester nicht zu Hause ist. Ein paar Tage vor meiner Ankunft hatten die Tataren die Stadt überfallen. Da sie sahen, dass meine Schwester sehr schön war, ergriffen sie sie und verkauften sie an einige Juden, die auf dem Weg in die Türkei waren, und ließen zu Hause nur ein Kind zurück, das sie ein paar Monate zuvor zur Welt gebracht hatte. Ich folgte diesen Juden und holte sie etwa drei Meilen von dort entfernt ein. Mein Flehen und meine Tränen waren vergeblich, und sie verlangten von mir dreißig Toman, ohne mir auch nur einen einzigen[343] zu geben."

„Im 17. Jahrhundert, so schreibt Dr. Valensin, waren die Juden des Osmanischen Reiches Spezialisten für den Sklavenhandel, geschickt in allen Arten von Verderbtheit, und der Handel mit Frauen gehörte ganz ihnen, ebenso wie die Bordelle... Es gab auch in Konstantinopel Juden, die keine andere Aufgabe hatten, als die Jungfräulichkeit der Mädchen zu überprüfen, die als Lustfleisch verkauft wurden[344]." Aber man kann noch weiter zurückgehen: „Bereits 1387 wurde in Barcelona ein jüdischer Zuhälter mit einer Geldstrafe[345] bestraft."

Schon im Mittelalter zeugen Zeugnisse von der fieberhaften Aktivität der Kaufleute dieser Gemeinde im Sklavenhandel: christliche Sklaven im frühen Mittelalter, dann afrikanische Sklaven, die nach Amerika geschickt wurden. Auch Frauen und Kinder wurden bekanntlich nicht verschont, sofern sie den Menschenhändlern Gewinne einbringen konnten.

Erinnern wir uns an die päpstliche Bulle von Clemens VIII. aus dem Jahr 1593, *Cum hebreorum malitia*: Juden ist es verboten, Prostitution, Glücksspiel, Hehlerei und Päderastie zu fördern.

Der Erzbischof von Lyon, Agobard, prangerte im neunten

---

[343] Montesquieu, *Cartas Persanas*, Consejo Nacional para la Cultura y las Artes, Mexiko, 1992, S. 112, 129-130.
[344] M. Yarden, in *Les chrétiens devant le fait juif*, Éd. Beauchesne, Paris, 1929, S. 131, in Georges Valensin, *La Vie sexuelle juive*, Les Éditions philosophiques, 1981, 65, 66.
[345] M. Kriegel, *Les Juifs à la fin du moyen âge*, S. 249, in Georges Valensin.

Jahrhundert, kurz nach der Zeit Karls des Großen, das „Zusammenleben" einiger christlicher Frauen mit Juden an. In einem Brief an den Bischof von Nibridiius schrieb er: „Viele der Frauen des Vergnügens sind offiziell Dienerinnen, andere sind angestellte Hausangestellte, einige sind verdorben; in Wirklichkeit sind sie alle Prostituierte, entweder unter dem Joch und der Herrschaft der letzteren oder aber der Lust und dem Betrug der letzteren ausgeliefert; die Kinder des Teufels frönen genau dieser Sache mit bösem Hass und falscher Schmeichelei...."

Aber vielleicht sollten wir einfach zu den Quellen zurückkehren. Im Alten Testament, der Tora, findet sich diese wortgewaltige Passage, die wahrscheinlich die Prostitution jüdischer Frauen durch ihre eigenen Verwandten legitimierte: „Wenn jemand seine Tochter als Sklavin verkauft, darf das Mädchen nicht weggehen wie männliche Sklaven. Nimmt der Herr das Mädchen nicht zur Frau, weil sie ihm nicht gefällt, muss er sie freikaufen lassen. Da er sie zurückgewiesen hat, darf er sie nicht an einen Fremden verkaufen. Wenn der Herr das Mädchen seinem Sohn gibt, muss er sie mit allen Rechten einer Tochter[346] behandeln."

Der amerikanische nationalistische Autor David Duke lieferte weitere Erklärungsansätze für das Verständnis des Handels mit jüdischen Frauen durch ihresgleichen. Duke verwies insbesondere auf das 1987 in den Vereinigten Staaten erschienene Buch *A Hole in the Sheet* von Evelyn Kaye. Evelyne Kaye, die in einem ultra-orthodoxen jüdischen Elternhaus aufgewachsen war, stellte die minderwertige Stellung der Frau in der jüdischen Tradition heraus: „Menstruationstabus sind für schwere psychologische Schäden bei jüdischen Frauen verantwortlich: Ich bin oft Frauen begegnet, die nichts von der Thora wussten, außer dass sie das heilige Buch während der Zeit seiner Regeln nicht berühren durften[347]." Wir wissen, dass fromme Juden in einem ihrer Gebete Gott jeden Tag dafür danken, dass sie keine Frauen sind[348]. Wir glauben, dass dies der Ursprung der feministischen Bewegung[349] ist.

Doch all dies hinderte den großen französischen Philosophen Bernard-Henri Lévy nicht daran, zu erklären: „Das Judentum in seiner Gesamtheit ist eine unvergleichliche Schule des wahren Respekts, ohne

---

[346] *Exodus*, 21, 7-9, (New International Version Bible 1999).
[347] Evelyn Kaye, *A Hole in the Sheet: a Modern Woman looks at Orthodox and Hasidic Judaism*, Secaucus, New Jersey: L. Stuart, 1987, S. 236-241, in David Duke, *Jewish Supremacism*.
[348] Talmud *Menachot*, 43b.
[349] Siehe *Psychoanalyse des Judentums* (2006) und *Jüdischer Fanatismus* (2007).

Täuschung oder vorgetäuschte Hingabe, für die Einzigartigkeit der Frauen³⁵⁰."

Philip Roth, der ultra-mediale amerikanische Romancier, hob auch die jüdischen Frauen vom menschlichen Viehbestand der übrigen Menschheit ab. So formulierte er es aus dem Mund einer seiner Figuren: „Leg dich nicht mit jüdischen Mädchen an. Sparen Sie sich das für die Nichtjuden, belästigen Sie die jüdischen Mädchen nicht³⁵¹."

Was die Vergewaltigung christlicher Dienstmädchen oder russischer Mädchen durch israelische Zuhälter betrifft, so könnten sie im Talmud eine Legitimation finden. In der Mischna (dem mündlichen Gesetz des Talmuds) heißt es zwar, dass jeder, der einen unehelichen Partner zwingt, bestraft werden muss, aber die Gemara (die Kommentare zum Gesetz) lehrt, dass es Ausnahmen gibt, insbesondere für Sklavinnen: Solange sie schläft, gilt die junge Dienerin als unschuldig. Wenn sie bei Bewusstsein ist, ist der Pharisäer schuldig. Wenn er jedoch auf unnatürliche Weise (anal) in sie eindringt oder sie sich vor dem Orgasmus zurückzieht, wird der Akt als „einfacher sexueller Kontakt" ohne moralische Konsequenzen betrachtet. In diesem Fall ist die Pharisäerin „unbefleckt, als ob sie geschlafen hätte." Dies ist wahrscheinlich einer der Gründe für die vielen Fälle von Psychiatern oder Psychologen, die ihre Patienten vergewaltigt haben, nachdem sie ihnen Drogen oder Schlaftabletten gegeben hatten³⁵².

## *Die Dialektik der jüdischen Intellektuellen*

Im Mai 1969 verbreitete sich in der friedlichen Stadt Orléans ein Gerücht: Junge Mädchen, die in Bekleidungsgeschäfte jüdischer Händler gegangen waren, waren auf mysteriöse Weise verschwunden. Sie wurden mit Chloroform in den Schlaf gewiegt und dann entführt, um sie an Prostitutionsringe auf der anderen Seite des Mittelmeers zu übergeben. Das außer Kontrolle geratene Gerücht hatte einen „ekelhaften" Antisemitismus neu entfacht, der an „die dunkelsten Stunden unserer Geschichte" erinnerte.³⁵³

---

³⁵⁰ Bernard-Henri Lévy, *Questions de principes*, Grasset, 1986, Livre de Poche, S. 278.
³⁵¹ Philip Roth, *Das Sabbat-Theater*, Epublibre, Titivillus, 2016, S. 158. Die französische Übersetzung lautet anders: „Geh nicht mit jüdischen Mädchen aus. Spar dir das für die Shiksa, hé. Seien Sie nicht gemein zu den Jüdinnen, niemals." *Shiksa*: abwertende hebräische Bezeichnung für eine nichtjüdische Frau.
³⁵² Siehe *Jüdischer Fanatismus* (Kapitel: Verstöße in der Psychiatrie).
³⁵³ Die dunkelsten Stunden (*Les heures les plus sombres*): ist ein Ausdruck, der von der französischen Kultur- und Medienwelt geprägt und verwendet wird und sich auf die 1930er Jahre und den Zweiten Weltkrieg bezieht. Es handelt sich um eine Art

Der bedeutende jüdische Historiker Léon Poliakov erklärte: „Was geschah in der ruhigen Stadt Orléans im Mai 1969? Also doch nicht viel. Einige Gymnasiasten verbreiteten das Gerücht, dass die Umkleidekabinen einiger Bekleidungsgeschäfte in ihrer Stadt, die von jüdischen Geschäftsinhabern betrieben wurden, der Ausgangspunkt für ein Netz weißer Sklavenhändler seien. Bevor es verblasste, gelang es diesem kleinen Delirium dennoch, einen Teil der Bevölkerung von Orléans in den Wahnsinn zu treiben, während die lokalen Juden ihrerseits glaubten, das Gespenst des Pogroms für einen Augenblick wieder auftauchen zu sehen[354]."

Poliakov musste dies jedoch zugeben, um seine Glaubwürdigkeit nicht zu verlieren, wenn auch in aller Diskretion. Etwa vierzig Seiten, nachdem er das Gerücht von Orleans ins Lächerliche gezogen hatte, schrieb er einfach: „Mehrere jüdische Persönlichkeiten waren zu Beginn des 20. Jahrhunderts in diesen elenden Handel verwickelt[355]."

Im darauffolgenden Jahr traten ähnliche, wenn auch weniger spektakuläre Phänomene in anderen französischen Städten auf, insbesondere in Amiens, aber auch in Chalon-sur-Saône, Dinan, Grenoble und Straßburg, die die wildesten Fantasien und die „wahnhaftesten" Anschuldigungen anheizten.

Offensichtlich hielt sich dieses verrückte Gerücht mehrere Jahre lang: „Noch 1977 gab es in einem Gymnasium am Stadtrand von Dijon das Gerücht von Entführungen: Schüler verschwanden auf mysteriöse Weise im Laden eines Juden[356]."

Ein sephardischer Schriftsteller wie Albert Memmi prangerte diese absurden Gerüchte an, diese „erstaunliche Anschuldigung von Serienvergewaltigungen, die angeblich von jüdischen Ladenbesitzern an ihren chloroformierten Kunden organisiert wurden[357]."

Angesichts der Gefahr eines erneuten Aufflammens des Antisemitismus sah sich der bekannte Soziologe Edgar Morin (selbst Sefarde, geboren in Nahoum) veranlasst, ein 250-seitiges Buch zu schreiben, um den Franzosen zu erklären, dass es sich um ein groteskes Gerücht handelt. In seinem Buch gibt Morin einen umfassenden Überblick über alle erklärenden Faktoren: Urbanisierung, Mode, weibliche Psychologie, Mädchen im Teenageralter, das Bürgertum und

---

Erinnerungsaufruf an das Gedächtnis der Öffentlichkeit, wann immer er geäußert wird (NdT).
[354] Léon Poliakov, *Histoire de l'antisémitisme, 1945-1993*, Seuil, 1994, S. 141.
[355] Léon Poliakov, *Histoire de l'antisémitisme, 1945-1993*, Seuil, 1994, S. 181.
[356] *Le Matin*, 12. Januar 1978. Georges Valensin, *La Vie sexuelle juive*, Les Éditions philosophiques, 1981, S. 146.
[357] Albert Memmi, *Le Racisme*, Gallimard, 1982, réédition de poche 1994, S. 41.

die sozialen Schichten usw.; alles außer dem Wesentlichen[358].
Der Leser musste also verstehen, dass diese Anschuldigungen völlig wahnhaft waren. Es war eine „ungeheure Hochmütigkeit" (Seite 35)." Die Fantasie ist zu einem Mythos, einer Illusion geworden" (Seite 37, 39). Das Gerücht sei „ein Echo der großen mittelalterlichen Ängste" und lasse „dieselbe antijüdische Fantasie" wieder aufleben. Der Jude war wieder einmal der „Sündenbock", der „angeborene, in zwei Jahrtausenden des christlichen Abendlandes verwurzelte Schuldige", auf den die Christen alle ihre Probleme abwälzten (Seite 52).

In Wirklichkeit waren es, wie Sie verstanden haben, die Christen, die schuldig waren. Der jüdische Kaufmann hatte den Auftrag, „die Schuld einer echten libidinösen Fantasie und eines Pseudo-Handels mit weißen Sklaven zu bereinigen"." (Seite 52). So würde der Jude als „der Fixierer von Angst und Schuld in der westlichen Welt" fungieren." (Seite 56). Wir müssen also glauben, dass die Europäer durch zweitausend Jahre Christentum in ihrem Geist verändert wurden.

Der weiße Sklavenhandel war letztlich nichts weiter als ein „Mythos": „Es ist eine Illusion, den weißen Sklavenhandel den Juden zuzuschreiben", betonte Edgar Morin (S. 73). Und denjenigen in Orléans oder Amiens, die es wagten zu sagen, dass „wenn der Fluss rauscht, dann deshalb, weil er Wasser enthält", antwortete Edgar Morin: „Das ist ein skandalöses Amalgam" (Seite 239)." Der Jude kommt in den Nachrichten, Berichten und Fiktionen der Massenmedien über den weißen Sklavenhandel überhaupt nicht vor, und sein Auftauchen in den Gerüchten der Provinz ist ebenso überraschend wie absurd[359]."

Diese Phantasien waren also von der gleichen Größenordnung wie die Anschuldigungen ritueller Verbrechen, die im Mittelalter von Juden an christlichen Kindern begangen wurden. Ebenso lächerlich ist es, Juden zu beschuldigen, das Finanzsystem, die Presse, das Fernsehen und das Kino in der westlichen Welt zu kontrollieren. Das macht überhaupt keinen Sinn. Ebenso wenig spielen Juden eine Rolle in der Pornoindustrie oder im weltweiten Handel mit Heroin, Kokain und Ecstasy, und sie haben auch nichts mit den Kriegen zu tun, die der Westen in den letzten Jahren gegen muslimische Länder geführt hat. Juden sind unschuldig, grundsätzlich unschuldig an allem, was man ihnen vorwerfen kann.

Im Kino haben einige kosmopolitische Regisseure typischerweise die Schuld ihrer Mitmenschen auf andere projiziert. In Roger Hanins (Lévy) Film *Der Beschützer* (1974) verschwindet Natalia, ein

---

[358] Edgar Morin, *La Rumeur d'Orléans*, 1969, Points Seuil, 1982.
[359] Edgar Morin, *La Rumeur d'Orléans*, 1969, Points Seuil, S. 48.

achtzehnjähriges Mädchen, in Paris. Um sie zu finden, musste ihr Vater, Samuel Malakian - ein armer Jude - mit einem Netzwerk weißer Sklavenhändler verhandeln, das von einem Aristokraten, Baron Metzger, geleitet wurde. Im *Filmführer* von Jean Tulard gab Claude Bouniq-Mercier, der die Filme seiner Kollegen systematisch lobte, seine üblichen Kommentare ab: Roger Hanin will, nachdem er sich auf „akribische Recherchen" gestützt hat, „eine soziale Geißel ohne Demagogie anprangern". Siehe auch den erotischen Film von „Jean Rougeron", *Police des moeurs* (1987): Séverine, 18 Jahre alt, gerät in die Fänge eines Zuhälters. Aus Sorge über ihr Verschwinden alarmieren ihre Verwandten die Polizei. Die Ermittlungen führen die Polizei zum „Horsh"-Netzwerk, einem Netz von weißen Frauenhändlern. Diese Bastarde entführen Mädchen, um sie an reiche Ausländer zu verkaufen. Sie sind alle Nazis, große blonde Deutsche mit hellen Augen[360].

Der weiße Sklavenhandel jüdischer Menschenhändler war Ende der 1960er Jahre offenbar ein Modethema, wie man in dem Roman von Patrick Modiano, einem bekannten „französischen" Schriftsteller, nachlesen konnte. In *The Place of the Star (Der Ort des Sterns)*, das 1968 veröffentlicht wurde, entwirft Patrick Modiano eine völlig wahnsinnige, drollige und sympathische Figur. Die Handlung spielt im Juni 1942 in Paris; der Erzähler, Schlemilovitch, ist ein wahnhafter, quixotischer Held, der sich einbildet, ein großer Schriftsteller zu sein. Unter einem grotesken Deckmantel legt Patrick Modiano so erstaunliche und karikierte Worte über die Juden in den Mund, dass kein vernünftiger Leser sie lesen kann, ohne ihre Lächerlichkeit zu bemerken. Antisemitismus ist eine Halluzination. Was den Juden vorgeworfen wird, ist für den Durchschnittsleser so ungeheuerlich, dass die Anschuldigungen wie eine psychiatrische Störung desjenigen wirken, der sie vorbringt. Deshalb konnte es sich Patrick Modiano leisten, sie zu schreiben. Aber lassen wir Schlemilovitch zu Wort kommen:

„Im Übrigen widersprachen meine Taten und Reden den von den Franzosen gepflegten Tugenden: Diskretion, Sparsamkeit und Arbeit. Von meinen orientalischen Vorfahren habe ich schwarze Augen, eine Vorliebe für Exhibitionismus und verschwenderischen Luxus sowie eine unheilbare Faulheit. Ich bin kein Sohn dieses Landes... Ich führte die jüdische Weltverschwörung durch Orgien und Millionen... Ja, der Krieg von 1939 wurde meinetwegen erklärt. Ja, ich bin so etwas wie ein Blaubart, ein Menschenfresser, der junge Arien frisst, nachdem er

---

[360] In Luc Bessons beliebter Filmreihe *Taken (2008, 2012)* sind die Bastarde Albaner (NdT).

sie vergewaltigt hat. Ja, ich träume davon, alle französischen Bauern zu ruinieren und das ganze Cantal jüdisch zu machen...".

Lévy-Vendôme erwiderte: „Du, Schlemilovitch, du hast noch Zeit, nutze sie! Nutze deine persönlichen Trümpfe und perverse die jungen arischen Mädchen. Später werden Sie Ihre Memoiren schreiben. Man könnte sie „Die Entwurzelten" nennen: die Geschichte von sieben französischen Mädchen, die den Reizen des Juden Schlemilovitch nicht widerstehen konnten und sich eines Tages in orientalischen oder südamerikanischen Bordellen wiederfanden. Die Moral von der Geschicht': Sie hätten nicht auf den verführerischen Juden hören sollen, sondern in den saftigen Almwiesen und grünen Hainen bleiben[361]." Antisemitismus wird für den durchschnittlichen Goy-Bürger definitiv niemals glaubwürdig sein.

Der berühmte Historiker William Shirer, Autor einer monumentalen Geschichte des Dritten Reiches, hat sich nicht sehr ausführlich mit der Frage des Antisemitismus befasst. Von den 1500 Seiten seiner beiden Bände ist nur eine Seite der Erklärung des nationalsozialistischen Antisemitismus gewidmet, was vielleicht ein wenig wenig wenig ist. Hitler, schrieb William Shirer, „entdeckte den moralischen Makel dieses 'auserwählten Volkes'.... Gab es irgendeine Form von Schmutz oder Zügellosigkeit, insbesondere im kulturellen Leben, ohne dass mindestens ein Jude darin verwickelt war? „Shirer zitierte einfach ein paar kurze Auszüge aus *Mein Kampf* über Prostitution und den weißen Sklavenhandel: „*Mein Kampf* ist gespickt mit reißerischen Anspielungen auf fremde Juden, die unschuldige christliche Mädchen verführen und so ihr Blut verfälschen. In Hitlers Tiraden über die Juden steckt eine Menge morbider Sexualität." Für William Shirer gibt es daher keine Erklärung für „diesen schrecklichen Hass, der so viele Deutsche verseucht[362] „. Im Endeffekt waren es die Deutschen, die krank waren, und nicht die Juden, beim besten Willen nicht. Dies ist eine Analyse, die keinen Zweifel an der Herkunft ihres Autors lässt[363].

Ein unbedeutender Autor wie Michel Herszlikowicz hatte in seiner *Philosophie des Antisemitismus* einige interessante Seiten geschrieben. Er zitierte zum Beispiel einen deutschen Schriftsteller, der 1890 schrieb: „Die Masse der Juden, die das Bordellwesen

---

[361] Patrick Modiano, *Der Ort des Sterns*, Pdf, http://Lelibros.org/, S. 14, 15, 26, 42-43
[362] William L. Shirer, *Auge y caída del Tercer Reich, Band I*, Planeta, Barcelona, 2013, S. 54, 55.
[363] Siehe die Kapitel über die anklagende Inversion in *Psychoanalyse des Judentums, Jüdischer Fanatismus und Der Spiegel des Judentums*.

übernommen hat, betreibt systematisch und in großem Umfang die Verwandlung des weiblichen Teils der arischen Völker in Prostituierte. Alle Fälle von Prostitution und Menschenhandel in Blancas sind fast ausschließlich in den Händen von Juden[364]."

Und Michel Herszlikowicz kommentierte in höchstem talmudischen Stil: „Die jüdische Herrschaft wird durch die niederen Leidenschaften, durch die niedrigste Sexualität verwirklicht. Der Nationalsozialismus hat dieses Argument zu einem der grundlegenden Elemente seines Systems gemacht, und zwar nicht, weil die Juden in diesem Beruf zahlreich vertreten waren, sondern weil der Antisemitismus das Gegenteil des germanischen Übermenschen sein sollte. Die Prostitution als minderwertiges Bedürfnis verhindert die Verwirklichung der Mission des deutschen Volkes, und die Ursache für dieses Versagen kann nur jüdisch sein."

Wir sehen hier sehr gut, wie schändlich die Nazi-Ideologen geworden waren, die immer bereit waren, die armen Juden zu beschuldigen, nur um ihren Willen zu befriedigen, den Rest der Menschheit zu beherrschen.

---

[364] A. Berg, *Juden Bordelle*, Berlin, 1890, S. 10, in Michel Herszlikowicz, *Philosophie de l'antisémitisme*, Presses Universitaires de France, 1985, S. 108.

## 4. Der schwarze Sklavenhandel

Jüdische Händler hatten eindeutig keine moralischen Bedenken, sich ausschließlich auf den Handel mit Frauen zur Prostitution zu beschränken. Der afrikanische Sklavenhandel war auch eine Quelle des Wohlstands für einige große Händler.

### Der Atlantikhandel I: Die Portugiesen

Am 2. Januar 1492 zogen die katholischen Könige Ferdinand und Isabella feierlich in Granada ein, der letzten muslimischen Festung auf der Iberischen Halbinsel. Nach jahrhundertelangem Kampf gegen die muslimischen Invasoren war die Reconquista beendet. Aber der Fall der jüdischen Gemeinde, die seit Beginn der Invasion so viel für die Muslime getan hatte, musste noch geklärt werden[365]. Am 31. März 1492 unterzeichnete Isabella das Dekret zur Ausweisung der Juden, die das Land bis zum 31. Juli verlassen sollten. Der Historiker Leon Poliakov schrieb: „Vergeblich boten sie dem Fiskus immense Geldsummen an", und fügte später hinzu: „Es scheint, dass die große Mehrheit der christlichen Bevölkerung durch den Weggang der Juden nicht bewegt wurde[366] ",. Am 2. August desselben Jahres stachen die drei Karavellen von Christoph Kolumbus in See, um den neuen Kontinent zu entdecken. Die drei wichtigsten Ereignisse der spanischen Geschichte hatten sich innerhalb weniger Monate ereignet.

Einige Juden waren jedoch zum Katholizismus übergetreten, um in Spanien bleiben zu können. Sie waren nun gute Katholiken, die sonntags die Messe besuchten, zur Kommunion gingen und die christlichen Traditionen respektierten... aber nur zum Schein. Denn in Wirklichkeit verfluchten die meisten von ihnen weiterhin Christus und die Christen. Diese falsch konvertierten Juden wurden von den Spaniern „Marranos" genannt, und dieses Wort wird auch heute noch verwendet, um einen Juden zu bezeichnen, der sich hinter einer religiösen Maske versteckt und agiert, was sehr häufig der Fall ist[367].

---

[365] Zur Rolle der Juden in Spanien während der muslimischen Eroberung siehe Hervé Ryssen, *Planetary Hopes*.
[366] Léon Poliakov, *Histoire de l'antisémitisme, tome I*, Point Seuil, 1981, S. 171.
[367] Über die Marranen, die Dönmehs und die Frankisten (falsche Katholiken und falsche

In Spanien hatte die jüdische Gemeinde einen Großteil des Handels kontrolliert und war sehr wohlhabend. Die Marranos, die zurückgeblieben waren, verfügten immer noch über mächtige finanzielle Mittel, genug Geld, um die Schiffe der Expedition von Christoph Kolumbus zu bewaffnen. In seiner *Geschichte der Marranos*, einem 1932 veröffentlichten bahnbrechenden Werk, schrieb Cecil Roth, dass wohlhabende Marranos einen Teil des Projekts finanziert hatten. Zu ihnen gehörte vor allem Luis de Santangel, dem ein königlicher Erlass das Recht verliehen hatte, Getreide und Pferde nach Amerika zu exportieren[368]. Cabrero, der königliche Schatzmeister, und Santangel investierten 17.000 Dukaten. Alfonso de la Caballería und Diego de Deza steuerten ebenfalls Mittel bei; Abraham Ben Samuel Zacuto hatte die astronomischen und navigatorischen Geräte zur Verfügung gestellt.

Leon Poliakov bestätigte dies: „Die Unterstützung und die finanziellen Beiträge kamen von neuen Christen, was uns erlaubt, zuzugeben, dass sie nicht nur aus Abenteuer- oder Gewinnsucht an der Entdeckung neuer Länder interessiert waren, in die sie sich notfalls flüchten konnten. Tatsache ist, dass die Neuchristen, ob aufrichtig oder nicht, eine wichtige Rolle bei der Kolonisierung Amerikas[369] gespielt haben."

Christoph Kolumbus wurde auf seiner Expedition von sieben getauften Juden begleitet. Auf der Karavelle Santa María befanden sich Mastre Bernard, der Arzt, Luis de Torres, der Dolmetscher, Marco

---

Muslime), lesen Sie *Psychoanalyse des Judentums*." (...) Sie waren in ihrem Inneren immer noch so jüdisch wie zuvor. Offenbar lebten sie als Christen. Sie ließen ihre Kinder in der Kirche taufen, obwohl sie sich beeilten, die Spuren der Zeremonie zu beseitigen, sobald sie nach Hause kamen. Sie gingen zum Priester, um sich trauen zu lassen, aber sie waren mit dieser Zeremonie nicht zufrieden und vollzogen privat eine weitere, die sie vervollständigte. Manchmal gingen sie zum Beichtstuhl; aber ihre Beichten waren so unwirklich, dass ein Priester, so wird erzählt, einen von ihnen um ein Stück seines Gewandes bat, als Reliquie einer so unbefleckten Seele. Hinter dieser rein äußerlichen Fiktion blieben sie, was sie schon immer waren. Ihr mangelnder Glaube an die Dogmen der Kirche war berüchtigt. Sie besuchten heimlich die Synagogen, zu deren Beleuchtung sie regelmäßig Öllampen schickten. Sie gründeten auch religiöse Vereinigungen, die angeblich katholischen Zwecken dienten und unter dem Patronat eines christlichen Heiligen standen, und nutzten sie als Schutzschild, um ihre angestammten Riten zu pflegen. Von ihrer Rasse und ihrem Glauben her sind sie dieselben geblieben, die sie vor ihrer Bekehrung waren. Sie waren Juden nur dem Namen nach, Christen nur der Form nach." In Cecil Roth, *Historia de los Marranos*, Editorial Israel, Buenos Aires, 1946, Kap. I, S. 26, 27.

[368] Cecil Roth, *Geschichte der Marranos*, Editorial Israel, Buenos Aires, 1946. *History of the Marranos*, Jewish Publication Society of America, 1932, S. 272-273.

[369] Léon Poliakov, *Die Samariter*, Grupo Anaya & Mario Muchnik, Madrid, 1992, S. 77. 77

Bernal, der Chirurg, Alonso de la Calle, der Navigator, und Gabriel Sánchez, ein Inspektor. Es gab auch Juan de Cabrera auf der Pinta und Rodrigo de Triana auf der Niña. Daher beanspruchen einige jüdische Gelehrte Christoph Kolumbus natürlich als einen der ihren. Doch ein wichtiger Punkt widersprach dieser Hypothese. Im Jahr 1498 hatten Gabriel Sanchez und die anderen Marranos Colomb davon überzeugt, 500 Indianer zu fangen, um sie als Sklaven nach Sevilla zu verkaufen. Colomb hat jedoch keinen einzigen Cent aus dem Verkauf erhalten. Wie dem auch sei, diese Operation war der Beginn der Sklaverei in der Neuen Welt.

Auch ein anderes, sehr lukratives Phänomen erblickte zu dieser Zeit das Licht der Welt: der Tabakhandel. Es war Luis de Torres, der den Tabak in Spanien einführte. Er errichtete seine Plantagen auf Kuba und exportierte dann seine gewinnbringende Produktion nach ganz Europa.

Viele der aus Spanien vertriebenen Juden hatten sich in Portugal niedergelassen. Im Jahr 1497 wurden sie jedoch auch aus diesem Königreich vertrieben. Sie gingen ins calvinistische Holland oder ins Osmanische Reich. Einige zogen es vor, Untertanen der portugiesischen Krone zu bleiben, aber in ihren Kolonien, um der Inquisition zu entgehen, die Christen verfolgte, die verdächtigt wurden, verkappte Juden zu sein. Aus diesem Grund ließen sich so viele Juden auf der Insel Madeira und später in Brasilien nieder, wo sie schnell Handelsniederlassungen gründeten.

Auf der Insel Madeira waren einige Juden in der Zuckerindustrie tätig. Zu Beginn des 16. Jahrhunderts gab es nach Angaben des jüdischen Historikers Morechaï Arbell etwa 150 Zuckerrohrmühlen. Im Jahr 1516 hatte der portugiesische König Manuel I. verfügt, dass Personen, die nach Brasilien auswandern wollten, um dort mit der Zuckerproduktion zu beginnen, von der Krone alles notwendige Material erhalten und von Experten unterstützt werden sollten. Die „Neuen Christen" (auch „Marranos" oder „Conversos" genannt), die auf die Zuckerproduktion spezialisiert waren, begannen nach Brasilien auszuwandern." Das Zuckerrohr wurde 1548 von der Insel Madeira durch aus Portugal vertriebene Juden nach Brasilien eingeführt", schrieb der Historiker Don Antonio de Campany de Montpalan 1779[370]. Die Neuchristen wurden nicht immer als Juden identifiziert, aber Dokumente belegen ihre Beteiligung an drei Stufen: Zuckerrohranbau, Zuckerproduktion und Vermarktung.

---

[370] Leon Huhner zitiert ihn im Artikel „*Brazil*", in *Jewish Encyclopedia* (New York, 1902), Bd. III, S. 359.

In seinen Studien über Brasilien schrieb der Historiker Herbert Bloom 1932: „Die Juden besaßen riesige Zuckerplantagen... Die Juden kontrollierten den Zuckerhandel in Brasilien[371]." Ein anderer Forscher, Gilberto Freyre, stimmte zu: „Die Juden waren die aktivsten Akteure bei der Eroberung des Zuckermarktes in Brasilien während der ersten hundert Jahre der Kolonisierung. Die Juden waren auch die effizientesten in der Technik der Zuckerrohrmühlen[372]."

Als sich die Aktivitäten und Untersuchungen der Inquisition ausweiteten, waren viele der Neuchristen Erzeuger, Händler und Besitzer der Zuckerindustrie. Die Verhaftungen führten zu einem Rückgang der Zuckerexporte, so dass der portugiesische König zu Beginn des 18. Jahrhunderts anordnete, keine Zuckerrohrmühlen mehr zu beschlagnahmen[373], um Engpässe zu vermeiden. Aber Niederländisch-Brasilien war bereits zum wichtigsten Zuckerzentrum geworden.

Im calvinistischen Holland hatten die religiöse Toleranz und die wirtschaftlichen Aussichten viele aus Spanien und Portugal vertriebene Juden angezogen. Einige kehrten offiziell zum Judentum zurück, andere behielten die Maske noch eine Zeit lang auf. Einige investierten ihr Geld schnell in Diamantenschleifen, Zucker, Seide, Textilien, Tabak und Lebensmittel. Die Vereinigten Provinzen wurden zum Zentrum der jüdischen Macht und des jüdischen Reichtums in Europa. Marcus Arkin schätzt, dass im 18. Jahrhundert 25 % der Anteile an internationalen niederländischen Unternehmen im Besitz von Juden waren[374]. Damals wurde der Dreieckshandel zwischen Europa, Afrika und Amerika mit Schiffen abgewickelt. Sie tauschten in Afrika hergestellte Waren gegen Sklaven nach Brasilien, in die Karibik und in die Vereinigten Staaten und kehrten mit Zucker und anderen Waren nach Europa zurück.

Die holländische Besetzung Brasiliens zwischen 1624 und 1654 sollte für ihre Geschäfte von großem Nutzen sein. Niederländische Soldaten, angeführt vom Prinzen von Nassau, besiegten die Portugiesen und sicherten die niederländische Präsenz in Pernambuco im Nordosten Brasiliens. Zweihundert Juden, die an der Expedition teilgenommen hatten, wurden vom Goldhandel angezogen und begannen sofort mit

---

[371] Dr. Herbert J. Bloom, *Study of Brazilian Jewish History*, in *Publications of the American Jewish Historical Society*, 33 (1934), S. 52 und 55. Zitiert von Mordechaï Arbell, *Les Juifs séfarades des Antilles et le sucre*.
[372] Gilberto Freyre, *The Masters and the Slaves: Study in the Development of Brazilian Civilization*, New York, 1946, S. 12.
[373] Testamento Político da Carta Escrita pelo Conde D. Luis da Cunha, S. 54, in Arnold Wiznitzer, *Jews in Colonial Brazil*, New York, 1960, S. 151.
[374] Jewish Publication Society of America, 1975, S. 44, 45.

ihren fruchtbaren Geschäften. Die Juden hatten massiv investiert, zunächst in die berühmte, 1621 gegründete Niederländische Westindien-Kompanie, die alle Arten von Handel betrieb, darunter auch den Sklavenhandel. Mit ihrer jahrhundertelangen Handelserfahrung und ihren über die ganze Welt verstreuten Netzwerken von Freunden und Verwandten spielten sie eine sehr wichtige Rolle im Handelskapitalismus der damaligen Zeit.

In Pernambuco lebten im Jahr 1630 12.703 Menschen, davon 2.890 Weiße. Aber in Wirklichkeit waren die Hälfte dieser „Weißen" Juden. Im selben Jahr bauten sie die erste Synagoge in Recife. Der brasilianische jüdische Historiker Marc Raizman stützte sich auf das wichtige Werk *Historia dos Israelitas no Brasil*, das sein Vater 1937 veröffentlicht hatte. Da die Indianer zu schwach zu sein schienen, um Zuckerrohr zu schneiden, beschloss man, schwarze Sklaven zu importieren. Die Schiffe gehörten der Westindischen Kompanie, aber sobald sie an Land waren, „waren die Juden für den Kauf und Verkauf dieser schwarzen Sklaven verantwortlich", schreibt Marc Raizman." Sie verkauften sie weiter, oft vier- oder fünfmal teurer als das, was sie an das Unternehmen gezahlt hatten."

Das Übergewicht der spanischen und portugiesischen Juden beim Anbau von Zuckerrohr auf der anderen Seite des Atlantiks wurde von einem anderen jüdischen Historiker, Arnold Wiznitzer, bestätigt, der auch den Sklavenhandel erwähnte: „Zusätzlich zu ihrer dominierenden Stellung in der Zuckerindustrie beherrschen sie auch den Sklavenhandel. Von 1636 bis 1645 kamen insgesamt 23 163 Schwarze aus Afrika, die für 6 714 423 Gulden verkauft wurden. Die Käufer auf den Auktionen waren allesamt Juden, und da es im Sklavenhandel keine Konkurrenz gab, wurden die Sklaven zu niedrigen Preisen gekauft. Wegen des fehlenden Wettbewerbs im Sklavenhandel wurden die Sklaven bis zur nächsten Zuckerverkaufssaison auf Kredit bezahlt. Fielen die Versteigerungen mit einem jüdischen Feiertag zusammen, wurden sie automatisch verschoben[375]."

In Ouidah und Porto Novo, den beiden befestigten portugiesischen Städten an der Küste von Dahomey, hatten jüdische Sklavenhändler mit den Königen der Küste Geschäfte gemacht, um die Gefangenen zu kaufen. Die Gefangenen wurden zusammengetrieben

---

[375] In David Duke, *Jewish Supremacism* (2003). Arnold Aaron Wiznitzer, *Juden im kolonialen Brasilien*, 1960, S. 72, 73. Arnold Aaron Wiznitzer war in den 1920er Jahren Professor an der Universität Wien, Doktor der hebräischen Literatur, emeritierter Professor an der University of Judaism in Los Angeles, ehemaliger Präsident des brasilianisch-jüdischen Instituts für historische Forschung.

und in Aného, der Grenzstadt, zusammengepfercht, um sie zu verschiffen. Bald reichten die Raubzüge der einheimischen Bevölkerung nicht mehr aus und die Küstenstämme drangen nach Norden vor, um auf dem Festland Sklaven zu jagen. Die Versklavung der Schwarzen war in der Tat eine afrikanische Angelegenheit, denn die Afrikaner hatten schon immer die Unterwerfung gegnerischer Stämme praktiziert. Die traditionellen Legenden des Mali-Reiches sowie die von Behanzin in Dahomey (dem heutigen Benin) spiegeln dies wider. Es war eine Geißel, die kein Kolonialverwalter vor der Unabhängigkeit der afrikanischen Länder in den 1960er Jahren zu beseitigen vermochte. Häufig liehen sich verschuldete Eltern Geld und überließen ein Kind als Sicherheit, bis ihre Schulden getilgt waren. Die heutigen kolonialen und afrikanischen Gerichtsakten sind voll von solchen Fällen.

Jüdische Sklavenhändler belieferten die Plantagen in Südamerika und der Karibik mit Hunderttausenden von schwarzen Sklaven und trugen wesentlich dazu bei, dass Portugal zur ersten westlichen Sklavennation wurde.

Moshe Kahan schrieb, dass in den Jahren 1653-1658 „jüdische Marrano-Kaufleute den spanischen und portugiesischen Handel kontrollierten." Daniel Swetschinski schätzte, dass Juden 75 % des Handels in Jamaika beherrschten und 10 % der weißen Bevölkerung ausmachten.

Der amerikanische Historiker Marc Lee Raphael, selbst Jude, bestätigte, dass die Juden ihrerseits die Kontrolle über „einen sehr wichtigen Teil des niederländischen Sklavenhandels" übernommen hatten. In Recife und Mauritius wurde für jeden schwarzen Sklaven, den ein brasilianischer Jude in den Kolonien kaufte, eine Steuer („*imposta*") von fünf „*soldos*" eingeführt." In Curaçao im 17. Jahrhundert, aber auch in den britischen Kolonien Barbados und Jamaika im 18. Jahrhundert spielten jüdische Händler eine sehr wichtige Rolle im Sklavenhandel." Jüdische Kaufleute spielten also „eine grundlegende Rolle" im Sklavenhandel." In der Tat spielten in allen amerikanischen Kolonien, ob französisch (Martinique), englisch oder niederländisch, jüdische Kaufleute eine herausragende Rolle[376]."

In einem wichtigen Buch der jüdischen Geschichtsschreibung, *New World Jewry, 1493-1825*, liefert Seymour B. Liebman weitere

---

[376] Marc Lee Raphael, *Jews and Judaism in the United States, a Documentary History*, New York, Behrman House, Inc., 1983, S. 14, 23-25. http://www.blacksandjews.com. Rabbi Raphael war 10 Jahre lang Chefredakteur von *American Jewish History*, der Zeitschrift der Jüdischen Historischen Gesellschaft der Brandeis Universität in Massachusetts.

Details: „Der Handel war damals ein königliches Monopol, und Juden wurden oft zu Agenten der Krone ernannt. Sie waren die Hauptlieferanten für die Bewaffnung der Schiffe in der gesamten Karibik, wo der Handel in erster Linie ein jüdisches Unternehmen war. Die Schiffe befanden sich nicht nur in jüdischem Besitz, sondern wurden auch von jüdischen Kapitänen und Besatzungen befehligt[377]."

Nach der Niederlage der Holländer im Jahr 1654 wurden die meisten Juden von den Portugiesen aus Brasilien vertrieben und verließen die Region Pernambuco. Etwa 150 jüdische Familien (600 Personen) beschlossen daraufhin, mit den Niederländern nach Amsterdam zurückzukehren. Andere gingen in andere niederländische Besitzungen, wie Curaçao - eine Insel nördlich des heutigen Venezuela -, Bermuda und andere karibische Inseln. Dreiundzwanzig jüdische Kaufleute zogen nach New Amsterdam, das nach der englischen Eroberung 1664 zu New York wurde. Die Niederländer taten alles, um diese Ansiedlungen zu fördern und erließen eine Reihe von Dekreten zugunsten der Juden.

Die West India Company wollte Curaçao mit seinem großen Naturhafen von Anfang an zum Zentrum ihres Sklavenhandelsnetzes in der Karibik machen. Das wirtschaftliche Leben der jüdischen Gemeinde drehte sich hauptsächlich um die Zuckerrohrplantagen und damit um den Sklavenhandel. Jüdische Kaufleute schufen dort einen Sklavenmarkt, der von 1643 bis 1648 beträchtlich wuchs. Die jüdischen Kaufleute von Curaçao verfügten über ein hervorragendes Kontakt- und Beziehungsnetz, das sich über die gesamte Karibik und Europa erstreckte und dessen Zentrum Amsterdam war. Ein Jahrzehnt nach ihrer Ankunft besaßen Juden 80 % der Plantagen.

Andere jüdische Flüchtlinge ließen sich in London nieder. Auch die Engländer hatten jüdische Unternehmer ermutigt, sich in ihren Kolonien niederzulassen, insbesondere auf der Insel Barbados, wo sie sich seit 1654 niederlassen durften. Jüdische Kaufleute verbreiteten sich so in der gesamten Karibik.

1655, vor der niederländischen Besetzung, hatten die Engländer Juden ermutigt, sich in Surinam niederzulassen, wo sie als vollwertige englische Bürger angesehen wurden. Die „jüdische Savanne" war eine fast ausschließlich von Juden bewohnte Region und ein wichtiges Zuckerzentrum. Nach der Besetzung durch die Niederländer im Jahr 1667 - Surinam wurde in „Niederländisch-Guayana" umbenannt - zogen die Engländer in Erwägung, die Juden nach Jamaika zu bringen,

---

[377] Liebman S. B., *Das Neuweltjudentum 1493-1825: Requiem für die Vergessenen.* KTAV, New York, 1982, S. 170, 183, zitiert von David Duke in *Jewish Supremacism.*

um die Zuckerproduktion zu entwickeln, aber die Niederländer waren dagegen. Im Jahr 1694 lebten in der Savanne etwa 100 jüdische Familien (insgesamt 570 Juden), die auf rund 40 Zuckerrohrplantagen etwa 10.000 schwarze Sklaven beschäftigten. Bis 1730 besaßen sie 115 Plantagen und hatten nahezu ein Monopol auf den Zuckerexport nach Europa und in die Neue Welt.

In seinem Buch *A History of the Jews* bestätigt ein anderer jüdischer Historiker namens Solomon Grayzel dasselbe: „Die Juden waren die wichtigsten Sklavenhändler in der europäischen Gesellschaft[378]." Der jüdische Historiker Henry Feingold schrieb: „Die Juden, die oft im Zentrum des Handels standen, konnten nicht umhin, direkt oder indirekt in ähnlichem Maße zum Sklavenhandel beizutragen. Im Jahr 1460, als die Juden in Portugal zu Experten der Nautik geworden waren, importierte Portugal bereits zwischen 700 und 800 Sklaven pro Jahr[379]."

Auch heute noch spielen die sephardischen Juden eine wichtige Rolle im Lebensmittelhandel. Der internationale Handel mit Zucker, Kakao, Getreide, Ölsaaten und fast allen Rohstoffen aus diesen Regionen befindet sich in den Händen von Unternehmen, die sich in der Regel in Familienbesitz befinden und fast alle sephardischen Juden gehören, ob deklariert oder nicht.

Auch der berühmte Historiker Leon Poliakov erkannte die Bedeutung der Rolle der Juden in der Zuckerindustrie und im Atlantikhandel an, doch zog er es offenbar vor, die Rolle seiner jüdischen Kollegen im Sklavenhandel diskreter zu behandeln: „Sicher ist, dass die Marranos die großen Handwerker der kolonialen Wirtschaft in Südamerika waren: vor allem in Brasilien, wo sie, da sie zahlreicher waren als die Altchristen, große Handelsdynastien gründeten, die heute, im Wissen um ihre Herkunft, es vorziehen, sie zu verbergen[380]."

## *Der atlantische Sklavenhandel II: in den Vereinigten Staaten*

Der Sklavenhandel brachte mehrere hunderttausend schwarze Sklaven auf den nordamerikanischen Kontinent. Zwischen Aného

---

[378] Salomon Grayzel, *A History of the Jews: From Babylonian Exile to the End of World War II*, Philadelphia, Jewish Publication Society of America, S. 312.
[379] Henry Feingold, *Le Sionisme en Amérique: L'expérience juive du temps des colonies jusqu'à ce jour- Zion in America: The Jewish Experience from Colonial Times to the Present*, New York, Twayne Publishing Inc. 1974, S. 42, 43.
[380] Leon Poliakov, *Die Samariter*, Grupo Anaya & Mario Muchnik, Madrid, 1992, S. 79.

(Dahomey, an der Grenze zu Togo) und Newport (Virginia), später Charleston (South Carolina), wurden in zweihundertfünfzig Jahren (1600-1860) fast eine halbe Million schwarzer Sklaven zur Versorgung der Tabak- und Baumwollplantagen gekauft, transportiert und verkauft. Auch hier gehörten die Juden zu den größten Händlern, bis 1865, am Ende des Bürgerkriegs, die Abschaffung der Sklaverei proklamiert wurde. Im 17. Jahrhundert war die Sklaverei in den nördlichen amerikanischen Kolonien verboten. Vier wohlhabende israelitische Kaufleute aus Philadelphia, Sandiford Lay, Woolman, Solomon und Benazet, beeinflussten den Gesetzgeber, das Gesetz zu ändern und seine Legalisierung zu erreichen. Newport wurde so zu einem wichtigen Zentrum des Sklavenhandels und beherbergte die größte jüdische Gemeinde Amerikas zu dieser Zeit. Die älteste noch bestehende Synagoge des Landes befindet sich in Newport.

Zu Beginn des 18. Jahrhunderts, in der Blütezeit des Handels, wurde der Sklavenhandel mit einer Flotte von 128 Sklavenschiffen betrieben, die fast alle jüdischen Reedern aus Newport und Charleston, den beiden großen Zentren des Sklavenhandels, gehörten. Der amerikanisch-jüdische Historiker Marc Lee Raphael räumte ein, dass jüdische Kaufleute die Protagonisten des Sklavenhandels waren. In allen amerikanischen Kolonien, ob englisch, französisch oder niederländisch, dominierten jüdische Kaufleute den Dreieckshandel: „Dies war auch in den nordamerikanischen Gebieten im 18. Jahrhundert der Fall, als Juden am Dreieckshandel teilnahmen, der Sklaven aus Westafrika im Austausch gegen Zuckerrohrmelasse brachte, die in Neuengland gegen Rum getauscht wurde. Isaac Da Costa aus Charleston in den 1750er Jahren, David Franks aus Philadelphia in den 1760er Jahren und Aaron Lopez aus Newport in den späten 1760er und frühen 1770er Jahren dominierten das Sklavengeschäft auf dem nordamerikanischen Kontinent[381]."

Der französische Historiker Jacques Heers stimmte dem zu: „Auf dem Höhepunkt des Sklavenhandels zu Beginn des 18. Jahrhunderts gab es mehr als 120 Sklavenschiffe, von denen die überwiegende Mehrheit jüdischen Kaufleuten und Reedern aus Charleston in South Carolina und Newport an der Chesapeake Bay in Virginia (Moses Levy, Isaac Levy, Abraham All, Aaron Lopez, San Levey) oder Portugiesen, ebenfalls Juden, gehörte, die sich in Nordamerika niedergelassen hatten (David Gomez, Felix de Souza) und Verwandte in Brasilien hatten."

Diese Ebenholzhändler (afrikanische Sklaven), von denen einige

---

[381] Marc Lee Raphael, *Jews and Judaism in the United States, a Documentary History*, New York, Behrman House, Inc. 1983. Bd. 14.

„portugiesischer" Herkunft waren, waren an der afrikanischen Küste stark vertreten, sogar auf dem Festland, und verwalteten direkt wichtige Handelsplätze, Lagerhäuser und Werften, was weder die Engländer noch die Franzosen getan hatten[382].

Dies war die Liste der Sklavenhändler in Newport im 18. Jahrhundert, die der afroamerikanische Forscher Louis Farrakhan in seinem Buch mit dem Titel *The Secret Relationship between Blacks and Jews*[383] zusammengestellt hat, *wobei* die Namen der Sklavenschiffe kursiv in Klammern angegeben sind: Joseph und Samuel Frazon (der *Joseph und die Rachel*), Abraham de Lucena (die *Maria und die Abigail*), Modecaï Gomez (die *junge Catherine*), Rachel Marks (die *Lydia*, der *Barbados-Faktor*, die *bezaubernde Sally*, die *Hannah*, die *Polly*, der *Delphin*, der *Prinz Orange*), Nathan Levy und David Franks (der *Drake*, die *Seeblume*, die *Myrtilla*, usw.)), Isaac und Abraham Hart (die *General Well*, die *Defiance*, die *Perfect Union*, usw.), Samuel Levy (die *Deborah*), Moses und David Franks (die *Gloucester*, die *Delaware*, die *Belle*, die *Mars*).

Im 19. Jahrhundert waren die Eigentümer der Schiffe David G. Seixas (die *Jane*, die *Nancy*), John Bueno (die *Rebecca*), James de Wolf (die *Ann*), Isaac Levy (die *Crown Gally*, die *Postillion*), Jacob Franks (der *Duke of York*), Samuel Jacobs (die *Betsey*), Emmanuel Alvares Correa und Moses Cardozo (die *Pearl*), Moses Levy (die *Mary und Ann*), Moses Lopez (die *Rebecca*), Naphtali Hart (die *King George*).

Aaron Lopez, ein portugiesischer Marrano, war der mächtigste unter diesen Sklavenhändlern. Er besaß Dutzende von Schiffen und importierte Tausende von schwarzen Sklaven an die amerikanischen Küsten. Aus den Berichten eines seiner Schiffe, der *Cleopatra*, geht hervor, dass 250 Sklaven während zweier Fahrten umgekommen sind[384]. Bis 1774 kontrollierte Aaron Lopez allein 50 % des Handels mit den amerikanischen Kolonien.

Jacques Heers gab noch weitere interessante Informationen, die die tief verwurzelten Aktivitäten dieser Menschenhändler deutlich machten: „In Charleston", schrieb er, „destillierten etwa zwanzig keineswegs geheime Betriebe einen minderwertigen Alkohol, der für den Handel mit schwarzen Sklaven in Afrika bestimmt war."

---

[382] Jacques Heers, *Les Négriers en terre d'Islam*, Perrin, 2003, Poche, 2007, S. 260.
[383] *Die geheime Beziehung zwischen Schwarzen und Juden* (1991). Vorbereitet von der Abteilung für historische Forschung der Nation of Islam. Chicago, Illinois: Latimer Associates.
[384] Platt, Virginia B. (1975). *Und vergessen Sie nicht die Guinea-Reise: Der Sklavenhandel von Aaron Lopez aus Newport*. William und Mary Quartely, in David Duke, *Jewish Supremacism* (2003).

Die Juden waren auch die größten Sklavenhalter. Eine der zahlreichen Studien von Ira Rosenwaike, die von der American Jewish Historical Society veröffentlicht wurde, zeigte, dass im Jahr 1830 75 % der zweihunderttausend Sklavenhalter in der Konföderation Israeliten waren.

Der Historiker Jacob Marcus schrieb, dass im Süden weniger als 10 % der Siedler Sklaven besaßen, Juden jedoch weitaus häufiger Sklaven als Nichtjuden. Im Jahr 1820 besaßen mehr als 75 % der jüdischen Familien in Charleston und Richmond Sklaven und beschäftigten Dienstboten[385]. Natürlich könnten auch einige schwarze Frauen in Prostitutionsringen ausgebeutet werden.

## *Auf Martinique und Guadeloupe*

In den französischen Kolonien Martinique und Guadeloupe, die 1635 von den Franzosen besetzt wurden, entwickelte sich der Sklavenhandel ebenfalls mit der Ankunft jüdischer Kaufleute, die in die Zuckerindustrie investierten. Im Jahr 1654 waren sieben oder acht jüdische Familien mit ihren schwarzen Sklaven auf Martinique angekommen, die von den Portugiesen aus Brasilien vertrieben worden waren. Diese Händler brachten die Techniken zur Herstellung und Raffination des weißen Goldes mit und gründeten eine Zuckerfabrik[386]. Die Kolonisten waren vom Zuckerwahn ergriffen und träumten davon, reich zu werden. Im Jahr 1661 gab es 71 Zuckerrohrmühlen in Guadeloupe und etwas weniger in Martinique. Zehn Jahre später waren auf Martinique 111 Mühlen in Betrieb, 1675 waren es bereits 172.

Im Jahr 1683 gab es auf Martinique 23 solcher „holländischen" Familien, die etwa 90 Personen repräsentierten. Die Anwesenheit von Sklavenhaltern, die am Dreieckshandel mit holländischen Schiffen beteiligt waren, erregte Aufsehen. Die Jesuiten informierten den französischen König, und die Ausweisung der Juden wurde durch ein Dekret vom 2. Mai 1684 angeordnet, das beim Staatsrat registriert wurde. Dies war der Ursprung des ersten Artikels von Colberts Code Noir vom März 1685:

„Art. 1:...da dies der Fall ist, fordern wir alle unsere Beamten auf, alle Juden, die sich dort niedergelassen haben, von den genannten Inseln zu vertreiben, die wir als erklärte Feinde des christlichen Glaubens

---

[385] Marcus, J. (1989, *Das Judentum der Vereinigten Staaten*). 1776-1985. Detroit: Wayne State University Press, S. 586, zitiert von David Duke, in *Jewish Supremacism*.
[386] Armand Nicolas, *Histoire de la Martinique*, Tome I, Éditions L'Harmattan, S. 73, 74.

auffordern, sie innerhalb von drei Monaten ab dem Tag der Veröffentlichung dieses Schreibens zu verlassen, unter Androhung der Konfiskation von Gütern und Eigentum."

Einige zogen nach Curuzao, aber die Kolonialregierung ignorierte offenbar Artikel 1, da viele Juden auf den Inseln weiterhin wohlhabend waren. Die Französische Revolution, die den Grundsatz der Gleichberechtigung verkündete, sicherte ihnen die Vorherrschaft im Sklavenhandel als Agenten (Vermittler) der europäischen Sklavenhandelsgesellschaften. Von 1786 bis 1792 wurden 50 % der französischen Sklavenschiffe in Bordeaux zusammengestellt. Die wichtigsten Schiffseigner hießen Nairac, Cabarrus, Balguerie, Baour, Gradis.

Die Dynastie der Gradis illustriert die Geschichte der Juden in den französischen Kolonien recht gut. Das Haus wurde 1685 von Diego Gradis gegründet, dem Spross einer alten portugiesischen" Familie, die sich in Bordeaux niedergelassen hatte. Er hatte es an seinen Sohn David Gradis (1665-1751) weitergegeben, der das Handelsunternehmen in Saint-Pierre de Martinique ins Leben rief und 1724 eine Niederlassung im französischen Saint-Domingue eröffnete. Sein Handel bestand in der Regel aus einem Dreieckshandel zwischen Europa, der Karibik und Nordamerika. In Bordeaux bewaffnete die „King David" in jenen Jahren sechsundzwanzig Schiffe. Er war so mächtig geworden, dass es der Kolonialregierung nicht gelang, ihn aus Martinique zu vertreiben. Als David 1751 starb, führte sein Sohn Abraham das Werk seines Vaters erfolgreich fort und vergrößerte den Reichtum und die Macht der Familie weiter. Sein Einfluss war so groß, dass ihm 1779 die „Rechte der Franzosen" verliehen wurden, eine Auszeichnung, die nie zuvor einem Juden zuteil wurde. Als er 1780 starb, wurde sein Vermögen auf 8 Millionen Pfund geschätzt, was dem halben Wert der Exporte von Martinique nach Frankreich entsprach. Die Einwohner von Bordeaux erinnerten sich noch lange nach seinem Tod an Abraham Gradis und nannten ihn den berühmten Juden Gradis, „den König von Bordeaux". Im Jahr 1789 wurde das Haus Gradis von der Revolution und der Abschaffung der Sklaverei schwer getroffen. Es gelang ihr jedoch, sich mit dem Transport- und Zuckergeschäft auf Martinique wieder zu erholen.

Isaac Mendès war ein weiterer großer karibischer Sklavenhändler. Er war ein Sephardite aus Bordeaux, wo sich einige portugiesische Juden niedergelassen hatten, und nannte sich Mendès France, um sich vom portugiesischen Zweig seiner Familie zu unterscheiden. Isaac Mendès Frankreich stand 1776 unter der Herrschaft von Ludwig XVI.

im Mittelpunkt eines kontroversen Prozesses. Er war mit zwei kongolesischen Sklaven nach Frankreich zurückgekehrt: „Der schwarze Gabriel Pampy, 24 Jahre alt, und die schwarze Amynte Julienne, 18 Jahre alt". Aber sie hatten ihren Herrn in Paris zurückgelassen, und so ließ Mendès France sie vor Gericht stellen. Leon Poliakov schrieb, dass die Sklaven Mendès während des Prozesses „der Grausamkeit beschuldigten und mehrere Beispiele anführten[387] ". Poliakov machte jedoch keine weiteren Angaben.

Das Gericht entschied schließlich zu Gunsten von Pampy und Julianne. In der Metropole galt der Kodex nicht mehr, und jeder Sklave, der das Königreich betrat, wurde sofort freigelassen. Es stimmt, dass ein anderes königliches Edikt die Einreise von „Negern" in das Königreich sowie Mischehen verbot.

Dennoch setzte Mendès France den Handel fort, wie ein Dokument aus dem Jahr 1785 belegt: „Bericht über den Verkauf von 524 Stück Schwarzer von der Küste Angolas, die am 19. Dezember 1785 mit dem Schiff *Agamemnon* im Hafen von Léogane angelandet wurden. Sie wurden an Mendès France verkauft: 105 schwarze Schwänze, darunter 9 kranke und einer der Pianos: 16 Schwarze, ein Schwarzer, 62 kleine Schwarze, 26 kleine Schwarze für eine Gesamtsumme von 192.000 Pfund. Die Gesamtladung der Schwarzen auf der *Agamemnon* belief sich auf 1 215 960 Pfund." Der Politiker Pierre Mendès France, französischer Premierminister in den Jahren 1954-1955, war ein Nachkomme dieser Sklavenhalterfamilie.

## *Die Debatte*

All diese Beweise hinderten die Mainstream-Presse nicht an der Behauptung, dass Juden nie in den Sklavenhandel verwickelt gewesen seien. So konnte man zum Beispiel in der Wochenzeitung *Le Point* vom 4. Mai 2006 lesen: Auf die Frage: „Waren die Juden die Architekten des atlantischen Sklavenhandels? „Antwort: „Falsch: Das ist die These des amerikanischen Populisten Farakhan, die in Frankreich von Dieudonné [einem Mulatten-Humoristen, der mit der jüdischen Gemeinde Frankreichs verfeindet ist, vgl. *Die planetarischen Hoffnungen*] vertreten wird. Sie steht im Widerspruch zum Schwarzen Kodex. Dixit: „Wir fordern alle unsere Offiziere auf, alle Juden, die sich dort niedergelassen haben, von unseren besagten Inseln zu vertreiben, die wir als erklärte Feinde des christlichen Glaubens auffordern, sie

---

[387]Léon Poliakov, *Histoire de l'antisémitisme, tome I*, Seuil, 1981, S. 448, 449.

innerhalb von drei Monaten zu verlassen...". Obwohl einige jüdische Finanziers an der Eroberung der Neuen Welt beteiligt waren, so der Journalist, waren es offenbar eher Christen, insbesondere Protestanten, die den Vertrag von Liverpool, Nantes, Bordeaux, La Rochelle, Le Havre oder Amsterdam aus organisiert hatten." Dabei wurden die Marranos, die zumindest dem Anschein nach gute Katholiken waren, natürlich nicht mitgezählt.

Ein Jahr zuvor, am 3. März 2005, veröffentlichte eine andere auflagenstarke linke Wochenzeitung - *Le Nouvel Observateur* - ein umfangreiches Dossier zu diesem Thema mit dem Titel: „Die Wahrheit über den Sklavenhandel". Wir lesen diese Zeilen: „Haben sich die Juden am atlantischen Sklavenhandel beteiligt? - Falsch, antwortete Olivier Pétré-Grenouilleau. Der beste Beweis dafür, dass es sich hierbei um eine Behauptung ohne historische Grundlage handelt, findet sich im Code Noir, der 1685 von Ludwig XIV. erlassen wurde. Der erste Artikel dieses Textes, der die Sklaverei auf den Westindischen Inseln, Französisch-Guayana und Louisiana regelte, schloss die Juden formell von diesen Gebieten aus: „Wir fordern alle unsere Beamten auf, alle Juden von unseren besagten Inseln auszuweisen...". In La Rochelle, Nantes und Bordeaux hingegen kamen große protestantische Familien dank des Dreieckshandels zu Wohlstand."

Wir sehen also, dass die Meinungsvielfalt im demokratischen System zwar noch vorhanden ist, aber nur, wenn es um die Diskussion von Sachfragen geht.

Im Jahr 2004 veröffentlichte der Historiker Olivier Pétré-Grenouilleau in Frankreich ein „Nachschlagewerk" mit dem Titel *Der Sklavenhandel*. Er schrieb: „Die Mythen über die Rolle, die die Juden im Sklavenhandel gespielt haben sollen, müssen sofort korrigiert werden." Er fügte hinzu: „Seymour Drescher hat eine brillante Synthese zu diesem Thema vorgelegt. Darin unterstrich er die Tatsache, dass zweitausend jüdische Kinder nach 1492 von den Portugiesen nach São Tomé deportiert wurden und dass ihre Nachkommen die ersten Händler auf der Insel waren." Pétré-Grenouilleau bezieht sich in seinem Buch hauptsächlich auf jüdische Historiker....

Zur Rolle der Marranischen Gemeinschaft zitiert Grenouilleau erneut Seymour Drescher: „Ihr Gesamteinfluss war in Europa, Afrika und im Atlantik bescheiden, selbst zu den Zeiten des größten jüdischen Einflusses (1640-1700). Drescher kam zu dem Schluss, dass „seine Präsenz im Handel einfach zu flüchtig, zu lokal und zu begrenzt war, um in nennenswerter Weise aufzufallen[388]." Wenn Seymour Drescher

---

[388] Olivier Pétré-Grenouilleau, *Les traites négrières*, Gallimard, 2004, Folio, 2006, S.

es gesagt hat, muss es also wahr sein. Dies war der einzige Hinweis auf die Rolle der jüdischen Händler in dem 700 Seiten starken Buch von Olivier Pétré-Grenouilleau.

Wie wir wissen, neigen jüdische Intellektuelle stark dazu, das, wofür sie sich wahrscheinlich ein wenig schuldig fühlen, auf andere zu übertragen. Natürlich haben Zeitungsartikel in *Time* oder *Newsweek*, dem *Nouvel Observateur* oder *Le Point* die Rolle der Juden in der Sklaverei geleugnet. So wie Steven Spielbergs Film über den Sklavenhandel, *Amistad* (USA, 1997), die unwiderlegbare Rolle der jüdischen Händler in dieser Tragödie nicht zeigt und die ganze Last der Schande auf die Christen abwälzt.

Im Jahr 2006 räumte der sephardische Soziologe Edgar Morin (geb. Nahoum) in seinem Buch *Die moderne Welt und die Judenfrage* die Beteiligung jüdischer Sklavenhändler ein, obwohl er die Frage mit einem einzigen Satz beantwortete: „Die Flucht der Marranos aus Spanien und Portugal hat den Niederlanden und England den Nährboden für ihren wirtschaftlichen Aufschwung und ganz allgemein für das gesamte Wirtschaftswachstum der Neuzeit geliefert, im Guten (intellektuelle Offenheit und Weltoffenheit) wie im Schlechten (Beitrag zur Unterwerfung der Indianer Amerikas und zur Ausübung des Sklavenhandels)[389]."

Aber das war eine außergewöhnliche intellektuelle Ehrlichkeit, denn jüdische Intellektuelle ziehen es normalerweise vor, andere zu beschuldigen. Edgar Morin selbst hatte in seinem 2005 erschienenen Buch mit dem freundlichen Titel *„Europäische Kultur und Barbarei"* einen Angriff gewagt. Europa ist „potenziell kriminell[390] ‚", sagte der unverzichtbare Bernard-Henri Lévy.

Lassen Sie uns nun die Worte eines anderen „französischen" Intellektuellen, Stéphane Zagdanski, hervorheben, der 2006 einen kurzen Dialog über den französisch-kamerunischen Mulattenhumoristen Dieudonné [*„Diosdado"* auf Spanisch, ndt] schrieb, der die Rolle der jüdischen Händler im Sklavenhandel entdeckt und verstanden hatte:

„Da er sich nicht zwischen seinem Vater und seiner Mutter entscheiden kann, oder besser gesagt, da der Rassismus der anderen es für ihn getan hat, rächt er sich, indem er die „betrugsfreie" Wurzel seines Nachnamens angreift.

---

65, 66.
[389] Edgar Morin, *Le Monde moderne et la question juive*, Seuil, 2006, S. 55.
[390] Zu den Schuldzuweisungen siehe *Planetarische Hoffnungen, Psychoanalyse des Judentums* und *jüdischer Fanatismus*.

- Ergebnis: Er nennt das Judentum ausdrücklich einen „Betrug"!
- Und die Juden werden weitgehend für ihr eigenes existenzielles Unbehagen verantwortlich?
-Ganz genau! Sie können sich gar nicht vorstellen, welche Fantasien dieser blasse Kretin in die Welt gesetzt hat: Die Juden hätten die Afrikaner massenhaft versklavt!
- Dies ist eine höchst originelle Verdrehung der Wahrheit, die auf einen alltäglichen antisemitischen Hass zurückzuführen ist. Die Juden sind genau das einzige Volk auf der Welt, das absolut keine Verantwortung für die anhaltenden Tragödien und das Unglück Afrikas[391] trägt."

Dies ist ein sehr gutes Beispiel dafür, wozu jüdische Intellektuelle fähig sind, angetrieben von ihrer üblichen „Chuzpe", d.h. dem Maß an Unverschämtheit, das es ihnen erlaubt, das genaue Gegenteil der Wahrheit zu verteidigen. Jüdische Intellektuelle neigen immer dazu, ihre eigenen Fehler auf andere zu projizieren, einschließlich des Fehlers, der darin besteht, ihre Fehler auf andere zu projizieren. Wir wissen auch, dass sie eine bedauerliche Neigung haben, ihre Gegner zu beleidigen.

Ein weiteres konstitutives Element des jüdischen Geistes ist, dass sie dazu neigen, ihre Gegner als psychisch krank zu behandeln. So schrieb Zagdanskibeispielsweise über Louis Farrakhan: „Der schwarze amerikanische Führer mit einer wachsenden Anhängerschaft, dessen Antisemitismus einfach nur widerlich ist. Dies ist offensichtlich eine weitere Erscheinungsform des „Projektionssyndroms""[392]".

Darüber hinaus bestätigte Zagdanski, dass die Juden die Einwanderung und die Entstehung von multirassischen Gesellschaften im Westen gefördert haben. Sie hätten sich immer für die Integration der Schwarzen in die europäische und amerikanische Gesellschaft eingesetzt, schrieb er. Farrakhan verleugne und annulliere, „was die Emanzipation der Schwarzen der aktiven Hilfe der jüdischen Gemeinschaft in Amerika zu verdanken hat."

Jüdische Intellektuelle haben offensichtlich viel mehr Sympathie für fügsame Schwarze: „Der Anti-Farrakhan ist der lächelnde Nelson Mandela", schrieb Zagdanski. Unmittelbar nach seiner Wahl zum Präsidenten besuchte er die große Synagoge in Johannesburg, um der jüdischen Gemeinde Südafrikas für ihre Beteiligung am Kampf gegen

---

[391] Stéphane Zagdanski, *De l'Antisémitisme*, Climats, 1995, 2006, S. 346.
[392] Über die anklagende Umkehrung und die Neigung zu Beleidigungen lesen Sie die Kapitel in *Psychoanalyse des Judentums* und *Jüdischer Fanatismus*.

die Apartheid zu danken[393]."

Es darf jedoch nicht vergessen werden, dass die Juden und der Staat Israel lange Zeit die stärksten internationalen Unterstützer des Apartheidregimes waren, da sie von der Ausbeutung der südafrikanischen Gold- und Diamantenminen profitieren konnten. Die Gleichberechtigung der schwarzen Bevölkerung hat daran nichts geändert. In allen multiethnischen Gesellschaften - mit oder ohne Apartheid - stehen die Schwarzen immer am unteren Ende der sozialen Leiter, während die Juden an der Spitze stehen. In Südafrika wie auch anderswo hatten sich die Juden für die Gleichberechtigung eingesetzt, nicht weil sie eine moralische Verpflichtung darstellten, sondern weil das Ziel darin bestand, die weiße Gesellschaft zu untergraben, ethnisch homogene Identitäten und Gemeinschaften aufzulösen, um einen möglichen nationalistischen Gegenschlag gegen ihre Vorherrschaft zu vermeiden.

Die Hilfe, die Juden den Einwanderern im Westen geleistet hatten, war nicht wirklich eine uneigennützige oder unbegründete Berufung gewesen, sie entsprach nicht den humanitären Gefühlen. Die Tiefe der jüdischen Seele war ganz anders. Hier zum Beispiel ein Auszug aus der *Mischna Tora* von Maimonides, dem bedeutenden Talmudisten des 12. Jahrhunderts, der 1204 in Córdoba starb und den die Juden auch „den mittelalterlichen Moses" nennen: „Die Türken im hohen Norden und die Schwarzen im hohen Süden und ihre Artgenossen in unseren Gefilden sind als irrationale Tiere zu betrachten, die unter den Menschen und über den Affen stehen."

Hören wir auch den berühmten amerikanischen Schriftsteller Philip Roth, der 1967 über die Putzfrau seiner Eltern sagte: „Die Putzfrau ist offensichtlich eine Schickse[394], aber sie zählt nicht, weil sie schwarz ist[395]".

Mordecai Richler war ein weiterer bekannter jüdischer Romancier, der in Montreal, Quebec, geboren wurde. Als Autor von einem Dutzend Romanen und mehreren Drehbüchern wurde er natürlich wie alle jüdischen Schriftsteller von der Presse als „Genie" bezeichnet. Er hatte zahlreiche Auszeichnungen erhalten, ein offensichtlicher Beweis für diese berühmte Solidarität der Gemeinschaft. Sein Roman *Joshua Then and Now* wurde von Kritikern als eines seiner besten Bücher bezeichnet". Wenn die Kritiker das

---

[393] Stéphane Zagdanski, *De l'Antisémitisme*, Climats, 1995, 2006, S. 256, 257
[394] Shiksa: nicht-jüdische Frau (abwertend).
[395] Philip Roth, *Portnoy's Evil*, Penguin Random House Debols!llo, Barcelona, 2008. S. 92.

sagten, musste es wahr sein. Wir zweifeln nicht daran: Mordecai Richler war ein großartiges literarisches Genie.

Hier ein Auszug aus seinem Werk: „Sehen Sie sich zum Beispiel die Schwarzen an. Es gibt sie in allen Schattierungen, von kohlschwarz über bräunlich, wie Sugar Ray, bis hin zu hellbraun[396]." Die Abgründe der Seele eines Menschen lassen sich immer am besten in seinen Romanen erahnen.

Auf der Rückseite des Buches konnte man folgende Rezension lesen: „Joshua Shapiro, Sohn eines Boxers, der zum Schmuggler und kleinen Gauner wurde, hatte ein ziemlich gutes Leben. Als Schriftsteller, Journalist und Fernsehstar verliebt er sich in die schillernde Pauline, die Tochter eines Senators, die sich in der vornehmen Gesellschaft Montreals bewegt... Wir verfolgen die turbulente Reise dieses frechen und unwiderstehlichen Helden. Mordlustig, grausam, Richlers Humor verblüfft uns immer wieder aufs Neue."

Schade nur, dass das Wort „Scheiße" auf jeder zweiten Seite vorkam. Im Laufe von 615 Seiten ist das vielleicht zu viel.

---

[396] Mordecaï Richler, *Joshua*, Buchet/Chastel, 2004, S. 280, 443

# 5. Christliche Sklaven

Der Handel mit schwarzen Sklaven nach Amerika gewann Ende des 17. Jahrhunderts an Bedeutung und wurde Mitte des 19. Jahrhunderts eingestellt. Doch seit der Antike und bis zum Höhepunkt des Sklavenhandels im 18. Jahrhundert waren die meisten Sklaven, die von jüdischen Händlern gekauft und verkauft wurden, weiß.

## Auf dem Weg nach Amerika

Die Wahrheit ist, dass es selbst zur Zeit des Sklavenhandels einfacher war, weiße Sklaven zu beschaffen als afrikanische Sklaven. Die Häuptlinge der Küstenstämme mussten dafür bezahlt werden, dass sie auf afrikanischem Boden Sklaven einfingen, und die Jagden konnten sich über Wochen hinziehen. Im Gegensatz dazu waren weiße Sklaven für die englischen Händler leicht zu erreichen.

Im Jahr 1615 hatte das englische Parlament mit Unterstützung von König Karl I. den Magistraten die Befugnis erteilt, die Deportation der ärmsten Untertanen zuzulassen, um die Entwicklung der englischen Kolonien zu fördern und die Expansion des britischen Empire voranzutreiben. Im Jahr 1618 wurde von Vertretern des Adels eine Petition an den Londoner Rat gerichtet, in der die Deportation von Wanderkindern nach Virginia gefordert wurde. Die Plantagenbesitzer forderten ihrerseits die Legalisierung und Ausweitung des *Kidnappings*, und im Februar 1652 brachen Bettler aus England in Ketten nach Amerika auf.

In der 1796 erschienenen Ausgabe des *Dictionary of Vulgar Tongue* wird ein *Kidnapper* wie folgt definiert: „Eine Person, die Kinder stiehlt, um sie in die Kolonien, in die Plantagen der Karibik, zu schicken". Im Jahr 1670 wurden nach Angaben des Historikers Edward Channing in seiner *Geschichte der Vereinigten Staaten* zehntausend Kinder auf diese Weise entführt und in die Vereinigten Staaten verschleppt.

Auch Irland sollte schwere Zeiten mit seinem englischen Nachbarn durchleben. Das Land, das nach dem Sturz der englischen Monarchie von den Truppen Cromwells überfallen wurde, musste für sein Festhalten am katholischen Glauben teuer bezahlen. Mehr als

100.000 Männer, Frauen und Kinder wurden deportiert, und nur ein Bruchteil von ihnen überlebte die schwierigen Bedingungen der 9-12 Wochen dauernden Atlantiküberquerung. Im September 1655 verlangte Cromwell, dass zusätzlich 1.500 irische Jungen im Alter von 12 bis 14 Jahren nach Jamaika und in die englische Karibik geschickt werden sollten, um die hohe Sterblichkeitsrate zu senken. In *The Curse of Cromwell: A History of the Ironside Conquest of Ireland (Der Fluch von Cromwell: Eine Geschichte der irischen Eroberung Irlands)* behauptet Rose Esson, dass irische Priester systematisch in Internierungslager gesteckt und zusammen mit alten Männern über 80 Jahren nach Amerika deportiert wurden.

Im Februar 1656 gab Cromwell den Befehl, 1200 englische Frauen gefangen zu nehmen und zu deportieren, weitere 2000 folgten einen Monat später. Im selben Jahr ließ Cromwell alle obdachlosen Schotten deportieren, später alle politischen Gefangenen und auch englische Bettler. Im Gegensatz dazu hatte der puritanische, von alttestamentarischen Werten durchdrungene Cromwell die Rückkehr der Juden nach England erlaubt, die 1290 von König Edward I. aus dem Königreich vertrieben worden waren.

In einem Buch mit dem Titel *They Were White and They Were Slaves (Sie waren weiß und sie waren Sklaven)* erklärt der Amerikaner Michael A. Hoffman am Beispiel eines Kapitäns, dessen Schiff mit 200 bis 300 weißen Sklaven auf dem Weg nach Carolina beladen war, dass ein weißer Sklave weniger wertvoll war als ein schwarzer Sklave, weil letzterer an das tropische Klima in Virginia oder Florida besser gewöhnt war. Der Schatzmeister des Staates Virginia, George Sandys, tauschte zum Beispiel sieben weiße Sklaven gegen 150 Pfund Tabak. Im Jahr 1657 wurde ein weißer Sklave gegen ein Schwein getauscht. In *Sugar and Slaves: The Rise of the Planter Class in the English West Indies* zeigt der Historiker Richard Dunn, dass die Zuckerrohrplantagen in der englischen Karibik das Grab der weißen Sklaven waren, da 80 % innerhalb des ersten Jahres nach ihrer Ankunft starben.

Nicht weit von Martinique entfernt, auf den Barbados-Inseln, wurden im 17. Jahrhundert auf den Zuckerrohrplantagen hauptsächlich weiße Sklaven beschäftigt. Im Jahr 1640 waren 21.700 der 25.000 Sklaven weiß. Französische, irische und schottische Soldaten der jakobitischen Armee wurden nach der Niederlage von Culloden im Jahr 1746 dorthin deportiert.

*Sklaverei im Mittelmeerraum*

Die Sklaverei im Mittelmeerraum wurde von dem amerikanischen Historiker Robert C. Davies in seinem 2004 erschienenen Buch *Christian Slaves, Muslim Maters* untersucht. Diese blühende Industrie der Menschenentführung durch die barbarischen Piraten dauerte etwa dreihundert Jahre, von 1500 bis 1800. Während des größten Teils dieses Zeitraums waren die europäischen Seestreitkräfte zu schwach, um ihr wirksam entgegenzutreten. Salé in Marokko, Tunis, Algier und Tripolis waren die großen Sklavenhauptstädte[397].

Bis vor kurzem galt die Gefangenschaft der Christen in den Händen der Berber, abgesehen von einigen Spezialisten, nur als eine Anekdote. Romanhafte Berichte über die Gefangenschaft, wie der von Miguel de Cervantes, trugen zu dieser Legende bei. Außerdem war es sehr schwierig, ein Gefühl für die Bedeutung des Phänomens zu bekommen." Die Studie von Davis liefert zum ersten Mal eine quantitative Analyse", schrieb Olivier Pétré-Grenouilleau in seinem Kommentar zu dem Buch." Wir sind uns bewusst, dass es sich um eine Sklaverei großen Ausmaßes handelt, die lange Zeit unbeachtet blieb. Im 16. Jahrhundert war die Zahl der entführten christlichen Sklaven größer als die Zahl der nach Amerika deportierten Afrikaner. Es stimmt zwar, dass der Sklavenhandel erst Ende des 17. Jahrhunderts mit der Zuckerrevolution in der Karibik richtig in Gang kam."

Wenn dieser Verkehr so lange ignoriert wurde, dann deshalb, weil er nicht viele Spuren hinterlassen hat. Bei den weißen Sklaven handelte es sich zu 90 % um Männer, und anders als die Afrikaner in Amerika schlugen sie keine Wurzeln und hinterließen keine Spuren im Land des Islam.

Zunächst betrieben die Berber Piraterie und Raubzüge an den Mittelmeerküsten. Später machten die Christen mobil, um ihre Angehörigen aus der Sklaverei zu befreien, in die sie geraten waren. Es wurde sehr profitabel. Diese finanzielle Motivation verstärkte die muslimischen Raubzüge ab dem 16. Jahrhundert. Da sie käuflich waren, galten Gefangene als günstigere Beute als Schiffe oder Ladungen. Die Berber vervielfachten ihre Raubzüge entlang der Mittelmeerküsten, insbesondere in Süditalien. Nach einigen Jahren wurden die christlichen Sklaven gekauft und in ihr Land zurückgebracht. Die anderen wurden als Diener und Landarbeiter

---

[397] Nach mehreren Fehlschlägen im 18. Jahrhundert gelang es der spanischen Monarchie und ihren Verbündeten dank der Bombardierung von Algier im Jahr 1784 unter dem Kommando von Admiral Antonio Barceló, die barbarische Piraterie zu beenden. Die Eroberung Algeriens durch die Franzosen im Jahr 1830 setzte ihrer Tätigkeit ein endgültiges Ende.

beschäftigt, aber viele verrotteten in den Presidios, wo sie schnell verschwanden, da die Sterblichkeitsrate recht hoch war: etwa 15 %, so Davis. Die weniger Glücklichen starben vor Erschöpfung auf den Galeeren. Die Sklaven in der Flotte des türkischen Sultans wurden monatelang auf See gehalten und sogar in den Häfen an ihre Ruder gekettet. Ihre Galeeren waren Gefängnisse auf Lebenszeit.

Piraten entführten die meisten ihrer Sklaven durch das Abfangen von Schiffen, aber auch Überfälle an Land konnten sehr erfolgreich sein, auch wenn sie riskanter waren als auf hoher See. Italien war das begehrteste Ziel. Sizilien war nur 200 km von Tunesien entfernt und hatte keine starke Zentralregierung, die den Widerstand gegen die Invasion hätte organisieren können. So entführten die Algerier 1544 in der Bucht von Neapel 7.000 Menschen. Die Razzia führte dazu, dass der Preis für Sklaven so weit sank, dass man „einen Christen gegen eine Zwiebel eintauschen" konnte. Im Jahr 1554 plünderten Piraten Vieste in Süditalien und nahmen nicht weniger als 6.000 Gefangene. Auch in Spanien kam es zu massiven Angriffen. Nach einem Überfall auf Granada, bei dem 4.000 Männer, Frauen und Kinder gefangen genommen wurden, hieß es, dass „Christen auf Algier herabregnen". Für jede dieser großen Razzien gab es wahrscheinlich Dutzende kleinerer Überfälle.

Im Übrigen haben muslimische Piraten immer wieder Kirchen und Heiligtümer geschändet. Sie stahlen oft die Glocken, da das Metall von großem Wert war, und brachten so auch das Christentum zum Schweigen.

Erst ab 1700 gelang es den Italienern, diese spektakulären Angriffe zu Lande abzuwehren, während die Piraterie zur See ungehindert weiterging. Während des gesamten 17. Jahrhunderts hatten arabische Piraten ungehindert operiert, sogar in britischen Gewässern. In drei Jahren, von 1606 bis 1609, verlor die britische Marine 466 englische und schottische Handelsschiffe durch Angriffe algerischer Freibeuter. Die Schiffe der arabischen Freibeuter hatten einen klaren Vorteil gegenüber ihren Gegnern, denn sie verfügten über zwei Antriebsmittel: Wind und Ruderer. Die Schiffsbesatzungen und Passagiere waren daher die Hauptquelle für weiße Sklaven, und wenn den Piraten die Sklaven für die Galeeren ausgingen, konnten sie sofort einige ihrer Gefangenen zum Einsatz bringen. Die Gefangenen wurden jedoch in der Regel für die Rückkreise in den Laderaum geschickt. Sie waren zusammengepfercht, konnten sich kaum bewegen, inmitten von Dreck, Pestilenz und Ungeziefer. Viele starben, bevor sie den Hafen erreichten.

Bei ihrer Ankunft in Nordafrika war es Tradition, die Christen durch die Straßen zu führen, damit die Leute sie verspotten und die Kinder sie mit Müll bewerfen konnten. Auf dem Sklavenmarkt wurden die Männer gezwungen, auf und ab zu springen, um zu beweisen, dass sie nicht lahmten. Die Kunden wollten sie nackt sehen, um zu prüfen, ob sie gesund sind. Die Käufer, die hofften, aus dem möglichen Lösegeld einen guten Gewinn zu erzielen, untersuchten die Ohrläppchen auf Ohrringabdrücke, ein Zeichen von Reichtum. Es war auch üblich, die Zähne des Gefangenen zu überprüfen, um festzustellen, ob er das harte Sklavenregime überleben konnte. Weiße Frauen waren natürlich von großem Wert. Alle diese Sklavenstädte verfügten ihrerseits über ein florierendes homosexuelles Netzwerk.

Professor Davis wies darauf hin, dass zwar viele Untersuchungen durchgeführt worden seien, um die Zahl der über den Atlantik verschleppten Schwarzen so genau wie möglich zu ermitteln, dass es aber keine vergleichbare Studie über das Ausmaß der Sklaverei im Mittelmeerraum gebe. Tatsächlich war es alles andere als einfach, zuverlässige Angaben zu erhalten - die Araber selbst führten im Allgemeinen keine Aufzeichnungen -, aber nach zehn Jahren Forschung hatte Professor Davis eine Methode zur Schätzung entwickelt.

Aus den gesammelten Daten ging hervor, dass sich zwischen 1580 und 1680 durchschnittlich 35.000 Sklaven in den Barbary-Ländern aufhielten. Der Forscher kam daher zu dem Schluss, dass zwischen 1530 und 1780 mehr als eine Million weiße europäische Christen von Muslimen im Mittelmeerraum versklavt wurden.

Die europäischen Mächte waren nicht in der Lage gewesen, diesem Verkehr ein Ende zu setzen, der sich zwar Ende des 18. Jahrhunderts stark verlangsamt hatte, aber in den Wirren der napoleonischen Kriege wieder zunahm. Diese Frage wurde noch auf dem Wiener Kongress 1815 diskutiert. Das Sklavenabenteuer auf den Barbären endete schließlich 1830 mit der endgültigen Einnahme von Algier durch die Franzosen auf Befehl des französischen Königs Karl X. Die Soldaten von General Bourmont entdeckten dann, dass im Hafengefängnis noch 120 weiße Sklaven gefangen gehalten wurden.

Man könnte sich fragen, welche Rolle die jüdischen Händler im Sklavenhandel spielten, aber weder Robeert Davis noch Olivier Pétré-Grenouilleau haben diese Frage beantwortet.

## *Im Mittelalter und in der Antike*

In der Tat haben Juden schon immer eine wichtige Rolle im

internationalen Handel gespielt. Im Mittelalter, wie auch in unserer Zeit, hatten sie Verwandte, Familienmitglieder in allen Ländern der Welt, was das für den Handelsaustausch notwendige Vertrauen förderte. Die Zahlungen erfolgten dann durch Akkreditive, wodurch der Transport großer Goldmengen über große Entfernungen vermieden wurde. Juden konnten ihre familiären Bindungen nutzen, um den Austausch und die Bezahlung mit Hilfe dieser Akkreditive zu garantieren. Blutsbande sorgten für einen reibungslosen Ablauf der Geschäfte. Andererseits hatten die Juden nicht die Skrupel, die die Christen - insbesondere die Katholiken - bei ihren kommerziellen Unternehmungen zurückhielten.

Der große russische Schriftsteller Aleksandr Solschenizyn gab ein Beispiel für die Rolle der jüdischen Kaufleute in diesem Verkehr. Im 13. Jahrhundert hatten die Juden, die von den Tataren eingeladen worden waren, sich in Kiew niederzulassen, den Hass der anderen Bewohner der Hauptstadt auf sich gezogen. Solschenizyn zitierte einen gewissen Karamzine: „Diese Leute erkauften sich das Recht, von den Tataren Tribut zu erheben, übten gegenüber den Armen einen exorbitanten Wucher aus und erklärten sie im Falle der Nichtzahlung zu Sklaven und nahmen sie gefangen. Die Einwohner von Wladimir, Susdal und Rostow verloren die Geduld und erhoben sich einstimmig unter Glockengeläut gegen diese bösen Wucherer: einige wurden getötet, die anderen vertrieben."

Jüdische Kaufleute verfügten über ein großes Vermögen. Solschenizyn zitiert eine andere Quelle: *Die Kleine Jüdische Enzyklopädie*, veröffentlicht 1976 in Jerusalem: „In den Archiven des 15. Jahrhunderts werden Juden aus Kiew erwähnt, die als Steuereintreiber ein beträchtliches Vermögen besaßen[398]."

Einige Jahrhunderte zuvor, zur Zeit Karls des Großen, schienen jüdische Kaufleute bereits ein Monopol auf den internationalen Handel zu haben, so dass die Worte „*judaeus*" und „*mercator*" in karolingischen Dokumenten als austauschbare Begriffe auftauchten[399]. Und da Geschäft Geschäft ist, gab es keinen Grund, warum der Sklavenhandel von dieser Regel abweichen sollte.

Der Handel mit Asien lag in ihren Händen: „Auch hier", schrieb

---

[398] Aleksandr Solzhenitsyn, *Deux Siècles ensemble*, Tome I, Fayard, 2002, S. 21.
[399] Marcus Arkin, *Aspects of Jewish Economic History*, Jewish Publication Society of America, 1975, S. 44-45. Und in der Encyclopedia Britannica, 1973, Artikel „Jews", in Arthur Koestler, *La treizième Tribu*, Calmann-Levy, 1976, Poche, S. 198, zitiert Koestler Cecil Roth. (Übersetzung aus dem PDF Arthur Koestler, *Jews Khazars, The Tribe number 13*, S. 185)

Jacques Heers, „sorgten die Juden für einen sicher wichtigen Teil des Warenaustauschs mit dem fernen Asien, durch die Steppen und die Wüsten der Hochebenen. Der Historiker und Geograph Ibn Khordadhbeh widmete diesen radhanitischen Juden einen langen Abschnitt seiner Weltbeschreibung[400]."

Für die Radhaniten, jene jüdischen Kaufleute des frühen Mittelalters, die den Handel zwischen der christlichen und der muslimischen Welt beherrschten, gibt es nur wenige Quellen. Vom Rhonetal aus zogen sie über Spanien oder Italien nach Nordafrika, gelangten in den Nahen Osten, dann nach Indien und China und durchquerten den asiatischen Kontinent. Ibn Khordadhbeh, Leiter des Post- und Polizeidienstes in der Provinz Jibal, schrieb um 870 in seinem *Buch der Routen und Königreiche*: „Diese Händler sprechen Arabisch, Persisch, Griechisch, Fränkisch, Spanisch und Slawisch. Sie reisen von Osten nach Westen, zu Land und zu Wasser. Sie transportieren aus dem Westen Eunuchen, Sklavinnen, Kinder, Seide, Schwerter, Biber, Zobel und andere Felle."

Die Händler konnten auch eine andere Route nehmen - vom Rhonetal durch Deutschland und die baltischen Länder oder nach Norden durch Russland. Während des frühen Mittelalters waren sie die einzigen, die mit dem Nahen Osten und Asien Handel trieben. Cecil Roth und Claude Cahen verorten das Zentrum der radhanitischen Aktivitäten im Rhonetal, dessen lateinischer Name Rhodanus lautet. Andere Experten behaupten jedoch, dass der Name aus dem Persischen kommt, von *rah* („Weg") und *dan* („der, der weiß").

Die Radhaniten spielten eine wichtige Rolle im slawischen Sklavenhandel, der im 10. Jahrhundert weit verbreitet war. Verdun war damals ein wichtiges Handelszentrum und einer der ersten Sklavenmärkte. In seinem Buch *France in the Middle Ages* (1965) schreibt André Cheville, dass Sklaven von slawischen und heidnischen Stämmen auf den östlichen Märkten des karolingischen Reiches gefangen genommen und in der gesamten muslimischen Welt weiterverkauft wurden. Der Handel wurde von jüdischen Kaufleuten kontrolliert: „Der Handel muss wichtig gewesen sein, denn das Wort *servus* verschwand zugunsten des Wortes *slavus*, aus dem „Sklave" gebildet wurde. Wir wissen jedoch, dass die jüdische Gemeinde von Verdun, die bekanntlich an der Spitze dieses Handels stand, nur einige Dutzend Mitglieder hatte[401]."

---

[400] Jacques Heers, *Les Négriers en terre d'Islam*, Perrin, 2003, Poche, 2007, S. 20.
[401] André Cheville, *La France au Moyen Âge*, Presses Universitaires de France, 1965, S. 28.

Verdun war auch ein wichtiger Ort für die Kastration von Sklaven. Eunuchen wurden nach Andalusien geschickt, um sie an Muslime zu verkaufen. Roberta Strauss-Feuerlicht, eine jüdische Historikerin, bestätigte dies: „Das goldene Zeitalter des Judentums in Spanien verdankte einen Großteil seines Reichtums der Existenz eines internationalen Netzwerks jüdischer Kaufleute." In Mitteleuropa kauften Juden aus Böhmen Slawen und verkauften sie an spanische Juden weiter, die sie ihrerseits an die Mauren weiterverkauften[402]."

Der Mittelalter-Historiker Jacques Heers ging nicht allzu sehr auf die Rolle der Juden im Sklavenhandel ein, räumte aber auch ein, dass im muslimischen Spanien die wichtigsten Händler Juden waren: „Die Autoren, muslimische und christliche, betonen vor allem die Rolle der Juden, die im muslimischen Spanien die Mehrheit der Bevölkerung in den großen Städten ausmachten, vor allem in Granada, das im achten Jahrhundert gemeinhin „Stadt der Juden" genannt wurde. Händler von Luxusgütern, Metallen, Schmuck, Seide und Geldverleiher schlossen sich in kleinen Gesellschaften von Verwandten und Freunden zusammen (...) und wickelten wahrscheinlich einen großen Teil der Transaktionen zwischen den beiden Welten allein ab. Da sich die Muslime weigerten, dies zu tun, sorgten diese israelitischen Händler für den reibungslosen Ablauf der Sklavenkastrationszentren."

Im 10. Jahrhundert, so Jacques Heers, zögerten die Sklavenhändler aus den islamischen Ländern, nach Gallien zu reisen, „wo sie nur auf eine feindselige Bevölkerung trafen. Man sah sie nicht auf den Sklavenmärkten, während die Juden gemeinhin als die Herren dieses elenden Handels bezeichnet wurden[403]." Wie wir sehen, waren die armen Juden, die auf grausame Weise der Möglichkeit beraubt worden waren, das Land zu bewirtschaften, gezwungen, menschliches Vieh zu verkaufen oder Wucher zu betreiben, um zu überleben.

Der jüdische Schriftsteller Julius Brutzkus schrieb seinerseits: „Bereits im 10. Jahrhundert besaßen Juden Salzbergwerke in Nürnberg. Sie handeln mit Waffen und beuten die Schätze der Kirchen aus. Aber ihre große Spezialität ist die Sklaverei."

Israel Abrahams stellte in der *Jüdischen Enzyklopädie* (Band II, Seite 402) fest, dass sich die Situation im 12. Jahrhundert kaum verändert hatte: „Die spanischen Juden verdankten ihren Reichtum dem Sklavenhandel", und weiter: „Die ersten Juden, denen die Polen begegneten, waren mit Sicherheit Händler, wahrscheinlich

---

[402] Roberta Strauss-Feuerlicht, *The Fate of the Jews*, New York, Time Books, 1983, S. 39.
[403] Jacques Heers, *Les Négriers en terre d'Islam*, Perrin, 2003, Poche, 2007, S. 17.

Sklavenhändler, die im 12. Jahrhundert Holejei Rusyah (Reisende nach Russland) genannt wurden."

Der Menschenhandel ist offenbar eher ein Trend als eine Anomalie in der jüdischen Geschichte, und einige jüdische Historiker haben die Rolle ihrer jüdischen Mitbürger anerkannt. David Duke erwähnte in seinem gut dokumentierten Buch den amerikanisch-jüdischen Historiker Jacob Marcus, Autor eines Artikels zu diesem Thema in der *Encyclopedia britannica*, der feststellte, dass im Mittelalter der Handel, insbesondere der sehr lukrative Sklavenhandel, „weitgehend" von Juden dominiert wurde[404].

In den Chroniken der Antike und des Mittelalters wird ihre Vorliebe für europäische Frauen und Kinder deutlich. Christen waren entsetzt, als sie erkannten, dass Kinder sexuell missbraucht werden können. Auch der Erzbischof von Lyon, Agobard, Autor von *De Insolentia judaeorum*, der im 9. Jahrhundert unter der Herrschaft des Nachfolgers Karls des Großen lebte, warf den Juden vor, Sklavenhandel zu betreiben. Agobard führte eine Reihe zuverlässiger Fakten an, wie die Ankunft eines Spaniers aus Cordoba in seiner Diözese, der vierundzwanzig Jahre zuvor von Juden aus Lyon geraubt und als Kind in die Sklaverei verkauft worden war. Dem Cordovan war die Flucht mit einem anderen Opfer gelungen, das aus Arles stammte und sich seit sechs Jahren in der gleichen Situation befand. Agobardo hatte eine Untersuchung dieses schändlichen Handels gefordert, die ergeben hatte, dass der Diebstahl und Verkauf christlicher Kinder durch Juden keine Ausnahme war[405].

Verschiedene Päpste hatten die christlichen Machthaber vor solchen Missbräuchen gewarnt. So enthält die Bulle *Etsi non displaceat* von Papst Innozenz III. aus dem Jahr 1205 eine Liste von Anschuldigungen gegen die Juden: Wucher, Blasphemie, Hochmut, Handel mit christlichen Sklaven usw. Die Bulle war an den französischen König Philipp Augustus geschickt worden, um gegen die Juden vorzugehen.

Weiter zurück in der Zeit finden wir weitere interessante Zeugnisse. In der *Jüdischen Enzyklopädie* (Band II, Seite 402) heißt es zum Beispiel, dass die Juden bereits im 6. Jahrhundert, zur Zeit von Papst Gregor dem Großen (590-604), „die wichtigsten Händler" von

---

[404] Marcus, J. (1952). *Juden. Encyclopedia Britannica*, Bd. 13. S. 57, in David Duke, *Jewish Supremacism*, 2003.

[405] Wir sollten nicht vergessen, dass in Frankreich jedes Jahr 800 Kinder verschwinden. Siehe Hervé Ryssen, *Die Psychoanalyse des Judentums*.

Sklaven waren[406].
Bereits im Römischen Reich folgten die Juden den siegreichen Legionen, um besiegte Soldaten und Zivilisten zu beschaffen. In der *Jüdischen Enzyklopädie* heißt es: „Der Sklavenhandel war die Haupteinnahmequelle für die Juden des Römischen Reiches, und in den Jahren 335, 336, 339, 384 usw. wurden zahlreiche Dekrete gegen diesen Handel erlassen[407].

Vielleicht sollten wir zu den Quellen gehen und das Alte Testament aufschlagen, um die moralische und theologische Unterstützung für eine solche Praxis zu finden. Dies ist ausdrücklich in Levitikus XXV nachzulesen (*Das Sabbatjahr des Landes und das Jubeljahr, 44-46*):

„Die Sklaven und Sklavinnen, die du haben kannst, sollen von den Völkern um dich herum sein; von ihnen kannst du Sklaven und Sklavinnen erwerben.

Ihr könnt sie auch von den Kindern der Ausländer kaufen, die unter euch wohnen, oder von ihren Familien, die unter euch leben, von denen, die in eurem Land gezeugt wurden. Sie werden zu Ihrem Eigentum:

Sie können sie als Eigentum für Ihre Kinder nach Ihnen aufbewahren, die sie als ewiges Eigentum erben. Ihr könnt sie wie Sklaven behandeln. Aber was eure israelitischen Verwandten betrifft, so soll keiner über den anderen hart herrschen." (Israelitische Nazarener-Bibelversion 2011).

---

[406] Lady Magnus, *Esquisses d'Histoire juive, Outlines of Jewish History*, Philadelphia, Jewish Publication Society of America, 1890, S. 107; Jewish Encyclopedia, New York & London, 1905-1916, Band II, S. 402.

[407] *Jüdische Enzyklopädie*, in 12 Bänden, Funk and Wagnall's, Bd. 10, S. 460.

## 6. Organhandel

Am 23. Juli 2009 brach in den Vereinigten Staaten ein großer Korruptionsskandal aus. Der zwielichtige Geschäftsmann und skrupellose Immobilienmakler Solomon Dwek aus der Kleinstadt Deal in New Jersey hatte an verschiedene Personen des öffentlichen Lebens Zehntausende von Dollar gezahlt, um Baugenehmigungen zu erhalten. Nach Angaben der *New York Times* wurde der Sohn eines Rabbiners, ein Mitglied der syrisch-jüdischen Gemeinde, der mehr als zweihundert Immobilien in New Jersey und Brooklyn (New York) besaß, gezwungen, mit der Polizei zu kooperieren und ein Mikrofon zu tragen, um seine Strafe zu verringern. Diese Polizeiaktion deckte die Existenz eines doppelten Menschenhandels mit lokalen und internationalen Verzweigungen auf. Einerseits waren die Ermittler einem Korruptionssystem auf der Spur, in das lokale Politiker verwickelt waren, andererseits deckten sie ein Geldwäschenetzwerk auf, an dem Rabbiner in Brooklyn und New Jersey beteiligt waren.

Nach zehn Jahren Ermittlungen, Lauschangriffen und Infiltrationen waren drei demokratische Bürgermeister, ein Stadtrat und zwei Mitglieder der Staatsversammlung von New Jersey verhaftet worden: Diese Politiker, sowohl Demokraten als auch Republikaner, waren neu gewählt worden und hatten die Wahl mit einem einzigen Wahlkampfthema gewonnen: dem Kampf gegen die Korruption! Unter den Verhafteten befanden sich auch Prominente, Bauaufsichtsbeamte und Stadtplaner. Mehrere Synagogen wurden durchsucht, ebenso wie fünf Rabbiner.

Das FBI hatte für diese gigantische Razzia mehr als 300 Agenten mobilisiert, um 44 Verdächtige zu verhaften. Am 23. Juli 2009 musste das FBI einige Busse für die Gesprächspartner von Solomon Dwekvorbereiten, da er ein großes Talent bewiesen hatte, sie ins Vertrauen zu ziehen. Geldtransfers, Bestechungsgelder, in Müslischachteln versteckte Dollars, Schmuggel von Luxusgütern und... Organhandel waren die Zutaten des Skandals.

Um Hunderttausende von Dollar zu waschen, hatten die korrupten Politiker die Dienste von Rabbinern in Brooklyn (einem Stadtteil von New York) und Deal, New Jersey, in Anspruch genommen, die eine 10-prozentige Provision verlangten. Die *Jerusalem Post* vom 24. Juli 2009 berichtete, dass die Rabbiner beschuldigt wurden, über ihre Wohltätigkeitsorganisationen in den Vereinigten Staaten und Israel 10 Millionen Dollar gewaschen zu haben. Es handelte sich um Saul Kassin, 79, geistliches Oberhaupt der syrisch-jüdischen Gemeinde in Brooklyn, Eliahu Ben-Haim, 58, Mordechai Fish, 56, und Lavel Schwartz, 57. Die Rabbiner schickten einen Teil des Erlöses an Jeschiwas in Israel, die mit der religiösen Shas-Partei unter der Führung des extremistischen Rabbiners Ovadia Yosef[408] verbunden sind. Rabbi Eliahu Ben-haim arbeitete in Israel eng mit Rabbi David Yosef zusammen, dem Sohn des großen „Weisen" Ovadia Yosef. Dieser hatte wiederholt auf sich aufmerksam gemacht, indem er die Palästinenser mit Kakerlaken verglich.

Solomon DweksSekretärin, die ebenfalls für das FBI arbeitete, hatte vorgetäuscht, ihr Onkel sei schwer krank und brauche eine Nierentransplantation. Die Rabbiner aus New Jersey brachten sie dann mit Levy-Izhak Rosenbaum, 58, einem anderen Rabbiner aus Brooklyn, in Kontakt. Er bot an, von einem bedürftigen Palästinenser eine Orgel für seinen Onkel zu kaufen. Aus den Unterlagen der Ermittler geht hervor, dass der Mann bereits seit mehreren Jahren in diese Art von Handel verwickelt war. Die Polizei fand dann heraus, dass ein Teil des von den Rabbinern gewaschenen Geldes aus dem Handel mit menschlichen Organen stammte. Levy-Izhak Rosenbaum wurde zusammen mit den vier anderen Rabbinern, die an der Geldwäsche beteiligt waren, verurteilt.

Rosenbaum gestand später, dass er Nieren von einfachen Leuten in Israel für 10.000 Dollar gekauft hatte. Die Käufer wiederum zahlten 160.000 Dollar für das Transplantat, und Rosenbaum kassierte dabei seine Provision. Im Jahr 2014 standen in den Vereinigten Staaten mehr als 37 000 Menschen auf der Warteliste für eine Transplantation. Ähnlich war die Situation in Israel, wo die durchschnittliche Wartezeit sechs Jahre betrug. Doch in diesem Land waren Organspender aufgrund religiöser Verbote selten.

---

[408] Ovadia Yosef hatte auf einer öffentlichen Veranstaltung erklärt: „Die Gojim wurden nur geboren, um uns zu dienen. Ansonsten haben sie keine Aufgabe in der Welt, sondern nur die, dem Volk Israel zu dienen." In *JTA, Jewish Telegraphic Agency*, 18. Oktober 2010: *Sephardischer Führer Yosef: Nicht-Juden existieren, um Juden zu dienen*. Im Jahr 2013 war seine Beerdigung die größte in der Geschichte Israels mit fast 800.000 Teilnehmern bei der letzten Prozession." Persönlichkeiten des öffentlichen Lebens bekunden ihr Beileid und erinnern an einen Giganten des jüdischen Denkens", in: *The Times of Israel*, 7. Oktober 2013. (NdT).

## Die Leichen der Palästinenser

Im Sommer 2009 machte der Organhandel Schlagzeilen in den westlichen Medien. Der Fall von Rabbi Rosenbaum löste den Skandal aus, der im August ausbrach, als ein Artikel der führenden schwedischen Tageszeitung *Aftonbladet* am 17. August enthüllte, dass die Leichen junger Palästinenser, die von der israelischen Armee getötet wurden, zur Gewinnung von „Ersatzteilen" verwendet wurden. Anfang 2009 hatte die israelische Armee einen massiven und blutigen Blitzkrieg gegen die Bevölkerung des Gazastreifens geführt, bei dem Tausende unschuldiger Zivilisten, darunter Hunderte von Kindern, verstümmelt und getötet wurden. Die Bombardierung der Dörfer hatte mehr als zwanzig Tage gedauert, und viele der Opfer waren zur Autopsie in das medizinisch-juristische Institut in Abou Kabir gebracht worden. Nach einer langen Untersuchung vor Ort beschuldigte der schwedische Journalist Donald Boström israelische Ärzte des medizinisch-juristischen Instituts in Abou Kabir, Organe (Herz, Nieren, Leber) aus den Körpern junger Palästinenser entnommen zu haben, die von der israelischen Armee in Gaza und im Westjordanland getötet worden waren. Manchmal wurden die Leichen den Familien zurückgegeben, mit Watte ausgestopft und von oben bis unten zugenäht, aber meistens wurden sie in nummerierten Gräbern bestattet. Donald Boström schlug vor, dass der Internationale Strafgerichtshof in Den Haag eine Untersuchung in diesem Fall einleitet.

Der Journalist nannte als Beispiel den Fall des 19-jährigen Bilal Ahmad Ghanem, der während der Invasion seines Dorfes von der israelischen Armee erschossen wurde." Nach Angaben von Dorfbewohnern, die den Vorfall beobachtet haben, wurde Bilal in beide Beine geschossen. Zwei Soldaten rannten aus der Schreinerei und schossen ihm erneut in den Bauch. Dann packten sie ihn an den Füßen und schleppten ihn die Steintreppe der Werkstatt hinunter (...) Schwer verwundet wurde Bilal von israelischen Soldaten in einen Jeep verladen und an den Rand des Dorfes gebracht, wo ein Armeehubschrauber auf sie wartete. Der Junge wurde an einen für die Familie unbekannten Ort gebracht. Fünf Tage später kehrte Bilal tot zurück, sein Körper war in ein grünes Krankenhauslaken eingewickelt." Boström berichtete, dass sein Torso während der Beerdigung unbedeckt war, als sein Körper in das Grab gesenkt wurde, und dass Zeugen sahen, dass er vom Bauch bis zum Kinn schlecht vernäht war.

Dies war nicht das erste Mal. Khaled aus Nablus, Raed aus Jenina, Mahmoud und Nafes aus Gaza waren einige Tage lang verschwunden, bevor ihre Leichen in der Nacht nach einer Autopsie zurückgebracht wurden." Warum haben sie die Leichen mindestens fünf Tage lang aufbewahrt, bevor sie sie begraben durften? Warum führen sie gegen unseren Willen eine Autopsie durch, wenn die Todesursachen offensichtlich sind? Warum bringen sie die Leichen nachts zurück? Warum mit einer Militäreskorte? Warum sperren sie das Gelände während der Beerdigung ab? Warum stellen sie den Strom ab? „

„Wir wissen, dass der Staat Israel viele Organe benötigt", erklärte Donald Boström, „dass es seit mehreren Jahren einen umfangreichen illegalen Organhandel gibt, dass die Behörden davon wissen und dass Ärzte in großen Krankenhäusern sowie Beamte auf allen Ebenen daran beteiligt sind. Wir wissen auch, dass junge Palästinenser verschwunden sind und nach fünf Tagen tot zurückkamen, nachts, in aller Heimlichkeit, zugenäht, nachdem sie vom Bauch bis zum Kinn aufgeschnitten worden waren. Es ist höchste Zeit, diesen unheilvollen Handel ins Rampenlicht zu rücken und aufzuklären, was in den vom Staat Israel seit Beginn der Intifada besetzten Gebieten geschehen ist und geschieht."

Wenige Tage nach der Veröffentlichung des Artikels des schwedischen Journalisten Donald Boström veröffentlichte ein palästinensischer Journalist, Kawthar Salam, einen anklagenden Artikel mit dem Titel *The Body Snatcher of Israel*[409]. Sie wird im Folgenden zusammengefasst:

„Ich möchte meinen Lesern schildern, was ich in den 22 Jahren meiner Arbeit als Journalist unter der israelischen Militärbesatzung im Westjordanland und im Gazastreifen gesehen, gehört und beobachtet habe." Das israelische Militär hatte in den frühen 1970er Jahren damit begonnen, die Leichen toter Palästinenser zu beschlagnahmen und zu lagern." Seit den frühen 1970er Jahren wurden Tausende von Palästinensern in geheimen Gräbern verscharrt. Seit Anfang der 1970er Jahre wurden Tausende von palästinensischen Opfern der Besatzung „autopsiert" und zahlreiche Leichen in anonymen, nummerierten Gräbern aufbewahrt. Die meisten der ermordeten Widerstandskämpfer wurden zur „Autopsie" gebracht, andere, die nur verwundet waren, wurden von Israelis aus dem Krankenhaus geholt... Während der ersten Intifada[410] und während der so genannten Friedensperiode habe ich persönlich gesehen, wie die israelische Armee die Leichen von Palästinensern und Schwerverletzten aus der Notaufnahme des

---

[409] Artikel vom 23. August 2009, veröffentlicht auf der Website *Kawthar.info* und ins Französische übersetzt vom Netzwerk *Tlaxcala*.
[410] Die erste Intifada (1987-1993) endete mit den Osloer Abkommen.

Prinzessin-Alia-Krankenhauses in Hebron (Al Khalil auf Arabisch) holte. Einige Jahre später habe ich gesehen, wie die israelische Armee die Leichen von Palästinensern aus dem neuen El-Ahli-Krankenhaus abtransportierte: Das gesamte Gebiet wurde zur Militärzone erklärt, das Krankenhaus wurde von Truppen umzingelt und gestürmt, und niemand durfte das Gebäude betreten. Alle Leichen der toten Palästinenser und auch die der Verwundeten wurden zur „Autopsie" nach Abu Kabir gebracht[411] „."

Als die Palästinensische Autonomiebehörde an die Macht kam, war diese Praxis nicht mehr weit verbreitet. In den von ihr kontrollierten Gebieten wurden Verstorbene nicht mehr „obduziert", obwohl dies bei Toten oder Verletzten in den von Israel kontrollierten Gebieten weiterhin der Fall war." Warum die Leichen der Opfer nach Abu Kabir überführen, wenn die Todesursachen bekannt waren?" Tatsächlich waren alle verstorbenen Palästinenser von israelischen Eliteschützen in den Kopf oder in die Brust geschossen worden.

Der Journalist nannte die Namen der wichtigsten Offiziere der israelischen Armee, die in diesen Handel verwickelt sind. Sie sagten den palästinensischen Familien, dass sie ihr Bestes täten, um „das Armeehauptquartier zu überzeugen, die Leiche freizugeben", als ob es sich um einen Gefallen handelte." Die Militärkommandanten Shammi, Goldstein und Nagar verlangten, dass die Leichen im Dunkeln begraben werden sollten." Die Familien der Opfer wurden nach Mitternacht angerufen (in der Regel zwischen ein und drei Uhr morgens), und „nicht mehr als zehn Personen" durften der Beerdigung beiwohnen, die aus angeblichen „Sicherheitsgründen" sofort in der Dunkelheit der Nacht stattfinden musste. Außerdem durften Frauen nicht an der Beerdigung teilnehmen, ebenfalls aus „Sicherheitsgründen". Die israelischen Behörden wollten eigentlich verhindern, dass die Trauerschreie der Mütter, Schwestern und Töchter der Opfer im ganzen Viertel zu hören sind. Beamte folgten dem Trauerzug in ihren grauen gepanzerten Fahrzeugen und warteten auf das Ende der Beerdigung; auch andere Militärfahrzeuge begleiteten die Prozession.

Alle Familien der Opfer wussten, dass die Leichen mit Watte ausgestopft waren. Hunderte von Opfern wurden auf diese Weise im Dunkeln begraben, und Hunderte oder Tausende von anderen Leichen wurden von Israel in nummerierten Gräbern aufbewahrt. Danach begannen die Palästinenser, die bei den Demonstrationen gefallenen Verwundeten und Toten selbst zu evakuieren, und viele wurden unter

---

[411] Eine Niere, die einem lebenden Menschen entnommen wurde, ist lebensfähiger als eine, die einer Leiche entnommen wurde.

ihren Häusern oder unter einem Baum begraben, anstatt in ein Krankenhaus gebracht zu werden.

„Alle israelischen Beamten und Zivilangestellten im Westjordanland waren seit Anfang der 1970er Jahre an der Entnahme von Organen von Palästinensern beteiligt oder zumindest mitschuldig daran", sagte Kawthar Salam. Alle israelischen Ärzte und Mitarbeiter, die seit Anfang der 1970er Jahre in Abu Kabir gearbeitet haben, waren an der Entnahme und dem Verkauf von palästinensischen Organen beteiligt. Alle Eliteschützen und Soldaten der IDF, die während friedlicher Demonstrationen und Proteste auf Palästinenser geschossen haben, waren an der Mafia beteiligt, die die Organe verstorbener Palästinenser sammelt und verkauft. Die IDF-Kommandozentrale und die meisten, wenn nicht sogar alle Offiziere in der Befehlskette bis hinunter zu den einfachen Soldaten wussten sehr wohl, was vor sich ging."

Ende September 2009 beschuldigte der arabisch-israelische Abgeordnete Mohammad Barakech die Israelis ebenfalls des Organraubs. Wir haben ein Recht darauf zu erfahren, warum der Staat Israel die Leichen von Märtyrern entführt und welches Geheimnis er zu verbergen versucht", sagte er." Am 21. Dezember erklärte Fathi Abu Mughli, Gesundheitsminister der Palästinensischen Autonomiebehörde, dass israelische Ärzte „Teile der Leichen, wie Hornhaut, Knochen und Haut, ohne die Zustimmung der palästinensischen Familien entfernt" hätten und forderte eine Untersuchung. Eissa Qarape, Minister für Gefängnisangelegenheiten, beschuldigte Israel, palästinensische Leichen auf geheimen Friedhöfen aufzubewahren, „um den Diebstahl von Organen aus ihren Körpern zu verbergen."

Zwei Tage zuvor, am 19. Dezember 2009, hatte der zweite israelische Fernsehsender, Channel 2 TV, ein Interview mit Yehuda Hiss, dem ehemaligen Leiter des Nationalen Forensischen Instituts, des berühmten medizinisch-juristischen Instituts in Abu Kabir, ausgestrahlt. Das Interview war zehn Jahre alt, vom Juli 2000, und wurde einer amerikanischen Universitätsstudentin namens Nancy Scheper-Hughes gegeben. Die Anthropologieprofessorin an der Berkeley University in Kalifornien hatte das Organs Watch Project gegründet und auf allen Kontinenten geforscht. Sie war die Expertin für dieses Thema, obwohl sie sich aus Angst nicht getraut hatte, das Interview öffentlich zu machen. Dies erklärte sie in einem Artikel vom 25. Oktober 2010 in der US-Monatszeitschrift *Counterpunch*.

Dr. Yehuda Hiss räumte ein, dass in den 1990er Jahren den

Leichen von Palästinensern ohne die Zustimmung der Familien der Verstorbenen Organe entnommen worden waren. Seine Geständnisse stammten eigentlich aus dem November 1999, erklärte Nancy Scheper-Hughes. Sie waren in der lokalen Tel Aviver Tageszeitung *Ha'ir* veröffentlicht worden, die enthüllte, dass Studenten von Yehuda Hiss Autopsien durchführten und Organe ohne Zustimmung der Familien an andere Kliniken weitergegeben wurden. Im Jahr 2000 hatte die große israelische Tageszeitung *Yediot Aharonot* sogar eine Preisliste von Organen veröffentlicht, die Hiss an Universitäten und medizinische Fakultäten verkaufte.

Chen Kugel, sein Assistent, hatte behauptet, Hiss habe in Abu Kabir „ein richtiges Organdepot". Es dauerte zwei Jahre, bis sich die israelische Justiz einschaltete, und weitere zwei Jahre, bis sie eine Sanktion verhängte. Im Jahr 2004 erhielt Hiss von seiner Leitung einen Verweis und wurde von seinen Aufgaben entbunden, obwohl er seine Stelle im Institut als Arzt mit Dienstalter behielt, die ihm eine Gehaltserhöhung garantierte. So konnte er seine Tätigkeit fortsetzen, die er als notwendig für die Medizin und die Verteidigung des Staates Israel darstellte.

In diesem Interview vom Juli 2000 erklärte Dr. Yehuda Hiss, dass die israelische Armee menschliche Haut für Brandopfer zur Verfügung stellte, wobei sie nur die Haut von Rücken und Oberschenkeln entnahm.

Er und seine Untergebenen gingen folgendermaßen vor, um das Verschwinden der Hornhäute zu verschleiern: „Wir haben die Augenlider mit Klebstoff geschlossen." Sein Assistent, Dr. Chen Kugel, der nach einer Beschwerde beim Gesundheitsministerium entlassen worden war, hatte erklärt, dass Organe an jedermann verkauft würden, der nur zu zahlen brauche. Ein Oberschenkelknochen kostet zum Beispiel 300 Dollar. Und es wurden wahllos Organe von Juden oder Muslimen, Soldaten oder Steinewerfern, Terroristen oder Opfern, Einwanderern oder Touristen[412] entnommen. Die Körper wurden mit Klopapierrollen ausgestopft, die mit Besenstielen fixiert wurden, und in die leeren Augenhöhlen wurden Glasaugen eingesetzt... Offensichtlich, so behauptete Chen Kugel, war es weniger riskant, Organe von Neueinwanderern zu entnehmen, oder noch besser: von Palästinensern." Wenn Familien sich beschweren, waren sie die Feinde, und natürlich sagte man ihnen, dass sie Lügen erzählten, und

---

[412] Rachel Corrie war eine 23-jährige Amerikanerin. Am 16. März 2003 wurde sie unter den Gleisen eines Bulldozers der israelischen Armee zerquetscht, als sie mit anderen Aktivisten gegen die Zerstörung eines palästinensischen Hauses in Rafah (südlicher Gazastreifen) protestierte. Dr. Hiss führte dann die Autopsie auf seine Weise durch.

niemand glaubte ihnen[413]."

Nach der Ausstrahlung dieses Interviews im *Fernsehsender Kanal 2* hatten die Armee und der Gesundheitsminister zugegeben, in den 1990er Jahren Organe von Israelis und Palästinensern entnommen zu haben, behaupteten aber, dass diese Praktiken im Jahr 2000 eingestellt worden seien: „Diese Aktivitäten wurden vor zehn Jahren eingestellt, sie finden nicht mehr statt."

In einem Interview mit dem Fernsehsender *Al-Jazeera* im Jahr 2002 hatte der historische Palästinenserführer Jassir Arafat das israelische Regime beschuldigt, palästinensische Säuglinge, Kinder und Jugendliche zu ermorden, um ihre lebenswichtigen Organe für Transplantationen zu entnehmen." Sie ermorden unsere Kinder und verwenden ihre Organe als Ersatzteile. Warum schweigt die ganze Welt? Der Staat Israel nutzt dieses Schweigen aus, um seine Unterdrückung und seinen Terror gegen unser Volk zu verstärken", empörte sich Arafat. Während dieses Gesprächs, das am 14. Januar 2002 stattfand, hatte Arafat Fotos von verstümmelten Kinderkörpern gezeigt.

Da es im Judentum verboten ist, den menschlichen Körper zu entweihen, ist es im Judentum nicht erlaubt, jüdische Leichen zu zerschneiden. Da Juden ihre Organe nicht spenden, müssen sie bei Nichtjuden gefunden werden. Der Staat Israel war bis 2008 das einzige Land der Welt, in dem die Ärzteschaft den Organhandel nicht verurteilte und keine Maßnahmen gegen Ärzte ergriff, die an diesem Handel beteiligt waren.

## *Frischfleisch aus Moldawien*

Rabbi Levy-Izhak Rosenbaum, der im Juli 2009 in New York verhaftet wurde, wurde ebenfalls beschuldigt, moldawische Spender überredet zu haben." Er hatte es auf Menschen in prekären Situationen abgesehen", sagte Mark McCarron, der stellvertretende US-Staatsanwalt. Rosenbaum traf dann alle Vorkehrungen für die Reise des Spenders nach New York, wo die Operation stattfand. Die Spender wurden in armen Ländern rekrutiert, wo verzweifelte Menschen bereit waren, einen Teil ihres Körpers für einen geringen Preis zu opfern, verglichen mit dem Endpreis, der den Empfängern berechnet wurde. Offensichtlich wurden die Spender nicht über die medizinischen

---

[413] Artikel von Nancy Scheper-Hughes, 25. Oktober 2010, veröffentlicht von der linken US-Zeitschrift *Counterpunch*.

Risiken informiert.

Mike Levinski, ein israelischer Staatsbürger, war der Pionier des moldawischen Netzwerks. Die Wochenzeitung *Le Point* vom 15. Februar 2002 berichtete über diesen Handel. Die Moldawier waren Bürger eines kleinen Landes zwischen Rumänien und der Ukraine, viele von ihnen waren mittellos und mussten eine Niere verkaufen, um zu überleben. Israelische Pfadfinder warben im ganzen Land und boten Spendern 3.000 Dollar an. Die Provision dieser Scouts betrug etwa 30.000 Dollar pro Niere, während das Honorar des Chirurgen zwischen 100.000 und 200.000 Dollar pro Operation lag. Spender und Patienten trafen sich in der Türkei in der Klinik von Dr. Sönmez. Der Verkehr war offensichtlich äußerst profitabel, wenn man die Anzahl der Anzeigen in der israelischen Presse betrachtet.

Die „Spender" waren sich nicht immer bewusst, was mit ihnen geschehen würde. Nach gutartigen Operationen, sei es eine Blinddarmentzündung oder etwas anderes, wachten junge Moldawier wie Serghei Thimus mit Narben auf, die nicht an ihrem Platz waren. Ihnen wurde dann mitgeteilt, dass eine defekte Niere entfernt werden musste, oder - wie im Fall von Serghei - erfuhren sie später im Radio, dass der Chirurg einfach eine Niere gestohlen hatte.

Im Dezember 2001 berichtete die israelische Tageszeitung *Haaretz, dass* der rumänische Botschafter in Israel darum gebeten hatte, vom Sozialminister zu Gesprächen über ein Thema empfangen zu werden, das in seinem Land zu einem Skandal wurde. Er war gebeten worden, eine Liste von Kindern zu erläutern, die in Rumänien geboren wurden und „alle ihre Organe im Körper hatten" und zur Adoption nach Israel gebracht worden waren. Es zeigte sich also, dass die Adoption rumänischer Kinder in Israel nicht nur eine Wohltätigkeitsveranstaltung war. Nancy Scheper-Hughes, die Spezialistin für Organhandel, hatte Dörfer in Moldawien besucht, wo, wie sie schrieb, „20 % der Männer als Nierenverkäufer rekrutiert worden waren."

Im Juli 2009 wurden wir darüber informiert, dass drei Personen, die des Eierhandels beschuldigt wurden, festgenommen wurden. Die beiden Leiter der Sabyc-Klinik, ein Vater und ein Sohn, waren Israelis. Zwei weitere Israelis, die in der Klinik arbeiteten, wurden ebenfalls inhaftiert. Die Klinik zahlte den Spendern zwischen 800 und 1000 Lei (ca. 190 bis 238 Euro), obwohl das rumänische Gesetz eine Vergütung für Organ- oder Zellspenden streng untersagt. Rumänischen Medien zufolge handelt es sich bei den Begünstigten ausschließlich um Israelis. Sie zahlten zwischen zwölf- und fünfzehntausend Euro für eine In-vitro-Fertilisation. Die Eier stammen von jungen rumänischen Frauen in sozialen Schwierigkeiten. Im Februar 2013 berichtete die *Jewish Telegraphic Agency*, dass Dr. Rapahel Ron-El, ein Facharzt am Assaf-Harofeh-Krankenhaus in Israel, und seine Assistentin Daphna Komarovsky wegen Eierhandels verhaftet worden waren.

In Israel standen mehr als 1000 Menschen auf einer Organspendeliste, die Hälfte von ihnen für eine Niere. Einige waren daher für Zeitungsanzeigen empfänglich und bereit, mehr als 150 000 $ auszugeben. In der Tat gab es in Israel kein Gesetz, das den Handel mit menschlichen Organen verbot, und eine Richtlinie des Gesundheitsministeriums erlaubte es Israelis bis 2008 sogar, für eine - legale oder nicht legale - Transplantation ins Ausland zu gehen und vom israelischen Gesundheitsdienst bis zu 80 000 USD erstattet zu bekommen. Der Rest könnte von einem Versicherungsverein auf Gegenseitigkeit[414]erstattet werden. Die israelischen Gesundheitsbehörden hielten eine Nierentransplantation für wesentlich kostengünstiger als eine Dialyse und eine Langzeitpflege für Kranke.

In einem Interview im Juli 2009 erklärte Nancy Scheper-Hughes: „Ich hatte begonnen, die Verzweigungen des gesamten Netzwerks zu verfolgen, eines kriminellen Netzwerks mit einem mafiösen Ring. Der Hauptsitz dieser Pyramidenstruktur befand sich in Israel, mit Zwischenstationen in der Türkei, in New York, in Philadelphia, in Durban, in Johannesburg, in Recife in Brasilien, in Moldawien und vielen anderen Orten. Ich nutzte meine ethnografischen Forschungskompetenzen, um das Gelände zu durchforsten und zu versuchen, die Teile des Puzzles zusammenzusetzen. Letztendlich habe ich Isaac Rosenbaum als Illan Peris wichtigsten Mittelsmann in Israel identifiziert, den Drahtzieher der Operation, einen sehr schlüpfrigen Typen[415]."

Anfang Oktober 2009 erfuhren wir, dass das Netzwerk von Rabbi Rosenbaum auch in Marokko tätig ist. Professor Mustapha Khiati, Präsident der Nationalen Stiftung für die Förderung der Gesundheit und die Entwicklung der medizinischen Forschung, erklärte, dass die Operationen in Kliniken in Oujda durchgeführt wurden. Rabbi Rosenbaum war für die Finanzierung der für die chirurgischen Eingriffe erforderlichen Ausrüstung und den Transport der Organe nach New York und Israel zuständig.

Ende 2014 lasen wir, dass Levy-Izhak Rosenbaum 2012 von der US-Justiz zu zweieinhalb Jahren Haft verurteilt worden war, aber nach

---

[414]Artikel von Larry Rother in der *New York Times* vom 23. Mai 2004.
[415]Nancy Scheper-Hughes hatte das FBI seit 2002 über die Aktivitäten von Rabbi Rosenbaum informiert.

seiner Entlassung aus dem Gefängnis nicht aus den Vereinigten Staaten abgeschoben werden würde. Er war bisher die einzige Person, die in den USA wegen Organhandels verurteilt wurde.

## Von Brasilien nach Südafrika

Illan Peris Name war bereits in einem Artikel der Agence France Presse vom Januar 2004 erwähnt worden, der uns darüber informierte, dass ein pensionierter israelischer Armeeoffizier namens Gedalya Tauber 2003 in Brasilien zusammen mit einem anderen Israeli namens Eliezer Ramon und sechs weiteren Brasilianern verhaftet worden war. Tauber warb Spender in Recife, im Nordosten Brasiliens, in den Favelas an, wo sehr arme Menschen leben. Zunächst wurden den Spendern 10.000 Dollar pro Niere gezahlt, was etwa zehn Jahresgehältern entsprach; dann sanken die Preise angesichts der Zahl der Spender auf 3.000 Dollar. Alle waren in Südafrika im Saint Augustine Hospital in Durban von israelischen Chirurgen und für israelische Empfänger operiert worden. Gedalya Tauber hatte später vor Gericht ausgesagt, dass die israelische Regierung die Operation finanzierte und dass ein Beamter, der als „Illan" identifiziert wurde, ihn mit einem Mittelsmann in Brasilien in Verbindung gebracht hatte.

Nancy Scheper-Hughes hörte 1987 zum ersten Mal von Organräubern, als sie im Nordosten Brasiliens arbeitete. In den Barackensiedlungen von Alto do Cruzeiro, oberhalb der Stadt Timbaúda in der Region Pernambuco, ging ein Gerücht um." Es hieß, dass Ausländer in gelben Transportern über die unbefestigten Straßen fuhren und nach unbeaufsichtigten Kindern suchten, die entführt und getötet wurden, um ihre Organe zu stehlen. Die Leichen der Kinder wurden später in Straßengräben oder in Krankenhausmüllcontainern gefunden."

Die Studentin hatte guten Grund, skeptisch zu sein. Im Rahmen ihrer Studie über Armut und Kindererziehung in den Slums hatte sie die Bestattungsinstitute der Region sowie die für die Sterberegister zuständigen Beamten befragt. Die Kindersterblichkeitsrate war enorm, aber es gab keine Spur von chirurgisch zerstückelten Leichen." Das sind Geschichten, die sich die Armen und Analphabeten ausgedacht haben", hatte der Leiter des städtischen Friedhofs[416] geantwortet.

Obwohl sie wusste, dass diese Gerüchte nicht ganz der Wahrheit

---

[416] Artikel von Ethan Watters im *Pacific Standard Magazine* vom 7. Juli 2014, zitiert am 20. August 2015 in *Sept-info*, einer Schweizer Online-Zeitung.

entsprachen, hatte Nancy Scheper-Hughes sich geweigert, sie einfach zu ignorieren. Die Einwohner wussten sehr wohl, dass wohlhabende Menschen aus Brasilien und dem Ausland Zugang zu einer besseren Versorgung hatten." Die Menschen in Alto do Cuzeiro konnten sich leicht vorstellen, dass ihre Körper als Ersatzteillager für die Reichen begehrt waren", schrieb sie 1992 in ihrem Buch über Gewalt in Brasilien, *Tod ohne zu weinen*. 1995 war sie als einzige Ethnologin eingeladen worden, auf einem medizinischen Kongress über Organhandel in Bellagio, Italien, zu sprechen. Obwohl es keine stichhaltigen Beweise dafür gab, dass Menschen wegen ihrer Organe getötet wurden, kursierten die gleichen Gerüchte von Südamerika bis Schweden, Italien, Rumänien und Albanien. Die Organisatoren der Konferenz hatten ihn daraufhin gebeten, das Fortbestehen solch makabrer Mythen zu erklären.

Er hatte vor dem parlamentarischen Ausschuss von Pernambuco (Nordostbrasilien) ausgesagt, dass der Menschenhandel Anfang der 1990er Jahre auf Betreiben eines gewissen Zaki Shapira, dem ehemaligen Direktor des Krankenhauses von Tel Aviv, begonnen hatte. Zaki Shapira hatte mehr als 300 Transplantationen durchgeführt und seine Patienten sogar in andere Länder, z. B. in die Türkei, gebracht. Die Spender waren sehr arme Menschen, nicht nur aus Brasilien, sondern auch aus Osteuropa, den Philippinen und anderen Ländern der Dritten Welt.

Ein Artikel der *New York Times* vom 23. Mai 2004, verfasst von Larry Rother, erzählte die Geschichte von Alberty José da Silva, 38, dem Sohn einer Prostituierten, der in einer Favela in der Nähe des Flughafens lebt. Er hatte seine Niere an Gedalya Tauber verkauft, die in Brooklyn lebte, „eine 48-jährige jüdische Frau, die sehr religiös war". Er war seit 15 Jahren an der Dialyse und stand seit sieben Jahren auf zwei Transplantationswartelisten, so dass er sich schließlich mit der Idee einer Transplantation auf dem Parallelmarkt abgefunden hatte. Sie war eine von 60.000 Menschen in den Vereinigten Staaten, die auf eine Niere warteten. Ihre Familie in Israel hatte sie mit dem Netzwerk von Illan Peri in Verbindung gebracht.

Alberty José da Silva und die Frau aus Brooklyn hatten sich im Sankt-Augustin-Krankenhaus in Durban, am Rande des Indischen Ozeans, kennen gelernt. Als ich aufgefordert wurde, ein Dokument zu unterschreiben, in dem bestätigt wurde, dass es sich bei dem Empfänger um meinen Cousin handelte, wurde mir klar, dass da etwas nicht stimmte", erklärte José da Silva, aber es war zu spät."

Ein Gespräch mit anderen Spendern ergab, dass die Brasilianer nicht die gleiche medizinische Versorgung wie die israelischen Empfänger genießen. Letztere wurden vor der Operation am Strand direkt am Meer untergebracht und standen auch nach der Operation unter Beobachtung, auch nach ihrer Rückkehr nach Hause. Die Spender hingegen wurden nicht länger als drei Tage überwacht, bevor sie zum Flughafen gefahren wurden. In weniger als zwei Jahren wurden in St. Augustine mehr als hundert Operationen auf diese Weise durchgeführt." *Sie haben mich so lange gut behandelt, bis sie bekamen, was sie wollten*", sagte ein Spender zu Nancy Scheper-Hughes." *Dann wurde ich weggeworfen wie Müll.*" Sie haben mich gut behandelt, bis sie bekamen, was sie wollten. Dann wurde ich weggeworfen wie Abfall."[417].

„In meinem Fall traten die Komplikationen fast sofort auf", sagt José Carlos da Conceiçao da Silva, ein Landarbeiter. Drei Tage nach der Nierenentfernung hatte er die ersten Auswirkungen gespürt." Ich bin immer müde und kann keine schweren Sachen tragen. Mein Blutdruck geht ständig rauf und runter und meine Narbe schmerzt sehr." Als er nach Brasilien zurückkehrte, wurden ihm am Flughafen von Sao Paulo seine 6000 Dollar gestohlen, obwohl er die Diebe unter Tränen anflehte und ihnen seine Narbe zeigte[418].

Im Mai 2004 wurden in Durban sieben Personen verhaftet. Vor Gericht hatte Sushan Meir ausgesagt, dass er zusätzlich zu den 100 in Durban durchgeführten Transplantationen etwa 35 in Johannesburg organisiert habe, die Ermittler schätzten die Gesamtzahl jedoch auf etwa 200. Die Ermittler schätzten die Gesamtzahl jedoch auf etwa 200. Die Krankenhäuser gehörten zu dem privaten Unternehmen Netcare mit Sitz in Südafrika. Auf ihrer Website warben sie damit, dass Südafrika „die Transplantationshauptstadt der Welt" sei.

Der Fall des südafrikanischen Netzwerks spitzte sich im September 2010 zu: Richard Friedland, der Vorsitzende von Netcare, Südafrikas führendem privaten Gesundheitsunternehmen, und fünf Chirurgen wurden beschuldigt, wohlhabenden Israelis Nieren von brasilianischen Spendern in der Region Recife und von Rumänen transplantiert zu haben, die nur 3.000 Dollar pro Niere erhalten hatten. Das private Saint Augustine Hospital in Durban, das von Netcare betrieben wird, wurde ebenfalls beschuldigt, zwischen 2001 und 2003 109 Operationen im Auftrag israelischer Staatsangehöriger durchgeführt zu haben. Doch Richard Friedland verteidigte sich

---

[417] Charakteristische Haltung für die Denkweise der Gemeinschaft. Artikel von Ethan Watters in der *Zeitschrift Pacific Standard* vom 7. Juli 2014.
[418] Man schätzt, dass jedes Jahr etwa 5.000 Menschen illegal ein Organ verkaufen.

unnachgiebig. In einer von Agence France Presse übermittelten Erklärung wies er jegliches Fehlverhalten entschieden zurück: „Wir haben mehrere Jahre lang uneingeschränkt mit der südafrikanischen Polizei zusammengearbeitet und den Inspektoren zahlreiche Dokumente zur Verfügung gestellt. Wir sind sehr überrascht und enttäuscht, dass der Staatsanwalt es für notwendig erachtet hat, uns anzuklagen."

In Brasilien war Gedalya Tauber zu elf Jahren Haft verurteilt worden, doch 2009 gelang ihm die Flucht aus dem Henrique-Dias-Gefängnis in Recife, indem er einen Ausbruch nutzte. Im Alter von 77 Jahren wurde er Anfang Juni 2013 in Italien auf dem Flughafen Leonardo Da Vinci in Rom erneut verhaftet. Am 8. November 2015 wurde er an Belgien ausgeliefert und kam in Handschellen auf dem Flughafen von Antwerpen an.

## Chinesische Anbieter

In Brasilien und Südafrika saßen die Mitarbeiter von Illan Peri im Gefängnis, er selbst blieb in Israel. Einige Medien berichteten jedoch, dass israelische Mittelsmänner in China tätig seien.

Die Israelis nutzten die Möglichkeiten, die die Öffnung des Landes für den internationalen Handel bot, in vollem Umfang. Nach Angaben von Amos Kanaf, dem Vorsitzenden der Vereinigung der Nierenpatienten, der von *Le Monde* (24. April 2006) interviewt wurde, reisten jeden Monat etwa zwanzig Israelis, die auf eine Transplantation warteten, nach China. Die Patienten zahlten in bar und erhielten die Kosten von der israelischen Sozialversicherung erstattet, die diese Lösung aufgrund des großen Mangels an Spendern in ihrem Land akzeptierte. Die offizielle Version lautete, dass diese Organe den Körpern der 3.000 Menschen entnommen wurden, die jede Woche bei Verkehrsunfällen auf chinesischen Straßen ums Leben kommen. In Wirklichkeit wurden die Organe den Körpern der zum Tode Verurteilten entnommen. Vor kurzem hatten die Chinesen damit begonnen, die Leichen am Ort der Hinrichtung zu zerstückeln. Eine mobile chirurgische Einheit, die in der Nähe geparkt ist, würde die Nieren, die Augen und das Gewebe entfernen (nicht aber das Herz, das nur für ein paar Stunden aufbewahrt wird). Die Ersatzteile wurden dann in Krankenhäuser transportiert, wo medizinische Touristen auf die Transplantation warteten.

## Von der Ukraine nach Aserbaidschan

Israelische Schürfer waren auch in der Ukraine und in Zentralasien tätig. In der *Jerusalem Post* vom 20. August 2010 war zu lesen, dass „zwölf Personen, darunter mehrere Israelis", in der Ukraine wegen Organhandels verhaftet worden waren. Transplantationsoperationen wurden in Kiew sowie in Aserbaidschan und Ecuador durchgeführt.

Am 2. Dezember 2010 berichtete Agence France Presse, dass drei Ärzte in der Ukraine verhaftet worden seien. Die Informationen waren in keiner französischen Zeitung veröffentlicht worden, sondern auf der Schweizer Website *Romandie.com*, wo wir Details zum Fall[419] fanden. In einem Interview mit der Tageszeitung *Gazeta po-Kievski* hatte der stellvertretende ukrainische Innenminister erklärt, dass drei weitere Personen inhaftiert worden seien. Es handelte sich um Personen, die Spender rekrutierten und nach Baku, der Hauptstadt Aserbaidschans, transportierten, wo die meisten Spender operiert worden waren. Andere Operationen fanden in einer bekannten Klinik in Kiew statt." Bis heute haben wir 25 Personen entdeckt, die dazu gebracht wurden, ihre Nieren zu verkaufen. Wir suchen nach mehr." Die drei verhafteten Ärzte hatten Bürgern aus der Ukraine, Moldawien und Usbekistan Nieren entnommen. Bei den Empfängern der Transplantate handelte es sich „meist um Israelis", die zwischen 100.000 und 200.000 Dollar zahlten.

## Verkehr in Israel geht weiter

In Israel wurde der Organhandel 2008 von der *Knesset* (Nationalversammlung) verboten, und seither werden im Ausland durchgeführte Transplantationen nicht mehr erstattet, es sei denn, sie sind legal - und das waren sie alle, zumindest auf den ersten Blick. Die Jagd auf die Menschenhändler scheint für die Regierung jedoch aufgrund des Bedarfs keine Priorität zu sein.

Im April 2010 nahm die israelische Polizei im Norden Israels ein halbes Dutzend Männer fest. Wie die israelische Tageszeitung *Haaretz* am 7. April berichtete, handelt es sich bei den Verhafteten um einen Brigadegeneral und zwei Rechtsanwälte. Auslöser für die Ermittlungen war die Beschwerde einer 50-jährigen Frau aus Nazareth, die auf eine arabischsprachige Anzeige geantwortet hatte, in der 10 000 Dollar für eine Nierenspende angeboten wurden. Sie war in ein osteuropäisches Land geflogen, wo die Operation stattfand, aber bei ihrer Rückkehr

---

[419] In der Wochenzeitschrift *Rivarol* haben wir am 10. Dezember 2010 einen Artikel mit dem Titel „Organhandel: Israel im Zentrum des Netzes" zu diesem Thema veröffentlicht.

nach Israel berichtete sie, dass die vereinbarte Summe nicht gezahlt worden war. Die Untersuchung deckte ein Netz von Organhändlern auf." Das Netz funktioniert im ganzen Land und nicht nur im Norden." Den Organhändlern ist es gelungen, sich Zugang zu den Daten von Patienten auf den Wartelisten für Transplantationen zu verschaffen und ihnen ihre Dienste als Alternative anzubieten. Das Netzwerk rekrutierte dann Spender durch Anzeigen in Zeitungen und im Internet, sagte der Polizeibeamte.

Im Durchschnitt wurden dem Empfänger für eine Nierentransplantation 120.000 Dollar (90.000 Euro) in Rechnung gestellt. Die Spender, bei denen es sich um Menschen in einer prekären Situation handelte, erhielten nie mehr als 10.000 Dollar, manchmal sogar weniger oder gar nichts. Die Spender mussten einen Vertrag mit den Menschenhändlern unterzeichnen, der falsche Klauseln und Erklärungen enthielt, insbesondere die, dass sie mit dem Empfänger verwandt seien, was in den Ländern (Osteuropa, Philippinen, Ecuador), in denen die Transplantation stattfinden sollte, gesetzlich vorgeschrieben war. Sie wurden dann ohne jegliche medizinische Unterlagen nach Israel zurückgeschickt, was sie im Falle von Komplikationen nach der Operation, die häufig auftraten, einem Risiko aussetzte.

In einem Artikel der *New York Times vom* 17. August 2014 wurden die Namen weiterer Organhändler genannt: Avigad Sandler, ein ehemaliger Versicherungsvertreter, der seit 2008 des Organhandels verdächtigt wird und ein ehemaliger Offizier der israelischen Armee ist, Boris Volfman, ein junger ukrainischer Emigrant, der Sandler nahe steht und seine eigene Firma Leshem Shamaim („*Au nom du ciel*") gegründet hat, und Yaacov Dayan, ein in der Immobilienbranche bekannter Geschäftsmann. Diese israelischen „Organvermittler" stellten Transaktionen zwischen 100.000 und 200.000 Dollar in Rechnung, aber die Untersuchung hatte ergeben, dass ein wohlhabender Texaner im Jahr 2012 330.000 Dollar für eine Transplantation an Sandler gezahlt hatte. Die drei Männer wurden im Juni 2013 verhaftet.

Ophira Dorin hatte 2012 eine Niere aus einer armen Gegend in Costa Rica gekauft, und die Transplantation wurde in einem Luxuskrankenhaus in Tel Aviv durchgeführt. Andere Kunden hatten Organe aus Sri Lanka, der Türkei, Ägypten, Pakistan, Indien, China, dem Kosovo und Osteuropa erhalten.

## *Das gelbe Haus des Kosovo*

Kosovo ist die historische Provinz, die 1999 von Serbien übernommen wurde. Eine überwältigende albanische Mehrheit forderte Autonomie für die Region, was zu blutigen Zusammenstößen mit der serbischen Bevölkerung führte. Die US-Bombenangriffe auf die Serben ermöglichten es den muslimischen Kosovaren und Albanern, die Schlacht zu gewinnen. Von da an geriet das Gebiet unter die Kontrolle der ehemaligen UCK, der Befreiungsarmee, deren ehemalige Führer zu den führenden politischen Persönlichkeiten des Landes wurden.

Laut Victor Ivanov, dem Leiter des russischen Föderalen Drogenkontrolldienstes, „ist das Kosovo zu einer Enklave geworden, in der sich Drogenhändler völlig frei fühlen. Jedes Jahr werden bis zu 60 Tonnen Heroin durch das Land transportiert, was den Kriminellen rund 3 Milliarden Euro einbringt."

Carla del Ponte, die Anklägerin des Haager Tribunals für Kriegsverbrechen im ehemaligen Jugoslawien, hatte 2008 ein Buch mit dem Titel *La Caccia (Die Jagd, die Kriegsverbrecher und ich)* über ihre achtjährigen Erfahrungen mit dem jugoslawischen Fall veröffentlicht. Vier Monate nach ihrem Ausscheiden aus dem Amt enthüllte sie, dass Hunderte von jungen serbischen Gefangenen nach Nordalbanien transportiert worden waren, wo ihnen Organe entnommen worden waren. Carla del Ponte hatte das Haus gesehen, in dem sich das Blutbad ereignet hatte, und die an den Ereignissen beteiligten Personen getroffen.

In der Wochenzeitung *L'Express* vom 17. April 2008 heißt es: „Der angebliche Menschenhandel, in den ihrer Meinung nach führende Politiker des heute unabhängigen Kosovo Ende der 1990er Jahre verwickelt waren, schließt auch den derzeitigen Premierminister Hashim Thaçi ein. Die darin enthaltenen Details sind erschreckend. Rund 300 Gefangene sollen im Sommer 1999 aus dem Kosovo nach Albanien transportiert worden sein, wo sie in einer Art Gefängnis eingesperrt wurden. Die entnommenen Organe wurden angeblich „an Kliniken im Ausland geschickt, um sie zahlenden Patienten zu transplantieren", während die Opfer „bis zu ihrer Hinrichtung eingesperrt blieben, um andere Organe zu entnehmen"." Aber laut Florence Hartmann, ihrer ehemaligen Sprecherin am Internationalen Strafgerichtshof für das ehemalige Jugoslawien, hatte Carla del Ponte „nicht den geringsten Beweis", um ihre Anschuldigungen zu belegen. In einem in der Schweizer Tageszeitung *Le Temps* veröffentlichten Meinungsbeitrag bezeichnete Frau Hartmann es als „unverantwortlich" und „unwürdig", dass der Richter „als bewiesene Tatsachen darstellt, was in Wirklichkeit unmöglich zu beweisen ist".

Die serbischen Justizbehörden hatten diese Berichte sehr ernst genommen und eine Untersuchung des Falles eingeleitet. Am 6. November 2008 wurde in Serbien ausführlich über die Verhaftung von drei Personen in Pristina (Kosovo), darunter zwei Ärzte, wegen des Verdachts auf illegale Nierentransplantationen berichtet. In einem Artikel, der am 14. November 2008 im *Courier international,* der Wochenzeitung des sehr zionistischen Pressedirektors Alexandre Adler, veröffentlicht wurde (der Artikel ist mit Alexandre Lévy unterzeichnet), wurde uns mitgeteilt, dass die Belgrader Presse die Reise des serbischen Staatsanwalts für Kriegsverbrechen, Vladimir Vukcevic, nach Tirana (Albanien) aufmerksam verfolgt hat. Er hatte seinem albanischen Amtskollegen „neue Beweise" für den Handel mit Organen vorgelegt, die serbischen Gefangenen während des Krieges 1999 entnommen worden waren." Internationale Ermittlungen im Organhandel", titelte die Tageszeitung *Politika,* die über die Verhaftung der Ärzte Lutvi Dervishi und Tuna Pervorfraj von der privaten Medicus-Klinik in Pristina durch die kosovarische und internationale Polizei berichtete. Die Polizei hatte ihrerseits einen internationalen Haftbefehl gegen den „türkischen" Arzt Yusuf Erçin Sönmez erlassen, der verdächtigt wird, den Menschenhandel zu organisieren. Laut der Tageszeitung *Oslobodjenje aus* Sarajevo „gehörte dieser Urologe, der von der Türkei mit einem Berufsverbot belegt wurde, der internationalen Organhandelsmafia an. Er geriet auch ins Visier der bulgarischen und rumänischen Behörden."

Im Januar 2010 war ein Korrespondent des Europarats, der Schweizer Dick Marty, in Begleitung von zwei Ermittlern in den Kosovo gereist und bestätigte anschließend den Handel mit serbischen Gefangenen[420]. Im Februar schließlich bat ein hoher UN-Beamter, Philip Alston, Albanien um uneingeschränkte Zusammenarbeit bei den Ermittlungen. Dann wurde bekannt, dass die entführten Personen in einem Haus mit gelber Fassade - daher der Name „Gelbes Haus" - festgehalten und operiert wurden.

Laut Carla del Ponte wusste Bernard Kouchner - ehemaliger Minister des „sozialistischen" Präsidenten François Mitterrand - der zwischen 1999 und 2001 Hoher Vertreter der Vereinten Nationen im Kosovo war, von diesem Handel, hatte aber beschlossen, den Fall nicht öffentlich zu machen. Im Juni 2009 empfing Bernard Kouchner[421] als

---

[420] Sein Bericht über den Organhandel wurde dem Europäischen Rat im Dezember 2010 vorgelegt.
[421] Bernard Kouchner hatte sich dadurch ausgezeichnet, dass er sich vor internationalen Gremien für den Grundsatz der humanitären Einmischung eingesetzt hatte. Im Jahr

Außenminister unter dem rechtsliberalen Präsidenten Nicolas Sarkozy in Paris den ehemaligen UCK-Chef Hashim Thaçi, der inzwischen Premierminister des Kosovo geworden war. Bernard Kouchner erklärte, er sei „glücklich", seinen „Freund" empfangen zu haben. Bernard Kouchners „Freund" war jedoch ein Mann, der mit der Mafia in Verbindung stand und „von mehreren Geheimdiensten als Schlüsselfigur des organisierten Verbrechens auf dem Balkan identifiziert wurde[422]."

Bei seinem Besuch in der serbischen Enklave Gracanica im März 2010 wurde Bernard Kouchner von einem Journalisten der *Voice of America*, Budimir Nicic, gebeten, sich zum Fall des „gelben Hauses" zu äußern, das als geheime Klinik gedient hatte. Kouchner hatte geantwortet: „Was ist das, die gelben Häuser? Welche gelben Häuser? Warum gelb? Sie sollten es nachschlagen. Es gab keine gelben Häuser, es gab keine Organverkäufe. Leute, die so etwas erzählen, sind Bastarde und Mörder! „Wir erinnern uns alle an sein unanständiges Lachen: „Du bist verrückt, du glaubst jeden Unsinn[423]! "

Auf der Website *Mediapart* wurde am 13. Juni 2013 in einem Artikel von Silvia Cattori auf diesen Fall zurückgekommen. Der Journalist Budimir Nicic zeigte sich „beleidigt und gekränkt" von Bernard Kouchners Reaktion: „Alle waren schockiert über sein Verhalten. Die schrecklichsten Verbrechen fanden statt, als er für den Kosovo zuständig war. Er hat keines seiner Versprechen gehalten, die Schuldigen an den Verbrechen gegen die Serben zu finden. Es waren leere Worte." Naim Miftari, ehemaliger UCK-Chef, der heute in mehreren hochbrisanten Prozessen als Zeuge aussagt, ging noch weiter als Budimir Nicic: „1999 hätte im Kosovo kein Verbrechen begangen werden können, ohne dass Kouchner darüber informiert gewesen wäre."

Als das „Gelbe Haus" in Albanien nach dem Krieg wieder weiß gestrichen wurde, wurden die Organentnahmen in der Privatklinik Medicus in Pristina, der Hauptstadt des Kosovo, durchgeführt. Die Einrichtung war 2008 geschlossen worden, und der türkische Arzt Yusuf Sönmez war Ende 2008 in Abwesenheit zu acht Jahren Haft verurteilt worden. Das Regionalgericht von Pristina hatte einen internationalen Haftbefehl gegen ihn ausgestellt, und er wurde

---

2010 wurde er von der *Jerusalem Post* auf Platz 15 der 50 einflussreichsten Juden der Welt gewählt.
[422]Artikel von Silvia Cattori auf der *Mediapart-Website* vom 13. Juni 2013.
[423] „*Mais vous êtes fous, vous croyez n'importe quelle connerie!*" Das Video der Szene ist berühmt und kursiert immer noch im Internet (NdT).

schließlich zwei Jahre später, am 12. Januar 2011, in seiner Villa an der asiatischen Küste Istanbuls verhaftet. Yusuf Erçin Sönmez erhielt den Spitznamen „Doktor Frankenstein" oder „Doktor Geier".

Am 12. Januar 2011 veröffentlichte die Zeitung *Le Figaro* einen hervorragenden Artikel von Cyrille Louis. Sie teilte uns mit, dass Yusuf Sönmez, der gerade verhaftet worden war, gegen Kaution und mit einem Ausreiseverbot freigelassen worden war. Laut der Anklageschrift der kosovarischen Staatsanwaltschaft hatten die Ermittlungen am 4. November 2008 rein zufällig nach einer Kontrolle am Flughafen Pristina begonnen. Yilman Altun, ein türkischer Staatsbürger, bereitete sich auf einen Flug nach Istanbul vor, als Polizeibeamte seine offensichtliche Schwäche bemerkten. Ein Arzt, der ihn untersuchen sollte, entdeckte eine noch frische Narbe auf seinem Rücken. Erschöpft gab Yilman Altun zu, dass er gerade aus dem Operationssaal der Medicus-Klinik gekommen war, wo ihm eine Niere entfernt worden war. Zuvor, am 4. August in Istanbul, hatte ihm ein gewisser Ismaïl angeboten, viel Geld zu verdienen, indem er eine seiner Nieren spendet, nachdem er einen Brief von der Medicus-Klinik zusammen mit seinem Flugticket erhalten hatte. Ende Oktober reiste Yilman Altun nach Pristina. Ihm war zugesichert worden, dass er bei seiner Rückkehr 20.000 Euro in bar erhalten würde. In der Zwischenzeit war seine Niere in den Körper von Bezalel Shafran transplantiert worden, einem israelischen Bürger, der an einer schweren Krankheit litt. Von den Ermittlern befragt, gab Shafran an, dass er über einen in der Türkei lebenden Landsmann, Moshe Harel, Kontakt zu dem kriminellen Netzwerk aufgenommen hatte. Dieser hatte ihm für 90.000 Euro eine „neue" Niere zugesichert. Am 30. Oktober war der Israeli in Pristina gelandet, wo er in der Medicus-Klinik mit Yilman Altun bekannt gemacht wurde. Bevor sie den Operationssaal betraten, wurden die beiden Männer gebeten, einen Brief zu unterschreiben, in dem sie den wohltätigen und „humanitären" Charakter der Transplantation erklärten. Dr. Yusuf Sönmez war frisch aus dem Flugzeug gekommen und hatte das Skalpell in die Hand genommen.

Die Ermittlungen wurden von Staatsanwalt Jonathan Ratel geleitet, einem internationalen Richter, der der zivilen europäischen Mission Eulex angehört, die zum Aufbau der Rechtsstaatlichkeit im Kosovo beiträgt. Jonathan Ratel war es gelungen, die Verantwortung für den gesamten Fall abzuschieben. Dr. Lufti Dervishi, Leiter des urologischen Dienstes im Krankenhaus von Pristina, hatte Sönmez 2006 auf einem Urologiekongress kennen gelernt. Moshe Harel, gegen den ein internationaler Haftbefehl vorlag, hatte die Spender, die in der

Türkei, Moldawien, Kasachstan und Russland angeworben wurden, mit den Empfängern zusammengebracht. Alle Zahlungen wurden über seine Bankkonten abgewickelt. Auf der Grundlage der in der Medicus-Klinik sichergestellten Anästhesieunterlagen wurden 2008 insgesamt 27 Operationen durchgeführt.

Die Polizei interessierte sich für die Komplizenschaft von Menschenhändlern innerhalb des kosovarischen Verwaltungsapparats. So wurde beispielsweise der ehemalige Staatssekretär des Gesundheitsministeriums, Ilir Rrecaj, beschuldigt, der Medicus-Klinik eine Genehmigung zur Selbstgefälligkeit erteilt zu haben.

Im März 2012 wurde bekannt, dass ein Kanadier aus Toronto, Raul Fain, ein 66-jähriger Jude, im Jahr 2008 einem israelischen Staatsbürger 105.000 Dollar für eine Nierentransplantation in der Klinik gezahlt hatte. Er hatte sich entschlossen, einen ausländischen Spender zu suchen, nachdem ihm seine Ärzte mitgeteilt hatten, dass er möglicherweise zwölf Jahre warten müsste, bis er in Kanada ein Organ erhalten würde. Raul Fain hatte in Istanbul den Israeli Moshe Harel getroffen. Sie waren gemeinsam mit einem deutschen Mann, der ebenfalls eine Niere erhalten sollte, und zwei russischen Frauen, die eine ihrer Nieren spenden wollten, in den Kosovo gereist.

Auf der Website *bloomberg.org* lasen wir am 1. November 2011 einen Artikel mit dem Titel „Organhandelsbanden zwingen Arme, ihre Nieren an verzweifelte Israelis zu verkaufen". In Weißrussland hatte sich Sasha, 29 Jahre alt und bis zum Hals verschuldet, ebenfalls bereit erklärt, eine seiner Nieren zu verkaufen, und war nach Pristina gereist, nachdem er auf eine Internetanzeige geantwortet hatte, in der 10.000 Dollar versprochen wurden. Er wurde in Istanbul von Yuri Katzman, einem Israeli weißrussischer Herkunft, empfangen. Katzman hatte ihn vor seiner Landung in Pristina am 26. Oktober 2008 mit Moshe Harel bekannt gemacht. Seine Niere war an einen alten Juden aus New York verkauft worden. Danach war Moshe Harel geflohen.

Andere Operationen fanden in der Türkei statt. Dorin Razlog, ein 30-jähriger Schafhirte aus Ghincauti in Moldawien, gab an, im August 2002 in Istanbul operiert worden zu sein. Man hatte ihm 7.000 Dollar statt der angebotenen 10.000 Dollar gezahlt, obwohl 2.500 Dollar gefälschte Scheine waren." Sie sagten, wenn ich mich bei der Polizei melde, würden sie mein Haus zerstören und meine Familie töten."

Moshe Harel, einer der neun im Fall der Organtransplantation im Kosovo angeklagten Personen, wurde im Mai 2012 in Israel verhaftet. Jonathan Ratel, der Eulex-Sonderstaatsanwalt, der den Organhandel untersucht, hatte bestätigt, dass Moshe Harel und andere Verdächtige festgenommen worden waren.

Am 26. April 2013 wurden die fünf Ärzte der Medicus-Klinik in Pristina (Kosovo) endgültig verurteilt. Hundert Zeugen waren vor Gericht erschienen. Die härteste Strafe, acht Jahre Gefängnis, wurde gegen den Urologen Lutfi Dervishi, den Eigentümer der Klinik, verhängt. Sein Sohn, der ebenfalls Arzt ist, Arban Dervishi, wurde zu sieben Jahren und drei Monaten verurteilt. Drei weitere Angeklagte in diesem Fall, ebenfalls Ärzte, wurden zu Haftstrafen zwischen einem und drei Jahren verurteilt. Die Täter wurden außerdem zu einer Entschädigungszahlung in Höhe von 15.000 Euro an sieben der Opfer verurteilt. Die Tageszeitung *Le Monde* titelte: „Ein lukrativer Markt für die Mafia", nannte aber nicht, um welche Mafia es sich handelt. Vierundzwanzig Opfer waren identifiziert worden: Israelis (wahrscheinlich Palästinenser), Türken, Kasachen, Weißrussen, Russen, Ukrainer und Moldawier. Bei allen handelte es sich um hilfsbedürftige Menschen, die zwischen März und November 2008 in der Medicus-Klinik operiert worden waren. Alle waren zunächst in Istanbul kontaktiert worden, wo man ihnen erhebliche Summen versprochen hatte, „auch wenn sie nie bezahlt wurden", wie die Zeitung *Le Monde* am 29. April 2013 berichtete. Sechs Spender hatten vor Gericht ausgesagt, entweder persönlich im Gerichtssaal oder per Videokonferenz. Die Kunden hatten ihrerseits zwischen 80.000 und 100.000 Euro bezahlt." Sie kamen aus Israel, Kanada, Polen, den Vereinigten Staaten und Deutschland und waren in der Regel wohlhabende Menschen, die die Wartezeiten in ihrem Land verkürzen wollten. Außerdem waren sie alle Juden", so der Journalist von *Le Monde*. Yusuf Sönmez und Moshe Harel waren bei der Verhandlung nicht anwesend, da ihren Auslieferungsanträgen an die Türkei und Israel nicht stattgegeben wurde. Diese Länder liefern ihre Bürger nämlich nicht an ausländische Gerichte aus.

Am 13. Mai 2015 wurde in Tel Aviv Anklage gegen sieben Israelis erhoben, die nach Angaben des israelischen Justizministeriums an einem internationalen Netzwerk für Organhandel und illegale Transplantationen im Kosovo, in Aserbaidschan, Sri Lanka und der Türkei beteiligt waren. Einer der Angeklagten, Avigad Sandler und Boris Wolfman, machte israelische Patienten ausfindig, um ihnen die Organe von Menschen aus dem Kosovo, Aserbaidschan und Sri Lanka anzubieten. Der dritte Angeklagte, Moshe Harel, arbeitete ebenfalls im Kosovo mit dem türkischen Arzt Yusuf Erçin Sönmez zusammen.

Ein weiterer Angeklagter, Dr. Zaki Shapiro, galt als Experte für Organtransplantation. Er war bis zu seiner Pensionierung im Jahr 2003

Leiter des Organtransplantationsdienstes im Beilinson-Krankenhaus bei Tel Aviv. Anfang 2007 wurde dieser Israeli zusammen mit drei weiteren Mitbürgern in der Türkei verhaftet. Die *Jerusalem Post* bezeichnete ihn damals als einen der wichtigsten Spezialisten für Organtransplantationen. Organentnahmen und -transplantationen wurden in Privatkliniken in Istanbul durchgeführt, in denen Dr. Shapiro unter außergewöhnlichen Umständen verhaftet worden war. Vier bewaffnete Männer waren in das medizinische Zentrum eingedrungen, um die Rückzahlung seines Geldes zu fordern. Nach Angaben der türkischen Presse hatten die vier Männer auf das medizinische Personal geschossen. Die Polizei wurde sofort alarmiert, und ein Polizist wurde bei der Schießerei verwundet. Die polizeilichen Ermittlungen ergaben, dass die Klinik nach mehrfacher Verwarnung von der Justiz angewiesen worden war, wegen der illegalen Transplantationen monatelang zu schließen. Neben Dr. Shapiro (oder Shapira) waren sechzehn weitere Personen verhaftet worden, darunter zwei türkische Ärzte.

Bereits 2002 hatte die Universitätsprofessorin Nancy Scheper-Hughes den Namen dieses Zaki Shapiro vor dem US-Repräsentantenhaus erwähnt: „Dr. Zaki Shapiro, Leiter des Transplantationsdienstes am Beilison Medical Center in der Nähe von Tel Aviv, hatte sich Anfang der 1990er Jahre über das Gesetz hinweggesetzt, als er arabische Mittelsmänner benutzte, um Organverkäufer unter den armen Arbeitern in Gaza und im Westjordanland zu finden." Zaki Shapiro und Yusuf Sönmez waren ebenfalls Mitarbeiter des flüchtigen Illan Peri.

Am 9. Dezember 2015 meldete die russische Nachrichtenagentur *sputniknews*, dass der in der Ukraine geborene israelische Staatsbürger Boris Walker (mit richtigem Nachnamen Wolfman) nach Angaben der *Deutschen Welle* am Atatürk-Flughafen am Stadtrand von Istanbul abgefangen worden sei. Er war in die Türkei gereist, um die Organe von syrischen Flüchtlingen, die vor dem Islamischen Staat geflohen waren, zu entnehmen. Vierzig Tage nach seiner Verhaftung ordnete die türkische Justiz die Auslieferung des mutmaßlichen Menschenhändlers an Israel an, obwohl die türkischen und israelischen Behörden eine Stellungnahme ablehnten. Bis 2015 wurde noch kein Organhändler von der Justiz des hebräischen Staates verurteilt.

### *Die anklagende Umkehrung*

Die typische anklagende Umkehrung wurde im Kino mit dem Film *Dirty Pretty Things* (UK, 2002) wieder einmal bestätigt: Okwe ist ein armer schwarzer Mann nigerianischer Herkunft, der in England, in London, lebt. Er ist ein illegaler Einwanderer, und sein Leben ist nicht einfach. Aber er arbeitet hart, um über die Runden zu kommen. Tagsüber ist er Taxifahrer, nachts arbeitet er als Rezeptionist in einem Londoner Palasthotel. Doch im Hotel geschehen merkwürdige Dinge, und Okwe findet heraus, dass das Palasthotel ein Organhandel ist, der von einem Mann geleitet wird, der die Not der Migranten ausnutzt. Im Tausch gegen eine ihrer Nieren können die armen Einwanderer aus der Dritten Welt so einen Pass oder ein Visum erhalten: eine Niere im Tausch gegen einen Reisepass. Die Operationen werden in einer Hotelsuite von unerfahrenen Ärzten durchgeführt. Verfolgt von der Einwanderungsbehörde (zwei sehr böse weiße Engländer), wagt Okwe nicht, das, was er gerade entdeckt hat, anzuprangern. Mit Hilfe einer türkischen Putzfrau, einer schwarzen Prostituierten und eines Chinesen, der in einem Leichenschauhaus arbeitet, wird er daher auf andere Weise versuchen, diesen Verkehr zu unterbinden. Die armen illegalen Einwanderer (damals als „Sündenböcke" bezeichnet) sind Opfer von Erpressung, Druck, Vergewaltigung und Verbrechen, während die Weißen wieder einmal die Rolle der Bastarde spielen. Der Film stammt von Regisseur Stephen Frears, der kein „Weißer" ist, wie Sie wissen.

Wir wissen auch, dass das Blut von christlichen Kindern in der Vergangenheit aus religiösen Gründen gehandelt worden sein kann. Im Februar 2007 kam es in Italien zu einem sehr unangenehmen Fall, der einen großen Skandal auslöste. Professor Ariel Toaff hatte gerade ein 400-seitiges Buch mit dem Titel *Pasque di sangue (Pessach des Blutes, die Juden Europas und die Blutlibellen)* veröffentlicht. Professor Toaff, von der Bar-Ilan Universität in Jerusalem und Sohn des ehemaligen Oberrabbiners von Rom, erregte Aufsehen in den Medien, als er einräumte, dass einige aschkenasische Juden in Norditalien Ritualmorde begingen und dass das Blut dieser christlichen Kinder auf beiden Seiten der Alpen gehandelt wurde. Seit dem 11. Jahrhundert gab es überall in Europa und im Nahen Osten Anschuldigungen wegen Ritualmordes[424].

Natürlich mussten auch hier einige jüdische Filmemacher Filme zu diesem Thema machen. Zum Beispiel: *The Haunted* (USA 1987): In New York werden kleine Jungen entführt und Opfer von Ritualmorden. Der Psychologe Jamison entdeckt die Existenz der Santeria, einer Sekte, die eine kubanische Variante des Voodoo praktiziert. Der Film ist von John Schlesinger, der nicht Mitglied einer Voodoo-Sekte ist.

---

[424]Zum Ritualmord siehe *Jüdischer Fanatismus* (2007) und unsere *Geschichte des Antisemitismus* (2010).

In Peter Webbers Film *Hannibal Lecter, the Origins of Evil* (2007), der die Kindheit des berühmten Hannibal Lecter, des kannibalistischen Psychopathen aus *Das Schweigen der Lämmer*, zeigt, wie ein Kindermörder auch ein guter Katholik sein kann, der seine Kinder in die Kirche bringt.

Gegen die unerbittliche Flut der Hollywood-Propaganda stach eine türkische Produktion aus dem Jahr 2006 hervor: *Tal der Wölfe*, ein Film, der die von den US-Truppen im Irak begangenen Verbrechen sowie die Demütigungen der Widerstandskämpfer im Gefängnis von Abu Ghraib zeigt. Der Film prangerte auch den Organhandel an, für den israelische Ärzte in diesem irakischen Gefängnis verantwortlich waren. Wir sahen, wie ein jüdischer amerikanischer Arzt einem lebenden arabischen Gefangenen behutsam eine Niere entnahm und sie vorsichtig in einen Behälter mit der Aufschrift „*Nach Tel-Aviv*" legte. Da der Film in eine Fernsehserie umgewandelt wurde, deren Episoden im türkischen Fernsehen wiederholt wurden, hatte der Staat Israel seinen Unmut geäußert. Im Januar 2010 wurde der türkische Botschafter Oguz Celikkol ins israelische Außenministerium gerufen, wo ihn der stellvertretende Leiter der israelischen Diplomatie, Danny Ayalon, nachdem er ihn lange auf dem Korridor hatte warten lassen, empfing, ohne ihm die Hand zu geben, und ihn einlud, in einem Sessel auf einer niedrigeren Stufe als die israelischen Diplomaten Platz zu nehmen. Anschließend erklärte der türkische Botschafter, dass er in den 30 Jahren seiner Karriere noch nie so gedemütigt worden sei.

Im August 2009, nach der Veröffentlichung des Artikels des schwedischen Journalisten Donald Boström, beschloss die israelische Führung, sofort mit einem Angriff zu reagieren, auch auf die Gefahr hin, eine diplomatische Krise zu provozieren. Die schwedische Regierung sollte den antisemitischen Artikel unverzüglich verurteilen." Wir verlangen von der schwedischen Regierung keine Entschuldigung, sondern eine Verurteilung des Artikels", erklärte Premierminister Benjamin Netanjahu während des Ministerrats. Finanzminister Yuval Steinitz erklärte gegenüber Reportern: „Die Krise wird so lange andauern, wie die schwedische Regierung ihre Haltung zu diesem antisemitischen Artikel nicht geändert hat. Wer das nicht verurteilt, ist in Israel nicht willkommen", und fügte hinzu: „Die schwedische Regierung kann nicht länger schweigen. Im Mittelalter wurden Verleumdungen verbreitet, die Juden beschuldigten, ungesäuertes Brot für das Pessachfest mit dem Blut christlicher Kinder zuzubereiten, und heute werden Soldaten der israelischen Armee Tsahal beschuldigt, Palästinenser zu töten, um ihre Organe zu entnehmen."

Der Chef der israelischen Diplomatie, Avigdor Lieberman, warf seinem Stockholmer Amtskollegen Schweigen vor: „Es ist beschämend, dass der schwedische Außenminister sich weigert, in einem Fall von Aufwiegelung zum Mord an Juden zu intervenieren. Diese Haltung erinnert an die Schwedens während des Zweiten Weltkriegs. Damals weigerte sie sich auch, gegen den Völkermord der Nazis zu intervenieren." Die schwedische Botschafterin in Tel Aviv, ein Mitglied der wohlhabenden und einflussreichen Bonnier-Familie, der die meisten schwedischen Zeitungen, Fernsehsender und Kinos gehören, zeigte sich „zutiefst schockiert" ([425]).

In den Redaktionen der großen westlichen Medien machte sich eine gewisse Unruhe breit. Die Mainstream-Presse sprach von „Spannungen" zwischen Israel und Schweden. So titelte die französische Wochenzeitung *Le Point*: „Israel erhebt seine Stimme gegen Schweden nach einem als antisemitisch beurteilten Artikel". Damit wurde eine Diskussion über das grundlegende Problem des Organhandels vermieden.

Am 11. Dezember 2009 erschien in der englischen Online-Zeitung *Dailymail*, der zweitgrößten englischen Tageszeitung, ein unglaublicher Artikel mit dem Titel *„Mengele stole my Kidney"*. Wir lasen, dass ein 85-jähriger Israeli, Yitzchak Ganon, gerade von einem Kardiologen in Tel-Aviv operiert worden war. Als er in seinem Krankenhausbett aufwachte, war der Chirurg, der ihm gerade das Leben gerettet hatte, sehr überrascht. Er hatte tatsächlich festgestellt, dass seinem Patienten eine Niere fehlte. Ich weiß", hatte er geantwortet. Als ich es das letzte Mal sah, pochte es in den Händen eines Mannes, der Josef Mengele hieß." Yitzchak Ganon begann dann seine unglaubliche Geschichte zu erzählen.

Josef Mengele war „der schreckliche Nazi-Arzt, der in Auschwitz arbeitete". Yitzchak Ganon, ein Überlebender von Auschwitz, war von diesem „teuflischen Arzt" ausgewählt worden, der auf dem Ankunftsbahnsteig von Zugkonvois erschien, um menschliche Versuchskaninchen für seine grausamen Experimente auszuwählen."

Hier der vollständige Text aus der englischen Zeitung: „Nachdem die Nummer 182558 auf seinen linken Arm tätowiert worden war, band Mengele - den seine Opfer 'Todesengel' nannten - Y. Ganon auf dem Operationstisch: „Er stach sein Messer ohne Betäubung in mich hinein. Der Schmerz war unbeschreiblich. Ich habe jeden Schnitt des Messers gespürt. Und dann sah ich, wie meine Niere in seiner Hand pochte. Ich

---

[425] Ein deutsch-jüdischer Vorfahre, Hirschel, hatte seinen Nachnamen in „Bonnier" geändert. Die schwedische Familie Bonnier besaß auch zahlreiche Medien in Finnland.

schrie wie ein Besessener, ich schrie diese Bitte: „Höre, Israel, der Herr ist unser Gott, der Herr ist eins". Und ich betete, dass der Tod kommen möge, damit ich solche Leiden nicht mehr ertragen müsste." Aber Mengele, der herausfinden wollte, wie er die perfekten SS-Übermenschen für seinen Führer klonen konnte, war noch nicht fertig mit ihm." Nach der Operation gaben sie mir keine Schmerzmittel und ließen mich arbeiten. Ich musste den Raum hinter den blutigen Operationen von Mengele reinigen."

Sechs Monate später wurde er von Mengele erneut getestet. Diesmal wurde er in ein Bad mit eiskaltem Wasser getaucht, während Mengele ihn in Abständen beobachtete: Er wollte sehen, wie seine Lunge funktionierte." Dann wurde ich für die Gaskammer ausgewählt, weil mein Körper nichts mehr wert war." Am Morgen der Vergasung hatte Y. Ganon unglaubliches Glück (wie Elie Wiesel, wie Samuel Pisar und andere Überlebende[426].) Ich war „der 201., der in die Gaskammer geschickt wurde - aber nach 200 Menschen war der Raum voll": „Das rettete mein Leben. Und sie schickten mich zurück ins Lager."

Nach der Befreiung von Auschwitz konnte Ganon nach Griechenland zurückkehren, wo er mit seinem Bruder und seiner Schwester, die ebenfalls überlebt hatten, wiedervereint wurde. 1949 wanderte er dann nach Israel aus.

Da verstanden wir, warum dieser Israeli sich nach 64 Jahren weigerte, einen Arzt aufzusuchen. Die ganze Zeit über hatte der Mann dieses schreckliche Geheimnis gehütet, das sein Misstrauen gegenüber der Ärzteschaft erklärte. Seine Familienangehörigen hatten sich immer gewundert, dass er sich weigerte, einen Arzt aufzusuchen." Wann immer er einen Schnupfen, eine Erkältung, eine Infektion, eine Ekchymose, eine Schnittwunde oder eine andere Krankheit hatte, kam er allein zurecht", sagt seine Frau." Als er krank war, sagte er, er sei nicht krank, er sei nur müde." Als Yitzchak Ganon einen Herzinfarkt erlitt, war sein Geheimnis gelüftet. Auf der Website der Zeitung, die diese unglaubliche Geschichte veröffentlichte, waren die Kommentare zum Glück für die Leser offen, und die Ironie einiger Internetnutzer zeigte uns, dass wir die Hoffnung auf die Menschheit nicht aufgeben sollten.

## *Kosmetische Chirurgie*

---

[426] Lesen Sie den Bericht über diese „Überlebenden" in Hervé Ryseen, *Le Miroir du Judaïsme (Der Spiegel des Judentums)*, Baskerville 2009.

Die kosmetische Chirurgie hat sich in den 1990er Jahren erheblich weiterentwickelt. Diese medizinische Disziplin hatte eine große Anzahl von Praktikern in der Gemeinschaft. Ein Artikel in der Zeitschrift *Le Point* vom 27. Juli 2001 mit dem Titel *Das verborgene Gesicht der Schönheitschirurgie* machte uns klar, dass die Operationen dennoch gewisse Risiken mit sich bringen. Eine traumatisierte Frau hatte den Mut gehabt, sich öffentlich zu äußern." Es war mein Friseur, der mir diesen Chirurgen empfohlen hat. Er schien sehr selbstsicher zu sein, er sagte mir, er sei der Beste, also sagte ich zu. Am 19. Juli 2000 ließ sich Chantal L., 55 Jahre alt, in einer Klinik für Schönheitschirurgie in den Yvelines operieren. Chantal war eine zierliche Brünette, Buchhalterin in der Pariser Region, die 37 000 Francs gespart hatte, um sich einen größeren Busen und eine Augenlidstraffung zu gönnen.

„Am nächsten Tag kam der Chirurg zu mir, um mir zu sagen, dass ich mir die Augenlider geprellt hatte, aber ich hatte die Augen verbunden und konnte nichts sehen. Einige Tage später, als ich nach Hause zurückkehrte, stellte ich das Blutbad fest: Mein rechtes Auge war ruiniert, mein unteres Augenlid hängend und eine gut sichtbare Narbe bis zur Schläfe. Meine rechte Brust ist zerknittert und verbeult, eine Brustwarze fehlt noch und sie liegt auch viel höher als die linke. Später stellte ich fest, dass der Chirurg die rechte Brustprothese vor dem Muskel und die linke Brustprothese hinter.... platziert hatte."

Chantal L. war eines der „erfolglosen" Opfer der Schönheitschirurgie. Wie viele es waren, weiß niemand", räumt Dr. François Perrogon, Präsident der Vereinigung für medizinische Information in der Ästhetik, ein. Zu diesem Schluss kommt auch die Vereinigung für Erfolge und Misserfolge der Schönheitschirurgie, in der 1500 Opfer zusammengeschlossen sind. Wenn man die Versicherer fragt, antworten sie, dass es in anderen medizinischen Disziplinen 20 % Rechtsstreitigkeiten gegen 2 % gibt." In zehn Jahren haben die Rechtsstreitigkeiten um 117 % zugenommen, von denen ein Drittel mit der Brustchirurgie zusammenhängt", erklärt Nicolas Gombault, Rechtsdirektor von Sou Médical, die 160 Schönheitschirurgen versichert. Er räumte ein: „Manchmal sind wir gezwungen, auf einige unserer Partner zu verzichten, die zu viele Unfälle haben."

In Wirklichkeit wurde die Zahl der Streitfälle, die die Versicherer erreichten, unterschätzt, da die Patienten sich nur selten trauten, ihren Chirurgen nach einem Misserfolg zur Rechenschaft zu ziehen." Eine misslungene Schönheitsoperation ist wie eine Vergewaltigung, man will nicht darüber sprechen", erklärt Valeria F., die seit mehr als zwanzig Jahren mit verstümmelten Brüsten nach einer

Schönheitsoperation lebt. Nach einer langen Psychotherapie konnte sie kaum noch über ihr Schicksal sprechen." Ich war damals 51 Jahre alt und wollte meine Brüste verkleinern lassen. Ich ging zu einem Chirurgen in Paris, der eine eigene Praxis hatte. Nach der Operation, als ich den Verband abnahm, sah ich, dass meine linke Brust nicht mehr existierte. Ich fing an zu schreien. Die Krankenschwestern kamen und sagten mir: „Es wird alles gut". Eine Woche später, als ich den Chirurgen zur Nachuntersuchung aufsuchte, dachte ich, er würde mir erklären, was passiert war. Er sagte nur: „Es steht dir gut, du siehst sowieso schon wie ein Mann aus". Ich habe nicht protestiert, weil ich zu den Frauen gehöre, die nicht gerade hübsch sind, aber es hat mich erschüttert. Ich wollte nie wieder von einem Mann berührt werden, zog mich mit einer Depression nach der anderen in mich selbst zurück und verkaufte schließlich sogar mein Restaurant. Es muss viele Opfer wie mich geben, die sich nicht trauen, ihre Meinung zu sagen...."

Einige Chirurgen boten ihnen an, sie zu einem günstigen Preis zu „reparieren", oder, seltener, sie unter der Bedingung zu bezahlen, dass sie ein Papier unterschreiben, in dem sie sich verpflichten, die Angelegenheit nicht zu veröffentlichen. Diese Vertraulichkeitsklausel hatte keinen rechtlichen Wert, aber sie ermöglichte es, die Opfer von Misserfolgen zum Schweigen zu bringen. Eine gerichtliche Klage war nicht möglich. Nur wenige haben den Schritt gewagt." Es ist ein langwieriger und kostspieliger Eingriff, und das Ergebnis ist sehr willkürlich", erklärte Martina L., die sieben Jahre lang mit dem Chirurgen, der die Fettabsaugung bei ihr durchgeführt hatte, gestritten hatte." Ich gehe von einem Expertengutachten zum nächsten, und jedes Mal ist es eine Qual. Ich bin gezwungen, meinen grässlich zugenähten und verbeulten Bauch zu zeigen. Abgesehen davon, dass ich dafür bezahlen muss, habe ich kein Recht darauf, es vor Abschluss des Verfahrens reparieren zu lassen." Und diese Frau fügte hinzu: „Ich habe festgestellt, dass die Chirurgen, die mit der Expertise beauftragt sind, es in solchen Fällen selten wagen, die Arbeit ihrer Kollegen zu kritisieren. Es ist eine Welt, in der sich jeder auf Kosten der Opfer absichert."

Es wurde deutlich, dass einige Kliniken ihre Anwälte sorgfältiger auswählten als ihre Chirurgen und sich leicht hinter der Ausrede der „therapeutischen Risiken" oder dem Fehlen jeglicher Verpflichtung zur Erzielung von Ergebnissen versteckten. In Wirklichkeit", so Dr. François Perrogon, „sind bei 10 bis 30 % der kosmetisch-chirurgischen Eingriffe zumindest einige Nachbesserungen erforderlich. Aber die Profis schreien es nicht von den Dächern." Der Chirurg sollte während des Beratungsgesprächs über die Risiken der Operation und mögliche

Komplikationen aufklären, aber das hat er oder sie nicht von den Lippen abgelesen. Andererseits wurde alles getan, um den zukünftigen Kunden zu „berauschen":

Lidia, 60, erinnert sich an ihre Erfahrung: „Sie luden mich zu einem Glas Sekt und Canapés ein, zeigten mir Fotos von 'erfolgreichen' Patienten und sogar Videobänder. Ich habe keine Fragen mehr gestellt, ich war verführt. Außerdem war die Atmosphäre im Wartezimmer elektrisierend, der Chirurg war gerade im Fernsehen gewesen. Sein Terminkalender war voll." Lidia hatte ohne mit der Wimper zu zucken 75.000 Franken, die Hälfte davon in bar, für ein Facelifting und eine Steatomie bezahlt. Wenn der Patient dem Ruf der Sirene widerstand, kam der Assistent, der gerade eine Operation hinter sich hatte und dessen makellose Silhouette der lebende Beweis für das Know-how des Chirurgen war.

Die Betreiber der Rond-Point-Klinik auf den Champs-Elysées, einer luxuriösen, 3000 Quadratmeter großen Einrichtung mit mehr als 70 Mitarbeitern, die gerade an die Börse gebracht worden war, hatten von ihrer Medienarbeit sehr profitiert. So heißt es in der Wochenzeitung *L'Événement du jeudi* vom 14. Mai 1998: „Tausende von Frauen haben den Chirurgen dieser schicken Pariser Klinik mit Billigung und Genehmigung des Gesundheitsministeriums ihre Brüste, ihre Gesichter, ihre Hüftgelenke anvertraut. Wie hätten sie das ahnen können? Jahrelang haben die Medien den Ärzten Guy Haddad, Bernard Sillam und Martial Benhamou, den Inhabern der Einrichtung, sowie dem Arzt Michel Cohen eine Werbeplattform geboten. Artikel in *France-Soir, Femme actuelle, Télé 7 Jours*, in denen die Vorzüge der Praktiken der Rond-Point-Klinik gelobt werden; Teilnahme an Fernsehsendungen, Veröffentlichung eines Buches, *Jeunesse pour tous (Jugend für alle)*. - Bei jedem seiner Eingriffe wurde der Öffentlichkeit eine Telefonnummer mitgeteilt: die der französischen Gesellschaft für ästhetische Entwicklung, die den Anruf an die Klinik weiterleitete."

Die Berufsordnung für Ärzte verbietet Werbung, aber dieses Verbot gilt nicht für diese Kliniken, die den Status einer gewerblichen Einrichtung haben. Die Rond-Point-Klinik auf den Champs Elysées profitierte davon in hohem Maße, mit einem Werbebudget von bis zu zehn Millionen Franken pro Jahr. Im Mai 2000 wurde der Geschäftsführer wegen irreführender Werbung zu einer Geldstrafe von 400.000 Franken verurteilt. In der Tat gab die Klinik in ihrer Werbung an, dass sie „vom Gesundheitsministerium zugelassen" sei, was nicht stimmte, da es für diese Art von Einrichtung keine solche Vereinbarung gab. Den Richtern waren weitere irreführende Formulierungen aufgefallen: Die vier Ärzte, die angeblich „die besten Spezialisten" für „rekonstruktive und ästhetisch-plastische Chirurgie" waren, waren in Wirklichkeit nur Allgemeinmediziner. Ihre Werbeslogans hatten das Zeug zum Erfolg: „Dauerhafte Haarentfernung"; „Cellulite für immer loswerden"; „Fett von den Hüften entfernen"; „Doppelkinn entfernen"; „Kahlheit besiegt".

Was die angesehenen Gesellschaften betrifft, die eine Art berufsständische Bestätigung für die Einrichtung darstellten („Société française de développement aesthétique", „Fédération internationale d'aesthétique médicale"), so hatten die Forscher herausgefunden, dass es sich dabei um Scheinvereinigungen handelte, die von den Klinikleitern zu rein kommerziellen Zwecken gegründet worden waren und deren Ziel es war, alle Anrufer, die sich über kosmetische Chirurgie erkundigten, an ihre Praxis[427] zu verweisen.

Die Klinik war bei einer Inspektion durch die Betrugsbekämpfung und die Provinzdirektion für Gesundheit und Soziales stark kritisiert worden. Die Prüfer hatten mehrere Verstöße gegen die elementarsten Hygieneregeln und, was noch schwerwiegender war, Anästhesien durch unqualifizierte Allgemeinmediziner festgestellt." Die Operationen wurden unter erschütternden Bedingungen durchgeführt", schreibt der Journalist. Es wurde eine Beschwerde beim Ordensrat eingereicht, und mehr als 70 Zeugenaussagen von Kollegen wurden bei der nationalen Einrichtung eingereicht, um zweifelhafte Praktiken anzuprangern. Allerdings hatte sich nur ein Patient entschlossen, vor Gericht zu gehen, was zeigt, dass das System wirklich knapp bemessen ist. Einer der Chirurgen der Klinik, ein medizinischer Berater der Einrichtung, war auch Rechtsexperte am französischen Kassationsgerichtshof.

Dr. Benhamou, der telefonisch kontaktiert wurde, wies die gegen ihn erhobenen Vorwürfe zurück. Die vier Ärzte waren jedoch vorläufig für sechs Monate suspendiert worden, eine ungewöhnliche und „besonders harte" Sanktion. Die Klinik wurde offiziell „wegen Bauarbeiten" geschlossen, blieb aber als Ambulanz weiter in Betrieb, vor allem für Fettabsaugungen, die den größten Teil der Tätigkeit ausmachten. Für chirurgische Eingriffe (Brüste, Augenlider, Nase) wurden die Kunden mit einer Limousine von den Champs Elysées in

---

[427] Vor der Französischen Revolution haben die Zünfte der Handwerker und Gewerbetreibenden die Werbung verboten und untersagt. Er wurde nur von jüdischen Kaufleuten verwendet, die ihn später populär machten. Zu diesem Thema siehe die gut dokumentierte Studie des deutschen Soziologen und Wirtschaftswissenschaftlers Werner Sombart, *Les Juifs et la vie économique (1911)*, die 2012 auf Französisch neu aufgelegt wurde. (Ebenfalls übersetzt von der Universität Complutense im Jahr 2008, *Los Judíos y la vida económica.* )

die Hartmann-Klinik in Neuilly gebracht, die die Zwischenversorgung übernahm." Während der Bauarbeiten gingen die Geschäfte wie gewohnt weiter", stellte die Journalistin Marie-Françoise Lantieri ironisch fest.

Am 2. Mai 2001 wurde der Leiter der Klinik Rond-Point auf den Champs Elysées vom Pariser Strafgericht erneut zu einer Geldstrafe von 20.000 Francs verurteilt, diesmal wegen Diskriminierung bei der Einstellung. In einer medizinischen Fachzeitschrift hatte er ein Stellenangebot veröffentlicht, das für „ausländische Chirurgen" reserviert war. Das Gericht hatte unterstrichen, dass die Einstellung ausländischer Chirurgen, deren Qualifikationen auf französischem Staatsgebiet nicht gültig sind, es dieser Einrichtung ermögliche, von hochqualifizierten billigen Arbeitskräften zu profitieren, die nicht mit den Gehältern vergleichbar sind, die sie einem französischen Arzt oder Chirurgen hätte zahlen müssen.

Einige Skalpell-Asse hatten nicht gezögert, Allgemeinmediziner, Kosmetiker oder Friseure zu beauftragen." Als ich 1991 den Verband für medizinische Information in der Ästhetik gründete, kamen mehrere Berufskollegen zu mir und boten mir eine Provision von 10 bis 15 % für jeden Patienten an, den ich an ihre Kliniken überweisen würde", erzählt François Perrogon.

Ein weiterer Trick, um den Umsatz in die Höhe zu treiben, bestand darin, den Kunden zu Verfahren zu „beraten", die er nicht benötigte. Irene, 52, hatte sich ein Facelifting gewünscht: „Ich habe Dr. S. im Fernsehen gesehen, er sah toll aus." Der Termin wurde in einer Pariser Klinik vereinbart, einem prächtigen Herrenhaus, das nach einem humanistischen Dichter aus dem 14. Im Mai 1999 wurde Irene nach drei Konsultationen operiert. Ihre Aussage: „Wenige Minuten vor der Operation, nachdem mir ein Anxiolytikum verabreicht worden war, kam Dr. S. und schlug neben einem Facelifting auch Brustprothesen vor. Ich lehnte ab, aber er bestand darauf und sprach mit mir über einen dreimonatigen Kredit, dann über einen sechsmonatigen Kredit und sagte schließlich: „Ich gebe Ihnen 30.000". Ich war wegen der Medikamente nicht mehr bei Sinnen und stimmte zu. Dann ließ er mich ein Dokument mit der Bezeichnung „Informierte Zustimmung zur Operation" unterschreiben. Ich dachte, wir würden die Operation und die Größe der Prothesen besprechen, aber dann kam der Anästhesist, gab mir eine Spritze und ich schlief ein." Am nächsten Tag, nach dem Besuch von „Doktor S." in ihrem Zimmer, der sie dazu brachte, einen Schuldschein zu unterschreiben, entdeckte Irene ihre neuen Brüste: „Sie waren zu groß, ich hatte eine 95 C, während ich vorher eine 85 B hatte. Von da an ging alles schief. Eine der Prothesen verlor Luft und das Facelifting war ruiniert. Ich habe eine Erschlaffung im unteren Teil meines Gesichts."

Die Sanktionen des Ordensrates sowie die Untersuchungen der Gesundheitsbehörden wurden nur selten veröffentlicht. Auch war es den Bewerbern für kosmetische Operationen nicht möglich, gerichtlich verurteilte Ärzte ausfindig zu machen, da zivilrechtliche Verurteilungen nicht veröffentlicht wurden und solche, die in Berufung oder in Kassation gingen, nur in vertraulichen juristischen Fachzeitschriften erwähnt wurden.

## *Organhandel und jüdische Moral*

In seinem berühmten Stück *Der Kaufmann von Venedig* hatte sich William Shakespeare eine schreckliche Figur ausgedacht, einen Juden namens Shylock, der sein Pfund Fleisch von einem zahlungsunfähigen Schuldner einfordert. Vier Jahrhunderte später, dank der Fortschritte in der Chirurgie und der Transplantationsmöglichkeiten, scheint Shakespeares Vorstellung im großen Stil verwirklicht worden zu sein.

In jedem Fall besaß der Organhandel im Diskurs der religiösen Führer eine gewisse Legitimität. Yitzhak Ginzburg, ein berühmter Kabbalist, der die Jeschiwa Od Yosef Hai in Israel leitet, hatte in der *Jewsih Week*, der wichtigsten jüdischen Publikation in den Vereinigten Staaten, erklärt: „Ein Jude ist befugt, einem Nichtjuden die Leber zu entnehmen, wenn er sie braucht, denn das Leben eines Juden ist wertvoller als das Leben eines Nichtjuden, so wie das Leben eines Nichtjuden wertvoller ist als das eines Tieres... Das jüdische Leben ist von unendlichem Wert. Ein jüdisches Leben hat etwas unendlich Heiligeres und Einzigartigeres als ein nicht-jüdisches Leben[428]."

Der Nichtjude war manchmal sogar einem Tier gleich, wie wir in einigen Werken jüdischer Intellektueller lesen konnten. In *Der letzte Gerechte* erzählt der Schriftsteller André Schwarz-Bart die Geschichte des armen Mordechai, der sich, von polnischen Bauern angegriffen, verteidigt - was für einen armen Juden unglaublich ist - und seine Angreifer besiegt: „Mordechai, fassungslos und fast blutbesoffen, entdeckte plötzlich die christliche Welt der Gewalt... Noch in derselben Nacht, auf dem Heimweg, wusste er, dass er von nun an seine Mitmenschen übertreffen würde, wie lächerlich und unbedeutend! eines

---

[428]Israel Adam Shamir, *Notre-Dames des douleurs*, BookSurge, 2006, S. 241. Siehe auch die Ausführungen von Yitzhak Ginzburg in *Psychoanalysis of Judaism.*

Körpers, der eng mit der Erde verbunden ist, mit Pflanzen und Bäumen, mit allen harmlosen oder gefährlichen Tieren - auch solchen, die den Namen des Menschen tragen[429]."

Martin Gray, der berühmte Autor des Bestsellers *Im Namen meines ganzen Volkes*, neigte dazu, die gleiche Verachtung zu empfinden. Er war 1941 siebzehn Jahre alt und lebte im Warschauer Ghetto. Als ein deutscher Gestapo-Polizist ihn über den von ihm eingerichteten Warenhandel befragt, durch den er sich beträchtlich bereichert hat („Meine Gewinne sind enorm..."), schweigt Martin. Martin Gray schrieb damals über diesen Polizisten: „Er gehörte zur Welt der tollwütigen Bestien, die getötet werden müssen, weil sie schädlich sind... Ich und meine Leute waren die Männer mit den Gesichtern von Menschen. Und die tollwütigen Biester könnten uns nicht besiegen, selbst wenn sie uns töten würden. An anderer Stelle sprach er von „Tieren mit menschlichen Gesichtern"[430]."

Die Leser unserer früheren Bücher wissen, wie sehr die Verachtung für die Nichtjuden in bestimmter jüdischer Literatur zu finden ist. Daher ist es nur natürlich, dass sie denken, dass der Leichnam eines Juden nicht berührt, geschweige denn von den Nichtjuden geschändet werden sollte. Wir verstehen besser, warum jüdische Intellektuelle in den Ländern, in denen sie sich niedergelassen haben, im Allgemeinen entschieden gegen die Todesstrafe sind431.

---

[429]André Schwarz-Bart, *El último justo*, Editorial Seix Barral, Barcelona, 1959, S. 41, 42.

[430]Martin Gray, *Au nom de tous les miens*, Robert Laffont, 1971, Poche, 1984, S. 125, 220, 286.

[431]„Soweit ich weiß, hat noch nie ein Philosoph als solcher in seinem eigenen systematischen philosophischen Diskurs die Legitimität der Todesstrafe bestritten. Von Platon bis Hegel, von Rousseau bis Kant (zweifellos der rigoroseste von allen) hat jeder auf seine Weise ausdrücklich für die Todesstrafe Partei ergriffen." Jacques Derrida und Élisabeth Roudinesco, *Y mañana, qué...* Fondo de cultura económica, Buenos Aires, 2002, S. 159.

# TEIL DREI

## SCHWINDLER UND MENSCHENHÄNDLER

Jüdische Kriminelle und Gangster waren nicht alle in der Mafia oder in kriminellen Netzwerken organisiert. Einige agierten auf eigene Faust und spezialisierten sich auf Betrügereien aller Art. In der Juni-Ausgabe 1989 der jüdischen Monatszeitschrift *Passages*, die dem Thema „*Die Wahrheit über jüdische Gauner*" gewidmet war, erklärte ein Rechtsanwalt namens Bernard Cahen: „Die Richter, die die auf Wirtschaftskriminalität spezialisierten Gerichte, wie das 11. oder 31. Strafgericht in Paris, verlassen, erkennen an, dass sie am Ende nahe daran sind, antisemitische Gefühle zu hegen. Die Zahl der Juden, über die sie zu urteilen hatten, übersteigt bei weitem den Anteil der Juden an der Bevölkerung. Das ist eine Tatsache."

Am Ende seines Interviews in der gleichen Zeitschrift entlastet sich der Rechtsanwalt Thierry Levy: „Ich komme aus einer sehr assimilierten Familie aus dem Osten. In meiner Familie haben sich viele geschämt, wenn ein Jude in einen Skandal verwickelt war. Heute empfinde ich diese Scham nicht mehr. Und wenn es Reaktionen wie die dieser Richter gibt, dann freut mich das. Scheiß auf sie!"

## 1. Die großen Betrügereien

Nicht alle Juden sind Schwindler, und nicht alle Schwindler sind Juden. Nach der Gerichtschronik zu urteilen, werden die großen Finanzbetrügereien jedoch ausschließlich von „hoch assimilierten" Juden durchgeführt.

## Claude Lipsky, „der Schwindler des Jahrhunderts".

Claude Lipsky war einer jener großen Betrüger, die nur die jüdische Gemeinschaft hervorzubringen vermag. Der Mann war in den 1970er Jahren mit dem Fall des *Patrimonio territorial y de la Garantía inmobiliaria* bekannt geworden, einem Betrug in Höhe von 43 Millionen Francs (6,56 Millionen Euro), der die Ersparnisse von mehr als 8.000 Kleinsparern vernichtet hatte. Seit diesem Betrug wird er in Frankreich als „Jahrhundertbetrüger" bezeichnet und 1976 zu acht Jahren Gefängnis verurteilt. Doch elf Jahre nach seiner Verurteilung beschloss Lipsky, wieder aktiv zu werden.

Ab 1987 und ein Jahrzehnt lang bot Lipsky pensionierten oder aktiven französischen Soldaten auf dem afrikanischen Kontinent unglaubliche Investitionen an. Einige dieser Soldaten, ob Offiziere oder Unteroffiziere, hatten dank ihrer Besoldung als Soldaten im Auslandseinsatz beachtliche Ersparnisse angehäuft. In Afrika verdiente ein Unteroffizier 25.000 Francs im Monat und ein Oberst 80.000 Francs im Monat, auch wenn er kein Familienvater war. Diese Ersparnisse hatten das Interesse von Claude Lipsky geweckt, der sich davon einen beträchtlichen Gewinn versprach.

Um Kontakte zu seinen Kunden zu knüpfen, fand Lipsky zwei gute Leute, die in Militärkreisen für ihn warben: Pierre Haubois, 66, ein ehemaliger General, der den Stützpunkt in Dschibuti befehligt hatte, und Claude Derusco, ein ehemaliger Pilot und Oberstleutnant im gleichen Alter, ebenfalls im Ruhestand. Ihre Zugehörigkeit zur Armee ließ keine Zweifel aufkommen, und sie wurden bei ihren Besuchen in den Garnisonen mit einem roten Teppich empfangen. Lipskys Name stand auf der Mailingliste als Direktor oder Verwalter, aber er reiste nie nach Afrika, sondern überließ es seinen Mitarbeitern, sich an das Militär zu wenden.

In den Jahren 1987 bis 1999 hatte Claude Lipsky Abonnements für französische Militärangehörige aufgelegt, die im Ausland, vor allem in Dakar, Dschibuti und Libreville, stationiert waren und denen er dank eines Computerprogramms, das nach seinen Angaben in der Lage war, langfristige Aktienmarktströme zu analysieren, sehr attraktive Renditen für Immobilieninvestitionen versprach. Das Trio versicherte seinen Gesprächspartnern, dass sie mit einem Anfangskapital von 50 000 Franken eine jährliche Rendite von 10 % nach Steuern erzielen könnten, wenn sie ihnen ihre Ersparnisse überließen. Unter diesen Bedingungen nahmen Hunderte von Soldaten dieses goldene Angebot wahr.

Doch 1998 wurde das Militär desillusioniert. Anstatt die

vereinbarten Beträge zu erhalten, erhielten sie E-Mails mit ausweichenden Erklärungen, in denen sie um Geduld gebeten wurden. Als sie den Betrug bemerkten, erstatteten sie Anzeige bei der Justiz, und es wurde ein Ermittlungsverfahren wegen „schwerer Untreue und Betrug" eingeleitet (*Le Figaro*, 23. September und 31. Oktober 2000). Einige haben keine Zinsen erhalten. Andere waren nicht in der Lage, ihr Anfangskapital zurückzugewinnen.

Zu ihrem Erstaunen stellten die Militärs schnell fest, dass Claude Lipsky ein ehemaliger Betrüger war. Sie entdeckten auch, dass seine Firma unter verschiedenen Namen wie Neiman Trust, Neiman Corporation und Moneywise Investissement Limited zwischen Genf, Monaco, Zypern und den Britischen Jungferninseln hin- und hergezogen war. Einige Militärs reisten nach Zypern, um der Sache auf den Grund zu gehen: „Es handelte sich wirklich nur um eine Postadresse mit einem Angestellten, den Claude Lipsky nie gesehen hatte", sagte einer von ihnen. Dutzende von Millionen Franken waren durch Firmen mit Sitz in Genf, Monaco oder Zypern geflossen, bevor sie sich in Luft auflösten.

Für viele bedeutete dies einen Verlust von Millionen von Dollar: „Meine gesamten Ersparnisse sind auf einmal weg", sagte Thierry Pineau, ein ehemaliger Pilot in Dakar. Die von Claude Lipsky betrogenen Soldaten hatten eine Vereinigung, *Ardiplent*, gegründet, um ihr Geld zurückzubekommen." Wir haben 342 Mitglieder in einem Verein, aber heute sind fast 500 Opfer registriert", erklärte der Vorsitzende Jean-Francis Comet, ein ehemaliger Offizier in Dschibuti. Er erklärte, dass die beiden pensionierten Soldaten, die für Claude Lipsky arbeiteten, ihnen Vertrauen entgegenbrachten: „Ihre Vergangenheit nötigte ihnen Respekt ab. Sie besuchten uns zweimal im Jahr, im Oktober und im März. Das war genug. Militärstützpunkte sind wie kleine Städte: Mundpropaganda funktioniert sehr gut. Und wir haben uns gegenseitig von diesen saftigen Investitionen erzählt. Zu Beginn erhielten die Kunden ihre Investitionen zurück. Alle waren zufrieden... 1998 änderte sich alles dramatisch, als einige von ihnen ihr Startkapital nicht zurückerhalten konnten. Trotz der Briefe, die wir erhielten und die uns über die vorübergehend schlechte Situation informierten, wuchs der Verdacht. Die Briefe enthielten zu viele Widersprüche. Zu diesem Zeitpunkt begannen die Adressen der Unternehmen - Monaco, Genf, Zypern - uns zu beunruhigen. Wir erkannten, dass man uns für dumm verkauft hatte... Viele Familien hatten wichtige Investitionen getätigt. Sie haben alles verloren." Dieser riesige Betrug hat die Ersparnisse von fast 500 Militärangehörigen zunichte gemacht. Der Gesamtverlust belief sich in diesem Fall auf 175 Millionen Franken (26,7 Millionen Euro).

Am 11. Mai 2000 wurde schließlich die Justizmaschinerie in Gang gesetzt. Die beiden Prospektoren wurden in Dschibuti verhaftet und unter gerichtliche Kontrolle gestellt. Sie behaupteten, auch sie seien Opfer derselben Zeichnungspolitik gewesen, und zeigten ihren ehemaligen Chef wegen Untreue und Betrugs an. Sie erhielten eine Provision von 3 %, schworen aber, nichts von der skandalösen Vergangenheit Claude Lipskysgewusst zu haben.

Er wurde im September in seinem Haus in Chesnay in den Yvelines verhaftet und wegen schwerer Untreue und Betrugs angeklagt. Er versicherte den Ermittlern jedoch, dass er nie die Absicht gehabt habe, seine Kunden zu betrügen, sondern dass er das Opfer schlechter wirtschaftlicher Zeiten und schlechter Investitionen gewesen sei. Bei seiner Anhörung vor dem Untersuchungsrichter bestritt Claude Lipsky jegliche Unterschlagung. Wie er mehreren „Kunden" erklärt hatte, die zu ihm nach Hause gekommen waren, um ihn um Konten zu bitten, war sein Geschäft im Sturm der asiatischen Börsenkrise zusammengebrochen. Abgesehen von diesen anfänglichen Erklärungen hatten die betrogenen Soldaten nach der Anklageerhebung gegen Lipsky wieder etwas Hoffnung geschöpft.

Das Verteidigungsministerium hatte große Anstrengungen unternommen, um den Skandal aus der Öffentlichkeit herauszuhalten. Das DPSD (ehemals Militärische Sicherheit) hatte die Sache selbst in die Hand genommen. Auf der Generalversammlung des vom Militär gegründeten Verteidigungsverbandes hatte der DPSD-Vertreter in feierlicher Begleitung des Ministers den Betrug als „verteidigungsvertrauliche" Angelegenheit bezeichnet. Die Soldaten hatten ein Dokument unterschreiben müssen, in dem sie sich verpflichteten, nichts über den schmutzigen Trick zu verraten. Sie wurden aufgefordert, in aller Stille zu leiden.

Abgesehen von diesem militärischen Aspekt erfuhren wir, dass auch andere Personen Opfer des Betrügers geworden waren. Claude Lipsky hatte seine „saftigen" Investitionen in der Metropole auch Geschäftsleuten und Rentnern angeboten. In diesem Fall war der Vermittler der stellvertretende Direktor einer Agentur des Crédit Agricole. Lipsky würde dann persönlich die Verträge aushandeln.

So die Aussage von Suzette, einer 54-jährigen Gastronomin aus Loir-et-Cher: „Er wurde uns von unserem Bankier vorgestellt. Obwohl ich einige Zweifel hatte, gab ich ihm 750.000 Francs. Als ich später merkte, dass ich betrogen worden war, besuchte ich Lipsky im Var, wo er ein prächtiges Anwesen besitzt. Das Gespräch verlief ergebnislos und ich habe ihn angezeigt."

Der Fall von Pierrette und Louis, 73 und 77 Jahre alt, war identisch: „Wir haben 900.000 Francs übergeben, den Erlös aus dem Verkauf unseres Tiefkühlgeschäfts, als wir in Rente gingen. Wir haben nichts mehr", erklärten sie am Boden zerstört.

Am 26. Mai 2001 teilte die Presse der Öffentlichkeit mit, dass der „Jahrhundertbetrüger" auf „wundersame Weise" freigelassen worden sei. Aufgrund eines einfachen Fehlers in der Ladungsfrist des Anwalts wegen eines fehlerhaften Faxes war Claude Lipsky, 69 Jahre alt, aus dem Gefängnis von Bois-d'Arcy entlassen worden. Das war ein Schlag für Hunderte von Zivilparteien in diesem Fall, die immer noch hofften, ihr Geld zurückzubekommen.

Darüber hinaus hatten rund 100 Militärangehörige im Fürstentum Monaco eine Beschwerde eingereicht. Tatsächlich hatte Lipsky seine Aktivitäten 1997 von Genf nach Monaco verlegt. Im April erließ die Justiz des Fürstentums einen Haftbefehl gegen den Betrüger, der „aus medizinischen Gründen" der Anhörung ferngeblieben war. Lipsky hatte gegen das Urteil Berufung eingelegt, und im September 2001 bestätigte das monegassische Berufungsgericht die in erster Instanz verhängte Strafe von 5 Jahren Gefängnis und einer Geldstrafe von 20.000 Euro.

Das Berufungsgericht hatte seinerseits die Verurteilung von Oberstleutnant Claude Derusco, der als Komplize von Claude Lipsky gilt, zu zwei Jahren Gefängnis und einer Geldstrafe von 20.000 Euro bestätigt. Dagegen wurde General Pierre Haubois in der Berufung freigelassen, obwohl er in erster Instanz zu derselben Strafe wie Derusco verurteilt worden war. Die Verurteilung war durch Versäumnisurteil erfolgt. Tatsächlich konnte Claude Lipsky erneut „aus gesundheitlichen Gründen" nicht erscheinen.

Der monegassische Teil des Falles war bereits verhandelt worden, doch am 21. Mai 2007 erschien der „Jahrhundertbetrüger", der heute 75 Jahre alt ist, vor dem Gericht in Versailles. Der „französisch-israelische Geschäftsmann" mit Sitz in Chesnay im Departement Yvelines (*Le Parisien*, 21. Mai) beteuert weiterhin seine Unschuld. Er hatte keine Gelder abgezweigt: „Sie waren verloren. Wie bei allen Finanzunternehmen funktioniert es manchmal sehr gut, und manchmal gibt es Probleme", sagte er vor Journalisten, bevor er den Gerichtssaal betrat.

Claude Lipsky erklärte weiter, dass er sich „sehr, sehr, sehr schlecht" über die Wiederaufnahme des Verfahrens fühle, „weil es nicht schön ist, inmitten all dieser Leute zu stehen, weil mir viele, viele

Fragen gestellt werden, die ich beantworten muss."

Am 15. Juni, dem letzten Tag seines Prozesses, gab Lipsky schließlich den gigantischen Betrug zu (*Le Parisien*, 16. Juni 2007). Claude Lipsky, der der Anhörung „aus medizinischen Gründen" ferngeblieben war, hatte schließlich über seinen Anwalt Raphaël Pacouret ein Geständnis abgelegt, der in seinem Plädoyer erklärte: „Mein Mandant ist sich spät bewusst, aber er hat den Schmerz verstanden, der den Zivilparteien zugefügt wurde." Der vorsitzende Richter verlas ein kurzes Schreiben des Angeklagten: „Mit einem anderen Wertebewusstsein, in Anbetracht meines fortgeschrittenen Alters, meines Gesundheitszustandes und meiner eher menschlichen Sorgen kann ich nur sagen, dass ich die Folgen meiner Handlungen bedauere."

Sein Anwalt erklärte, dass sich die Mentalität seines Mandanten wirklich geändert habe: „Er ist dieses turbulente Leben leid. Er wünscht sich nur, sein Leben in Frieden mit seiner Frau zu beenden." Der Journalist fügte hinzu: „Der Siebzigjährige möchte als 'ein Mensch' wahrgenommen werden. Im Krankenhaus wollte er seinen Opfern eine Geste machen, indem er ihnen 1,5 Millionen Euro aus dem Verkauf einer Immobilie in Südfrankreich schenkte."

Die Geständnisse von Claude Lipsky hatten den Zorn der Anwälte seiner mutmaßlichen Komplizen, Claude Derusco und Pierre Haubois, hervorgerufen, die die Freilassung ihrer Mandanten gefordert hatten. Das Urteil wurde am 26. Juli 2007 verkündet: Claude Lipsky wurde für diesen Fall von Fehlinvestitionen zum Nachteil des Militärs zu fünf Jahren Gefängnis und einer Geldstrafe von 375.000 Euro verurteilt. Zusammen mit seinen Mitangeklagten musste er außerdem 17 Millionen Euro Entschädigung an das Militär zahlen. Oberst Claude Derusco und General Pierre Haubois wurden zu drei Jahren bzw. dreißig Monaten Gefängnis verurteilt. Die beiden wurden außerdem zu einer Geldstrafe von 150.000 Euro verurteilt. Die Bank Sofipriv, die ein Konto auf den Namen von Claude Lipsky eröffnet hatte, wurde wegen schwerer Geldwäsche und Beihilfe zum Betrug zu einer Geldstrafe von 700.000 Euro verurteilt.

In England war Lipsky ein Nachname, der lange im Gedächtnis der Menschen geblieben war. Ein Jahrhundert zuvor, im Jahr 1887, war ein gewisser Israel Lipski für schuldig befunden worden, ein junges englisches Mädchen in London vergiftet zu haben, und „Lipski" war seither ein Begriff, mit dem Juden beleidigt wurden.

## *Jacques Crozemarie und der ARC-Skandal*

Der ARC-Skandal war in Frankreich in den späten 1990er Jahren ziemlich berüchtigt. Jacques Crozemarie, der Präsident der Association for Cancer Research (ARC), trat regelmäßig im Fernsehen in Werbespots auf, um die Zuschauer zu überzeugen, ihm Geld zu schicken. Die Menschen waren sich jedoch nicht bewusst, dass der Betrüger Hunderte von Millionen Franken abgezweigt hatte, um seinen luxuriösen Lebensstil zu finanzieren.

Der Skandal war im Januar 1996 ausgebrochen. Der Bericht des Rechnungshofs hatte damals ergeben, dass nur 26 % der bei der ARC eingegangenen Spenden tatsächlich bei den Wissenschaftlern ankamen. Der Rest wurde über Scheinfirmen und ein System der Überfakturierung veruntreut. Crozemarie hatte seine Kommunikationskampagnen an das Unternehmen International Developpement vergeben, das von zwei Unternehmern, Michel Simon und Pascal Sarda, geleitet wird. Das Unternehmen berechnete zu viel für seine Dienstleistungen und zahlte dem Betrüger sofort zu Unrecht gezahlte Gehälter zurück. Wie der Prozess im Mai 1999 ergab, wurden zwischen 1990 und 1995 327 Millionen Franken abgezweigt, was einem Gegenwert von 8.000 Euro pro Woche in bar entspricht.

In seinem Buch *La Banda del cáncer* gibt der Journalist Jean Montaldo einige Informationen über diese beiden Personen: „Sie sind die beiden Schützlinge von Crozemarie", schreibt er. Als Analphabeten und Ungebildete gingen die beiden Raufbolde ihren Geschäften genauso nach, wie sie die von der ARC für Krebspatienten gesammelten Spenden erpressten." (p. 45). Michel Simon war „ein wahrer Führer der Menschen". Er war der Sohn einer wohlhabenden Familie, die sich mit Schönheitsprodukten einen Namen gemacht hatte." Sein Vater hatte das Glück, lebend aus dem Deportations- und Vernichtungslager Mauthausen zurückzukehren, wo ihn das Eintreffen amerikanischer Truppen in extremis, am Rande des Todes, gerettet hatte." Pascal Sarda war „das böse Genie von Michel Simon, der böse Alchimist, der ihm beibrachte, Blei in Gold zu verwandeln und seine rudimentären Gaunereien in eine große Industrie von Diebstahl, Betrug und Schwindel zu verwandeln. Wir befinden uns am Anfang der Mitterrand-Jahre, der Zeit der *goldenen Jungs*, des leichten Geldes, des schmutzigen Geldes... Ohne diese Simon-Sarda-Bande wären die eifrigen Beitragszahler der ARC, einer als gemeinnützig anerkannten Wohltätigkeitsorganisation, niemals so systematisch und in so großem Umfang bestohlen worden[432]."

Der *Nouvel Observateur* vom 14. August 1996 berichtete, dass der

---

[432] Jean Montaldo, *Le Gang du cancer*, Albin Michel, 1997, S. 120-127.

Finanzdirektor von International Developpement ein anderer Israeli namens Ronald Lifschutz ist. Anfang Juni war die Finanzbrigade morgens in seinem Haus, einer Sozialwohnung der Pariser Stadtverwaltung, aufgetaucht. Leider war der vorsichtige Mieter ein paar Wochen zuvor nach Israel geflogen.

Seit 1988 wurde die Macht von Jacques Crozemarie über die ARC von der Generalinspektion für soziale Angelegenheiten (Igas) als „fast theokratisch" bezeichnet. Der selbstherrliche und stolze Jacques Crozemarie verjagte die Kritik, indem er die Presse verfolgte und die Mitglieder aufforderte, Angriffe auf die Vereinigung schriftlich anzuprangern. Er war gezwungen worden, aus dem Vorstand der Vereinigung auszutreten, beteuerte aber weiterhin seine Unschuld, und in der Überzeugung, dass er Recht hatte, ging er 1999 vor das Strafgericht, „machte der Präsidentin eine gewaltige Abreibung", beschuldigte sie, „nichts gegen den Krebs zu unternehmen", und stellte sogar die Kompetenz der Richter des Rechnungshofs in Frage: „Können die nicht zählen! „Mit phänomenaler Dreistigkeit erklärte er dann vor den Fernsehkameras: „Ich wäre ein Verbrecher, wenn ich irgendetwas eingesteckt hätte, aber sehen Sie sich meine Anwaltskosten an, sie sind gleich null! Sie erstatten mir nicht einmal die Restaurantrechnungen! „Ein Bericht von Emmanuel Cohen, der am 26. März 2006 in der Fernsehsendung *Secrets d'actualité* ausgestrahlt wurde, zeigte ihn geschwächt, wie er den Gerichtssaal mit einem Gehstock betrat. Doch einige Stunden zuvor zeigten Fotos, die von hinten aufgenommen wurden, dass er an einer Tankstelle normal und ohne Stock ging. Das Programm enthielt auch das Zeugnis des Buchhalters der Vereinigung. Sie sagte, dass sie ihn eines Tages auf Rechnungen aufmerksam gemacht hatte, die in doppelter Höhe bezahlt worden waren. Crozemarie wurde wütend und warf sie aus dem Büro, wobei er sie so fest anfasste, dass sie buchstäblich „hochgehoben" wurde und das Gefühl hatte, „mit den Füßen nicht den Boden zu berühren".

Jacques Crozemarie wurde im Juni 2000 zu vier Jahren Gefängnis, einer Geldstrafe von 380.000 Euro und 30,5 Millionen Euro (200 Millionen Franken) Schadenersatz an die ARC verurteilt. Wenige Stunden nach seiner Verurteilung wurde er in seiner Villa in Bandol (Var) verhaftet und im Gefängnis von Santé inhaftiert. Michel Simon wurde zu drei Jahren Gefängnis, einer Geldstrafe von 380.000 Euro und 15,2 Millionen Euro Schadenersatz verurteilt. Doch von den 300 Millionen Euro, die verloren gingen, wurden nur 12 Millionen Euro wiedergefunden.

Im Oktober 2002 wurde Jacques Crozemarie nach 33 Monaten

Haft im Santé-Gefängnis freigelassen, da ihm die Strafe erlassen wurde. Er beteuerte weiterhin seine Unschuld und erklärte in einem Interview mit der Tageszeitung *Le Parisien*: „Ich bin kein Dieb. Ich habe nie verstanden, warum ich verurteilt wurde, und das werde ich auch nie. Ich möchte nicht für den Rest meines Lebens verurteilt werden. Das entrüstet mich, denn ich habe für nichts bezahlt! Ich warte immer noch auf die Beweise gegen mich".

Seine luxuriöse Villa in Bandol mit beheiztem Schwimmbad, seine beiden Pariser Wohnungen, das Mobiliar, das Boot und das Schweizer Konto wurden beschlagnahmt und von der ARC zum Verkauf angeboten. Crozemarie hatte nichts mehr außer seiner CNRS-Rente[433]. Doch weder das Gefängnis, noch die monatelange Ausbildung, noch die Beschimpfungen und Bespitzelungen, die er während seiner Verhaftung erfahren hatte, hatten seinen Charakter beeinträchtigt. Das Taxi, das ihn am 11. Oktober 2002 im Santé abgeholt hatte, brachte Jacques Crozemarie nach Audierne, einem kleinen Fischerdorf in der Bretagne in der Nähe von Douarnenez, wo Claude Legall, ein ehemaliger Anästhesist des Krankenhauses von Villejuif, der ihn seit langem kannte und sich bereit erklärt hatte, ihm bei der Wohnungssuche zu helfen, auf ihn wartete. Dreizehn Tage später erklärten die Legalls, sie hätten „genug" (*Le Parisien*, 28. Oktober 2002): „Es kam nicht in Frage, ihm eine Unterkunft zu geben, da ich ihm bereits ein Studio mit Blick auf das Meer gefunden hatte. Aber als er es sah, sagte er mir, dass 182 € (1200 F) pro Woche für ihn zu teuer seien. Er blieb in unserem Haus", sagte Claude Legall. Es ist entsetzlich, alles ist ihm zu verdanken, er hat meine Frau wie sein Dienstmädchen behandelt und musste sich um sie kümmern. Das Leben mit ihm wurde schnell zur Hölle... Wir liehen ihm Geld, beherbergten ihn, gaben ihm zu essen, wuschen seine Sachen, aber er ging ohne ein Wort zu uns, ohne ein Dankeschön."

Als er im Februar 2006 in einem Altersheim am Rande von Paris telefonisch kontaktiert wird (*Secret d'actualité*), streitet Crozemarie weiterhin alles ab: „Sie machen Witze!" Es stellte sich auch heraus, dass sein weißer Kittel eine Verkleidung der Umstände war: Der Leiter der ARC war nie Arzt gewesen. Der diplomierte Radioelektroniker war 1954 im Alter von 29 Jahren dank der Empfehlung einer Freundin seiner Mutter" als stellvertretender Chef des Dienstes" zum CNRS gekommen. Er hatte nie Medizin studiert, was ihn aber nicht daran

---

[433] Das Centre national de la recherche scientifique, besser bekannt unter seiner französischen Abkürzung CNRS, ist die größte öffentliche wissenschaftliche Forschungseinrichtung Frankreichs.

gehindert hatte, bei jeder Gelegenheit in seinem weißen Kittel mit anderen wissenschaftlichen Autoritäten zu posieren. Dank seiner Unverfrorenheit - der *Chuzpe*[434] - war es ihm nach und nach gelungen, das Ruder des wichtigsten Vereins, der um die Großzügigkeit der Franzosen warb, in die Hand zu nehmen und 3,5 Millionen von den Spendern zu ergaunern.

Einige Journalisten erinnerten daran, dass er ein „ehemaliger Indochina-Kämpfer" war, vielleicht um die Gojim glauben zu machen, dass diese verabscheuungswürdige Person ein Militarist, sogar ein Rechtsextremist war. Aber kein Journalist der etablierten Presse hatte darauf hingewiesen, dass Jacques Crozemarie auch Ehrendoktor der Universität Tel-Aviv und Mitglied der Freimaurerloge des Großorientes von Frankreich war, wie der Journalist Emmanuel Ratier aufdeckte. Jacques Crozemarie starb am 24. Dezember 2006 im Alter von 81 Jahren. Die Stadtverwaltung von Bandol wollte die Todesursache nicht bekannt geben.

Die Unschuldsrufe von Jacques Crozemarie ähnelten denen eines anderen Geschäftsmannes namens Marcel Frydman. Marcel Frydman war der Gründer und Eigentümer der Marionnaud-Parfümerien, die die meisten unabhängigen Parfümerien in Frankreich übernommen hatten. Die Gruppe wurde 2004 von einem chinesischen Unternehmen übernommen, aber Frydmans Management wurde durch einen Bericht der Finanzmarktaufsicht (AMF) in Frage gestellt, in dem ihm vorgeworfen wurde, die Bilanzen des Unternehmens gefälscht zu haben. Im Dezember 2004 gab Marionnaud aufgrund von Fehlerkorrekturen einen Verlust von 93 Millionen Euro bekannt, während das Unternehmen im Vorjahr noch einen Gewinn von 13 Millionen Euro gemeldet hatte. Die AMF sprach von „nachgewiesenem Betrug". Aber Frydman gab seine eigenen Erklärungen ab: „Ich habe Mist gebaut, aber ich habe niemanden bestohlen. Ich habe nicht versucht, mich zu bereichern. Ich habe nur ein Haus, in dem ich wohne. Es ist mein einziges Kapital." Der Bericht spricht auch von „gefälschten Dokumenten, um die Rechnungsprüfer zu täuschen" und „von der Buchhaltungsabteilung erstellten falschen Zusammenfassungen" (*Libération*, 17. Oktober 2005). Frydman antwortete auf diese unbegründeten Anschuldigungen wie folgt: „Das ist falsch. Ich habe die Buchhaltungsabteilung nicht um etwas gebeten. Und was die Rechnungsprüfer betrifft, so ist es besorgniserregend, wenn sie in die Irre geführt worden sind."

---

[434]Jiddisches jüdisches Wort: Schamlosigkeit, Unverschämtheit, extreme Schamlosigkeit.

In *Psychoanalyse des Judentums* haben wir auch ausführlich über den außergewöhnlichen Betrug von „Gilbert C" berichtet. Nach den blutigen Anschlägen in London im Juli 2005 hatte sich der Mann als Agent des französischen Geheimdienstes ausgegeben. Mit seiner unglaublichen Dreistigkeit war es ihm gelungen, eine Bankmanagerin am Telefon zu manipulieren und sie zu überzeugen, ihm Millionen von Euro in einem Koffer zu übergeben. Der Schaden beläuft sich auf rund 23 Millionen Euro. Im August hatte die Polizei weitere derartige Versuche vereitelt, indem sie die Bankiers rechtzeitig alarmierte. Doch im September hatte „Gilbert C" (sein Name wurde in der Presse nicht genannt) eine Variante ausprobiert, die ihm viel mehr einbrachte, indem er internationale Überweisungen von Bankern auf die Konten mutmaßlicher Terroristen veranlasste, damit diese angeblich aufgespürt werden konnten. Mit seiner phänomenalen Redegewandtheit überzeugte er sie davon, dass sie dem Land im Kampf gegen Al-Qaida dienen würden. Auf diese Weise war es dem Betrüger gelungen, Millionenbeträge auf Konten von Scheinfirmen zu überweisen, die von seinen Strohleuten in Hongkong und Estland eingerichtet worden waren. Gilbert C., 40, und sein Bruder Simon, 38, beide in Paris geboren, waren nach Israel geflüchtet, von wo aus sie sich weiterhin der französischen Justiz widersetzten. Im Januar 2008 enthüllte die Presse schließlich ihren Namen: Gilbert Chikli. Zum ersten Mal hatte sich Israel bereit erklärt, einen seiner eigenen Bürger auszuliefern.

## *Der Fall Sentier*

Der Sentier, im Zentrum von Paris, war das Bekleidungsviertel. 5000 Hersteller und Großhändler arbeiteten jeden Tag mit ihren Angestellten. Dabei handelte es sich um Einwanderer, die oft heimlich ausgebeutet wurden, manchmal mehr als fünfzehn Stunden pro Tag. Sie arbeiteten an den Nähmaschinen oder auf der Straße, entluden die Lastwagen und luden die Stoffrollen auf. Diese zahllosen Sklaven aus armen Ländern, die für einen Hungerlohn einen verheerenden Job annahmen, machten die kosmopolitischen Arbeitgeber glücklich. 1997 geriet der Sentier wegen eines gigantischen „*Cavalerie*"-Betrugs in die Schlagzeilen. Es handelte sich dabei um ein System zur Ausstellung von Wechseln ohne Deckung bei Fälligkeit[435]: Mit einem Wechsel kann

---

[435] Bei diesem System wird häufig ein fiktives Window Dressing verwendet, um in den Augen der Bank oder eines anderen Kreditgebers Geschäftsvorgänge zu simulieren, um den neuen Kreditbetrag als Gewinn auszuweisen. Durch diese Fassade nährt der Kreditnehmer seinen Anschein von Seriosität und Zahlungsfähigkeit und damit das

ein Lieferant sofort und nicht erst drei Monate später bezahlt werden. Die Bank, die anstelle des Kunden zahlt, erhebt lediglich eine Provision, beispielsweise 10 %. Der Kunde wird die Bank innerhalb von drei Monaten bezahlen. Dies ist eine Win-Win-Situation für alle Beteiligten. Wenn der Kunde die Ware jedoch sofort mit Gewinn weiterverkauft, kann er auch von einer anderen Bank nach demselben System bezahlt werden. Zwischen dem, was er der ersten Bank in drei Monaten zahlt, und dem, was die zweite Bank ihm sofort zahlt, macht er einen Gewinn, indem er das teurere Produkt weiterverkauft. Der zweite Kunde muss das Gleiche nur mit einem dritten tun, der dritte mit einem vierten und so weiter. Und da niemand überprüfen wird, ob die Lieferungen echt sind, ist es auch nicht notwendig, dass die Waren tatsächlich geliefert werden. Wenn der Wechsel fällig ist, zahlt der Kunde seine Schulden bei der Bank nicht, und die Bank wendet sich dann an den Lieferanten... der verschwunden und in Konkurs gegangen ist. Der Kunde behauptet dann, er könne nicht zahlen, weil der Lieferant die Waren nicht geliefert habe, die in Wirklichkeit nie existierten. Und das ist es, das ist die Täuschung, die *„Cavalerie"*.

Zwischen April und Juni 1997 wurden im Sentier 2.700 Wechsel ausgestellt, ein Vorspiel zu zahlreichen Konkursen. 93 Unternehmen ließen Banker und Lieferanten mit 540 Millionen Franken im Stich, „aber wenn die Untersuchung die 768 potenziell betroffenen Unternehmen erfasst hätte, wäre die Milliardengrenze überschritten worden" (Libération, Februar 2001)." (*Libération*, 20. Februar 2001). Die Unternehmen wurden zu diesem Zweck gegründet und von Arbeitslosen geleitet, die für den Betrug angeworben wurden.

Neben der *„Cavalerie"* gab es auch die *„Carambouille"*. *Carambouille* ist ein etwas primitiveres Verfahren, das darin besteht, Waren zu kaufen, ohne sie zu bezahlen, sie mit einem Preisnachlass zu verkaufen und zum richtigen Zeitpunkt zu verschwinden. Auch Versicherungsbetrug war aufgetreten. Brände hatten Lagerhäuser in Aubervilliers zerstört. Angeblich waren Lager mit fiktiven Waren abgebrannt und die Versicherer mussten 16 Millionen Franken auszahlen. All dies veranlasste einen Polizisten zu der Aussage: „Ich habe noch nie so viele *Rmistas* [Empfänger des RMI [Mindesteinkommens]] in BMWs herumfahren sehen". Als die Banken im Juli 1997 beschlossen, die Staatsanwaltschaft zu alarmieren, war es

---

Vertrauen des Kreditgebers und damit seine Neigung, neue Mittel vom Kreditgeber zu erhalten. Die Technik eignet sich leicht für ein Schneeballsystem: Der Betrüger kann das Geld verwenden, um sich als zahlungsfähiger Kunde eines Komplizen auszugeben, der wiederum einen größeren Kredit erhält usw. (NdT)

bereits zu spät.

Im November 1997 und im März 1998 kam es bei zwei spektakulären Polizeirazzien zu 188 Verhaftungen. Die Ermittler hatten neun miteinander verknüpfte *Kavaliernetze* aufgedeckt. Sie wurden angeführt von Ekrem Sanioglu, Samy Bramy, Thierry Luksemberg, Jacky Benghozy, Gary Meghnagi, Philippe Gabay, Denis Gourgand und Gerard Atechian.

Der Drahtzieher der Operation, die als „Ausschaltung der Bank" bezeichnet wurde, war Haïm Weizman, der in der Nachbarschaft in der Tsahal-Uniform herumlief, um an seinen Rang als Oberfeldwebel der israelischen Armee zu erinnern. Sein eigenes Netzwerk hatte 23 der 54 „aktiven" Unternehmen mobilisiert, um die herum der Betrug organisiert war. 31 Mitglieder seines Teams wurden angeklagt, aber er hatte es vorgezogen, mit anderen Komplizen nach Israel zu fliehen.

Samuel Brami, der den Spitznamen „*petit Sam*" oder „Samy the Weasel" trägt, wollte gerade fliehen, als die Ermittler ihn in einem Hotel in Roissy in der Nähe des Flughafens einholten. Anschließend erklärte er, er habe sich zurückgezogen, um nachzudenken und „eine Bestandsaufnahme der Situation" zu machen." Ich bin aus meiner Heimat geflohen, aber nicht aus meinem Land", sagte er der Polizei und versicherte, dass er sich in letzter Minute entschlossen habe, das Flugzeug nicht zu nehmen und nach Hause zurückzukehren. Seiner rechten Hand, Samson Simeoni, genannt „*Grand Sam*", war es gelungen, nach Israel zu fliehen. Aber einer von Samys Leutnants, Raphael Elalouf, hatte in seinen ersten Verhören alles erzählt: „An der Spitze stand Samy, nur um[436] zu organisieren..."

Ein weiteres *Kavaliernetz* wurde von einem gewissen Thierry Luksemberg betrieben. Ein Geschäftsmann namens Gérard Cohen hatte das Pech, mit ihm Geschäfte zu machen. Der Anwalt von Gérard Cohen, Hervé Témine, erklärte: „Seine Verantwortung ist erdrückend, nicht nur auf strafrechtlicher Ebene, sondern auch, weil er mit seiner Flucht in die Vereinigten Staaten, nachdem er versucht hatte, sein Erscheinen auszuhandeln, seine Mitangeklagten einer Konfrontation entzogen hat, die meinen Mandanten entlastet hätte[437]." Weil Gérard Cohen unschuldig war, das musste man glauben.

*Le Parisien* vom 23. April 1999 veröffentlichte auf zwei Seiten „die Geständnisse der Sentier-Betrüger". Monsieur Albert und seine Leutnants hatten sich zum Gespräch verabredet: „Albert, Éric, Philippe,

---

[436] *Libération*, 20. Februar 2001, S. 17; 31. März 2001, S. 18; *Le Parisien*, 29. Januar 2002, S. 12.
[437] *Libération*, 19. Mai 2001." Témine" ist Teil der hebräischen Onomastik.

Denis. Durchschnittsalter: 34 Jahre". Philippe, 27 Jahre alt, hatte eine Perle gefunden: den Direktor einer Agentur des Crédit Mutuel am Rande von Metz. Sein größter Kunde vor uns war der örtliche Konditor", sagt Philippe. Er kam mit einem Porsche zu ihm, lud ihn in tolle Restaurants ein, zeigte ihm die Bestellungen von Carrefour oder Monoprix und ließ ihn mit offenem Mund zurück." Sobald er sich sicher fühlte, sagte der lothringische Banker zu allem Ja." Er habe von nichts gewusst, behauptete Philippe. Er wusste nicht, dass die Schuldscheine fiktiv waren und dass *Cavalerie* dahinter steckte." Der naive Bankier war verhaftet worden und schlief seit achtzehn Monaten hinter Gittern, während „Philippe, Albert, Eric und Denis", wie der Journalist schrieb, mit 150 Millionen Franken im Ausland ruhten."

Fast alle Angeklagten hatten nach vielen verbalen Verrenkungen schließlich ihre Beteiligung an dem gigantischen Betrug zugegeben. Die Ermittler erinnerten sich an einige recht pittoreske Verhaltensweisen: die spontane Ohnmacht einer Frau, „wenn die Fragen lästig waren"; die einvernehmlichen Geständnisse nach „großen Umwegen"; oder der Leiter des Netzwerks, der seinen Cousin nicht mehr erkannte; oder die Konfrontation, die fast in einer Schlägerei im Gerichtssaal endete.

Die gerichtlichen Ermittlungen im Fall Sentier hatten achtzehn Monate gedauert. Fünfzehn Personen befanden sich noch auf freiem Fuß, und dreiunddreißig Banken hatten sich dem Fall als Zivilpartei angeschlossen. Der Prozess fand ab dem 20. Februar 2001 in Paris statt und dauerte angesichts des Umfangs des Verfahrens etwa zehn Wochen. 124 Angeklagte waren in den Zeugenstand getreten, die alle des organisierten Betrugs beschuldigt wurden.

Gilles-William Goldnapel[438], der Anwalt von Samy Brami, äußerte sich vernichtend über den Schauprozess, der seiner Meinung nach nur das Ergebnis einer „heterogenen Ansammlung kleiner und mittlerer Betrügereien" sei, die einen solchen Skandal nicht verdient hätten: „Es fällt mir schwer zu verstehen, wie der Sentier im Bereich der Farce und Provokation besiegt werden kann." Die Präsidentin des Gerichts, Anny Dauvillaire, nahm die Dinge mit Phlegma. Nur eines störte sie: das ständige Verlassen des Gerichtssaals durch die

---

[438] Gilles-William Goldnadel ist ein französisch-israelischer Rechtsanwalt mit starker Präsenz in der französischen Politik- und Medienszene. Er ist auch Essayist und assoziativer und politischer Aktivist. Er ist rechtskonservativ und bekannt für sein pro-israelisches politisches Engagement und seine glühende Verteidigung des Staates Israel. Gilles-William Goldnadel war der Gründer und Präsident von Avocats sans frontières im Jahr 1993 (NdT).

Angeklagten, um zu telefonieren.

Laut der Zeitschrift *Actualité juive* vom 24. Mai 2001 gab es auch einen „schwerwiegenden Zwischenfall": Der Anwalt Gilles William Goldnapel hatte beschlossen, den verbalen Ausbruch des Staatsanwalts François Franchi, der bei der Eröffnung des Prozesses die Flucht einiger bei der Verhandlung anwesender „Gleichgesinnter" der Angeklagten nach Israel stigmatisiert hatte, nicht unwidersprochen zu lassen. Außerdem vertrat er die Auffassung, dass sich Israel mit seiner Weigerung, sie auszuliefern, „an den Rand der Nationen stellt".

„Es ist bedauerlich, dass dieser Fall eine ethnische Konnotation erhält", donnerte der Anwalt Goldnapel, der daraufhin angab, die Definition von „congeneric" zu Rate gezogen zu haben, und fügte spöttisch hinzu: „Israel am Rande der Nationen! Wie kann man sich nicht bewusst sein, wie dieser aus der Tiefe der Zeit stammende Ausdruck empfunden werden kann? Und nicht nur von meinen Mitmenschen? Ich bitte Herrn Franchi, den Vertreter der Pariser Staatsanwaltschaft, um mehr Bescheidenheit". Der Anwalt hatte daraufhin den Staatsanwalt aufgefordert, „seine Worte öffentlich zurückzunehmen". Ausnahmsweise erhob sich der Staatsanwalt und bat um vierundzwanzig Stunden Zeit, um dem Anwalt antworten zu können. Am nächsten Tag verlas der Vertreter der Staatsanwaltschaft in angespannter Atmosphäre seine Antwort: „Ihre Missachtung der Staatsanwaltschaft ist inakzeptabel und eines Anwalts unwürdig. Ich brauche Ihre Ratschläge und Moralpredigten nicht", erklärte er im Wesentlichen." Herr Goldnapel, Sie sind meines Wissens nicht der Vertreter des Staates Israel. Ich für meinen Teil stehe zu meinen Worten und dem von mir verwendeten Vokabular. Denn ich bin von lateinischer Kultur...und ich halte mich an die Etymologie[439]."

Am 28. Januar 2002 hatte das Pariser Strafgericht 88 der 124 Angeklagten zu Haftstrafen verurteilt. Das härteste Urteil - 7 Jahre unbedingte Haft - wurde gegen Haïm Weizman verhängt. Er und zwölf weitere Angeklagte befanden sich jedoch noch in Israel. Samy, das Wiesel, wurde zu fünf Jahren Gefängnis mit dreißig Monaten Bewährung verurteilt.

Zusätzlich zu den Haftstrafen verpflichtete der beibehaltene Vorwurf des organisierten Betrugs die Angeklagten zur gesamtschuldnerischen Rückerstattung an die Banken und die Lieferanten. Die Summe, die sie zahlen mussten, betrug 280 Millionen Franken: „Sie wollen uns tot sehen", klagte Samy Brami nach der

---

[439]*Actualité juive*, 24. Mai 2001. Archiv von Emmanuel Ratier.

Verhandlung." Sie wollen uns mit dem Geld töten[440]! „" rief er schließlich.

Am 10. Mai 2004 untersuchte die Untersuchungskammer des Pariser Gerichts den Fall Sentier II, bei dem es um Geldwäschenetze zwischen Frankreich und Israel ging. 142 Personen wurden wegen Geldwäsche angeklagt: 138 Einzelpersonen und vier Banken. Im Gegensatz zu Sentier I waren nicht nur Händler (Textil, Leder, Transport) und Zeitarbeitsfirmen betroffen. Die Banken wurden als juristische Personen angeklagt (z.B. Société Générale, Bred und American Express), während 33 Banker (z.B. Daniel Bouton, Vorsitzender der Société Générale) als natürliche Personen angeklagt wurden[441]. Die Studie Sentier II begann im Februar 2008 und sollte bis Juli dauern.

Der Handel bestand darin, Schecks zu „indossieren", d. h. den Namen des Begünstigten durch einen einfachen Vermerk auf der Rückseite mit einem Bankstempel zu ändern. Seit den 1970er Jahren ist die Werbung in Frankreich verboten, wie fast überall auf der Welt, außer in Israel. Der Scheck wurde einem „Geldwechsler" gegen Bargeld (abzüglich einer Provision) übergeben. Der Geldwechsler würde dann den Scheck bei seiner israelischen Bank einreichen, und diese würde das Konto von der französischen Bank gutschreiben lassen. Das Bargeld ermöglichte es, die französischen Steuerbehörden zu betrügen oder Gehälter unter der Hand zu zahlen. Die Finanzermittlungsbrigade (Brif) hatte alle Schecks über 20 000 Francs, die zwischen Frankreich und Israel zirkulierten, genauestens untersucht, und es stellte sich heraus, dass sich der Verkehr von Schecks, die in Bargeld umgewandelt wurden, auf mehr als 1 Milliarde Francs belief.

Die Banken konnten bei der Anzahl der im Umlauf befindlichen Schecks - mehrere zehntausend pro Tag - sicherlich nicht alles überprüfen. Die Ermittler wurden jedoch misstrauisch, als sie feststellten, dass eine Bank sich bereit erklärte, einen auf das Schatzamt oder die Urssaf[442]ausgestellten Scheck mit einem einfachen

---

[440] Bereits 1986 gab es im Sentier einen Fall, in dem 21 Personen angeklagt waren. Drei Briefkastenfirmen fungierten als Vermittler und lieferten falsche Rechnungen und Bargeld zur Bezahlung illegaler Einwanderer. Der Drahtzieher des illegalen Handels war ein gewisser Seymon Blankenberg.
[441] *Libération* vom 10. Mai 2004 und 19. Juni 2004, Artikel von Renaud Lecadre. *Le Parisien*, 12. Mai 2004, S. 15." Bouton" ist Teil der hebräischen Onomastik.
[442] In Frankreich sind die Gewerkschaften für den Einzug der Sozialversicherungsbeiträge und der Familienzulagen (URSSAF) private Einrichtungen mit öffentlichem Auftrag, die dem Bereich „Einzug" des allgemeinen Systems der sozialen Sicherheit zugeordnet sind (NdT).

hebräischen Vermerk auf der Rückseite an eine dritte Partei zu überweisen. Mit diesem System war es tatsächlich möglich, jeden gestohlenen Scheck zu recyceln, was das Verschwinden zahlreicher Postsäcke in den Postverteilzentren erklärt. Manchmal wurden die Empfänger der gestohlenen Schecks einfach als „Herr Urssaffi" oder als „Anzeige des Finanzministeriums" bezeichnet. Die beiden Protagonisten dieses Verkehrs, „Philippe B." und „George T.", waren in Israel auf der Flucht." George T." war Georges Tuil. Das erste Netz hatte er 1997 von Mulhouse aus aufgebaut." Philippe B." war Philippe Besadoux. Im November 2005 wurde er in Prag unter der Identität von Harry Mervyn verhaftet. In seinen Taschen fanden die tschechischen Polizeibeamten ein Flugticket nach Tel-Aviv.

Die Hunderte von Sentier-Schecks wurden gesammelt und dann nach Israel geschickt, anstatt in französischen Banken eingelöst zu werden. Chabad-Lubawitscher chassidischer Juden, die in traditioneller Kleidung gekleidet sind und am Flughafen nicht durchsucht werden dürften, überquerten die Grenze mit ihren Koffern voller Schecks auf dem Weg nach Roissy und Bargeld bei der Rückkehr aus Israel. Sechs Rabbiner aus der Chabad-Lubawitsch-Bewegung und mehr als zwanzig Vereinsvorsitzende waren daran beteiligt. Sie versorgten die Kaufleute des Sentier mit Koffern voller Bargeld. In der Tat war eine Vielzahl von jüdischen konfessionellen Vereinigungen involviert. Rabbiner und ihre Fundraiser-Teams boten den Spendern eine Rendite von bis zu 50 % an. Zwischen 1997 und 2001 flossen auf diese Weise 70 Millionen Euro.

Zwei der Rabbiner, Joseph Rotnemer und Jacques Schwarcz, gehörten zu den Hauptangeklagten. Die Rotnemers waren eine wichtige Familie in der jüdischen Gemeinde. Sie standen an der Spitze eines der wichtigsten jüdischen Schulnetzwerke in Frankreich. Rabbiner Elie Rotnemer war der Gründer von The *Refuge*, einer Einrichtung, die 1 % für den sozialen Wohnungsbau sammelt. Das *Refuge* und seine 92 zivilen Immobiliengesellschaften kontrollierten fast 4000 Sozialwohnungen. Anfang der 1990er Jahre hatte eine Untersuchung ergeben, dass die Mittel des *Flüchtlingsfonds* nicht in den sozialen Wohnungsbau, sondern in Investitionen in Gewerbebetriebe flossen.

Als Elie Rotnemer 1994 starb, wurde sein Sohn Joseph Rotnemer der neue Familienpatriarch. Er hatte seine Methoden des Spendensammelns zugunsten von 150 Vereinen (öffentliche Schulen, Altersheime...) erweitert und diversifiziert, die alle in Seine-et-Marne und im 19. Arrondissement von Paris angesiedelt waren - den beiden Zentren der chabadisch-lubawitschen Chassidim[443]: In fünf Jahren (von

---

[443] Nach der chabadisch-lubawitschen chassidischen Lehre müssen die Juden inmitten

1997 bis 2001) hatten die Rotnemers so 450 Millionen Francs absorbiert. Joseph Rotnemer und Rabbiner Jacques Schwarcz waren beide in Israel auf der Flucht.

Rabbi Haïm Chalom Israel, 57, hatte in Frankreich private Vertragsschulen gegründet und auf diese Weise Gelder von Mitgliedern seiner Gemeinde gesammelt. Die Schecks der Spender wurden in der Wechselstube „Change Point" im orthodoxen Viertel Jerusalems gegen Bargeld eingelöst. Wie ein Beamter von Jabad-Lubawitsch einräumte, musste zwischen „koscheren Spenden[444] „, d. h. echten Spenden, und „nicht-koscheren" Spenden, d. h. Scheckzahlungen gegen Bargeld, unterschieden werden. Im November 2000 hatte die Ermittlungsrichterin Isabelle Prévost-Desprez die vorläufige Festnahme von Haïm Chalom Israel angeordnet, weil sie die Höhe der Spenden an jüdische Wohltätigkeitsorganisationen für überhöht hielt und von einem Missbrauch sozialer Güter ausging. Doch fünf Wochen später, im Dezember, hatte die Anklagekammer seine Freilassung gegen Zahlung einer Kaution von 300.000 Franken angeordnet." Er wird weglaufen, das ist sicher! „Isabell Prévost-Desprez rief sich am Telefon selbst zu. Der Untersuchungsrichter wies daraufhin die Polizei an, den Rabbiner beim Verlassen des Gefängnisses von Fresnes erneut zu verhaften, damit er dieses Mal wegen schwerer Geldwäsche angeklagt und wieder inhaftiert werden kann. Drei Tage später ordnete die Anklagekammer erneut seine Freilassung an. An dieser Stelle sei darauf hingewiesen, dass die Anklagekammer von Gilbert Azibert[445] geleitet wurde.

Myriam Sitbon, eine der 142 Personen, die im Fall Sentier II

---

des materiellen Bereichs des Bösen und der Unreinheit - der *Qelipa* (*Schale*) der Heiden - im Exil bleiben, um die dort gefangen gehaltenen göttlichen Funken zu erwecken und so ihre Zerstörung und die Ankunft der Erlösung herbeizuführen. Zu den chabadisch-lubawitschen chassidischen Juden und ihren Doktrinen siehe *Psychoanalyse des Judentums* und *jüdischer Fanatismus*.

[444] Siehe Anmerkung 223.

[445] Auch in den USA waren religiöse Juden angeklagt worden. Ende Dezember 2007 erschien Naftali Tzi Weisz, 59, geistliches Oberhaupt von Spinka, einer ultraorthodoxen chassidischen jüdischen Gruppe in Los Angeles, zusammen mit fünf Komplizen vor Gericht, weil er die Steuerbehörden um rund 33 Millionen Dollar betrogen haben soll. Die Bundesstaatsanwälte beschuldigten den Rabbiner und seine Mitangeklagten, Menschen, die Geld für Spinkas Wohltätigkeitsaktivitäten gespendet hatten, hinterhältig zu entschädigen. Das Geld wurde über eine Bank in Israel gewaschen, aber erst, nachdem eine Steuerbefreiung in den Vereinigten Staaten beantragt worden war. Rabbi Tzi Weisz wurde nach Hinterlegung einer Kaution von 2 Millionen Dollar freigelassen. Auf der anderen Seite wurde ein israelischer Bankmanager namens Mizrahi mit Sitz in Tel Aviv verhaftet.

angeklagt sind, war eine Händlerin, die in der Lederindustrie tätig war. Sie musste das Viertel verlassen, nachdem sie Drohungen erhalten hatte, hatte sich aber entschlossen, als Zeugin auszusagen: „In dieser Welt", sagte sie, „stecken sie sich gegenseitig Scheren in den Rücken und am nächsten Tag schlagen sie sich gegenseitig. Sobald sie bei jemandem eine Schwäche sehen, wird diese ausgenutzt: ein Makel, sei es im Privatleben, zum Beispiel bei einer Scheidung, oder im Geschäftsleben. Die Beute wird umzingelt, die Räuber betreten den Platz, und das Opfer wird ausgezogen, sogar von seinen eigenen Freunden... Es gibt eine Vermischung von Privat- und Berufsleben... Der Terror wird sogar an Hochzeits- und Partytagen ausgeübt... Ich kam erschöpft und ruiniert da heraus." In diesem Artikel in *Le Parisien* (22. Januar 2003) enthüllte der Ladenbesitzer auch die Existenz einer organisierten Mafia im Sentier-Viertel: „Die Verkäuferin in meinem Bekleidungsgeschäft wurde vergewaltigt und ich selbst wurde überfallen. Ich wurde meines Besitzes beraubt, erpresst und bedroht. Ich bin so sehr terrorisiert worden, dass ich heute keine Angst mehr haben will, deshalb habe ich beschlossen, meine Meinung zu sagen. El Sentier unterliegt dem Gesetz des Schweigens."

Der Artikel von Renaud Lecadre in der Tageszeitung *Libération* vom 20. Februar 2001 hatte auf das Problem hingewiesen: Am 10. Juli 1997 war Emile Zuili von vier vermummten Männern entführt und anschließend gegen das Versprechen, 3 Millionen Francs zu zahlen, freigelassen worden. Sein Freund Denis Ouabah erklärte der Polizei: „Im Sentier gibt es Teams von Erpressern, die zu den Tätern von betrügerischen Konkursen gehen, um entweder unbezahlte Schulden einzutreiben oder um einen Anteil am Gewinn zu erpressen." In diesem Fall wusste der Sentier, dass Zuili ein großer Coup war. Aber seine Entführer hatten es nicht gewagt, seinen Chef, Haïm Weizman, den Drahtzieher des Sentier-Betrugs, anzugreifen. Das Abhören hatte es ermöglicht, einige eloquente Gespräche aufzuzeichnen: „Der Typ da unten will nicht zahlen. Rafy wird mit Alex, der seine Pfeife in Alfortville wiedergefunden hat, dorthin fahren." Am Tag nach seiner Verhaftung, nach seiner Freilassung, verließ Emile Zuili Frankreich mit seiner Frau und seinen Kindern für immer.

### *Rennpferde und Mechaniker*

Im Jahr 2004 war ein weiterer großer Betrug aufgedeckt worden. Sebastian Szwarc, alias M. Guerin, und sein Jugendfreund Samy Souied hatten ein lukratives Geschäft aufgebaut. Der Betrug, der im August

2003 begann, bestand im Verkauf von Anzeigen in Fachzeitschriften, die von Verbänden der Polizei, der Gendarmerie, der Feuerwehr und des Finanzministeriums herausgegeben wurden. Die Idee war, kleine Gewerbetreibende dazu zu verleiten, zu glauben, dass eine Anzeige in einem Polizeimagazin oder einem Steuerjahrbuch ihnen helfen würde, eine Geldstrafe oder eine Steuerberichtigung zu vermeiden. Die Werbeflächen gab es nicht, aber die Schecks wurden in Israel eingelöst. In achtzehn Monaten hatten die Betrüger eine Beute von 55 Millionen Euro gemacht.

Die israelische Bank Hapoalim war für die Geldwäsche zuständig. Durch Abhörmaßnahmen konnte der Drahtzieher der Operation ausfindig gemacht werden: Samy Souied, der eine Geschäftsbeziehung zum Leiter der Bank in Israel unterhielt. In Frankreich war die Hapoalim-Bank im Juni 2004 durchsucht worden, und die Leiterin der Pariser Agentur, ihr Stellvertreter und zwei Mitarbeiter wurden in Untersuchungshaft genommen. In Israel waren 180 Bankkonten und 375 Millionen Dollar gesperrt worden. 200 Kunden wurden verdächtigt, darunter der israelische Botschafter in London, Zvi Hefetz, Vladimir Goussinski (Eigentümer von 27 % der israelischen Tageszeitung *Maariv*) und Arcadi Gaydamak. Eine Reihe von Komplizen wurde von der französischen Justiz wegen „schwerer Geldwäsche" und „organisiertem Betrug" angeklagt.

Ein Teil dieses schmutzigen Geldes war in Pferderennen investiert worden. Alain Szwarc besaß ein Dutzend Pferde, darunter mehrere Siegerpferde, die den Ermittlern zufolge mit dubiosen Mitteln gekauft worden waren. Offensichtlich kam es beim Kauf dieser Vollblüter zu Zahlungen unter dem Tisch, da der Kaufwert weit über dem angegebenen Preis lag. Im Januar 2005, nur wenige Tage vor dem Großen Preis von Amerika, erschütterte die Verhaftung von Alain Szwarc und seinem Sohn Sebastian durch die Polizei der Finanzermittlungsbrigade (Brif) die Reitsportwelt. Der Vater und der Sohn waren von einem Pariser Richter wegen Geldwäsche und Betrugs angeklagt worden.

Sebastian Szwarc, 31, wurde am 16. Januar 2005 beim Verlassen des Flugzeugs verhaftet und in Untersuchungshaft genommen. Der junge Mann, der mit einem Porsche und einem Ferrari herumfuhr, gab zu, dass er in Frankreich kein Einkommen habe, seine Eltern ihm aber regelmäßig Bargeld zukommen ließen, insgesamt 600.000 Euro." Ich bin ein Spieler, ein Verschwender", sagte er der Polizei." Mein Vater unterstützt mich. Er finanziert mich sogar, damit ich[446] spielen kann."

---

[446] *Le Parisien*, 22. Juni 2004 und 28. Januar 2005.

*Le Parisien* vom 4. September 2004 hatte ebenfalls den Fall der Mechaniker aufgedeckt, obwohl das Fernsehen auch diesmal nicht darüber berichtete." Riesiger französischer Versicherungsbetrug", so war in der Presse zu lesen. Es handelte sich um „einen der größten Versicherungsbetrügereien, die jemals in Frankreich aufgedeckt wurden." Die Grundlage des Betrugs war sehr einfach: Mechaniker rekrutierten Opfer von Verkehrsunfällen und erstellten falsche Akten auf der Grundlage von Schadensmeldungen. Mit der Komplizenschaft von Sachverständigen wurden die Schäden dann maßlos überschätzt. Schließlich mussten sie nur noch falsche Rechnungen im Namen echter oder nicht echter Werkstätten ausstellen. All dies - falsche Schadenserklärungen, falsche Gutachten und falsche Rechnungen - wurde an die Versicherer geschickt. Die Gewinne dieser gut organisierten Gruppe wurden zwischen 2000 und 2003 auf 8 Millionen Euro geschätzt, zum Nachteil der wichtigsten französischen Versicherer. Alle von den Führern der Gruppe erzielten Gewinne wurden nach Israel überwiesen. Insgesamt wurden 1.200 Betrugsverfahren eingeleitet, und etwa zwanzig Personen wurden in Paris angeklagt. Es wurden mehrere internationale Haftbefehle ausgestellt, darunter einer gegen Bruce Chen-Lee, einen 48-jährigen „Französisch-Israeli", der in Israel auf der Flucht ist[447]. Den Ermittlern zufolge besaß der mutmaßliche Drahtzieher der Bande, Chen-Lee, einen in Griechenland stationierten Hubschrauber, ein zweimotoriges Flugzeug auf einem Flughafen in der Region Paris sowie mehrere Villen in Frankreich und Israel. Vor einer Anhörung in Israel hatte er geleugnet, der Anstifter des Betrugs zu sein, und sich als Einsiedler dargestellt, als spiritueller Führer, der sein Leben dem Schreiben religiöser Bücher gewidmet hat.

## Mehrwertsteuerbetrug

Im März 2008 kam es zu einem neuen Skandal. Ein gigantisches Netz von Mehrwertsteuerbetrügern war ausgehoben worden. Etwa fünfzehn Personen wurden beschuldigt, dem Staat 100 Millionen Euro gestohlen zu haben. Ein Rekord in Frankreich für diese Art von Betrug. Nach zweijährigen Ermittlungen wurden der Drahtzieher, Avi Rebibo, ein 38-jähriger französisch-israelischer Staatsbürger, und seine Bande wegen organisierten Betrugs angeklagt. Avi Rebibo ließ sich in

---

[447] Nachnamen sind manchmal irreführend. Hier fehlt bei „Chen" offensichtlich ein Buchstabe: vielleicht ein „O"?

Frankreich die Mehrwertsteuer erstatten, die er nie gezahlt hatte. Der Kopf des Unternehmens leitete Eurocanyon, ein luxemburgisches Unternehmen, das auf Mobiltelefonie spezialisiert ist. Der Betrug bestand darin, Telefone vor der Steuer in England zu kaufen, eine legale Praxis, da sie exportiert werden konnten. Das Unternehmen verkaufte diese Telefone dann ohne Gewinnspanne an etwa fünfzig Scheinfirmen weiter, diesmal einschließlich Mehrwertsteuer, die schließlich von den Betrügern kassiert wurde. Die Briefkastenfirmen boten diese Telefonpartien dann dem britischen Lieferanten an. Das Geld verließ dann das System durch eine Reihe von Überweisungen zwischen im Ausland eröffneten Konten. Avi Rebibo wurde beschuldigt, die Kontrolle über das Taxi-Unternehmen zu haben, was als „VAT busting" bezeichnet wurde. Der Anwalt von Avi Rebibo, Sylvain Maier, wies diese Anschuldigungen jedoch in aller Form zurück. Seiner Meinung nach war sein Mandant ein Opfer seiner Kunden, die die Mehrwertsteuer nicht erklärt hatten. Er habe nie gegen das Gesetz verstoßen, aber „weil er in Israel war, haben ihn die Manager der beschuldigten Unternehmen beschuldigt", erklärte der Anwalt. Avi Rebibo war jedoch Anfang des Jahres zu seiner Vorladung erschienen und befand sich seit dem 21. Januar in Untersuchungshaft.

## *Betrug an der Gemeinschaft*

Jüdische Kriminelle zögern auch nicht, ihre eigenen Glaubensbrüder zu betrügen. Ein Beispiel dafür ist der Fall von Israel Perry, einem in London ansässigen israelischen Anwalt, der die vom deutschen Staat zugesagten Renten von KZ-Überlebenden abgeschöpft hat. 1983 hatten der jüdische Staat und die Bundesrepublik Deutschland ein Abkommen ratifiziert, nach dem jeder ehemalige Deportierte, der seit 1953 die israelische Staatsbürgerschaft besitzt, eine Entschädigung von bis zu 100.000 Mark sowie eine deutsche Rente und Sozialleistungen erhalten kann.

Der wenig bekannte, aber ehrgeizige und kluge Anwalt hatte sich auf die Vertretung ehemaliger Deportierter spezialisiert, die in Deutschland ihr Recht einforderten. Der Anwalt empfing seine Klienten in einem Fünf-Sterne-Hotel in Tel-Aviv, wo er ihnen seine Vertretungsdienste anbot, indem er sie Vollmachten unterschreiben ließ, deren Tragweite den ehemaligen Deportierten nicht klar war. Indem sie Israel Perry ihr Vertrauen schenkten, übergaben die Überlebenden des Lagers in Wirklichkeit einen Teil - oder die Gesamtheit - ihrer monatlichen Zuwendungen an eine Versicherungsgesellschaft, die von dem Anwalt in einem Steuerparadies gegründet wurde. In zwanzig Jahren hatte der Vermittler auf diese Weise Tausende von Akten bearbeitet und 320 Millionen Mark (fast 150 Millionen Euro!) abgezweigt, die bei drei Banken in Zürich deponiert waren. Dem israelischen Justizministerium war es jedoch gelungen, Rechtshilfeabkommen mit der Schweizer Justiz durchzusetzen, um diese Einlagen zu blockieren.

Ein Artikel vom September 2000, der auf der Website *www.sefarad.org* veröffentlicht wurde, informierte uns über diesen Betrug, der ebenso wenig bekannt ist wie die vorherigen: „Mehr als 1000 Holocaust-Überlebende in Israel haben einen israelischen Anwalt angezeigt." Die Informationen wurden vom israelischen Justizministerium bestätigt. Der Fall wurde in einigen Zeitungen wie dem deutschen Wochenmagazin *Der Spiegel*, der Schweizer *Sonntags Zeitung* und der *La Tribune de Genève* erwähnt. Als sich seine Klienten darüber beschwerten, dass ihre Forderungen nicht vorankamen, berief sich Israel Perry auf den „deutschen Unwillen" und die Langsamkeit der internationalen Diplomatie. Der „deutsche Rentenbetrug" war ein großer Skandal in Israel. Im Februar 2008 erschien Israel Perry schließlich vor Gericht. Sein Anwalt hatte jegliche Beteiligung bestritten, aber der Betrüger wurde zu 12 Jahren Gefängnis verurteilt. Ein Radiomoderator in Israel hatte ihn mit folgenden Worten angesprochen: „Sie haben eine Rattenmentalität und verdienen es, dort zu verrotten, wo Sie sind[448]."

Wir haben auf diesen Seiten bereits über den Fall von Semion Mogilevitch berichtet, der sich in den 1980er Jahren bereichert hatte, indem er Juden, die die UdSSR verlassen wollten, vorschlug, ihr Eigentum zu kaufen, den Verkauf abzuwickeln und ihnen dann das Geld nach Israel zu schicken. Wir kennen auch den Fall von Ignaz Bubis, dem Vorsitzenden der Israelitischen Kultusgemeinde Deutschlands, der Gelder der deutschen Regierung für Investitionen in die Eros-Centers abgezweigt hatte, sowie den Fall von Mickey Cohen, der in Los Angeles Wohltätigkeitsgalas für die israelische Armee organisierte und dann das Geld beim Pokern verlor.

Zwei Direktoren des französisch-jüdischen Fernsehens (TFJ),

---

[448] 1955 behauptete der aus Rumänien stammende Salomon Margulies, er habe ins Exil gehen und sein gesamtes Hab und Gut hinter dem Eisernen Vorhang zurücklassen müssen, um der rassistischen Verfolgung zu entgehen. Die Menschen, die er umwarb, widersetzten sich seinen Bitten nicht und spendeten ihm große Geldsummen. Am 16. Dezember wurde er nach mehreren Beschwerden in einer Pariser Diskothek verhaftet. Die Visa in seinem Reisepass zeugen von seinen zahlreichen Reisen durch Europa (*Le Soir*, 17. Dezember 1955, Archiv von Emmanuel Ratier).

Ghislain Alloun und Michaëla Heine, wurden Anfang Februar 2008 wegen Missbrauchs von Sozialleistungen zu zwei Jahren Gefängnis, davon sechs Monate ohne Bewährung, verurteilt. Die beiden Verantwortlichen wurden für schuldig befunden, ein betrügerisches System organisiert zu haben, das auf fiktiven Vereinbarungen zwischen dem Fernsehsender, dessen Präsident Herr Alloun war, und der Produktionsfirma Charisma Films, die von Frau Heine, seiner Konkubine, geleitet wurde, beruhte. TFJ, das seit 2005 unter Konkursverwaltung stand, war seit Herbst 2006 nicht mehr auf Sendung. Die ersten Beschwerden waren von der Rechtsanwältin Elisabeth Belicha, einer Gründungsgesellschafterin von TFJ, eingereicht worden, die die „methodische Ausplünderung von TFJ" anprangerte und dem Ehepaar vorwarf, die vollständige Kontrolle über den Sender übernommen zu haben, „ohne Bargeld zu nehmen", und zwar dank „eines Systems von Dreiecksrechnungen und der Verrechnung von Schulden in zwei Phasen".

Hier ist der Fall eines anderen hochkarätigen Betrügers namens Didier Meimoun. Dieser tunesische Jude aus Paris kam Mitte der 1990er Jahre nach Brüssel und legte das Geld seiner „Kunden" an, indem er ihnen Zinssätze von 12 bis 17,5 % garantierte. Meimoun hatte in Radio Judaïca investiert und spendete Geld für die gute Arbeit der Gemeinde. Im Alter von 47 Jahren, bei einer Größe von 1,87 m und einem Gewicht von 120 kg, war er ein angesehener Mann in der jüdischen Gemeinde von Brüssel. Er hatte in zahlreiche Unternehmen investiert und besaß Villen in Knokke und Paris. Er rauchte Zigarren, war im Showgeschäft tätig, fuhr mit seinem Jaguar XJ 8 Coupé durch die Stadt und behielt seinen Ranger Rover für Ausflüge aufs Land, ganz zu schweigen vom Rav 4 seiner Frau. Doch Anfang 2001 hatten sich in seinem Umfeld Zweifel eingeschlichen. So benutzte er beispielsweise für sein Mobiltelefon nur Prepaid-Karten, die er regelmäßig wechselte. Am 18. Mai 2001 erfuhren diejenigen, die ihm seit Jahren vertraut hatten, von seinem plötzlichen Verschwinden. Die Beweise mussten akzeptiert werden: Der Betrüger war mit 50 Millionen verschwunden, die er Dutzenden, ja Hunderten von Mitgliedern der Gemeinschaft gestohlen hatte. Mit seinen falschen Nachnamen - Meimoun Daida alias Meimoun Jerri alias Didier Lescure alias Didier Santerre, usw. - hatte Didier Meimoun die Spuren vervielfacht und war unauffindbar. Er wurde in Abwesenheit verurteilt: 3 Jahre ohne Bewährung. Wo auch immer er war, er hat wahrscheinlich nicht darüber geschlafen...

Wenn wir weiter zurückblicken, finden wir zum Beispiel den einzigartigen Fall von Rabbi Menachem Porush von der ultraorthodoxen Agudat Israel Party Community. Er hatte nicht gezögert, einen New Yorker Mafioso, Joseph „Doc" Stacher, zu betrügen, der 1965 wegen schwerer Gewalt, Einbruch, Mord usw. verhaftet worden war. Doc Stacher konnte sein Erstaunen nicht überwinden. Während des Prozesses gegen den Rabbiner, der ihn betrogen hatte, war Stacher immer noch fassungslos: „Ich kann es nicht glauben, ein Rabbiner hat mein Geld gestohlen! Ein Rabbiner hat mein ganzes Geld weggeräumt[449]!".

### *Samuel Flatto-Sharon*

Samuel Szyjewicz, genannt Flatto-Sharon, wurde am 18. Januar 1930 in Lodz, Polen, als Sohn von Josef Flatto und Esther Szyjevicz geboren. Er ließ sich in Frankreich nieder und nahm den Namen Flatto-Sharon an, um seine Karriere zu beginnen. Er verstrickte sich schnell in alle möglichen Betrügereien und beschloss nach einigen Monaten Haft wegen Betrugs, zunächst nach Brasilien und dann nach Dahomey zu fliehen, wo er den Präsidenten, einen ehemaligen Klassenkameraden aus dem Institut Charlemagne in Paris, kennenlernte. Er wurde persönlicher Berater des Präsidenten und handelte mit der Weltbank einen Kredit über 10 Millionen Dollar aus. Das erhaltene Geld wurde jedoch sofort zwischen dem Präsidenten und seinen Ministern aufgeteilt, wobei Flatto eine halbe Million Dollar „als Spesen" erhielt. Ganz zu schweigen von den Forstkonzessionen, mit denen er von seinem Präsidentenfreund[450] belohnt wurde.

Fünf Jahre später kehrt er nach Paris zurück und steigt mit einem renommierten Partner in die Immobilienbranche ein: Jacques Engelhard, ein Straßburger Geschäftsmann mit einer besonderen Vorgeschichte im Büro des großen Banditen: Zuhälterei, Verdacht auf Auftragsmorde." Jacky aus Straßburg" war sein Immobilienvermittler und sein Handlanger, wenn es darum ging, widerspenstige Mieter zur Räumung eines Gebäudes zu zwingen, das gerade abgerissen werden sollte. Flatto erweckte den Eindruck, alles über Engelhard zu ignorieren: „Mein Freund Jacques, pflegte er zu wiederholen, ist der am meisten verleumdete Mann in Frankreich! „.

Flatto-Sharon hatte neunundzwanzig Immobilientransaktionen durchgeführt, entweder für zu bebauende Grundstücke, zu renovierende

---

[449] Robert Rockaway, *But he was good to his mother: The lives and the crimes of jewish gangsters*, Gefen publishing, 1993, S. 116-117.
[450] Auch das Familienvermögen des berühmten Medienphilosophen Bernard-Henri Lévy wurde im afrikanischen Holzhandel gemacht.

Gebäude oder für Gebäude, die nach einem Abriss wieder aufgebaut werden sollten. Er verkaufte sie an von seinen Komplizen gegründete Briefkastenfirmen weiter. Er hatte auch von der Komplizenschaft der Politiker profitiert, die die Baugenehmigungen beschleunigten. Der große Financier der Flatto-Gruppe war Tibor Hajdu, ein jüdischer Flüchtling aus Ungarn, ein Finanzgenie und die graue Eminenz von Flatto-Sharon. Er war der Organisator des Systems von Darlehen und Scheinfirmen, die im Namen der von ihm entsandten Personen gegründet wurden: Chauffeure, Sekretäre und sogar Laufburschen. Sobald die Kredite gesichert und das Grundstück für das Gebäude bezahlt waren, kam der Rest der verfügbaren Mittel auf mysteriöse Weise nach Genf, oft in Koffern, die noch am selben Tag an den Schaltern der kreditgebenden Banken gefüllt wurden.

Samuel Flatto-Sharon hatte auf diese Weise 324 Millionen Franken (rund 50 Millionen Euro) erbeutet. Doch das reichte ihm nicht: Er erfand fiktive Renovierungsarbeiten und nahm auch Schulden auf, um sie zu finanzieren. Mit Hilfe von Strohmännern wurden die Kredite abgehoben und sofort bei anderen Finanzinstituten eingezahlt. Seine Probleme begannen, als ihn eine Steuerfahndung dazu zwang, in ein Land zu reisen, mit dem es kein Auslieferungsabkommen gibt, weder mit Frankreich noch mit irgendeinem anderen Land der Welt: Israel. Er beantragte die Staatsbürgerschaft des Landes unter dem Namen Flatto-Sharon und erhielt sie ohne Probleme, nachdem er die übliche Frage nach einer möglichen kriminellen Vergangenheit „gegen das jüdische Volk und den Staat Israel" beantwortet hatte. Als der Betrug 1975 in Frankreich endlich aufgedeckt wurde, waren 550 Millionen Francs verschwunden. In Italien verhaftet, wo er sich mit seinem Anwalt Klarsfeld treffen sollte, entkam er wie durch ein Wunder, noch bevor Frankreich seine Auslieferung beantragen konnte[451].

1974 hatte Flatto-Sharon ein prächtiges 3.000 m² großes Grundstück in Savyon, einem schicken Vorort von Tel Aviv, gekauft. Bald lernte er Betsalel Mizrahi kennen, einen der Unterweltbosse Israels. Als bekennender Patriot gründete er eine Waffenexportfirma und finanzierte Milizen zum Schutz von Synagogen in Frankreich sowie ein Team von Attentätern, das Bundeskanzler Kurt Waldheim in Österreich töten sollte. Er finanzierte auch ein Gemeindezentrum für benachteiligte Kinder. Seine Großzügigkeit machte ihn zum Idol der israelischen High Society.

Als sein Fall im Herbst 1975 in Frankreich aufgedeckt wurde,

---

[451] Für den Rest des Falles und die undurchsichtigen politischen Beziehungen von Flatto-Sharon zu Jacques Chirac siehe *Le Crapouillot* vom März 1989.

meldete er sich freiwillig zur Reise und zum Prozess. Allerdings unter einer Bedingung: Er verlangte, dass Paris den Palästinenser Abu Daoud an Israel ausliefert. Abu Daoud war der Leiter des palästinensischen Kommandos, das für den Tod von elf israelischen Sportlern bei den Olympischen Spielen 1972 in München verantwortlich war.

In Israel wurde sofort ein Komitee gegen die Auslieferung von Flatto-Sharon gegründet, und es wurden Zehntausende von Unterstützungsunterschriften gesammelt. Flatto war nun ein Nationalheld. Um einer eventuellen Auslieferung zu entgehen, kandidierte er für das israelische Parlament in den Reihen von Menahem Begins Likoud-Partei, die von einem anderen großen „Patrioten", Begins langjährigem Freund, dem jüdischen Genfer Milliardär Nessim Gaon[452], finanziert wurde. Flatto wurde im Mai 1977 ins Parlament gewählt und zog triumphal in die Knesset ein. In einem Interview mit RTL fragte ihn der französische Journalist:

- Wie viele Mandate haben Sie denn erreicht?
- Zwei, antwortete Flatto stolz.
- Bah, das sind nur vierunddreißig!

Anspielung auf die zweiunddreißig internationalen Haftbefehle, die von der französischen Regierung nach dem Betrugsfall ausgestellt wurden[453].

Flatto wurde wegen Wahlbetrugs und Korruption angeklagt und musste bei den Wahlen 1984 sein Mandat als Abgeordneter niederlegen. In Israel inhaftiert und verurteilt, gelang es ihm, eine Kaution zu hinterlegen, um seine Freiheit wiederzuerlangen, und er wurde nie ausgeliefert.

1990 wurde Samuel Flatto-Sharon erneut in einen 20-Millionen-Franken-Betrug zum Nachteil einer Industriemetzgerei in der Region Vichy verwickelt: Sobovidé. Im Oktober 1989 wurde das angeschlagene Unternehmen an zwei wohlhabende Käufer verkauft. Letztere hatte zugesichert, die 196 Mitarbeiter zu behalten und sogar ihre Gehälter zu erhöhen. Das Handelsgericht hat daraufhin seine Zustimmung erteilt. Bernard Gliksberg hatte sich als Sohn eines großen belgischen Textilindustriellen ausgegeben. Simon Abramowitz war ein wohlhabender amerikanischer Finanzier in den Fünfzigern. Er zog in das beste Hotel in Vichy, wo er sofort zwei Telefonleitungen installieren ließ. Von da an kannte Sobovidé keine Grenzen mehr. Sechs Millionen

---

[452] Zu Nessim Gaon siehe Anmerkung 139 oben.
[453] Jacques Derogy, Israël Connection, Plon, 1980, S. 130-136. Journalistisches Wortspiel mit *mandat d'arrêt* und *mandat de député* (Haftbefehl und Abgeordnetenmandat).

Franken für falsche Bestellungen von Tomaten bei einer Pariser Firma; 3,5 Millionen Franken, die auf ein Konto in Düsseldorf im Namen einer falschen Firma überwiesen wurden, um Kälber aus Polen zu bezahlen, die nie ankamen; 1,4 Millionen Franken, die auf einer ägyptischen Bank hinterlegt wurden, um eine Lieferung von 4.000 Tonnen Fleisch an ein libanesisches Unternehmen zu garantieren, und so weiter. Nach drei Monaten flüchteten die Betrüger und hinterließen 125 Millionen Franken Schulden bei der Firma. Außerdem hatten sie vor ihrer Abreise drei Schecks über 500.000 Franken im Namen von Sobovidé einbehalten, wahrscheinlich für Reisekosten. Gliksberg war am 9. Februar 1990 unter seiner wirklichen Identität verhaftet worden, sein richtiger Name war Samy Prince. Einige Tage später wurde Abramowitz in Österreich in einem Wiener Palais verhaftet. Die Ermittler hatten 556 Telefongespräche aus dem Hotel in Vichy nach Israel aufgezeichnet, hauptsächlich nach Flatto-Sharon. Im April 1993 verurteilte das Gericht von Cusset im Departement Allier die beiden Männer zu 5 Jahren Gefängnis. Flatto-Sharon hat sich entschieden, nicht auf[454] zu erscheinen.

Im April 2003 veröffentlichte das *Israel Magazine* ein Interview mit Samy Flatto-Sharon. In seiner Wohnung in Tel Aviv waren die Wände „mit Gemälden von Marc Chagall bis Modigliani bedeckt"." Flatto-Sharon behauptete, ein kompromissloser israelischer Patriot zu sein. In Bezug auf die Juden, die Waffen gestohlen haben, um sie an die

---

[454] 1980 gelang es drei Tunesiern, François Abitbol und seinen beiden Söhnen David und Mordecai, in etwas mehr als einem Monat eine Beute von vier Millionen Francs zu machen, indem sie bei Lieferanten in Creusot, Orléans und Rennes umfangreiche Fleischbestellungen für ihre Metzgerei im 20. Nachdem sie alles verkauft hatten, ließen sie sich in Israel nieder, ohne die Lieferanten zu bezahlen.
Ein weiterer berühmter Fall von „*carambouille*": 1993 beschloss David Cherbit, ein 28-jähriger ruandischer Inhaber eines Supermarktes „*Cash Menuiserie*" (Fenster, Türen, Treppen, Verkleidungen usw.), seine finanziellen Schwierigkeiten radikal zu lösen. An der Spitze von S.A. Davidson, mit einem Kapital von 250.000 Francs, zögerte David Cherbit nicht, mit dem Hubschrauber nach Paris zu fliegen, um sich um seine Geschäfte zu kümmern. Er war ein Mann, dem man vertrauen konnte. Obwohl er wusste, dass sein Unternehmen kurz vor der Konkurseröffnung stand - die Anhorung war für den 24. April 1993 anberaumt - beschloss er, einen Auftrag nach dem anderen an seine Lieferanten zu vergeben. Voll beladene Sattelschlepper stehen vor der *Cash Menuiserie* Schlange. Die Waren sollten an skrupellose Verkäufer gegen Barzahlung verkauft werden. Die Lieferanten würden nie bezahlt werden. Innerhalb weniger Tage hatte David Cherbit mehr als zweihundert ungedeckte Schecks ausgestellt. Ein kleines Unternehmen, das sich auf Alarmsysteme spezialisiert hatte, bekam seinen Scheck über 200.000 Franken von der Bank mit dem Vermerk „nicht gedeckt" zurück und musste Konkurs anmelden. David Cherbit war mit seiner Frau und seiner Schwester nach Israel gegangen. Seine nagelneuen Möbel wurden ihm per Container über Marokko geliefert.

Palästinenser weiterzuverkaufen, erklärte er: „Diese Leute sollten zu hohen Gefängnisstrafen verurteilt werden. Wir brauchen diese Juden nicht. Sie sind Kriminelle, Verräter, die beseitigt werden müssen."

## In England und den Vereinigten Staaten

Robert „Maxwell" war der Sohn chassidischer Juden aus der Slowakei, die den Nachnamen Maxwell angenommen hatten, in Wirklichkeit aber Abraham Hoch hießen. Er hatte 1945 die britische Staatsbürgerschaft angenommen. Als Verbindungsoffizier der Roten Armee in Berlin war er mit der Vernehmung verschiedener nationalsozialistischer Würdenträger betraut worden. In der Folgezeit machte er sein Vermögen im Presse- und Verlagswesen und kontrollierte mehrere Zeitungen. Er war durch verschiedene Betrügereien zum Multimillionär geworden, indem er beispielsweise den Gegenwert von 4,3 Milliarden Franken aus den von einer seiner Investmentgesellschaften verwalteten Pensionskassen abzweigte. Ein großer Teil seines Geldes war in Israel angelegt worden. Im Jahr 1992 starb Robert Maxwell unter ungeklärten Umständen. Er soll vor der Küste der Kanarischen Inseln von seiner Jacht gestürzt sein, wo seine Leiche im Meer gefunden wurde.

Sein Tod war dennoch verdächtig. Loic Le Ribault, ein internationaler Kriminologieexperte, war erstaunt, dass die Yacht nie untersucht worden war. Für ihn hatte der Tod von Robert Maxwell kriminelle Hintergründe. Bevor er ins Wasser fiel oder über Bord geworfen wurde, war der Geschäftsmann brutal zusammengeschlagen worden. Tatsache ist, dass Robert Maxwell einen Schuldenberg hinterliess: nicht weniger als 34 Milliarden Franken, die im Wesentlichen uneinbringlich sind[455].

Ein weiterer Skandal, diesmal im Vereinigten Königreich, hatte Lady Shirley Porter ins Rampenlicht gerückt. Sie war die Tochter des Geschäftsmannes Jack Cohen, Inhaber einer Supermarktkette und für einige Jahre Bürgermeister von Westminster. Er hatte 50 Millionen Dollar abgezweigt und die Universität Tel-Aviv (die auf den Ruinen des palästinensischen Dorfes Cheikh Munis errichtet wurde) mit seinen großzügigen Spenden überschwemmt. Der Oberste Gerichtshof hatte ihn für schuldig befunden und zur Zahlung einer Geldstrafe von 27

---

[455] Robert Maxwell war der Vater von Ghislaine Maxwell, die mit dem berühmten jüdischen amerikanischen Finanzmagnaten Jeffrey Epstein verwandt war, die beide in Kinderhandel und Prostitution für die politische und wirtschaftliche Elite der USA verwickelt waren (NdT).

Millionen Pfund verurteilt. Da jedoch sein gesamtes Vermögen nach Israel transferiert worden war, wurde die Geldstrafe nie bezahlt[456].

Die Wochenzeitung *Le Point* vom 20. Juli 2006 veröffentlichte einen Artikel über Michael Levy, einen Freund von Premierminister Tony Blair, den er 1994 bei einem Abendessen auf Einladung eines israelischen Diplomaten kennen gelernt hatte. Levy hatte damit begonnen, das große Geld für die Labour Party zu beschaffen, die bis dahin hauptsächlich von den Gewerkschaften finanziert wurde. Diese Arbeit hatte ihm nach dem Wahlsieg von Tony Blair im Jahr 1997 den Titel eines Lord Lord eingebracht. Im Sommer 2006 war Levy beschuldigt worden, von wohlhabenden Industriellen Darlehen in Millionenhöhe im Austausch gegen Ehrentitel und Sitze im Oberhaus angenommen zu haben. Die Engländer haben ihn seither „Lord Cashpoint" getauft.

In den Vereinigten Staaten waren Betrugsfälle offensichtlich weit verbreitet. Im Februar 2006 wurden beispielsweise sieben Angehörige der US-Besatzungstruppen im Irak verhaftet, weil sie mehr als zehn Millionen Dollar an Wiederaufbaugeldern veruntreut hatten. Ihr Anführer, Robert Stein (50), ein ehemaliger US-Offizier, arbeitete in der Übergangsregierung der Koalition im Irak und verwaltete ein Budget von 82 Millionen Dollar, das für die Einrichtung einer Polizeiakademie und Wiederaufbauprojekte in einer Region südlich von Bagdad vorgesehen war. Stein wurde beschuldigt, mindestens zwei Millionen Dollar von der irakischen Regierung und Hunderttausende von Dollar von der Interimsbehörde gestohlen zu haben, wie die *New York Times* am 2. Februar 2006 berichtete. Stein hatte einen Großteil des Geldes für den Kauf von Waffen für eine private Sicherheitsfirma verwendet, die er gegründet hatte, um die Interessen eines US-Reservistenoffiziers zu schützen, der in Bagdad Geschäfte gemacht hatte, nämlich Philip Bloom. Im Gegenzug überwies er Geld auf die Konten von Steins Frau. Robert Stein und seine Frau, die auf Kosten der US-Steuerzahler in Saus und Braus lebten, hatten ein großes Anwesen und mehrere Luxusautos gekauft. Stein wurde für seine Dienste auch mit Flugtickets belohnt und genoss die Villa, die Bloom in Bagdad besaß. 1996 wurde Robert Stein in den Vereinigten Staaten wegen Betrugs an einem Finanzinstitut zu einer achtmonatigen Haftstrafe verurteilt.

Im Januar 2006 erschütterte der Abramoff-Skandal die politische Welt der USA. In *Le Point* vom 12. Januar war zu lesen, dass Jack Abramoff ein 46-jähriger „brillanter Lobbyist" war, der den

---

[456] Israel Shamir, *L'autre visage d'Israël*, Éditions Al Qalam, 2004, S. 171.

Republikanern nahe stand. Er hatte sich gerade des Betrugs, der Steuerhinterziehung und der aktiven Korruption schuldig bekannt. Er hatte Parlamentarier bestochen, um seinen Kunden Vorteile zu verschaffen. Es war die Rede von 12 bis 60 kompromittierten Abgeordneten, „einem der größten Skandale in der Geschichte des Kongresses". Abramoff und seine Kunden haben seit 1999 rund 4,4 Millionen Dollar zu den Wahlkampagnen von mehr als 250 Kongressabgeordneten beigetragen[457].

Einige Jahre zuvor hatte die amerikanische Justiz die Unverfrorenheit eines großen Betrügers aufgedeckt: Rabbi Sholam Weiss. Sholam Weiss, ein 1954 geborener chassidischer Jude, hatte einen amerikanischen Lebensversicherungsriesen, die National Heritage Life Insurance Company, fast in den Bankrott getrieben. Im Oktober 1999 wurde Weiss vor ein Gericht geladen. Sein Anwalt berichtete später in der Presse, dass Weiss seine Komplizen per Handy im Gerichtssaal und sogar im Gerichtssaal „beschimpft" und sich dem Gericht gegenüber unausstehlich verhalten habe. Er erinnerte sich daran, dass er „das Gericht ständig daran erinnern musste, dass sein Mandant nicht wegen seiner Arroganz und Unhöflichkeit, sondern wegen seiner Betrügereien vor Gericht stand". Entgegen der Meinung aller Gerichtsbeobachter hatte Weiss durch die Zahlung einer lächerlichen Kaution von fünfhunderttausend Dollar, also einem Tausendstel der enormen 450-Millionen-Dollar-Beute, das Recht erhalten, auf freiem Fuß zu bleiben. Wie vorauszusehen war, verschwand Weiss und spottete über das am 15. Februar 2000 verhängte Urteil: lebenslange Haft, mehr als 845 Jahre Gefängnis. Aber in Israel konnte Weiss die Ersparnisse von 25.000 Amerikanern nutzen, die meisten von ihnen Rentner, die ihre Renten bei dieser Versicherungsgesellschaft angelegt hatten.

Die Amerikaner werden sich wahrscheinlich nicht mehr an den Fall Martin Frankel erinnern, der mehr als 200 Millionen Dollar von Versicherungsgesellschaften in mehr als fünf Bundesstaaten erpresst hatte und 1999 aus den Vereinigten Staaten floh; auch nicht an den Fall der „New Square Four", jener vier orthodoxen Juden aus New Square City, außerhalb von New York, die eine fiktive Jeschiwa (jüdische Universität) gegründet hatten, um mehr als 40 Millionen Dollar an staatlichen Darlehen zu kassieren. Wenige Stunden vor seinem Ausscheiden aus dem Amt hatte Präsident Bill Clinton die Strafen für die vier Verbrecher Chaim Berger, Kalmen Stern, David Goldstein und Jacob Elbaum umgewandelt. Das Gericht verurteilte sie lediglich zur

---

[457] Zu Abramoff lesen Sie *Psychoanalyse des Judentums*.

Rückzahlung der 40 Millionen Dollar... Grund genug, die Füße hochzulegen...

Und das liegt daran, dass wir die besondere Moral des jüdischen Volkes verstehen müssen. In der israelischen Zeitung *Haaretz* vom 24. März 1995 klärte uns Rabbi Avner mit seinen interessanten Lehren auf: „Ein Verbrechen gegen einen Juden ist nach den Lehren der Tora immer schwerwiegender als das gleiche Verbrechen gegen einen Nicht-Juden." Andererseits müsse man auch wissen, dass „derjenige, der einen Dieb bestiehlt, keine Sünde begeht[458]." Es reicht also aus, andere Völker als Diebe und Mörder zu betrachten, die für das Unglück des jüdischen Volkes verantwortlich sind.

## Unter der Dritten Französischen Republik (1870-1940)

Zur Zeit der Dritten Republik erregten Finanzskandale, in die Politiker verwickelt waren, den Zorn der Bevölkerung. 1892 beschuldigte Edward Drumont, der berühmte Autor des Buches *Das jüdische Frankreich* und Herausgeber der Zeitung *La Libre Parole*, wichtige Politiker, ihren Einfluss und ihre Stimmen missbraucht zu haben, um der Panamakanal-Gesellschaft in betrügerischer Absicht das Recht zu gewähren, einen öffentlichen Kredit in Höhe von 700 Millionen Goldfranken aufzunehmen. 1892 prangerte Edward Drumonts *La Libre Parole* die Korruption der Parlamentarier an und löste damit den Panama-Skandal aus. Der Baron und Bankier Jacques de Reinach wurde direkt beschuldigt. Er war der Verteiler von Geldern, die die Suez-Gesellschaft an Journalisten, Abgeordnete und Minister ausschüttete. Die von den Gerichten beschlagnahmten Schecks zeigten, dass der Baron vier Millionen Goldfranken verteilt hatte. Die meisten der großen republikanischen Zeitungen waren bestochen worden. Als er erfuhr, dass er angeklagt werden sollte, nahm sich der Baron das Leben. Mit dem Tod des Finanziers war der Fall jedoch noch nicht abgeschlossen.

Die Vermittler, die mit der Kontaktaufnahme zu den politischen Entscheidungsträgern beauftragt waren, deren Zusammenarbeit das Unternehmen sicherstellen wollte, waren zwei andere Israelis, Emile Arton und Cornelius Herz. Aaron, genannt Arton, war vor allem für den Bourbonenpalast (den Sitz der Kammer) zuständig gewesen. Sobald er entdeckt wurde, floh er nach England und nahm seine Liste der

---

[458] Isaac Bashevis Singer, *Der Sklave*, 1962, Epublibre, digitaler Verlag German25 (2014), S. 496.

„*Panamisten*" mit. Sein Glaubensbruder Cornelius Herz war auf einem höheren Niveau. Er stammte aus einer jüdischen Familie in Besançon und war Großoffizier der Ehrenlegion, stand den Präsidenten Grévy und Sadi Carnot nahe und war ein Freund von Freycinet und Clemenceau, dessen Zeitung er finanzierte. Als der Skandal ans Licht kam, floh auch er nach England. Arton wurde 1897 in London verhaftet und ausgeliefert. Er erschien vor den Richtern, wurde aber freigesprochen. Cornelius Herz wurde in Abwesenheit verurteilt, da seine Auslieferung von England nie genehmigt wurde.

Der jüdische Historiker Leon Poliakov schrieb über die Affäre: „Im Zentrum des Skandals stand ein sturer und größenwahnsinniger alter Mann, der „Held von Suez" Ferdinand de Lesseps, dem sein Sohn zur Seite stand; dann erschienen in konzentrischen Kreisen eine Handvoll Korrumpierer, Dutzende von korrumpierten Parlamentariern und Hunderte von korrumpierten Journalisten und schließlich Zehntausende, wenn nicht mehr, von ruinierten Kleinsparern. Die Hauptverantwortlichen waren Juden (Lévy-Crémieux, Jacques de Reinach, Cornelius Herz, Emile Arton), so dass man ausnahmsweise versucht war zu sagen, dass die antisemitische Propaganda nicht grundlos war." Poliakov konnte es jedoch nicht bei dieser Feststellung belassen und versuchte, den Leser dazu zu bringen, die vermeintliche Bedeutung des Einflusses der Juden in Frankreich zu dieser Zeit zu relativieren, ohne sich darüber im Klaren zu sein, dass er damit lediglich die Vorstellung von der großen Schädlichkeit der jüdischen Gemeinschaft beschwichtigt: „Ihre Gesamtzahl betrug nicht mehr als achtzigtausend (0,02 pro 100 der französischen Bevölkerung), von denen die Hälfte in Paris ansässig war[459]."

Im Mai 1925 erschien in den französischen Zeitungen die Meldung, dass der für die Weltausstellung von 1889 errichtete Eiffelturm stark restaurierungsbedürftig sei, so dass sogar sein Abriss geplant sei. Als diese Nachricht bekannt wurde, machte sich „Graf" Lustig, ein Jude tschechoslowakischer Herkunft, der gerade in Frankreich gelandet war, an die Arbeit. Er ließ Dokumente mit dem Briefkopf des für den Turm zuständigen Ministeriums für Post und Telegrafie erstellen und machte sich auf die Suche nach den wichtigsten Unternehmen für das Recycling von Eisenmetallen. Zusammen mit seinem Handlanger Dan Collins („Dapper Dan"), den er in New York kennen gelernt hatte, nahm er im luxuriösen Hotel Crillon an der Place de la Concorde Quartier und lud die fünf wichtigsten Vertreter dieser Unternehmen zu einer „vertraulichen Sitzung" ein, wobei er sorgfältig

---

[459] Léon Poliakov, *Histoire de l'antisémitisme, tome II*, Point Seuil, 1981, S. 296.

darauf hinwies, dass nur der Präsident der Republik, der Minister, der stellvertretende Minister (Lustig selbst) und sein Stabschef von dem Projekt wüssten und dass diese Informationen unter keinen Umständen veröffentlicht werden dürften.

Der „Vize-Minister" verkündete die Nachricht in feierlichem Ton: „Meine Herren, die Regierung wird den Eiffelturm abreißen müssen! Und Sie sind hier, um dafür zu bieten! „Einige Tage später begab sich der „Vizeminister" zum Haus von Herrn Poisson, um ihm seine Wahl mitzuteilen. Dieser musste innerhalb von zwei Tagen einen beglaubigten Scheck über die Hälfte des Betrags vorlegen. Lustig hatte sich erdreistet, ein Bestechungsgeld zu verlangen: „Nichts Normales mehr", sagte der Goi, der dem Betrüger zusätzlich zum Scheck ein beträchtliches Trinkgeld gab. Die beiden Betrüger zahlten den Scheck sofort ein und fuhren mit dem Zug nach Österreich, wo sie eine Weile blieben, bevor sie nach New York weiterreisten.

Marthe Hanau stammte aus einer jüdischen Kaufmannsfamilie im Elsass. Nach dem Ersten Weltkrieg eröffnete sie eine Parfümfabrik, und 1925 stieg sie in die Finanzwelt ein. Er gab eine Zeitung mit dem Namen *La Gazette du Franc* heraus, die zu einer so angesehenen Auswahl von Börsentipps wurde, dass sich einige Aktien entsprechend seinen Kauf- und Verkaufsempfehlungen veränderten. Dank des guten Rufs, den die Zeitung erlangt hatte, bot Marthe Hanau allen Sparern die Möglichkeit, ihr Geld zu einem noch nie dagewesenen Zinssatz anzulegen. Doch im Dezember 1928 wurde sie wegen Betrugs und Untreue verhaftet, kam aber 1930 schnell wieder frei. Anschließend gründete sie eine neue Zeitung, *Forces*. Martha Hanau wurde im April 1932 erneut verhaftet und beging am 14. Juli 1935 in ihrer Gefängniszelle in Fresnes Selbstmord, nachdem sie zu drei Jahren unbedingter Haft verurteilt worden war.

Der burgundische Genreautor Henri Vincenot hat das alte Ressentiment einiger kleiner französischer Sparer in seinem wunderbaren Buch mit Kindheitserinnerungen, *La Billebaude* (1978), sehr gut ausgedrückt. So hat es Henri Vincenot erzählt:

„Der Fall Hanau-Stavisky, an den sich alle meine Zeitgenossen erinnern, endete in einem großen Skandal und einem ungelösten Kriminalfall. Was geschehen war, wurde damals nicht richtig verstanden, denn in unserer Region erschienen diese Machenschaften sehr zwielichtig und völlig lächerlich, obwohl ich natürlich wusste, dass dieses Paar viele gute Leute betrogen hatte, wie Bauern und Handwerker in unseren Kantonen, aber auch Industriekapitäne, die es verdient hatten, und sogar Finanziers. Es war einer der größten

Betrügereien aller Zeiten. Herr Tremblot erfuhr schließlich von seiner Rücksichtslosigkeit und war wütend. Ich war gerade deshalb dort, weil es August war. Ich sah, wie er alle Exemplare der Zeitung *Forces*, die seine Bibel war, nahm und ein großes Feuer auf dem Kompost im Gemüsegarten machte.

- Es wird als Dünger verwendet", schrie er alle Götter des Olymps an, wütend darüber, dass er seine zwei besten Felder verloren hatte, um ein Bündel fiktiver Aktien zu kaufen, die er auf den Scheiterhaufen warf.

Am Nachmittag nahm ich das von meinem Landsmann Pierre Larousse verfasste Wörterbuch zur Hand und schlug, ich weiß nicht warum, das Wort Forces nach, das, wie gesagt, der Titel des Tagebuchs von Marta Hanau war, und las: „Forces: von lateinisch *forces*, große Schere, die zum Scheren von Schafen verwendet wird." Schafe scheren!

Ich fand es so lustig, dass ich den alten Tremblot dazu brachte, es ihm vorzulesen, und als er seine Stahlgewölbe anlegte, lachte er auch, aber vor Lachen konnte er nicht mehr zucken. *Kräfte*! Hahaha! Und wir, die Brassen, wir haben uns scheren lassen!

Er war aufgestanden und betrat mit seinem gutmütigen Lachen den Keller:

- Geschoren ließen sie uns meinen kleinen Blaise, geschoren und gehörnt. Hahaha!

Er kam mit zwei Flaschen des Mittels zurück, die er schreiend öffnete:

- Das ist wohlverdient, caguën diola, das ist wohlverdient! So werden die Gallier ihre Lektion lernen!

Dann kamen zwei Kunden, um ein Kavalleriejoch zu besetzen; er brachte vier große Gläser heraus. Wenn sie gefüllt waren, wurde die Flasche geleert:

- Trink aus, caguén diola! Lass dir die Gelegenheit nicht entgehen, die Bauern zu verspotten! Sie haben mich gerade gegerbt, bis ich blute!

Es stellte sich jedoch heraus, dass auch diese beiden Kunden von dem Äthiopier betrogen worden waren. Dann explodierte der alte Mann:

- Los, Leute, wecken wir den Äthiopier auf! Kommt mit! Er wird es schwer haben!

Die beiden anderen sagten leise:

- Aber er hat nicht auf Sie gewartet, Tremblot! Er hat das Land schon vor langer Zeit verlassen. Er hatte sein Haus bereits im vergangenen Januar verkauft, und niemand wusste davon!

Und so tranken wir eine zweite Flasche, und eine dritte, und mit ihnen einen Kopfkäse. Ich trank galant meinen halben Liter von dem *1909er échézeau*, den uns Cousin Petit geschenkt hatte, einem der besten Jahrgänge der *Côtes-de-nuits*. Der alte Mann ließ mir keine Ruhe.

-Gönn dir einen guten Fick, Raubtier! Damit du dich immer an den schmutzigen Trick erinnerst, den Marta Hanau uns vorgespielt hat, damit du dich, solange du lebst, vor Leuten hütest, die eine schöne Patronenhülse haben und ins Porzellan scheißen...

Wie Sie sehen können, war diese Geschichte für ihn nicht mehr als ein guter Ausbruch von sarkastischem Humor, aber sie verstärkte den Antisemitismus, der in unseren Regionen bereits endemisch war, ungemein, das muss gesagt werden, die Wahrheit[460]."

Unter den größten Skandalen dieser Zeit ist die Oustric-Affäre von 1930 zu nennen, deren betrügerische Machenschaften die französischen Sparer zwei Milliarden Poincaré-Francs gekostet hatten. Albert Oustric war ein gefragter Bankier, der sich besonders für Unternehmen in Schwierigkeiten interessierte und ihnen im Tausch gegen Aktien große Summen lieh. So übernahm er die Kontrolle über diese Unternehmen und setzte Männer seines Vertrauens in deren Vorstände. Er erhöhte das Kapital durch die Ausgabe von Aktien und die Gründung mehr oder weniger fiktiver Unternehmen, die sich gegenseitig finanzierten. Seine Allmacht war bis zum Zusammenbruch seiner Bank strahlend. Die Bank war in Konkurs gegangen und andere Satellitenbanken folgten in einer Kette. Albert Oustric hatte den Justizminister Raoul Perret korrumpiert, der die Justiz behinderte. Die Enthüllung der Beziehungen zwischen Albert Oustric und Raoul Perret führte zum Sturz der Regierung Tardieu am 4. Dezember 1930. Am 5. Januar 1932 wurde Oustric wegen Unregelmäßigkeiten bei Transaktionen mit Wertpapieren von Schuhfirmen zu 18 Monaten Gefängnis und einer Geldstrafe von 3.000 Franken verurteilt. Er hinterlässt ein Loch von 1,5 Milliarden Franken. Dreißig Jahre später war Oustric ein angesehener Rentner, der für seine Widerstandstaten ausgezeichnet wurde.

Serge Alexandre Stavisky, genannt „Monsieur Alexandre", war ein Schwindler mit einem beeindruckenden Charisma und stand am

---

[460] Henri Vincenot, *La Billebaude*, Denoël, 1978, Folio 1982, S. 319-321. Das Leben von Marthe Hanau wurde von dem Filmemacher Francis Girod in dem Film *La Banquière* (1980) auf die Leinwand gebracht. Die von Romy Schneider gespielte Figur und das Drehbuch haben jede Spur des Judentums in dieser Geschichte ausgelöscht. Der Bankier wird als Opfer von politischen und finanziellen Machenschaften dargestellt.

Anfang mehrerer Skandale, die nie vollständig aufgeklärt wurden und die die Geschichte der Dritten Republik geprägt haben. Serge Alexandre Stavisky wurde 1886 in Slobodka, Ukraine, geboren. Er war im Alter von zwölf Jahren mit seinem Vater, einem Zahnarzt, nach Frankreich gekommen und wurde 1910 als Franzose eingebürgert. Der junge Sacha kam schnell vom rechten Weg ab, denn er war bereits 1909 für mehrere Betrügereien bekannt. Zu Beginn der 1920er Jahre unterzeichnete er immer mehr ungedeckte Schecks. Er wurde mehrmals angeklagt, aber jedes Mal verschwanden die Beweise rechtzeitig. Offensichtlich hatte der Betrüger auch in den Reihen der Polizei Verbindungen. Das Rätsel Stavinsky hatte begonnen.

Am 22. Juli 1926 wurde Stavisky zum ersten Mal verhaftet. Kommissar Pachot war es gelungen, ihn in dem Dorf Marly-le-Roi in die Enge zu treiben, wo der Betrüger, der einen Tipp erhalten hatte, seine Flucht vorbereitete. Am 28. Dezember 1927 wurde ihm jedoch eine medizinische Ausnahmegenehmigung erteilt und er wurde vorläufig entlassen. Nach seiner Entlassung aus dem Gefängnis war Stavisky ein anderer Mensch und nannte sich von nun an Serge Alexandre. Dann gründete er die Firma Alex: Schmuck und Goldschmiede. Die bei der Credit Municipal d'Orléans verpfändeten Smaragde brachten ihm vierzig Millionen Francs ein. Die Smaragde waren Fälschungen, aber „Monsieur Alexandre" hatte ein Echtheitszertifikat besorgt. Er gründete auch mehrere Unternehmen, in deren Vorstand ein Finanzinspektor, ein General, ein Botschafter oder ein ehemaliger Polizeipräfekt saß.

Monsieur Alexandre, der immer angeklagt, aber nie verurteilt wurde, war zum Star der Pariser Elite geworden. Er hatte ein Channel-Model, Arlette Simon, geheiratet und lebte mit ihr in einem palastartigen Herrenhaus. Er verwaltete Millionen, empfing Minister an seinem Tisch und ließ seinen Anwalt zum Abgeordneten für Paris wählen. Stavisky hatte viele Freunde in Politik, Presse und Finanzwelt und führte ein fürstliches Leben zwischen Paris, Deauville und Chamonix.

Vor dem großen Skandal musste er jedoch den Mitleidsfonds von Orléans zurückzahlen. Da kam ihm die Idee, eine eigene Einrichtung zu gründen. So gründete er 1931 in Bayonne einen Crédit Municipal, dessen Direktor Tissier einer seiner Freunde war. Er war offiziell nicht im Organigramm aufgeführt. Außerdem genoss er die Komplizenschaft des radikalen republikanischen Bürgermeisters der Stadt.

Die kommunalen Kreditinstitute waren befugt, innerhalb der gesetzlich festgelegten Grenzen verzinsliche Anleihen bei der

Öffentlichkeit oder bei Finanzinstituten zu begeben. Wenn ein Kreditnehmer ein Darlehen beantragte, hatte die Kommunalkreditanstalt, wenn sie nicht über ausreichende Mittel verfügte, um das beantragte Geld vorzustrecken, die rechtliche Möglichkeit, Schuldverschreibungen, so genannte „Kassenobligationen", auszugeben. Diese aus einem Scheckbuch entnommenen Schuldverschreibungen bestanden aus drei Teilen. Der Gegenschein, der als Beleg oder Belege in den Händen des Kassenleiters verblieben ist, der Beleg, die Schuldverschreibung, die dem Einzahler der Mittel in den Gemeindekredit gegeben wurde, und der Scheck, der in den Händen des Kontrolleurs des Gemeindekredits verblieben ist. Sowohl in Orléans als auch in Bayonne hatte Stavisky über zwei Direktoren des Crédit Municipal die Ausgabe von falschen Anleihen veranlasst. Der Controller, der sich seiner Hierarchie sicher war, erklärte sich bereit, dem Kassenverwalter im Voraus Blankoscheine zu unterzeichnen. Auf den Gegenschein und den Beleg schrieb der Verwalter z.B. 100 Franken, die in der Buchhaltung als Einnahmen verbucht wurden. Aber auf den Flugblättern würde er eine größere Summe eintragen, je nach den Möglichkeiten des Kreditgebers, der nichts ahnte. Stavisky, der die Belege vom Gemeindeguthaben abzog, behielt den gesamten Betrag ein, während er dem Gemeindeguthaben nur den Betrag zurückgab, der dem Betrag entsprach, der auf dem Gegenschein und dem Beleg eingetragen worden war.

Drei Jahre lang lief der Betrug reibungslos, bis im Dezember 1933 eine Routinekontrolle durch einen Finanzkontrolleur den Betrug aufdeckte. Am 24. Dezember wurde Tissier verhaftet, und am 28. Dezember erließ der Untersuchungsrichter einen Haftbefehl gegen Stavisky.

Zum Zeitpunkt der Aufdeckung dieses Skandals, der das republikanische Regime erschütterte, waren bereits 80 Akten zu diesem Fall angelegt worden. Damals, vor dem Krieg, war die nationalistische Presse stark und prangerte schonungslos die Korruption des parlamentarischen Regimes an. Die Zeitungen enthüllten, dass Dalimier, der Arbeitsminister, der ein Rundschreiben unterzeichnet hatte, in dem allen Banken empfohlen wurde, diese sicheren Wertpapiere - die Bayonne-Anleihen - zu kaufen, ein Freund von Stavisky war. Frankreich war fassungslos, als es das Ausmaß des Betrugs entdeckte: 250 Millionen Franken an gefälschten Anleihen waren in Umlauf gebracht worden.

Aber andere Komplizen hatten interveniert, um eine mehrmalige

Verlängerung des Prozesses zu erreichen. Die Staatsanwaltschaft wurde von Pressard geleitet, der der Schwager des Ratspräsidenten Camille Chautemps war. Darüber hinaus hatte sich Stavisky die Kontrolle über die republikanische Presse gesichert, indem er Journalisten und Zeitungsredakteure geschmiert hatte.

Stavisky hatte sich in einem Chalet in Chamonix in den Alpen versteckt, das er unter falschem Namen gemietet hatte. Als die Polizei ihn aufspürte und das Haus umstellte, hörte man drinnen einen Schuss: Der Betrüger hatte sich in den Kopf geschossen und lag am Fußende des Bettes. Es dauerte zwei Stunden, um ihn in das nächste Krankenhaus zu bringen, wo er am Abend starb. Das war die offizielle Version, aber die Action Française[461] von Charles Maurras beschuldigte Camille Chautemps, ihn töten zu lassen, um ihren Schwager, den Staatsanwalt Pressard, zu decken. Chautemps, der sich einer vom Parlament geforderten Untersuchungskommission widersetzt hatte, setzte das Pulverfass in Gang. Am 9. Januar, dem Tag nach dem „Selbstmord" von Stavisky, marschierten Tausende von Demonstranten auf dem Boulevard Saint-Germain und riefen „Nieder mit den Dieben! In den folgenden Tagen besetzten die Rechten, die *Camelots du Roi* (Kämpfer *des Königs*) und die patriotischen Ligen die Straßen. Stangen wurden von Bäumen, Bänken und Pflastersteinen abgerissen, um Barrikaden zu errichten. Es gab zahlreiche Verletzte und Hunderte von Festnahmen. Am 27. tritt Chautemps zurück und wird durch Daladier ersetzt. Am Morgen des 6. Februar 1934 versammelten sich die Action Française und die patriotischen Ligen vor der Versammlung, in der die „Diebe" „eingesperrt" worden waren. Auch die Kommunisten tauchten auf. Gegen 16.00 Uhr begann der Demonstrationszug vor der Pont de la Concorde. Polizeisperren versperrten den Weg zum Bourbonenpalast. Um 18 Uhr, als die Nacht hereinbrach, war nichts mehr zu sehen, die Straßenlaternen waren in Stücke gerissen worden. Die Menge wurde ermutigt, aber durch einen Angriff von berittenen Wachen zurückgeschlagen. Die Pferde rutschten auf den Murmeln, die die Demonstranten zu Hunderten von Kilos mitgebracht hatten. Um 19.30 Uhr brachen Schüsse aus, und die mobilen Wachen schossen auf die Demonstranten. Es war ein Massaker: 15 Tote unter den Demonstranten und 655 Verletzte. Die Ordnungskräfte beklagten einen Toten und 1660 Verwundete, aber die Republik war sicher. Die Vorbereitungen für den Krieg gegen Deutschland konnten beginnen.

---

[461] Charles Maurras (1868-1952): Wichtiger Intellektueller des 20. Jahrhunderts. Er war der Ideologe der nationalistischen, monarchistischen, antiparlamentarischen und antisemitischen L'*Action Française* (NdT).

Jacob-Leib Talmon, ein Philosoph und Historiker der Gemeinde, hat in seinen Werken den Aufstieg der jüdischen Neuankömmlinge aus Mitteleuropa und Russland im 19. Jahrhundert treffend beschrieben: „Die soziale Mobilität der Juden übertraf die aller anderen Gruppen", schrieb er. Ein Vater konnte Mesner in einer Synagoge in einem abgelegenen Dorf sein, und sein Sohn konnte ein ganzes Imperium von kapitalistischen Unternehmen leiten. Während der Jude in seiner Stadt oder seinem Dorf durch nichts verwurzelt war, reizte ihn in der Stadt alles. Alle antisemitischen Schriftsteller wiesen auf den alarmierenden Zustrom von Juden in die großen Städte und Hauptstädte hin. Die Juden strömten in die Ballungsgebiete, die die Zentren eines jeden Landes sind, in denen sie die blendenden Lichter der Öffentlichkeit ausstrahlen und die Augen der ganzen Welt auf sich ziehen."

Bereits 1870 schien es, als hielten jüdische Finanziers das Schicksal der europäischen Nationen in ihren Händen: „Europa konnte die Tatsache nicht ignorieren, dass ein jüdischer Bankier - Bleichröder - Deutschland bei den Verhandlungen über die Entschädigung von Kriegsschäden vertrat, während ein Rothschild Frankreich repräsentierte. Die Emanzipation hatte vulkanische Kräfte freigesetzt, die jahrhundertelang geschlummert hatten[462]."

Und Jacob-Leib Talmon fügte hinzu: „Der Einfluss, den Juden auf die Presse ausüben, wurde öffentlich bekannt, und zwar nicht nur unter Antisemiten....Die jüdischen Nachnamen, die in die öffentlichen Skandale verwickelt waren, die einige Länder erschütterten, von der Panama-Affäre bis zu Goldfine (Sherman Adams) oder Grünwald, erregten besondere Aufmerksamkeit, weil sie schockierender klangen als Nachnamen wie Dupont, Smith oder Schmidt und weil die westliche Welt den Juden immer noch als Erben von Judas Iskariot ansah. Als in Frankreich der Panama-Skandal Namen wie die des Barons de Reinach (gebürtiger Frankfurter), des Dr. Cornelius Herz (amerikanischer Staatsbürger) und des Arton (italienischer Jude) in die Runde warf, mischten sich Rufe wie „Tod den Juden" mit dem Ruf nach einem starken und reinen Mann, der die parlamentarischen Ställe säubern und die korrupten Abgeordneten vertreiben sollte, so wie Jesus die Händler aus dem Tempel vertrieben hatte[463]."

Am 20. April 1892 hatte Edward Drumont seine Zeitung *La Libre Parole* gegründet. In der ersten Ausgabe schrieb er: „Ich kann durchaus akzeptieren, und die meisten Arbeiter mit mir auch, dass es Millionäre gibt. Aber die Dinge ändern sich, wenn wir auf Leute wie die

---

[462] Siehe *Psychoanalyse des Judentums* und *jüdischer Fanatismus*.
[463] J.-L. Talmon, *Destin d'Israël*, 1965, Calmann-Lévy, 1967, S. 51, 52.

Camondos, die Cahens von Antwerpen, die Bamberger, die Ephrusis, die Heines, die Mallets, die Bichoffsheims stoßen, die 200, 300, 600 Millionen durch Spekulationen verdient haben, die diese Millionen nur dazu verwenden, um weitere Millionen zu verdienen, die endlose Abzocke betreiben, die das Land mit ihren Börsenstreiks ständig destabilisieren." Und Drumont behauptete vehement: „Die Liquidierung der jüdischen Millionen mag genauso einfach und auf jeden Fall unendlich weniger ungerecht sein als die Konfiszierung des Eigentums der Kirche und des Erbes der Emigranten vor hundert Jahren[464]."

George Bernanos erinnerte 1931 in *Die große Angst der Gutmenschen* an die Situation am Ende des 19. Jahrhunderts und die „jüdische Eroberung", die Drumont „allen vor Augen geführt" hatte. Bernanos schrieb: „Eine kleine Zahl von Ausländern, krampfhaft aktiv, jahrhundertelang vom nationalen Leben ferngehalten, plötzlich in eine Gesellschaft ohne Bezugspunkte geworfen, durch den Krieg verarmt, bemächtigt sich plötzlich der Geldquellen, organisiert sofort ihre Eroberung, geduldig, still, mit einem wunderbaren Verständnis des modernen Menschen, seiner Vorurteile, seiner Fehler, seiner immensen und dummen Hoffnungen. Nachdem sie die Herren des Goldes geworden sind, sorgen sie bald dafür, dass sie in einer vollkommen egalitären Demokratie auch die Herren der Meinung, d.h. der Moral und der Sittlichkeit sein können. Sie geben der liberalen Bourgeoisie [...] ihre Chefs, sie setzen sich mit denselben Lastern durch, die sie in der Vergangenheit so oft ruiniert haben, mit der Raserei des Scheins, der Frechheit, der Grausamkeit des Satrapen. Seit Mitte des 19. Jahrhunderts, in den ersten Stellen der Verwaltung, der Banken, der Justiz, der Eisenbahnen oder der Bergwerke, überall, endlich, hat sich der Erbe des Großbürgers, der polytechnische[465] mit Brille, daran gewöhnt, diesen seltsamen Typen zu begegnen, die mit ihren Händen wie Affen sprechen [...], als kämen sie von einem anderen Planeten, mit ihrem schwarzen Fell, ihren von jahrtausendelanger Angst gemeißelten Zügen[466]. Bernanos prangerte auch „die Invasion der Juden in die besten Orte, die besten Plätze" an." Und er fügte etwas weiter hinzu: „Die friedlichen Eindringlinge" hätten sich „zunächst in den

---

[464] Georges Bernanos, *La Grande Peur des bien-pensants*, 1931, Grasset, Poche, 1969, S. 186, 187. [Die Emigranten waren die Gegner der Französischen Revolution, die das Land zwischen 1789 und 1800 verließen. Das heißt, die Aristokraten].
[465] Absolventen der *École Polytechnique*, der großen französischen Ingenieurschule.
[466] Georges Bernanos, *La Grande Peur des bien-pensants*, 1931, Grasset, Poche, 1969, S. 380, 381.

Redaktionsräumen festgesetzt", wo sie sich „so gut es ging gegeneinander durchsetzten". Man müsste schon blind sein, um „diesen schillernden Erfolg nicht zu sehen, dessen bloße Lektüre der Jahrbücher heute ausreichen würde, um die weniger gut informierten[467] zu überzeugen."

Am 12. Mai 1921 lanciert Charles Maurras, der Herausgeber der Zeitung *L'Action française*, feierlich „einen Appell an alle antijüdischen Kräfte des Universums" für „eine universelle antijüdische Politik"." Der Betrug einiger Söhne Israels hatte eindeutig den Zorn vieler Franzosen erregt.

In Thouars hatte der pensionierte Major Lécureuil im September 1920 nicht gezögert, einen Händler, der ihn betrogen hatte, einen gewissen Lévy, mit einem Revolver zu erschießen. Major Lécureuil nahm sich daraufhin das Leben, um der Justiz zu entgehen, aber seine Ehre war gerettet.

Einige Jahre zuvor, am 11. April 1907, hatte der Bankier Benoist-Lévy gesehen, wie einer seiner Kunden, ein gewisser M. Caroit, sein Büro in der Rue Rivoli 132 betrat. Dieser hatte um ein paar Minuten Zeit für ein Gespräch mit dem Bankier gebeten, der ihn in seinem Büro empfing. Caroit holte daraufhin zwei Revolver aus seinen Taschen und eröffnete mit beiden Händen das Feuer auf den Bankier, der mit durchlöcherter Brust zu Boden ging. Die Angestellten eilten ihrem Chef zu Hilfe und hörten den Mann sagen: „Er hat mich ruiniert, ich habe mich gerächt." Während des Prozesses hatte sein Anwalt Henri Robert erklärt: „Wenn Sie glauben, dass ehrliche Franzosen geschützt werden müssen, dann sollten sie ohne Zweifel entlastet werden! Ihr Reichtum ist aus unserem Elend gemacht, ihre Hoffnungen aus unseren Sorgen! Das Urteil, das Sie fällen werden, wird große soziale Auswirkungen haben. Wenn wohlverdienter Reichtum respektabel ist, ist das Haus Benoist-Lévy eine Fabrik des Elends, und die Geschworenen müssen bedenken, dass die Rache der Opfer das berufliche Risiko des skrupellosen Bankiers ist." Sein Plädoyer fand großen Beifall, und Caroit wurde freigesprochen. Das Gericht sprach der Witwe von Benoist-Lévy[468] zwanzig Duro Schadensersatz zu.

---

[467] Georges Bernanos, *La Grande Peur des bien-pensants,* 1931, Grasset, Poche, 1969, S. 182.
[468] *Gazette des Tribunaux,* 10. und 11. März 1908; Archiv von Emmanuel Ratier.

## 2. Die Menschenhändler

*Monsieur Michel und Monsieur Joseph*

Zwei Schmuggler hatten während der deutschen Besatzung ein riesiges Vermögen angehäuft: Mandel Szkolnikoff, Spitzname Monsieur Michel, und Joseph Joanovici, Spitzname Monsieur Joseph. Monsieur Michel war russischer Herkunft und hatte sich auf Textilien und Lebensmittel spezialisiert. Er hatte nicht gezögert, über seine deutsche Frau (eine Arierin) andere jüdische Konkurrenten bei seinen SS-Freunden zu denunzieren und deren Geschäftsräume und Lagerhäuser zu übernehmen. Es war Monsieur Michel, der die deutsche Polizei zu den Lagerhäusern von Sentier führte. Das besetzte Gebiet war sein Jagdgebiet. Seine Gewinne waren so fabelhaft, dass er die größten Hotels an der Côte d'Azur erworben hatte. Er hatte Hotelketten, Immobilien- und Handelsunternehmen, Restaurants, Cafés und Brauereien in Paris gekauft. Dieses Immobilienvermögen wurde 1945 auf zwei Milliarden Franken 1985 geschätzt.

Monsieur Joseph war ein bessarabischer Jude. Er wurde 1905 in Chisinau geboren. Er war ein pummeliger, scheinbar harmloser kleiner Mann. Mit Anfang zwanzig hatte er genug Geld gespart, um nach Paris zu gehen, wo er ein Unternehmen für die Bergung von Altmetall gründete. Bald gründete er Niederlassungen in Belgien und Holland. Er reiste endlos. Bis 1939 war Joseph Joanovici zu einem der größten Schrotthändler in Paris geworden und war stolz darauf, der Regierung von Paul Reynaud dabei zu helfen, den Stahl des Sieges zu schmieden. Nach dem Debakel vom Juni 1940 war der umsichtige Händler zur orthodoxen Religion übergetreten und hatte sich für Deutschland eingesetzt. Er entdeckte Bestände an Altmetallen, die für die deutsche Kriegsmaschinerie nützlich waren, kaufte sie als gesetzliches Zahlungsmittel auf und verkaufte sie zu Schwarzmarktpreisen an die Deutschen weiter. In den ersten sechs Monaten hatte er bereits einen Gewinn von zwei Milliarden Dollar gemacht[469].

---

[469] In Kanada war der Millionär Morris Lax im Februar 1977 wegen des Diebstahls von mehreren Tonnen Kupfer verurteilt worden. Morris Lax verkehrte in israelischen politischen Kreisen und war ein Freund von Menahem Begin, dem ehemaligen israelischen Premierminister. Er wurde 1993 auf seinem Grundstück ermordet

Joanovici hatte auch den Ledermarkt übernommen, der für die Deutschen, die gerade in die Sowjetunion einmarschiert waren, ein wichtiges und begehrtes Gut war. Damals, 1989, betrug der monatliche Umsatz von Monsieur Joseph rund 200 Millionen Francs. Er machte in der besetzten Zone weitere fabelhafte Gewinne mit Textilien und Lebensmitteln.

Er verkehrte mit der Crème de la Crème des deutschen Paris, SS, Wehrmachtsoffizieren, Kollaborateuren[470], und hatte Kontakt zum Chef der französischen Gestapo in der Rue Lauriston („*La Carlingue*[471] „), Henri Lafont, aufgenommen. Der berüchtigte Dr. Petiot gehörte zu dieser Bande. Monsieur Joseph wandte sich an ihn, um die Leichen seiner Konkurrenten, oft Juden, Lumpensammler und Schrotthändler, verschwinden zu lassen. Die rumänische Jüdin Eryan Kahane, eine Spionin im Dienste der Gestapo, diente als Verbindungsperson zwischen der Lafont-Joanovici-Bande und Dr. Petiot. Sie würde ihre Glaubensgenossen, die aus dem Land fliehen wollten, zum Arzt schicken. Petiot tötete sie und stellte für die Bande das Geld und den Schmuck sicher, den sie mitnehmen wollten. Am 9. März 1944 wurde die Feuerwehr von Nachbarn alarmiert, die sich seit mehreren Tagen an dem Geruch störten, der aus dem Schornstein der Villa von Dr. Petiot in der Rue La Sueur 21 kam. Nachdem sie an die Tür des Hauses geklopft und vergeblich auf den Arzt gewartet hatten, beschlossen die Feuerwehrleute, ein Fenster einzuschlagen. Das Brummen eines Heizkessels und der Geruch lockten sie direkt in den Keller. Dort entdeckten sie verstümmelte menschliche Leichen, die zur Verbrennung bereitstanden. Dem flüchtigen Petiot gelang die Flucht und er trat in die französischen Streitkräfte des Innern (FFI) ein, wo er unter dem Namen „Valéry" bis zum Rang eines Hauptmanns aufstieg. Im Oktober 1944 verhaftet, bekannte er sich während seines Prozesses zu 63 Morden und

---

aufgefunden.

[470] Maurice Rajsfus veröffentlichte eine Studie über die Kollaboration der französischen Juden mit dem Vichy-Regime und den deutschen Behörden: *Des Juifs dans la collaboration, L'UGIF (1941-1944)*, Éditions Études et Documentation Internationales, 1980. Sie befasst sich mit der institutionellen Rolle der UGIF (Union Générale des Israélites de France), der Vorgängerorganisation des heutigen CRIF, und mit der Zusammenarbeit dieser Organisation mit den Behörden bei der Deportation der aus Osteuropa geflohenen Juden (d. h. der nicht-französischen Ostjuden). Es handelt sich um ein wenig bekanntes, höchst problematisches und brisantes Tabuthema, das die jüdische Gemeinschaft in Frankreich zerrissen hat (NdT).

[471] *Die Carlingue* wurde auf der Grundlage der Absprachen zwischen der französischen Unterwelt und den deutschen Behörden während der Okkupation gebildet, sowohl für die Unterdrückung und Folterung von kommunistischen Widerstandskämpfern als auch für die Ausplünderung des Reichtums, die Verfolgung und Ausplünderung von Juden.

behauptete, es handele sich um die Leichen von Kollaborateuren und Deutschen. Er wurde zum Tode verurteilt und im Mai 1946 im Gefängnis von Santé guillotiniert.

Als die Nazis beschlossen, die britische Wirtschaft zu ruinieren, indem sie Millionen von gefälschten Pfund Sterling in neutralen Ländern absetzten, wurden Monsieur Michel und Monsieur Joseph, die sich bewährt hatten, rekrutiert, um ihre Fähigkeiten in den Dienst dieser geheimen Operation zu stellen. Mit arischen Pässen bewaffnet, reisten sie durch die Schweiz, Spanien und Portugal, eröffneten Bankkonten für die Zukunft und sammelten dabei das Geld der Löwen.

Doch Ende 1943 wendet sich das Blatt, und Monsieur Michel flieht mit seiner deutschen Muse und seinen französischen und jüdischen Agenten nach Spanien. Doch im Gepäck seiner Frau entdeckte die französische Polizei Schmuck und Edelsteine im Wert von 1,4 Milliarden 1989er Franken. Monsieur Michel wurde schließlich in Spanien von ehemaligen Gestapo-Agenten erpresst, die vor den Exekutionskommandos geflohen waren. Seine Leiche wurde am 17. Juni 1945 auf einem Feld zwischen Burgos und Madrid gefunden.

Monsieur Joseph war weitsichtiger, denn er hatte einen Teil der fabelhaften Gewinne, die er mit den Deutschen machte, mit einer Widerstandsgruppe geteilt. Er hatte von Lafont die von den Alliierten abgeworfenen und von der französischen Gestapo beschlagnahmten Waffen gekauft und ein Netz von Widerstandskämpfern innerhalb der Polizeipräfektur versorgt. Gleichzeitig rüstete er die Freie Garde der Miliz und die Nordafrikanische Brigade, die den kommunistischen Maquis bekämpften, aus und kleidete sie ein. Monsieur Joseph hatte es geschafft, seit 1943 auf beiden Seiten zu spielen. Vor der Landung lieferte er der Résistance von den Deutschen gestohlene Waffen und Munition." Joano ist ein guter Kerl, er ist einer von uns! „hieß es im FFI. Hatte er nicht den besten Beweis dafür geliefert, indem er den Aufenthaltsort seiner alten Freunde Bony und Laffont verriet, die sich auf dem Hof von Baslin in Seine-et-Marne versteckt hielten? „Es war Bony, der mir die Adresse gab. Er wollte, dass ich mit ihnen nach Spanien gehe. Der arme Kerl, er hatte noch nichts davon gehört! Am nächsten Tag überfielen sie die Farm von Baslin.

Während der Befreiung überstieg die Macht von Joseph Joanovici die des Präfekten. In geschäftlicher Hinsicht eröffnete sich ihm ein neuer Markt: der der amerikanischen Überschüsse. Dank seiner Beziehungen zur Regierung hatte er ein Monopol auf französisches Gebiet. Außerdem hatte er die Zeugen seiner Vergangenheit verschwinden lassen. In Paris und anderswo in Frankreich wurden seine ehemaligen Mitarbeiter auf mysteriöse Weise ermordet. Petiot war guillotiniert worden.

Monsieur Joseph wusste vor allem, wie man großzügig ist: „Es gibt kein Geheimnis", wie er später verriet. Als er zehn verdiente, verteilte er fünf und alle waren glücklich! „Nur, dass es bei der Verteilung um riesige Summen ging, über zwei Millionen pro Tag (*Passagen*, 18. Juni 1989). Im September 1944 wurde ein Richter, der von ihm Rechenschaft verlangte, sofort zur Ordnung gerufen und zurückgeschickt. Da er darauf bestand, zog es Joano vor, keinen weiteren Aufruhr zu verursachen und riet seinen Freunden, nichts zu unternehmen. Er verbrachte nur einen Monat im Gefängnis und wurde von jedem Verdacht freigesprochen. Er nahm seine Tätigkeit wieder auf und handelte mit allem, mit Metallen, Devisen usw. Es war ein ziemlich hässlicher Fall, der zwei Jahre später zu seinem Sturz führte. Vor der Befreiung hatte er bei den Nazis einige Mönche denunziert, die Waffen für den Maquis versteckten, und ein junger Widerstandskämpfer, der Zeuge dieses Verbrechens war, wurde von seinen Männern ermordet. Ein aufrechter Untersuchungsrichter konnte ihn verurteilen, aber das Urteil war unglaublich leicht und spiegelte den Einfluss des Menschenhändlers wider: fünf Jahre Haft, eine geringe Geldstrafe und nationale Erniedrigung und Demütigung, die diesem staatenlosen Mann egal waren. Nach seiner Entlassung aus dem Gefängnis wurde er in Mende unter Hausarrest gestellt, was ihn jedoch nicht daran hinderte, regelmäßig Ausflüge in die Schweiz zu unternehmen. Am Ende seines Lebens versuchte Monsieur Joseph, sich in Israel niederzulassen, aber der Tod holte ihn ein. Er starb 1965 in einer Klinik in Clichy und nahm seine schweren und kompromittierenden Geheimnisse mit ins Grab.

## *Shenanigans und Co.*

Das Bild der Juden ist in der Bevölkerung sowohl in Europa als auch in der muslimischen Welt seit jeher eher negativ besetzt. Juden galten schon immer kollektiv als Menschen, die sich mit zweifelhaften Methoden die besten Jobs verschafften. Der jüdische Philosoph Jacob-Leib Talmon schrieb: „In den Wörterbüchern aller europäischen Sprachen ist der Begriff „Jude" als Synonym für Dieb, Lügner und Wucherer definiert[472]."

Philip Roth, ein eher mittelmäßiger, aber sehr berühmter

---

[472] J.-L. Talmon, *Destin d'Israël*, 1965, Calmann-Lévy, 1967, S. 44 [Lesen Sie die RAE-Definition von „Judiada"].

amerikanischer Romanautor, der in alle Sprachen übersetzt wurde, ließ eine seiner Romanfiguren Folgendes sagen: „Jede Branche, in der es Juden gibt, ist voll von Bestechung und Korruption und Netzwerken... die Jungs stecken ihre Nasen in jedes Geschäft, und sie versauen es[473]."

Wir haben gesehen, dass sie die größten internationalen Alkohol- und Drogenhändler sind. Aber seit jeher handelten sie mit allen Arten von Waren. Hier ist ein weiteres, fälschlich naives Zeugnis eines anderen berühmten jüdischen Schriftstellers, Joseph Roth, der zu Beginn des 20. Jahrhunderts, zur Zeit von Sigmund Freud und Stefan Zweig, der deutschen Kultur und Schriftstellerei angehörte. Wenn man ihm zuhört, hat man den Eindruck, dass die Lage der Juden in Österreich-Ungarn miserabel war: „Sie waren Schmuggler. Sie brachten Mehl, Fleisch und Eier aus Ungarn mit. In Ungarn wurden sie ins Gefängnis gesteckt, weil sie Lebensmittel gehortet hatten. Und in Österreich wurden sie eingesperrt, weil sie nicht rationierte Lebensmittel ins Land geschmuggelt haben. Sie erleichterten den Wienern das Leben und setzten sie ins Gefängnis."

Elie Wiesel, gebürtig aus der Kleinstadt Sighetu Marmatiei in Nordrumänien, schildert in seinen *Memoiren* seine Kindheitserinnerungen: „Ich wusste nicht, dass angesehene Mitglieder der Gemeinde in Schmuggel und Devisenhandel verwickelt waren; ich wusste auch nicht, dass es in unserer Nachbarschaft... ein Bordell gab[474]."

Joseph Roth schrieb über deutsche Juden: „Es gibt auch ostjüdische Kriminelle in Berlin. Taschendiebe, Brautbetrüger, Hochstapler, Geldfälscher, Inflationswucherer." Aber Vorsicht: „Es gibt kaum einen Straßenräuber. Und kein einziger Mörder oder Räuber, der mordet[475]."

In der Juni-Ausgabe 1869 der *Revue des Deux-Mondes* erschien ein Artikel mit dem Titel *Le clan du vol à Paris (Der Clan des Diebstahls in Paris)*, in dem alle erdenklichen Kategorien von Dieben beschrieben wurden. Von diesen fünfunddreißig Seiten waren siebzehn Zeilen, d. h. etwas mehr als ein Drittel einer Seite, also etwa ein Hundertstel des Artikels, den Juden gewidmet:

„Der Dieb, der sammelt und hortet, ist eine Anomalie, die nur bei sehr wenigen habgierigen Juden zu finden ist."(...) Es gibt Familien, die von Generation zu Generation zum Diebstahl bestimmt zu sein

---

[473] Philip Roth, *Operation Shylock*, Debolsillo Penguin Random House, Barcelona, 2005, S. 298.
[474] Elie Wiesel, *Mémoires, Band I*, Le Seuil, 1994, S. 47.
[475] Joseph Roth, *Judíos errantes*, Acantilado 164, Barcelona, 2008, S. 81, 83.

scheinen; „es sind vor allem die Juden, die, indem sie sich einem bescheidenen, aber unaufhörlichen Unfug widmen, diese Art von erblichen Funktionen erfüllen. Sie sind nicht wegen ihrer Kühnheit zu fürchten, denn sie morden selten, sondern wegen ihrer Beharrlichkeit im Bösen, wegen der unverletzlichen Geheimhaltung, die sie wahren, wegen ihrer Geduld und der Möglichkeit, sich in den Häusern ihrer Glaubensgenossen zu verstecken. Die jüdischen Räuber gehen selten auf den Kriegspfad gegen die Gesellschaft, sondern befinden sich immer in einem Zustand des dumpfen Kampfes; es scheint, dass sie sich rächen, dass sie in ihrem Recht sind, und dass alles, was sie tun, nur darin besteht, bei Gelegenheit ein Gut wiederzuerlangen, das ihren Vorfahren von anderen gewaltsam weggenommen wurde. Manchmal tun sie sich in Banden zusammen und stehlen im großen Stil, wie bei Geschäften; sie haben ihre Korrespondenten, ihre Vermittler, ihre Käufer, ihre Geschäftsbücher... Alles ist gut für sie: vom Blei in den Rohren bis zum Taschentuch in der Tasche. Der Chef nimmt in der Regel den Titel eines Warenkommissars an und unternimmt Expeditionen nach Südamerika, Deutschland und Russland. Der hebräisch-deutsche Jargon, den sie untereinander sprechen, ist unverständlich und dient der Irreführung der Ermittler[476]. Sie sind die ersten Empfänger in der Welt und tarnen ihr Handeln hinter einem ostentativ praktizierten Handel[477].",

In einem 1847 in Paris veröffentlichten Buch räumte Cerfberr de Medelsheim ein, dass die Zahl der verurteilten Juden leicht doppelt so hoch war wie die der anderen Bürger: „Diese Verbrechen sind Betrug, Plagiat, Wucher, illegaler Handel, betrügerischer Bankrott, Schmuggel, Münzfälschung, Betrug bei Sammlungen, Stellionat, Bestechung, Betrug, Betrug in allen Formen und mit allen erschwerenden Umständen".

Der Publizist Roger Gougenot des Mousseaux, der diese Zeilen 1869 berichtete, schrieb auch: „Fast jede Woche findet vor den Wiener Zivilgerichten ein ungeheuerlicher Prozess gegen Verbrecher der schlimmsten Art statt. Die skandalösen Diebstähle, die schändlichen Betrügereien, belaufen sich meist auf enorme Summen. Die illegale Beute ist längst in Sicherheit, wenn die Verbrecher verhaftet werden; und nachdem sie ein paar Jahre im Verborgenen verbracht haben, wird

---

[476] Siehe Fußnote 84.
[477] Roger Gougenot des Mousseaux, *Los Judíos y la judeización de los pueblos cristianos*, pdf-Version. Übersetzt ins Englische von Professor Noemí Coronel und der unschätzbaren Mitarbeit des Teams Katholischer Nationalismus. Argentinien, 2013, Einleitung, S. XLV-XLVI.

es ihnen überlassen, sich in aller Ruhe zu vergnügen[478]." Und Gougenot fügte hinzu: „Zur Schande und zum moralischen und materiellen Ruin Österreichs wird die Presse fast ausschließlich von Juden geleitet."

Ebenfalls 1847 berichtete der große französische Romancier Honoré de Balzac in seinem *Brief über Kiew (Lettre sur Kiev)*, der 1927 in den Balzac'schen Notizbüchern veröffentlicht wurde, von seinen Erlebnissen in Mittel- und Osteuropa: „Ich habe sie in den kleinen Städten gesehen, wie sie wie Fliegen umherschwirrten und in päpstlichen Kostümen, die mich zum Lächeln brachten, in ihre Synagogen gingen." Und er fuhr fort: „Die Juden sind extrem diebisch, sie sind in dieser Hinsicht die ersten Cousins der Chinesen. Sie können sich nicht vorstellen, wie viele Pferde gestohlen werden, vor allem an den Grenzen. Ein Jude schreckt nicht vor Mord zurück, sobald es um eine große Summe geht. Diese Rasse hat einzigartige Bräuche und Aberglauben, sie hat wilde Traditionen bewahrt. Wenn also in einer Familie ein Jude auftaucht, dem der Geist des Raubes fehlt, der unfähig ist, Dukaten in Säure zu waschen, Rubel zu zerschneiden, Christen zu betrügen, und der in Müßiggang lebt, ernährt ihn die Familie, gibt ihm Geld, er wird als Genie betrachtet; es ist das Gegenteil von zivilisierten Ländern, wo der Mann des Genies in den Augen der Bourgeoisie als Schwachkopf durchgeht; aber dann muss der Heilige der jüdischen Familie ständig die Bibel lesen, fasten und beten, wie ein Fakir."

Auch der berühmte jüdische Historiker Leon Poliakov lehrte uns in seiner monumentalen *Geschichte des Antisemitismus*, dass die jüdische Kriminalität eine alte Geschichte ist. So beobachtete er in Deutschland: „Ein merkwürdiges Phänomen, und wie charakteristisch ist jenes jüdische Banditentum, dessen erste Spuren sich zu Beginn des 16." Nach Ansicht von Poliakov war dies wahrscheinlich ein „großes historisches Novum".

In den folgenden Jahrhunderten", so Poliakov weiter, „gibt es Beweise für die Existenz von organisierten Banden, einige rein jüdisch, andere gemischt, jüdisch-christlich, über die die Polizeibeamten bemerkenswerte Beobachtungen machen. Die jüdischen Banditen, so erfährt man, sind gute Ehemänner und Familienväter und führen ein geordnetes Familienleben; außerdem sind sie von vorbildlicher Frömmigkeit und stehlen nie an Feiertagen und Samstagen... Obwohl

---

[478] A. Cerfberr de Medelsheim, *Les Juifs, leur histoire, leurs moeurs, etc.* p. 2, 3, 29, Paris 1847. In Roger Gougenot des Mousseaux, *Les Juifs et la judeisation des peuples chrétiennes*, pdf-Version. Übersetzt ins Englische von Professor Noemí Coronel und der unschätzbaren Mitarbeit des Teams Katholischer Nationalismus. Argentinien, 2013, S. 145, 146

sie in der deutschen Unterwelt nur eine kleine Minderheit darstellen, setzen sie den Maßstab[479]."

Erinnern wir uns hier an die Worte von Jacques Attali in der Wochenzeitung *L'Express* vom 10. Januar 2002, als er sein Buch *Die Juden, die Welt und das Geld* vorstellte. In Bezug auf die jüdischen Gangster der 1930er Jahre in den Vereinigten Staaten erklärte Attali ohne zu lachen: „Eine große historische Neuheit. Bis dahin hatten Juden eine Phobie vor Kriminalität und Verbrechen."

## *Der Goldrausch*

Es ist unbestreitbar, dass die Juden über Jahrhunderte hinweg die Fähigkeit besaßen, große Vermögen anzuhäufen. Wir haben in unseren früheren Büchern einige Beispiele dafür gesehen, wie diese kosmopolitischen Milliardäre, die unermüdlich für die Errichtung einer Welt ohne Grenzen arbeiten, ihren Einfluss auf die Regierungen der noch unabhängigen Nationen nutzen, um sie für mehr „Demokratie", für mehr „Toleranz" zu öffnen. Im Jahr 2007 zeigte eine von einer großen amerikanischen Zeitung, dem amerikanischen Magazin *Vanity Fair*, veröffentlichte Studie, dass von den 100 reichsten Persönlichkeiten mehr als die Hälfte der jüdischen Gemeinschaft angehören. Sicherlich gab es arme Juden, aber Tatsache war, dass Juden unter den Milliardären der Welt weit überrepräsentiert waren. In einem Artikel der *Jerusalem Post* vom 26. Februar 2008 wurde außerdem berichtet, dass Juden die *wohlhabendste religiöse Gruppe in den Vereinigten Staaten* sind. 46 % von ihnen haben ein „sechsstelliges Einkommen" pro Jahr, d. h. mindestens 100.000 Dollar. Hindus erreichten 43 %, aber keine andere Gruppe erreichte 30 % und der US-Durchschnitt lag bei 18 %. All diese Beweise hinderten jüdische Intellektuelle nicht daran, regelmäßig gegen diese „hasserfüllten Vorurteile einer anderen Zeit" zu wettern.

Die Romanautorin Irene Némirovsky wurde 1903 in Kiew geboren. Die Tochter wohlhabender jüdischer Bankiers verließ zur Zeit der bolschewistischen Revolution die Ukraine und ließ sich in Paris nieder. Ihr Roman *„Die Hunde und die Wölfe"* erzählt die Geschichte einer jüdischen Bankiersfamilie, die sich nach dem Ersten Weltkrieg in Frankreich niederlässt. Harry Sinner, der Sohn des Bankiers, heiratet eine Französin namens Laurence Delarcher, die der alten Delarcher-Bank angehört. Harrys Onkel, der die Bank leitete, hatte in wenigen

---

[479] Léon Poliakov, *Histoire de l'antisémitisme, Tome II*, Point Seuil, 1981, S. 379.

Jahren genug Macht erlangt, um Einfluss auf die französische Regierung zu nehmen: „Wir haben enorm wichtige Unternehmen übernommen. Die Regierungen, die wir unterstützt haben, haben uns im Gegenzug einen soliden, nennenswerten Wohlstand beschert..." (S. 169)." (p. 169)

Irene Némirovsky erklärte, warum Juden so eifrig Geld anhäuften: „Geld war für jeden gut, aber für den Juden war es wie das Wasser, das er trank, und die Luft, die er atmete. Wie sollte man ohne Geld leben? Wie sollte man Bestechungsgelder zahlen? Wie sollte man seine Kinder in die Schule bringen, wenn man die Quote erfüllt hatte? Wie konnte man seine Kinder in die Schule bringen, wenn die Quote erfüllt war? Wie konnte man die Erlaubnis bekommen, hierhin oder dorthin zu gehen, dies oder jenes zu verkaufen? Wie konnte man dem Militärdienst entgehen? Oh mein Gott, wie konnte man ohne Geld leben? [...] für einen Juden gab es keine Rettung außer Reichtum[480]."

Doch die Sinner Bank ging nach einem Finanzskandal in Konkurs. Vor der angeordneten Ausweisung versammelte sich die ganze Familie: „Am Abend trafen nacheinander alle Freunde von Tante Rhaissa ein, alle Emigranten, die sie in Paris getroffen hatte. Es war eine außergewöhnliche Ansammlung von verwelkten Gesichtern, dichten Haaren, stumpfen Blicken...es waren jüdische Frauen aus Odessa und Kiew; [...] Ehefrauen oder Witwen von verdächtigen, toten, flüchtigen oder inhaftierten Finanziers...für all diese Frauen hatte die Ankündigung der Ausweisung einer von ihnen eine präzise und unheilvolle Bedeutung. Das bedeutete, dass sie früher oder später ebenfalls Opfer der gleichen Maßnahme[481] werden könnten."

In einem anderen Roman von Irene Némirovsky mit dem Titel *Der Wein der Einsamkeit* sehen wir wieder „das Bild der 'jüdischen Rasse' [...], die immer von einer Art Fieber, vom Goldrausch verzehrt wird." Und über David Golder, die Figur in ihrem gleichnamigen ersten Roman, heißt es weiter: „Es ist vor allem der „Stolz, der unermessliche Stolz seiner Rasse", der David Golder in Irènes Augen charakterisiert[482]." Eine Journalistin von *L'Univers israélite*, Nina Gourfinkel, hatte Irene Némirovsky vor dem Krieg interviewt. Irene versuchte dann, sich gegen bestimmte Anschuldigungen zu verteidigen: „So habe ich sie gesehen", wiederholte sie mehrmals, ohne den

---

[480] Irène Némirovsky, *Los perros y los lobos*, Ediciones Salamandra, 2016, Barcelona, S. 24, 25, 75

[481] Irène Némirovsky, *Los perros y los lobos*, Ediciones Salamandra, 2016, Barcelona, S. 210, 211.

[482] Jonathan Weiss, *Irène Némirovsky*, Éditions de Félin. 2005, p. 105, 106

Journalisten zu überzeugen. Sie waren russische Juden", antwortete sie erneut. Offensichtlich lieben Juden Geld."

Nach dem Triumph der Volksfront hatte ihn das Wiederaufleben des Antisemitismus in Frankreich dazu gebracht, seine Sicht der Dinge zu überdenken. In *Les Nouvelles littéraires* vom 4. Juni 1939 drückte er sein Bedauern aus: „Wie hätte ich so etwas schreiben können? Wenn ich jetzt *David Golder* schreiben würde, würde ich es ganz anders machen.... Die Atmosphäre hat sich so sehr verändert[483]! „. Nach dem Zweiten Weltkrieg wurden sowohl im Film als auch in der Literatur nur arme und verfolgte Juden dargestellt.

In Preußen hatten die Juden vor der Französischen Revolution großen Reichtum erlangt, und die Berliner Aristokratie, Künstler und Philosophen schienen ihnen zu Füßen zu liegen. In den Berliner Salons, so der Historiker Léon Poliakov, „übertrafen sie die christlichen Geschäftsleute sowohl an Initiative als auch an Reichtum: Nach den Worten von Mirabeau waren die einzigen Millionäre in Berlin Juden." Die Reichsten unter ihnen „ließen sich prächtige Villen bauen, und sie waren mit der High Society eng verbunden: Hohe Beamte und Mitglieder des preußischen Adels eilten zu ihren Empfängen." Aber der Umgang mit den oberen Schichten veranlasste diese aufstrebenden Juden, das Gesetz des Mose zu missachten, und „einige von ihnen missachteten es ganz[484] „, behauptete Poliakov, der fortfuhr: „In Berlin war diese Herrschaft der nicht judaisierten Juden die der weltlichen Cliquen: um sich einen Namen zu machen, war nichts die Schirmherrschaft eines jüdischen Salons wert. Selbst der kompromisslose Fichte suchte diesen Schutz." Sein erster Vortrag in Berlin fand 1800 im Salon von Samuel-Salomon Lévy statt. Dorothea Mendelssohn, die älteste Tochter des jüdischen Aufklärers, der die jüdische *Aufklärung* (Haskalah) verkörperte, hatte ihn in jüdische Kreise eingeführt.

Leon Poliakov erklärte, wie die jüdischen Kaufleute die christlichen verdrängten: „Unter den Handelsstrategien, die die Juden zum Zorn und zur Verzweiflung ihrer christlichen Konkurrenten anwandten, sind einige längst üblich geworden, während andere noch immer verwerflich sind; aber sie alle brachten ihnen die Gunst ihrer Kundschaft sowie einen wenig schmeichelhaften Ruf ein; obwohl sie auf der letzteren Seite wenig zu verlieren hatten. Hier sind einige von ihnen: Werbung und Kundenwerbung, d.h." Verkaufsförderung", Praktiken, die durch die Unternehmensvorschriften streng verboten

---

[483] Jonathan Weiss, *Irène Némirovsky*, Éditions de Félin. 2005, p. 59, 71
[484] Léon Poliakov, *Histoire de l'antisémitisme, Tome II*, Point Seuil, 1981, S. 89, 93.

sind, aber beliebte wirtschaftliche Waffen der Juden in Form von Kundenwerbung auf den öffentlichen Plätzen, in den Sälen der Tavernen und Gasthäuser und auf den Straßen der Ghettos. Und der Ausgang von Waren zweifelhafter Herkunft, sei es Kriegsbeute, Schmuggelware, Plünderungen von Soldaten oder Raubgut." Und Poliakov schreibt etwas weiter: „Die Fähigkeit der Juden, mit ihrem Jüdischsein alle möglichen illoyalen oder gegen den Ehrenkodex verstoßenden Handlungen zu verschleiern, hat sicherlich zahlreiche spektakuläre Aufstiege ermöglicht[485]."

Im zaristischen Russland war die Situation dieselbe, wenn man dem sowjetischen Wirtschaftswissenschaftler und Staatsmann Kalinine glauben darf, der die Überlegenheit der Juden auf diesem Gebiet ebenfalls anerkannte: „Die Juden zeigten besondere Fähigkeiten, sich zu bereichern, indem sie die Bedingungen der Umwelt ausnutzten, sei es auf ehrliche oder unehrliche Weise. Es ist offensichtlich, dass diese Juden den russischen Kaufleuten einen Schritt voraus waren[486]."

Geld war ein Mittel, um Fürsten oder Abgeordnete zu bestechen. Im Gegenzug überhäuften sie die Juden mit Ehrungen. Roger Gougenot des Mousseaux, der die Situation in Frankreich am Ende des Zweiten Kaiserreichs beobachtete, schrieb zum Beispiel: „Die Juden, die einen kompakten Körper, eine nationale Vereinigung, eine Familie bilden, deren Mitglieder sich gegenseitig unterstützen... Die Juden, die Gold, Presse, Talent, Charakter besitzen... besitzen dafür den höchsten Grad der Gabe, bemerkt zu werden, gefürchtet zu werden, von den Mächtigen der Erde geschmeichelt und umschmeichelt zu werden, und wir sehen, dass sie diese Gabe immer missbrauchen. Ämter, öffentliche Funktionen, Privilegien, Ehrungen fallen von allen Seiten auf Israels Haupt[487]."

Im Polen des 17. Jahrhunderts rebellierte ein Gelehrter wie Simon Starowolski gegen die Fremdherrschaft: „In den Domänen zahlreicher mächtiger Herren werden die Juden zu einer geliebten und geschützten Nation [...], die die Herzen ihrer Herren verdorben haben. Wer pachtet polnischen Besitz? - Der Jude, wer ist der geliebte Arzt? - Der Jude! Wer ist der berühmte Kaufmann? - Der Jude, der die Zölle eintreibt? -

---

[485] Léon Poliakov, *Histoire de l'antisémitisme, Tome I*, Point Seuil, 1981, S. 430, 442 [Werner Sombart hat in seinem bahnbrechenden Werk *Die Juden und das Wirtschaftsleben (1911)* diese und andere Fragen analysiert].
[486] Léon Poliakov, *Histoire de l'antisémitisme, Tome II*, Point Seuil, 1981, S. 220.
[487] Roger Gougenot des Mousseaux, *Los Judíos y la judeización de los pueblos cristianos*, pdf-Version. Übersetzt ins Spanische von Professor Noemí Coronel und unter der unschätzbaren Mitarbeit des Teams Katholischer Nationalismus. Argentinien, 2013, S. 327

Der Jude! Wer ist der treueste Diener? der Jude! - Der Jude, der den größten Schutz vor den zivilen Behörden und den autonomen adligen Institutionen genießt? - Der Jude! Wer hat den einfachsten Zugang zum Meister? - Der Jude, der bei Hofe die größte Anmut und das größte Vertrauen genießt? - Der Jude, der am häufigsten ungerechtfertigt und unrechtmäßig Prozesse gewinnt? - Der Jude: Wer kommt am ehesten davon, ohne die Folgen der größten Betrügereien, Täuschungen, Verrat, Plünderungen, Raubüberfälle und anderer unveröffentlichter Verbrechen zu tragen? - Der Jude[488]!"

Hier ist nun das Zeugnis von Isaac Bashevis Singer, einem berühmten Schriftsteller aus der jüdischen Gemeinschaft, der 1978 den Nobelpreis für Literatur erhielt. In seinem Roman *Der Sklave* schildert er die Leiden von Jakob, einem armen Juden im Polen des 17:

„Der Handel in Polen war immer noch in den Händen der Juden, die sogar mit kirchlichen Ornamenten handelten, obwohl dies gesetzlich verboten war. Jüdische Kaufleute gingen nach Preußen, Böhmen, Österreich und Italien; sie importierten Seide, Samt, Wein, Kaffee, Gewürze, Schmuck und Waffen und exportierten Salz, Öl, Leinen, Butter, Eier, Roggen, Mais, Gerste, Honig und Pelze. Weder die Aristokratie noch die Bauern verstanden das Geschäft[489]."

Natürlich kamen einige Juden durch Wucher zu Wohlstand, eine Tätigkeit, die ihnen jedoch jahrhundertelang viele Probleme bereitet hatte: „Die Geldverleiher erstickten ihre Kunden mit ihren Forderungen - unter Umgehung des Gesetzes gegen Wucher [...] Neid und Geiz wurden unter einem Mantel der Frömmigkeit versteckt. Die Juden hatten keine Lehren aus ihrem Unglück gezogen, im Gegenteil, das Leid hatte sie erniedrigt[490]."

In einem polnischen Dorf traf Jacob dann Herrn Pilitzki. Und er machte keinen Hehl aus seinen Gefühlen gegenüber seinen Mitmenschen: „Wir wissen, wir wissen. Ihr verdammter Talmud lehrt Sie, Christen zu täuschen. Ihr wurdet überall vertrieben, aber König Kasimir hat euch die Tore geöffnet. Und wie dankt ihr es uns? Sie haben hier ein neues Palästina eingerichtet. Ihr verspottet und verflucht uns auf Hebräisch, spuckt auf unsere Reliquien und lästert zehnmal am Tag

---

[488] Simon Starowolski, *La Vermine de la mauvaise conscience*, in Daniel Tollet, *Les Textes judéophobes et judéophiles dans l'Europe chrétienne à l'époque moderne*, Presses Universitaires de France, 2000, S. 208.
[489] Isaac Bashevis Singer, *Der Sklave*, 1962, Epublibre, digitaler Verlag German25 (2014), S. 352.
[490] Isaac Bashevis Singer, *Der Sklave*, 1962, Epublibre, digitaler Verlag German25 (2014), S. 328, 330.

über unseren Gott. Jmelnitski[491] hat dir eine Lektion erteilt, aber du hattest nicht genug. Und der polnische Herr wies hier auf ein Problem hin, das über die Jahrhunderte hinweg immer noch aktuell ist: „Ihr liebt alle Feinde Polens, seien es Schweden, Moskowiter oder Preußen[492]."

Der Meister bot ihm daraufhin ein Glas Wein an, was Jakob höflich ablehnte: „Verzeiht mir, Exzellenz, aber meine Religion verbietet es. Pilitzki erstarrte. -Ach so, Ihre Religion verbietet es also. Man kann also Christen betrügen, aber man kann nicht mit ihnen trinken[493]. Und wer verbietet es? Der Talmud natürlich, in dem man auch lernt, Christen zu betrügen.

-Christen werden im Talmud nicht ein einziges Mal erwähnt; nur Götzendiener werden erwähnt.

-Der Talmud betrachtet Christen als Götzendiener... Setz dich, Jude. Ich werde dir nicht wehtun. Setzen Sie sich hierhin. Sehr gut! Die Gräfin und ich glauben, dass der Glaube niemandem aufgezwungen werden sollte. Wir haben hier keine Inquisition wie in Spanien. Polen ist ein freies Land, zu frei für sein Unglück. Deshalb befindet sie sich auf dem Weg in den Ruin. Lassen Sie mich Ihnen eine Frage stellen. Du hast tausend Jahre auf den Messias gewartet. Ich sage tausend! Mehr als fünfzehnhundert, und der Messias kommt nicht. Der Grund dafür ist klar. Er ist bereits gekommen und hat die Wahrheit über Gott offenbart. Aber ihr seid ein hartnäckiges Volk, und ihr steht abseits. Ihr haltet unser Fleisch für unrein und unseren Wein für einen Greuel. Ihr dürft unsere Töchter nicht heiraten. Ihr denkt, ihr seid Gottes auserwähltes Volk. Und was hat er für Sie ausgewählt? Dass ihr in dunklen jüdischen Vierteln leben und gelbe Stoffembleme tragen sollt. Ich bin gereist und habe gesehen, wie Juden im Ausland leben. Sie sind reich und denken nur an Geld. Überall werden sie wie Spinnen behandelt. Warum überlegst du es dir nicht und gibst den Talmud auf?

-Ich kann niemanden überzeugen, Eure Exzellenz", sagte Jacob,

---

[491] Chmelnizki hatte 1648 die ukrainischen Bauern gegen die polnischen Oberherren und die Juden aufgebracht.

[492] Isaac Bashevis Singer, *The Slave*, 1962, Epublibre, digital publisher German25 (2014), S. 462, 463. Juden hören nicht auf, die Einwanderung zu fördern, wo immer sie sich niederlassen.

[493] Talmud, *Avodah Zarah* (72a und b): „[...] Wenn du Wein ausschenkst, sollst du keinen Nichtjuden in deine Nähe kommen lassen, um dir zu helfen, damit du nicht unvorsichtig wirst und das Gefäß in die Hände des Nichtjuden legst, und der Wein aufgrund seiner Stärke herauskommt und verboten wird...." *Yoreh De'ah* (120:1): „Wer von einem Götzenanbeter ein metallenes oder gläsernes Essensgefäß oder Gefäße oder Gefäße, die innen mit Blei bedeckt sind, erwirbt - auch wenn sie neu sind -, muss sie in einem *Mikveh* [Reinigungsbad] oder in einem Bach, der vierzig *Se'ot* hat, untertauchen." (www.sefaria.org).

der zu stottern begann. Ich habe den Glauben meiner Väter geerbt, und ich folge ihm, so gut ich kann[494]."

## *Ausplünderung der besiegten Länder*

Martin Gray gehörte zu den Hunderttausenden von Überlebenden der „Todeslager", wie sie paradoxerweise noch zu Beginn des 21. In *In the Name of All Mine*, einem 1971 veröffentlichten internationalen *Bestseller*, schilderte er seine Erlebnisse in Treblinka. Wie durch ein Wunder überlebte er und schloss sich unmittelbar nach der Befreiung einer polnischen Partisanengruppe an, wo er seine „Rache" entfesseln konnte - ein Begriff, der in seinem Text und in der jüdischen Literatur im Allgemeinen wiederkehrt. Nach dem Krieg ging er in die Vereinigten Staaten, nach New York, wo er seine Familie wiederfand, die wie durch ein Wunder nicht ausgelöscht worden war[495]." Ich habe meine Aktivitäten vervielfacht: Glücksspiel, Verkauf, Dienstleistungen, Shows. Ich habe Dollar angehäuft. Nachts lag ich dann erschöpft im Bett." (Seite 365).

Später ging er in den Antiquitätenhandel, insbesondere mit Porzellan, und kaufte fieberhaft alles, was er finden konnte. Er reiste nach Europa, das gerade den Krieg hinter sich gelassen hatte: „Mein Prinzip war es, schnell zu kaufen und zu verkaufen. Ein kleiner Gewinn multipliziert ergibt einen großen Gewinn. Die Ware ist angekommen. Berlin wurde für mich ein entfernter Vorort von New York. Monatelang wanderte ich auf diese Weise von einem Kontinent zum anderen.... Schon bald fügte ich meiner Reiseroute London hinzu. Ich habe eingekauft, ich habe telefoniert, ich bin vom Taxi ins Flugzeug gesprungen. Eines Tages sagte eine Frau zu ihm: „Genieße das Leben, Martin", sagte sie..." Lerne, glücklich zu sein, Martin, du läufst immer davon." Und Martin erklärte: „Ich zog die Arbeit dem Frieden vor, den sie mir bot. Vielleicht würde es eines Tages einer Frau gelingen, meine Karriere zu bremsen, vielleicht würde ich eines Tages Gefallen an der Ruhe finden." (Seite 381)

„In Berlin wurde der Markt schwierig... Alle Antiquitätenhändler

---

[494] Isaac Bashevis Singer, *Der Sklave*, 1962, Epublibre, digitaler Verlag German25 (2014), S. 500-505.
[495] Das Buch von Martin Gray wurde in Zusammenarbeit mit Max Gallo geschrieben. Am 28. November 1983, anlässlich der Premiere des Films von Robert Enrico, schrieb er in *Le Monde*: „Ich habe *Au Nom de tous les miens* zusammen mit ihm geschrieben, indem ich sowohl meinen Beruf als Historiker als auch meine Berufung als Romanautor nutzte."

aus den Vereinigten Staaten waren nach Berlin gekommen und hatten die Stadt und ganz Deutschland von ihrem Porzellan befreit... - Kauf, kauf alles, Tolek", sagte er zu seinem Partner." Ich konnte sehen, wie sich die Tintenfässer stapelten, die Zimbeln unruhig wurden..... Tolek sagte: „Du bist verrückt, Martin." Sie haben wirklich alles aufgeräumt." Es gibt nichts mehr", wiederholte Tolek.

Aber Martin-Mendle-Miétek wusste, was er tat: „Nach zwei Tagen der Suche fanden wir einen alten Kunstmaler, der bereit war, unser Porzellan zu reparieren. Aber ich hatte mein Ziel noch nicht erreicht... noch nicht", sagt er, „und ich wollte nicht aufgeben. Und ich wollte nicht aufgeben. Ich wollte nie aufgeben. Ich habe gehört, dass es in Bayern Fabriken gibt. Ich mietete ein Auto und fuhr nach Süden. Ich habe in Moshendorf angehalten. Da war ich an der Quelle. Ich besuchte eine Fabrik, sah die Arbeiter in ihren weißen Blusen über das Porzellan gebeugt und beobachtete die Brennöfen. Ich fand die KPM, die Königliche Porzellan-Manufaktur, eine Goldgrube." Tolek lachte: „Du bist verrückt, Miétek, verrückt, die KPM ist offiziell, nur für Könige und Präsidenten." Aber Miétek war ein Fürst: „Ich war ihr Gründer, der König von Sachsen, wert, wir alle, mein Volk, jene Kaiser, jene Könige, jene deutschen Fürsten, für die die KPM seit dem 18. Ich, Miétek, ein kleiner Jude aus dem Ghetto, beschloss, dass die KPM für mich arbeiten würde. Es war lang und schwierig. Ich bat darum, den Direktor zu sehen, und er empfing mich. -Ihr habt eine große Tradition", sagte ich. Sie werden dies sicherlich tun können. - Ich legte die Modelle und Fotos, die ich mitgebracht hatte, auf den Bürotisch. Er wehrte sich, aber ich unterbrach ihn: „Ich habe Geld, und ich kaufe alles. Schließlich schlossen wir das Geschäft ab, und nun war ich nicht nur ein Importeur authentischer Antiquitäten, sondern auch ein Nachahmer! Die großen zylindrischen Öfen der KPM wurden für mein Porzellan angeheizt, für mich, einen Überlebenden von Treblinka. Auch das war eine Rache! Und ein Geniestreich." Wie Sie sehen, stellte Miétek Mitte des 20. Jahrhunderts authentische Antiquitäten aus dem 18. Jahrhundert her: „Die von der KPM hergestellten Antiquitäten waren authentisch. Und die Dollars, die ich zu Tausenden anhäufte, bauten die Mauern meiner Festung[496] auf."

Aber das war noch nicht alles: „Meine Arbeit wurde noch schneller: New York, London, Paris, Frankfurt, Berlin, New York, die Straßen dieser Städte, die Gesichter dieser Städte. Die Antiquitätenhändler, die auf den Flohmärkten Russisch oder Polnisch

---

[496] Martin Gray, *Au nom de tous les miens*, Robert Laffont, 1971, Poche, 1984, S. 383, 384 und *In the Name of All My Own*, digitale Ausgabe unter https://es.scribd.com.

sprachen, die Deutschen in Berlin, die Dekorateure, die im Laden auf der 3rd Avenue vorfuhren....″ Die Kisten stapelten sich im Laden.″ Es ging wieder los: New York, London, Paris, Frankfurt, Berlin, New York[497].″ (Seite 382).″ Ich häufte Dollars an, investierte, verkaufte... Ich war jetzt reich, ein Bürger der Vereinigten Staaten, ein Importeur, ein Hersteller, ich hatte eine Filiale in Kanada und eine weitere in Havanna eröffnet. Ich besaß Häuser; ich investierte mein Geld in den Aktienmarkt. Ich zog von Hauptstadt zu Hauptstadt, Paris und Berlin waren für mich Vorstädte in den Vororten.... Ich ging von einer Frau zur anderen: keine von ihnen konnte die Stimmen, die Gesichter, die Orte, die mich besessen hatten, zum Schweigen bringen.″ (Seite 387)

Sein Freund Tolek sagte eines Tages zu ihm: „Ob du nun Nazis oder Tintenfässer jagst, du bist immer derselbe, Martin. Du wirst dich nie ändern. Sie bekommen das Fieber. -Ich bin immer zu spät″, antwortete er. Ich war zu spät dran für eine Kindheit, für das Glück, ich bin ihnen hinterhergelaufen. Ich konnte nicht aufhören.″ (Seite 378).

„In Moshendorf arbeitete die Fabrik für mich, in Paris, London und Berlin gingen meine Einkäufe weiter. Ich fügte meinen Kisten mit Kunstgegenständen weitere Importe hinzu; ich kaufte und verkaufte europäische Autos zu Hunderten; ich ließ antike Kronleuchter in Paris anfertigen, und von der Westküste, aus dem Süden und dem Mittleren Westen baten mich Antiquitätenhändler, sie für sie zu reservieren. Ich war reich und war gezwungen, immer härter zu arbeiten, um den Abgrund zu füllen und die Albträume zu verdrängen. Meine Fahrten waren sogar noch schneller. Tolek sagte immer wieder: „Du bist ein entlaufenes Pferd, Miétek. Eines Tages wirst du Schaum vor dem Mund haben.″ Ich bin in einer geraden Linie gefahren, und so würde ich bis zum Ende weitermachen.″ (Seite 388). Und weiter: „Mein Geschäft lief nie besser: Ich habe kassiert, ich habe investiert, ich habe gekauft, ich habe wieder kassiert.″ (Seite 393). Und das alles natürlich „im Namen meines ganzen Volkes″. So wurde Deutschland, das besiegte Land, von oben bis unten ausgeplündert.

Nach dem Zusammenbruch der Sowjetunion war Russland, wie wir auf diesen Seiten gesehen haben, auch die Beute von großen internationalen Räubern. *L'Express* vom 16. Juli 1998 erwähnt den Fall von Andrei Kozlenok. Dieser Moskauer war im Januar 1998 in Athen verhaftet und am 17. Juni an Russland ausgeliefert worden. Der Betrug, an dem er mit Zustimmung der höchsten Behörden seines Landes

---

[497] Die charakteristische Raserei ist hier erkennbar; siehe auch Marek Halter, in *Planetarische Hoffnungen*; Samuel Pisar, in *Psychoanalyse des Judentums*; „Hannah″ und „die Fliegen″, in *Jüdischer Fanatismus*.

beteiligt war, umfasste rund 187 Millionen Dollar. Dank seiner Kontakte und seiner Unterstützung - er stand Viktor Tschernomyrdine, dem ehemaligen russischen Premierminister, nahe - war es ihm gelungen, das Monopol von De Beers, das die Exklusivrechte für die Vermarktung von 95 % der russischen Rohdiamanten auf dem internationalen Markt besaß, illegal zu umgehen. Ein Freund von Boris Jelzin, Jewgeni Bytschkow, Leiter des ehemaligen russischen Edelsteinkomitees, hatte ihn 1994 beauftragt, direkt ins Ausland zu verkaufen. Im Rahmen dieses dubiosen Handels wurde er auch ermächtigt, 5 Tonnen Gold, Schmuck, Goldschmiedewaren usw. aus der Zarenzeit aus dem Gokhran (Bundesreserve) zu holen. Diese Schätze sollten als Sicherheiten für Kredite der Bank of America dienen.

Im Oktober 1917, nach dem Sturz des Zaren und dem Sieg der Bolschewiki, war Russland bereits der gleichen Behandlung ausgesetzt gewesen. Die Söhne Israels, die auf allen Ebenen der Macht so zahlreich vertreten waren, nutzten diese Situation voll aus. Der große russische Schriftsteller Aleksandr Solschenizyn hatte das Thema in seinem 2003 erschienenen Buch über die russisch-jüdischen Beziehungen „Zweihundert gemeinsame Jahre" aufgegriffen und dabei den Fall des amerikanischen Geschäftsmannes Armand Hammer, Lenins Liebling, erwähnt. Armand Hammer „exportierte schamlos die Schätze der kaiserlichen Sammlungen in die Vereinigten Staaten. Unter Stalin und Chruschtschow kehrte er häufig nach Moskau zurück, um weiterhin Frachter mit Fabergé-Ikonen, Gemälden, Porzellan und Goldschmiedewaren zu importieren."

Diese Worte wurden von Jacques Attali in *Die Juden, die Welt und das Geld* bestätigt: Armand Hammer (...) wurde zu einem der führenden Vertreter des Ost-West-Handels, der seine Freundschaft mit Lenin und sein uneingeschränktes Bekenntnis zum kapitalistischen System miteinander in Einklang brachte. Er beutet Asbestminen in der UdSSR aus, importiert Autos und Traktoren und kauft russische Kunstwerke vom Staat im Tausch gegen Industrieprodukte[498]."

Honoré de Balzac hatte in seiner *Comédie humaine* eine Reihe von jüdischen Figuren inszeniert. In *Cousin Pons* (1847) schildert er einen Juden namens Elie Magnus, der auf der Suche nach Kunstwerken durch Europa reist, um sie zu verkaufen: „Élie Magus hatte durch den Kauf von Diamanten und deren Weiterverkauf, durch das Herumschlagen mit Gemälden und Spitzen, mit wertvollen Antiquitäten und Emaillen, mit kostbaren Skulpturen und alten Goldschmiedearbeiten ein unermessliches Vermögen angehäuft, ohne dass jemand davon

---

[498] Jacques Attali, *Les Juifs, le monde et l'argent*, 2002.

wusste....." Zuvor hatte Balzac erklärt: „Im Mittelalter zwangen die Verfolgungen die Juden dazu, Lumpen zu tragen, um keinen Verdacht zu erregen, sich ständig zu beschweren, zu jammern und sich als die Ärmsten zu zeigen."

# 3. Antisemitismus

In jedem Zeitalter seit der Antike, sowohl in der christlichen als auch in der muslimischen Welt, wurden viele berühmte Männer durch die von den Juden verbreiteten subversiven Ideen sowie durch die Manöver einiger von ihnen alarmiert. Denn das Judentum stand in seinem Wesen in einem verhängnisvollen Konflikt mit dem Rest der Menschheit.

Die Juden waren schon immer vom „Frieden" auf der Erde (*Schalom*) besessen. Sie träumten von einer Welt, in der es keine Konflikte mehr geben würde, und diese Welt des Friedens würde, so glaubten sie, das Vorspiel für die Ankunft ihres lang erwarteten Messias sein. Um den Konflikten auf der Erde endlich ein Ende zu setzen, blieb nichts anderes übrig, als alle Unterschiede zwischen den Menschen verschwinden zu lassen, die Nationen, die Grenzen und alle Partikularismen abzuschaffen und mit allen Mitteln die allgemeine Vermischung und die Auflösung der alten Traditionen zu fördern. Auch die sozialen Klassen sollten verschwinden. Es war „unausweichlich". Von der alten Welt sollte nichts übrig bleiben. Wenn also alles zerstört ist, wenn von den alten Zivilisationen nichts mehr übrig ist, wenn die Menschen auf die Rolle von bloßen Konsumenten reduziert sind, wird das jüdische Volk immer noch da sein, unversehrt und triumphierend. Und schließlich werden sie von allen als das „auserwählte Volk Gottes" anerkannt werden.

## *Antisemitismus im Wandel der Zeit*

Unter diesen Umständen ist es verständlich, dass die Juden gegen ihr politisch-religiöses Projekt heftigen Widerstand hervorrufen konnten, zumal viele von ihnen durch Methoden, die von den Einheimischen nicht immer als ehrlich angesehen wurden, zu großem Reichtum gelangt waren. Der Antisemitismus ist also so alt wie das Judentum selbst. Ende des 6. Jahrhunderts n. Chr. sprach der Christ Gregor von Tours von einem „bösen und perfiden Volk", obwohl fünfhundert Jahre vor ihm bereits der Römer Tacitus über sie schrieb: „Kein Volk hat jemals andere so gehasst wie das jüdische Volk, keines hat es seinerseits so abgestoßen, und keines hat mit Recht einen so unerbittlichen Hass verdient[499]. („*Beatus Rhenanus*"). Und schon vierhundert Jahre vor Tacitus hatte Hekataeus von Abdera, ein in Ägypten lebender griechischer Historiker, den unüberbrückbaren Gegensatz zwischen den Juden und der übrigen Menschheit festgestellt. So sagte er über Mose: „Die Opfer und Bräuche, die er einführte, unterschieden sich völlig von denen der anderen Völker; in Erinnerung an das Exil seines Volkes führte er eine Lebensweise ein, die der Menschlichkeit und der Gastfreundschaft zuwiderlief[500]„." Aber wir werden hier nicht alle Meinungen rekapitulieren, die von berühmten Männern gegen die Juden geäußert wurden, denn das wäre unmöglich.

Vorwürfe gegen jüdischen „Betrug" und „Perfidie" sind in zahllosen Schriften der Geschichte festgehalten worden. Jüdische Kaufleute wurden beschuldigt, ihren Reichtum mit unlauteren und manchmal mehr oder weniger betrügerischen Methoden zu horten. Die tatsächliche Not christlicher Kaufleute, die ins Elend getrieben wurden, wiederholte sich von Jahr zu Jahr, von Provinz zu Provinz. So beschwerten sich beispielsweise 1734 die Kaufmannsgilden der Stadt Stendal in Preußen bei der Obrigkeit: „Der Jude ist ein Hecht im Zeltteich... Er dringt in alles ein, nimmt den Kaufleuten das Brot aus dem Mund, saugt den Armen das Blut aus und zahlt schändlicherweise die Steuern nicht[501]."

Die Abgeordneten der Handelskammer von Toulouse hatten ihrerseits 1744 angeprangert: „Diese jüdische Nation scheint sich selbst zu schleppen, um sich besser zu erheben und zu bereichern...„." Im selben Jahr erklärten die Korporationen von Montpellier: „Wir flehen Sie an, den Fortschritt dieser Nation zu stoppen." Aber die königliche Verwaltung schien bereits vor den Ideen des „Zeitalters der Aufklärung" kapituliert zu haben.

Wir können auch die berühmte Aufforderung der Pariser Kaufleute und Händler von 1765 gegen die Aufnahme von Juden zitieren: „Die Juden sind mit Hornissen zu vergleichen, die in Bienenstöcke eindringen, um die Bienen zu töten, ihre Bäuche zu öffnen und den Honig aus ihren Eingeweiden zu entnehmen...„."

Am Vorabend der Französischen Revolution äußerte sich Malesherbes, der Staatsminister Ludwigs XVI., folgendermaßen: „In den Herzen der meisten Christen herrscht noch immer ein sehr starker Hass gegen die jüdische Nation, ein Hass, der sich auf die Erinnerung an das Verbrechen ihrer Vorfahren gründet und durch die Gewohnheit

---

[499] Léon Poliakov, *Histoire de l'antisémitisme, Tome I*, Point Seuil, 1981, S. 232, 361.
[500] Georges Nataf, *Les Sources païennes de l'antisémitisme*, Berg Int., 2001.
[501] Léon Poliakov, *Histoire de l'antisémitisme, Tome I*, Point Seuil, 1981, S. 433.

der Juden aller Länder bekräftigt wird, sich auf Geschäfte einzulassen, die die Christen als Ursache für ihren Ruin ansehen[502]."

Im Jahr 1753 kam es auch im sehr liberalen England zu einer antijüdischen Explosion, nachdem die Regierung den Kammern einen Gesetzentwurf zur Einbürgerung der Juden zur Genehmigung vorgelegt hatte. Der Aufruhr des Volkes war „von einer Heftigkeit, wie sie in der englischen Geschichte nur selten vorkommt", schrieb Léon Poliakov zwei Jahrhunderte später. Natürlich gab Poliakov diesem Phänomen eine sehr persönliche Erklärung. Der Historiker prangerte „dunkle Ängste der Vorfahren an, die bei dem bloßen Gedanken, dass die Mitglieder der Sekte der Gottesmörder die vollen menschlichen und christlichen Rechte ausüben könnten, an die Oberfläche kamen[503]."

Léon Poliakov zitierte den deutschen Aufklärer schlechthin, Immanuel Kant, der in seiner *Anthropologie* die „Euthanasie" für das Judentum befürwortete. Kant schrieb: „Die Palästinenser, die unter uns leben, haben sich durch ihren Wuchergeist seit ihrer Verbannung, auch was die große Masse betrifft, den nicht unbegründeten Ruf erworben, andere zu betrügen. Es scheint zwar extravagant, sich ein Volk von Betrügern vorzustellen; aber es ist nicht weniger extravagant, sich ein Volk von reinen Kaufleuten vorzustellen, von denen der weitaus größte Teil, vereint durch einen alten Aberglauben, der durch die Liste, in der sie leben, anerkannt wird, keine bürgerlichen Ehren anstrebt, sondern diesen Verlust durch die Gewinne ausgleichen will, die sie durch Betrug an den Menschen, unter deren Schutz sie stehen, und sogar durch Betrug untereinander erzielt. Dies kann nun bei einem ganzen Volk von bloßen Kaufleuten oder nichtproduzierenden Mitgliedern der Gesellschaft (z. B. den Juden Polens) nicht anders sein; daher kann ihre Verfassung, die durch uralte Gesetze sanktioniert und sogar von uns, unter denen sie leben (und die mit ihnen gewisse heilige Bücher gemeinsam haben), anerkannt wird, obwohl sie den Spruch „Käufer, öffne deine Augen" zum obersten Grundsatz ihrer Moral im Umgang mit uns machen, nicht ohne Widerspruch abgeschafft werden. Anstatt nutzlose Pläne zu entwerfen, um dieses Volk in diesem Punkt des Betrugs und der Ehrlichkeit zu moralisieren, ziehe ich es vor, meine Vermutung über den Ursprung dieser einzigartigen Verfassung (d.h. die eines Volkes von reinen Kaufleuten[504] ) darzulegen." Kant war jedoch

---

[502] Léon Poliakov, *Histoire de l'antisémitisme, Tome I*, Point Seuil, 1981, S. 444, 446, 447.
[503] Léon Poliakov, *Histoire de l'antisémitisme, Tome I*, Point Seuil, 1981, S. 452.
[504] Emmanuel Kant, *Antropología*, Alianza Editorial, 1991, Madrid, Anmerkung 1, S. 123.

ein Optimist und glaubte, dass die Juden, wenn sie erst einmal von ihrem „jüdischen Geist" befreit sind, sich zu bessern wissen werden." Sein Konzept war also eher christlich als rassistisch", schrieb Poliakov.

Zur gleichen Zeit benutzte in Deutschland der humanistische Denker Herder dieselbe Sprache, als er für die Assimilation eintrat: „Seit Tausenden von Jahren, seit seinem Anfang, hat das Volk Gottes, das seine Heimat vom Himmel hat, wie eine parasitäre Pflanze auf dem Stamm fremder Nationen vegetiert; eine schlaue und schäbige Rasse...." Für Fichte hingegen konnte das Problem der Juden nur durch ihre Vertreibung aus deutschen Landen gelöst werden." Um uns vor ihnen zu schützen, sehe ich nur einen Weg: ihnen ihr gelobtes Land zu erobern und sie alle wegzuschicken", schrieb er 1793 in seinem ersten großen Werk über die Französische Revolution.

Im Rahmen eines Wettbewerbs, den die Metzer Akademie 1785 zum Thema *„Gibt es Mittel und Wege, die Juden in Frankreich glücklicher und nützlicher zu machen?"* veranstaltete, erhielt Abt Gregor, Priester der Diözese Metz, einen Preis für seinen Aufsatz mit dem Titel *„Essay on the physical, moral and political regeneration of the Jews"*. Abt Gregor, der sie durch Sanftmut zur christlichen Religion bringen wollte, blieb auch ihm nichts anderes übrig, als zu bemerken: „Es sind parasitäre Pflanzen, die die Substanz des Baumes, den sie befallen, auffressen."

Lothringen und vor allem das Elsass, Regionen, in denen viele Juden lebten, hatten ihre Unzufriedenheit zum Ausdruck gebracht. Das Beschwerdebuch des Colmarer Klerus von 1789 enthielt einige explizite Passagen: „Die Juden sind durch ihre Schikanen, ihre Plünderungen, ihre gierige Doppelzüngigkeit, für die sie täglich so verderbliche Beispiele liefern, die Haupt- und Hauptursache für das Elend des Volkes, für den Verlust der Energie und die moralische Verderbnis einer Klasse von Menschen, die einst für den so hoch gepriesenen germanischen Glauben berühmt war." Die Reaktion der Bevölkerung war so stark, dass 1789 Tausende von Juden in die Schweiz flüchten mussten.

Der konventionelle[505] Baudot, Kommissar der Armeen an Rhein und Mosel, schlug eine neue Art der Regeneration für die Juden vor: „Überall stellen sie die Gier über die Liebe zum Land und ihren lächerlichen Aberglauben über die Vernunft. Ich weiß, dass einige von ihnen in unseren Armeen dienen, aber wäre es nicht zweckmäßig, eine Regeneration *durch die Guillotine in* Betracht zu ziehen, wenn man sie

---

[505] Conventionnaires: Mitglieder der Versammlung des Nationalkonvents der Ersten Französischen Republik (1792-1795). Es war die verfassungsgebende Versammlung.

aus der Diskussion über ihr Verhalten ausschließt? „Am II. Thermidor wurde den Juden ihre ständige Agiotage vorgeworfen, woraufhin die Bezirksgemeinden angewiesen wurden, „die Augen nicht von diesen gefährlichen Wesen zu lassen, die bürgerverschlingende Blutsauger sind[506].""

Unter diesen Bedingungen war die von der Revolution vorgeschlagene Emanzipation der Juden und die Gleichberechtigung gleichbedeutend damit, den Fuchs in den Hühnerstall zu lassen. Für Gougenot des Mousseaux war es daher notwendig, die Christen vor der Aggressivität der Hebräer zu schützen. 1869 schrieb er in diesem Zusammenhang: „Eine große Wiener Zeitung (*La Presse*), die von Juden herausgegeben und geleitet wird, hat als Motto: Gleiches Recht für alle. Aber Menschen, die weder Moral noch christliche Pflicht kennen, das gleiche Recht zuzugestehen, bedeutet, diejenigen zu Vampiren zu machen, die durch christliche Prinzipien gebunden sind und die nicht die wandernden Missbräuche des ungezügelten Wettbewerbs nachahmen können." „ (Seite 146).

Napoleon hatte auch versucht, die Juden zu regenerieren, indem er sie entjudete: „Die Juden", schrieb er, „sind ein abscheuliches, feiges und grausames Volk. Sie sind Raupen, Heuschrecken, die das Land plagen... Das Böse kommt vor allem aus dieser unverdaulichen Zusammenstellung, die sich Talmud nennt und in der neben den wahren biblischen Traditionen auch die verdorbenste Moral in Bezug auf die Beziehungen zu den Christen zu finden ist." Und über diese „Rasse" sagte er: „Ich möchte verhindern, dass sie das Böse verbreitet[507]." Er schlug den Juden vor, sich in seine Armeen einzureihen, um das Gelobte Land zurückzuerobern, aber sie hörten nicht auf seinen Appell, und das Projekt wurde zusammen mit anderen orientalischen Illusionen ad acta gelegt. Zu dieser Zeit gab es in Frankreich keine organisierte Behörde, keine zentrale Regierung der Juden. Napoleon beschloss daraufhin, einen 71-köpfigen Großen Sanhedrin einzusetzen, der nach achtzehn Jahrhunderten die Tradition einer Regierung Israels wiederherstellen sollte. Der Große Sanhedrin trat im Februar 1807 zum ersten Mal zusammen. Napoleon wurde damals von allen europäischen Fürsten als der Antichrist selbst angesehen. Einen Monat nach seiner feierlichen Einweihung wurde der Sanhedrin aufgelöst.

Die Vorwürfe gegen die Juden waren immer und überall zu hören. Wir haben gesehen, was Zar Iwan der Schreckliche 1550 dachte, als er seinem polnischen Verbündeten vorwarf, er wolle ihn zwingen, Juden

---

[506] Léon Poliakov, *Histoire de l'antisémitisme, Tome II*, Point Seuil, 1981, S. 106, 111.
[507] Léon Poliakov, *Histoire de l'antisémitisme, Tome II*, Point Seuil, 1981, S.

nach Russland zu lassen: „Sie bringen vergiftete Drogen in unseren Staat und fügen unserem Volk großen Schaden zu." Die Nachfolger von Iwan dem Schrecklichen waren ebenso misstrauisch. Anderthalb Jahrhunderte später hatte Peter der Große, der zwar wertvolle Ausländer nach Russland einlud, in seinem *Manifest* dennoch große Vorbehalte gegenüber den Juden geäußert: „Ich würde lieber Mohammedaner und Heiden in meinem Herrschaftsgebiet sehen als Juden. Sie sind Diebe und Betrüger. Ich tilge das Böse, ich verbreite es nicht; es wird für sie in Russland weder Unterkunft noch Handel geben, trotz all ihrer Bemühungen und Versuche, meine Umgebung zu bestechen[508]."

In den von Peter dem Großen eroberten Gebieten in der Ukraine hatte die ihm nachfolgende Katharina I. folgendes Edikt erlassen: „Die männlichen und weiblichen Juden in der Ukraine und in anderen russischen Städten sind alle unverzüglich von den Grenzen Russlands zu vertreiben. Von nun an dürfen sie unter keinem Vorwand mehr nach Russland einreisen, und das soll überall streng durchgesetzt werden." So entstand die berühmte „Aufenthaltszone", die die Juden des Reiches bis zur Februarrevolution 1917 auf die westliche Peripherie beschränkte[509].

Im Heiligen Reich waren die Juden 1670 von Leopold I. aus Wien vertrieben worden, aber es war ihnen gelungen, den König zu „überreden", und fünfzehn Jahre später waren sie wieder auf dem Platz. In Preußen hatte sie der Große Kurfürst Friedrich Wilhelm, der „Feldwebelkönig", nach ihrer Vertreibung aus Wien aufgenommen. Nur der Adel konnte eine gewisse Sympathie für die Juden aufbringen, da sie ihm bestimmte Dienste (Geldverleih, Spekulation) leisten konnten. Zu den Ratschlägen für eine gute Regierung, die der König seinem Sohn, dem späteren Friedrich dem Großen, gab, gehörten diese Zeilen: „Was die Juden betrifft, so gibt es zu viele in unserem Land, die keine Schutzbriefe von mir erhalten haben. Ihr müsst sie vertreiben, denn die Juden sind die Heuschrecken eines Landes und der Untergang der Christen. Ich bitte euch, ihnen keine neuen Schutzbriefe zu gewähren, auch wenn sie euch Geld anbieten... denn der ehrlichste Jude ist ein Schwindler und ein Schurke. Sie können sich darauf verlassen:[510]."

In England hatte William Prynne, ein in der Mitte des 17. Jahrhunderts sehr populärer Publizist, gegen Cromwells Zulassung der Juden im Lande rebelliert. Sie waren „ein Geschlecht von Übeltätern,

---

[508] Aleksandr Solzhenitsyn, *Deux siècles ensemble*, Tome I, Fayard, 2002, S. 29.
[509] Léon Poliakov, *Histoire de l'antisémitisme*, Tome I, Point Seuil, 1981, S. 420. Zur „Aufenthaltszone" siehe die Einleitung zu *Jewish Fanaticism*.
[510] Léon Poliakov, *Histoire de l'antisémitisme*, Tome I, Point Seuil, 1981, S. 435.

ein Geschlecht von Schlangen, die gierig mit beiden Händen Böses tun, wie alle Völker um sie herum, so schlimm oder schlimmer als Sodom und Gomorra[511]."

Im darauffolgenden Jahrhundert sprach sein Landsmann Alexander Pope in einer seiner Satiren ein Gebet: „Wir bitten Dich, Herr, nimm von uns die Hände der barbarischen und grausamen Juden, die zwar eine Abscheu vor dem Blut von Schweinepasteten haben, aber nicht weniger vehement blutrünstig sind[512]."

Pierre de Lancre wurde 1553 in Bordeaux geboren, in einer Stadt, die einige spanische Marranen aufgenommen hatte. Er hatte in Frankreich und Turin Jura und Theologie studiert, bevor er 1582 Schöffe im Parlament von Bordeaux wurde und 1588 die Großnichte von Montaigne heiratete. Er beschrieb die Juden wie folgt: „Perfider und untreuer als Dämonen....die Juden sind aller Abscheu würdig, und als wahre Verbrecher aller göttlichen und menschlichen Majestät verdienen sie es, mit den größten Qualen bestraft zu werden: das glühende Feuer, geschmolzenes Blei, siedendes Öl, Pech, Wachs und Schwefel, alles zusammengenommen, würde keine Qualen erzeugen, die genau, empfindlich und grausam genug wären für die Bestrafung solch großer und schrecklicher Verbrechen, die diese Leute gewöhnlich begehen[513]..."

In Deutschland hatte Martin Luther 1542 seine berühmte Schrift *„Von den Juden und ihren Lügen"* veröffentlicht: „Sie besitzen unser Geld und unsere Güter und sind unsere Herren im eigenen Land und in der Verbannung. Ein Dieb wird zum Tod durch den Strang verurteilt, wenn er zehn Gulden stiehlt; wenn er unterwegs stiehlt, verliert er seinen Kopf. Aber wenn ein Jude durch Wucher zehn Tonnen Gold stiehlt und stiehlt, wird er sogar mehr geschätzt als Gott selbst. Als Beweis dafür führen wir die unverschämte Prahlerei an, mit der sie ihren Glauben stärken und ihrem giftigen Hass gegen uns Luft machen, indem sie untereinander sagen: „Habt Geduld und beobachtet, wie Gott mit uns ist und sein Volk auch im Exil nicht verlässt. Wir arbeiten nicht, und doch genießen wir Wohlstand und Freizeit. Die verfluchten Nichtjuden müssen für uns arbeiten, aber wir nehmen ihr Geld." Einige Monate später veröffentlichte er ein weiteres Pamphlet mit dem Titel *Vom Schem Hamephoras*: „Sie sind viel stärker in der Verachtung als ich, und sie haben einen Gott, der ein Meister in der Kunst der

---

[511] Daniel Tollet, *Les Textes judéophobes et judéophiles dans l'Europe chrétienne à l'époque moderne*, Presses Universitaires de France, 2000, S. 172.
[512] Léon Poliakov, *Histoire de l'antisémitisme, Tome I*, Point Seuil, 1981, S. 451.
[513] Léon Poliakov, *Histoire de l'antisémitisme, Tome I*, Point Seuil, 1981, S. 318.

Verachtung geworden ist, er wird der Teufel und der Geist des Bösen genannt[514]."

Luther, der beobachtet hatte, dass der Wortschatz der Verbrecher voller Slangwörter aus dem Hebräischen[515] war, schrieb: „Außerdem wissen wir bis heute nicht, welcher Teufel sie in unser Land gebracht hat. Wir waren es sicher nicht, die sie aus Jerusalem mitgebracht haben. Außerdem hält sie hier niemand mehr fest. Das Land und die Straßen stehen ihnen offen, damit sie jederzeit in ihr Land zurückkehren können. Wenn sie es täten, würden wir ihnen gerne Geschenke zu diesem Anlass machen, es wäre ein Fest, denn für unser Land sind sie eine schwere Last, eine Plage, eine Pestilenz und ein echtes Unglück."

Juden wurden oft in Form einer Sau abgebildet. Die Sau, „die sie säugte und mit ihnen auf unzähligen Steindenkmälern Unzucht trieb", schrieb Poliakov." Eines dieser Hochreliefs (von denen die meisten verschwunden sind) wird von Martin Luther in seiner berühmten Schrift *Vom Schem Hamephoras* mit folgenden Worten beschrieben: „Hier in Wittenberg, in unserer Kirche, wurde eine Sau aus dem Stein gehauen: Ferkel und Juden säugen sie, während hinter ihr ein Rabbi steht, der ihr rechtes Bein anhebt und mit der linken Hand an ihrem Schwanz zieht, sich bückt und hinter dem Schwanz eifrig den Talmud betrachtet, als wolle er etwas ganz Feines und ganz Besonderes lernen[516] „."  Luther hatte viele Briefe geschrieben, um sie zu vertreiben oder ihnen ihre Privilegien zu entziehen. Er war in Sachsen, Brandenburg und Schlesien erfolgreich. Ende des 14. Jahrhunderts wurden sie in Italien von Künstlern mit Skorpionen gleichgesetzt. Auf Gemälden und Fresken war dieses perfide Tier par excellence oft auf den Bannern der Juden, auf ihren Schilden und auf ihren Gewändern zu sehen.

Im Mittelalter, in der Mitte des 12. Jahrhunderts, entdecken wir die große Gestalt von Peter dem Ehrwürdigen, dem berühmten Abt von Cluny. Zur Zeit der Kreuzzüge hatte er sich gegen die Vorherrschaft der Wucherer aufgelehnt und ein Schreiben an König Ludwig VII. gerichtet, in dem er die Juden scharf anprangerte und sich „energisch gegen die unvorstellbaren Invasionen dieser Rasse, die alle Schätze Frankreichs in ihren Händen konzentriert" erhob." Er urteilte, dass es „dringend notwendig war, die Dreistigkeit zu unterdrücken". Er fragte den König, warum er auf die andere Seite der Welt gehe, um die Sarazenen zu bekämpfen, wenn er unter seinen Untertanen „Ungläubige zurücklasse, die Christus gegenüber unendlich schuldiger seien als die

---

[514]Léon Poliakov, *Histoire de l'antisémitisme, Tome I*, Point Seuil, 1981, S. 365, 367.
[515]Siehe Anmerkung 85.
[516]Léon Poliakov, *Histoire de l'antisémitisme, Tome I*, Point Seuil, 1981, S. 311.

Mohammedaner"." Es ist an der Zeit, dass der Gerechtigkeit Genüge getan wird, und es liegt mir fern, daran zu denken, dass sie zum Tode verurteilt werden sollten, sondern ich verlange, dass sie im Verhältnis zu ihrer Niedertracht bestraft werden. Und welche Strafe wäre angemessener als die, die gleichzeitig eine Verurteilung der Ungerechtigkeit und eine Genugtuung für die Nächstenliebe ist? Was wäre gerechter, als ihnen das wegzunehmen, was sie durch Betrug angehäuft haben? Sie haben betrogen und geplündert wie Diebe, und, was noch schlimmer ist, wie Diebe haben sie sich bis zum heutigen Tag ungestraft abgesichert! Was ich sage, ist allgemein und öffentlich bekannt"." Weder durch die einfache Arbeit des Ackerbaus, noch durch den regelmäßigen Dienst in den Armeen, noch durch die Ausübung ehrlicher und nützlicher Tätigkeiten füllen sie ihre Läden mit Getreide, ihre Tavernen mit Wein, ihre Truhen mit Gold und Silber. Was haben sie nicht alles angehäuft mit all der List, die sie befähigt, den Christen zu entreißen und von Räubern heimlich und zu einem schäbigen Preis zu kaufen! „

Kaum hatte Philipp Augustus 1180 den Thron bestiegen, wurden erneut Vorwürfe gegen die Juden laut. Sie wurden beschuldigt, schrieb Gougenot des Mousseaux, „das Volk durch ihren Wucher ruiniert zu haben, sich durch dieses ungerechte Mittel zum Herrn über unendlich viele Ländereien und fast die Hälfte der Häuser von Paris gemacht zu haben; die heiligen Ziborien, die Schätze der Kirchen, als Bezahlung erhalten und sie entweiht zu haben. Weiter heißt es, dass sie viele arme Christen in die Sklaverei verschleppten und sie jedes Jahr am Karfreitag kreuzigen". Philipp Augustus, „endlich von der Bösartigkeit der Juden überzeugt, vertrieb sie im Jahre 1182 aus seinen Staaten, konfiszierte ihr Eigentum mit Ausnahme ihrer Möbel, gab seinen Untertanen die von ihnen angeeigneten Erbschaften zurück und erließ ihnen alle Schulden, indem er ihnen nur ein Fünftel zahlte[517]."

In Wirklichkeit wurden die Juden im Laufe der Geschichte immer wieder vertrieben. Juden wurden früher oder später aus allen europäischen Ländern, aus allen europäischen Fürstentümern vertrieben, von Mainz 1012 bis Moskau 1891, aus Neapel 1496, aus Ungarn 1360 und 1582, aus Prag 1557 und so weiter. Aber die jüdischen Finanziers, die ihre korrupte Macht bei den Fürsten ausnutzten, fanden immer einen Weg, ihre Verwandten wieder auf den Platz zu bringen.

---

[517] Roger Gougenot des Mousseaux, *Los Judíos y la judeización de los pueblos cristianos*, pdf-Version. Übersetzt ins Spanische von Professor Noemí Coronel und unter der unschätzbaren Mitarbeit des Teams Katholischer Nationalismus. Argentinien, 2013, S. 168, 170

Die zentralisierten Staaten wie England, Frankreich und Spanien waren besser in der Lage, sich zu verteidigen als das Heilige Germanische Reich, das in quasi-unabhängige Staaten zersplittert war.

In Paris war der Talmud am Ende einer großen Kontroverse zwischen jüdischen und christlichen Ärzten verurteilt worden. König Saint-Louis ordnete die Beschlagnahmung aller im Land gefundenen Exemplare an, und am 6. Juni 1242 wurden ganze Karren mit Büchern auf der Place de Grève feierlich verbrannt. Aber weder Philipp Augustus noch der heilige Ludwig hatten radikale Methoden angewandt. Es war Philipp der Schöne, der die Juden 1306 vertrieb. Unter der Herrschaft seines Sohnes wurden die Juden bald darauf wieder angesiedelt und erneut vertrieben, bevor sie unter bestimmten Bedingungen zurückkehrten. Am 17. September 1394, an Jom Kippur, wurden sie von König Karl VI. radikal und für mehrere Jahrhunderte vertrieben.

König Edward I. von England hatte sie bereits 1290 vertrieben, aber die Juden kehrten erst 350 Jahre später zurück, nach einem Bürgerkrieg und der Errichtung einer kurzlebigen Republik durch Cromwell in der Mitte des 17. Spanien hatte sich 1492 von ihnen befreit. In Deutschland, das damals in Hunderte von Fürstentümern aufgeteilt war, kam es häufig zu Vertreibungen. 1388 wurde die letzte allgemeine Vertreibung aus Straßburg ausgesprochen; 1394 wurden sie aus der Pfalz vertrieben; 1420 wurden sie aus Österreich vertrieben; 1424 folgten Freiburg und Zürich; 1426 mussten sie durch die Kölner Pforte gehen; 1432 wollte Sachsen nichts mehr mit ihnen zu tun haben; 1439 wies die Stadt Augsburg sie ab; 1453 vertrieb Würzburg sie; 1454 Breslau usw. usw. usw. Bis zum Ende des Jahrhunderts wurde die Liste der Ausweisungen immer länger[518]. Diesen Ausweisungen konnten Wiederaufnahmen folgen, so dass die Mainzer Juden beispielsweise im Laufe der Geschichte viermal vertrieben wurden.

Rom war schließlich die einzige große Stadt in Europa, aus der die Juden nie vertrieben wurden[519]. Im 14. Jahrhundert war Italien das wichtigste Aufnahmeland für die aus Frankreich und Deutschland vertriebenen Juden. Eines Tages kam es jedoch zu einer Reaktion. Im Jahr 1555, nach seiner Wahl auf den Thron von St. Peter, verkündete Papst Paul VI. in seiner Bulle *Cum nimis absurdum*, dass es absurd sei, den Juden zu erlauben, in den besseren Vierteln der Stadt zu wohnen, christliche Diener einzustellen und sie allgemein die christliche

---

[518] Léon Poliakov, *Histoire de l'antisémitisme, Tome I*, Point Seuil, 1981, S. 300.
[519] Am 18. Januar 2008 erfuhren wir jedoch, dass elf jüdische *Souvenirverkäufer* gegen ihre Ausweisung vom Petersplatz im Vatikan demonstriert hatten.

Freundlichkeit missbrauchen zu lassen. Paul VI. ergriff unbarmherzige Maßnahmen: Er ordnete zunächst die Konzentration der Juden hinter den Mauern eines Ghettos am Rande von Tibre an und verbot ihnen den Handel mit gebrauchter Kleidung. Im Grunde waren diese Bestimmungen eine Zusammenfassung des Kirchenrechts der vergangenen Jahrhunderte, aber im Gegensatz zu all seinen Vorgängern hatte der kompromisslose Paul VI. sie buchstabengetreu angewendet.

Das Ende des Mittelalters war die Zeit, in der die alten jüdischen Viertel in Ghettos umgewandelt wurden. Die Juden durften sich nur tagsüber in den christlichen Vierteln aufhalten, abends mussten sie das Ghetto betreten, dessen Tore verschlossen waren. Hinter den Toren des Ghettos war die jüdische Gemeinde in sich geschlossen, was den Wünschen der Rabbiner entsprach, die vor allem die Assimilation der Juden an die christliche Gesellschaft fürchteten. In Wirklichkeit hatten sich die Juden jedoch schon lange vom Rest der Menschheit isoliert.

Nahum Goldmann, der Gründer des Jüdischen Weltkongresses, schrieb 1976 in *The Jewish Paradox*: „Die Juden sind das am meisten separatistische Volk der Welt. Ihr Glaube an die Vorstellung eines auserwählten Volkes ist die Grundlage ihrer gesamten Religion. Im Laufe der Jahrhunderte haben die Juden ihre Trennung von der nichtjüdischen Welt verstärkt; sie haben Mischehen abgelehnt und tun dies auch weiterhin; sie haben eine Mauer nach der anderen errichtet, um ihre Existenz „abseits" zu schützen, und sie haben ihr eigenes Ghetto gebaut: ihr *Schtetl* [jüdische Dörfer] in Osteuropa, die *Mellah* in Marokko." Und Nahum Goldmann betonte später in seinem Text: „Das Ghetto ist historisch gesehen eine jüdische Erfindung. Es ist falsch zu sagen, dass die Gojim die Juden gezwungen haben, sich von anderen Gesellschaften zu trennen. Als die Christen die Ghettos bestätigten, lebten die Juden bereits in ihnen[520]."

Der sehr berühmte Elie Wiesel sagte in seinen *Memoiren* dasselbe: „In alten Zeiten wurden jüdische Viertel von den Juden selbst geschaffen, die fremde Einflüsse fürchteten. Dies war bei den Gemeinden in Rom, Antiochia und Alexandria der Fall. Erst später wurde ihnen das Ghetto unter anderen Namen[521] aufgezwungen."

Im Jahr 2008 erklärte Théo Klein, ehemaliger Präsident des Repräsentativen Rates der jüdischen Institutionen in Frankreich (Crif)[522], unmissverständlich: „Wir waren isoliert, bevor wir

---

[520] Nahum Goldmann, *Le Paradoxe juif*, Stock, 1976, S. 16, 83, 84
[521] Elie Wiesel, *Mémoires, Tome I*, Éditions du Seuil, 1994, S. 83.
[522] Das französische Pendant zum AIPAC (American Israel Public Affairs Committee) in den USA.

eingeschlossen wurden: Die Tore des Ghettos wurden um die Orte herum errichtet, an denen wir uns zuvor versammelt hatten[523]." In der Tat war das erste Ghetto, das von Venedig im Jahr 1516, „ursprünglich eine jüdische Initiative[524]." Laut Poliakov war im Ghetto offenbar eine Redewendung sehr verbreitet: „Bei Gott, ich schneide dir die Kehle durch und gehe und werde Christ". Die Taufe wurde nämlich als Mittel gesehen, um der Strafverfolgung zu entgehen.

## Jüdische Einzigartigkeit

In seinem 1894 erschienenen Buch *Antisemitismus, seine Geschichte und seine Ursachen* lieferte Bernard Lazare - ein Intellektueller der Gemeinde - mehrere Erklärungen für den Ursprung der jüdischen Einzigartigkeit. Das jüdische Volk sei zahlenmäßig zu schwach, um mit den Christen und Muslimen militärisch konkurrieren zu können: „Sie konnten nicht im Traum daran denken, diese beiden Mächte frontal anzugreifen. Deshalb versuchte der Jude, durch List über sie zu triumphieren, und beide entwickelten in ihm den Geist der Vorsicht. Er erwarb einen seltsamen Einfallsreichtum und eine ungewöhnliche Raffinesse." Geld ermöglichte es ihm, über seine Feinde zu triumphieren, aber es hatte auch einen Nachteil: „Das Streben nach Gold, das er unaufhörlich verfolgte, erniedrigte ihn. Das hat sein Gewissen geschwächt. Sie hat ihn herabgesetzt und ihm die Gewohnheiten eines Lügners verliehen." Und Bernard Lazare fügte hinzu: „In dem Krieg, den er, um zu leben, gegen die Welt und ihr bürgerliches und religiöses Recht führen musste, konnte er nur durch Intrigen gewinnen, und dieser Unglückliche, der zu Demütigungen und Beleidigungen verurteilt und gezwungen war, unter Schlägen, Kränkungen und Beschimpfungen zu kuschen, konnte sich nur durch List an seinen Feinden, seinen Peinigern und seinen Henkern rächen. Raub und Untreue wurden für ihn zu Waffen, zu den einzigen Waffen, die er einsetzen konnte. Deshalb hat er sie verschärft, verkompliziert und verschleiert[525]."

Jüdische Historiker pflegten auch zu argumentieren, dass die Praxis des Wuchers (Kreditvergabe gegen Zinsen) bei den Juden darauf zurückzuführen war, dass ihnen alle anderen Geschäfte verboten waren.

---

[523]Théo Klein, *Sortir du ghetto*, Liana Levi, 2008, in *Philosophie Magazine*, März 2008.
[524]Michel Herszlikowicz, *Philosophie de l'antisémitisme*, Presses Universitaires de France, 1985, S. 76.
[525]Bernard Lazare, *Antisemitismus, seine Geschichte und seine Ursachen*, Editions La Bastille, Digitale Ausgabe, 2011, S. 156.

Kurz gesagt, sie waren reich geworden, weil sie unterdrückt worden waren. Tatsächlich war der Wucher seit jeher und lange vor der christlichen Zeitrechnung eine sehr beliebte und lukrative Tätigkeit unter den Juden. Der Wucher ermöglichte es den Juden, sich dem Studium des Talmuds zu widmen, der angesehensten Tätigkeit in der jüdischen Welt. Dies wurde von Leon Poliakov bestätigt: „Außerdem werden Wucher und Studium nicht als unvereinbar angesehen, ganz im Gegenteil: In einem Text heißt es sogar, dass Wucher den Vorteil hat, dass die gesamte für das Studium notwendige freie Zeit übrig bleibt[526]."

Gougenot des Mousseaux erinnerte auch daran, dass von den sechshundertdreizehn Geboten (mitzvot), die Juden zu beachten haben, das einhundertachtundneunzigste Gebot gegen Wucher mit Nicht-Juden gerichtet ist[527].

Zalkind-Hourwitz gab uns einen Einblick in den talmudischen Geist. Er war ein polnischer Talmudist, der in Paris als Tuchhändler gearbeitet hatte, bevor er Kurator der östlichen Abteilung der Königlichen Bibliothek wurde. Der Mann lebte isoliert in Frankreich und hatte sich immer mehr von seiner Gemeinschaft entfernt. 1789 hatte Hourwitz eine *Apologie der Juden* veröffentlicht, als Antwort auf den 1785 von der Metzer Akademie ausgeschriebenen Wettbewerb zum Thema: *Gibt es Möglichkeiten, die Juden in Frankreich glücklicher und nützlicher zu machen?* Darin bekämpfte er die antijüdischen Polemiker: „Sie sagen, dass die Juden es verdienen, unterdrückt zu werden, weil sie Wucherer und Diebe sind; anstatt zu sagen, dass sie Wucherer und Diebe sind, weil sie unterdrückt werden und weil ihnen alle legitimen Berufe verboten sind[528]." Zwei Jahrhunderte nach der Emanzipation der Juden durch die Französische Revolution können wir feststellen, dass die Formulierung in ihrer ersten Fassung richtig war. Hourwitz, ein „entjudaisierter" Jude, wie Poliakov ihn definierte, hatte zweifellos einige sehr charakteristische Züge des talmudischen Geistes bewahrt.

Das Bild des armen Juden, der grundlos unterdrückt und verfolgt wird, wurde von den Juden über Jahrhunderte hinweg gerne aufrechterhalten. Der sehr berühmte Elie Wiesel zum Beispiel hat in seinen *Memoiren über* das Unglück berichtet, das ihm und seiner Familie vor dem Zweiten Weltkrieg widerfahren ist. Er stammte aus

---

[526] Léon Poliakov, *Histoire de l'antisémitisme, Tome I*, Point Seuil, 1981, S. 330.

[527] Roger Gougenot des Mousseaux, *Los Judíos y la judeización de los pueblos cristianos*, pdf-Version. Übersetzt ins Spanische von Professor Noemí Coronel und unter der unschätzbaren Mitarbeit des Teams Katholischer Nationalismus. Argentinien, 2013, S. 193

[528] Léon Poliakov, *Histoire de l'antisémitisme, Tome II*, Point Seuil, 1981, S. 65.

einem Dorf in Nordrumänien und musste Schikanen der Behörden und antisemitische Äußerungen erdulden." Spezialeinheiten der Armee und der Gendarmerie drangen in jüdische Häuser ein. Kontrolle, Durchsuchung, Drohungen: Sie müssen Schmuck, Tafelsilber, Devisen, Edelsteine, Wertgegenstände abgeben. Mein Vater versucht, uns zum Lächeln zu bringen: „Sie werden enttäuscht sein... In den meisten jüdischen Häusern werden sie nur Elend finden... Ich hoffe, dass sie auch das wegnehmen"." Damals waren die Juden in Rumänien arm, sehr arm, und wurden ohne Grund verfolgt.

Ein Dutzend Seiten später schrieb Elie Wiesel jedoch beiläufig, dass die Familie angesichts der Gefahr ihr gesamtes Vermögen versteckt und sorgfältig vergraben hatte: „Gestern Abend, spät in der Nacht, haben wir improvisierte Leichenbestatter eingesetzt und ein Dutzend Löcher unter den Bäumen gegraben, um die Reste unseres Schmucks, unserer Wertsachen und unseres Geldes zu deponieren. Ich für meinen Teil vergrub die goldene Uhr, die ich als Bar-Mitzvah-Geschenk erhalten hatte[529]."

Das jüdische Gewinnstreben lässt sich auch mit den Lehren der Tora erklären. In der Zeitschrift *L'Express* vom 10. Januar 2002 stellte Jacques Attali sein neuestes Buch *Die Juden, die Welt und das Geld* vor: „In der Bibel ist der Reichtum ein Mittel, um Gott zu dienen, um seiner würdig zu sein. In einem der Grundlagentexte heißt es: „Du sollst Gott mit all deiner Kraft lieben", und in einem der Kommentare heißt es: „Das heißt mit all deinem Vermögen". Deshalb gilt: „Je reicher du bist, desto mehr Mittel hast du, um Gott zu dienen". Reichtum ist ein Mittel, nicht der Zweck. Vorausgesetzt, es handelt sich um einen geschaffenen Reichtum, eine Vermehrung des Reichtums der Welt und nicht um einen Reichtum, der von einem anderen genommen wurde. Aus diesem Grund ist fruchtbarer Besitz (Land, Vieh) besonders wertvoll. In der Tat wurde Abraham durch seine Herden reich." Zweifellos war diese Bemerkung sehr aufschlussreich über die Liebe Gottes.

Jacques Attali fügte eine weitere Bemerkung hinzu: „Für das jüdische Volk gibt es, sofern die Fruchtbarkeit der Güter gesund ist, keinen Grund, einem Nicht-Juden den Kredit gegen Zinsen zu verbieten, da der Zins nur das Zeichen der Fruchtbarkeit des Geldes ist. Bei den Juden hingegen muss man im Namen der Nächstenliebe zinslos leihen. Es ist sogar vorgeschrieben, Kredite zu negativen Zinsen an die

---

[529] Elie Wiesel, *Mémoires*, tome I, Le Seuil, 1994, S. 82, 94. Die Leser unserer früheren Bücher wissen, dass jüdische Intellektuelle in ihren Büchern oft das eine sagen und das Gegenteil, manchmal sogar auf derselben Seite. Das Wort „Paradox" taucht in der Tat immer wieder in ihrer Feder auf.

Ärmsten zu vergeben."

In seinem Buch gibt Attali ein weiteres Beispiel: „Isaak und Jakob bestätigen die Notwendigkeit, sich zu bereichern, um Gott zu gefallen. Isaac sammelt Tiere." Er wurde reicher und reicher, bis er extrem reich war. Er hatte große Schafherden, große Rinderherden und viele Sklaven" (*Genesis XXVI, 13-14*). Danach wurde Jakob „sehr reich und hatte viele Schafe, Mägde und Knechte, Kamele und Esel" (*1. Mose XXX, 43*). Gott segnet sein Vermögen und erlaubt ihm, sein Erbrecht von seinem Bruder Esau zu kaufen, ein Beweis dafür, dass alles zu Geld gemacht wird, selbst ein Teller Linsen[530]..."

Die Juden bezeichnen sich selbst als Nachkommen Jakobs, der in der Genesis als sanftes und zartes Wesen beschrieben wird, während die Heiden ihrer Meinung nach von Esau, dem älteren Bruder, abstammen, der von brutaler, jagender und kriegerischer Natur war. Jakob war bekanntlich auch sehr gerissen und skrupellos: Er hatte seinen Vater betrogen und sich das Erbe angeeignet, das eigentlich seinem älteren Bruder zustand.

Attali nannte das Beispiel des Auszugs des jüdischen Volkes aus Ägypten. Der Überlieferung zufolge zogen die Juden 1212 v. Chr. in das Land Kanaan: „In ägyptischen Texten dieser Zeit wird auch die Vertreibung eines kranken Volkes oder eines Volkes mit einem leprakranken König und ein Aufstand ausländischer Sklaven erwähnt." Die Hebräer hatten das Land mit Reichtum beladen verlassen. Am Tag zuvor erfüllte sich die Vorhersage, die Abraham vor langer Zeit gegeben wurde: „Du wirst mit großem Reichtum aus diesem Land ziehen" (*1. Mose 15, 13-14*); dann der Befehl an Mose vor dem brennenden Busch: „Jede Frau soll ihre Nachbarin und ihr Haus um goldene und silberne Gefäße bitten, um Kleider, mit denen ihr eure Kinder bedecken könnt, und ihr sollt Ägypten ausplündern" (*Exodus 3,21-22*); dann der Befehl, den Mose kurz vor dem Aufbruch an die Oberhäupter der Stämme richtete: „Jeder soll um Gold und Silber bitten" (*Exodus 11,1-2-3*); schließlich die brutale Zusammenfassung der Situation etwas später: „Sie baten und plünderten" (*Exodus 12,35-36*)"." Zehntausende von Frauen, Männern und Kindern machten sich auf den Weg durch die Wüste Sinai, einige reich an Gold, Silber und allen möglichen Gütern, sogar mit Sklaven". Die Hebräer wollten dann ihr goldenes Kalb machen. Was die ägyptischen Soldaten betrifft, die sie verfolgten und die, wie es scheint, im Roten Meer untergingen, so versuchten sie vielleicht nur, ihr Eigentum wiederzuerlangen.

Kurz gesagt, die Israeliten hatten das Vertrauen der Ägypter

---

[530] Jacques Attali, *Les Juifs, le monde et l'argent*, Fayard, 2002.

missbraucht. Und „denjenigen, die sich über den Reichtum der entlaufenen Sklaven wundern, werden die Kommentatoren im Laufe der Jahrhunderte antworten, dass dieser Reichtum ihnen als Entschädigung für die in den Jahren der Sklaverei unentgeltlich geleistete Arbeit oder als Abschiedsgeschenk oder sogar als Tribut zusteht, den ein besiegtes Heer den Siegern zahlt[531]."

In der Tat hatten die Juden das Bedürfnis, das Unrecht, dessen Opfer sie sich glaubten zu sein, durch eine Art außergesetzliche Selbstkompensationsmaßnahme zu korrigieren. Wie der israelische Publizist Israel Shamir (der nach seiner Konversion zur christlichen Orthodoxie zu Israel Adam Shamir wurde) schrieb, stellen die Holocaust-Museen in gewisser Weise „einen nicht unerheblichen Erklärungsfaktor für die Zunahme der jüdischen Kriminalität" dar, da sie bei den Juden das Gefühl der Opferrolle verstärken.

In der Juni-Ausgabe 1989 der jüdischen Monatszeitschrift *Passages* mit dem Titel „*Die Wahrheit über jüdische Gauner*" bestätigte der Rechtsanwalt Francis Terqem diesen Gedanken: Jüdische Kriminalität, so sagte er, „könnte von einer etwas paranoiden Vorstellung getragen sein, von dem Gefühl, dass man letztlich gegen andere handelt, weil sie zuvor Juden gegenüber feindlich eingestellt waren. Wir hätten also eine Art kollektive Rache."

Das Streben nach Profit und die Liebe zum Reichtum waren sicherlich eines der charakteristischen Merkmale der jüdischen Gemeinschaft, und in der Tat wurden sie oft als solche karikiert. Es liegt auf der Hand, dass die Juden, die weder an die Hölle noch an ein Leben nach dem Tod noch an eine Reinkarnation glaubten, weniger moralischen Verpflichtungen unterlagen als die anderen Völker der Erde und eher geneigt waren, in ihren Aufenthalt auf der Erde zu investieren.

Elie Wiesel, der einige Zeit in Indien verbracht hatte, ließ seine Leser an seinen Überlegungen über die hinduistische Religion teilhaben. Diese Religion konnte ihn nicht befriedigen: „Ich habe kein Recht, meine Erlösung auf die nächste Reinkarnation zu verschieben", schrieb er: „Was ich heute nicht tue, werde ich nie wieder tun können. Selbstverwirklichung ist nur in dem Moment möglich, in dem sie geschieht. Ich kehre aus Indien zurück und bin jüdischer als zuvor." Im Judentum ist es in der Tat so, dass der Mensch sich im irdischen Leben erfüllen muss[532]."

Im Alten Testament findet sich, wie Otto Weininger feststellte,

---

[531] Jacques Attali, *Les Juifs, le monde et l'argent*, Fayard, 2002.
[532] Elie Wiesel, *Mémoires*, Band I, Le Seuil, 1994, S. 288, 283.

keine Spur von einem Glauben an die Unsterblichkeit[533]. Ein französischer Medienphilosoph wie Michel Onfray - ein Atheist, der sich jedoch rühmte, ein Spezialist für Religionen zu sein - schien nicht zu wissen, dass die Juden nicht an ein Leben nach dem Tod glauben. Die Journalistin Elisabeth Lévy und der Essayist Jacques Attali mussten dies 2005 in der Fernsehsendung *Culture et dépendance* bestätigen, damit er es zugab.

„Die meisten Juden, die ich kenne, glauben weder an den Himmel noch an die Hölle", schrieb Rich Cohen[534]. Ein anderer jüdischer Intellektueller, Pierre Paraf, schrieb ebenfalls: „Ich glaube nicht an das zukünftige Leben, wie es uns die meisten Religionen lehren[535]." Und wir wissen auch, dass alle marxistischen Intellektuellen aller Richtungen, von denen die große Mehrheit jüdischer Herkunft war, absolute Atheisten waren. Es ist also nicht ausgeschlossen, dass die Furcht vor der Bestrafung im Jenseits ein wichtiger Faktor war, der die Menschen zu jenem Mindestmaß an Moral und Anstand zwang, das manche Juden anscheinend völlig vermissen lassen.

Wie wir in unseren früheren Büchern studieren konnten, ist die jüdische Religion in Wirklichkeit vor allem Ausdruck eines politischen Projekts, dessen Ziel es ist, die Ankunft des lang erwarteten Messias vorzubereiten, indem sie sich unermüdlich für den „Frieden" auf der Erde einsetzt, einen Frieden, der nach ihren Worten „absolut und endgültig" sein soll. Deshalb plädieren jüdische Intellektuelle aller Couleur ständig für Weltoffenheit, „Toleranz", das Verschwinden der Grenzen, Einwanderung und universelle Rassenmischung. Wenn alle Zivilisationen, Kulturen und Traditionen und alle Völker verschwunden sind, wird nur das kleine jüdische Volk übrig bleiben, das schließlich in der Lage sein wird, das zu führen, was von der Menschheit übrig geblieben ist. Aus dieser Perspektive ist das Verschwinden von Staaten und Nationen tatsächlich „unausweichlich".

Übrigens hat Bernard-Henri Lévy, ein auch außerhalb Frankreichs bekannter Philosoph, das Problem 1994 in einem seiner Bücher sehr gut erklärt: „Ich glaube, dass ganze Staaten unter den Schlägen der planetarischen Mafia fallen werden; und dass sie, wenn sie nicht unter ihren Schlägen sind, in ihren Händen sein werden. Ich glaube, die Welt ist auf dem Weg, ein Ghetto und der Planet eine Mafia zu werden....Und ich glaube nicht, dass wir aus dieser Situation herauskommen, indem wir nur murmeln, wie es einige kluge Leute bereits tun, dass die Welt

---

[533] Zu Otto Weininger, siehe *Psychoanalyse des Judentums*.
[534] Rich Cohen, *Yiddish Connection*, 1998, Denoël, 2000, Folio, S. 242
[535] Pierre Paraf, *Quand Israël aima*, 1929, Les belles lettres, 2000, S. 9.

schon immer eine Ansammlung von Ghettos, die Staaten eine verkleidete Mafia und die Zivilgesellschaften ein vertraglicher Zusammenschluss von Übeltätern waren, und dass es daher besser ist, die Dinge so zu sagen, wie sie sind, dass die Menschlichkeit in Bekenntnisse übergeht und dass wir nicht so tun, als wären wir überrascht, wenn die Masken der Welt fallen. Ich glaube an eine zukünftige Zersplitterung der Welt, an eine Pulverisierung der Staaten und eine Auflösung der alten, friedlichen Nationen." Und Lévy teilte uns schließlich seine Meinung mit: „Ist das nicht besser[536]?"

Kurzum, Bernard-Henri Lévy erklärte uns die einfachste Sache der Welt, die die Mafia rechtfertigte, die am Ende als weniger pervers beurteilt wurde als Staaten und sesshafte Nationen. Am Ende ist das vielleicht das Ideal der *planetarischen* Philosophen: die Zerstörung der Nationen und an ihrer Stelle die Kontrolle des Planeten durch transnationale Mafias.

Paris, Juni 2008<br>Januar 2016 für diese zweite Ausgabe.

---

[536] Bernard-Henri Lévy, *La Pureté dangereuse*, Grasset, 1994, S. 184. *La pureté dangereuse*, Espasa Calpe, Madrid, 1996, S. 167.

# Epilog

Nach der Veröffentlichung des Buches *Die jüdische Mafia* im Juni 2008 setzten wir unsere Recherchen über das Judentum fort, da einige der gesammelten Informationen die jüdische Kriminalität betreffen.

So enthält unser im Februar 2009 veröffentlichter *Spiegel des Judentums* ein kurzes dreiseitiges Kapitel über Schwindler und Händler vor und nach dem Zweiten Weltkrieg.

In unserer *Geschichte des Antisemitismus*, die im April 2010 veröffentlicht wurde, haben wir ein sehr aufschlussreiches Kapitel von einem Dutzend Seiten über die jüdische Kriminalität in Deutschland im frühen 19. Die Informationen stammen aus einem deutschen Buch, das 1841 in Berlin erschien und von einem hochrangigen preußischen Beamten namens A.F. Thiele verfasst wurde: *Die jüdischen Gauner in Deutschland, ihre Taktik, ihre Eigenthümlichkeit, ihre Sprache* (*The Jewish swindlers in Germany, their tactics, their idiosyncrasy, their language*). Im Laufe seiner Arbeit hatte Thiele gesehen, wie die jüdische Gemeinschaft die größten und gefährlichsten Verbrecher hervorbrachte. Anhand von Polizeiakten und -unterlagen beschrieb er die „Welt", die Mentalität der Kriminellen, das Nomadentum der Juden, ihren Identitätsdiebstahl und den allgemeinen Umfang ihrer kriminellen Aktivitäten. Sein Ziel war es, den deutschen Polizisten die Arbeit zu erleichtern, die Funktionsweise organisierter Banden aufzuzeigen und den Ermittlern ein Arbeitsinstrument an die Hand zu geben. Er bestritt, antijüdisch zu sein: seine Arbeit sei einfach die eines Kriminologen. Die erste Auflage des Buches („*auf Kosten des Verfassers*") war innerhalb von zwei Monaten vergriffen.

In diesem Zusammenhang ist auch die Veröffentlichung eines Buches zu erwähnen, das uns bisher entgangen war. Im Jahr 2004 veröffentlichte der israelische Wissenschaftler Mordechai Zalkin ein Buch über die Kriminellen, die Osteuropa vor dem Zweiten Weltkrieg heimsuchten. In einem Artikel der Zeitung *Haaretz* vom 21. Oktober 2004, der online verfügbar ist, lesen wir, dass der Autor dreizehn Jahre lang die Archive Osteuropas untersucht hat: „Wenn ich die Polizeiarchive öffne, finde ich detaillierte Berichte über jüdische Kriminelle. Die Archive enthalten genug Material für hundert Historiker, die hundert Jahre lang arbeiten könnten, und selbst dann wären sie noch nicht fertig."

Mordechai Zalkin kam zu dem Schluss, dass die kriminelle Welt in Warschau, Vilnius, Odessa und anderen osteuropäischen Großstädten vor dem Zweiten Weltkrieg weitgehend von der jüdischen Mafia kontrolliert wurde („*controlled largely by Jewish syndicates"*).

Zalkin stellte den Roman *Im Tal der Tränen* des jiddischen Schriftstellers Mendel Mocher Sforim (Pseudonym von Schalom Jakob Abramowitsch, 1835-1917) vor. Berichten zufolge gab er eine „außergewöhnliche Beschreibung einer obskuren jüdischen kriminellen Organisation" ab. In diesem Buch entführen jüdische Gangster mit hinterhältigen Methoden junge jüdische Mädchen aus den Städten und zwingen sie, als Prostituierte zu arbeiten.

Der Autor erwähnte auch Kinderentführer. Eine Bande jüdischer Krimineller, die sich „Goldene Fahne" nannte, hatte ein Kind aus einer wohlhabenden Familie entführt, um Lösegeld zu erpressen. Nach Angaben der Polizei gehörte der Organisator dieses Verbrechens, Berl Kravitz, einige Jahre zuvor zur Bande von Al Capone. Zelig Levingson, der Leiter von Bandera de oro, hatte trotz des Widerwillens einiger Mitglieder grünes Licht für die Aktion gegeben. Bei dem entführten Jungen handelte es sich um einen Juden namens Yossele Leibovitch, einen Schüler der jüdischen Schule in Vilnius, dessen Vater Geldverleiher war. Die Aktion wurde von Abba Vitkin und Reuven Kantor vor der Schule des Jungen durchgeführt. Die Botschaft an die Familie war kurz: „Geld oder Tod". Die Kriminellen forderten 15 000 Rubel sowie Gold, Diamanten und Perlen der Familie. Die Polizei hatte eine große Verhaftungswelle durchgeführt, so dass die Bande den Jungen in seinem Viertel freigelassen hatte.

In Vilnius, Odessa, Warschau, Bialystok oder Lemberg waren jüdische Kriminelle in aller Munde. Ihre Organisationen, wie die „Goldene Fahne" oder die „Bruderschaft", waren in diesem Teil Europas - dem berühmten Jiddischland - aktiv. Der berühmteste Gangster von Odessa war ein gewisser Benya Krik - derjenige, der im Titel des Buches von Isaac Babel, einem bekannten sowjetischen Autor, vorkommt: *Benya Krik, The Gangster, and Other Stories*.

Außerdem gab es Banditen und Wegelagerer. Im Russland des 19. Jahrhunderts war der beste Ort, um Menschen auszurauben, auf dem Land oder auf der Straße. Es gab nicht genügend Polizisten, um alle Wälder des Gebiets zu bewachen, so dass Reisende und Händler eine leichte Beute waren. Saul Ginzburg, einer der führenden Historiker der jüdischen Welt in Russland, beschreibt diese jüdischen Räuberbanden in seinem Kapitel „Gauner und Räuber". Eine Bande von fünfzehn Räubern überfiel einen Konvoi und flüchtete mit ihrer Beute in den Wald. Einer der berühmtesten Räuber war Dan Barzilai, der in der

Region Warschau eine Bande von dreißig Männern anführte, von denen die Hälfte Juden waren. Mit Pistolen bewaffnet und maskiert, stahlen sie Pelzmäntel, Schmuck und Pferde. Barzilai wurde 1874 gefangen genommen.

Ganz nebenbei erfuhren wir, dass einige der Persönlichkeiten des Widerstands im Warschauer Ghetto 1943 aus der kriminellen Unterwelt kamen: „Am 8. Mai entdeckten die Deutschen den zentralen Bunker der Jüdischen Kampforganisation in der Mila-Straße 18. Weniger bekannt ist, dass dieses Symbol des Widerstands, das Hauptquartier der Kämpfer, in dem der Aufstandskommandant Mordechai Anielewicz bis zum Tod kämpfte, dem jüdischen Kriminellen Shmuel Isser gehörte."

Mordechai Zalkin zitierte außerdem Professor Israel Gutman, einen herausragenden Wissenschaftler des Yad Vashem Instituts für den Holocaust in Jerusalem, der im Alter von 15 Jahren am Aufstand im Warschauer Ghetto teilgenommen hatte: „Im Ghetto hatten sich die Kriminellen schnell bereichert und waren dank des Schmuggels zur gesellschaftlichen Elite geworden." In seinem Buch über die Warschauer Juden während des Krieges zitiert Gutman eine andere Aussage: „Die Schmuggler machten riesige Gewinne... Die meisten von ihnen hatten Millionen angehäuft. Sie waren die reichste Klasse im Ghetto. Ihre gesamte Freizeit verbrachten sie mit Alkohol und in Diskotheken."

Laut Havi Ben Sasson, einem 32-jährigen Doktoranden, der an der Internationalen Holocaust-Schule in Yad Vashem gearbeitet hat, waren jüdische kriminelle Organisationen in jenen Jahren Teil der Warschauer Landschaft." In der Mila-Straße 18, einem Symbol des Ghetto-Widerstands, gab es eindeutig eine Zusammenarbeit zwischen Mitgliedern der Jüdischen Kampforganisation und den Gangstern. Der Bunker gehörte in Wirklichkeit der Mafia. Darin wurden riesige Mengen an Lebensmitteln gelagert, die nur von den Gangstern verteilt werden konnten." In zahlreichen Zeugenaussagen wurde berichtet, dass die Verbrecher von den Kämpfern „wie Prinzen" empfangen wurden. All dies wurde sicherlich durch das Zeugnis von Martin Gray in *In the Name of All Mine*[537] bestätigt.

Nach dem Krieg hatte sich am Verhalten einiger Mitglieder dieser „Elite" in der Sowjetunion nichts wirklich geändert. Der berühmte in Venezuela geborene antizionistische Aktivist Ilich Ramirez Sanchez, besser bekannt als Carlos, hat ein Zeugnis zu diesem Thema hinterlassen. Am 13. Januar 1975 schoss Carlos vom Dach des

---

[537] Wir danken dem Historiker und Verleger Jean Plantin (Akribeia-Editionen) für die Übermittlung dieses Artikels an uns.

Flughafens Orly mit einem Raketenwerfer auf ein israelisches El-Al-Flugzeug; der Schuss ging daneben, aber zu seinen Heldentaten gehörte auch die Entführung von elf Ministern der OPEC (Organisation erdölproduzierender Länder) in Wien im Dezember desselben Jahres. Im Jahr 2016 war Carlos noch immer Gefangener in einem französischen Gefängnis. Über seinen Aufenthalt an einer Moskauer Universität sagte er: „Der KGB war nicht die einzige Versuchung, der ich in Moskau begegnete. Am Ende seiner Doktorarbeit, kurz vor der Rückkehr in sein Land, wollte mir ein etwas älterer Student den Kontakt zum Chef der Moskauer Goldmafia vermitteln. Er vertraute offensichtlich niemandem, aber er wollte, dass ich den Kontakt zu einem alten Juden aufrechterhalte, der in der Moskauer Unterwelt eine wichtige Rolle spielte. Goldbarren waren damals in Moskau auf dem Schwarzmarkt etwa das Zwölffache des Genfer Dollarpreises in Rubel und das Doppelte des Preises in Taschkent wert. Meine Kontakte zu dieser Welt gingen nicht weiter und hatten natürlich keine politischen Konnotationen, obwohl ich eher zufällig entdeckte, dass die meisten Mitglieder dieses Netzwerks Zionisten waren[538]."

Erwähnenswert ist auch das im Januar 2010 in New York erschienene Buch des amerikanisch-jüdischen Historikers Ron Arons, das die Geschichte der jüdischen Gangster erzählt, die im berüchtigten Sing-Sing-Gefängnis, etwa fünfzig Kilometer nördlich von New York City am Ufer des Hudson River gelegen, inhaftiert waren. Das 350 Seiten starke Buch bietet Biografien berühmter Gangster und weniger bekannter Verbrecher und zeichnet ein umfassendes Panorama der jüdischen Kriminalität New Yorks. Auf der Amazon-Website lesen wir diese kurze Rezension in englischer Sprache: „Das Sing-Sing-Gefängnis wurde 1828 erbaut, und seither waren dort mehr als 7000 Juden inhaftiert... Neben berühmten Gangstern wie Lepke Buchalter kamen Tausende von Juden durch, die alle möglichen Verbrechen begingen - von Inzest über Brandstiftung bis hin zum Verkauf von Manhattans Luftrechten."

Die Fälle von Betrug und finanzieller Veruntreuung, die sich seit der Veröffentlichung von *Die jüdische Mafia* im Juni 2008 angehäuft haben, waren so zahlreich und wichtig, dass wir ein 336-seitiges Buch schreiben mussten, das im September 2014 veröffentlicht wurde: *Israels Milliarden*, Untertitel: *Jüdische Schwindler und internationale Finanziers*[539].

---

[538]Jean-Michel Vernochet, *L'Islam révolutionnaire*, Ed. du Rocher, 2003, S. 21.
[539] „*Les Milliards d'Israël*. Das Cover des Buches brachte uns drei Monate unbedingte Haft ein (Urteil vom 26. Mai 2015 des 17. Gerichts in Paris).

Der erste Teil ist dem MwSt.-Betrug gewidmet, insbesondere dem groß angelegten MwSt.-Betrug bei Emissionszertifikaten, der im Frühjahr 2009 aufgedeckt wurde und die Staatskassen der europäischen Länder mehrere Milliarden Euro kostete[540]. Die oben genannten Betrügereien wirken im Vergleich dazu fast lächerlich.

Lassen wir Werbebetrug, Immobilienbetrug, Wohltätigkeitsgelder, Kreditkartenbetrug, Marktschreier, Fälscher und Gedächtnisbetrüger hinter uns und konzentrieren wir uns auf diese neue Art von Betrug: die „Präsidentenbetrügereien", die seit einigen Jahren in den Nachrichten sind. Im Februar 2015 gab es 700 bekannte Fälle, 360 geschädigte Unternehmen und mindestens 300 Millionen Euro Schadenersatz. Der Betrug besteht darin, sich am Telefon als Vorstandsvorsitzender des Unternehmens auszugeben und eine dringende „streng geheime" Überweisung auf ein Bankkonto im Ausland zu verlangen. Die Betrüger stammten ausschließlich aus der französischen sephardischen Flüchtlingsgemeinschaft in Israel. Nur französische Unternehmen waren von diesen Betrügereien betroffen.

Der zweite Teil des Buches ist den Finanzhaien gewidmet. Der Fall Madoff, der im Dezember 2008 bekannt wurde, galt als der größte Betrug in der Geschichte der Menschheit. Bernard Madoff, der denjenigen, die ihm ihr Geld anvertrauten, einen angemessenen Zinssatz versprach, hat in Wirklichkeit alte Kunden mit dem Geld neuer Kunden entlohnt. Von den zwanzig Milliarden Dollar, die ihm zwanzig Jahre lang ausgehändigt worden waren, war nichts mehr übrig... So berichtete die Presse seit Beginn des Falles. Wenn wir einige Jahre später zurückblicken, ist klar, dass das Geld nicht für alle verloren war.

Aber der Fall Madoff war letztlich eine Kleinigkeit im Vergleich zur internationalen Finanzkrise von 2008. Am 15. September meldete die viertgrößte Investmentbank der Welt, Lehman Brothers, mit ihren 25.000 Mitarbeitern Konkurs an. Die Wurzel dieses Bankrotts war die Praxis der „räuberischen Kreditvergabe", bei der die Banken mehr oder weniger zahlungsunfähigen Personen Geld für Immobilienprojekte liehen und die Kredite auf den Sekundärmärkten an Pensionsfonds oder ausländische Banken weiterverkauften, alles mit Zustimmung der Rating-Agenturen und der US-Notenbank[541]. Auch hier war das Geld

---

[540] Zwischen 1,6 und 1,8 Milliarden Euro in Frankreich und zwischen 5 und 10 Milliarden Euro in der EU nach Angaben von Europol. Quelle wikipedia: https://fr.wikipedia.org/wiki/Fraude_%C3%A0_la_TVA_sur_les_quotas_de_carbone. (NdT).

[541] Von 1987 bis 2018 waren Alan Greenspan, Ben Bernanke und Janet Yellen (NdT) die Vorsitzenden des Board of Governors des US Federal Reserve System.

nicht für alle verloren.

Im Vergleich zu diesen gigantischen Betrügereien war Jordan Belfort, der Finanzbetrüger aus den 1990er Jahren, der in Martin Scorseses Film *The Wolf of Wall Street* (erschienen im November 2013) zum Helden wurde, nicht mehr als ein kleiner Fisch.

Tatsächlich wurden zu Beginn dieses Jahrtausends die Rekorde für Betrug gebrochen. Nicht nur übertroffen, sondern definitiv „zerschlagen", und zwar in einem Maße, dass die oben beschriebenen Fälle einer anderen Zeit anzugehören scheinen.

Für die übrigen Bereiche (Waffenhandel, Drogenhandel, internationale Zuhälterei, Diamantenhandel usw.) können die Informationen aktualisiert werden, sobald sie vorliegen. Aber es wird nur ein „Update" sein; wichtig ist, die ganz besondere Mentalität dieser Kriminellen zu verstehen.

Hervé Ryssen,<br>Januar 2016[542]

---

[542] Am 18. September 2020 wurde Hervé Ryssen in Vollstreckung einer Reihe von zwischen 2017 und 2020 verhängten Urteilen für siebzehn Monate inhaftiert (NdT).

# Andere Titel

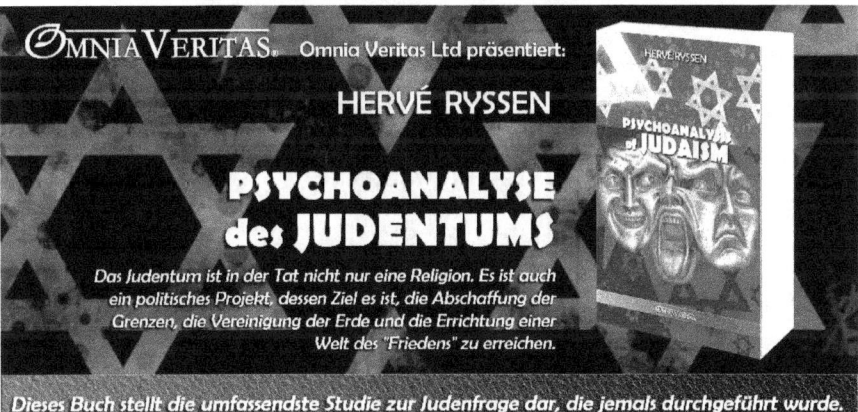

DIE JÜDISCHE MAFIA

www.ingramcontent.com/pod-product-compliance
Lightning Source LLC
Chambersburg PA
CBHW071310150426
43191CB00007B/567